JN437299

UCP 600 해설 및 쟁점사례 Q&A

UCP 600 조항별

신용장 분쟁사례

강 원 진

"신용장거래 분쟁, 원인을 알아야
예방할 수 있다."

- UCP 600 축조해설 및 조항별 신용장 분쟁사례 검토
- 조항별 쟁점사항에 대한 법원판례 및 ICC 은행위원회의 의견 검토
- 외국환은행 및 무역회사 직원의 신용장결제분쟁 예방 및 해결 지침서
- 대학생 및 대학원생의 신용장결제분쟁 사례연구서

도서출판 두남

P·R·E·F·A·C·E

국제매매당사자 모두에게 유용성이 많은 신용장에 의한 대금결제는 전통적으로 무역결제수단으로서의 중심적 역할을 담당하여 왔다. 특히 본지사간 거래가 아닌 기타 거래처간의 대량거래에서는 금융수혜상의 장점 때문에 무역결제수단으로 여전히 신용장거래를 선호하고 있다.

신용장거래의 대상은 물품이나 서비스 또는 이행이 아니라 서류로 거래하는 것이기 때문에 은행은 신용장에 일치하는 제시에 대하여 인수·지급을 행하게 된다. 신용장거래를 행하는 데 있어 신용장조건 해석의 준거규정인 이른바 신용장통일규칙(UCP)은 국제결제에서 분쟁을 예방하고 무역대금결제를 보다 원활히 수행할 수 있는 중요한 가이드라인이 되고 있다.

그러나 현행 UCP 600에서와 같이 39개 조항으로 구성된 규칙과 신용장서류심사를 위한 국제표준은행관행(ISBP)만으로 신용장을 해석하고 신용장거래 분쟁에 대처하는 것은 한계가 있다. 이는 신용장 사용에 따른 UCP 600의 해석 또는 은행관행 또는 법률적 문제 등에서 아직도 꾸준하게 신용장거래 분쟁에 관련된 국제상업회의소 은행위원회의 의견과 법원의 판례가 많다는 데에서 증명되고 있다.

이 책, "신용장 분쟁사례"는 저자가 외국환은행 등 무역일선에서 십여년간 실무경험 및 대학교의 교수로서 수십 년간 국제상거래 및 무역결제 분야의 강의경력에 기초하여 UCP 600 조항을 해설하고 각 조항별로 발생된 신용장거래 분쟁에 대한 ICC 은행위원회의 의견 및 법원의 판례를 보다 상세하고 명확한 해설을 통하여 대학생, 은행원 및 무역업체의 직원들에게 유용한 소재를 제공하고자 집필한 것이다.

따라서 이 책은 은행이나 무역업계에서는 무역결제분쟁 예방 및 해결 지침서로, 대학생 및 대학원생에게는 무역결제분쟁 사례 연구서로 활용될 수 있을 것이다.

특히 이 책의 특징은 다음과 같다.

첫째, 이 책은 현행 UCP 600을 번역하고 조항별로 상세하게 축조 해설하여 신용장통일규칙에 대하여 보다 전문적이고, 보다 쉽게 이해할 수 있도록 해설하였다.

둘째, UCP 600 각 조항별로 그동안 신용장분쟁 해결을 위한 각국의 국내위원회 또는 은행 등에서 신용장 거래시 UCP를 적용하는 과정에 문제가 되고 또한 모호한 내용들에 대한 질의 및 이에 대한 ICC 은행위원회의 의견을 최신의 자료와 함께 축적된 자료를 분석하여 가장 핵심적이고 실무에 중요한 사례 및 쟁점 사항들을 문답식으로 엮어 이를 다시 상세하게 검토하였다.

셋째, 신용장거래 분쟁이 관계당사자간에 해결되지 못하여 법원을 통하여 해결한 국내외 판례들을 최대한 수집하여 UCP 600 조항과 연계시켜 검토하였다.

또한 이 책은 저자가 이 분야에 관심을 가진 다양한 분들의 기대에 충족시킬 수 있도록 오랜 시간을 투입하여 보다 내용이 충실하고 차별화된 책으로 탄생시켜야 하겠다는 일념으로 보완을 거듭하면서 나온 결과물이다.

아무쪼록 이 책을 통하여 신용장론 또는 무역결제론 등을 공부하거나 일선 실무를 담당하는 분들에게 도움이 되어 "신용장거래 분쟁, 원인을 알아야 예방할 수 있다"는 이 책 표지의 캐치프레이즈와 같이 신용장거래에서의 분쟁을 예방하고 잘 대처하여 우리나라의 무역진흥에 일조할 수 있다면 큰 보람이 될 것이다.

끝으로 이 책을 출간하는 데 격려와 도움을 주신 도서출판 두남 전두표 사장님을 비롯한 영업부 이승구 상무님 그리고 편집부 직원들께 감사를 드린다.

2012년 12월 20일

저 자

C·O·N·T·E·N·T·S

Chapter 1

신용장통일규칙의 적용 및 용어의 정의

제1조 신용장통일규칙(UCP 600)의 적용

[Article 1] Application of UCP 600

The Uniform Customs and Practice for Documentary Credits, 2007 Revision, ICC Publication No. 600 ("UCP") are rules that apply to any documentary credit("credit") (including, to the extent to which they may be applicable, any standby letter of credit) when the text of the credit expressly indicates that it is subject to these rules. They are binding on all parties thereto unless expressly modified or excluded by the credit.

번역

[제1조] 신용장통일규칙(UCP 600)의 적용

2007년 개정 국제상업회의소 간행물 제600호의 화환신용장통일규칙 및 관례(UCP)는 신용장의 본문에 이 규칙에 따른다고 명시적으로 표시하고 있는 경우, 모든 화환신용장("신용장")(적용 가능한 범위 내에서 모든 보증신용장을 포함하여)에 적용되는 규칙이다. 이 규칙은 신용장에 분명히 수정되거나 또는 배제되지 아니하는 한 모든 관계당사자를 구속한다.

해설

이 조에서는 UCP의 적용요건과 보증신용장의 적용 및 구속력에 대하여 규정하고 있다. 특히 UCP를 언급하면서 종전 규정에 없던 "규칙"이라는 용어가 사용되고 있으며 이 규칙을 적용하는 데 있어 신용장에 명시적으로 UCP 내용의 수정 또는 배제가 가능하다는 점을 새롭게 부연하고 있다.

1. 적용요건

이 조는 UCP가 화환신용장 본문에 표시되는 경우, 즉 화환신용장이 UCP를 준거로 하는 경우, 규칙으로 적용되는 것을 전제로 하고 있다

UCP는 국제상거래를 행하는 당사자들 사이의 사적계약을 거래상의 규칙으로 받아들인 것으로서 법률(law)과 같이 그 적용을 원하는 자나 원하지 않는 자를 막론하고 이 규칙에 따르게 하는 보편적인 강제력을 가지는 것은 아니다. 이처럼 UCP는 강행법규가 아

니고 임의규범이기 때문에 관계당사자간에 이와 다른 특약이 있을 경우에는 그 특약에 따라야 한다. 따라서 신용장통일규칙은 법률은 아니지만 이를 준거규칙으로 사용한 경우에는 당사자를 구속하게 된다.

UCP 적용문언이 신용장상에 표시됨으로서 발행은행은 신용장통일규칙에 구속되며, 지정은행에 대하여 발행, 확인 또는 통지를 행할 경우, 신용장통일규칙에 따르는 것을 지시한 것이 된다. 따라서 지정은행은 수익자 앞으로의 신용장 확인, 신용장발행 통지 및 조건변경 통지의 경우에도 UCP 적용문언을 확인하고 이를 표시하도록 하여야 한다.

신용장발행의뢰서에 "The Credit shall be subject to the UCP 600"라는 적용문언이 기재되어 있을 경우, 신용장발행의뢰인인 수입자가 동 의뢰서에 의하여 발행되는 신용장은 "UCP 600에 따르는 것으로 한다"라는 구속조건을 승낙하고, 신용장의 발행을 은행에 의뢰한 것이 된다. 신용장조건변경의뢰서에 대해서도 역시 마찬가지이다. 발행은행은 발행의뢰인이 적용문언에 대한 승낙이 있었기 때문에 신용장이나 조건변경통지서에도 적용문언을 표시하게 되는 것이다. 이와 같은 UCP 적용문언은 단순한 참조조건이 아니라 수익자인 수출자가 UCP에 구속된다는 점에 유의하여야 한다.

2. 보증신용장의 적용

국제상업회의소(International Chamber of Commerce: ICC)가 보증신용장통일규칙(International Standby Practices: ISP98)을 제시하고 있는 사실에도 불구하고, UCP 600 제1조에서는 여전히 보증신용장을 포함한다는 단서를 두고 이에 대한 적용가능성을 열어두고 있다. 이는 아직도 보증신용장에서 UCP 사용이 많기 때문이다.[1] 1998년 ICC에 의하여 제정된 보증신용장통일규칙(International Standby Practices: ISP98)[2]이 보증신용장의 준거로 사용되기 이전에는 보증신용장에서도 주로 UCP가 적용되어 왔다. UCP는 화환신용장 외에 보증신용장을 포함하여 적용되는 것으로 표시하고 있으나[3] 이는 원래 화환신용장을 위하여 제정된 규칙이므로 보증신용장에 적용 가능한 규정이 거의 포함되고 있지 않다.[4] 또한 무역거래에서 사용되는 보증신용장이라 하더라도 이는 화환신용장이

---

1) ICC, *Commentary on UCP 600,* ICC Publication No. 680, 2007(이하 ICC Pub. 680이라고 약칭한다), p. 12.

2) ICC Publication No. 590, 1998.

3) UCP는 1974년 제3차 개정까지 보증신용장을 적용대상으로 표시하고 있지 않았으나 1984년 제4차 개정부터 UCP에서 보증신용장을 적용대상에 포함하는 것으로 표시하게 되었다.

4) ICC는 UCP에서 보증신용장의 특성상 운송서류를 포함한 서류관련 조항은 보증신용장에 적용되지 않는다고 설명하고 있다; ICC, Document No.470-37/104, September 18, 1992, Article 1 Comments.

아닌 보증신용장이므로 UCP가 아닌 보증신용장통일규칙의 적용대상에 포함된다는 사실은 명백하다.

ISP98은 준거법과 상충되지 않는 범위 내에서 이를 보충하며, 동시에 준거하는 다른 규칙이 있을 경우 우선 적용된다. 예를 들면, ISP98 및 UCP에 준거하는 신용장이 발행되는 경우, 신용장 약정내용이 화환신용장이 아닌 보증신용장에 해당된다면 UCP와 상충되는 어떠한 조항에 대해서도 ISP98이 우선적으로 적용 된다.[5] ISP98은 UCP와 달리 보증신용장의 특수성이 반영된 상세한 내용으로 구성되어 있다. 따라서 보증신용장거래에서는 UCP보다 ISP98을 준거규정으로 삼는 것이 바람직하다.

3. 수정 또는 배제

이 조에서는 이 규칙을 수정(modification) 또는 배제(exclusion)하고자 할 경우, 이를 화환신용장 자체 내에 반드시 명시적으로 기술하도록 하였다. 이에 따라 규칙의 모든 조항도 화환신용장에서 그러한 취지의 문언을 표시함으로써 수정 또는 배제가 가능하다.

이처럼 UCP의 적용은 신용장 본문에 UCP의 표시와 UCP의 수정 또는 배제를 하는 데 있어 당사자자치의 원칙(principle of party autonomy)이 적용된다. 따라서 신용장에서 UCP 적용내용의 수정이나 배제를 원할 경우에는 이를 신용장 본문에 분명하게 표시하여야 한다.

Case 01-01	비은행이 발행한 신용장 통지의 인정 여부

Q 비은행이 발행한 신용장에 대하여 비은행(non-bank)이라는 발행 실체에 대한 아무런 언급 없이 기업이 발행한 신용장을 은행이 통지하는 것은 인정될 수 있는 관행인가?

사례 및 쟁점 우리는 은행에 의해 통지된 신용장에 관하여 많은 질의를 받아왔다. 그러나 실제로 그러한 신용장은 은행이 아니라 기업 또는 금융기관에 의해서 발행된 것이다. 법적으로 모든 실체가 신용장을 발행할 수 있다는 사실에도 불구하고, 우리는 발행은행이 매도인(수익자)에게 독립적으로 지급확약 한다는 기본 전제 하에, UCP에서는 오직

---

5) James E. Byrne, *The Official Commentary on the International Standby Practices,* Institute of International Banking Law and Practice, Inc., 1998, pp. 9~10.

발행은행이 신용장을 발행하는 것으로 생각하고 있다. 매도인이 신용장을 필요로 하는 것은 대금지급 확약과 거래은행으로부터 선적 전 금융을 수혜하기 위하여 신용장을 사용할 수 있기 때문이다.

기업신용장의 경우에, 지급확약은 보통 독립적인 제3자에 의한 것이 아니다. 기업 실체에서 발행한 신용장은 신용위험이 있다. 신용장하에 매입을 위해 서류가 제시 되었을 경우, 매입은 은행위험이 아니라 발행 실체인 기업위험에 근거를 두게 된다.

실제 신용장 통지은행이 기업이 발행한 신용장을 비은행이라는 발행 실체에 대하여 아무런 언급 없이 수익자에게 통지하는 것은 인정될 수 있는 관행으로 볼 수 있는지 여부이다.

A 비록 UCP에서 이와 같은 발행에 관하여 고려하고 있지 않더라도 UCP에 준거하여 비은행이 신용장을 발행하는 것은 UCP를 위반하지 아니한 것으로 본다. UCP는 은행이 비은행 발행 신용장 통지에 대해 구체적으로 규정하고 있지 않다. 이와 같은 통지에는 발행인(issuer)을 정확히 특정하고 통지은행의 책임 역할을 명시하여야 한다. 발행인이 발행은행(issuing bank) 또는 기타의 자로 지칭하는 통지형식이 어떤 은행이라는 인상을 주게될 경우, 오해의 소지를 바로잡기 위하여 발행인이 비은행 신분임을 확실하게 밝히는 것을 권장한다.[6)]

검토 UCP는 신용장의 발행인 또는 기타의 행위자는 은행임을 반영하고 있다. UCP에서 비은행 실체에 대하여 발행, 확인, 지급, 매입 또는 신용장통지 등의 행위를 금지하는 명확한 규정은 없지만, UCP 상의 용어(발행은행, 확인은행 등)에서는 은행으로 간주된다.

이러한 가정은 은행의 신용장 발행과 취급에 관한 세 가지 본질적인 유용성이 있다는 인식에 기초를 둔다. 즉 은행은 신용장 발행 및 제시를 취급함에 있어 전문적인 지식을 가져야 하며, 근거거래와 독립성을 견지하여 신용장의 상업적 평판에 기초를 두어야 하며, 사실상 모든 나라의 은행들이 그들의 확약에 의지하는 자들을 보호하기 위하여 특별히 규제되어야 한다는 점이다.

하지만, 은행위원회 자신도 UCP가 국내법(local law)에 따라 누구에게 신용장발행 권한을 부여하는 지, 그리고 UCP에 준거하여 누가 확약서를 발행할 수 있는 지 결정할 수

6) ICC, *ICC Banking Commission Unpublished Opinions 1995-2004,* ICC Publication No. 660, 2005 (이하 ICC Pub. 660이라고 약칭한다), R 505.

없다. 신용장발행의 제한은 국내법의 규제문제라는 점이 명백하다. 어떤 나라에서는 비록 사용 고객의 상황에 따라 제한이 있으나 비은행이 신용장을 발행할 수는 있다. 그러나 또 다른 나라에서는 신용장발행을 금융기관(financial institutions)으로 제한하고 있다. 그러나 그것은 오직 은행만이 금융기관을 구성하는 것인지 명확하지 않다. 그 결과 몇 개의 국가에서는 보험회사와 같은 금융기관인 비은행이 신용장을 발행한 예도 있다.

UCP 그 자체가 적용범위를 한정할 수 없는 것인지는 명백하지 않다. UCP는 관행에 대한 사적자치의 규범이다. UCP 600 제1조에서 인정하는 바와 같이 이 규칙은 약정에 의하여 수정하거나 배제할 수 있다. 비록 UCP에서 명확하게 비은행에 의한 신용장 발행을 금지할지라도 이 금지가 수정될 수 있다. 왜냐하면 UCP는 적용 방법을 제한할 수 있는 입법이 아니기 때문이다.[7]

한편 미국 통일상법전(Uniform Commercial Code: UCC)[8] 신용장편에서 "발행인(issuer)이라 함은 신용장을 발행하는 은행 또는 기타의 자를 말한다. 그러나 개인용, 가족용 또는 가정용의 목적으로 지급을 약정하는 개인은 이에 포함하지 아니 한다"라고 규정하고 있어 미국은 은행에 국한하지 아니하고 은행 이외의 금융기관이나 기업도 신용장을 발행할 수 있도록 하고 있다. 따라서 미국에서는 신용장발행 실체와 관련하여 "issuing bank"라 칭하지 아니하고 "issuer"라는 포괄적인 용어가 사용되고 있다.[9]

비은행이 신용장을 발행할 수 있다고 하여 특히 무역거래에서 이와 같은 신용장을 수익자가 수령하는 것은 신중한 행동이 아니다. 통지은행이 신용장발행 실체를 수익자에게 통지하여 준다고 하여도 피지시인의 행위에 대하여 신용장거래상의 책임을 부담하는 것은 아니다. 이 경우에는 발행인의 국가에 대한 위험도, 기업의 신용상태 등을 고려하고 평가하여야 하지만 이것으로 결제상의 위험이 방지된다고 볼 수는 없다. 따라서 이와 같

---

7) *Ibid*.

8) UCC Article 5-102(9).

9) 미국 통일상법전에 규정된 바와 같이 미국에서는 은행 이외의 자도 신용장을 발행할 수 있으므로 이 책에서는 이 경우 발행인(issuer)으로, 그 외 신용장통일규칙(UCP) 등 국제간 신용장거래에서는 은행이 신용장을 발행하는 관행을 고려하여 발행은행(issuing bank)으로 그 용어를 혼용하여 사용하고자 한다. 아울러 저자는 신용장거래에서 개설은행(opening bank)이라는 표현은 발행은행(issuing bank)이라는 표현으로 그 용어가 사용되어야 한다는 점을 권고하고 싶다. 왜냐 하면 "opening bank"라는 용어는 "국제상업회의소 1974년 제3차 개정 UCP 290" 때부터 "issuing bank"로 사용하게 되었고(General Provisions and Definitions (b) 및 A. Form and Notification of Credits Article 2 이하 UCP 전문에서 "issuing bank"로 사용), 그 이후 및 현행 UCP 600 용어의 정의(제2조) 및 모든 조항에서 "issuing bank"라는 용어로 표현되고 있으며, 그리고 eUCP에서도 "issuing bank"라는 용어로 표현되고 있기 때문이다.

은 문제를 예방하기 위해서는 매매계약시 대금결제조건에서 신용장은 공신력 있는 은행이 발행하여 줄 것을 일반거래조건(General Terms and Conditions) 등에 부연하여 합의하는 것도 한 방법이 될 수도 있다.

Case 01-02 UCP 준거문언이 없는 신용장의 경우 UCP 적용 여부

Q SWIFT 시스템에 의한 신용장 통지시 신용장 본문에 UCP 준거문언이 없는 경우 UCP가 적용될 수 있는가?

사례 및 쟁점 UCP 600 제1조에 따라, 모든 신용장은 UCP 600의 2007 개정판을 준거로 발행되며,[10] 이를 이행하기 위하여 신용장 자체 본문에 "명시적으로 표시"되어 있어야 한다. 이에 대하여, SWIFT 안내서(handbook)에서는 SWIFT를 통하여 전송된 모든 신용장은 ICC 규칙, 즉 UCP에 의하는 것이라고 언급되었던 것을 볼 수 있다.

UCP 제1조와 이와 같은 SWIFT의 안내서(MT700 및 MT701)[11] 사이에는 분명한 모순이 있다. UCP 제1조는 신용장에 UCP의 표시를 요구하고 있다. 반대로 SWIFT 가이드라인은 SWIFT 네트워크를 통한 신용장의 발행 및 전송시에 그와 같은 표시가 있어야 하는 것을 상정하고 있다.

SWIFT로 전송된 신용장에서 UCP 표시를 원하지 아니하는 당사자는 UCP의 자동 표시를 무시하여야 한다. 그들은 자신의 메시지 또는 다른 약정에 의하여 신용장에서 UCP를 배제하는 것으로 명시적으로 표명하여야 한다.

실제로 SWIFT 네트워크를 통하여 전송된 신용장이 신용장 자체 본문에 분명한 표시에 대하여 언급하지 아니한 경우를 가끔 접하게 된다. 특히 SWIFT 시스템을 가지지 아니한 매입은행의 경우에는 SWIFT 시스템으로 은행을 통하여 통지된 신용장 그 자체에 UCP 준거문언 부재시 UCP 600을 적용하여야 할지 여부에 대하여 딜레마에 빠지게 된다.

---

10) 이 사례는 당시 UCP 500 이 적용되었으나, 본문에서의 관련 조항은 현재 적용되고 있는 UCP 600의 것으로 하였다.

11) MT700 및 MT701은 화환신용장발행에 대한 메시지 형식(Message Type: MT)을 의미한다.

A SWIFT[12] 시스템에 의한 신용장 통지에서 UCP 준거 여부에 대한 침묵이 UCP에 따르지 않는다는 것을 의미하지 아니한다. SWIFT 시스템 메시지 형식에 의한 신용장은 UCP에 따르는 것으로 오랫동안 받아들여져 왔고, 승인된 관습이므로 UCP를 적용할 수 있다.[13]

검토 UCP는 신용장 문언에 UCP 준거를 명시적으로 표시하여야 신용장에 적용된다. 과거 SWIFT 사용자 안내서(User Handbook)의 "MT700 Usage Rules"에서는 "별도의 표시가 없는 한, 화환신용장은 발행일자에 행하는 UCP를 준거로 발행되는 것이므로, 메시지 수신자인 통지은행은 수익자 또는 다른 통지은행에 신용장이 UCP가 준거된다는 사실을 통지하여야 한다"[14]고 명시된 바 있었다.

ICC는 SWIFT 신용장상에 UCP에 따른다는 언급이 없을 경우 유효한 신용장인가에 대한 질의에 대하여 UCP에 대한 언급 없이 SWIFT 시스템을 이용하여 발행된 신용장은 UCP 제1조와 상충된 것으로 보일 수 있지만, 이는 오랫동안 관행으로 인정되어 왔기 때문에 UCP를 적용하는 것으로 간주된다는 공식의견을 밝힌 바 있다.

또한 한국의 대법원도 중소기업은행 대 비엔피파리바은행 사건[15]에서 "SWIFT 방식에 의하여 발행된 신용장에는 발행 당시에 시행중인 신용장통일규칙이 적용되도록 되어 있으므로, 비록 신용장의 문면상에 국제상업회의소가 제정한 신용장통일규칙이 적용된다는 명문의 기재가 없다고 하더라도, 다른 특별한 사정이 없는 한 해당 신용장에는 그 신용장이 발행될 당시 시행중인 신용장통일규칙이 적용 된다"고 판시하였다.

이와 같이 SWIFT 시스템의 신용장상에 UCP 준거문언이 없더라도 일반적으로 UCP에

---

12) SWIFT는 "세계은행간 금융데이터통신협회"(Society for Worldwide Interbank Financial Telecommunication)로 국제간의 대금결제 등에 관한 데이터통신의 연결망(network)을 기획하고 운영하는 것을 목적으로 1973년 벨기에 법(Belgium Law)에 의하여 설립되었다. SWIFT 시스템은 가맹회원이 쉽게 이해할 수 있는 표준화된 금융메시지를 안전하게 교환할 수 있는 플랫폼과 서비스를 제공하고 있으며, 한국의 경우 1986년 금융결제원에 SWIFT사무국이 설치되어 동 시스템을 이용하고 있다.

13) ICC, *More Queries and Responses on UCP 500,* ICC Publication No. 596, 1998(이하 ICC Pub. 596 이라고 약칭한다), R 248, ICC Document 470/TA.378, March 1, 2000.

14) UCP 500적용 당시 까지는 SWIFT 사용자 안내서에서 이와 같이 표현하였으나, 지금은 MT 700 Usage Rules에 "별도 명시가 없는 한, SWIFT 메시지에 기초하여 수익자 또는 다른 통지은행에 통지된 화환신용장은 유효한 신용장증서가 된다"(Unless otherwise specified, a documentary credit advised to the beneficiary or another advising bank based on a SWIFT message constitutes an operative credit instrument)라고 표현하고 있다.

15) 대법원 2003.1.24, 선고, 2001다68266, 판결.

준거하여 처리되는 것으로 볼 수 있으나 국제간 SWIFT 시스템에 의한 신용장 발행 및 통지가 보편화되고 있는 현실에서 SWIFT 시스템에 의한 메시지 구성 중 UCP 준거문언의 불표시로 인하여 신용장거래 당사자간 UCP 적용 여부에 대한 의문의 소지도 있을 수 있다.

따라서 SWIFT 시스템에 의한 신용장 발행은행은 신용장을 발행할 때, 또한 신용장 통지은행은 신용장을 수익자에게 통지할 때, SWIFT 시스템의 메시지 형식(MT700)의 Field ":40E Applicable Rules"란 또는 ":72 Sender to Receiver Information"란 또는 통지은행의 신용장 통지문면상에 UCP LATEST VERSION, 즉 "THIS CREDIT IS SUBJECT TO UCP 600(2007 REVISION) ICC PUBLICATION NO. 600"과 같은 UCP 준거문언을 반드시 표시하여 이를 명확히 하여야 할 필요가 있다. 한편 UCP 준거를 배제시키고자 할 경우에는 그와 같은 내용도 신용장에 분명하게 표시하여야 한다.

Case 01-03	UCP 600과 모순 또는 불일치되는 경우 신용장에 수정 또는 배제의 문언을 명시해야 하는지 여부

Q 신용장에 명시된 조건이 UCP 600과 모순되거나 불일치되는 경우, "본 규칙은 신용장에 분명히 수정되거나 또는 배제되지 아니하는 한 모든 관계당사자를 구속 한다"라는 제1조의 규정에 충분히 부합되는 것으로 보는가? 아니면, 신용장에 UCP 조항이 수정되거나 배제되었는지를 분명하게 명시하여야 하는가?

사례 및 쟁점 우리는 UCP 600에 준거하는 자유매입신용장을 수령하였다. 동 신용장에는 다음과 같은 조건이 포함되고 있다: "이 신용장에 명시된 모든 조건이 UCP 600 상의 규칙과 상충하거나 또는 불일치하는 경우, UCP 600 상의 관련 조항은 명시적으로 수정하거나 또는 배제될 수 있다."

우리는 이 조항과 관련하여 미지급 사유가 야기될 수 있는 가능성에 관하여 충분히 논의한 후, 동 조항을 삭제하여 줄 것을 제안하였다. 우리는 신용장을 통지하지 않았고 이를 발행은행에 통지하였다. 결국, 수익자는 신용장을 발행은행 사무소로 부터 직접 수령하였고, 6월에 우리에게 서류를 제시 하였다. 우리는 신용장을 매입하지 않고, 단지 동 서류를 발행은행에 발송하였다. 서류전달 5일 후에, 발행은행이 우리에게 해당 서류의 인수 및 만기일 그리고 지급이 만기일에 이루어진다는 내용을 통지하여 왔다.

신용장상에 "본 신용장에 명시된 모든 조건이 UCP 600 상의 규칙과 모순되거나 또는 불일치되는 경우, UCP 600 상의 관련 조항은 명시적으로 수정하거나/또는 배제될 수 있다"라는 문언이 UCP 600의 제1조의 마지막 문장 ("본 규칙은 신용장에 분명히 수정되거나 또는 배제되지 아니하는 한 모든 관계당사자를 구속한다")에 충분히 부합되는 것으로 볼 수 있는가? 아니면, 신용장에 UCP 600의 어느 조항이 수정되거나 배제되었는지 분명하게 명시하여야 하는 것인가?

우리 국가의 국내위원회(National Committee)는 신용장상의 문언이 UCP 600의 조항에 수정을 가하기에는 충분하지 않다는 견해이며, 따라서 발행은행은 하나 또는 그 이상의 규칙의 수정 또는 배제와 관련하여 명시해야 하는 것으로 알고 있다. 예를 들면, UCP 600의 어떤 조항이 수정 또는 배제되었는지를 명시하여야 하며, 또한 어떤 방식으로 수정되었는지에 대해서도 명시하여야 한다고 하였다. 국내위원회의 입장이 옳은가?

A 신용장상에 문언을 사용하는 것은 권고하지 않는다. UCP 600 제1조의 문언으로 신용장조건이 UCP 600의 규칙을 수정 또는 배제할 수 있는 것으로 설명하는 것은 충분하다. 어떤 규칙의 수정은 UCP에 내재된 규칙과 다른 상황을 야기할 수 있는 관련 데이터를 단순히 삽입하는 것만으로도 된다. 발행은행은 거래상황으로 인하여 규칙수정이 요구될 수 있는 상황이 있을 수도 있다는 사실을 인식하여야 한다.

이는 발행은행에게 신용장의 모호함(ambiguity)으로 인한 위험을 피할 수 있도록 더욱 상세한 문언명시를 요구할 수도 있는 것이다. 이와 관련하여, "신용장 서류심사를 위한 국제표준은행관행"(International Standard Banking Practice for the Examination of Documents under Documentary Credits: ISBP 681)의 제2항에서 "발행의뢰인은 신용장발행 또는 조건변경을 위한 지시에 있어서 모든 모호함에 따른 위험을 부담한다"는 내용을 참조할 필요가 있다.

ICC 은행위원회는 UCP 600 규칙의 수정 또는 배제를 최소한으로 유지할 것을 권고하고 있다.[16]

검토 제1조에서는 "이 규칙은 신용장에 분명히 수정되거나 또는 배제되지 아니하는 한

16) Gary Collyer and Ron Katz, *ICC Banking Commission OPINIONS 2009-2011,* ICC Publication No. 732, ICC Services, 2012(이하 ICC Pub. 732라고 약칭한다), R 716.

모든 당사자를 구속한다"와 같은 내용이 포함되어 있다. 신용장에 명시된 조건은 제1조의 문언을 강조하는 것으로 보아야 하며, 동 조항에서 예측 가능한 입장을 손상하거나 다른 접근을 암시하는 식으로 해석하여서는 아니 된다. 실제로 신용장의 문언은 신용장 조건이 UCP 규칙 중 하나 또는 그 이상을 수정 또는 배제할 수 있는 것을 강조하기 위하여 필요로 하지 않았다.

쟁점은 "명시적으로"(expressly)라는 용어와 관련하여, 은행에게 구체적으로 신용장에 UCP 규칙의 수정 여부와 그 범위에 대하여 명시하도록 요구할 수 있는지에 관한 것이다. 궁극적으로는 신용장조건은 해당 서류들이 일치하는 제시를 충족하는지의 여부를 확인하는 서류심사와 관련이 있는 것이다. UCP 600에 포함된 규칙은 신용장이 동 규칙 중 하나 또는 그 이상을 수정하는 조건을 포함하지 아니하는 범위내서 신용장에 적용할 수 있다.

규칙의 수정은 은행에게 수정되는 조항 또는 수정방법 등을 구체적으로 명시할 것을 요구하는 필수적 요건이 아니다. 예를 들면, MT700[17]의 48란(서류제시기간)에 "15일"을 삽입한 경우, UCP 600 제14조 c항에 명시되어 있는 선적일 후 역일(暦日; calendar days) 21일 이내에 수익자에 의해 또는 수익자를 대신하여 서류를 제시하도록 명시된 규칙을 수정하여야 하는 것이다. 이 같은 수정사항에 대한 설명이 없다 하여도, "15일"을 삽입하는 것만으로 서류제시기간에 대한 규칙이 분명하게 수정되는 것이다.

규칙을 배제할 경우에는, 그 이유가 무엇이든지 간에 이 같은 규칙 배제에 관한 분명한 명시, 즉 "제14조 i항은 배제 된다"와 같이 명시되어야 한다. 규칙이 배제되는 대부분의 경우, 신용장 상에는 배제된 해당 문언 또는 조항을 대신하는 새로운 규칙이 포함되어 있어야 한다. 제14조 i항이 배제되는 경우에는 신용장 상에 이를 대신하여 서류의 일자와 관련된 새로운 조건에 대하여 명시할 필요가 있다.

이와 관련된 판례로 *All Season industries, Inc. v. Tresfjord Boards A/S* 사건[18]에서 법원은 신용장상의 명세와 일치되는 상업송장의 물품명세에 대한 UCP의 규정[19]은 무화환신용장의 지급을 행하는데 있어 기본적으로 적용될 수 없다고 판시하였다.

이는 환어음 제시를 지급 조건으로 하는 신용장, 즉 무화환신용장의 경우 신용장과 상업송장간의 일치성에 관한 UCP의 규정은 적용되지 아니한다는 주목할 만한 사례로 볼

---

17) 화환신용장거래와 관련하여 SWIFT가 제공하는 서비스 중 하나로, MT700/701은 화환신용장의 발행(issue of documentary credit)에 관한 표준메시지 형식이다.

18) 13 UCC Rep. Serv. 2d 1207, 563 NE 2d 174(Ind. App. 1990).

19) UCP 500, Article 37-c, UCP 600, Article 18-c.

수 있다.

Case 01-04 보증신용장에 따라 제시된 미지급 송장사본의 심사

Q 보증신용장에 따라 미지급 송장사본이 제시된 경우, UCP 600 제18조 b항의 심사기준으로 적용될 수 있는가?

사례 및 쟁점 UCP 600에 준거하는 보증신용장(standby credit)에서 수익자의 증명서에 추가하여 미지급 송장(unpaid invoice)사본 한통 제시가 요구되었다. 수익자의 증명서는 보증신용장과 일치하였으나, 송장은 보증신용장상의 금액보다 더 많은 금액으로 발행되었다.

상업송장이 증빙서류임을 감안할 때, 발행은행이나 확인은행(있는 경우), 또는 지정에 의하여 행동하는 지정은행은 본 사례에서 이와 같은 송장이 ISP98 제3조 3.08 e항[20]의 경우와 같이 수리하여야 하는지, 또는 UCP 600 제18조 b항[21]의 내용에 따라 송장 거절권을 유보할 수 있는지 여부에 대하여 통지하여 주면 감사하겠다.

A 발행은행, 확인은행 또는 지정에 따라 행동하는 지정은행은 송장이 보증신용장의 조건과 일치하는 경우, 미지급 송장을 수리하여야 한다.[22]

검토 질의의 쟁점은 어떤 은행이 보증신용장을 발행할 때 생길 수 있는 문제점들 중 하나를 조명하고 있는데, 이는 UCP 600을 준거함에 있어 어떤 서류제시가 요구될 때, 예를 들면, 보상이 없는 미지급 상업송장의 경우 UCP 600 상의 특정조항이 해당서류의 제시에 적용될 수 없다는 점이다. 보증신용장 발행을 의뢰할 때, 명시된 서류와 관련된 필수 데이터 내용의 명시책임이 발행의뢰인에게 있으므로 발행의뢰인은 발행은행이 이와

---

20) ISP98, Article 3.08(e); 청구 금액이 보증 금액을 초과할 경우 지급 제시는 불일치한 것으로 간주한다.

21) UCP 600, Article 18-b; 지정에 따라 행동하는 지정은행, 확인은행(있는 경우) 또는 발행은행은 신용장에 의하여 허용된 금액을 초과한 금액으로 발행된 상업송장을 수리할 수 있으며, 그 은행의 결정은 문제의 은행이 신용장에 의하여 허용된 금액을 초과한 금액으로 인수·지급 또는 매입하지 아니하였을 경우 모든 당사자를 구속한다.

22) ICC Pub. 732, R 717.

같은 사항을 보증신용장에 명시할 수 있도록 하여야 한다.

이러한 맥락에서 볼 때, UCP 600 제1조에는 부분적으로 "UCP는 신용장의 본문에 이 규칙에 따른다고 명시적으로 표시하고 있는 경우 모든 화환신용장("신용장")(적용 가능한 범위 내에서 모든 보증신용장을 포함하여)에 적용되는 규칙이다"라고 명시되어 있다.

이 질의에서는 제18조 b항이 참조되어 있는데, 이 조항의 내용은 "지정에 따라 행동하는 지정은행, 확인은행(있는 경우) 또는 발행은행은 신용장에 의하여 허용된 금액을 초과한 금액으로 발행된 상업송장을 수리할 수 있으며, 그 은행의 결정은 문제의 은행이 신용장에 의하여 허용된 금액을 초과한 금액으로 인수·지급 또는 매입하지 아니하였을 경우 모든 당사자를 구속한다"는 것이다.

보증신용장에 의거하여 미지급 송장사본이 제시되었을 경우, 이에 대한 내용이 보증신용장 조건으로 요구하는 범위를 제외하고는 제18조 b항의 심사기준에 준거하지 않는다.

이 질의에서는 미지급 송장사본이 증빙서류임을 언급하고 있다. 이는 UCP의 규칙이 이러한 상태를 명시하는 서류를 참조하지 않는다는 것을 의미하는 것이다. 보증신용장에 의하여 요구된 서류는 보증신용장에 포함된 요구사항에 따라 심사되어야 하는 것이다.

보증신용장(standby credit)은 신용장발행은행이 지급보증상대 은행으로 하여금 특정인에게 금융지원 등 여신행위를 하도록 하고, 채무의 상환을 이행하지 않을 경우에 지급을 이행하겠다는 확약을 말한다. 보증신용장은 상업신용장과 마찬가지로 지급확약에 대하여 1차적인, 즉 독립적인 의무를 부담한다. 그러나 일반적인 보증은 2차적인 의무, 즉 부종적인 의무를 부담하는 것이다.

보증신용장은 일반적인 물품대금의 직접적 결제를 목적으로 하는 화환신용장이 아니고 일종의 무화환신용장(clean credit)이다. 이는 보통 해외 현지법인이나 지점 또는 거래처의 대본사 물품수입과 관련하여 현지은행에 현지금융담보나 건설·용역 및 플랜트수출과 관련한 입찰보증(bid bond)·계약이행보증(performance bond)·하자보증(maintenance bond)·선수금환급보증(advance payment bond) 등에 대한 지급보증서(letter of guarantee)의 성격으로 사용되는 경우가 많다.

화환신용장은 수익자가 기본적인 거래관계를 이행하였다는 사실을 선화증권 등의 서류를 기초로 하여 대금지급이 이루어지는 것이 일반적이나, 보증신용장은 차입자나 수익자가 거래은행으로부터 채무를 불이행하였다는 사실을 증명하는 서류제시에 대하여 대금지급을 확약하고 있다는 점에서 차이가 있다.[23)]

23) 보증신용장은 은행지급보증서와 다음과 같은 점에서 구분된다. 첫째, 보증신용장은 당사자의 권리·

보증신용장 사용이 많은 미국의 경우 보증신용장은 고객의 대금지급과 의무를 불이행하였다는 사실을 증명하는 서류의 제시로부터 지정된 수익자에게 지급할 것을 동의하는 신용장을 발행하는 은행의 약정으로[24] 물품 매매에 대한 안전한 대금지급을 보장하는 전통적인 신용장과는 구별되며 약속어음을 지급하는 의무와 같은 무형재산 또는 금전상의 채무의 처리나 보증에 주로 사용되고 있다.[25]

신용장거래라 하더라도 무화환신용장인 보증신용장에 의한 거래는 당사자간의 의무이행에 따른 발행은행의 확약이므로 화환신용장과는 그 기능면에서 다르다.

이와 같이 근거계약(underlying contract)의 이행에 따라 지급하는 보증신용장의 경우의 일치성 여부는 화환신용장과는 근본적인 차이가 있다고 할 수 있다.

Case 01-05	자신의 은행지점 상호간 보증신용장 발행가능 여부

은행지점들이 은행의 네트워크 내에서 상호간 보증신용장을 발행할 수 있는가?

A 은행이 자신의 지점 중 하나에 신용장의 확인을 요청하는 것은 보기 드문 일이 아니다. 이와 같이 보증신용장의 경우에도 동일한 절차가 가능하다. 다만 이러한 상황에서 결제위험을 수익자가 적절하게 커버할지 여부를 결정하는 것이 이슈가 된다.[26]

검토 UCP 600 제1조는 "모든 화환신용장(적용 가능한 범위 내에서 모든 보증신용장을

의무 및 형식 등에 있어서 신용장통일규칙(UCP) 또는 보증신용장통일규칙(ISP98)의 적용을 받는데 비하여, 지급보증서의 경우에는 그러하지 않다. 둘째, 보증신용장은 일정한 서류의 제시를 전제조건으로 은행의 지급의무가 발생하나, 지급보증서는 수익자의 지급청구가 있으면 즉시 은행의 지급의무가 발생되며, 그 이외에 다른 증빙이나 조건을 필요로 하지 않은 것이 원칙이다. 셋째, 보증신용장은 어음이 발행되는 근거가 되므로 보증신용장 발행은행은 그러한 어음을 발행하는 자에 대하여 독립적인 채무를 부담하게 되지만, 지급보증서의 경우에는 어음 발행과는 무관하다.

24) United Bank of Denver National Association v Quadrangle Ltd, 42 Colo App 486, 596 P2d 408 (1979).

25) Republic National Bank v Northwest National Bank, 578 SW2d 109 (Tex 1979).

26) ICC Pub. 596, R 249.

포함하여)에 적용될 수 있다"라고 언급하고 있다. UCP 600은 은행이 자신의 지점 또는 본점 중 한 곳을 통하여 화환신용장(보증신용장을 포함하여)의 통지 또는 확인을 할 수 있는지에 대하여 구별하지 않고 있다. "다른 국가에 있는 어떠한 은행의 지점은 독립된 은행(separate banks)으로 본다"는 것(UCP 600 제3조)은 본점과 지점이 법적으로 동등한 지위에 있음을 인정하는 것이다.

현행 신용장통일규칙은 화환신용장을 목적으로 제정된 규칙이므로 보증신용장에 적용하기에는 많은 어려움이 따른다. 특히 운송서류 관련 조항들, 할부어음발행 및 선적 등과 관련된 조항들은 보증신용장거래에 적용할 수 없을 것이다. 따라서 신용장당사자간의 권리의무 관계, 서류의 제시, 서류심사, 보증서류의 유형, 양도 등 구체적인 보증신용장 관련 거래에 관해서는 ISP98을 준거규범으로 삼는 것이 바람직하다.[27)]

Case 01-06	보증신용장의 발행의뢰인과 발행은행 사이의 법률관계

Q 보증신용장의 발행의뢰인과 발행은행 사이의 법률관계에도 신의성실의 원칙이 적용되는가? 또한 발행의뢰인이 발행은행의 하자 있는 신용장대금 지급행위를 사전에 묵시적으로 양해하였거나 또는 사후에 발행의뢰인의 권리행사가 제한되는 것으로 볼 수 있는가?

S은행(원고, 피상고인) 대 지00(피고, 상고인) 사건[28)]

A 한국 대법원의 판결

1. 보증신용장의 발행의뢰인과 발행은행[29)] 사이의 법률관계는 당사자 사이의 발행계약

27) 보증신용장의 준거로 선택할 수 있는 유용한 국제상관습과 국제협약으로는 1998년 국제상업회의소(International Chamber of Commerce: ICC)에 의하여 제정된 "보증신용장통일규칙" (International Standby Practices: ISP98)과 유엔 국제무역법위원회(United Nations Commission on International Trade Law: UNCITRAL)의 주도하에 1995년 제정된 "독립적 보증과 보증신용장에 관한 유엔 협약"(United Nations Convention on Independent Guarantees and Stand-by Letters of Credit)이 있다. 유엔 협약은 협약의 특성상 우선적으로 체약국에 대하여만 효력을 가지므로, 사적자치의 원칙에 따라 국제상업회의소의 ISP98을 보증신용장거래의 준거로 사용하는 것이 오히려 편리할 수 있다.
28) 대법원 2004. 9. 24. 선고 2001다69771 판결.
29) 이 판결문에서 개설은행이라는 표현은 이 책에서 용어사용의 일관성을 위하여 발행은행으로, 개설의뢰인은 발행의뢰인으로 정리하였다. 또한 미국 판례의 발행인(issuer)이라는 표현을 제외하고, 이

의 내용 및 그 계약의 내용으로 편입되는 신용장통일규칙에 의하여 규율될 것이지만, 그 외에 고도의 신뢰관계를 바탕으로 하는 발행은행과 발행의뢰인 사이의 법률관계의 특성상 사법상의 대원칙인 신의성실의 원칙이 더욱 폭 넓게 적용된다고 할 것이고, 따라서 발행의뢰인이 상대방인 발행은행으로 하여금 보증신용장의 유효기간 만기 이후에 수익자가 보증신용장대금을 청구하여 발행은행이 이를 지급하여도 사후에 이에 대한 이의를 제기하지 않겠다는 취지로 믿게 할 만한 언동을 하였거나 발행의뢰인이 신의성실의 원칙상 요구되는 발행은행에 대한 보호 의무를 현저히 위반한 것으로 평가되는 경우 등에는 구체적인 사정에 따라 발행의뢰인이 발행은행의 하자 있는 신용장대금 지급행위를 사전에 묵시적[30]으로 양해하였다고 보거나 혹은 사후에 발행의뢰인의 권리행사가 제한된다고 볼 경우가 있을 수 있다[31] 할 것이다.

2. 이 사건에 있어서, 이 사건 보증신용장이 발행된 것은 피고 자신이 미국에 설립한 사실상 피고의 1인 회사인 소외 회사가 뉴욕지점으로부터 대출을 받기 위한 것으로서, 보증신용장의 발행은행인 삼성동지점과 대출은행인 뉴욕지점은 법률상 하나의 법인체인 점, 피고는 뉴욕지점으로부터 소외 회사의 대출금에 대한 만기 전에 대출기간을 연장하든가 혹은 대출금을 상환하라는 통지를 받고 보증신용장의 발행은행인 삼성동지점에는 대출의 담보인 보증신용장의 유효기간 연장을, 뉴욕지점에는 대출기간 연장을 각 적극적으로 요청한 점, 피고는 그와 같은 보증신용장의 유효기간 및 대출금의 만기연장을 전제로 삼성동지점 및 뉴욕지점 양 측과 대출이자 문제로 협의를 계속하였고, 뉴욕지점은 피고가 진행 중인 그와 같은 기간연장의 합의를 전제로 대출금 미상환시의 담보실행, 즉 보증신용장의 대금청구를 늦추었으며, 삼성동지점으로서는 뉴욕지점이 보증신용장의 대금을 유효기간 이후에 청구하더라도 이를 지급하는 것을 전제로 기간 경과 이후에도 계속 협의를 진행한 점 등 이 사건 기록에 나타난 제반 사정에 비추어 보면, 이 사건의 경우에는 피고가 삼성동지점이 뉴욕지점의 보증신용장 유효기간 경과 후의 대금청구에 대하여 이를 지급하여도 이의를 제기하지 않겠다는 취

하에서는 발행은행(issuing bank)으로 통일하여 표현하기로 한다.

30) 묵시적 의사표시는 대체로 침묵에 의한 의사표시와 추단적 행위에 의한 의사표시가 있다. 전자는 침묵을 효과의사의 표현이라고 인식시키는 특별한 사정이 존재하는 경우, 즉 당사자의 약정이나 거래관행 또는 신의칙 등에 의하여 표시하는 경우에는 표시행위로 인정될 수 있는 것이며, 후자는 직접 효과의사의 표명을 목적으로 하는 것은 아니지만 그로부터 일정한 효과의사를 추단할 수 있는 행위를 말한다; 채동헌, 「국제거래와 법」, 청림출판, 2004, 143면.

31) 한국 대법원의 판결문에서 밑줄 부분(이하 같음)은 판결요지에 해당되는 것으로, 이는 대법원 종합법률정보의 표시에 따른 것이다.

지의 묵시적 양해가 있었다고 볼 것이고, 나아가 피고가 사후에 대출이자율 문제로 대출의 기간연장에 대한 합의가 결렬되자 그 사이에 보증신용장의 유효기간이 경과하였음을 이유로 삼성동지점이 뉴욕지점의 청구에 응하여 보증신용장 대금을 지급한 것을 문제삼는 것은 위와 같은 신의성실의 원칙에 비추어 허용될 수 없다고 보는 것이 타당하다.

3. 원심[32)]이, 그 판시 사정만으로 피고의 묵시적 보증책임이 인정된다고 판시한 부분의 이유 설시에 다소 부적절한 점이 없지 아니하나, 피고가 원고 은행에 대하여 소외 회사의 대출금 채무, 즉 보증신용장 대금의 상환에 책임이 있다고 본 결론은 정당하다고 할 것이므로 거기에 상고이유에서 주장하는 바와 같이 처분문서인 외국환거래약정서 또는 보증신용장에 관한 법리를 오해하여 판결에 영향을 미친 위법이 있다고 할 수 없다.

그리고 원고 은행이 피고를 상대로 금원 지급을 구하고 있는 이 사건에 있어서 피고의 연대보증인인 김00 등에게까지 책임을 부담시키는 것은 부당하다는 상고이유의 주장은 적법한 상고이유가 되지 아니한다.

32) 서울지법 2001. 9. 20. 선고 2000나73345 판결.

제2조 정의

[Article 2] Definitions

For the purpose of these rules:

Advising bank means the bank that advises the credit at the request of the issuing bank.

Applicant means the party on whose request the credit is issued.

Banking day means a day on which a bank is regularly open at the place at which an act subject to these rules is to be performed.

Beneficiary means the party in whose favour a credit is issued.

Complying presentation means a presentation that is in accordance with the terms and conditions of the credit, the applicable provisions of these rules and international standard banking practice.

Confirmation means a definite undertaking of the confirming bank, in addition to that of the issuing bank, to honour or negotiate a complying presentation.

Confirming bank means the bank that adds its confirmation to a credit upon the issuing bank's authorization or request.

Credit means any arrangement, however named or described, that is irrevocable and thereby constitutes a definite undertaking of the issuing bank to honour a complying presentation.

Honour means:

a. to pay at sight if the credit is available by sight payment.

b. to incur a deferred payment undertaking and pay at maturity if the credit is available by deferred payment.

c. to accept a bill of exchange ("draft") drawn by the beneficiary and pay at maturity if the credit is available by acceptance.

Issuing bank means the bank the issues a credit at the request of an applicant or on its own behalf.

Negotiation means the purchase by the nominated bank of drafts (drawn on a bank other than the nominated bank) and/or documents under a complying presentation, by advancing or agreeing to advance funds to the beneficiary on or before the banking day on which reimbursement is due to the nominated bank.

Nominated bank means the bank with which the credit is available or any bank in the case of a credit available with any bank.

Presentation means either the delivery of documents under a credit to the issuing bank or nominated bank or the documents so delivered.

Presenter means a beneficiary, bank or other party that makes a presentation.

번역

[제2조] 정의

이 규칙을 위하여:

통지은행이라 함은 발행은행의 요청으로 신용장을 통지하는 은행을 말한다.

발행의뢰인이라 함은 신용장이 발행되도록 요청하는 당사자를 말한다.

은행영업일이라 함은 본 규칙에 따라 업무가 이행되어 지는 장소에서 은행이 정규적으로 영업을 하는 일자를 말한다.

수익자라 함은 신용장이 발행되어 수혜를 받는 당사자를 말한다.

일치하는 제시라 함은 신용장조건, 본 규칙의 적용 가능한 규정 및 국제표준은행관행에 따른 제시를 말한다.

확인이라 함은 발행은행의 확약에 추가하여 일치하는 제시를 인수·지급 또는 매입하겠다는 확인은행의 분명한 확약을 말한다.

확인은행이라 함은 발행은행의 수권 또는 요청에 따라 신용장에 확인을 추가하는 은행을 말한다.

신용장이라 함은 그 명칭이나 기술에 관계없이 일치하는 제시를 인수·지급하기 위한 발행은행의 취소불능적인 그리고 분명한 확약을 구성하는 모든 약정을 말한다.

인수·지급이라 함은 다음을 말한다.

a. 신용장이 일람지급에 의하여 사용가능한 경우 일람지급 하는 것.

b. 신용장이 연지급에 의하여 사용가능한 경우 연지급을 확약하고 만기일에 지급하는 것.

c. 신용장이 인수에 의하여 사용가능한 경우 수익자가 발행한 환어음("어음")을 인수하고 만기일에 지급하는 것.

발행은행이라 함은 발행의뢰인의 요청에 따라 또는 자기 자신을 위하여 신용장을 발행하는 은행을 말한다.

매입이라 함은 상환이 지정은행에게 행해져야 하는 은행영업일 또는 그 이전 수익자에게 대금을 선지급 또는 선지급 하기로 동의함으로써 일치하는 제시에 대한 환어음(지정은행이 아닌 은행을 지급인으로 하여 발행된) 및/또는 서류를 지정은행이 매입하는 것을 말한다.

지정은행이라 함은 신용장이 사용가능한 은행 또는 모든 은행에서 사용가능한 신용장의 경우 모든 은행을 말한다.

제시라 함은 발행은행 또는 지정은행에게 신용장에 의한 서류인도 또는 그와 같이 인도된 서류를 말한다.

제시인이라 함은 제시를 하는 수익자, 은행 또는 기타 당사자를 말한다.

해설

이 조에서는 UCP 600에 사용되는 주요 용어들에 관하여 정의하고 있다. 이러한 용어들은 UCP 500에 존재하는 정의에서 가져왔으며, 새로 정의된 일부 용어를 제외하고는 실질적으로 UCP 500에 산재하여 있던 개념과 크게 다르지 않다.

1. 통지은행

통지은행(advising bank)은 발행은행의 요청으로 신용장을 통지하는 은행이다. 통지은행은 수익자에게 신용장 및 조건변경을 통지하기 위하여 제2통지은행(second advising bank)의 서비스를 이용 할 수 있다(UCP 600 제9조 d항).

신용장발행은행이 신용장을 발행하게 되면 그 내용을 수익자인 수출자에게 알리기 위하여 수익자소재지에 있는 발행은행의 본·지점이나 환거래은행(correspondent bank)을 경유하여 통지하게 되는데, 이 때 통지를 행하는 은행을 통지은행(advising bank; notifying bank; transmitting bank)이라고 한다.

2. 발행의뢰인

발행의뢰인(applicant)은 신용장 발행을 요청하는 당사자를 말한다. 수입자는 매매계약조건에 기초하여 자신의 거래은행에게 신용장발행을 의뢰하게 된다. 이 경우 수입자를 신용장거래에서는 발행의뢰인이라고 한다. 발행의뢰인은 매수인(buyer)·수입자(importer)라는 명칭 외에도 지급의무가 있다는 점에서 채무자(accountee; for account of)라고도 한다.

3. 은행영업일

은행영업일(banking day)은 UCP에 따라 업무가 수행되어지는 장소에서 은행이 정규적으로 영업하는 일자를 말한다. 은행영업일을 정의하는 데는 다음과 같은 두 가지 분명한 원칙이 모두 포함되어야 한다.

첫째, 은행이 정규적으로 개점하는 일자를 포함한다. 이는 국가별로 차이가 있을 수 있으므로 반드시 동일한 일자를 의미하지는 않는다. 주말이 될 수도 있고, 은행정기휴일이 같은 날 겹칠 수도 있기 때문이다.

둘째, UCP에 준거하여 신용장 발행, 통지, 조건변경, 제시에 대한 인수, 제시에 대한 심사, 또는 인수·지급 또는 매입과 같은 전형적인 무역업무를 수행하기 위한 개점 일이라는 것이 전제되어야 한다. 이와 같은 원칙은 일부 국가에서는 토요일 오전에 개점은 하지만 UCP에 따른 업무수행이 아닌 예금인출 등과 같은 소매금융업무를 위하여 개점하는 경우도 있기 때문이다.

4. 수익자

수익자(beneficiary)는 그 자신을 수익자로 하여 신용장을 발행받는 당사자로 정의하고 있다. 즉, 발행은행으로부터 신용장을 수령하여 신용장조건에 따른 권한과 이익을 얻는 수출자를 특히 신용장거래에서는 수익자라고 한다. 미국 통일상법전에서는 "신용장조건에 따라 이와 일치하는 제시를 인수·지급되도록 청구할 수 있는 자를 말한다. 그러한 용어는 양도가능신용장에 따라 환어음의 발행권을 양도받은 자를 포함 한다"[33]라고 정의하고 있다.

수익자는 매도인(seller), 수출자(exporter) 이외에도 신용장의 사용자이므로 사용자

33) UCC Article 5-102(a)(3).

(user), 환어음을 발행할 수 있으므로 어음발행인(drawer), 신용을 수혜하고 있기 때문에 신용수령인(accreditee), 신용장을 수익자 앞으로 발행된다는 점에서 수신인(addressee) 또는 물품을 선적하는 송화인(shipper)이라고 할 수 있지만, 신용장거래에서는 "beneficiary"로 통용되고 있다.

5. 일치하는 제시

일치하는 제시(complying presentation)란 신용장조건, 본 규칙의 적용 가능한 규정 및 국제표준은행관행에 따른 제시를 의미한다.

일치하는 제시에 대한 앞의 두 개념은 화환신용장의 구체적인 조건과 UCP 600을 검토하여 심사하는 것이며, 세 번째 개념은 국제표준은행관행을 반영하여 신용장과 UCP 등과 함께 은행이 관례적으로 서류를 심사하고 수리하는 과정에서 실제를 반영하는 것이라 할 수 있다. 따라서 국제표준은행관행은 은행이 관례적으로 서류의 일치성을 판단하는 관행도 포함되고 있다. 이와 관련된 관행의 대부분은 ICC의 "화환신용상 서류심사를 위한 국제표준은행관행"(International Standard Banking Practice for the Examination of Documents under Documentary Credits: ISBP)(ICC Publication No. 681)에 수록되어 있다. 이 간행물에 수록된 내용보다 실제 관행들은 훨씬 광범위하다. ISBP 간행물이 많은 은행 관행들을 담고 있는 한편, 서류심사와 관련된 것 이상으로 화환신용장 거래에 보편적으로 사용되고 있는 다른 여러 관행들도 있다. 이와 같이, 일치하는 제시의 정의가 반드시 구체적으로 국제표준은행관행 간행물 내용만을 참조하는 것만은 아니다.

신용장 서류심사는 지정은행, 확인은행(있는 경우) 및 발행은행은 서류가 문면상 일치하는 제시를 구성하는지 여부를 결정하기 위하여 서류만을 기초로 하여 제시를 심사하여야 한다.

6. 확인

확인(confirmation)은 발행은행의 확약에 추가하여 일치하는 제시를 인수·지급 또는 매입하겠다는 확인은행의 분명한 확약을 의미한다.

신용장의 확인은 발행은행의 신용상태가 좋지 않거나 발행은행 소재국의 정치·경제적 위험(country risk)이 있을 경우에 수익자(수출자)의 요청에 따라 신용장발행의뢰인(수입자)이 신용장발행을 의뢰할 때 발행은행보다 신용상태가 양호한 제3의 은행의 확약을 추가할 것을 지시함으로써 이루어진다. 따라서 발행은행은 이 지시에 따라 자기의 환거래은행에게 자기가 발행한 신용장에 확인을 추가할 권한을 부여하거나 또는 확인을 의뢰한다.

신용장의 확인은 확인은행이 수익자에 대하여 독립적인 채무를 부담하는 것을 말하며, 이는 기존의 채무인 발행은행의 채무를 확인은행이 인수한다는 것을 의미하기 때문에 병존적 채무인수라고 할 수 있다.

7. 확인은행

확인은행(confirming bank)은 발행은행의 수권 또는 요청에 따라 신용장에 확인을 추가하는 은행으로, 은행이 신용장을 확인할 때 수익자에게 지급하는 자신의 독립적인 확약이 추가되므로 확인은행은 수익자와 계약적인 관계가 된다. 확인은행은 발행은행의 연대보증은행이 아니다.

신용장의 확인은 발행은행에 대한 확인은행의 여신행위라고 할 수 있으므로 발행은행의 확인요구에 대하여 반드시 응할 필요는 없다. 수출자는 수입자의 거래은행이 정치·경제적으로 결제상의 위험이 있다고 판단되면 보통 수출자 소재지의 제3은행을 확인은행으로 하는 이른바 확인신용장(confirmed credit) 발행을 요청하게 된다.

8. 신용장

신용장(letter of credit)의 정의는 UCP 600에서 처음으로 정의되고 있다. 이는 그 명칭이나 기술에 관계없이 일치하는 제시를 인수·지급하기 위한 발행은행의 확약으로서 취소불능적인 모든 약정을 말한다.[34] UCP 600의 정의에 의하면, 이 규칙하의 모든 신용장은 취소불능적인 것을 원칙으로 하고 있으며 이에 따라, 취소가능 화환신용장이라는 개념은 UCP 600에서는 삭제되었다. 신용장에 대한 정의는 "인수·지급" 및 "일치하는 제시"와 의미상으로 연계되어 있다.

신용장은 보증서(letter of guarantee)와 구별하여야 한다. 신용장이나 보증서는 매매계약 또는 보증계약에 관련한 보증채무라는 점에서는 동일하다. 보증채무는 주된 채무와 동일한 내용을 가지는 종속된 채무이며, 주된 채무를 담보하는 작용을 한다. 신용장은 매매당사자의 주된 채무와 독립된 채무인 데 반하여, 보증서는 주된 채무에 종속된 채무이다. 따라서 보증서는 주 채무자가 그 채무를 이행하지 않은 때에 비로소 채무를 이행하면 되지만, 신용장은 독립된 보증이기 때문에 신용장조건에 따라 지급의무를 이행하여야

34) 한편 신용장의 정의에 대하여 미국 통일상법전에서는 다음과 같이 규정하고 있다; "신용장이란 발행의뢰인의 요청이나 계산에 따라, 또는 금융기관인 경우에는 스스로 또는 자기 계산에 따라 발행인이 수익자에게 금전적 가액의 지급이나 교부로써 서류의 제시를 수리하겠다는 제5-104조의 요건(형식적 요건(forma1 requirements)으로 신용장의 확인, 통지, 양도, 변경 또는 취소는 서명에 의하거나 또는 당사자의 합의 또는 금융기관의 표준관습에 따라 인증되어 있는 어떠한 기록의 형식으로 발행할 수 있는 것)을 충족하는 일정한 확약을 의미 한다; UCC Article 5-102, Definitions(a)(10).

하는 것이다.

9. 인수·지급

인수·지급(honour)[35]은 UCP 600에서 처음 사용되는 용어로, 이는 일람지급(sight payment) 또는 연지급(deferred payment)을 확약하고 만기일에 지급하는 것, 그리고 환어음을 인수(acceptance)하고 만기일에 지급하는 것을 포함한다. 신용장에서 인수·지급은 일람지급 신용장의 경우 일람지급하는 것, 연지급신용장의 경우 연지급 확약 이후 만기일에 지급하는 것, 그리고 인수신용장의 경우 환어음을 인수한 후 만기일에 지급하는 것을 말한다.

UCP 600에서는 "인수·지급"이라는 하나의 용어로 세 가지 확약 방법(일람지급, 연지급, 인수)을 나타내고 있다. 따라서 신용장을 발행할 경우, 사용가능한 확약 방법을 이와 같이 세 가지 중 택일하여 명시하여야 한다. 그러나 신용장이 매입(negotiation)을 확약하는 경우에는 "honour"와는 달리 매입에 의하여 사용가능한 것으로 신용장의 확약 방법을 명시하여야 한다.

10. 발행은행

발행은행(issuing bank)은 발행의뢰인의 요청에 따라 또는 그 자신을 위하여 신용장을 발행하는 은행을 말한다. 발행은행은 신용장에 따라서 인수·지급하거나 이미 지정되어진 다른 은행에 상환해야 하는 의무를 부담하게 된다. 발행은행은 보통 발행의뢰인의 주거래은행이 되며 수익자에 대하여 지급 등을 확약하는 자로 환어음지급에 있어서 최종적인 책임, 즉 상환의무를 부담하게 된다.

또한 용어의 사용에서 유의하여야 할 점은, 발행은행을 개설은행(opening bank)이라고 표현하게 되면 현재의 신용장 관행에 부합되지 않는다.[36] UCP상에는 "issuing bank"로 또한 UCC상에는 "issuer"라는 용어로 사용되고 있음을 참조하여야 할 것이다.

35) UCP 600에서 "honour"라는 용어는 지자에 따라서 다양하게 표현하고 있으나 제2조의 정의에서 일람지급에 의하여 사용가능한 경우 일람지급하는 것, 연지급에 의하여 사용가능한 경우 연지급 확약 이후 만기일에 지급하는 것, 그리고 인수에 의하여 사용가능한 경우 수익자의 환어음을 인수하고 만기일에 지급하는 것 등으로 그 사용가능성을 포괄하는 개념으로 표현하고 있어 이 책에서는 "인수·지급"이라고 표현하고자 한다. 따라서 일람지급과 같이 인수가 없는 경우에는 "지급"의 의미로 본다.

36) 각주 9) 참조.

11. 매입

매입(negotiation)은 상환이 지정은행에 행해져야 하는 은행영업일에 또는 그 이전 수익자에게 대금을 선지급(advance fund) 또는 선 지급하기로 동의함으로써, 일치하는 제시에 대한 환어음 및/또는 서류를 지정은행이 "매입"(purchasing)하는 것으로, 이것은 종전 UCP 500 제10조 a-ii항에서 매입에 대하여 정의되었던 "대가지급"(giving of value)이라는 개념에서 개선된 정의라고 볼 수 있다.

이와 같은 정의는 UCP 600의 제12조 c항의 규정과 일치하는 것으로, 서류 수령 또는 심사 및 발송이 "매입"을 구성하는 것은 아니라는 의미이다. 지정된 매입은행이 발행은행이나 확인은행에 상환을 청구하려면 반드시 선 지급하거나 또는 선 지급하기로 동의하여야 함을 의미한다. 선 지급하기로 약정한 경우, 발행은행으로부터 대금을 받거나 수령하는 것은 이 정의 하에서 "매입"이 아니다. 따라서 매입을 지정받은 은행은 수익자의 환어음 및/또는 서류를 발행은행에 송부하여 발행은행으로부터 예정된 상환일 또는 그 이전에 일자를 정하여 대금을 지급받기 전에 선 지급하거나 또는 선지급을 동의함으로써, 수익자에 대하여 선적 후 금융을 행하게 된다.

주의할 점은 발행은행은 매입을 하지 않는다는 것이다. 발행은행이 매입방법에 의하여 사용가능한 화환신용장을 발행하면, 지정에 의하여 행동하는 지정은행은 매입을 행하게 되는데, 이는 선지급 또는 선지급에 동의한다는 의미이다. 그러나 서류가 발행은행이 수령하였을 경우에는 지급 또는 인수 또는 연지급 확약을 하게 된다.

12. 지정은행

지정은행(nominated bank)은 신용장이 사용가능한 은행 또는 모든 은행에서 사용가능한 신용장의 경우 모든 은행으로 정의된다. 따라서 지정은행은 발행은행에 의하여 지정에 따라 행동하는 지정은행(이 경우 인수·지급 또는 매입이 가능)[37], 예컨대 신용장이 특정 은행에게만 사용 가능한 매입제한신용장에서와 같이 지정된 지정은행이 있는가 하면, 신용장이 수익자가 선택한 모든 은행에서 자유롭게 사용 가능한 자유매입신용장에서와 같이 매입을 행하는 은행(이 경우 매입만 가능)이 있다.

---

37) 인수·지급(honour) 또는 매입(negotiation)이 가능한 은행은 주로 수익자 소재지에 있는 지정에 의하여 행동하는 은행인, 지정은행으로서의 확인은행이 되는 경우가 많다. UCP 600에서는 "지정에 따라 행동하는 지정은행"이라는 표현에 유의할 필요가 있다.

13. 제시

제시(presentation)는 은행에게 신용장에 요구되는 서류의 실제적인 인도와 관련되고 또한 은행에게 이미 인도된 서류를 의미한다. 즉 이 정의에 의하면, "제시"는 UCP 규칙하에서 두 가지 다른 사용 예를 볼 수 있다. 첫째, 은행에게 실제적인 서류의 인도(물리적 제시)라는 의미와 둘째, 은행에 이미 인도되고 또한 은행이 소유하고 있는 서류라는 의미이다.

14. 제시인

제시인(presenter)은 신용장의 수익자, 다른 은행 또는 수익자를 대신하여 행동하는 기타 당사자이다. 이는 UCP 600 제16조 불일치 서류에 대한 거절통지시의 제시, eUCP의 전자기록에 대한 전자적 제시 및 종이문서와의 결합된 제시의 경우[38] 등과 관련이 있다.

Case 01-07	은행영업일이 아닌 일자에 서류 수령시 은행영업일 인정 여부

Q 서류가 은행의 영업일이 아닌 일자에 개점된 은행 우편수령부서에 의해 수령될 경우 제시일은 은행영업일로 볼 수 있는가?

사례 및 쟁점 UCP 600 제2조 "은행영업일"(banking day) 및 "제시"(presentation)에 대한 정의에서 제시는 은행의 정규적으로 영업을 하는 일자에 업무가 이행되어지는 것으로 이해된다. UCP 600 제14조 b항의 서류심사기간은 UCP 500의 제13조 b항의 "서류의 수령일"(day of receipt of the documents)이 아니라 "제시일"(day of presentation) 다음 날부터 시작되는 것으로 알고 있다.

그러므로 제시일은 비록 서류가 은행영업일이 아닌 일자에 개점된 은행의 우편수령부서에 의하여 수령되더라도 은행영업일로 이해하고 있다. 이는 올바른 이해라고 볼 수 있는가?

38) eUCP, Article e5.

 제시일은 은행영업일일 수도 또는 아닐 수도 있다.[39)]

검토 UCP 600 제33조에서 "은행은 자신의 은행영업시간 외의 제시를 수리할 의무가 없다"고 규정하고 있다. 이는 은행으로 하여금 언급된 영업시간 외, 즉 UCP에 따라 업무가 이행되는 목적을 위한 은행영업일 또는 은행의 우편수령부서가 개점된 일자이지만 UCP 600의 취지에서 은행영업일이 아닌 것임을 막론하고 모든 제시에 대한 거절을 허락하는 것이다.

"은행영업시간"은 지정은행 또는 발행은행이 제시가 이루어지는 은행에 따라 당해국의 현지시간을 적용하는 것을 의미한다. 우편수령부서가 업무를 수행하는 날 서류를 수령하는 은행은 서류수령 승낙을 결정할 수 있으나, 이를 근거로 서류는 무역부가 업무를 수행하는 다음날 수령된 것으로 고려될 수 있다. UCP하에서 서류제시에 관련된 ICC의 의견도 은행에게 은행영업시간 마감 후 서류제시에 대하여 거절하는 것을 허용하고 있다.

여기에서 "은행영업일"의 정의에는 두 가지 분명한 원칙이 포함된다.

첫째, 은행이 정규적으로 개점하는 일자를 포함한다. 이 일자에는 주말 또는 은행휴일이 제외된다.

둘째, 은행은 UCP에 준거하여 업무를 수행하기 위하여 개점되어야 한다. 부연하면 은행은 신용장 발행, 통지, 조건변경, 제시에 대한 인수, 제시에 대한 심사, 또는 인수·지급 또는 매입과 같은 과정 중 하나 또는 그 이상의 업무를 취급하기 위하여 개점되어 있어야 한다는 것이다.

특히 주의 하여야 할 사항은 은행이 화환신용장거래를 수행하기 위하여 개점하지 않고, 예를 들면, 토요일에 특별히 예금업무와 같은 소매금융업무를 위하여 개점되는 경우라 하더라도 이는 은행영업일에 포함되지 아니한다는 점이다.

39) ICC, *ICC Banking Commission Opinions 2005-2008,* ICC Publication No. 697, 2008(이하 ICC Pub. 697이라고 약칭한다), R 648.

Case 01-08 은행의 일치성 판단을 위한 은행영업시간의 해석 기준

Q 지정은행, 확인은행 및 발행은행이 제시가 일치하는지 여부를 결정하고자 할 경우 은행영업시간이 되는 것은 언제인가?

사례 및 쟁점 이 질의는 은행영업일의 해석과 관련된 것이다. 발행은행의 토요일 영업시간은 09시부터 13시까지이다. 발행은행 메일센터는 하루 24시간 운영되는데 영업시간이 지난 13시 30분 매입은행으로부터 서류를 수령하였다. 발행은행의 신용장 담당부서는 다음 영업일인 월요일에 서류를 수령하였다. 서류 수령일은 토요일인가 아니면 월요일인가?

A 통상의 은행영업시간 경과 후 서류제시를 승낙하였다는 것은 토요일을 제14조 b항의 목적상 서류수령일로 계산한다. 이에 대한 예외로 신용장에서 서류제시가 은행이 아닌 신용장부서로 하여야 된다고 특별히 명시한 경우에는, 신용장부서가 서류를 수령한 날로부터 기산된다.[40)]

검토 "지정에 따라 행동하는 지정은행, 확인은행(있는 경우) 및 발행은행은 제시가 일치하는지 여부를 결정하기 위하여 제시일의 다음날부터 최대 제5은행영업일을 각각 가진다. 이 기간은 제시를 위한 모든 유효기일 또는 최종일의 제시일 또는 그 이후의 발생에 의하여 단축되거나 또는 별도로 영향을 받지 아니한다."(UCP 600 제14조 b항)고 하고 있고, 또한 "은행은 자신의 은행영업시간 외의 제시를 수리할 의무가 없다(UCP 600 제33조)"라고 하여 사실상 은행이 영업시간 종료 후 서류제시를 거절하는 것을 허용하고 있다.

종전 UCP하에서는 비은행영업일에 제시서류를 수령하는 경우 은행들은 다음 은행영업일을 수령일로 하여 기산할 수 있다고 추정하였다. 예를 들면, 서류가 비 은행영업일인 일요일에 수령되었을 경우, 해당 서류의 수령일은 다음 은행영업일인 월요일로 간주하고 다음날인 화요일부터 서류심사기일을 기산한다(화요일이 은행영업일일 것을 가정). 이러한 암묵적인 추정은 ISP98 5.01(a)(iii)[41)]에 따른 것이다. UCP 500 제13조 b항에서는 이를 명확하게 명시되어 않았었다.

---

40) ICC Pub. 596, R 265.

41) ISP98, 5.01(a)(iii)(지급·인수의 거절통지) "지급거절의 통지가 되어야 하는 기간을 계산할 때 서류제시의 영업일 다음 영업일로부터 기산한다."

그러나 UCP 600 제16조 d항에서는 제시일의 다음날(following the day of presentation)을 사용함으로써 기존추정방법에 대한 여지를 남겨두지 않고 있다. 그 결과, 거절통지의 여부를 결정함에 있어 UCP 500을 적용할 경우에 비하여 하루가 줄어든다는 사실이다.

Case 01-09	"일치하는 제시" 여부가 국제표준은행관행에 의하여 결정된다는 의미

Q "일치하는 제시" 여부에 대하여 이 규칙에 반영된 국제표준은행관행에 의하여 결정된다는 의미는 무엇인가?

I은행(원고, 상고인) 대 중국 K은행(피고, 피상고인) 사건[42)]

한국 대법원의 판결

1. 제5차 개정 신용장통일규칙(Uniform Customs and Practice for Documentary Credits, ICC Publication No. 500 Effective January 1, 1994. : UCP 500, 이하 '신용장 통일규칙'이라 한다) 제13조 에이(a)항(UCP 600 제14조 a항)[43)]은 "은행은 신용장에 약정된 모든 서류가 문면상 신용장조건에 일치하는가 아닌가의 여부를 확인하기 위하여 상당한 주의[44)]를 기울여 심사하여야 한다. 약정된 서류가 문면상 신용장조건에 일치하는가의 여부는 이 규칙에 반영된 국제적인 표준은행거래관습[45)]에 의해 결정된다. 서류가 문면상 다른 서류와 모순이 된다는 것은 그 서류가 문면상 신용장조건에 일치하지 않는 것으로 간주된다."고 규정하고 있는바, 이는 신용장 첨부서류가 신용장조건과 문언대로 엄격하게 합치하여야 한다고 하여 자구 하나도 틀리지 않게 완전히 일치하여

42) 대법원 2003. 3. 14. 선고 2002다56178 판결.

43) UCP 600 제14조 a항에는"지정에 따라 행동하는 지정은행, 확인은행(있는 경우) 및 발행은행은 서류가 문면상 일치하는 제시를 구성하는지 여부를 결정하기 위하여 서류만을 기초로 하여 제시를 심사하여야 한다"와 같이 규정하고 있다.

44) "상당한 주의"는 개념상의 모호성으로 인하여 UCP 600에서는 삭제되었다.

45) UCP 600 제2조에서는 "일치하는 제시(complying presentation)라 함은 신용장조건, 본 규칙의 적용 가능한 규정 및 국제표준은행관행에 따른 제시를 말한다"라는 새롭게 정의하고 일치하는 제시의 개념을 보다 명확히 하고 있으며 제14조 서류심사기준에서 구체적인 기준을 설정하고 있다.

야 한다는 뜻은 아니며, 신용장 첨부서류가 신용장의 조건과 약간의 차이가 있더라도 위와 같은 신용장 첨부서류와 신용장조건의 엄격한 합치를 요구하는 것은 신용장대금을 지급하는 은행 및 신용장개설의뢰인의 보호를 위한 것이므로 그 보호에 지장이 없고, 은행이 상당한 주의(reasonable care)를 기울이면 그 불일치가 경미한 것으로 신용장조건을 전혀 해하는 것이 아님을 알아차릴 수 있는 경우에는 신용장조건과 합치하는 것으로 보아야 하고(대법원 1985. 5. 28. 선고 84다카696 판결, 1985. 5. 28. 선고 84다카697 판결, 1992. 2. 25. 선고 91다30026 판결, 2002. 6. 28. 선고 2000다63691 판결 등 참조), 그 판단은 구체적인 경우에 신용장조건과의 차이가 국제적 표준은행거래관습에 비추어 용인될 수 있는지 여부에 따라야 할 것이다(대법원 2002. 6. 28. 선고 2000다63691 판결 참조).

2. 위 법리에 비추어 기록을 살펴보건대, 우선 이 사건 신용장에서 요구한 제조자 발행의 품질검사증명서는 객관성이 결여되어 특별한 의미가 없고, 상품을 통관하거나 기타 업무를 처리하는 데 필수적인 서류도 아니어서, 그 3통 중 사본 2통의 흠결이 있다고 하여 신용장 대금의 지급은행이 부당하게 대금을 지급하였다는 이유로 손해를 입을 위험도 없고, 신용장 발행의뢰인도 그 흠결로 인하여 상품의 인도나 기타 업무처리에 어떠한 불이익을 입을 우려도 없어 보일 뿐만 아니라, 이 사건 신용장에서는 제조자 발행의 품질검사증명서 3통(COPIES)를 요구하고 있는 사실을 알 수 있고, 위 신용장통일규칙 제20조 씨(c)항에 의하면 신용장에서 복본의 서류를 COPIES라고 표현하여 요구하고 있는 경우, 서류 그 자체에 별도의 명시가 없는 한 1통의 원본 이외에는 나머지 통수를 사본으로 제시하여도 무방하고, 그 사본에는 서명을 필요로 하지 아니한다고 규정하고 있으므로, 위 품질검사증명서의 경우에는 이를 수리하는 은행이 제출된 원본을 복사하여 2통의 사본을 쉽게 만들 수도 있는 경우로 보여져 이를 가지고 신용장조건을 해하는 것이라고 보기도 어렵다 할 것이다.

3. 그렇다면 이 사건 품질검사증명서 3통 중 사본 2통이 흠결되었다 하여도 이는 신용장조건과 합치하는 것으로 봄이 타당하고, 이를 가지고 신용장조건과 합치하지 아니한다고 보아 그 서류의 수리를 거절하고 신용장대금의 지급을 거절할 수는 없다고 하여야 할 것임에도 불구하고, 원심[46]이 이를 신용장조건과 일치하지 아니하는 경우에 해당한다고 판단하고 피고의 이 사건 신용장대금 지급 거절을 정당하다고 보아 원고의 예비적 주장을 배척한 것은 신용장 거래상 서류와 조건의 일치 여부에 관한 법리를

46) 서울고법 2002. 9. 3. 선고 2002나21303 판결.

오해한 나머지 판결 결과에 영향을 미친 위법을 저지른 것이라 할 것이다.

Case 01-10	UCP 600의 제2조에서 정한 "매입"의 의미

Q 제6차 개정 신용장통일규칙(UCP 600) 제2조에서 정한 "매입"의 의미는? 또한 신용장 매입에 관하여 매입대금을 계좌에서 상계하고 잔액을 인출하여 사용하기로 합의한 경우, 은행이 신용장 매입에 관하여 현실적인 대가를 즉시 지급한 것으로 볼 수 있는가?

K은행(원고, 피상고인) 대 중국은행(피고, 상고인) 사건[47]

A 한국 대법원의 판결

1. "매입"(Negotiation)에 관한 UCP 500 제10조 a-ii항(UCP 600 제2조)의 규정 내용에 비추어 보면, 서류의 매입은 매입을 수권 받은 지정은행이 현금, 구좌입금 등의 방법으로 수익자에게 현실적인 대가를 즉시 지급하거나 대금지급 채무를 부담하는 방법 등에 의하여 이루어질 수 있고, 여기서 후자의 방법에 의한 매입은 매입은행이 특정 일자에 수익자에게 대가를 확정적으로 지급하기로 하는 무조건적이고 절대적인 채무를 부담함으로써 현실적인 대가의 즉시 지급[48]에 갈음할 수 있는 경우를 의미한다(대법원 2002. 10. 11. 선고 2000다60296 판결 참조).[49]
2. 또한 원심판결[50] 이유에 의하면, 원심은, 피고의 산동지점이 2007. 8. 17. 미르통상을 수익자로 하여 개설한 신용장번호 (신용장번호 2 생략)의 신용장(이하 '제2신용장'이라 한다)에 대하여 적용되는 제6차 개정 신용장통일규칙 제2조에서의 대금의 지급은, 현금, 수표, 은행을 통한 이체, 계좌입금 등의 방법으로 현실적인 대가를 즉시 지급하는

47) 대법원 2012.1.27. 선고 2009다93817 판결.
48) UCP 500 제10조 a-ii항에서 매입에 대하여 정의되었던 "대가지급"(giving of value)이라는 개념은 UCP 600 제2조에서 일치하는 제시에 대한 환어음 및/또는 서류를 지정은행이 "매입"(purchasing)하는 것으로 수정되었다.
49) UCP 600 제2조(정의)에서 "'매입'이라 함은 상환이 지정은행에 행해져야 하는 은행영업일 또는 그 이전 수익자에게 대금을 선지급 또는 선지급 하기로 약정함으로써 일치하는 제시에 대한 환어음(지정은행이 아닌 은행을 지급인으로 하여 발행된) 및/또는 서류를 지정은행이 매입하는 것을 말한다"라고 규정하고 있다.
50) 서울고법 2009. 10. 15. 선고 2008나104309 판결.

것을 의미한다고 한 다음, 원고가 2007. 8. 20.경 미르통상의 매입의뢰에 따라 제2신용장을 매입하기로 하여 제2신용장 및 그 요구서류를 제시받은 후, 2007. 8. 27. 미르통상과의 합의에 따라 미르통상의 별단예금 계좌에 미화 819,293.15달러를 입금한 이상, 원고는 제2신용장의 매입에 관해 현실적인 대가를 즉시 지급하였다고 판단하는 한편 원고가 제2신용장을 매입하되 그 매입대금을 미르통상의 별단예금 계좌에 입금해 두었다가 제2신용장의 대금이 원고에게 지급되면 기존에 지급거절된 신용장의 매입대금 중 지체기간이 오래된 2건을 위 계좌에서 상계하여 상환 받고 그 잔액을 미르통상이 인출하여 사용하기로 하는 내용의 원고와 미르통상 사이의 합의는, 미르통상이 원고에게 다른 신용장의 매입대금을 상환할 채무를 부담하고 있는 상황에서 별단예금 계좌에 입금된 금원을 상계의 대상으로 하기 위한 것으로 이를 다른 신용장 매입대금 상환채무의 담보로 하기로 하는 별도 합의에 불과하므로, 이로 인하여 원고가 현실적 대가를 즉시 지급한 효력이 부정된다고 할 수는 없다고 판단하였다.

3. 앞서 본 법리와 기록에 비추어 살펴보면, 원심의 위와 같은 판단은 정당하여 수긍이 가고, 거기에 상고이유로 주장하는 바와 같이 신용장 매입에 관한 법리를 오해하는 등의 위법이 있다고 할 수 없다. 그 밖에 이 부분 나머지 상고이유의 주장은, 사실심인 원심의 전권에 속하는 증거의 취사선택과 사실인정을 탓하는 것으로서 적법한 상고이유로 보기 어렵고, 나아가 원심의 판단을 기록에 비추어 살펴보아도 논리와 경험칙에 어긋나거나 자유심증주의의 한계를 벗어난 위법이 있다고 할 수 없다.

Case 01-11 연지급신용장의 만기 전에 지급이행된 경우 재매입약정의 적용 여부

Q 신용장거래에서 지정은행과 비지정은행이 "수출환어음 등의 재매입(renegotiation)을 위한 약정"을 체결하면서 환어음의 지급인 또는 발행은행이 환어음을 지급하지 않는 때에는 비지정은행이 지정은행에 재매입대금을 반환하기로 한 경우, 지정은행이 서류매입 이전에 수익자에게 연지급신용장에 지급확약을 하였더라도 서류에 대한 대가 지급이 연지급신용장의 만기 전에 이루어졌다면 재매입약정이 적용되는가?

U은행(원고, 피상고인 겸 상고인) 대 K은행(피고, 상고인 겸 피상고인) 사건[51)]

51) 2008.11.13. 선고 2006다61567 판결.

 한국 대법원의 판결

1. 대금의 지급이 특정 기일로 지정되어 있는 연지급신용장의 경우에도, 발행은행에 의하여 선적서류를 매입하는 방법으로 대금을 지급할 수 있는 은행이 지정된 때에는, 특별한 반대의 약정이 없는 한 발행은행의 위 지정은행에 대한 수권 속에는 연지급신용장의 대금지급 만기 전에 지정은행이 선적서류를 매입하더라도 발행은행이 만기에 그 대금을 상환하겠다는 취지가 포함되어 있다고 보아야 하고, 연지급신용장의 발행에 환어음의 발행이 수반되지 아니하였다고 하여 선적서류 등과 함께 신용장을 매입하는 것이 불가능한 것은 아니므로, 연지급신용장도 지정은행이 지정되어 있는 한 그 은행에 의한 매입의 대상이 될 수 있다(대법원 2003. 1. 24. 선고 2001다68266 판결 참조).
2. 지정은행이 매입에 관한 수권이 없는 은행(이하 '비지정은행'이라 한다)으로부터 선적서류 등을 제시받고 그 대가를 지급하였으나, 위와 같이 신용장 거래가 이루어지기 이전에 비지정은행과 사이에 '수출환어음 등의 재매입을 위한 약정'을 체결하면서, '비지정은행이 고객으로부터 매입하거나 관여한 환어음 등을 비지정은행이 수시로 요청하는 바에 따라 재매입 하되, 환어음의 지급인 또는 신용장 발행인이 환어음금을 지급하지 않는 경우 지정은행에 중대한 과실이 없는 한 비지정은행이 그 재매입대금을 반환'하기로 하였다면, 비지정은행이 수익자로부터 서류에 대한 대가 지급이나 추심을 의뢰받고 지정은행에 그 매입을 의뢰하는 등의 방법으로 관여한 경우에도 위 재매입약정이 적용되므로, 지정은행은 위 재매입약정에 따라 비지정은행에 재매입대금의 반환을 구할 수 있다.
3. 위와 같은 경우, 지정은행이 선적서류 등을 매입하기 이전에 발행은행의 수권 또는 의뢰에 따라 수익자에게 연지급신용장에 지급확약을 한 경우, 확인은행의 지위에서 발행은행과 동일하게 대금지급의 만기일에 신용장대금을 지급할 의무를 부담하나, 대금지급의 만기 전에 신용장대금을 지급할 의무를 부담하는 것은 아니므로, 서류에 대한 대가 지급이 연지급신용장의 만기 전에 이루어졌다면, 양 당사자 사이에 그 대가 지급에 관하여 위 재매입약정을 배제하기로 하는 특별한 약정이 없는 한, 위와 같이 체결한 재매입약정의 적용이 배제되는 것은 아니다.
4. 원심[52]이 그 판결에서 채용하고 있는 증거들을 종합하여 그 판시와 같은 사실을 인정

52) 서울고법 2006. 8. 11. 선고 2006나4221 판결.

한 다음, 이 사건 신용장 거래에 원고와 피고 사이에 2003. 7. 15. 체결된 이 사건 재매입약정이 적용된다고 판단한 것은 정당하고, 상고이유에서 주장하는 바와 같이 재매입약정에 대한 법리오해나 대법원판례를 위반하여 판결 결과에 영향을 미친 위법 등이 없다. 원심은 매입제한신용장의 경우 비지정은행이 선적서류를 매입하더라도 신용장통일규칙에서 규정하는 적법한 매입이 될 수 없고, 이러한 경우 확인은행인 원고로서는 수익자에 대항할 수 있는 모든 사유로 대항할 수 있으므로, 원고가 확인은행의 지위에 있다는 사정만으로는 이 사건 재매입약정의 효력이 배제되는 것도 아니라고 판단하였는바, 이는 부가적인 판단에 불과하여 이 부분 판단에 신용장통일규칙상 매입은행보호에 관한 법리오해나 대법원판례 위반이 있는지 여부는 판결 결과에 아무런 영향이 없을 뿐만 아니라, 앞서 본 바와 같이 위 재매입약정의 효력이 배제되지 않는다고 판단한 것은 결론적으로 정당하다. 피고의 이 부분 상고이유는 모두 받아들일 수 없다.

제3조 해석

[Article 3] Interpretations

For the purpose of these rules :

Where applicable, words in the singular include the plural and in the plural include the singular.

A credit is irrevocable even if there is no indication to that effect.

A document may be signed by handwriting, facsimile signature, perforated signature, stamp, symbol or any other mechanical or electronic method of authentication.

A requirement for a document to be legalized, visaed, certified or similar will be satisfied by any signature, mark, stamp or label on the document which appears to satisfy that requirement.

Branches of a bank in different countries are considered to be separate banks.

Terms such as "first class", "well known", "qualified", "independent", "official", "competent" or "local" used to describe the issuer of a document allow any issuer except the beneficiary to issue that document.

Unless required to be used in a document, words such as "prompt", "immediately" or "as soon as possible" will be disregarded.

The expression "on or about" or similar will be interpreted as a stipulation that an event is to occur during a period of five calendar days before until five calendar days after the specified date, both start and end dates included.

The words "to", "until", "till", "from" and "between" when used to determine a period of shipment include the date or dates mentioned, and the words "before" and "after" exclude the date mentioned.

The words "from" and "after" when used to determine a maturity date exclude the date mentioned.

The terms "first half" and "second half" of a month shall be construed respectively as the 1st to the 15th and the 16th to the last day of the month, all dates inclusive.

The terms “beginning”, “middle” and “end” of a month shall be construed respectively as the 1st to the 10th, the 11th to the 20th and the 21st to the last day of the month, all dates inclusive.

번역

[제3조] 해석

이 규칙을 위하여 :

적용 가능한 경우, 단수형의 단어는 복수형을 포함하고, 복수형에는 단수형을 포함한다.

신용장은 비록 취소불능이라는 표시가 없다 하더라도 취소불능이다.

서류는, 수기, 모사 서명, 천공 서명, 스템프, 상징 또는 모든 기타의 기계적 또는 전자적 인증방법에 의하여 서명될 수 있다.

공인, 사증, 증명 또는 유사한 서류의 요건은 그러한 요건을 충족하는 것으로 보이는 서류상의 모든 서명, 표지, 스템프 또는 부전에 의하여 충족된다.

다른 국가에 있는 어떠한 은행의 지점은 독립된 은행으로 본다.

서류의 발행인을 설명하기 위하여 사용되는 “일류의”(first class), “저명한”(well known), “자격 있는”(qualified), “독립적인”(independent), “공인된”(official), “유능한”(competent), 또는 “국내의”(local)와 같은 용어는 서류발행을 위한 수익자 이외의 모든 발행인에게 허용한다.

서류에 사용되는 것으로 요구되지 아니하는 한, “신속히”(prompt), “즉시”(immediately) 또는 “가능한 빨리”(as soon as possible)와 같은 단어는 무시된다.

“~에 또는 ~경에” 또는 이와 유사한 표현은 어떠한 일이 명시된 일자 이전 역일(calendar days) 5일부터 명시된 일자 이후 역일 5일까지의 기간 동안에 발행되도록 약정하는 것으로 해석되며 초일 및 종료일이 포함되는 것으로 한다.

선적기간을 결정하기 위하여 사용된 경우 “to”, “until”, “till”, “from”, “between”이라는 단어는 언급된 일자 및 일자들을 포함하며, “before” 및 “after”라는 단어는 언급된 일자를 제외한다.

만기일을 결정하기 위하여 사용된 경우 "from" 및 "after"라는 단어는 언급된 일자를 제외한다.

어느 개월의 "전반" 및 "후반"이라는 용어는 모든 일자를 포함하여 당월의 1일부터 15일까지, 그리고 16일부터 말일까지로 각각 해석된다.

어느 개월의 "상순", "중순" 및 "하순"이라는 용어는 양쪽 일자를 포함하여 당월의 1일부터 10일까지, 11일부터 20일까지, 그리고 21일부터 말일까지로 각각 해석된다.

해설

이는 UCP 500의 일부 조항 및 E장 잡칙(Miscellaneous Provision)에서 규정되었던 해석기준을 새로운 조항으로 설정하여 UCP 600에 반영된 것이다.

1. 단수 및 복수

적용 가능한 경우, 단수형의 단어는 복수형을 포함하고 복수형의 단어는 단수형을 포함한다. 특정한 상황에 따라 이러한 개념의 사용은 사용된 문맥에 따라 UCP에서 사용된 용어를 이해하는 것이 중요하다.

2. 신용장의 취소불능성

신용장은 취소불능이라는 표시가 없더라도 취소불능으로 본다. 신용장 자체에서 별도로 규정하지 아니하는 한 화환신용장에 대한 참조로 취소불능 표시가 없더라도 항상 취소불능 신용장을 의미한다. 오늘날 취소가능 화환신용장은 실제 무역거래에서 거의 사용되지 아니하거나 또한 사용이 극히 제한되기 때문에, 경우에 따라 명시적으로 취소가능을 규정하지 않으면 취소불능으로 인정되므로 UCP 600부터 취소가능이란 단어를 아예 본 규칙에서 삭제시켰다.

3. 서명방법

서류의 서명은 수기, 모사(팩스) 서명, 천공 서명, 스탬프, 상징 또는 모든 기타의 기계식 또는 전자적 인증방법에 의할 수 있다. 그러나 서명된 서류의 사진 복사본 및 서명된 서류를 팩스기로 전송하는 것은 서명된 원본 서류로서 부적격하다.(ISBP 제39항)

4. 공인, 사증, 증명의 요건

서류의 공인, 사증, 증명 또는 이와 유사한 서류의 요건은 그 요건에 충족하는 것으로 보이는 서류상의 모든 서명, 표시, 스탬프 또는 부전(라벨)에 의하여 충족될 수 있다. 가끔 서류들은 공인이나 증명 형식이 요구된다. 이러한 해석기준은 UCP 제17조 c항 및 ISBP 제8항에서 충족시킬 수 있는 요건에 관하여 제시되고 있다.

5. 은행의 지점

상이한 국가에 있는 같은 은행의 지점들은 다른 은행으로 본다. 발행은행의 해외지점의 경우, 화환신용장 및 UCP에 따라 업무를 수행하는 기능, 예컨대 신용장 발행과 통지 및 확인 등과 관련시켜 볼 때 이 들은 동일은행의 본지점이지만 다른 은행으로 간주되는 것이다. 물론 어떤 국가내의 국내은행 본지점간에는 동일은행으로 간주되는 것이다.

6. 서류발행인

"일류", "저명한", "자격 있는", "독립적인", "공인된", "유능한", "국내의"와 같은 용어는 신용장의 수익자를 제외한 모든 발행인이 서류를 발행할 수 있는 것을 허용하는 것이다.

7. 신속히

서류상에 "신속히", "즉시", 또는 "가능한 한 빨리"라는 용어사용이 요구되지 아니하는 한, 은행은 이를 무시하여야 한다. 예컨대, 신용장 상에서 선적시기에 대하여 SWIFT 메시지 형식의 신용장하에서 운송서류의 선적시기를 검토할 경우 ":44C latest date of shipment : PROMPT SHIPMENT"와 같은 표현은 "즉시선적"의 의미가 모호하기 때문에 은행은 이를 무시하게 되며, ":44C latest date of shipment : NO LATER THAN MAY 31"과 같이 특정기간(또는 특정일)을 명시할 경우에는 "5월 31일까지" 선적여부에 대한 점검 및 해석이 가능하다.

8. 몇 일경

"~ 경에" 또는 이와 유사한 표현은 특정일자로부터 양단일자를 포함하여 전후 5일력일까지의 기간(모두 11일)을 의미하는 것으로 해석된다.

9. 선적기간

선적기간을 결정하기 위하여 "to", "until", "till", "from", "between" 이라는 단어가 사용된 경우에는 언급된 해당 일자를 포함하고, "before"와 "after"라는 단어는 명시된 일자를 제외시킨다.

10. 부터 까지

만기일을 결정하기 위하여 "from" 및 "after"라는 단어가 사용된 경우에는 언급된 일자를 제외한다. 특히 환어음의 만기일과 관련하여 "from" 및 "after"라는 용어가 사용된 경우, 당해 일자를 제외하는 취지에 대한 지침을 제공하고 있다.[53] 이와 같이 UCP 600에서는 "from"이라는 용어는 선적기간과 환어음 만기일 기산의 경우를 이원화 하여 거래상황에 따라 상이한 해석기준을 제시하고 있다.

11. 전 후반

어느 월의 "전반"(first half) 및 "후반"(second half)이라는 용어는 각 해당 월의 1일부터 15일까지, 그리고 16일부터 해당 월의 말일까지로 해석된다.

12. 초·중·하순

어느 월의 "초순"(beginning), "중순"(middle) 및 "하순"(end)이라는 용어는 각 해당 월의 1일부터 10일, 11일부터 20일, 그리고 21일부터 말일까지로 해석되며, 그 기간 중의 모든 양쪽 일자가 포함된다.

Case 01-12 증명(certified) 대신 공인(legalized)이라고 명시된 서류의 일치성

Q 서류상에 서명, 표지, 스템프 또는 부전이 있을 경우, 그 서류가 증명(certified) 대신 공인(legalized)이라고 명시하더라도 이는 신용장과 일치된 것으로 보는가?

사례 및 쟁점 ICC은행위원회는 N 국의 한 은행으로부터 다음과 같은 질의를 받았다:

"당 은행은 정기적으로, 기타 조건 중, '상업회의소가 증명하고 XXX 대사관/영사관이 공인한 상업송장(commercial invoice)'을 요구하는 신용장을 수령하고 있다.'

UCP 600 제3조 (4번째 항) 및 UCP 500 제20조 d항에서는 '공인, 사증, 증명 또는 유사한 서류의 요건은 그러한 요건을 충족하는 것으로 보이는 서류상의 모든 서명, 표지, 스템프 또는 부전에 의하여 충족 된다'라고 규정하고 있다.

통상적인 관행에서, 당 은행은 관련 신용장에서 규정된 상업회의소에 의해 증명된 것 대신 서명으로만 공인된 많은 상업송장 및 기타 서류들을 수령하고 있다. 당 은행의 의견에서 그 서류는 다음의 두 가지 이유로 불일치로 보고 있다:

첫째, 신용장은 '상업회의소가 증명한 상업송장'을 규정하고 있고 적용 가능한 UCP조

53) ISBP 681, 43-d; i.e., 10 days after or from March 1 is March 11..

항의 표현은 '그와 같은 요건(서류가 증명되어야 하는 요건)을 충족'하고 있다.

둘째, 당 은행은 서류의 증명은 서명을 포함하여, 서류의 모든 내용이 증명되어지는 것을 의미하고, 또한 서류의 공인은 오직 서명이 법적으로 구속력이 있고 유효함을 확인하는 것을 의미하는 것으로 생각한다. 당 은행의 의견을 지지하는가?"

국내위원회가 당해 질의를 논의한 결과 첫째, 본위원회의 일부 위원들은 N 국에 있는 은행의 의견을 전적으로 지지하고, 또한 서류가 불일치한 것으로 보고 있고 둘째, 나머지 위원들은 "공인, 사증, 증명 또는 유사한 서류의 요건은 위의 조건을 만족하는 것으로 보이는 서류상의 모든 서명, 표지, 스템프 또는 부전에 의하여 충족되는 것으로 보고 있다. 이 조항의 본질은 (신용장에서 언급하고 있는 것과 같이) '증명, 또는 공인, 또는 사증, 또는 유사한'이라는 단어는 서류에 보이기 위한 것이 아니고, 보이는 서명, 표지, 스템프 또는 부전의 일부 형식"이라고 할 수 있다. 귀 위원회의 의견를 듣고 싶다.

A 신용장이 어떤 서류가 특정한 당사자에 의해 공인, 사증, 또는 유사함을 증명하여야만 하고 그러한 서류는 특정한 당사자에 의해 서류상에 명시된 서명, 표지, 스템프 또는 부전의 형태를 보여야 함을 규정하고 있는 경우, 예를 들면, 서류가 '증명' 대신 '공인'을 명시하고 있다고 할지라도, 그러한 서류는 신용장과 일치하는 것으로 본다.[54)]

검토 신용장 조건, 즉 상업회의소가 증명하고 xxx 대사/영사가 공인한 상업송장은 (1) 상업회의소가 증명하는 송장 그리고 (2) 대사관 또는 영사관이 공인한 서류라는 두 가지 분명한 요건을 포함하고 있다.

UCP 600 제3조 및 UCP 500 제20조 d항에서 나타내고 있는 표현은, 신용장이 증명 및 공인을 위한 요구에 일치함을 증명히기 위한 특정한 요건들을 규정하고 있지 아니한 "증명" 및 "공인"이라는 단어의 해석을 반영하고 있다.

질의에서 요구된 형식에서, 상업송장이 상업회의소가 증명하고 대사관 또는 영사관이 공인한 증기를 포함하지 않을 경우, 그것은 분명히 불일치가 된다. 상업회의소 및 대사관 또는 영사관의 확인에서 "증명" 및 "공인"이라는 단어는 종종 호환적으로 사용된다.

상업회의소의 증명을 위하여, UCP 500 및 600에서의 요건은 상업회의소에 의한 신용장의 증명에서 그 요건을 충족하는 것으로 보이는 서류는 서명, 표지, 스템프 또는 부전

54) ICC Pub. 697, R 627.

이 증명되어야만 한다. 증명의 형식에 관해 신용장에서의 표현의 부재로, 은행으로 하여금 그러한 증명의 범위, 즉 서명에 관한 것인지 서류의 데이터 내용에 관한 것인지 여부를 결정하도록 요구되지 않는다.

서류의 공인은 한 나라("발생국")에서 발행된 서류들은 다른 나라("목적국")에서 사용되어져야하고 목적국에서 유효한 것으로 인정받기 전 "인증" 또는 "공인"되어야 하는 절차를 수반한다. 일반적으로 공인은 상업회의소의 증명력이 존재하고 통상적으로 서명 확인까지 포함한다. 다시 말하면, 공인은 대사관 또는 영사관의 이름으로 공인된 신용장에서 요건을 충족하는 것으로 보이는 서명, 표지, 스템프 또는 부전에 의해 입증되어질 수 있다.

"증명", "공인" 또는 "사증" 등과 같은 단어들이 상업송장상에 나타내야 된다는 요건은 없다. 일반적으로 상업회의소는 스템프와 서명을 서류에 추가한다. 스템프 및 서명과 관련된 모든 표현이 발행은행과 합의된 언어는 아니다. 예를 들면, 수익자 국가의 언어이다. 유사하게, 공인된 진술서 또는 스템프에서 사용된 언어는 일반적으로 수입국의 것이다. 그것은 은행이 증명 또는 공인을 위한 요건을 충족하는 것으로 나타내는 서명, 표지, 스템프 또는 부전의 모든 형식을 수리하기 위하여 UCP가 규정하고 있는 것이다.

당해 질의에서 국내위원회(national committee)에 의하여 주어진 의견 중, 두 번째 의견은 UCP 600 제3조(4번째 항) 및 UCP 500 제20조 d항에서 표현의 정확한 적용이라고 할 수 있다.[55)]

Case 01-13 국내 상업회의소의 원산지증명서 발행요구의 경우 국내의 의미

Q 신용장이 국내 상업회의소의 원산지증명서를 요구할 경우. 이는 어느 곳에 소재한 국내 상업회의소를 말하는가?

사례 및 쟁점 신용장은 국내 상업회의소로부터 원산지증명서를 요구하고 있다. 물품은 외국 원산지이다. "국내 상업회의소"(local chamber of commerce)는 수익자의 국내 소재지를 의미하는가? 아니면 그 물품이 유래하는 현지(외국 내)를 의미하는가?

---

55) *Ibid.*

A 이 질의에 대한 답은 UCP 600의 제3조에서 규정된 해석의 내용에 있다. 즉 "서류의 발행인을 설명하기 위하여 사용되는 "일류의"(first class), "저명한"(well known), "자격 있는"(qualified), "독립적인"(independent). "공인된"(official), "유능한"(competent), 또는 "국내의"(local)와 같은 용어는 서류발행을 위한 수익자 이외의 모든 발행인에게 허용 한다"고 명시되어 있다.

이 질의의 내용에 이 해석을 적용하는 것은, 어떠한 상업회의소도 원산지 증명서를 발행할 수 있다는 사실을 의미하는 것이다.[56)]

검토 "국내 상업회의소"에 대한 참조는 그것이 국내인지, 물품의 원산지인지, 수익자의 소재지 또는 선적, 발송 또는 수령이 이루어지는 장소 인지의 여부에 대해 구체적으로 규정하고 있지 않다.

신용장이 수출국의 상업회의소에 의하여 공인(legalized)되어지는 원산지증명서를 요구하는 경우 수익자 또는 실제 물품의 원산국 중 어느 국가의 국내 상업회의소에서 발행한 서류도 허용된다.

Case 01-14 선화증권발행 일자에 사용된 "from"이 발행일에 포함되는지 여부

Q 선화증권발행일로부터 3일 이내 환어음매입과 관련하여 사용된 "from"은 언급된 일자가 발행일에 포함되는가? 아니면 제외되는가?

사례 및 쟁점 신용장 조건에 "서류는 선화증권 발행일로부터 3일 이내에 매입이 이루어져야 한다"(Documents must be negotiated within three days from the bill of lading date)와 같이 요구될 때, 선화증권 발행일로부터 3일이라는 언급된 일자는 선화증권 발행일에 포함되는지 여부이다.

A 선화증권 발행일로부터 3일은 선적기간을 결정하기 위한 것이므로 언급된 일자가 포함된다. 따라서 운송서류가 본선적재 해상선화증권(on board marine bill

56) ICC Pub. 697, R 626.

of lading)을 요구하였다면 본선적재일이, 선적선화증권(shipped bill of lading)을 요구하였다면 발행일이 각각의 선적일자로 해석되므로, 이 경우에는 당일을 포함하여 3일 이내에 선화증권이 매입은행에 제시되어 매입이 이루어져야 한다.[57)]

검토 UCP 600에서는 "from"이 선적기간에 사용되는 경우에는 언급된 일자를 포함하고, 만기일을 결정하기 위하여 사용된 경우에는 언급된 일자를 제외한다.

이와 관련하여 UCP 600에 따른 화환신용장 서류심사를 위한 국제표준은행관행(ISBP)에서는 어음지급기일이 "선화증권 일자 이후 xxx 일"로 언급된 경우, 비록 본선적재일이 선화증권의 발행일보다 이전이거나 또는 이후라 하더라도 본선적재일이 선화증권 일자로 간주된다."[58)]

또한 "부터"(from) 및 "이후"(after)라는 용어가 환어음의 만기일을 결정하기 위하여 사용된 UCP 600 제3조 규정의 지침은 만기일의 계산이 서류, 선적 또는 다른 행위의 다음 날로부터 기산되는 것이다, 즉 3월 1일 이후 또는 3월 1일로부터 10일은 3월 11일이 된다."[59)]

따라서 이는 수락여부와 상관없이 일람출급 환어음 및 기한부 환어음에도 적용가능하고, 또한 확정일부 환어음, 청구시 지급 또는 단순히 서류제시와의 관련여부와 상관없이 연지급 만기일의 계산에도 적용가능 할 것이며 심지어는 만기일의 계산을 요하는 모든 신용장조건의 해석에 적용이 가능하다.

57) ICC Pub. 596, R 294.
58) ISBP 681, Para. 43-c.
59) ISBP 681, Para. 43-d.

Chapter 2

신용장의 독립·추상성

제4조 신용장과 계약

[Article 4] Credits v. Contracts

a. A credit by its nature is a separate transaction from the sale or other contract on which it may be based. Banks are in no way concerned with or bound by such contract, even if any reference whatsoever to it is included in the credit. Consequently, the undertaking of a bank to honour, to negotiate or to fulfil any other obligation under the credit is not subject to claims or defences by the applicant resulting from its relationships with the issuing bank or the beneficiary.

A beneficiary can in no case avail itself of the contractual relationships existing between banks or between the applicant and the issuing bank.

b. An issuing bank should discourage any attempt by the applicant to include, as an integral part of the credit, copies of the underlying contract, proforma invoice and the like.

번역

[제4조] 신용장과 계약

a. 신용장은 그 성질상 그것이 근거가 되는 매매계약 또는 기타 계약과는 별개의 거래이다. 은행은 그러한 계약에 관한 어떠한 참조사항이 신용장에 포함되어 있다 하더라도 그러한 계약과는 아무런 관계가 없으며 또한 구속되지 아니한다. 따라서 신용장에 의하여 인수·지급, 매입하거나 또는 모든 기타 의무를 이행한다는 은행의 확약은 발행의뢰인이 발행은행 또는 수익자와의 관계로부터 야기되는 클레임 또는 항변에 지배받지 아니하는 조건으로 한다.

수익자는 어떠한 경우에도 은행 상호간 또는 발행의뢰인과 발행은행간에 존재하는 계약관계를 원용할 수 없다.

b. 발행은행은 신용장의 구성요소 부분으로서, 근거계약의 사본, 견적송장 및 기타 유사한 것을 포함시키고자 하는 모든 시도를 제지하여야 한다.

해설

이 조는 신용장의 본질적 특성인 "독립성의 원칙"을 규정한 것으로 신용장은 신용장발행의 근거가 되는 매매계약 또는 기타 계약과는 별개로 간주한다는 점을 전제로 하고 있다. UCP 600에서는 은행의 확약이 종전의 환어음의 인수(acceptance) 및 지급(payment), 매입(negotiation)이 행하여지는 용어사용에서 "인수·지급"(honour), "매입하다"(negotiate)라는 새로운 표현을 도입하고 있다.

1. 신용장의 독립성(4a)

이 조 a항에서는 신용장의 독립성(independence)에 대하여 규정하고 있다. 신용장의 독립성이란 신용장은 매매당사자간의 매매계약이나 기타 계약과는 별개의 독립된 거래로 간주하는 신용장거래상의 본질적 특성인 기본원칙을 말한다. 미국 통일상법전(UCC)에서도 "발행인은 근거계약(underlying contract), 약정 또는 거래의 이행 또는 불이행, 타인의 작위 또는 부작위 또는 표준관습 이외의 특수한 거래관행의 준수 또는 인식에 대하여 아무런 책임을 부담하지 아니 한다"고 하여 UCP와 같은 취지로 규정하고 있다.[60]

이처럼 은행은 어떠한 경우에도 매도인(seller)과 매수인(buyer) 사이의 매매계약 또는 기타 신용장발행에 근거가 되는 계약상의 이유에 의한 항변으로 권리침해를 당하거나 책임과 의무를 부담하지 아니한다. 매매계약으로부터 은행과 고객간의 신용장약정(credit agreement)의 독립은 근거계약문제에 관계없이 서류가 신용장과 일치되는 제시라면 은행은 고객에 대하여 상환을 요구할 수 있으므로 결국 은행을 보호하게 된다. 신용장의 독립성은 신용장의 본질을 규정하는 가장 중요한 조건으로 간주되고 있다.

2. 참조사항 포함시도의 제지(4b)

이 조 b항에서는 신용장의 구성요소 부분으로서, 근거계약의 사본, 견적송장(proforma invoices) 및 기타 유사한 것을 포함시키고자 하는 모든 시도를 제지하도록 하여 은행과 근거계약간의 독립성원칙 구현방법을 보다 구체화 하고 있다. 특히 UCP 600에서는 발행은행은 신용장을 발행할 때 발행의뢰인의 신용장발행신청서상의 신용장의 필수구성요소로서 물품명세의 일부내용으로 별도의 근거계약 사본을 참조토록 할 것을 요구하는 경우 이를 제지할 것을 강조하고 있다.

따라서 발행은행은 신용장 구성부분에 물품의 명세란의 일부로서 예컨대, ":45A description of goods and/or services : 4,000 PCS OF MEN'S LEATHER JACKETS OTHER DETAILS

60) UCC Article 5-108(f).

AS PER SALES CONTRACT NO. 123 DATED MAY 10. THE COPY OF SALES CONTRACT IS TO BE SENT BY DHL SEPARATELY, WHICH FORMS AN INTEGRAL PART OF THIS CREDIT"과 같이 근거계약의 사본 별송 명세를 신용장발행 본문에 삽입하려는 발행의뢰인의 시도가 있을 경우, 신용장 독립성의 원칙적용 및 혼란을 방지하기 위하여 이를 제지하도록 하여야 한다.

Case 02-01 신용장 물품명세란의 참조사항도 은행이 검토해야 하는지 여부

Q 신용장의 물품명세에서 "기타 상세한 것은 XX 일자 및 번호 XX로 표시된 견적송장 참조"라고 되어 있을 경우, 은행은 서류검토시 요구서류와 함께 견적송장에 기재된 내용도 검토하여야 하는가?

사례 및 쟁점 신용장의 물품명세는 "XX 일자 및 번호 XX 견적송장과 관련된 영상센터 장비이다. 여기에서 견적송장은 신용장의 구성요소 부분이 아니다. 신용장금액의 20%는 수익자의 설치증명서(mounting certificate)의 제시로 지급 가능한 조건이었다.

신용장조건에 따라 제시된 상업송장은 위와 같이 정확하게 물품명세를 기재하고 있었다. 설치증명서를 포함하여 여타 조건은 일치되었고, 대금지급은 지정은행이 이행하고 발행은행이 상환하였다.

그러나 발행의뢰인은 다음과 같은 이유로 대금지급에 대한 이의를 제기하였고 대금반환을 요청하였다. 첫째, 상업송장에서 기재된 물품은 견적송장에서 기재된 것과 일치하지 않았고 견적송장은 신용장 내용의 구성요소 부분이었기 때문에 일치여부를 위하여 두 서류를 비교하는 것은 발행은행의 책임이 있다. 둘째, 수익자가 설치를 이행하지 아니하고, 허위로 설치증명서를 제시된 사실에도 불구하고, 20% 대금지급이 허용되었다.

이러한 주장에 대하여 발행은행은 견적송장은 신용장의 구성요소 부분이 아니었고 견적송장에 대한 상업송장의 확인을 요청하는 신용상조건은 없었으며, 수익자에 의해 발행된 설치증명서는 일치된 것이라고 답하였다.

발행의뢰인은 여전히 대금의 반환을 주장하고, 또한 발행은행이 상당한 주의(reasonable care)를 행하지 아니하였다는 이유로 손해배상을 청구하였다. 이에 대한 귀 위원회의 의견을 주면 감사하겠다.

A 신용장이 번호 및 일자로 견적송장을 참조하도록 할 경우, 견적송장과 함께 서류검토 필요성을 지정은행이나 발행은행 측에 강요되지는 않는다. 은행은 신용장을 구성하는 구성요소 부분으로써 견적송장의 부본 첨부를 적극적으로 제지하였다. 발행의뢰인이 특정 물품명세를 상업송장 및 다른 서류들에 명시하기를 요구할 경우, 지나친 명세를 피하여, 신용장의 본문에 포함시켜야만 한다.

따라서 발행은행은 UCP의 요건에 따라 행동하였고, 신용장조건에 따른 것으로 볼 수 있다.[61)]

검토 UCP 600 제4조와 같이 신용장과 매매계약 또는 기타의 계약과는 별개로 본다는, 이른바 신용장의 독립성 원칙이 신용장거래에 적용된다. 발행은행은 신용장의 구성요소 부분으로서, 근거계약의 사본, 견적송장 및 기타 유사한 것을 포함시키고자 하는 모든 시도를 제지 하도록 UCP에서 명문화 하고 있다.

신용장의 발행은 매매계약과 긴밀하게 관련되어 있는 것은 사실이지만, 은행의 입장에서는 신용장의 근거가 되는 매매계약과는 전혀 관계가 없기 때문에 매매계약상의 이유와 항변에 의하여 권리침해를 당하거나 또는 어떠한 의무나 책임도 부담하지 않는다. 예를 들면, 신용장상에 참조사항으로서 관련계약서의 번호가 표시되어 있더라도, 은행은 신용장상의 내용만을 참조하는 것이므로 그러한 계약에 구속되지 않는다. 따라서 신용장에 의한 은행의 확약은 매매계약 또는 기타 계약과 독립된 것이므로 매매계약을 참조하여 해석하여서는 아니 된다.

한편 신용장의 독립성과 관련된 미국법원의 판결요지들을 보면 다음과 같다:

1. 신용장은 은행과 수익자간의 독립된 계약이며 또한 근거계약과 독립적이다. 이와 같은 독립성의 원칙은 신용장의 상업적 활성화를 도모하기 위하여 고안되었으므로 은행은 발행의뢰인과 수익자가 서로 각각의 의무이행 여부에 관계없이 수익자에 대하여 지급할 것을 결정하여야 한다.[62)]
2. 신용장은 수익자에 대한 대금지급의 확실성에 의존하기 때문에 발행인의 의무는 근거계약에서 당사자의 권리와 책임과는 독립적이다. 지급은 반드시 담보의 위반 또는 불일치의 어떠한 주장에도 개의치 않고 이루어져야 한다.[63)]

61) ICC Pub. 697, R 661.
62) Synergy Center, Ltd. v. Lone Star Franchising, Inc. 63 S.W.3d 561 (Tex. App. Austin 2001).
63) Nissho Iwai Europe PLC v. Korea First Bank, 99 N.Y.2d 115, 752 N.Y.S.2d 259, 782 N.E.2d

3. 신용장의 원칙인 "독립성의 원칙"은 은행과 수익자 사이의 개별적 계약이고 신용장의 지속성을 유지하기 위하여 근거계약과는 독립적이다. 은행은 지급이 발행의뢰인과 수익자가 서로 각각의 의무를 이행 여부와 관계없이 수익자에 대해 지급할 것을 결정하여야 한다.[64]
4. 은행의 신용장 수익자에 대한 지급 의무는 가장 우선적이며, 직접적이고 물품의 매매거래에서 일어날 수 있는 어떠한 클레임과도 전적으로 독립적이다. 은행의 특정한 기능은 자금제공이고 이것은 근본적인 상업적 거래와는 관련되지 않는다. 그러므로 만약 신용장의 수익자에 의하여 제시된 서류가 신용장에서 포함하는 조건과 서류가 문면상 일치하게 나타난다면 은행의 지급의무는 근본적인 매수인/매도인의 거래를 둘러싼 실제 사실과는 관계없이 절대적이다.[65]
5. 신용장의 수익자에 의한 적절한 대금청구에 대해서 채무자와 채권자 사이의 매매계약의 불이행은 지급에 대한 적절한 항변이 될 수 없다.[66]
6. 신용장의 발행인은 고객에게 관계없는 항변을 근거로 지급을 거절할 수 없다. 발행인은 사기가 없을 경우, 근거거래에 기초한 수익자에 대한 고객의 어떠한 항변과 관계없이 적절한 제시에 대하여 대금지급을 하여야 한다.[67]
7. 발행인의 신용장에 대해 인수·지급하는 의무는 매매계약하의 수익자와 매수인 사이의 매매계약과 발행인과 발행의뢰인과의 계약과는 별개의 거래이다. 따라서 발행인은 신용장에 명시된 서류와 환어음의 제시 시에 지급할 의무를 부담하게 된다. 근거계약에 관련한 사실의 문제로 분쟁을 해결하는 것은 요구되지 않는다. 또한, 발행인은 수익자가 의도적인 사기의 증거가 없고, 신용장 조건과 문면상 일치하는 서류의 제시에 대하여 지급의무가 있다.[68]

55, 49 U.C.C. Rep. Serv. 2d 259 (2002), West's Key Number Digest, Banks And Banking 191.15.

64) Synergy Center, Ltd. v. Lone Star Franchising, Inc., 63 S.W.3d 561 (Tex. App. Austin 2001), West's Key Number Digest, Banks And Banking 191.15.

65) In re Sanders-Langsam Tobacco Co., Inc., 224 B.R. 1, 36 U.C.C. Rep. Serv. 2d (CBC) 484 (Bankr. E.D.N.Y. 1998).

66) In re Baja Boats, Inc., 203 BR 71, 30 Bankr Ct Dec 1 (Bankr ND Ohio, 1996) (NO. 94-60141, 96- 6021).

67) Western Sec. Bank, N.A. v Superior Court (Beverly Hills Business Bank), 15 Cal 4th 232, 933 P2d 507, 62 Cal Rptr 2d 243, 32 UCC Rep Serv 2d 534, 97 Cal Daily Op Serv 2554, 97 Daily Journal DAR 4507 (Cal, 1997) (NO. S037504).

68) ICC HANDELS A.G. v. CHINA CITIC BANK CORPORATION LIMITED, No. 600011-2008 (January 25, 2008), Supreme Court of New York, New York County.

제5조 서류와 물품, 서비스 또는 이행

[Article 5] Documents v. Goods, Services or Performance

Banks deal with documents and not with goods, services or performance to which the documents may relate.

번역

[제5조] 서류와 물품, 서비스 또는 이행

은행은 서류로 거래하는 것이지, 그 서류와 관련될 수 있는 물품, 서비스 또는 이행으로 거래하는 것이 아니다.

해설

이 조는 신용장의 주요한 특성인 "추상성의 원칙"을 규정한 것으로 신용장은 서류거래의 원칙이 적용됨을 강조하고 있다. UCP 600에서는 서류심사의 주체가 은행이므로 종전 규정의 "모든 관계당사자"(all parties concerned)라는 용어를 "은행"(bank)으로 대체시켰다.

1. 신용장의 추상성

신용장의 추상성(abstraction)이란 매매계약서에 언급된 물품이야 어떠하든, 또 실제로 매수인에게 도착된 물품이야 어떻게 되었든 간에 은행은 신용장에서 요구하는 서류만을 가지고 대금지급 여부를 판단한다는 것이다.

은행은 매매계약물품에 대해 요구되는 전문적인 지식이 사실상 부족하기 때문에 신용장내용과 서류상의 문면만을 기준으로 그 일치성 또는 정당성 여부를 판단하여 지급이행을 행한다는 것은 당연하고 합리적인 관행이라고 할 수 있다.

이와 같이 신용장 거래상 독립·추상성의 보호를 가장 필요로 하는 자는 지급·인수·매입은행이다. 신용장의 독립·추상성에 의하여 발행은행은 매매계약상의 항변으로부터 보호되지만, 수익자에 대하여는 독립·추상성의 의무를 부담하게 된다.

2. 신용장의 독립·추상성의 원칙 예외 적용기준 – Fraud Rule

신용장거래에서 독립·추상성의 원칙적용은 부당한 결과를 초래할 수도 있다. 신용장의 독립·추상성을 악용하려는 당사자의 사기 또는 기만이 있을 경우 영미법계에서는 독립·

추상성의 예외(대륙법계에 있어서는 신의칙 내지 권리남용)가 인정되고 있다. 사기의 예외 적용 원칙(fraud exception rule; fraud rule)은 서류가 신용장조건에 문면상으로 엄격히 일치하더라도 제시인 또는 당사자의 지급청구가 보호를 받는 그룹에 속하지 아니하는 경우 사기가 거래상 대금지급이 이루어지기 이전에 행한 것으로 보여 지는 경우 지급이 정지되어질 수 있는 원칙이다.

미국 UCC 제109조에는 사기(fraud) 및 위조(forgery)라는 조항에 신용장의 조건과 문면상 엄격히 일치하는 제시가 이루어졌다 하더라도 요구된 서류가 위조 또는 중대한 사기(material fraud)[69]의 목적으로 작성되었거나, 또는 제시를 인수·지급하는 것이 발행인이나 발행의뢰인에 대한 수익자의 중대한 사기를 조장하게 될 경우에는 fraud rule이 적용될 수 있는 것으로 규정하고 있다.

중대한 사기의 경우, 발행인이나 확인인이 요구된 서류에 대하여 명백한 문면상의 일치에 부합되지 않음으로 인하여 제시에 대한 선의의 인수·지급거절을 정당화한다. 그러나 발행의뢰인이 인수·지급과 상환에 대한 법원의 지급금지명령(injunction)을 확보하지 않은 한, 중대한 사기에 대한 발행의뢰인의 클레임에도 불구하고, 발행인과 확인인은 선의에 의해, 제시에 대한 인수·지급 또는 상환 여부에 대한 자유재량권을 행사할 수 있으며, 인수·지급거절 보다는 인수·지급 또는 상환을 이행할 가능성이 더 크다.

69) UCC의 공식주석에 의하면 법원이 중대성을 결정하여야 한다고 전제하고, 수익자에 의한 중대한 사기는 수익자가 지급을 기대할 수 있는 권리를 가지고 있지 않은 경우 및 실제로 지급청구의 권리를 뒷받침할 수 있는 근거가 없는 경우라고 하고 있다; UCC Article 5-109, Official Comments 1.

* UCC 제5-109조 사기 및 위조

(a) 신용장의 조건과 문면상 엄격히 일치하는 제시가 이루어졌다 하더라도 요구된 서류가 위조 또는 중대한 사기의 목적으로 작성되었거나, 또는 제시를 인수·지급하는 것이 발행인이나 발행의뢰인에 대한 수익자의 중대한 사기를 조장하게 될 경우에는,

(1) 발행인은 (i) 위조 또는 중대한 사기에 관하여 통고를 받지 아니하고 선의로 가액을 지급한 지정인, (ii) 자신의 확인에 따라 선의로 수리한 확인인, (iii) 신용장에 따라 발행된 환어음을 발행인이나 지정인에 의하여 인수된 후에 이를 취득한 정당한 소지인 또는 (iv) 발행인이나 지정인에게 연지급 의무가 개시된 후에 위조 또는 중대한 사기에 관하여 통고를 받지 아니하고 가액에 대한 권리를 취득한 발행인이나 지정인의 연지급 의무에 대한 대금양수인 등이 인수·지급을 요구한 경우에는 그 제시를 인수·지급하여야 하고; 그리고

(2) 발행인은 기타의 모든 경우에는 선의로 행동하는 한 그 제시를 인수·지급하거나 또는 인수·지급 거절 할 수 있다.

(b) 발행의뢰인이 어떠한 요구된 서류가 위조 또는 중대한 사기의 목적으로 작성되었거나, 또는 제시를 인수·지급하는 것이 발행인이나 발행의뢰인에 대한 수익자의 중대한 사기를 조장하게 될 것이라고 청구하는 경우에는 정당한 재판관할권이 있는 법원은 발행인이 제시를 인수·지급하는 것을 잠정적으로 또는 영구적으로 금지시키거나, 또는 발행인이나 기타의 자에 대하여 이와 유사한 구제조치를 허용할 수 있다. 다만 법원의 그러한 구제조치는 다음의 사실에 명백한 경우에 한한다.

(1) 그러한 구제조치가 인수된 환어음 또는 발행인에 의하여 개시된 연지급 의무에 적용가능한 법률에 따라 금지되어 있지 아니하여야 하고,

(2) 그러한 구제조치로 인하여 불리한 영향을 받을 수 있는 수익자, 발행인 또는 지정인이 입을 수 있는 손실에 대한 적절한 보호가 있어야 하고,

(3) 주법에 따라 구제조치를 받을 자에 대한 모든 조건이 충족되어 있어야 하며; 그리고

(4) 법원에 제출된 자료에 기초할 때, 발행의뢰인이 위조 또는 중대한 사기에 대한 청구에 따라 거래에 성공하지 못할 가능성이 거의 확실하고, 또 인수·지급을 요구하는 자가 상기 제a항 1호에 따라 보호 받을 자격을 갖지 못하여야 한다.

한편 국제상관습으로 정착된 UCP 600상에는 독립·추상성의 원칙을 명시하고 있으나 fraud rule에 대하여 언급하고 있지 않다. 다만 UCP 600 제34조에서 서류효력에 대한 면책(disclaimer on effectiveness of documents) 규정을 두어 은행은 모든 서류의 형식, 충분성, 정확성, 진정성(genuineness), 위조(falsification) 또는 법적 효력(legal effect)에 대하여 아무런 의무 또는 책임을 부담하지 아니한다고 규정하고 있다. 이와 같이 UCP에서는 위조 또는 사기에 대하여 은행의 면책임을 규정하고 있을 뿐 독립·추상성의 원칙이 배제되는, 이른바 사기행위에 따른 예외적인 지급거절이 인정된다는 규정은 없다. ICC가 1998년 채택한 보증신용장통일규칙(International Standby Practices: ISP98)에서도 마찬가지로 거래당사자의 준거법에 따라 국내법의 판단에 맡기고 있다.

그러나 1995년 12월 11일 유엔 총회에서 채택된 독립적 보증서 및 보증신용장에 관한 유엔 협약(United Nations Convention on Independent Guarantees and Stand-by Letters of Credit: CIGSLC)[70]에서는 발행인의 지급의무에 대한 예외(exception to payment obligation)로서 서류가 진정하지 않거나 위조된 경우, 청구를 위하여 제시된 서류에서 주장된 근거에 의하여 지급이 정당하지 못한 경우 또는 약정의 형태와 목적에 의하여 판단할 때 청구가 상상할 수 없는 근거에 의한 경우에는 선의로 행동하는 발행인은 수익자에 대한 지급을 보류할 권한을 가진다고 규정하고 있다.[71]

Case 02-02 근거계약 위반의 경우 이미 지급금액에 대한 반환 청구가능 여부

Q 발행의뢰인은 매매계약서상의 신용장조건에서 요구된 물품명세대로 선적되지 아니하였다는 이유로 수익자에게 이미 지급한 금액을 발행은행에 반환 청구할 수 있는가?

사례 및 생점 8월과 12월에 당 은행의 고객(발행의뢰인) 중 한명이 C국의 유수한 은행을 통하여 C국의 수익자 앞으로 2개의 신용장 발행을 요청하였다.

작년 말과 올해 초에 각각의 신용장에서 요구된 서류들이 매입을 위하여 당 은행에 제시되었다. 제시된 서류들이 신용장조건과 일치하였기 때문에, 당 은행은 지정된 기간 내

70) 이 협약은 5번째 국가인 Tunisia가 1998년 12월 8일 비준서를 기탁함으로써 2000년 1월 1일부터 그 효력이 발생하게 되었다.

71) CIGSLC 1995, Article 19(1).

에 대금을 지급하였다.

당 은행의 고객은 수출자(수익자)가 매매계약서상의 신용장조건에 일치되지 않게 선적되었으므로 이미 수익자에게 지급한 금액을 반환하여 달라고 요청하고 있다. 당 은행은 은행은 서류로 거래하는 것이지 물품과 거래하는 것이 아니기 때문에 개입하지 않겠다고 답하였다.

반환청구에 관한 이와 같은 문제에 대하여 귀 은행위원회의 조언을 구하고자 한다.

A 은행은 서류로 거래하는 것이지 물품으로 거래하는 것은 아니라고 설명한 것은 정확하다. 이에 관하여 UCP 600 제3조(UCP 500 제4조)는 아주 명확히 하고 있다. 은행의 역할은 신용장에 명시된 서류가 신용장조건 및 UCP 600 속의 모든 특정 조항과 완전하게 일치하는 것을 보장하는 것이다.

요구된 물품명세서와 관련된 문제가 있다면, 이는 매매계약조건이나 견적송장에서 매도인과 매수인 사이에 해결되어야 할 사안이다.[72)]

검토 위의 사례는 매매당사자가 매매계약서상에 신용장조건으로 대금지급하는 것으로 약정하고 요구된 물품명세가 있었던 것으로 보인다. 이 근거계약을 기초로 발행의뢰인이 신용장을 발행의뢰 할 경우 신용장의 물품명세란 기재시, 즉 SWIFT메시지 MT700의 ":45A Description of Goods, Services and/or Performance"란에 매매계약서 상의 물품명세와 동일하게 명시하여 신용장을 발행하도록 하였다면 발행의뢰인의 일치성 주장이 타당성 여부를 검토하여 볼 수도 있지만, 이와 같은 근거계약상의 물품명세를 신용장의 물품명세와 동일시하여 일치성 여부를 판단하는 것은 신용장의 본질에 부합되지 않는 것이다.

따라서 UCP 600 제5조에 의하면 "은행은 서류로 거래하는 것이지, 그 서류와 관련될 수 있는 물품, 서비스 또는 이행으로 거래하는 것이 아니다"라고 규정하고 있는 것과 같이 신용장의 독립·추상성에 의하여 발행은행은 매매계약상의 항변으로부터 보호되지만, 그 반면 수익자에 대하여는 독립·추상성의 의무를 부담하게 된다. 신용장의 독립·추상성에 따라 가장 유리한 자는 수익자라 할 수 있다. 수익자는 매매계약으로부터 독립된 별개의 청구권을 가지므로 신용장거래조건에 맞게 환어음을 취결하기만 하면 은행으로부터 지급, 인수 또는 매입을 받아 선적 후 즉시 수출대금을 회수할 수 있게 된다.[73)]

72) ICC Pub. 660, R 509.

또한 발행은행 역시 독립·추상성의 원칙에 따라 보호를 받게 된다. 발행은행은 수익자 또는 관계은행에 대하여 지급, 인수 또는 보상하는 입장에 있으며, 특히 취소불능신용장에서는 지급·인수·매입의 채무를 확약하고 있는 것이다. 만일 매수인이 수익자인 매도인에게 매매계약위반을 이유로 그 보상 또는 어음의 인수·지급을 거절할 수 있다고 한다면, 발행은행도 매수인의 매매계약상의 항변을 이유로 수익자 또는 관계은행에 대하여 손해배상을 청구하지 않을 수 없을 것이다. 결국 발행은행도 매도인과 매수인 사이에 매매계약상의 분쟁에 개입하게 되는 것이다.

미국의 *Dulien Steel Products v. Bankers Trust Co.* 사건[74]에서는 "발행은행이든 확인은행이든 신용장조건 및 서류제시조건의 범위를 넘어야 할 하등의 의무도 없고, 또한 수익자 등 기타 당사자와의 논쟁에 끼어들 의무도 없다"고 판시하였다.

Case 02-03	UCP는 서류작성 또는 물품규제 관련 개별국가 또는 종교적인 요구사항을 인정할 수 있는지 여부

Q UCP는 서류작성 또는 물품규제와 관련한 개별국가 또는 종교적인 요구사항을 인정할 수 있는가?

사례 및 쟁점 UCP의 지침에서, 은행은 서류로 거래한다고 되어 있지만, 자금세탁방지법 및/또는 은행이 대금지급 되기 이 전에 사기행위임을 인지한 경우에도 방어를 위하여 이 관행이 적용될 수 있는가?

은행은 이슬람의 물품소유권에 관한 기준을 참고할 수 있다. UCP는 이슬람은행이 신용장발행 또는 은행과 물품 사이의 관계의 개념에 대하여 언급하고 있지 않고 있다.

A 법을 지키는 것과 거래가 불법으로 확인되는 경우 가능한 방법으로 법률당국에 협조하여야 하는 것은 은행들의 의무이다.

---

73) Herman N. Finkelstein, *Legal Aspects of Commercial Letters of Credit,* Columbia University Press, New York, 1930, p. 180.

74) 189. F. Supp. 922, 923(1960); Henry Harfield, ***Bank Credits and Acceptances,*** Fifth ed., The Ronald Press Company, 1974, pp. 71~72; Boris, Kozolchyk, Commercial Letters of Credit in the America, Mattew Bender & Company, 1976, p. 275.

UCP는 서류작성 또는 물품규제에 관한 개별국가 또는 종교적인 요구사항에 대한 지침이나 개념을 제공하고 있지 않고 있다. 개별 국가에 대한 인식, 서류 또는 물품규제와 관련한 종교적인 요구에 대한 규정은 없다. 물품규제를 유지하기 위해서는 발행은행과 발행의뢰인 사이의 관계에 항상 의존하고 있어야한다.[75]

검토 UCP와 ICC 은행위원회의 의견은 서로 일치된다. UCP 및 ISBP에 반영된 관행들이 서류취급자들에게 적용되는가를 검토할 경우, 일부 국가의 법은 여기에 언급된 것과 다른 관행을 강요할 수 있음을 고려하여야 한다.

특히 중동지역과의 신용장거래에서 운송경로 및 운송수단의 선택, 선령 및 물품의 원산지 등 매매계약에서 요구되거나 신용장의 부가 조건란 등에서 명시적으로 요구하는 경우 이에 대한 이행 여부에 대한 분쟁이 야기되는 경우를 볼 수 있다.

UCP 600에서는 자금세탁방지나 사기행위의 경우를 포함하여 이와 같은 서류작성 등 개별국가의 정치적 또는 종교적인 특수한 상황에 대한 가이드라인이 없으므로 특별한 사항에 대해서는 매매당사자간에 계약상의 의무로 약정하거나 개별국가의 국내법의 문제로 해결하여야 하는 점을 고려하여야 한다.

신용장거래의 대상은 물품이나 서비스 또는 이행이 아니고 서류(document)이므로 은행이 신용장조건에 일치하는 서류와 상환으로 대금을 지급하여야 할 의무는 해당 물품이나 서비스 또는 이행이 실제 내용과 일치하지 않는다는 통지에도 아무런 영향을 받지 않는다.

은행은 서류가 일반적 상태성의 형식을 구비하고 있는지 여부, 또는 그 서류는 발행의뢰인의 요구대로 내용을 기재하였는지 여부에 대한 서류심사는 어디까지나 형식적 심사의 의무를 부담하는 것이지 그 서류가 과연 법률상 완전 유효한 것이라든지, 위조·변조가 없다는 등에 관해서까지 보장할 수는 없다. 따라서 신용장거래에서 은행은 서류의 이면에 있는 물품을 알 수 없기 때문에 오직 서류의 문면만을 점검하고 서류거래를 행하고 있는 것이다.[76]

---

75) ICC Pub. 660, R 510.
76) 강원진, 「신용장론」 제5판, 박영사, 2007, 23면.

Case 02-04 위조서류 매입은행의 독립·추상성의 원칙에 의한 보호 범위

신용장 매입은행이 서류의 위조에 가담하였거나 또는 위조 사실을 사전에 알았거나 그와 같이 의심할 충분한 이유가 있는 경우, 신용장 독립·추상성의 원칙에 의한 보호를 받을 수 있는가?

K은행(원고, 피상고인) 대 중국은행(피고, 상고인) 사건[77]

A 한국 대법원의 판결

1. 화환신용장에 의한 거래는 본질적으로 서류에 의한 거래이지 상품에 의한 거래가 아니므로, 은행은 상당한 주의를 기울여 그 선적서류가 문면상 신용장의 조건과 일치하는지 여부만 확인하면 되고 그 선적서류에 대한 실질적인 심사의무까지 부담하지는 않으나, 그 선적서류가 위조(변조 또는 허위 작성을 포함한다)되었을 경우 은행이 위조에 가담한 당사자이거나 서류의 위조 사실을 사전에 알았거나 또는 그와 같이 의심할 만한 충분한 이유가 있는 경우에는, 이는 신용장거래를 빙자한 사기거래에 지나지 아니하므로 그 은행은 더 이상 이른바 신용장의 독립·추상성의 원칙에 의한 보호를 받을 수 없다(대법원 2002. 10. 11. 선고 2000다60296 판결 참조).
2. 원심판결[78] 이유에 의하면, 원심은 그 채택 증거들만으로는 제2신용장에 의한 거래가 사기적 거래에 해당한다거나 제2신용장의 요구서류들이 위조되고 원고가 매입 당시 그에 관련되었거나 혹은 그러한 사정을 알았거나 이를 의심할 만한 충분한 이유가 있었다는 점을 인정하기에 부족하고, 달리 이를 인정할 증거가 없다고 판단하였다.
3. 앞서 본 법리와 기록에 비추어 살펴보면, 원심의 위와 같은 판단은 정당하고 거기에 상고이유로 주장하는 바와 같이 신용장의 사기적 거래나 매입은행의 서류조사의무의 범위에 관한 법리를 오해하는 등의 위법이 있다고 할 수 없다.

그 밖에 이 부분 나머지 상고이유 주장은, 원심의 증거취사와 사실인정을 탓하는 것에 불과하여 적법한 상고이유로 보기 어렵고, 기록에 비추어 살펴보아도 원심의 인정과 판단에 논리와 경험칙에 어긋나거나 자유심증주의의 한계를 벗어난 위법이 있다

77) 대법원 2012.1.27. 선고 2009다93817 판결.
78) 서울고법 2009.10.15. 선고 2008나104309 판결.

고 할 수 없다.

Case 02-05	적법한 매입이 아닌 경우 발행은행의 신용장대금 지급거절의 타당성 여부

Q 은행의 신용장 매입이 수익자의 사기행위 등 적법한 것이 아닌 경우, 발행은행이 매입은행에게 신용장대금 지급거절을 할 수 있는가?

I은행(원고, 상고인) 대 B은행(피고, 피상고인) 사건[79)]

 한국 대법원의 판결

신용장의 적법한 매입이 있은 후에 그와 같은 신용장 거래가 선적서류의 위조 등으로 인한 사기 거래로 밝혀진다고 하더라도, 그 매입은행은 그 신용장대금의 지급이나 매입 당시 그 은행 자신이 위조 등 사기행위의 당사자로서 관련이 되어 있거나 매입 당시 서류가 위조된 문서라는 등의 사기 사실을 알고 있었거나 또는 의심할 만한 충분한 이유가 있다고 인정되지 아니하는 한 발행은행에 대하여 신용장대금의 상환을 구할 수 있다고 할 것이나(대법원 1997. 8. 29. 선고 96다43713 판결, 1997. 8. 29. 선고 96다37879 판결, 2002. 10. 11. 선고 2000다60296 판결 참조), 만일 은행에 의한 신용장의 매입이 적법한 것이 아닌 경우에는 그 대가를 지급하였다고 하더라도 이는 신용장통일규칙상의 '매입'이 될 수 없는 것이고, 발행은행으로서는 그 신용장의 만기에 서류를 제시하는 위 은행에 대하여 수익자에게 대항할 수 있는 모든 사유로 대항할 수 있고, 따라서 신용장 거래에 있어 수익자의 사기 행위가 밝혀진 경우 발행은행은 이를 이유로 신용장대금의 지급을 거절할 수 있다고 할 것이다.

그러므로 이 사건의 핵심 쟁점은 원고에 의한 이 사건 신용장 매입이 신용장통일규칙에 의한 매입으로 인정되는지 여부에 있다.

79) 대법원 2003. 1. 24. 선고 2001다68266 판결; 원심판결: 서울고법 2001. 9. 18. 선고 2000나58783 판결.

Case 02-06	지급금지명령 신청이 재판관할권 위반 및 재량권남용에 해당되는지 여부

Q 지급금지명령을 구한 것이 계약상의 재판관할권에 위반되고 재량권남용에 해당되는가?

SOUTHTRUST BANK OF ALABAMA, N.A. v. WEBB-STILES COMPANY, INC. 사건[80)]

사실관계 1995년 Transact International, Inc. ("Transact")는 Airport Authority of India ("AAI")와 인도 델리 소재 네루 공항의 컨베이어 시스템의 설치와 관련한 계약을 체결하면서 분쟁발생 시에는 인도의 델리를 재판관할로 하고 적용법률은 인도법에 따라 분쟁을 해결하기로 약정하였다.

1996년 11월 13일 AAI는 State Bank of India("SBI")를 발행은행으로 하여 USD175,661의 보증신용장을 발행하였다. 또한 Transact는 하청업체인 Webb에게 이 일을 맡기면서 Alabama 소재 Southtrust Bank(원고, 상고인)에게 USD10,000한도로 하는 보증신용장 발행을 의뢰하고, 그에 대한 연대보증인으로서 Webb(피고, 피상고인)이 이를 보증하였다. Transact과 Webb은 본 보증신용장의 만료기일을 2005년 1월 31일까지 연장하는데 합의하였다.

1999년과 2004년 사이에 AAI와 Transact은 Transact의 컨베이어시스템 구축에 따른 의무를 충족하지 아니하였다는 분쟁이 야기되어 2004년 말 AAI은 SBI에게 Transact의 채무불이행에 따른 보증금 USD175,661을 청구하였다.

이에 따라 SBI는 Southtrust Bank에 이 사실을 알리고 채무불이행이 있음을 증빙하는 서류와 함께 Southtrust Bank이 발행한 어음을 함께 보냈다. Webb은 Southtrust Bank의 인수·지급을 금지시키기 위해 Alabama 소재 법원에 AAI가 보증금을 받아내기 위해 사기성을 가지고 채무불이행 주장을 하였다는 이유로 Southtrust Bank의 보증신용장에 따른 지급금지명령을 신청하였고 원심은 지급금지명령을 내렸다. 이에 Southtrust Bank는 상고하였다.

80) 931 So. 2d 706, 58, U.C.C. Rep. Serv. 2d 60 (Ala. 2005).

법원의 판단

1. **원심의 판단** : 법원은 AAI가 계약서에서 구제받을 수 있는 금액은 USD10,000을 초과할 수 없고 또한 AAI는 Transact의 USD158,000에 상당하는 담보설정 사실을 알아냈다. 그리고 Transact가 현저히 의무를 불이행하였다는 AAI의 주장은 허위라고 판단하였다. 또한 AAI는 AAI가 제출한 진술서에서 계약상 Webb의 소는 인도 델리에서 인도의 법에 따라 해결해야 한다고 주장하고 이에 더하여 인도법에 따르면 Webb의 주장은 기각되어야 한다고 주장하였다. 이에 대하여 법원은 원고가 법에 의한 구제수단이 없다고 보고 Webb은 금지명령을 얻어내기 위한 조건이 충족된다고 판단하여 Webb의 청구에 따라 지급금지명령을 내렸다.

2. **최고법원의 판단** : 사기예외의 적용은 법원의 재량에 해당한다고 하면서 신용장의 사기예외적용은 협의적으로 접근해야 할 것인데 계약위반을 사기로 주장할 수 없고, 지급금지명령을 구하기 위해서는 Alabama 주법에 따라 ① 그렇지 않고서는 회복불가능한 손해가 발생할 때 ② 지급금지명령 외에 다른 법적 구제수단이 없으며 ③ 이를 주장하는 당사자는 법적으로 보호할 가치가 있으며 ④ 금지명령에 의하여 손해를 입는 반대 당사자의 손해가 비합리적으로 상당하여 형평 원칙에 어긋나지 않아야 한다는 조건에 부합해야 한다고 하였다. 피고 Southtrust Bank가 지급을 이행한다고 하여도 원고는 피고에게 구상권을 행사하여 손해를 완전 회복할 수 있으며, 피고는 인도 관할 법원에 소를 제기하여 구제를 받을 수 있으므로 다른 법적 구제수단이 없음을 증명하지 못한 것으로 보았다. 따라서 원심이 내린 금지명령은 재량권을 남용한 것으로 보고 원심의 지급금지명령은 이유 없다고 판단하였다.

검토 1. Webb이 미국 법원에 지급금지명령을 구한 것이 재판관할에 위반되는지 여부

Transact와 AAI는 계약을 체결하면서 본 계약에 따른 분쟁이 발생하면 인도의 델리에 있는 법원에서 인도법에 의해 재판을 받기로 합의하였다. 이러한 본 계약의 합의가 보증신용장계약에도 영향을 끼치는가가 문제된다. 만약 보증신용장계약에 관한 분쟁도 인도 소재 법원에서 인도법에 따라 재판을 받아야 한다고 한다면 법원은 Webb의 소를 본심에서 판단할 필요도 없이 각하결정 해야 할 것이다. 보증신용장계약이 본 계약의 부수적 계약이라고 하더라도 신용장계약의 특성상 독립성원칙의 적용에 따라 두 계약이 독립한 별개의 계약으로 볼 수 있는지가 문제된다. 미국 법원은 보증신용장계약과 본 계약은 독립된 별개의 계약으로 판단한 것으로 보인다.

2. 지급금지명령이 재량권남용에 해당하는지 여부

(1) 재량권의 허용 범위

신용장에 따른 지급금지명령의 판단 여부는 법원의 재량에 따른 것이다. 그러나 재량에 따른 것이라 하더라도 무제한적으로 허용되는 것이 아니라 조건에 부합한 범위 내에서 제한적으로 허용된다고 할 것이다. 따라서 지급금지명령을 내릴 수 없는 요건임에도 불구하고 지급금지명령을 내렸다면 이는 재량권을 남용한 것이라고 할 것이다.

(2) 지급금지명령이 Alabama 주법[81)]에 의해 허용되는지 여부

지급금지명령이 정당화되기 위한 요건으로 Alabama 주법은 ① 그렇지 않고서는 회복불가능한 손해가 발생할 때 ② 지급금지명령 외에 다른 법적 구제수단이 없으며 ③ 이를 주장하는 당사자는 법적으로 보호할 가치가 있으며 ④ 금지명령에 의하여 손해를 입는 반대 당사자의 손해가 비합리적으로 상당하여 형평의 원칙에 어긋나지 않아야 한다고 규정하고 있다. 우선 요건 ③과 ④를 보자면 지급금지명령을 구하는 당사자인 Webb은 불법행위 또는 권리남용이나 신의성실의 원칙 등 법의 일반원칙에 어긋나는 행위가 존재하거나 기타 관행에 위반하는 소를 제기한 것이 아니며, 지급금지명령에 의해 금전적으로 이익을 얻을 수 있는 등, 소의 실익이 있으므로 법적으로 보호할 가치가 있다고 판단할 수 있다. 또한 지급금지명령에 따른 반대 당사자의 손해는 은행이 AAI의 청구에 따른 인수·지급을 할 수 없으므로 AAI의 소에 의해 손해배상 책임을 부담할 수 있다는 것인데, 이는 Webb이 얻는 이득에 비해 비합리적으로 현저히 큰 손해라고 볼 수 없으며, 또한 재판의 결과에 따라 손해가 발생하지 않을 수 있으므로 ④의 요건에도 부합한다고 볼 수 있다.

①의 요건을 살펴보건대, 최고법원은 "회복불가능한 손해라는 것은 법적으로 충분한 보상이 이루어질 수 없는 손해를 말한다"고 하였다. 지급금지명령을 받지 못한다고 하여도 Webb은 이에 따른 손해에 대해 Transact에게 구상권을 행사하여 회복할 수 있으므로 법적으로 충분한 보상이 이루어질 수 있다고 할 것이다.

②의 요건에 대하여는 원심과 최고심의 의견이 나뉜다. 원심은 신용장계약상 Webb은 인도 델리 법원에 청구를 해야 하며 인도 법의 적용을 받게 되는데, 이 경우 Webb이 승소할 수 없다면 이는 지급금지명령 외에 법적 구제수단이 없는 것과 동일한 경우라고 판

81) §7-5-109(b)(3) Ala. Code, 1975.

단한 것으로 보인다. 반면 최고심은 Webb이 손해가 발생한다고 하더라도 Transact을 피고로 미국에서 소를 제기하여 구상권을 통한 손해를 회복할 수 있으므로 법적 구제수단이 있다고 판단하였다. 따라서 최고심은 원심의 판단이 ②의 요건에 부합하지 않으므로 지급의 금지명령은 재량권남용이라고 판단하였다.

이 사건에서 Webb은 사기에 대하여 확정적인 입증을 못하였고, 지급금지명령 외에 법적으로 구제수단이 없을 경우를 증명하지 못하였기 때문에 독립·추상성의 원칙 적용이 배제되는, 즉 사기원칙이 적용되지 아니하였다.

Case 02-07 근거계약상의 사기에 대한 발행의뢰인의 지급금지명령 신청

Q 수익자의 근거계약에 대한 사기를 근거로 발행의뢰인이 지급금지명령을 신청할 수 있는가?

Air Cargo Servs. LLC v Aeroflot-Cargo 사건[82)]

사실관계 항소인 Delex는 2006년 11월 1일, Aeroflot와 항공화물운송에 따라 대리점계약을 체결하였다. 2008년 양자 관계가 악화되어 Aeroflot는 신용장을 발행하여 주지 않는 한 계약을 종료하고 Delex의 고객에 대한 운송물품 인수를 계속할 수 없다고 하였다. Aeroflot에 의존하였던 Delex의 고객들 때문에, Delex는 대리점계약의 지속을 위하여, 2008년 12월 15일에 J.P. Morgan Chase 은행(Chase)은 Aeroflot를 수익자로 미화10만 달러의 취소불능신용장을 발행하였다.

2009년 6월 Aeroflot는 대리점계약을 종료하고 2009년 9월 11일 Chase에 2009년 9월 16일경 신용장지급 일정을 제시하였다. 2009년 9월 15일 Aeroflot에 신용장에 따른 환어음 발행에 대한 일시적 금지명령을 신청하였고, Chase에게도 동일하게 일시적 금지명령을 신청하였다. 법원은 2009년 9월 24일 당사자들로부터 구두변론을 심리하였다.

82) Air Cargo Services LLC, et al., Petitioners v. Aeroflot-Cargo, et al., Respondents. No. 24822 2009(December 2, 2009), Supreme Court, Queens County, N.Y.

A 법원의 판단

신용장은 통일상법전 제5편에 의해 규율된다. 신용장은 통일상법전 제5-106조 (a)에서 구체적으로 명시하고 있는 경우에만 취소가능이다. 이러한 경우 신용장이 취소불능이라면, 수익자의 동의가 있는 경우에만 취소 또는 변경될 수 있다. 본 사례에서, 수익자인 Aeroflot는 취소에 대한 동의가 없었다는 것이 명백하다.

신용장하에서 수익자에 대한 발행인의 권리와 의무는 발행인과 발행의뢰인 및 발행의뢰인과 수익자간의 계약 또는 약정을 포함하여 신용장을 발행하게 하거나 그 근거가 되는 계약 또는 약정의 존재, 이행 또는 불이행으로부터 독립되어 있다(통일상법전 제5-103조 (d)). 따라서 신용장의 발행인은 근거계약이 적절히 이행 되었는지 와는 관계없이 환어음에 대하여 인수·지급하여야 한다.

발행인 및 법원의 이와 같은 원칙에 대한 확고한 인식만이 신용장하에서 대금지급에 대한 확실성과 신속성이 형성되는데 있어 지속적인 활력을 주게 된다. 따라서, Aeroflot에 의해 근거계약의 위반이 발생하였을 지라도 신용장의 발행인인 Chase는 제시된 환어음을 인수·지급하여야 한다. 그러나 이 사건의 경우, 항소인에 의해 Aeroflot가 부담하는 신용장 금액에 대한 주장을 하지 않았다.

발행의뢰인이 어떠한 요구서류가 위조 또는 중대한 사기의 목적으로 작성되었거나, 또는 제시를 인수·지급하는 것이 발행인이나 발행의뢰인에 대한 수익자의 중대한 사기를 조장하게 될 것이라고 청구하는 경우에는 법원은 발행의뢰인이 허위 또는 중대한 사기에 대한 청구 절차를 밟는 것 보다는 지급금지명령을 강구하려 한다는 제시된 정보에 근거하여 찾을 경우 발행인에게 제시에 대한 인수·지급을 금지시켜야 한다.

수익자에 의한 중대한 사기는 수익자가 지급을 기대할 수 있는 권리를 가지고 있지 않은 경우 및 실제로 지급청구의 권리를 뒷받침할 수 있는 근거가 없는 경우에만 발생한다. 항소인이 Chase의 제시에 대한 지급이 Delex에 대한 Aeroflot의 중대한 사기임을 청구하는데 성공적하지 못하였음을 논증하지 못하였다. 말하자면 사기를 주장하는 항소에는 사기 혐의 및 사실이 없었다.

더욱이, Aeroflot가 신용장을 요청하고 수취한 후 6개월 내에 대리점계약을 종결한 사실과 대리점계약 종료 후 3개월 내에 신용장을 제시한 사실은 종료 이전의 또는 당사자들의 의무를 이행하는 것을 방해함이 없이 각 당사자들에 의해 계약은 종료될 수 있다고 명시한 계약서상으로 보면 중대한 사기에 해당 되지 않는다. 결국 항소인은 지급금지명령 구제에 관한 권리가 없다. 따라서 법원은 이 신청은 받아들이지 아니하고 기각하였다.

검토 이 사례는 신용장 수익자의 근거계약에 대한 사기를 근거로 발행의뢰인이 발행인(발행은행)에 지급금지명령을 신청한 경우이다. 여기에서 검토되어야 할 사항은 근거계약을 임의로 취소함으로써 대금지급에 대한 은행의 확약을 취소할 수 있는가 하는 점이다. 그리고 그것을 사기라고 판단하여 지급금지명령을 신청하는 경우 그 사기에 대한 의도 및 증거가 사기를 구성하는지 여부이다.

먼저 신용장은 그 성질상 근거가 되는 매매계약 또는 기타 계약과는 별개의 거래이다. 따라서 신용장에 의하여 인수·지급 의무를 이행한다는 은행의 확약은 발행의뢰인이 발행은행 또는 수익자와의 관계로부터 야기되는 클레임 또는 항변에 지배받지 아니하는 조건으로 한다. 이와 유사하게, 미국의 통일상법전에서도 신용장의 다른 계약들과의 독립적인 지위를 명시적으로 규정하고 있다. 따라서 본 사건에서 근거계약인 대리계약을 취소함에 따라 대금지급 확약인 신용장계약도 취소하여야 한다는 항소인의 청구는 잘못된 것이다.

다음으로, 항소인이 주장한 사기에 대한 성립의 문제이다. 상기에서 언급한 바와 같이 대리계약의 취소는 계약서상 명시된 바와 같이 정당한 계약의 취소이다. 본 사건에서 이러한 취소의 행위에는 사기의 의도가 존재하지 않을 뿐만 아니라, 사기를 주장하는 당사자가 그 사기를 입증하지 못한 경우로 거래상의 사기에 해당되는 것으로 볼 수 없기 때문에 항소인의 청구는 기각된 것으로 보인다.

Case 02-08 중대한 사기의 기준과 적용효과

Q 중대한 사기의 기준은 무엇이며 적용효과는 어떠한가?

Mid-America Tire. Inc. v. PTZ Trading. Ltd. 사건[83)]

사실관계 매수인, Mid-America Tire, Inc.(원고)는 겨울용 타이어를 미국시장 판매용으

83) Mid-America Tire.Inc. v. PTZ Trading. Ltd., 95 Ohio St. 3d 367, No 2001-0020, 2002 Ohio LEXIS 1291 [U.S.A].

로 구입하기로 매도인, PTZ Trading. Ltd.(피고)와 합의하였다. 매수인은 매도인이 겨울용 타이어의 첫 번째 구매 이후 여름용 타이어의 대량구매를 가능하도록 하여주겠다는 약속을 믿고 매매계약을 체결하게 된 것이다. 협상종료 후 매도인은 매수인에게 거래취소를 위협하며 겨울용 타이어의 신용장발행을 촉구하였다.

겨울용 타이어에 대한 신용장(UCP 500을 준거로 하는 신용장금액 USD517,260.33) 발행 후 매도인은 여름용 타이어에 대한 명세표를 매수인에게 제시하였으나, 명세표에는 가격이나 이미 약속한 수량에 대한 언급이 없었으며 가격을 요청하여 명시하였을 때 프랑스 프랑으로 명시하여 USD로 환산할 경우 동종 타이어의 미국내 판매가격보다 높은 것으로 나타났다. 매도인이 제시한 명세표는 각각으로 이루어져 일부는 하자가 있었으며 명세표가 취합되었을 때 당초 여름용 타이어에 대한 거래합의와는 상이하였다.

매수인은 여름용 타이어에 대한 공급이 당초 약속과 달리 이루어지지 않는다는 것을 근거로 겨울용 타이어에 대한 계약해제를 시도하였다. 이 때 겨울용 타이어에 부착된 지시문 "DA/2C"가 매도인의 주장대로 단순히 적재장소를 표기하는 것이 아니며, 대부분의 물량이 미국 운송국 기준에 적합하지 않아 미국시장에서의 수입 및 판매가 불가능하다는 것을 발견하였다. 또한 매도인의 에이전트가 타이어의 수출가능여부, 가격, 수량 등에 대해 허위의 약속을 한 것도 발견하였다.

신용장발행을 취소하기 위해 매수인은 법원에 지급금지를 통한 구제(injunctive relief)를 신청하였으며 예심법원은 일시적인 제한명령을 시행한 후 사건검토 후 영구적인 지급금지를 명령하였다. 이러한 판결은 항소법원에서 무효화되었지만 법원에서 예심법원의 판결이 있었다.

A 법원의 판단

1. 지급금지, 적절한 구제

매수인은 지급금지의 신청과 관련, 법률에 적절한 구제조치에 대한 언급이 없다는 것을 증빙할 필요가 없다고 주장하였다. 이에 대해 법원은 이러한 예외규정은 수법에 의해 특별한 지급금지에 의한 구제가 허용되는 오하이오 주에서만 가능하다고 인정하였다. 법원은 또 UCC 제5편 제109조에 지급금지에 의한 구제를 언급하고 있지만 해당 조항은 이러한 조치가 시행되기 위한 제반 조건들에 대해서만 명시하고 있다고 언급하였다. 따라서 법원은 신용장 제시에 대한 매수인의 지급을 금지하는 적절한 명령을 내리기 위해 매수인이 적절한 법률에 의한 구제조치를 갖지 못하고 있다는 것을 발견하여야 한다고 판단하였다.

2. 피해의 유효성

매수인은 어떠한 경우에도 적절한 법률에 의한 구제조치를 행사할 수 없다고 주장하였으며 법원은 일반적으로 금전상으로 추산 가능한 구제가 있을 경우 매수인이 법률에 의한 구제조치를 갖는다고 판시하였다. 법원은 이 신용장 사건에서 법원의 역할은 독립성의 원칙을 준수하고 매도인에 의한 사기행위의 방지에 있으며 구제조치의 내용이 법률에 기재되어 있다는 것으로는 충분하지 않으며 명확하고 적절한 내용이 제시되어 충분한 증거가 뒷받침되어야 한다고 판시하였다. 법원은 또 매수인이 주장하는 피해들은 합리적으로 계산될 수 있어야 하며 이를 확증하는 것이 불가능하거나 어려울 경우에도 지급금지를 파기되어서는 안 된다고 주장하였다.

이 사건에 대해 법원이 고려한 사항은 다음과 같다.

① 매수인에 의해 판매될 것으로 예측된 겨울 및 여름용 타이어의 수량산정의 어려움
② "DA/2C"표기로 인해 미국시장에서 판매가능/불가능한 타이어의 수량
③ 해외지사에서 판매 가능한 타이어의 수량
④ 원가/가격차이의 확증
⑤ 매도인이 매수인에게 제시하거나 약속한 정확한 타이어의 수량 등이다.

법원은 이러한 사실과 함께 매도인이 예심법원 판결이전에 적절한 법률적 구제조치를 제기하지 않았기 때문에 적절한 구제조치가 법률에 명기되어 있다는 것을 근거로 지급금지에 의한 구제가 거절되어서는 안 된다고 판단하였다.

3. UCP 500과 UCC 제5편의 관계

법원은 UCP 500이 UCC 제5편을 대체할 수 있는지를 검토하고 거래 당사자들이 UCP 규정에 의해 거래를 하는 경우에도 모든 UCC 규정을 배제할 수는 없으며 동일 조항에 대해 2개의 규정이 동시에 적용될 수도 있다고 하였다. 법원은 동일 사안에 대해 2개의 규정이 상호 모순될 경우에만 UCP의 규정이 UCC를 대체할 수 있다고 언급하면서 결론적으로 UCP에 의한 신용장발행의 경우에도 UCC 제5편의 적용이 배제되지는 않는다고 판단하였다.

4. 사기의 경우 UCP 500의 UCC 제5편에 대한 영향

이 사건에서 매도인은 UCP 500 제3조 규정을 근거로 사기의 경우 UCP 500이 UCC 제5편을 배제할 수 있다고 주장하였다. 이에 대해 법원은 절대다수의 기관들이 UCP에 의한 신용장거래의 경우에도 UCC 제5편의 사기사건에 대한 예외규정을 적용하고 있으며 UCP에서 사기에 대응한 지급금지에 의한 구제조치를 포함하지 않는 것이 매수인이 UCC 제5편을 근거로 이러한 구제조치를 사용하는 것을 배제하지 않는다고 하였다.

법원은 또 서로 다른 주의 법원들이 UCP의 독립성의 원칙과 UCC 제5편의 사기에 대한 예외규정 및 구제조치의 시행이 서로 모순되지 않는다고 인정하고 있으며 이는 UCC 제5편이 UCP에서 언급하지 못한 사항을 규정하고 있는 것으로 볼 수 있다고 하였다.

법원은 결론적으로 매도인의 주장은 근거 없는 것이며, UCC 제5편 제109조는 UCP에 의한 신용장거래에 적용 가능하다고 판단하였다.

5. 근거계약에서의 사기, UCC 제5편 제109조

법원은 근거계약에서 매도인에 의한 사기를 근거로 한 지급금지가 적절한 지를 검토한 후 신용장거래나 근거계약에서 매도인이 유발한 중대한 사기는 UCC 제5편 제109조를 근거로 금지명령에 의한 구제를 취할 근거가 충분하여 이 경우 매도인에 의한 중대한 사기에 의해서만 지급금지가 유효함을 명확히 하였다.

6. 중대한 사기의 기준

법원은 관련 사건의 검토 후 UCC 제5편 제109조를 근거로 사기에 의해 전체 거래가 손상되어 매도인의 의무에 대한 독립성에 대한 법적 근거가 사라지는 중대한 사기가 발생되었다고 판단하였다.

7. 중대한 사기의 적용

법원은 예심법원의 사실 확인 및 제출된 증서들 통해 UCC 제5편 제109조를 근거로 할 때 매도인의 주장은 터무니없는 것이라고 하고 법원은 다음 사항을 지적하였다.

① 매도인이 여름용 타이어의 대량거래를 약속하고서도 매수인에게 겨울용 타이어를 공급하지 않은 것은 매수인이 향후 여름용 타이어가 공급된다는 거짓된 약속이 없었을 경우 겨울용 타이어의 매수에 합의하지 않았을 것이라는 점을 알고 있다는 것으로 파악되었다.

② 매도인이 매수인이 겨울용 타이어에 대한 매수계약을 체결하게끔 여름용 타이어에

대한 명세를 제시하면서 일련의 본질적 기만을 바로잡는데 실패했으며 매수인이 사기행위를 발견하기 전에 신용장을 제시하였다.

③ 타이어 재고코드를 물품코드로 잘못 표기함으로써 미국시장에서 판매 가능한 물품으로 기만하였다.

이러한 사실을 근거로 법원은 매도인의 환어음 발행이 근거계약에 따른 매수인의 이익을 박탈하는 행위이며 근거 없이 매도인에게 신용장상의 환어음 발행을 허용하는 것은 불공정하다고 하였다.

또한 매도인의 행위는 전체 거래관계를 손상시키는 것으로 이러한 경우에도 신용장의 독립성 원칙을 강조하는 것은 신용장을 기만한 매도인의 행위를 조장하는 것에 불과하다고 판시하였다. 최고법원은 항소법원에서의 판결이 근거계약에서 매도인의 기만행위가 있는 경우를 협의로 해석하여 구제조치의 적용을 배제한 측면이 있다고 판단하였다.

검토 이 사건에서 최고법원은 UCP와 UCC 제5편을 효율적으로 검토하였으며 신용장상의 사기의 경우 UCC 제5편을 참조하도록 하였다. 중대한 사기의 경우에 대해서도 매도인이 실제적으로 가격경쟁력이 없는 것으로 밝혀진 여름용 타이어의 매도를 미끼로 매수인에게 겨울용 타이어 구매계약을 체결하도록 유인하고, 공급된 겨울용 타이어도 미국시장에서 판매가 불가능한 것 등의 사실은 근거계약을 침해하는 것으로 적용법률에 의거 계약을 정당하게 취소할 수 있다고 판단하였다.

그러나 매도인의 어떠한 행위가 신용장상의 사기로 판단되는 지에 대한 논란은 남아있다. 타이어 자체가 존재하지 않고, 미국시장에 인도할 타이어가 없다는 사실은 신용장상의 사기를 구성하지만 단지 기만적인 유인으로 계약을 체결한 것이나 실행 가능한 거래에서 수량 및 품질수준에 대한 명세를 잘못 제시한 것만으로 신용장상의 사기로는 볼 수는 없는 것이다.

Case 02-09 서류의 위조 또는 수익자의 중대한 사기의 청구와 효과

Q 서류가 위조 또는 중대한 사기의 목적으로 작성되었다거나, 또는 제시를 인수·지급하는 것이 발행인이나 발행의뢰인에 대한 수익자의 중대한 사기를 조장하게 될 것이라고 청구하는 경우의 효과는 어떠한가?

BANCO NACIONAL DE MÉXICO, S.A. v. SOCIETE GENERALE 사건[84)]

사실관계 이 사건은 확인은행인 Bnaco 은행(원고)이 발행은행인 SG 은행(피고)에 대해 제소한 사건이다. 2002년 12월 10일 매도인, Alstom Power and Rosarito Power (이하: Alstom/Rosarito)는 SG 은행에 Comision Federal de Electricidad (이하: CFE)를 수익자로 하는 USD36,812,687.68 상당의 신용장 발행을 요청하였다. 뉴욕에 지점을 두고 있는 프랑스 은행인 SG 은행은 Banco 은행을 확인은행으로 지정하였다.

신용장은 다음 조건을 포함하고 있다: 신용장은 UCP와 뉴욕주법(州法)에 의해 규율될 것이고 분쟁이 야기될 시에는 뉴욕시 맨해튼에 위치한 미국법원에 의해 해결되며. 신용장의 수익자, CFE는 매매대금이 기재된 서명된 서류를 제시함과 동시에 Alstom/Rosarito로부터 대금지급을 받을 권리를 가지며, 만일 지급요청이 신용장 조건과 일치하지 않는 경우에는 SG 은행은 즉시 CFE에게 불일치를 통지하여야 한다.

2004년 9월 1일 CFE는 신용장에 일치되는 서류를 준비하여 Banco 은행에 제시하였다. CFE의 지급요청은 신용장 조건과 완전히 일치하였다. 이에 따라 Banco 은행은 CFE의 지급요청서 및 관련 서류들을 SG 은행에게 전달하였고 대금상환을 요청하였다. 그러나 2004월 9월 3일 SG 은행은 Alstom/Rosarito로부터 어떠한 대금지급도 없었다는 이유로 CFE의 대금지급 받을 권리가 문제시된다고 회답하였다.

매도인, Alstom/Rosarito은 매수인, CFE를 상대로 지급금지명령(injunction)을 멕시코 법원에 신청하여 멕시코 법률에 따라 CFE에 대한 대금지급금지 명령을 승인받았다. 이에 따라 Alstom/Rosarito는 CFE의 대금지급을 받을 권리가 소멸되었다고 주장하였다.

Banco은행은 UCP와 뉴욕주법에 의거하여 양 당사자간의 분쟁은 신용장에 의한 은행의 대금지급 의무와는 아무런 관련이 없다고 주장하였다. 2004년 9월 8일 Banco 은행은 CFE

---

84) BANCO NACIONAL DE MÉXICO, S.A. v. SOCIETE GENERALE, 34 A.D.3d 124, 820 N.Y.S.2d 588, 60 UCC Rep. Serv.2d 1248, 2006 N.Y. Slip Op. 06503.

에게 매매대금 총액을 지급하였고 SG 은행에 상환을 요청하였다. 그러나 SG 은행은 멕시코 법원의 CFE에 대한 지급금지명령을 이유로 Banco 은행에 대한 상환을 거절하였다.

이에 대해 원고, Banco 은행은 신용장에 따른 대금지급이 이미 행해졌고 멕시코 법원의 명령은 대금상환을 거절하는데 있어 적절한 근거가 될 수 없다고 주장하며 소송을 제기하였다. 반면, SG 은행은 Banco 은행이 CFE가 대금지급을 요청할 권리가 없음에도 불구하고 CFE에게 대금을 지급하였으므로 CFE에 대한 Banco 은행의 대금지급에는 사기가 존재한다고 주장하며 항변하였다.

법원의 판단

제1심 법원은 사기가 존재한다는 SG 은행의 신청을 기각하였다. 또한 제1심 법원은 SG 은행이 신용장을 준수해야할 의무가 있으나, 멕시코 법원의 지급금지명령을 존중할 것을 요구하는 예양(禮讓)의 원칙(doctrine of comity)을 적용한다면 SG 은행의 Banco 은행에 대한 대금상환의 의무가 소멸된다고 판단하였다.

연방법원은 다음의 사항들을 지적하였다.

1. 이 사건은 신용장에 의한 거래이다. 모든 신용장 거래와 같이, 이 사건도 거래의 기초가 되는 근거계약, 신용장 발행의뢰인과 발행인과의 약정, 그리고 일치하는 제시에 대한 발행인의 인수·지급 확약과 같은 세 가지 계약상의 관계가 형성되지만, 주목할 만한 사안은 UCP와 뉴욕주법에 의해 잘 정립되어온 신용장을 규율하는 근본적인 원칙은 신용장의 독립·추상성의 원칙이라는 점이다.
2. 제1심 법원은 예양의 원칙을 원용함에 있어 오류를 범하였다. 사실상 예양의 원칙은 뉴욕법원으로 하여금 외국의 법을 존중하도록 요구한다. 그러나 본 사건에서는 예양의 원칙의 적용에 관한 어떠한 요건도 없었다.

첫 번째 사항과 관련하여, 제1심 법원은 UCP와 뉴욕 법률에 따라, SG 은행은 매매계약상의 분쟁여부와는 관계없이 신용장조건과 일치하는 제시를 인수·지급해야 한다고 판단하였다. 또한 제1심 법원은 Banco 은행에 제시된 CFE의 대금지급 요청은 신용장과 엄격하게 일치한다는 점을 발견하였으며 SG 은행이 Banco 은행 또는 CFE에게 신용장과 대금지급 요청간의 불일치를 통지한 어떠한 사실적 증거도 없다는 점을 지적하였다. 연방법원 또한 "일치하는 제시를 인수·지급할 의무가 있는 발행은행은 매도인과 매수인 사이의 근거계약 또는 발행은행과 발행의뢰인과의 거래약정에 대하여 아무런 책임을 부담하지 않는다"고 판단하였다.

두 번째 사항과 관련하여, 제1심 법원은 "이행의 장소" 분석을 실시하였고 예양의 원칙을 적용하여 심리하였다. 제1심 법원은 신용장상의 이행인 "SG 은행에 의한 통지, 확인서의 발행, 요구사항의 제시"가 모두 멕시코에서 이행되었다는 사실에 주목하여, 이 사건은 예양의 원칙이 적용되고 따라서 멕시코 법원의 지급금지명령이 승인된다고 하였다. 그러나 연방법원은 상기의 제1심 법원의 판결을 번복하였고 다음과 같이 언급하였다.

"제1심 법원은 UCC 제5-116(a)조[85]의 조항을 무시하였다. 비록 '계약'과 '이행의 장소'의 분석에 의해 매매계약의 사법권을 멕시코 법원이 가진다 하더라도 멕시코 법원의 지급금지명령은 신용장과 어떠한 관련도 없다."

SG 은행은 항소과정에서 뉴욕법원이 외국 법원의 명령을 승인해야 할 것이라고 주장함에 있어 예양의 원칙을 적용한 Feet 사건[86]의 판결을 원용하였으나, SG 은행은 다음과 같은 사실을 간과하였다: Feet 사건은 약속어음의 소지지가 뉴욕의 법률을 적용할 것인지 혹은 아르헨티나의 법률을 적용할 것인지 선택할 수 있도록 허용하고 있었다; 준거법과 관련한 명확한 언급이 없었다. 그러나 상기에 언급한 바와 같이 본 사건은 신용장의 준거법으로 뉴욕주법을 명시적으로 언급하고 있다. 따라서 연방법원은 멕시코 법원의 지급금지명령은 승인될 수 없다고 판단하였다.

또한 SG 은행은 항소 과정에서 제1심 법원이 Banco 은행의 선의(good faith)의 의무와 관련한 사실상의 문제를 간과하였음을 주장하였다. 그러나 연방법원은 SG 은행이 Banco 은행에 대해 "선의"의 부재를 주장할 수 없다고 판단하였다. 선의의 의무는 발행은행이 확정적 사기가 존재한다는 사실을 확인한 이후에만 요구될 수 있다. 또한 UCC 제5-109(a)조에 따르면, "신용장의 조건과 문면상 엄격히 일치하는 제시가 이루어졌다 하더라도 요구된 서류가 위조 또는 중대한 사기의 목적으로 작성되었거나, 또는 제시를 인수·지급하는 것이 발행인이나 발행의뢰인에 대한 수익자의 중대한 사기를 조장하게 될 경우에는 (i) 자신의 확인에 따라 선의로 수리한 확인인 (ii) 발행인은 그 제시를 인수·지급하여야 한다." 따라서 SG 은행은 우선 사기가 존재한다는 사실을 확인한 다음 확인은행 또는 매입은행으로 하여금 선의로 대금을 지급하였다는 점을 증명할 책임을 전가시켜야 한다.

85) UCC 제5-116(a)조: 법률이 선택된 재판관할지는 당해 거래와 어떠한 관련을 가질 필요가 없다.

86) Feet Natl. Bank N.A. v. Liag Atgentina, S.S., 4 Masc. 3d 1025(A), 798 N.Y.S.2d 344 (Sup.Ct.N.Y.Co. 2004).

뉴욕시의 연방법원은 2005년 10월 27일 피고 SG 은행으로 하여금 원고 Banco 은행에 대하여 USD36,812,687.68을 상환할 것을 지시하였다. 연방법원의 판사는 원고, Banco 은행에 대한 승소판결을 내렸다.

검토 이 사건은 독립·추상성의 원칙이 인정되어 사기로 인정되지 아니한 사례이다. 은행은 문면상 엄격히 일치하는 제시가 이루어졌다 하더라도 요구된 서류가 위조 또는 중대한 사기의 목적으로 작성되었다거나, 또는 제시를 인수·지급하는 것이 발행인이나 발행의뢰인에 대한 수익자의 중대한 사기를 조장하게 될 것이라고 청구하는 경우 인지를 상당한 주의를 기울여 판단해야 할 것이고, 만일 그러한 경우라면 법원은 발행인이 제시를 인수·지급하는 것을 잠정적으로 또는 영구적으로 금지시키거나, 또는 발행인이나 기타의 자에 대하여 이와 유사한 구제조치를 허용해야 한다.

이 사건에서 양당사자는 신용장의 준거법을 뉴욕주법으로 명확하게 명시하고 있다. 그러므로 멕시코 법원의 지급금지명령이 승인거절 된 것은 적절할 것이다. 그러나 대부분의 신용장의 준거로 명시되고 있는 UCP는 신용장거래에 필요한 최소한의 기본적인 규정만을 정하고 있기 때문에 UCP에 규정되어 있지 않은 사항에 관하여 분쟁이 발생할 경우 UCP 규범 이외의 법을 적용할 수밖에 없다.

UCC에 의하면 신용장거래에 대해서도 당사자자치의 원칙을 수용하여 당사자는 합의에 의하여 신용장에 적용될 준거법을 지정할 수 있으며 이러한 준거법의 지정은 신용장거래와의 관련성을 요하지 아니한다.[87] 또한 당사자간에 준거법의 지정이 없을 경우 각 당사자의 책임은 그 당사자가 소재하는 재판관할지의 법률이 준거법이 된다[88]고 명시하여 행위지법을 준거법으로 선정할 것을 규정하고 있다.

국제거래의 경우 당사자자치원칙에 의거 당사자들은 매매계약시 분쟁발생에 대비하여 준거법 및 재판관할 등을 명확하게 설정할 필요가 있다.

87) UCC Article 5-116(a).
88) UCC Article 5-116(b).

Chapter 3

신용장의 사용, 발행은행 및 확인은행의 확약

제6조 사용가능성, 유효기일 및 제시장소

[Article 6] Availability, Expiry Date and Place for Presentation

a. A credit must state the bank with which it is available or whether it is available with any bank. A credit available with a nominated bank is also available with the issuing bank.

b. A credit must state whether it is available by sight payment, deferred payment, acceptance or negotiation.

c. A credit must not be issued available by a draft drawn on the applicant.

d. i. A credit must state an expiry date for presentation. An expiry date stated for honour or negotiation will be deemed to be an expiry date for presentation.

ii. The place of the bank with which the credit is available is the place for presentation. The place for presentation under a credit available with any bank is that of any bank. A place for presentation other than that of the issuing bank is in addition to the place of the issuing bank.

e. Except as provided in sub-article 29 (a), a presentation by or on behalf of the beneficiary must be made on or before the expiry date.

번역

[제6조] 사용가능성, 유효기일 및 제시장소

a. 신용장은 그 신용장이 사용가능한 은행 또는 그 신용장이 모든 은행에서 사용가능한지 여부를 명시하여야 한다. 지정은행에서 사용가능한 신용장은 발행은행에서도 사용가능하다.

b. 신용장은 그것이 일람지급, 연지급, 인수 또는 매입 중 어느 유형으로 사용가능한지를 명시하여야 한다.

c. 신용장은 발행의뢰인을 지급인으로 발행된 환어음에 의하여 사용가능하도록 발행되어서는 아니 된다.

d. i. 신용장은 제시를 위한 유효기일을 명시하여야 한다. 인수·지급 또는 매입을 위하

여 명시된 유효기일은 제시를 위한 유효기일로 본다.

ii. 신용장이 사용가능한 은행의 장소는 제시장소이다. 모든 은행에서 사용가능한 신용장의 제시장소는 모든 은행의 장소가 된다. 발행은행 이외의 제시장소는 발행은행의 장소에 추가한 것이다.

e. 제29조 a항에서 규정된 경우를 제외하고, 수익자에 의한 제시 또는 수익자를 대리하는 제시는 유효기일 또는 그 이전에 행하여져야 한다.

해설

이 조는 UCP 600에서 신설된 규정으로 신용장의 사용 가능성, 유효기일 및 제시장소에 대한 원칙을 제공하고 있다.

1. 사용가능 은행(6a)

이 조 a항에 의하면 신용장은 사용가능한 은행, 예를 들면, 매입제한이 되어 있을 경우, 지정은행(nominated bank)을 반드시 명시하여야 하며, 반면 신용장이 모든 은행에서 사용 가능한 경우에도 이를 명시하여야 한다는 것을 강조하고 있다. 후자는 UCP 500에 있었던 자유매입신용장(freely negotiable credit)의 범위를 확대한 것이다. 신용장에서 사용가능은행 명시의 예는, SWIFT 메시지 형식(MT700)란에 ":41D available with by name address : ANY BANK BY NEGOTIATION" (매입에 의하여 모든 은행이 사용가능함)과 같이 사용가능은행 및 사용가능 방법(유형)을 함께 기재하는 것이 보통이다.

또한 지정은행에서 사용가능한 신용장은 발행은행에서도 사용가능하다고 하여 그 사용가능 범위를 확대하고 있다.

2. 사용가능 방법(6b)

이 조 b항에 따라 신용장은 일람지급, 연지급, 인수 또는 매입 중 어느 방법(유형)으로 사용가능 한 것인지를 반드시 명시하여야 한다.

신용장에서 사용가능 방법 명시의 예는, SWIFT 메시지 형식(MT700)란에 ":41D available with by name address : ANY BANK BY XXX" XXX위치에 "SIGHT NEGOTIATION," "DEFERRED PAYMENT," "ACCEPTANCE," 또는 "NEGOTIATION" (일람지급, 연지급, 인수 또는 매입) 중 한 유형을 사용가능 방법으로 하고 사용가능은행과 함께 기재하여야 한다.

3. 환어음 지급인(6c)

이 조 c항에서는 신용장은 발행의뢰인을 환어음 지급인으로 발행하지 않도록 하고 있다. 이는 발행의뢰인을 지급인으로 하여 발행된 환어음이 발행의뢰인에 의해 수락되었을 경우 발행은행으로서 책임을 부담하지 않았다. ICC 은행위원회는 이러한 은행의 입장에 대해 반대하여 왔지만(Pub. 459. Case Nos. 15 and 18) 이 문제는 오랫동안 해결되지 못하였다. UCP 500[89]에서는 이 경우 "은행은 이와 같은 환어음을 추가적인 서류로 간주한다"라고 하여 발행의뢰인을 지급인으로 하는 환어음의 발행을 사실상 금지시킴으로써 이 문제를 해결하려 하였다. 그러나 UCP 600에서는 추가서류로 처리하는 내용을 아예 삭제하고, 발행의뢰인을 지급인으로 하는 환어음 발행을 더욱 엄격히 금지시키고 있다.

발행의뢰인을 환어음 지급인으로 사용가능하도록 발행된 신용장의 경우를 가정하면, 신용장에 의한 인수·지급 과정에 발행의뢰인을 참가시키게 되고 발행은행의 확약 및 효력발생 시점에 영향을 끼칠 수 있다.

따라서 신용장은 일치하는 제시에 대한 발행은행의 인수·지급에 대한 취소불능적인 확약이며, 환어음에 의한 화환결제에서 인수·지급을 행하는 자는 발행의뢰인이 아닌 발행은행(있을 경우, 확인은행과 같은 특정은행)이 명백하기 때문에 환어음은 지급인을 은행 앞으로 발행하여야 한다.

4. 유효기일 및 제시장소(6d)

이 조 d항 i 호에서는 신용장에는 제시를 위한 유효기일(expiry date)을 명시하도록 하고 있다. 여전히 대다수의 은행은 유효기일을 매입(negotiation)에 대한 유효기일로 하여 발행하고 있다. 여기에서는 인수·지급(honour) 또는 매입을 위하여 명시된 유효기일은 제시를 위한 유효기일이라는 것이다. 보통 서류가 유효기일 내에 제시되는 경우, 매입이나 인수·지급의 이행은 제시일 이후에 발생하는 일이 된다.

이 조 d항 ii 호에서는 신용장이 사용가능한 은행의 장소는 제시장소이다. 모든 은행에서 사용가능한 신용장의 제시장소는 모든 은행의 장소가 된다. 발행은행 이외의 제시장소는 발행은행의 장소에 추가한 것이 된다.

---

89) UCP 500, Article 9-a-iv; "신용장이 매입을 규정하고 있는 경우-수익자가 신용장에 따라 발행한 환어음 및/또는 제시된 서류를 어음발행인 및/또는 선의의 소지인에게 상환청구함이 없이 지급한다. 신용장은 그 발행의뢰인을 지급인으로 환어음을 발행할 수 있도록 발행되어서는 아니 된다. 그럼에도 불구하고 신용장이 그 발행의뢰인을 어음지급인으로 환어음을 요구하는 경우에는 은행은 그러한 환어음을 일개의 추가적인 서류로 간주한다."

신용장 사용이 가능한 은행의 장소는 제시를 위한 장소가 된다. 또한 신용장이 모든 은행에서 사용가능한 경우, 제시장소는 수익자 또는 다른 제시자가 제시하는 모든 은행이 된다. 항상 발행은행이외의 제시를 위한 장소는 발행은행의 장소에 추가된다.

예컨대, 신용장의 유효기일 및 제시장소가 SWIFT 메시지 형식(MT700)란에 ":31D date and place of expiry : 31 OCTOBER, 2012"와 같이 되어 있을 경우, 유효기일은 명시되어 있으나 제시 장소가 특정되지 아니하였기 때문에 수익자는 자신의 거래은행에 제시 유효기일인 2012년 10월 31일 마감시간까지 신용장에서 요구하는 모든 서류를 제시하여야 한다.

한편, 동 형식의 신용장 란에 ":31D date and place of expiry : 31 OCTOBER, 2012 AT THE COUNTERS OF OURSELVES"와 같이 되어 있을 경우, 유효기일 및 제시 장소가 발행은행 카운터로 특정되었기 때문에 수익자는 제시 유효기일인 2012년 10월 31일 마감시간까지 신용장에서 요구하는 모든 서류를 발행은행에 제시하여야 한다. 이와 같은 경우, 수익자는 수익자 소재지 매입은행에서 발행은행까지 송달되는 기간을 감안하여 서류가 발행은행 카운터에 제시될 수 있도록 유효기일 보다 훨씬 이전에 매입이 이루어져야 한다.

그리고 "발행은행이외의 제시장소는 발행은행의 장소에 추가한 것이다"라는 것은 예를 들면, 뉴욕 소재 은행에서 발행된 신용장이 2012년 10월 31일 런던 소재 X은행의 카운터에서 유효하다는 사실은, 2012년 10월 31일의 유효기일(최대 제시일)까지 수익자가 직접 제시할 경우 발행은행의 카운터에서도 적용될 수 있음을 의미하는 것이다.

5. 제시기한(6e)

수익자 및 수익자를 대리하는 제시는 제29조 a항의 규정, 즉 신용장의 유효기일 및 제시를 위한 최종일의 연장된 경우를 제외하고 반드시 유효기일까지 행해져야 한다. 다만 최종일이 불가항력 사태의 경우를 제외하고 공휴일과 같이 은행이 영업을 하지 아니하는 날인 경우에는 그다음 첫 영업일까지 연장된다.

Case 03-01 신용장 사용가능한 장소 및 유효기일이 명시된 경우 다른 장소의 은행에서의 사용가능성

Q 신용장이 한 장소에서 사용가능한 유효기일이 명시되어 있는 경우, 다른 장소에 소재한 은행에서의 사용가능성 여부는 어떠한가?

사례 및 쟁점 우리가 알고 있듯이 신용장은 특정 은행이나, 모든 은행 또는 발행은행에서 사용가능한 것이다. 신용장은 수익자의 국가에 소재한 특정은행의 카운터나, 확인은행이 소재한 국가의 확인은행 카운터, 또는 발행은행이 소재한 국가의 발행은행 카운터에서 유효기간이 만료될 수 있다. 많은 가능성이 있는 시나리오가 있을 수 있기 때문에, 우리는 때때로 혼란스럽다. 발행은행, 확인은행 또는 지정은행을 고려하여, 우리는 언제 정확하게 서류를 제시해야 "신용장 유효기간 경과"나 "지연제시" 등과 같은 불일치를 초래하지 않을 수 있는지에 대하여 인지하여야 한다.

우리는 다양하게 연출될 수 있는 상황들에 대한 시나리오를 표로 작성하여 첨부하였으며, ICC가 본 첨부자료(생략) 중 F행에 제시된 우리의 견해가 옳은지 여부를 가려주시면 고맙겠다. 또한 아래에 제시된 우리의 추정이 맞는지에 대해서도 ICC의 견해를 듣고 싶다.

해당 서류가 F행에 있는 당사자에게 제시되기 전 송달중에 분실되었을 경우, 서류의 발송인은 송달의 의무를 부담하고, F행에 제시되어 있는 어떠한 당사자도 매입 또는 인수·지급의 의무를 부담하지 않는다. 이와 같은 추정이 옳은 것인가?

A 한 장소에서 유효기간이 만료되도록 명시한 신용장을 다른 곳에 소재한 은행에서 사용가능하도록 발행하는 경우, 이는 불필요할 뿐만 아니라 수익자가 누구에게 어디에서 어느 일자에 해당 서류가 제시되어야 하는지를 결정하는데 있어 불필요한 복잡성을 초래하게 된다. 만약 지정은행이 있는 경우라면, 특히 이 같은 조건으로 인하여 인수·지급 또는 매입에 의해 지정에 따라 행동할 수 있는 권한부여에 심각한 영향을 미치게 된다. 몇몇 기래의 경우에는 다른 장소가 요구될 수도 있지만, 이러한 경우는 규칙이라기보다는 예외적인 사례로 보아야 하며, 이와 같은 상이점들은 신용장상에 분명하게 명시되어야 한다.

UCP 600에 근거한 제6조와 국제표준은행관행(ISBP)에 의하면, 유효기일 만료장소 및 사용가능한 장소가 동일하다. 이렇게 하여 수익자는 명시된 유효기일 및 서류제시기간 내에 신용장이 사용가능한 은행(또는 신용장 사용이 가능한 모든 은행)에 해당 서류를 제시할 수 있다.

지정은행 및 수익자는 일치하는 제시가 지정은행과 발행은행 또는 확인은행간 송달 중 서류가 분실되었을 경우 제35조(송달 및 번역에 대한 면책)가 도움이 될 수 있다.[90)]

검토 ICC 은행위원회는 본 질의와 관련하여 첨부자료의 목록에는 유효기간 만료일이 명시된 장소 및 사용가능한 장소에 대한 많은 다양한 선택안이 제시되어 있다고 하고 있다. 이러한 선택안들 중 많은 경우에 좋은 은행관행을 반영하진 못하고 있는데, 이는 유효기간 만료일이 명시된 장소와 사용가능한 장소가 서로 다른 국가에 소재하고 있기 때문이다. 그러므로 ICC에서 이러한 안에 대해 옳은 지의 여부에 대한 견해를 제시하는 것은 적절하지 아니한 것으로 보고 있다. 그 이유는 본 추정안이 UCP에서 기대하는 내용을 반영하지 못하고 있기 때문이다.

UCP 600 제35조에서는"지정은행이 제시가 일치하는 것으로 결정하고 그 서류를 발행은행 또는 확인은행에 발송하는 경우, 서류가 지정은행과 발행은행 또는 확인은행간, 또는 확인은행과 발행은행간 송달중에 분실된 경우라 하더라도, 지정은행이 인수·지급 또는 매입하였는지의 여부에 관계없이, 발행은행 또는 확인은행은 인수·지급 또는 매입하거나, 또는 그 지정은행에 상환하여야 한다"라고 하여 여타 은행의 면책조항과는 달리 신용장 조건과 일치되는 서류가 지정은행, 확인은행, 발행은행간의 서류송달 중 분실되더라도 지급이행을 행하여야 한다는 예외 규정이 반영되었다.

Case 03-02	모든 은행 또는 지정은행에서 인수에 의하여 사용가능시 환어음 지급인의 결정

Q 신용장수익자의 일람 후 90일 출급환어음을 모든 은행 또는 특정한 지정은행(nominated bank)에서 인수에 의하여 사용가능 할 경우, 누구를 지급인으로 환어음이 발행되어야 하는가?

사례 및 쟁점 신용장을 취급하는데 혼란을 제거하고 일반적인 이해를 증진시키기 위하

90) ICC Pub. 732, R 719.

여 지정은행(또는 모든 은행)의 인수(acceptance)에 의해 사용가능한 UCP 600 신용장하에서 환어음 발행에 관한 질의에 대한 공식적인 ICC 은행위원회의 회신을 받아야 할 필요가 있어 왔다.

당 은행은 B 국 실무자들 간 서로 다른 견해 및 관행들을 발견하였고, 모든 은행 또는 특정한 지정은행이 인수에 의해 사용가능한 신용장하에서 발행되어질 수 있는 환어음에 대한 공식적인 지침을 발견하지 못하였다.

A 신용장이 지정은행이 인수에 의하여 사용가능하고, 신용장이 지정에 따라 행동하는 것을 동의하는 경우, 환어음은 반드시 그 지정은행을 지급인으로 하여 발행되어야 한다.[91)]

검토 신용장이 모든 은행에서 인수에 의하여 사용가능한 경우, 그 신용장은 환어음의 지급인을 "지정은행" 앞으로 발행되어져야 함을 명시하여야 한다. 따라서 수익사의 요칭에 의하여, 지정은행은 지정에 따라 행동하도록 동의한 은행이 되는 것이며, 환어음은 그에 따라 발행되어지는 것이고, 그 명칭은 지급인으로써 환어음상에 분명히 명시되어져야 한다.

환어음(drafts; bill of exchange)은 어음발행인(drawer)이 지급인(drawee)인 제3자로 하여금 일정금액을 수취인(payee) 또는 그 지시인(orderer) 또는 소지인(bearer)에게 지급일에 일정장소에서 무조건 지급할 것을 위탁하는 요식유가증권(formal instrument)이자 유통증권(negotiable instrument)이다. 따라서 환어음은 발행인이 제3자인 지급인에 대하여 어음상의 정당한 권리자에게 어음지급을 위탁하는 의미에서 지급위탁증권이라고 할 수 있다. 신용장에서 환어음이 요구되는 것은 확약유형이 인수와 매입이 가능한 경우이다.

신용장발행은행이 기한부신용상에 의하여 발행된 환어음을 제3은행이 인수하게 되면, 인수은행은 어음법상의 환어음에 대한 지급의무를 직접적으로 부담한다. 즉 인수된 환어음에 대하여 수익자(수출자)가 만기에 대금상환의 요구를 하게 되면 인수은행은 즉시 이에 응하여야 한다.

91) ICC Pub. 697, R 628.

Case 03-03	발행은행을 지급인으로 작성한 환어음을 지정은행이 인수할 수 있는지 여부

Q 위의 사례와 관련하여 환어음이 발행은행을 지급인으로 하여 발행되는 경우, 지정은행은 그러한 환어음을 인수할 수 있는가?

A 환어음이 발행은행을 지급인으로 하여 발행된 경우, 환어음을 인수하는 것은 발행은행이 된다. 환어음이 발행은행을 지급인으로 하여 발행된 경우에는 신용장은 인수에 의하여서가 아니라 매입에 의하여 지정은행이 사용가능하도록 하여야 한다.[92)]

검토 환어음의 인수(acceptance)는 "환어음 발행인의 지급위탁에 대한 지급인의 동의의 의사표시"이다.[93)] 즉 지급인이 발행인의 지급위탁에 동의하고 그 발행인이 지시하는 바에 따라 환어음에 기재된 환어음 금액을 수취인이나 그 이후의 피배서인에게 지급할 의무를 부담하겠다는 의사를 표시하는 절차가 인수이다.[94)] 환어음의 인수 제시는 "지급인 또는 그로부터 인수 또는 인수거절의 권한이 수권된 자"에게 하여야 한다.[95)] ISBP에서도 "환어음은 반드시 신용장에 명시된 당사자를 지급인으로 하여 발행되어야 한다"는 점을 강조하고 있다.[96)]

이러한 사항들을 고려 할 때, 이 사례에서는 신용장에서 환어음 인수와 관련하여 지정에 의하여 행동하는 지정은행에게 수권하지 아니하였다면, 동 환어음의 인수는 발행은행이 하여야 할 것이다.

한편 환어음 지급인과 관련하여 UCP 600 제6조 c항에서 "신용장은 발행의뢰인을 지급인으로 발행된 환어음에 의하여 사용가능하도록 발행되어서는 아니 된다"는 것을 특별히 규정하고 있다. 신용장은 은행의 취소불능적인 확약을 구성한다. 신용장이 발행의뢰인을 지급인으로 하여 환어음이 사용가능하도록 하게 되면, 발행의뢰인을 신용장 결제 과정에 참여시키게 되고 발행은행의 인수·지급이 이루어지는 확약 시점 및 효력에 영향을 끼칠 수 있는 것이다.[97)]

---

92) *Ibid.*
93) Bill of Exchange Act(BEA), §17(1).
94) 정찬형, 「영미어음·수표법」, 고려대학교 출판부, 2001, 170면.
95) BEA, §41(1)(a).
96) ISBP 681, Para. 52.

ISBP[98]에서도 "신용장은 요구서류 중의 하나로 발행의뢰인을 지급인으로 하여 발행된 환어음을 요구하는 것으로 발행될 수 있으나, 발행의뢰인을 지급인으로 하여 발행된 환어음에 의하여 사용가능하도록 발행되어서는 아니 된다"고 하여 신용장에서 환어음 지급인은 발행은행 또는 수권된 은행 앞으로 발행할 것을 암시하고 있다.

Case 03-04	한국 법인인 매입은행과 발행은행 사이의 환어음 인수와 관련하여 한국 어음법이 준거법이 될 수 있는지 여부

한국 법인인 신용장매입은행과 신용장발행은행 사이에서 이루어진 환어음의 인수 방식에 관하여 한국 어음법이 준거법이 될 수 있는가?

S은행(원고, 상고인) 대 W은행(피고, 피상고인) 사건[99]

A 한국 대법원의 판결

1. 국제사법 제53조 제1항 전문은 "환어음, 약속어음 및 수표행위의 방식은 서명지법에 의한다"라고 규정하는 한편 같은 조 제3항에서 "대한민국 국민이 외국에서 행한 환어음, 약속어음 및 수표행위의 방식이 행위지법에 의하면 무효인 경우에도 대한민국 법에 의하여 적법한 때에는 다른 대한민국 국민에 대하여 효력이 있다"라고 규정하고 있으므로, 대한민국 법인인 신용장 매입은행과 대한민국 법인인 신용장 발행은행 사이에서 외국에서 이루어진 환어음의 인수 방식에 대하여는 우리나라 어음법도 준거법이 될 수 있다
2. 그런데 어음법 제25조 제1항은 "인수는 환어음에 기재하여야 한다. 인수는 '인수' 기타 이와 동일한 의의가 있는 문자로 표시하고 지급인이 기명날인 또는 서명을 하여야 한다. 어음의 표면에 지급인의 단순한 기명날인 또는 서명이 있으면 이를 인수로 본다"라고 규정하고 있으므로, 대한민국 법인인 신용장 매입은행과 대한민국 법인인 신용장 발행은행 사이에서 이루어진 환어음의 인수가 위와 같은 방식을 갖추지 아니한 경

97) ICC Pub. 680, p. 34.
98) ISBP 681, Para. 54.
99) 대법원 2008.9.11. 선고 2007다74683 판결.

우에는 어음법상의 효력을 주장할 수 없고 위 환어음의 인수가 신용장 거래 과정에서 이루어졌다고 하여 달리 볼 것은 아니다.

3. 한편, 어음법 제29조 제2항은 "전항의 규정에 불구하고 지급인이 소지인 또는 어음에 기명날인 또는 서명한 자에게 서면으로 인수의 통지를 한 때에는 통지한 상대방에 대하여 인수의 문언에 따라 책임을 진다"라고 규정하고 있는바, 이 조항은 '전항의 규정에도 불구하고'라는 문구를 두고 있음에 비추어 같은 조 제1항에서 규정하는 것처럼 환어음에 인수를 기재한 지급인이 그 어음을 반환하기 전에 인수의 기재를 말소하였음에도 소지인 등에게 서면으로 인수의 통지를 한 때에는 어음에 기재된 말소 전의 인수 문언에 따라 책임을 진다는 취지를 규정한 것으로 해석함이 상당하므로, 만일 지급인이 환어음에 인수문언의 기재 및 기명날인 등을 하지 아니한 채 소지인 등에게 인수의 통지를 한 경우에는 그 지급인에 대하여 어음법 제29조 제2항에 따른 어음상의 책임을 물을 수는 없다.

4. 위 법리와 기록에 비추어 살펴보면, 대한민국 법인인 원고 은행이 수익자인 리플렉스 및 리조스로부터 이 사건 각 백투백신용장에 터 잡아 발행된 환어음과 선적서류 등을 매입한 후 이 사건 각 백투백신용장을 발행한 대한민국 법인인 피고 은행의 방글라데시 다카지점에 이를 송부·제시함에 따라 피고 은행 다카지점이 서류송부은행인 원고 은행에게 그 환어음의 만기를 확정하면서 이 사건 각 백투백신용장의 발행조건인 이 사건 특수조건과 동일하게 해당 마스터신용장 대금을 지급받는 것을 조건으로 하여 그 환어음을 인수하겠다는 취지를 통보한 사실을 알 수 있기는 하나, 피고 은행 다카지점이 이 사건 각 백투백신용장에 기한 해당 환어음에 '인수' 기타 이와 동일한 의의가 있는 문자로 표시하고 기명날인 또는 서명을 하였다거나 어음의 표면에 단순한 기명날인 또는 서명을 하였음을 인정할만한 아무런 자료가 없으므로, 피고 은행이 이 사건 각 백투백신용장에 터 잡아 발행된 환어음을 인수 내지 조건부로 인수하였다고 볼 수 없음은 물론, 피고 은행이 어음법 제29조 제2항에 따라 인수의 문언에 따른 책임을 져야 한다고 볼 수도 없다.

5. 같은 취지의 원심[100]의 판단은 정당하고, 상고이유에서 주장하는 바와 같이 어음법 제26조가 규정하는 환어음의 인수 방식, 조건부 인수의 효력 및 어음법 제29조 제2항이 규정하는 지급인의 인수통지에 따른 책임 등에 관한 법리를 오해한 위법 등이 있다고 할 수 없다.

---

100) 서울고법 2007. 9. 20. 선고 2005나52261 판결.

Case 03-05	연지급신용장에서 지정은행으로 지정된 경우 매입대상이 되는지 여부

Q 연지급신용장이 발행은행에 의하여 서류매입의 방법으로 대금을 지급할 수 있도록 지정은행의 매입대상이 되는가?

I은행(원고, 상고인) 대 B은행(피고, 피상고인) 사건[101]

A 한국 대법원의 판결

1. 신용장 발행은행의 지정은행(확인은행도 마찬가지이다, 이하 같다)에 대한 수권 및 상환의무에 관한 위 신용장통일규칙 제10조 a항, b항 제 i 호, c항, d항(UCP 600 제6조 및 7조), 제14조 a항(UCP 600 제15조) 각 규정 취지와, 신용장통일규칙상 지정은행에 의한 연지급신용장대금의 만기 전 지급이나 선적서류 매입을 금하는 취지의 규정이 없는 점, 국제적 거래에서 신용장이라는 독립적이고 추상적인 결제 수단을 사용하는 기본적 취지가 수익자의 대금결제에 대한 불안을 제거하기 위한 것으로 그 독립추상성에서 발생하는 위험은 신용장의 발행의뢰인이 부담하는 것이 공평의 원칙에 부합한다는 점 등에 비추어, 대금의 지급이 특정 기일로 지정되어 있는 연지급신용장의 경우에도, 발행은행에 의하여 선적서류 매입의 방법에 의하여 대금을 지급할 수 있는 은행이 지정된 때에는, 특별한 반대의 약정이 없는 한 발행은행의 위 지정은행에 대한 수권 속에는 연지급신용장의 대금지급 만기 전에 지정은행이 선적서류를 매입하더라도 발행은행이 만기에 그 대금을 상환하겠다는 취지가 포함되어 있다고 보아야 하고(다만, 발행은행은 만기 전까지는 그 대금의 상환을 거절할 수 있을 것이다.), 연지급신용장의 발행에 환어음의 발행이 수반되지 아니하였다고 하여 선적서류 등과 함께 신용장을 매입하는 것이 불가능한 것은 아니므로, 연지급신용장도 지정은행이 지정되어 있는 한 그 은행에 의한 매입의 대상이 될 수 있다고 할 것이다.
2. 따라서 연지급신용장은 원칙적으로 발행은행 아닌 다른 은행의 매입대상이 될 수 없다고 본 원심[102]의 판단은 잘못된 것이라 할 것이나, 원고 은행에 의한 이 사건 신용장의 매입이 적법한 매입으로 인정될 수 없음이 아래에서 보는 바와 같으므로, 위의 잘못은 판결의 결과에 영향을 미칠 수 없는 것이다.

---

101) 대법원 2003. 1. 24. 선고 2001다68266 판결.
102) 서울고법 2001. 9. 18. 선고 2000나58783 판결.

제7조 발행은행의 확약

[Article 7] Issuing Bank Undertaking

a. Provided that the stipulated documents are presented to the nominated bank or to the issuing bank and that they constitute a complying presentation, the issuing bank must honour if the credit is available by:

 i. sight payment, deferred payment or acceptance with the issuing bank;

 ii. sight payment with a nominate bank and that nominated bank does not pay;

 iii. deferred payment with a nominated bank and that nominated bank does not incur its deferred payment undertaking or, having incurred its deferred payment undertaking, does not pay at maturity;

 iv. acceptance with a nominated bank and that nominated bank does not accept a draft drawn on it or, having accepted a draft drawn on it, does not pay at maturity;

 v. negotiation with a nominated bank and that nominated bank does not negotiate.

b. An issuing bank is irrevocably bound to honour as of the time it issues the credit.

c. An issuing bank undertaking to reimburse a nominated bank that has honoured or negotiated a complying presentation and forwarded the documents to the issuing bank. Reimbursement for the amount of a complying presentation under a credit available by acceptance or deferred payment is due at maturity, whether or not the nominated bank prepaid or purchased before maturity. An issuing bank's undertaking to reimburse a nominated bank is independent of the issuing bank's undertaking to the beneficiary.

번역

[제7조] 발행은행의 확약

a. 규정된 서류가 지정은행 또는 발행은행에 제시되고, 그 서류가 일치하는 제시를 구성하는 한, 신용장이 다음 중 어느 것에 의하여 사용가능한 경우, 발행은행은 인수·지급하여야 한다:

 i. 발행은행에서 일람지급, 연지급 또는 인수하는 경우;

ii. 지정은행에서 일람지급 및 그 지정은행이 지급하지 아니하는 경우;
iii. 지정은행에서 연지급 및 지정은행이 연지급확약을 부담하지 아니하는 경우 또는, 지정은행의 연지급확약을 부담하였지만 만기일에 지급하지 아니하는 경우;
iv. 지정은행에서 인수 및 그 지정은행이 자신을 지급인으로 하여 발행된 환어음을 인수하지 아니하는 경우 또는, 지정은행이 자신을 지급인으로 하여 발행된 환어음을 인수하였지만 만기일에 지급하지 아니하는 경우;
v. 지정은행에서 매입 및 지정은행이 매입을 하지 아니하는 경우.

b. 발행은행은 신용장을 발행하는 시점부터 취소불능적으로 인수·지급 의무를 부담한다.

c. 발행은행은 일치하는 제시를 인수·지급 또는 매입한 지정은행 및 서류를 발행은행에 발송한 지정은행에게 상환할 것을 확약한다. 인수 또는 연지급 가능한 신용장에서 일치하는 제시금액에 대한 상환은 지정은행이 만기일 전에 선지급 또는 매입하였는지의 여부와 관계없이 만기일에 지급기일이 된다. 지정은행에 상환할 발행은행의 확약은 수익자에 대한 발행은행의 확약과 독립적이다.

해설

이 조와 제8조에서는 발행은행과 확인은행의 인수·지급 확약에 대하여 규정하고 있는데 그 구조는 유사하다. 여기에서는 "인수·지급"(honour)이라는 용어를 새롭게 도입하여 발행은행의 일람지급, 연지급, 또는 인수 방법에 대한 확약과 지정은행에서 행하지 아니한 경우에 대한 확약을 추가하고 있다.

1. 발행은행의 인수·지급 확약(7a)

이 조 a항에서 발행은행의 확약은 서류가 지정은행 또는 발행은행에 제시되고, 신용장 조건에 일치하는 제시에 대하여 인수·지급한다는 것이다. 인수·지급에 관한 구체적인 방법은 다음 중 어느 한 방법에 의하여 사용가능한 경우이다. 즉,

① 발행은행에서 일람지급(sight payment), 연지급(deferred payment), 또는 인수(acceptance)하는 경우, ② 지정은행에서 일람지급 및 지정은행이 지급하지 아니하는 경우, ③ 지정은행에서 연지급 및 지정은행이 연지급 확약을 부담하지 아니하거나 지정은행의 연지급 확약을 부담하였으나 만기일에 지급하지 아니하는 경우, ④ 지정은행에서 인수 및 지정은행 자신을 지급인으로 하여 발행된 환어음 인수를 하지 아니하는 경우 또는 지정

은행이 자신을 지급인으로 하여 발행된 환어음을 인수한 후 만기일에 지급하지 아니하는 경우, ⑤ 지정은행에서 매입 및 지정은행이 매입하지 아니하는 경우이다.

따라서 발행은행은 일람지급, 연지급, 또는 인수는 할 수 있으나 매입은 하지 않는다. 매입은 오직 확인은행 또는 지정은행이 할 수 있다는 점에 유의하여야 한다.

여기에서 확약방식에 따라 일람지급신용장(payment credit)에서는 환어음 발행지시 없이 오직 서류만의 제시 (특별히 환어음 요구시 환어음 제시)에 대하여 일람지급하며, 또한 연지급신용장(deferred payment credit)에서는 환어음 발행지시 없이 오직 서류만의 제시에 대하여 연지급 확약(deferred payment undertaking)하고 만기일에 지급하며, 그리고 인수신용장(acceptance credit)에서는 기한부환어음 발행을 지시하고 동 환어음을 인수하여 만기일에 지급하는 형식을 취하게 된다.

한편, 발행은행이 아닌 지정은행이 행하는 매입신용장(negotiation credit)에서는 보통 환어음 및 서류제시에 의하여 매입을 허용하고 수익자에게 대금을 선지급 또는 선지급하기로 동의함으로써 일치하는 제시에 대하여 매입을 행하게 된다.

2. 발행은행의 인수·지급 의무 부담시기(7b)

이 조 b항에서 발행은행은 신용장발행시점으로부터 취소불능의 인수·지급 의무를 부담한다고 규정하고 있다. 조건변경의 효력발행 시점에 대한 발행은행의 의무는 반영되어 왔으나 화환신용장 자체에 대해서는 언급이 없었다. 이는 신설된 조항으로 발행은행의 인수·지급 의무에 대한 부담시점도 반영하게된 것이다.

3. 발행은행의 지정은행에 대한 상환의무(7c)

이 조 c항에서는 발행은행에 대한 상환의무를 규정하고 있다.

첫째, 지정은행의 이행과 일치하는 제시에 대한 상환을 발행은행이 확약해야 한다. 인수·지급이나 매입이 발행은행으로 서류가 보내지는 것과 연관되어야 한다는데 주의하여야 한다.

둘째, 발행은행의 상환은 만기일에 이루어지며, 인수 또는 연지급 신용장에 있어 지정은행의 선지급 또는 매입 여부와는 관계가 없다.

셋째, 지정은행에 대한 발행은행의 확약은 수익자에 대한 발행은행의 확약과는 별개로 본다.

Case 03-06	인수 및 연지급 신용장의 만기일 연장시에도 모든 권리 및 보호장치가 연장 적용되는지 여부

Q UCP 600에서 보장되는 모든 권리 및 보호장치가 인수 및 연지급 조건에서와 마찬가지로 신용장의 만기일을 연장한 경우에도 모든 당사자에게 적용될 수 있는가? 그 답변에서 인수신용장과 연지급신용장 사이에 차이가 있는가?

사례 및 쟁점 때때로 발행은행은 신용장의 모든 당사자(지정은행 및/또는 확인은행, 발행은행/인수은행, 수출자 및 수입자)가 기간연장에 동의할 경우, 인수된 환어음 또는 연지급신용장의 만기일을 연장한다. UCP는 이와 같은 만기일 연장에 대하여 언급이 없다.

우리의 의문점은 UCP 600에서 보장되는 모든 권리와 보호장치가 원래의 인수 및 연지급 조건에서와 마찬가지로 신용장의 만기일을 연장한 거래에서도 모든 당사자에게 적용될 수 있는지 여부이다. 또한 이에 대한 답변에서 인수신용장(acceptance credit)과 연지급신용장(deferred payment credit) 사이에 차이가 있느냐는 것이다.

명확성을 기하기 위하여 고려한 시나리오는 기간연장이 수출자와 수입자 사이에 지급조건 재협상시에 발생할 수 있는 것으로 이는 발행은행의 요청에 의한 신용장상의 재금융(refinance)의 결과로 기인하는 것이 아니다. 후자의 경우는 발행은행과 지정은행 쌍무간의 금융약정을 구성하는 것으로 인식되어야 한다고 본다.

예로서 발행은행 및 인수은행이 수입자(두 은행의 고객)와 수출자(지정은행의 고객)가 만기일 연장에 동의한 것을 명시하면서 인수된 환어음의 만기일을 당초 11월 1일에서 향후 12월 1일까지 연장하여 달라는 요청을 지정은행에 하는 것이다. 지정은행은 만기일 연장동의를 표명하는 고객(수출자)에게 연락한다. 이에 지정은행은 기간연장에 동의하고, 이 내용에 관하여 발행은행 및 인수은행과 연락을 취한다. 그 밖에 지정은행에 대한 요청은 자신의 고객(수출자)이 지정은행에 직접 하는 경우도 있다.

본질적으로, 우리는 이와 같은 기간연장을 서류가 제시된 이후(즉, 신용장상의 지급조건 중간에 또는 지급일 바로 직전에)에 확인은행으로부터 요청받았을 경우나, 환어음이 확인은행을 지급인으로 하여 발행되고 동 환어음이 인수되었을 경우에, 부언하면 기간연장 요청이 인수 이후 또한 지급일자 이전에 확인은행에 제시될 수 있는지 여부에 대하여 ICC 은행위원회의 의견을 듣고자 한다.

A 대체 환어음이나 새로운 연지급확약이 요구될 수 있는지 여부는 인수장소 또는 연지급확약이 이루어지는 장소의 국내법(local law)에 따라 결정된다. 확인은행 외에 발행은행, 확인은행 및 다른 선의의 소지인(bona fide holder)이 발행의뢰인과 수익자에 의하여 결정된 지급조건 재협상에 합의하였을 경우에는 대체 환어음이나 연지급확약이 필요하지 않다.

환어음은 새롭게 합의된 만기일(신용장이 확인은행이 인수에 의하여 사용가능한 경우)에 재인수되거나, 새로운 또는 수정된 연지급확약은 새로이 합의된 만기일(신용장이 확인은행이 연지급에 의하여 사용가능한 경우)을 반영하여 이루어져야 한다.

위와 같이 제2조의 인수·지급의 정의에 일치하여, 즉, "신용장이 연지급에 의하여 사용가능한 경우 연지급을 확약하고 만기일에 지급하는 것; 신용장이 인수에 의하여 사용가능한 경우 수익자가 발행한 환어음("어음")을 인수하고 만기일에 지급하는 것"처럼 지정은행(확인은행)에 상환하는 발행은행의 의무는 제7조 c항에 따라, 새로 합의된 만기일로 연장하는 것이다.[103]

검토 UCP 600 제7조 c항에서는 "발행은행은 일치하는 제시를 인수·지급 또는 매입한 지정은행 및 서류를 발행은행에 발송한 지정은행에게 상환할 것을 확약한다. 인수 또는 연지급 가능한 신용장에서 일치하는 제시금액에 대한 상환은 지정은행이 만기일 전에 선지급 또는 매입하였는지의 여부와 관계없이 만기일에 지급기일이 된다. 지정은행에 상환할 발행은행의 확약은 수익자에 대한 발행은행의 확약과 독립적이다"라고 명시되어 있다.

매매계약에서 결제조건을 인수신용장 또는 연지급신용장 방식으로 하고 결제기간을 60일, 90일, 120일 등과 같이 일정기간을 매수인이 유예 받았으나 당초의 만기일 또는 지급기일에 지급이행이 어려울 경우 매수인인 신용장발행의뢰인은 발행은행에 만기일을 합의된 기간으로 연장하여 줄 것을 요청하는 경우가 종종 있다.

발행은행이 동의할 경우 환어음은 새롭게 합의된 만기일로 재인수되거나, 새로운 또는 수정된 연지급 확약은 새로이 합의된 만기일을 반영하여 이루어지므로 발행은행은 당초와 같이 인수·지급(honour)의 의무를 부담하게 된다.

103) ICC Pub. 732, R 721.

Case 03-07 발행의뢰인 지급인 환어음의 경우 발행의뢰인 명의로 발행은행이 환어음 인수가능한지 여부

Q 신용장이 발행의뢰인을 지급인으로 하여 발행되는 환어음을 요구한 경우, 발행의뢰인의 명의로 발행은행이 환어음을 인수할 수 있는가?

사례 및 쟁점 발행은행은 1997년 12월 19일 및 1997년 12월 30일이 만기일인 신용장에서 두 개의 환어음을 인수하였다. 신용장에서 인수는 발행의뢰인 명의로 되어 있었다.

만기일 이전에 발행은행은 당 은행에게 선적물품의 60% 정도 하자가 발견되어 발행의뢰인으로부터 자금을 받을 때 까지 확약에 따른 지급을 할 수 없다고 모사전신으로 알려왔다. 당시 발행은행은 B국의 SGS[104]에 의하여 발행된 보고서 사본을 우송하였다. 그때 당 은행은 신용장상의 서류가 9월 말일 발행의뢰인에 의하여 인수되었고 발행의뢰인이 이미 물품을 수령하고 사용하였다는 사실을 수익자로부터 알고 있었다.

당 은행의 반복적인 청구에도 불구하고, 발행은행은 여전히 우리의 상환요구를 거절하고 있다. 발행의뢰인의 명의의 발행은행의 환어음 인수는 신용장하에서 유효한 인수이며, 그 인수는 UCP하의 발행은행의 의무를 구성하는지 여부이다.

A 신용장이 발행의뢰인을 지급인으로 하여 발행되는 환어음을 요구한 경우, 환어음은 발행은행이 아닌 발행의뢰인에 의하여 인수되어 질 수 있다. 그러나 한 당사자가 보통 위임장(power of attorney) 형식에 의하지 아니하고 타인의 의무를 인수할 수 없다. 이 사례에서 환어음의 인수는 UCP에서 규정된 발행은행의 의무를 충족하는 것으로 볼 수 있다.[105]

검토 이 사례 질의 당시의 신용장 준거인 UCP 500 9조 (a)(iv)항에서는 "신용장이 매입을 규정하고 있는 경우-수익자가 신용장에 따라 발행한 환어음 및/또는 제시된 서류를

104) SGS(Société Générale de Surveillance)는 1878년 프랑스 루앙에서 곡물 선적 검사장으로 출발하였고, 1919년 제네바에 Société Générale de Surveillance로 사업등록을 하여 검증, 검사, 시험 및 인증서비스를 제공하는 회사로 세계 각지에 1350개가 넘는 사무소와 연구소를 네트워크화 하여 운영하고 있으며 국제상거래에서 그 신뢰성이 무역업자간에 널리 인정되고 있다; http://www.sgsgroup.kr/ko-KR/Our-Company/About-SGS/SGS-in-Brief.aspx

105) ICC Pub. 660, R 517.

그 발행인 및/또는 선의의 소지인에게 상환청구 없이 지급한다. 신용장은 그 발행의뢰인 앞으로 환어음을 발행할 수 있도록 발행하여서는 아니 된다. 그럼에도 불구하고 신용장이 발행의뢰인 앞으로 발행된 환어음을 요구하는 경우에는, 은행은 그러한 환어음을 일개의 추가적인 서류로 간주 한다"라고 규정하였었다.

그러나 UCP 600에서는 이를 삭제한 대신 ISBP의 발행의뢰인을 지급인으로 한 환어음 항목에서[106] "신용장은 요구서류 중의 하나로 발행의뢰인을 지급인으로 하여 발행된 환어음을 요구하는 것으로 발행될 수 있으나, 발행의뢰인을 지급인으로 하여 발행된 환어음에 의하여 사용가능하도록 발행되어서는 아니 된다"라고 하여 UCP 500의 취지를 계승하고 있다.

이러한 특수한 경우에서, 환어음이 상기의 규정에도 불구하고 신용장발행의뢰인 명의로 발행되었고 UCP 및 취소불능신용장하의 발행은행의 확약의무에 따라 만기일 통지와 함께 정히 인수되었다. 은행이 실제 환어음을 인수할 위치에 있는지, 없는지에 관한 문제는 국내법 또는 국제적으로 인정되는 환어음법과 관련된 은행내부의 관례이며, ICC와 UCP와 관련된 문제가 아니다. 발행은행의 의무는 환어음을 인수하고 만기일에 지급하는 것이다.[107]

이러한 상황에 비추어 볼 때 발행의뢰인을 지급인으로 하는 환어음의 인수가 발행의뢰인과 발행은행의 별도 약정에 기초한 환어음의 인수는 UCP에서 규정된 발행은행의 취소불능의무를 충족하는 것으로 볼 수 있으며, 또한 일치하는 제시에 대한 인수·지급 확약의 이행으로 볼 수 있다.

그러나 신용장거래에서는 불완전한 신용장조건이 있는 신용장을 발행하지 않도록 하여야 한다. 신용장은 UCP의 취지에 따라 발행의뢰인을 지급인으로 하는 환어음이 요구되지 않도록 발행하여야 하며, 보통 환어음이 요구되는 매입 또는 인수 신용장하에서의 환어음 지급인은 은행, 즉 발행은행 또는 확인은행(있는 경우) 또는 지정은행 앞으로 발행되도록 하여야 한다.

---

106) ISBP 681, Para. 54.
107) ICC Pub. 596, R 256.

Case 03-08 환어음 인수는 반드시 수기로 직접 하여야 하는지 여부

 환어음 인수는 반드시 수기로 직접 하여야 하는가?

사례 및 쟁점 최근 우리의 회원 중 하나가 자신이 발행한 신용장에서 통신(telecommunication)으로 자신의 환어음 인수를 확인하였지만 실제로 환어음 이면에 수기(physical writing)에 의하여 확인한 것은 아니었다.

현재 매매계약 당사자간에 이와 관련된 분쟁이 있는데 실제 수출자는 X국 국내 법원뿐만 아니라, X국의 국내 수입자에 의하면 신의가 없는 자로 인식되고 있다. 법원은 확인이 환어음 이면에 행하여지지 않았고 환어음 자체에 인수확인을 구성하지는 아니하였으나, 오히려 신용장에 의한 은행의 의무에 근거하여 예비지급 금지명령(injunction)을 발행 중에 있다.

은행은 ICC의 전문가가 통신에 의한 인수의 확인은 환어음의 인수확인으로 볼 수 있으므로 어떤 경우에도 인수은행이 지급의무가 있다는 것이 확인될 경우, 법원에 ICC의 의견을 제시하고, 예비 금지명령을 발행받기 위하여 긴급히 ICC 전문가의 의견을 구하고 싶다.

A 발행은행은 환어음 만기일에 매입은행에 지급하여야 할 의무가 있다. "물리적"(physical) 인수에 대한 요건 및 방법에 대한 분쟁은 국내 은행의 관행 및 법률에 근거하여 발행은행과 수입자간의 문제이다.[108)]

검토 발행은행은 서류가 신용장 조건과 일치하는 것으로 보이는 서류를 매입은행으로부터 수령하였다. 매입은행 앞으로 통신에 의한 인수통지는 환어음 인수에 대한 통지로서 UCP 500 제9조 a항 iii호 (a)의 조건을 이행하는 것이다. 따라서 매입은행은 만기일에 지급받을 권리를 갖게 된다.

국제무역에 있어서 환어음의 인수와 관련하여 환어음에 비록 "인수"라는 문언을 기재하지 아니하여 어음법의 인수 규정에 위배된다고 하더라도, 국제무역거래의 관행을 인정

108) *Ibid.*

하여 어음의 인수인이 인수하였다고 SWIFT 전문 등에 의하여 인수 통지를 한 이상 어음 인수인으로서 만기에 어음금의 지급책임을 부담하여야 한다. 이는 ICC의 견해와 일치하지만, 한국 대법원의 판례와는 일치하지 않는다.[109] 그러나 국제무역거래에 있어서는 일반적인 업무관행과 ICC의 유권해석에 비추어 보면 이 판단이 타당하다고 본다.[110]

은행이 실제 환어음을 인수할 위치에 있는지, 없는지에 관한 문제는 국내법 또는 국제적으로 인정되는 환어음법과 관련해 은행내부의 관례이며, ICC와 UCP와 관련한 문제가 아니다. 발행은행의 의무는 환어음을 인수하고 만기일에 지급하는 것이다.

Case 03-09 신용장발행은행이 선행 매입은행에 대한 상환을 내세워 후행 매입은행의 상환청구의 거절가능 여부

Q 분할환어음 발행이 허용된 신용장에서 수익자가 신용장금액을 초과하여 분할환어음을 발행하고 서류 중 일부를 위조하여 서로 다른 은행에게 이를 매도한 경우, 신용장발행은행이 선행 매입은행에 대한 신용장대금의 상환을 내세워 후행 매입은행의 신용장대금 상환청구를 거절할 수 있는가?

B은행(원고, 상고인 겸 피상고인) 대 M은행/J은행(피고, 피상고인 겸 상고인) 사건[111]

A 한국 대법원의 판결

1. 국제상업회의소(International Chamber of Commerce)의 제5차 개정 신용장통일규칙(The Uniform Customs and Practice for Documentary Credits, 1993 Revision, ICC Publication No. 500, 이하 '신용장통일규칙'이라 한다) 제9조 제a항 제iv호, 제10조 제d항, 제14조 제a항 등의 규정을 종합하면, 화환신용장에 의한 거래에서 신용장의 제

---

109) 미합중국 뉴욕주 통일상법전 중 유가증권에 관한 제3-410조 제(1)항의 규정에 의하면, 환어음의 인수는 환어음이 제시된 그대로 인수하겠다는 인수인의 서명된 약속이며 이는 반드시 환어음상에 기재되어야 한다고 규정하고 있으므로, 피고 은행이 단지 위 화환어음들 상에 인수의 취지로 서명하지 않은 상태에서 단순히 원고 은행에게 위 화환어음들의 인수(acceptance)사실을 통지하였다는 사정만으로는 적법한 인수행위가 있었다고 볼 수 없다; 대법원 2001다26828호 판결 참조.

110) 유중원, "매입은행의 지위와 신용장대금의 지급청구", 「섭외판례연구」, 서울지방변호사회, 17면.

111) 대법원 2011.1.27. 선고 2009다10249 판결.

조건과 문면상 일치하게 표시된 서류와 상환으로 환어음을 매입한 매입은행이 신용장 발행은행에 대하여 신용장대금의 상환을 청구하는 경우에 특별한 사정이 없는 한 신용장 발행은행은 상환의무를 면할 수 없다(대법원 1997. 8. 29. 선고 96다37879 판결, 대법원 2002. 10. 11. 선고 2000다60296 판결 등 참조).

2. 따라서 분할 환어음의 발행이 허용된 신용장거래에서 수익자가 신용장 한도금액을 초과하여 분할 환어음을 발행하고 선적서류 중 일부를 위조하여 서로 다른 은행에게 이를 매도한 경우, 위조된 선적서류를 매입한 선행 매입은행의 신용장대금 청구에 대하여 신용장 발행은행이 선적서류에 상당한 주의를 기울였으면 충분히 발견할 수 있었던 신용장조건과 불일치하는 하자가 있음을 간과하고 신용장대금을 상환하였다면, 신용장 발행은행은, 후행 매입은행이 상당한 주의를 기울였음에도 신용장 한도금액을 초과하여 환어음이 발행되었고 다른 은행이 환어음 일부를 선행하여 매입하였다는 사실 등을 알지 못한 채 신용장의 제 조건과 문면상 일치하게 표시된 서류와 상환으로 환어음 등을 선의로 매입한 후 신용장대금의 상환을 구하는 것에 대하여 선행 매입은행에게 신용장대금을 상환한 점을 내세워 신용장 한도금액이 초과하였다는 이유로 이를 거절하지 못한다.

3. 그리고 여기서 신용장 발행은행과 매입은행에게 요구되는 상당한 주의는 상품거래에 관한 특수한 지식경험이 없는 은행원으로서의 일반적인 지식경험에 의하여 기울여야 할 객관적이고 합리적인 주의를 말하며, 은행원은 이러한 주의를 기울여 신용장과 기타 서류에 기재된 문언을 형식적으로 엄격하게 해석하여 신용장조건과의 합치 여부를 가려낼 의무가 있다(대법원 1985. 5. 28. 선고 84다카696 판결, 대법원 2002. 6. 28. 선고 2000다63691 판결 등 참조).

4. 원심판결[112] 이유 및 원심이 적법하게 채택한 증거들에 의하면, 다음과 같은 사실을 알 수 있다.

   (1) 피고 주식회사 M은행(이하 '피고 M은행'이라 한다)이 수익자를 주식회사 S(이하 'S'라 한다)로 하여 발행한 이 사건 제1신용장은 최대 한도금액을 미화 871,500달러로 하고 분할 선적 및 분할 환어음의 발행을 허용하는 자유매입신용장으로서, 매입 시 필요한 서류로 '수화인을 송화인 지시식으로 하여 송화인이 배지 배서한 무고장 선적 선화증권'을 요구하고 있다.

   (2) 피고 주식회사 J은행(이하 '피고 J은행'이라 한다)은 S로부터 2005. 10. 7. S가 이

112) 부산고법 2008. 12. 19. 선고 2007나13503 판결.

사건 제1신용장과 관련하여 발행한 어음금액 미화 244,639.18달러의 환어음 및 선적서류를 매입하였다. 그런데 피고 J은행이 매입한 선적서류 중 선화증권은 S의 대표이사 고OO가 운송인인 I해운 주식회사로부터 다른 운송 건으로 회사 내부 보관용으로 받아 두었던 선화증권을 이용하여 발행인의 서명을 임의로 기재하는 등으로 위조한 것으로서, 그 우측 상단에는 I해운 주식회사가 유통이 불가능하다는 것을 나타내는 의미로 기재한 'Non-Negotiable'이라는 문구가 기재되어 있는 반면, 그 본문의 송화인 란에는 'S'가, 수화인 란에는 송화인 지시식 선화증권임을 나타내는 'TO ORDER OF SHIPPER'라고 기재되어 있고, 그 뒷면에는 성보가 무기명식으로 배서하였다.

한편 이 사건 제1신용장에는 '매입은행은 신용장 뒷면에 환어음 매입금액을 기재하여야 한다'고 기재되어 있는데, 피고 J은행은 이 사건 제1신용장 원본 뒷면에 자신이 환어음을 매입한 사실을 기재하지 않았다.

(3) 피고 M은행은 피고 J은행의 위 환어음 및 선적서류의 매입에 기한 신용장대금 청구에 따라 피고 J은행에게 미화 244,639.18달러를 지급하였다.

(4) S는 다시 이 사건 제1신용장에 기한 환어음 등을 분할 발행하였고, 원고는 이 사건 제1신용장 원본 뒷면에 매입사실의 기재가 없어 피고 J은행의 선행 매입사실을 알지 못한 채 S로부터 2005. 10. 17. 어음금액 미화 750,789.78달러의 환어음 및 선적서류를, 2005. 10. 18. 어음금액 미화 108,019.52달러의 환어음 및 선적서류를 각 매입하였다.

(5) 원고의 신용장대금 청구에 대하여, 피고 M은행은 피고 J은행에 제1신용장대금의 일부인 미화 244,639.18달러를 이미 지급하였기 때문에 제1신용장 한도금액을 초과한다는 등의 이유로 그 지급을 전부 거절하였다.

5. 먼저, 이 사건 제1신용장에서 요구하는 송화인 지시식 및 백지배서식 선화증권은 송화인이 선화증권 뒷면에 백지배서를 하여 양도하면 선화증권의 소지인이 운송물에 대한 소유권을 취득하게 되는 것으로 자유롭게 유통할 수 있는 것인데, S가 위조한 선화증권은 그 수화인 란에는 송화인 지시식이라고 기재되어 있는 반면 선화증권의 우측 상단에는 배서금지 또는 유통이 불가능하다는 의미인 'Non- negotiable' 이라는 문구가 기재되어 있어 선화증권의 문면 자체에 상호 모순이 있을 뿐만 아니라 이 사건 제1신용장에서 요구하는 조건과도 불일치한다. 선화증권에 기재된 'Non-negotiable'이라는 문구는 그 문언 자체가 '매입할 수 없다' 또는 '유통할 수 없다'는 것을 나타내므로, 그

와 같은 기재가 있는 경우에는 적어도 '자유로운 유통을 허용하는 선화증권'과는 배치된다는 것을 상품거래에 관한 특수한 지식경험이 없는 은행원이라도 일반적으로 쉽게 알 수 있는 것이다.

6. 한편 분할 환어음이 허용되는 신용장거래에서 매입은행이 신용장 한도 잔액을 발행은행에게 확인하여야 할 관행이 존재한다고 볼 아무런 자료가 없는 이 사건에서, 신용장 원본에서 '매입은행은 신용장 뒷면에 환어음 매입금액을 기재하여야 한다'고 규정하고 있으면 일반적인 은행원으로서는 금융기관인 선행 매입은행이 있었다면 매입사실을 기재하였을 것이라고 기대하는 것이 상당하고, 그 밖에 성보가 신용장 한도금액을 초과하여 환어음을 발행하였다는 점 및 피고 J은행이 환어음을 선행 매입하였다는 점 등을 원고가 알거나 알 수 있었다고 볼 자료도 없으므로, 원고가 신용장 원본의 뒷면에 매입사실의 기재가 없는 것을 믿고 성보로부터 환어음 등을 매입한 것에 어떤 잘못이 있다고 할 수 없다.

결국 피고 M은행은 피고 J은행이 제시하는 선화증권에 신용장조건에 불일치하는 하자가 있음을 과실로 간과하고 피고 J은행에게 신용장대금을 지급한 것이고, 반면 원고는 과실 없이 선의로 성보로부터 환어음 등을 매입한 것이라고 봄이 상당하므로, 앞서 본 법리에 비추어 보면 이러한 경우 피고 M은행은 피고 J은행에 대한 신용장대금의 지급을 내세워 원고의 신용장대금 지급청구를 거절할 수 없다고 할 것이다.

7. 그 밖에 피고 M은행은, 피고 M은행이 피고 J은행의 신용장대금 상환청구에 따라 신용장대금을 지급한 것은, 발행의뢰인인 T 코퍼레이션(이하 'T'라 한다)의 신용장조건 불일치 하자에 대한 추인의 의사에 따라 적법하게 행한 것이므로 그 신용장대금의 지급 효과를 원고에게 대항할 수 있다는 취지의 주장도 하나, 기록에 의하면 피고 M은행이 T에게 선화증권의 통수 부족에 대한 하자의 수락 여부를 조회한 사실이 인정될 뿐이고, T가 선화증권상에 'Non-negotiable'의 기재가 있음에도 이에 대하여 신용장조건과 불일치한다고 주장할 수 있는 권리를 포기하고 신용장대금을 지급하기로 하였다고 인정할 자료가 없다.

8. 그렇다면 원심판결 중 피고 M은행이 피고 J은행이 제시하는 선화증권에 신용장조건과 불일치하는 하자가 있다는 것을 알 수 있었다는 점 외에 선화증권이 위조된 사실도 알거나 알 수 있었다고 본 부분의 당부에 관하여는 살펴볼 것도 없이 원고의 신용장대금 지급청구를 인용한 원심의 결론은 정당하다.

Case 03-10 발행은행과 매입은행간 신용장대금 상환에 따른 법률관계의 준거법

Q 신용장 발행은행과 매입은행 사이의 신용장대금 상환의 법률관계에 관한 준거법은 어느 은행 소재지의 법이 적용되는가?

B은행(원고, 상고인 겸 피상고인) 대 M은행/J은행(피고, 피상고인 겸 상고인) 사건[113)]

A 한국 대법원의 판결

1. 피고 M은행에 대한 청구에서 준거법을 다투는 점에 관하여, 국제사법 제26조 제1항은 외국적 요소가 있는 법률관계에서 당사자가 준거법을 선택하지 아니한 경우에 계약은 그 계약과 가장 밀접한 관련이 있는 국가의 법에 의하여야 한다고 규정하고, 제26조 제2항 제3호에서는 위임사무의 준거법은 위임사무 이행의무 당사자의 계약체결 당시의 주된 사무소 등의 소재 지법을 가장 밀접한 관련이 있는 법으로 추정하고 있다.
   그런데 신용장에 기한 환어음 등을 매입하는 매입은행은 신용장 발행은행의 수권에 의하여 매입하긴 하지만, 이는 어디까지나 자기의 계산에 따라 독자적인 영업행위로서 매입하는 것이고 신용장 발행은행을 위한 위임사무의 이행으로서 신용장을 매입하는 것은 아니므로, 신용장 발행은행과 매입은행 사이의 신용장대금 상환의 법률관계에 관한 준거법의 결정에는 위임사무의 이행에 관한 준거법의 추정 규정인 국제사법 제26조 제2항 제3호를 적용할 수 없고, 환어음 등의 매입을 수권하고 신용장대금의 상환을 약정하여 신용장대금 상환의무를 이행하여야 하는 신용장 발행은행의 소재지법이 계약과 가장 밀접한 관련이 있는 국가의 법으로서 준거법이 된다고 할 것이다.
2. 원심[114)]이 같은 취지에서 대한민국 법인인 원고가 이 사건 각 신용장에 기한 환어음 및 선적서류 등의 매입은행으로서 위 각 신용장의 발행은행인 일본국 법인인 피고 M은행에 대하여 그 신용장대금의 상환을 구하는 이 사건은 위 각 신용장이 외국법인인 피고 M은행에 의하여 발행된 점 등에 비추어 외국적 요소가 있는 법률관계에 관한 사건에 해당하고, 당사자 사이에 이 사건 각 신용장에는 제5차 개정 신용장통일규칙이 적용된다는 기재 외에 달리 준거법에 관한 약정이 없으므로, 원고와 피고 M은행

113) 대법원 2011.1.27. 선고 2009다10249 판결.
114) 부산고법 2008. 12. 19. 선고 2007나13503 판결.

사이의 신용장 매입대금상환 청구의 준거법은 신용장 발행은행인 피고 M은행의 소재지인 일본국법이라고 본 것은 정당하다.

Case 03-11	서류에 대한 대가지급이 연지급신용장의 만기 전에 이루어 진 경우 재매입약정의 적용 여부

매입지정 은행이 연지급신용장을 지정된 기일 이전에 매입할 수 있는가? 또한 지정은행과 비지정은행이 "수출환어음 등의 재매입을 위한 약정"을 체결하면서 환어음의 지급인이 환어음을 지급하지 않는 때에는 비지정은행이 지정은행에 재매입대금을 반환하기로 한 경우, 지정은행이 서류 등을 매입하기 전에 수익자에게 연지급신용장에 지급확약을 하였더라도 서류에 대한 대가지급이 연지급신용장의 만기 전에 이루어졌다면 재매입약정이 적용되는가?

U은행(원고, 피상고인 겸 상고인) 대 K은행(피고, 상고인 겸 피상고인) 사건[115)]

A 한국 대법원의 판결

1. 대금의 지급이 특정 기일로 지정되어 있는 연지급신용장의 경우에도, 발행은행에 의하여 선적서류를 매입하는 방법으로 대금을 지급할 수 있는 은행이 지정된 때에는, 특별한 반대의 약정이 없는 한 발행은행의 위 지정은행에 대한 수권 속에는 연지급신용장의 대금지급 만기 전에 지정은행이 선적서류를 매입하더라도 발행은행이 만기에 그 대금을 상환하겠다는 취지가 포함되어 있다고 보아야 하고, 연지급신용장의 발행에 환어음의 발행이 수반되지 아니하였다고 하여 선적서류 등과 함께 신용장을 매입하는 것이 불가능한 것은 아니므로, 연지급신용장도 지정은행이 지정되어 있는 한 그 은행에 의한 매입의 대상이 될 수 있다(대법원 2003. 1. 24. 선고 2001다68266 판결 참조).
2. 지정은행이 매입에 관한 수권이 없는 은행(이하 '비지정은행'이라 한다)으로부터 선적서류 등을 제시받고 그 대가를 지급하였으나, 위와 같이 신용장 거래가 이루어지기 이전에 비지정은행과 사이에 '수출환어음 등의 재매입을 위한 약정'을 체결하면서, '비지정은행이 고객으로부터 매입하거나 관여한 환어음 등을 비지정은행이 수시로 요청하

115) 대법원 2008.11.13. 선고 2006다61567 판결.

는 바에 따라 재매입 하되, 환어음의 지급인 또는 신용장 발행인이 환어음금을 지급하지 않는 경우 지정은행에 중대한 과실이 없는 한 비지정은행이 그 재매입대금을 반환' 하기로 하였다면, 비지정은행이 수익자로부터 서류에 대한 대가 지급이나 추심을 의뢰받고 지정은행에 그 매입을 의뢰하는 등의 방법으로 관여한 경우에도 위 재매입약정이 적용되므로, 지정은행은 위 재매입약정에 따라 비지정은행에 재매입대금의 반환을 구할 수 있다.

위와 같은 경우, 지정은행이 선적서류 등을 매입하기 이전에 발행은행의 수권 또는 의뢰에 따라 수익자에게 연지급신용장에 지급확약을 한 경우, 확인은행의 지위에서 발행은행과 동일하게 대금지급의 만기일에 신용장대금을 지급할 의무를 부담하나, 대금지급의 만기 전에 신용장대금을 지급할 의무를 부담하는 것은 아니므로, 서류에 대한 대가 지급이 연지급신용장의 만기 전에 이루어졌다면, 양 당사자 사이에 그 대가 지급에 관하여 위 재매입약정을 배제하기로 하는 특별한 약정이 없는 한, 위와 같이 체결한 재매입약정의 적용이 배제되는 것은 아니다.

3. 원심[116]이 그 판결에서 채용하고 있는 증거들을 종합하여 그 판시와 같은 사실을 인정한 다음, 이 사건 신용장 거래에 원고와 피고 사이에 2003. 7. 15. 체결된 이 사건 재매입약정이 적용된다고 판단한 것은 정당하고, 상고이유에서 주장하는 바와 같이 재매입약정에 대한 법리오해나 대법원판례를 위반하여 판결 결과에 영향을 미친 위법 등이 없다.

4. 원심은 매입제한신용장의 경우 비지정은행이 선적서류를 매입하더라도 신용장통일규칙에서 규정하는 적법한 매입이 될 수 없고, 이러한 경우 확인은행인 원고로서는 수익자에 대항할 수 있는 모든 사유로 대항할 수 있으므로, 원고가 확인은행의 지위에 있다는 사정만으로는 이 사건 재매입약정의 효력이 배제되는 것도 아니라고 판단하였는바, 이는 부가적인 판단에 불과하여 이 부분 판단에 신용장통일규칙상 매입은행보호에 관한 법리오해나 대법원판례 위반이 있는지 여부는 판결 결과에 아무런 영향이 없을 뿐만 아니라, 앞서 본 바와 같이 위 재매입약정의 효력이 배제되지 않는다고 판단한 것은 결론적으로 정당하다. 피고의 이 부분 상고이유는 모두 받아들일 수 없다.

116) 서울고법 2006. 8. 11. 선고 2006나4221 판결.

Case 03-12	연지급신용장의 지급이나 매입을 위한 은행지정 또는 수권 여부에 대한 판단

연지급신용장의 발행은행에 의하여 대금의 지급이나 서류매입을 위한 은행의 지정이나 수권이 있었는지 여부의 판단은 정당한가?

I은행(원고, 상고인) 대 B은행(피고, 피상고인) 사건[117]

A 한국 대법원의 판결

1. 연지급신용장이 발행된 사안에서 당해 연지급신용장은 대금의 지급이나 선적서류 매입을 위한 지정은행을 특별히 지정하지 않고 그 문면상 자유 매입에 대한 명확한 수권도 없는 반면, 오히려 명확히 대금의 지급은 발행은행에서만 가능하다는 점과 그 선적서류의 제시 장소와 신용장의 유효기간의 기준장소도 발행은행이 소재하고 있는 곳으로 기재되어 있는 사실에 비추어 신용장에 관하여 대금의 지급이나 선적서류 매입을 위한 발행은행에 의한 은행의 지정이나 수권은 이루어지지 않았다.
2. 이 사건에서 과연 이 사건 신용장과 관련하여 원고 은행이나 기타 은행에 대하여 발행은행에 의한 매입의 수권이 있었는지 여부에 관하여 보건대, 앞서 본 사실관계에 의하면, 이 사건 신용장은 대금의 지급이나 선적서류 매입을 위한 지정은행을 특별히 지정하지 않고, 그 문면상 자유매입에 대한 명확한 수권도 없는 반면, 오히려 명확히 대금의 지급은 발행은행에서만 가능하다는 점과(41D : available with…at ours counters), 그 선적서류의 제시장소와 신용장의 유효기간의 기준장소도 발행은행이 소재하고 있는 곳인 파리라는 점이 기재되어 있는 사실이 인정되므로, 이 사건 신용장에 관하여 대금의 지급이나 선적서류 매입을 위한 발행은행에 의한 은행의 지정이나 수권은 이루어지지 않았다고 보는 것이 상당하다.
3. 원고가 지적하는 바와 같은 사정, 즉 이 사건 신용장 제46A항에서 양도 가능한 보험증권을 발행하도록 요구하고 있는 점, 제78항에 '만기에 발행은행은 매입은행의 지시에 따라서 하자 없는 선적서류에 대한 신용장대금 중 97% … 를 지급하겠다.'라고 기재되어 있는 점, 피고 은행이 이 사건 신용장 관련 서류를 받고 그 수령사실을 통지함에

117) 대법원 2003. 1. 24. 선고 2001다68266 판결.

있어 인수(accept)라는 용어를 사용한 점만으로는, 위에서 언급한 바와 같은 신용장 문면에 비추어 발행은행에 의한 명확한 수권이 있다고 볼 수 없다.

같은 취지에서 이 사건 신용장대금의 만기 전 지급에 대한 수권을 부정한 원심[118]의 판단은 정당하고, 이 점에 관한 상고이유는 이유 없다.

118) 서울고법 2001. 9. 18. 선고 2000나58783 판결.

제8조 확인은행의 확약

[Article 8] Confirming Bank Undertaking

a. Provided that the stipulated documents are presented to the confirming bank or to any other nominated bank and that they constitute a complying presentation, the confirming bank must:

i. honour, if the credit is available by

a) sight payment, deferred payment or acceptance with the confirming bank;

b) sight payment with another nominated bank and that nominated bank does not pay;

c) deferred payment with another nominated bank and that nominated bank does not incur its deferred payment undertaking or, having incurred its deferred payment undertaking, does not pay at maturity;

d) acceptance with another nominated bank and that nominated bank does not accept a draft drawn on it or, having accepted a draft drawn on it, does not pay at maturity;

e) negotiation with another nominated bank and that nominated bank does not negotiate.

ii. negotiate, without recourse, if the credit is available by negotiation with the confirming bank.

b. A confirming bank is irrevocably bound to honour or negotiate as of the time it adds its confirmation to the credit.

c. A confirming bank undertakes to reimburse another nominated bank that has honoured or negotiated a complying presentation and forwarded the documents to the confirming bank. Reimbursement for the amount of a complying presentation under a credit available by acceptance or deferred payment is due at maturity, whether or not another nominated bank prepaid or purchased before maturity. A confirming bank's undertaking to reimburse another nominated bank is independent of the confirming bank's undertaking to the beneficiary.

d. If a bank is authorized or requested by the issuing bank to confirm a credit but is not prepared to do so, it must inform the issuing bank without delay and may advise the credit without confirmation.

번역

[제8조] 확인은행의 확약

a. 규정된 서류가 확인은행 또는 모든 기타 지정은행에 제시되고, 그 서류가 일치하는 제시를 구성하는 한, 확인은행은:

  i. 신용장이 다음 중의 어느 것에 의하여 사용가능한 경우, 인수·지급하여야 한다:

    a) 확인은행에서 일람지급, 연지급 또는 인수하는 경우;

    b) 다른 지정은행에서 일람지급 및 그 지정은행이 지급하지 아니하는 경우;

    c) 다른 지정은행에서 연지급 및 지정은행이 연지급확약을 부담하지 아니하는 경우 또는, 그 지정은행의 연지급확약을 부담하였지만 만기일에 지급하지 아니하는 경우;

    d) 다른 지정은행에서 인수 및 그 지정은행이 자신을 지급인으로 하여 발행된 환어음을 인수하지 아니하는 경우 또는, 그 지정은행이 자신을 지급인으로 하여 발행된 환어음을 인수하였지만 만기일에 지급하지 아니하는 경우;

    e) 다른 지정은행에서 매입 및 지정은행이 매입하지 아니하는 경우.

  ii. 신용장이 확인은행에서 매입에 의하여 사용가능한 경우, 상환청구 없이, 매입하여야 한다.

b. 확인은행은 신용장에 자신의 확인을 추가하는 시점부터 취소불능적으로 인수·지급 또는 매입 의무를 부담한다.

c. 확인은행은 일치하는 제시를 인수·지급 또는 매입한 지정은행 및 서류를 확인은행에 발송한 다른 지정은행에게 상환할 것을 확약한다. 인수 또는 연지급 가능한 신용장에서 일치하는 제시금액에 대한 상환은 다른 지정은행이 만기일 전에 선지급 또는 매입하였는지의 여부와 관계없이 만기일에 지급기일이 된다. 다른 지정은행에 상환할 확인은행의 확약은 수익자에 대한 확인은행의 확약과 독립적이다.

d. 어떤 은행이 발행은행에 의하여 신용장을 확인하도록 수권 또는 요청받았으나 이를 행할 준비가 되어 있지 않을 경우, 그 은행은 지체 없이 발행은행에게 반드시 통고하여야 하며 그리고 확인 없이 신용장을 통지할 수 있다.

해설

제7조에서 언급한 바와 같이, 이 조항은 제7조와 구조적으로 유사하다. 그러나 발행은행과는 달리 확인은행은 수권 또는 요청에 대한 거절이나 발행은행과 달리 매입을 할 수 있다. 여기에서도 "인수·지급"이라는 용어를 새롭게 도입하여 확인은행의 일람지급, 연지급, 또는 인수 방법에 대한 확약과 다른 지정은행에서 행하지 아니한 경우에 대한 확약을 추가하고 있다.

1. 확인은행의 인수·지급 확약(8a)

이 조 a항에서 확인은행의 확약은 서류가 확인은행 자신 또는 다른 지정은행에 제시되고, 신용장 조건에 일치하는 제시에 대하여 인수·지급한다는 것이다. 인수·지급에 관한 구체적인 방법은 다음 중 어느 한 방법에 의하여 사용가능한 경우에 해당된다.

(1) 확인은행에서 일람지급(sight payment), 연지급(deferred payment), 또는 인수(acceptance)하는 경우,

(2) 다른 지정은행에서 일람지급 및 그 지정은행이 지급하지 아니하는 경우,

(3) 다른 지정은행에서 연지급 및 그 지정은행이 연지급 확약을 부담하지 아니하거나 그 지정은행의 연지급 확약을 부담하였으나 만기일에 지급하지 아니하는 경우,

(4) 다른 지정은행에서 인수 및 그 지정은행 자신을 지급인으로 하여 발행된 환어음 인수를 하지 아니하는 경우 또는 그 지정은행이 자신을 지급인으로 하여 발행 된 환어음을 인수한 후 만기일에 지급하지 아니하는 경우, 및

(5) 다른 지정은행에서 매입 및 그 지정은행이 매입하지 아니하는 경우이다.

또한 신용장이 확인은행에서 매입에 의하여 사용가능한 경우, 일치되는 제시가 확인은행 또는 모든 기타 지정은행에 제시되는 경우, 상환청구 없이 매입하여야 한다.

여기에서 확약방식에 따른 지급은 제7조 a항의 설명을 참조할 필요가 있다.

2. 확인은행의 인수·지급 의무 부담시기(8b)

이 조 b항에서 확인은행은 신용장에 자신이 확인을 추가하는 시점으로부터 취소불능의 인수·지급 또는 매입 의무를 부담한다고 규정하고 있다. 조건변경의 효력발행 시점에 대한 확인은행의 의무는 반영되어 왔으나 회전신용장 사세에 대해서는 언급이 없었다. 이는 신설된 조항으로 확인은행의 인수·지급 의무에 대한 부담 시점도 반영하게 된 것이다.

3. 확인은행의 지정은행에 대한 상환의무(8c)

이 조 c항에서는 확인은행에 대한 상환의무를 규정하고 있다.

첫째, 다른 지정은행의 이행과 일치하는 제시에 대한 상환을 확인은행이 확약해야 한다. 인수·지급이나 매입이 확인은행으로 서류가 보내지는 것과 연관되어야 한다는데 주의하여야 한다.

둘째, 확인은행의 상환은 만기일에 이루어지며, 인수 또는 연지급 신용장에 있어 다른 지정은행의 선지급 또는 매입 여부와는 관계가 없다.

셋째, 다른 지정은행에 대한 확인은행의 확약은 수익자에 대한 확인은행의 확약과는 별개로 본다.

4. 확인요청의 거절(8d)

이 조 d항에 의하면 발행은행으로부터 신용장을 확인하도록 수권 또는 요청 받았더라도 이에 대한 의사가 없을 경우, 은행은 지체 없이 발행은행에 통고하여야 한다. 이와 같이 은행은 발행은행의 수권 또는 요청에 따른 확인추가 선택권을 가지고 있으며 또한 확인 없이 신용장을 통지할 수 있는 것이다.

Case 03-13 불일치를 간과하여 매입한 확인은행의 수익자에 대한 상환청구권

Q 확인은행이 불일치를 간과하여 서류를 매입하였을 경우 수익자에게 상환청구권을 갖게 되는가?

사례 및 쟁점 확인은행은 신용장조건에 일치한 것으로 생각하는 서류를 매입하였다. 그러나 발행은행은 불일치라는 이유로 그 서류를 거절하였다. 확인은행이 서류에 대하여 불일치를 발견하지 못하였을 경우 수익자에게 상환청구권이 있는지 여부이다.

A 서류점검시 확인은행이 불일치를 간과하여 제시된 불일치 서류를 발행은행이 거절하게 되는 결과에 대한 책임은 확인은행이 부담한다.[119)]

---

119) ICC, *More Case Studies on Documentary Credits,* ICC Publication No. 489, 1991(이하 ICC Pub. 489라고 약칭한다), Case 180.

검토 UCP 600 제8조 a항에 의하면 "서류가 확인은행에 제시되고 일치하는 제시를 구성하는 한, 확인은행은 신용장이 확인은행에서 매입에 의하여 사용가능한 경우 상환청구 없이 매입하여야 한다"고 규정하고 있다.

따라서 만약 확인은행이 제시서류에 대한 불일치를 간과하여 이 후 발행은행이 신용장 조건과 불일치한 것으로 판단하여 인수·지급을 거절하게 되면 그 책임은 확인은행이 부담하게 된다. 즉 확인은행은 환어음발행인(drawer)이나 선의의소지인(bona fide holder)에게 책임을 돌릴 수 없고 서류를 적절하게 심사하지 못한 자신의 책임으로 귀속되는 것이다.

그러나 국내법에 따라 확인은행 측에 상환청구권이 허용되고 있을 경우에는 부당이득의 문제에 대한 입증 등을 통하여 별도로 해결하여야 할 것이다.

신용장의 확인(confirmation)이란 UCP 600 제2조 정의에서와 같이 "발행은행의 확약에 추가하여 일치하는 제시를 인수·지급 또는 매입하겠나는 확인은행의 분명한 확약(undertaking)"을 말한다. 확인은 발행은행의 신용상태가 좋지 않거나 발행은행 소재지의 국가위험(country risk)이 있을 경우에 수익자(수출자)의 요청에 따라 신용장발행의뢰인(수입자)이 신용장발행을 의뢰할 때 제3의 은행의 확약을 추가하여 주도록 지시함으로써 이루어진다.

신용장의 확인은 확인은행이 수익자에 대하여 독립적인 채무를 부담하는 것을 말하는 것이기 때문에 발행은행에 인수·지급 여부를 조회한 후 이를 행하여서는 아니 되며 독자적인 판단으로 인수·지급 또는 매입을 행하여야 한다. 따라서 수익자로서는 보통 수익자 소재지의 확인은행으로부터 보호를 받게 되는 유리한 입장에 서게 된다. 확인은행은 발행은행과는 별도로 확약을 행하였기 때문에 만약 발행은행이 지급불능이 되었을 경우에도 인수·지급 또는 매입 의무를 이행하여야 한다.

미국 UCC 제5-104조의 형식적 요건에 의하면 "신용장의 확인, 통지, 양도, 변경 또는 취소는 (i)서명에 의하거나 또는 (ii)당사자의 합의 또는 제105조 e항에 언급된 표준관습에 따라 인증되어 있는 어떠한 기록의 모든 형식으로 발행할 수 있다"고 규정하여 신용장의 확인은 이와 같은 형식으로 행하여야 된다는 점을 강조하고 있다.

이와 관련하여 *Barclay's Bank DCO v Mercantile National Bank* 사건[120] 에서 미국 법원은 "신용장의 확인은 확인인에 의하여 반드시 문면상 서명되어야 한다. UCC 제

120) 481 F2d 1224(5th Cir 1973) reh den 481 F2d 1403 (5th Cir 1973) cert dism 414 US 1138 (1974).

5-104조에서의 확인은 은행을 대신하여 확실한 권한을 부여받은 은행직원에 의하여 가능하며, 비록 은행직원이 신용장의 확인에 따른 파생결과를 인식하지 못하였다 하더라도, 수익자는 확인에 상당히 의존하게 되므로 그 결과 확인은행은 신용장에 따라 발행된 환어음의 부당한 지급거절에 대한 책임을 부담하여야 한다"고 판시하여 신용장 확인이 행하여질 경우에는 신용장 문면상에 형식적 요건으로 서명이 필요함을 중요시하고 있다.

그러나 UCP 600에서는 이와 같은 형식적 요건에 관하여 규정하고 있지 않다. 따라서 통지은행(보통 통지은행이 확인은행을 을 겸하는 경우가 많음)이 신용장을 통지할 경우 확인수권에 따른 확인은행으로서의 확인문언을 신용장 문면 또는 신용장 내용의 일부를 구성하는 통지은행의 서식 등에 부가 및 서명하여 수익자에게 통지하는 것이 바람직하다.

UCP 600 제8조의 확인은행의 확약에서는 확인은행에 의해 확인이 이루어짐을 명시하고 있는데, 확인은행은 "발행은행의 수권 또는 요청에 따라" 존재하게 된다. 확인에 대한 수권 또는 요청을 받지 못한 자는 UCP에서 확인은행이 될 수 없다.

신용장의 확인과 관련하여 소위 "비수권 확인"(silent confirmation)이라는 관행이 존재하고 있다. 이는 발행은행으로부터 수권 또는 요청을 받지 않은 은행이 수익자에게 발행은행의 확약을 확인해주는 것이다. 이러한 상황은 보통 발행은행이 자신의 외국환거래관련 또는 정치적, 경제적 이유로 인하여 다른 은행에게 추가적인 의무를 부여하기에는 어려움이 있으나 수익자는 발행은행의 의무에 부가적으로 자국 내 은행에 확인의무를 부여하고자 하는 경우에 발생한다. 수익자의 이러한 필요에 대응하여 일부은행은 통상적으로 "비수권 확인"이라고 불리는 상품을 만들어냈다. 비록 이러한 관행이 통일화, 표준화되지는 않았지만 이중 일부는 서류의 제시로 인수·지급하는 신용장과 같은 확약을 부과하기도 한다.

"비수권 확인"을 해주는 은행은 자신의 위험으로 이러한 확약을 해주지만 동 은행은 신용장상의 확인은행으로서의 권리를 가지지는 않는다. 신용장이 UCP 600의 적용을 받고 적용을 받지 않는 경우라 하더라도 신용장조건과 유사한 서류상의 확약을 구성하는 경우라면 "그 명칭이나 기술과 관계없는" 그러한 확약은 요청 서류의 제시로 대금을 지급하겠다는 확약이 되며 그 결과, 대부분의 신용장관련 국내법률 및 판례에 해당하는 별도의 확약을 구성하게 된다. 확약을 하는 은행이 신용장상에 명시되어 있는 경우라면 더 확실할 것이다.[121)]

121) James E. Byrne and Lee H. Davis, "New Rules for Commercial Letters of Credit Under UCP 600," *UCC Law Journal, 39 UCC L.J. 3 Art. 1,* Winter 2007. pp.9-10.

Case 03-14 불일치서류를 확인은행에 제시하는 경우 확약의 효력

Q 불일치한 서류를 확인은행에 제시하는 경우, 확인은행의 확약은 소멸되는 것으로 볼 수 있는가? 또한 불일치서류가 승인조건부로 발행은행에게 송부되고 그 불일치가 권리포기된 경우, 확인은행은 자신의 자금으로 지급(또는 환어음의 인수 또는 연지급확약)하여야 하는가?

사례 및 쟁점 당 은행은 확인신용장이란 확인은행이 약정된 서류가 동 은행에게 제시되고 신용장조건에 일치된 경우 일람지급하거나, 인수 후 만기일에 지급하거나 또는 연지급인 경우 결정된 만기일에 지급하겠다는 것을 발행은행에 추가하여 분명한 확약을 한 신용장으로 알고 있다. 이와 관련하여 당 은행의 질의사항은 다음과 같다:

1. 서류가 불일치되게 확인은행에 제시되고, 또한 확인은행이 수익자/제시인에게 서류불일치를 통지하는 경우, 확인은행의 분명한 확약은 소멸되는 것으로 볼 수 있는가.
2. 이 서류들이 승인조건부(on an approval basis)로 발행은행에 송부되고 불일치서류가 권리포기 되는 경우 확인은행은 자신의 자금으로 지급(또는 환어음의 인수 또는 연지급확약)하여야 하는지 또는 발행은행으로부터 지급을 받을 때까지 기다렸다가 그 때에 수익자에게 지급하여야 하는지 여부이다.

A 서류가 확약의 유효기간 내에 확인은행에 제시되어 불일치하는 것으로 보일 경우 확인은행은 UCP에 따라 거절통지를 행하여야 한다. 그러나 확인은행에 제시된 서류가 불일치되어 확인은행이 대금지급을 거절하였다면(신용장 유효기일 이내에 수익자가 불일치서류를 재수정하여 제시하지 아니한 경우) 이 제시에 대한 확약은 더 이상 존재하지 않게 된다.

수익자의 지시에 따라 서류가 승인조건부로 발행은행에게 제시되고 불일치가 권리포기된 경우 확인은행은 거절통지 제공시점에 별도 지시가 없는 한 지급을 이행할 의무가 없다. 또한 확인은행으로의 불일치서류 제시가 불일치의 권리포기를 승낙하는 발행은행이 더 이상 확인은행의 의무가 있다는 사실에 대하여 별도 명시가 없는 한 확인은행의 의무는 종료된다.[122]

122) ICC Pub. 660, R 520.

검토 신용장의 확인은 발행은행의 확약에 추가한 확인은행의 확약을 말한다. UCP 600 제8조에서는 명시된 서류가 확인은행 또는 모든 기타 지정은행에 제시되고 그 서류가 일치하는 제시를 구성하는 한 확인은행의 인수·지급 또는 매입을 확약하여야 한다고 규정하고 있다.

확인신용장에서 확인은행에 불일치서류가 제시되어 확인은행이 대금지급을 거절하였다면 이 제시에 대하여 확인약정은 더 이상 존재하지 않는다. 대금지급 거절시에 발행은행이 용인하는 것을 특별히 허용하지 않았다면 대금지급에 대하여 확인은행의 의무는 없어진다.

이 의견은 국제상업회의소 간행물 번호 371의 R 14를 대신하는 것이다.

ICC 은행위원회는 불일치 서류가 신용장거래의 범위 내에서 승인조건부로 확인은행에 의하여 발행은행에 제시된 경우 이 조치는 신용장조건변경에 대한 요청으로서 효력이 있는 것으로 간주되어야 한다고 결정하였다. 그러나 확인은행은 서류가 승인된 경우, 지급을 이행할 책임을 부담하게 되며 발행은행이 승인조건부로 서류를 송부한 때에 반대의 의사표시를 하지 않는 한 신용장 유효기일이 발행은행이 회답하는데 충분한 기간 동안 연장된 것을 묵시적으로 동의한 것으로 간주한다.[123)]

확인은행은 제시된 서류가 신용장조건과 일치되지 아니한 경우에는 수익자에게 자신의 확인의무가 더 이상 유효하지 않음을 통지할 수 있다. 왜냐하면 확인은행은 일치된 서류가 제시된 경우에만 지급의무가 있다는 점에서 확인하기 때문이다. 따라서 수익자에게 확인의 취소를 통지한 경우에는 서류가 수리되어도 확인의무가 없지만 수익자에게 이를 통지하지 않고 발행은행에 서류를 송부하여 불일치 서류가 수리된 경우에는 확인의무가 있는 것이다.

123) ICC, Decisions (1995-1979) of the ICC Banking Commission on queries relating to Uniform Customs and Practice for Documentary Credits, ICC Publication No. 371, ICC Publishing S. A., 1980(이하 ICC Pub. 371이라고 약칭한다), R 14.

Case 03-15	확인은행이 심사한 서류에 대하여 발행은행의 재심사의무가 있는지 여부

Q 확인은행이 심사한 서류에 대하여 발행은행이 또다시 심사하여야할 의무가 있는가?

사례 및 쟁점 콜롬비아은행은 수출자의 금융담보조로 마이애미은행을 확인은행으로 하고 동행 홍콩지점을 수익자로 하는 보증신용장을 발행하였다. 홍콩지점은 수출자가 대출금을 상환하지 아니하여 신용장에서 요구하는 서류에 의거 확인은행 앞으로 대금을 청구하였고, 확인은행은 발행은행의 계좌에서 인출하여 대금을 결제하고 제시된 서류는 발행은행으로 송부하였다.

발행은행은 서류를 심사하지 않고 대금을 결제하였으며 발행의뢰인이 서류에 문제가 있음을 지적하였으나, 확인은행에서 이미 서류를 심사하여 계좌에서 대금을 인출하였으므로 발행은행은 다시 서류를 심사할 의무가 없으며 결제를 하여야 한다고 주장하였다. 쟁점은 발행은행의 주장이 타당한가이다.

A 확인은행이나 다른 지정된 은행이 서류를 심사하였다는 사실이 발행은행의 서류심사의무를 면제해 주는 것은 아니다. 비록 확인은행이 송부한 서류에 모든 서류가 신용장 조건과 일치한다고 명시하여도 발행은행은 서류를 독자적으로 심사하여 대금의 결제여부를 결정하여야 한다.

발행은행과 확인은행에 별도의 약정이 없었다면, 발행은행은 서류가 신용장 조건과 일치하지 않는 한 확인은행에 대하여 대금을 지급할 의무가 없다. 또한 발행은행이 서류를 심사하기 전에 확인은행이 발행은행의 계정에서 인출하여 매입은행으로 결제하였다 하여도 서류가 신용장 조건과 일치하지 않으면 확인은행은 대금을 반환하여야 한다.[124)]

검토 수입자가 수출자를 위하여 발행하는 지급보증서는 본건과 같은 수출자의 은행대출 담보용으로 발행하는 것과 미국에서 많이 사용하는 대금결제보증을 위하여 발행하는 것이 있다.

124) ICC Document 470/TA.386, April 5, 2000; http://community.fxkeb.com/ No. 93.

후자는 수출자가 수입자와 지속적인 거래를 하는 경우 매번 결제를 위하여 신용장 발행시 발생되는 비용과 시간을 절감하기 위하여 서류의 송부 및 대금 결제는 당사자간에 직접 하되 수입자가 결제를 못하는 경우에 은행이 대신 지급하는 것이다.

Case 03-16	발행은행의 서류수리 거절이유를 내세워 이미 행한 확인은행의 매입 철회의 타당성 여부

Q 확인은행은 발행은행이 서류를 수리하지 않는다는 이유로 이미 행한 매입을 철회할 수 있는가?

사례 및 쟁점 취소불능 확인신용장하에서 확인은행은 서류를 수리하고 매입을 행하였다. 신용장조건에 따라 확인은행은 수익자에게 선지급하였다. 신용장은 매입일로부터 120일되는 일자에 지급하는 조건이었다. 시간이 경과된 이후 확인은행은 발행은행이 서류를 수리하지 않고 거절하였다는 이유로 수익자의 계정에서 이미 매입한 금액을 차감해 버렸다. 분명히 수익자는 취소불능 확인신용장에 의하여 제공된 보호를 받을 수 없었다.

UCP에서 확인은행에 의한 매입은 환어음발행인에게 상환청구를 행하지 아니하는 것으로 규정되지 않았는가. 쟁점은 확인은행이 발행은행의 서류수리 거절을 이유로 매입을 철회할 수 있는지 여부이다.

A 불일치의 경우에 확인은행은 유보조건부(under reserve)로 매입하거나 불일치를 간과하여 그 결과 유보하지 않고 매입하는 두 가지 입장을 취할 수 있다. 후자의 경우 확인은행은 UCP 600 제a조 ii호에 따라 상환청구 할 수 없다.

확인은행이 신용장조건과 서류가 일치한 것으로 보아 아무런 유보 없이 지급 또는 연지급 확약 또는 인수 또는 매입할 경우 국내법이 상환청구 가능성을 부여하지 않는 한 서류가 발행은행에 의하여 거절되었다면 확인은행은 수익자에게 상환청구 할 수 없다.[125)]

따라서 발행은행의 서류수리거절을 이유로 이미 행한 확인은행의 매입 철회는 부당하다.

125) ICC Pub. 489, Case 181.

검토 서류가 신용장조건과 일치한다는 것을 가정하면 발행은행에 의하여 거절되지는 않는다. 신용장의 확인은 확인 수권에 따라 제3의 은행이 독자적으로 인수·지급 또는 매입을 확약하는 것이므로, 이는 반드시 취소불능신용장만이 대상이 된다.

확인은 제3의 은행에게 책임과 의무를 부과시키는 것이므로 확인은행은 환어음 발행인에 대하여 환어음거래에서 인정되는 상환청구권(소구권)을 행사하지 아니하고 환어음의 매입에 대하여 확약하는 것이다.

그러나 확인은행은 제시된 서류가 신용장조건과 불일치될 경우에는 수익자에게 자신의 확인의무가 더 이상 유효하지 않음을 통지할 수 있다. 왜냐하면 확인은행은 일치하는 제시의 경우에만 인수·지급 또는 매입 의무가 있기 때문이다.

따라서 수익자에게 확인의 취소를 통지한 경우에는 서류가 수리되어도 확인의무가 없으나, 수익자에게 이를 통지하지 않고 발행은행에 서류를 송부하여 하자가 수리된 경우에는 확인의무가 있는 것이다.

확인은행이 제시서류가 신용장조건과 일치되는 것으로 보아 지급 또는 인수 또는 매입을 행한 경우에는 발행은행의 최종적인 지급여부와 관계없이 국내법에서 별도로 상환청구권을 부여하지 않는 한 확인은행은 수익자에게 이미 매입한 대금에 대한 상환청구를 할 수 없는 것이다.

그러나 실무적으로 수익자는 신용장거래를 행함에 있어 거래은행과 사전에 수출환어음(서류)에 대한 인수·지급이 이루어지지 아니할 경우 동 은행에 대하여 환매채무 및 변제에 응하겠다는 내용의, 이른바 "은행거래약정서"와 같은 것 등을 거래은행에 제공하고 이의 실행을 위한 담보 등이 제공되고 있는 실정에 비추어 일반적으로 수출환어음의 인수·지급 거절이나 지연 시에는 은행은 이미 합의된 거래약정서를 근거로 상환청구하려고 할 것이다.

따라서 이와 같은 수익자에 대한 은행의 상환청구권 허용 여부에 대한 문제는 UCP의 취지 및 ICC 은행위원회의 의견 등과 국내법 및 은행관행과 상충될 가능성이 있으므로 수익자의 입장에서는 별도로 국제관행과 국내법의 적용문제 등에 대한 법률적인 검토와 이에 대한 적극적인 대응이 요구된다 할 것이다.

Chapter 4

신용장 통지 및 조건변경

제9조 신용장 및 조건변경의 통지

[Article 9] Advising of Credits and Amendments

a. A credit and any amendment may be advised to a beneficiary through an advising bank. An advising bank that is not a confirming bank advises the credit and any amendment without any undertaking to honour or negotiate.

b. By advising the credit or amendment, the advising bank signifies that it has satisfied itself as to the apparent authenticity of the credit or amendment and that the advice accurately reflects the terms and conditions of the credit or amendment received.

c. An advising bank may utilize the services of another bank("second advising bank") to advise the credit and any amendment to the beneficiary. By advising the credit or amendment, the second advising bank signifies that it has satisfied itself as to the apparent authenticity of the advice it has received and that the advice accurately reflects the terms and conditions of the credit or amendment received.

d. A bank utilizing the services of an advising bank or second advising bank to advise a credit must use the same bank to advise any amendment thereto.

e. If a bank is requested to advise a credit or amendment but elects not to do so, it must so inform, without delay, the bank from which the credit, amendment or advice has been received.

f. If a bank is requested to advise a credit or amendment but cannot satisfy itself as to the apparent authenticity of the credit, the amendment or the advice, it must so inform, without delay, the bank from which the instructions appear to have been received. If the advising bank or second advising bank elects nonetheless to advise the credit or amendment, it must inform the beneficiary or second advising bank that it has not been able to satisfy itself as to the apparent authenticity of the credit, the amendment or the advice.

번역

[제9조] 신용장 및 조건변경의 통지

a. 신용장 및 모든 조건변경은 통지은행을 통하여 수익자에게 통지될 수 있다. 확인은행이 아닌 통지은행은 인수·지급 또는 매입하기 위하여 아무런 확약 없이 신용장 및 모든 조건변경을 통지한다.

b. 신용장 또는 조건변경을 통지함으로써, 통지은행은 신용장 또는 조건변경의 외관상 진정성에 관하여 자체적으로 충족하였다는 것과 그 통지가 수령된 신용장 또는 조건변경의 조건을 정확하게 반영하고 있다는 것을 표명하는 것이다.

c. 통지은행은 수익자에게 신용장 및 모든 조건변경을 통지하기 위하여 다른 은행("제2통지은행")의 서비스를 이용할 수 있다. 신용장 또는 조건변경을 통지함으로써 제2통지은행은 자신이 수령한 그 통지의 외관상 진정성에 관하여 자체적으로 충족하였다는 것과 그 통지가 수령된 신용장 또는 조건변경의 조건을 정확하게 반영하고 있다는 것을 표명하는 것이다.

d. 신용장을 통지하기 위하여 통지은행 또는 제2통지은행의 서비스를 이용하는 은행은 이에 대한 모든 조건변경을 통지하기 위하여 동일한 은행을 이용하여야 한다.

e. 은행이 신용장 또는 조건변경 통지를 요구받았으나 그렇게 하지 아니하기로 결정한 경우, 은행은 신용장, 조건변경 또는 통지를 송부하여 온 은행에게 지체 없이 이를 통고하여야 한다.

f. 은행이 신용장 또는 조건변경 통지를 요구받았으나 신용장, 조건변경 또는 통지의 외관상 진정성에 관하여 자체적으로 충족할 수 없는 경우, 그 은행은 그 지시를 송부하여온 은행에게 이를 지체 없이 통고하여야 한다. 그럼에도 불구하고 통지은행 또는 제2통지은행이 그 신용장 또는 조건변경을 통지하기로 결정한 경우, 그 은행은 수익자 또는 제2통지은행에게 신용장, 조건변경 또는 통지의 외관상 진정성에 관하여 자체적으로 충족할 수 없다는 것을 통고하여야 한다.

해설

이 조에서는 통지은행의 책임 및 역할 그리고 제2통지은행(second advising bank)의 서비스를 이용할 수 있도록 하여 제2통지은행에 관한 새로운 개념을 도입하고 있다.

1. 통지의 채널(9a)

이 조 a항에서는 신용장이나. 조건변경을 수익자에게 통지할 경우에는 반드시 통지은행을 통하도록 통지채널에 대하여 규정하고 있다. 또한 확인은행이 아닌 통지은행은 인수·지급 또는 매입확약 없이 신용장 및 모든 조건변경을 통지하도록 하는 내용을 반영하고 있다.

2. 통지의 개념과 책임(9b)

이 조 b항에서 통지의 개념은 통지은행의 책임을 강조하기 위해 추가 되었다. 통지은행이 신용장 또는 조건변경에 대한 통지는 그 자신이 신용장 또는 조건변경의 외관상의 진정성(apparent authenticity)에 관하여 스스로 충족하였다는 것을 의미하는 것이며, 또한 그 통지는 수령된 신용장 또는 조건변경의 제 조건을 정확히 반영하고 있다는 것을 표명하는 것이다.

따라서 통지은행은 신용장에서 수익자를 위한 적절한 정보 및 신용장의 외관상 진정성에 대하여 확인할 책임이 있다.

3. 제2통지은행의 역할(9c)

이 조 c항은 신설된 제2통지은행의 개념을 소개하고 있다. 제2통지은행은 오랫동안 실무에 활용되어 왔으나 UCP에서는 그의 역할을 한 번도 인정하지 않았다. 이 항에서 규정된 제2통지은행은 그 자신이 통지은행에서 받았던 통지의 외관상의 진정성에 관하여 충족하였다는 것과 또한 그 통지는 수령된 신용장 또는 조건변경의 제 조건을 정확히 반영하고 있다는 것을 표명하는 것이다. 따라서 제2통지은행은 통지은행과 동일한 역할을 수행한다.

4. 조건변경 통지의 동일은행 이용(9d)

이조 d항에서는 신용장 통지를 위하여 통지은행이나 제2통지은행의 서비스를 이용하는 은행은 조건변경을 통지함에 있어 반드시 동일한 은행을 이용하여야 함을 강조하고 있다.

5. 통지거절 결정시의 통고(9e)

이조 e항에 의하면 은행이 신용장 또는 조건변경 통지를 요구받았으나 통지 않기로 결정한 경우, 은행은 신용장, 조건변경 통지를 송부하여 온 은행에게 지체 없이 통고하여야 한다. 이러한 통고는 제2통지은행의 경우에도 마찬가지이다.

6. 진정성 불확신시의 통고(9f)

이 조 f항에서는 통지은행이나 제2통지은행은 신용장, 조건변경 또는 통지의 외관상 진정성에 관하여 확신하기가 어려울 경우 그 지시를 송부하여온 은행에게 지체 없이 통고하여야 하도록 규정하고 있다. 그럼에도 불구하고 통지하기로 결정한 경우에는 수익자 또는 제2통지은행에게 외관상 진정성에 관하여 자체적으로 확신하기 어렵다는 사실을 통고하도록 하고 있다.

Case 04-01	신용장이 진정성 및 발행은행의 서명을 확인할 수 없을 경우 유효한 신용장인지 여부

Q 전신 또는 텔렉스로 발행된 신용장이 진정성을 확인할 수 없거나 또는 항공우편신용장의 경우에 발행은행의 서명을 확인할 수 없다면 이러한 신용장은 유효한 신용장으로 볼 수 있는가?

A 신용장 또는 조건변경을 통지함으로써, 통지은행은 신용장 또는 조건변경의 외관상 진정성(apparent authenticity)의 충족 및 조건을 정확하게 반영하고 있다는 것을 표명하는 것이므로 그 진정성에 대하여 전송된 유효한 신용장증서(tele-transmitted operative credit instrument)로 확인할 수 없거나 또는 우송에 의한 신용장증서(mail-transmitted operative credit instrument)로 서명을 확인할 수 없을 경우에는 유효한 신용장으로 볼 수 없다.[126)]

검토 신용장을 발행하여 통지은행 앞으로 송부하는 방법에는 전송(teletransmission) 또는 우편(mail)에 의한 방법이 있다. 전송형식의 신용장은 다음과 같이 세 가지로 구별할 수 있다.

---

126) ICC, Case Studies on Documentary Credits, ICC Publication No. 459, ICC Publishing S. A., 1989(이하 ICC Pub. 459라고 약칭한다), Case 9.

첫째, 스위프트(SWIFT)시스템의 "M700" 형식으로 이는 가장 보편화된 전송신용장이다.

둘째, 전신(cab1e) 형식으로 이는 정식전신신용장(full cab1e credit)에 의한 방법과 약식전신신용장(short cable credit)에 의한 방법이 있다. 특히 약식전신신용장은 단순한 예비통지(Pre-advice; Preliminary notification)로 정식의 신용장으로 사용될 수 없기 때문에 이후 신용장 구성요소를 갖춘 정식의 우편확인서(mail confirmation)가 통지되어야 한다.

셋째, 암호신용장(cypher credit) 형식으로 이는 전신료 및 시간을 절약하기 위하여 환거래은행과 전보암호(cypher; private code words)를 서로 교환하여 타전하면 통지은행은 암호를 해독하여 완전한 형식의 신용장으로 완성하도록 하는 것이다.

신용장을 전신으로 발행할 경우 동 전신 자체를 유효한 신용장원본으로 간주하고자 할 경우에는 신용장통일규칙의 준거문언을 다음 예와 같이 명시하여야 한다. 즉

"This credit is subject to Uniform Customs and Practice for Documentary Credits, 2007 Revision, ICC Publication No. 600."

한편, 우편에 의한 방법은 수익자에 대한 신용장의 통지가 급하지 않은 경우에 이용된다. 신용장의 진정성은 신용장 문면상의 서명에 의하여 확인되므로, 신용장발행은행의 서명이 환거래은행에게 이미 배포한 서명감(signature book)에 등재된 것을 참조하게 된다. 약식전신으로 신용장의 통지를 지시하고 우편확인서를 신용장원본으로 취급하도록 할 경우에는 전신내용 중에 "Full details to follow" 또는 이와 유사한 문언이나 다음의 예와 같이, 즉 "This is the operative credit instrument confirming our pre-advice by cable of April 10"과 같이 이 우편확인서가 유효한 신용장증서임을 분명하게 표시하여야 한다.

통지은행은 신용장을 수익자에게 통지할 것을 선택한 경우에만 신용장의 진정성을 확인할 의무가 있고, 신용장, 조건변경 또는 통지의 외관상 진정성에 관하여 자체적으로 충족할 수 없는 경우 통지은행이 신용장을 통지하지 않기로 하였다면 지체 없이 발행은행에 통지할 의무가 있다.

그럼에도 불구하고 수익자에게 그러한 신용장을 통지하기로 결정한 경우에는 수익자에게 통지해 주는 신용장의 외관상 진정성을 확인할 수 없다는 사실을 통지하여야 한다.

Case 04-02 신용장 조건을 부정확하게 통지한 통지은행의 책임부담

Q 신용장 조건을 부정확하게 통지한 통지은행은 이로 인한 손해에 대한 책임을 부담하여야 하는가?

ITM Enterprises, Inc. v. Bank of New York 사건[127)]

사실관계 통지은행이 수익자에게 신용장 발행을 통지하는 과정에서 신용장의 조건을 정확하게 통지하지 않아 발생한 손해에 대하여 수익자는 통지은행을 상대로 소송을 제기하였다.

Queens County 최고법원의 Posner, J., 판사는 은행에게 유리한 즉결재판을 선고하였고 이에 대해 수익자는 제2심 법원에 상소하였다. 제2심 법원은 은행에 대한 즉결재판을 배제한 채, 신용장 거래에 있어서 은행의 역할이 통지은행의 역할에만 국한되는 것인지, 그리고 통지은행이 생략한 지급조건이 근거계약에 있어 중요한 구성 요소인지에 관하여 판단하였다.

비록 UCP를 준거하는 신용장이 UCC 규정을 적용 받지 않으나 본 법정은 UCP와 일치하는 유사한 UCC 조항을 적용한다. UCC에 따르면 신용장의 수익자가 신용장 발행의 서면 통지를 받게 되는 경우 수익자는 만약 신용장의 목적이 부정확한 통지로 인해 좌절되었다면 통지은행으로부터 손해를 보상받을 수 있는 권리가 있는 것이다.

이러한 소송은 신용장에 의해 자금을 조달 받는 물품의 구매와 선적에 대한 국제계약으로부터 발행한다. 피고은행(통지은행)이 신용장을 원고 송화인에게 재제시하는 은행(발행인)에게 전송하였을 경우 지급에 대한 조건이 생략된 것은 논쟁의 여지가 없다. 그러나 원고의 주장대로 이러한 조건을 충족시키는데 실패하였을 경우 매수인에게 재제시하는 은행은 신용장에 대한 지급을 거절하였다. 이에 대하여 원고 송화인은 결과적으로 신용장 조건을 정확하게 통지하지 않은 피고은행(통지은행)으로부터 입은 소행을 보상받기 위해 소송을 제기하였다.

---

127) Supreme Court, Appellate Division, Second Department, New York, 302 A.D.2d 361 (2003); 753 N.Y.S.2d 896(Feb. 3, 2003).

법원의 판단

신용장의 조건을 정확하게 통지해야 할 통지은행에 관한 의무를 규정하고 있는 UCC 제5-107(c)조를 적용하였다. UCC 제5-107(c)조는 "통지를 요청받은 자는 통지인이 되는 것을 거절할 수 있다. 확인인이 아닌 통지인은 제시에 대하여 가액을 지급하거나 이를 교부할 의무를 부담하지 아니한다. 통지인은 발행인과 수익자에 대하여는 발행인으로부터 수령한 신용장, 확인, 변경 또는 통지의 조건을 정확하게 통지할 의무를 부담하며, 또 수익자에 대하여는 통지의 요청에 대한 외관상 진정성을 검사할 의무를 부담한다. 통지의 내용이 부정확한 경우에도 신용장, 확인 또는 변경은 발행된 대로 효력을 발생한다"고 규정하고 있다.

따라서 통지은행은 UCC 제5-107(c)조에서 규정한 바와 같이 발행인과 수익자에 대하여는 발행인으로부터 수령한 신용장, 확인, 변경 또는 통지의 조건을 정확하게 통지할 의무를 부담해야 하나 이를 준수하지 않았으며, 수익자가 발행은행에 신용장을 제시하였을 때 지급거절 되었으므로 이로 인해 발생한 손해에 대해여 피고인 통지은행이 배상하여야 한다.

법원은 UCC 제5-107(c)조에 따라, 원고에 대한 원심의 판결을 기각하고 부정확한 통지로 인해 발생한 손해에 대해 보상하도록 판결하였다.

검토 통지은행과 수익자와 관계를 살펴보면, 통지은행은 수익자와의 관계에서 발행인(발행은행)의 지시에 따라 수익자에게 신용장을 통지하는 것이기 때문에 수익자에 대하여 신용장상의 채무를 부담할 의무는 없다. 그러나 확인신용장에서 통지은행이 발행은행의 요청에 의해 확인은행을 겸하게 될 경우에는 통지은행은 인수·지급 또는 매입을 확약하게 되고, 수익자는 발행은행과는 별도로 확인은행으로부터 지급보장을 받게 된다.

통지은행은 수익자에게 신용장을 통지할 경우 수익자에게 전달하는 신용장의 적용에 관한 책임을 부담하지 않지만, 동 은행이 통지하는 신용장의 외관상의 진정성을 확인하기 위해서 상당한 주의를 다할 의무가 있다. 만약 통지은행이 상당한 주의를 기울이지 않아서 수익자가 잘못된 정보에 따라 제시한 서류가 발행은행에 의해 거절된다면, 수익자는 통지은행의 부주의에 대하여 소송을 제기할 수 있다.

위와 같은 내용에 관하여 UCP 600은 제9조 신용장 및 조건변경의 통지에 대하여 규정하고 있으며, 상기 판례와 관련하여 통지은행은 UCC 제5-107(c)조와 같이 신용장을 통지하기로 결정한 경우에는 신용장의 외관상의 진정성을 확인하기 위한 상당한 주의를 기울려야 하는 의무가 있다. 통지은행이 수익자에게 신용장을 통지하는 과정에서 신용장의 중요한 조건을 생략하여 통지한 경우, 상당한 주의를 기울려 통지해야 하는 의무를 이행하지 않은 것이므로, 이와 같은 경우 지급거절을 당한 수익자는 통지은행의 부주의에 대하여 소송을 제기할 수 있다.

제10조 조건변경

[Article 10] Amendments

a. Except as otherwise provided by article 38, a credit can neither be amended nor cancelled without the agreement of the issuing bank, the confirming bank, if any, and the beneficiary.

b. An issuing bank is irrevocably bound by an amendment as of the time it issues the amendment. A confirming bank may extend its confirmation to an amendment and will be irrevocably bound as of the time it advises the amendment. A confirming bank may, however, choose to advise an amendment without extending its confirmation and, if so, it must inform the issuing bank without delay and inform the beneficiary in its advice.

c. The terms and conditions of the original credit (or a credit incorporating previously accepted amendments) will remain in force for the beneficiary until the beneficiary communicates its acceptance of the amendment to the bank that advised such amendment. The beneficiary should give notification of acceptance or rejection of an amendment. If the beneficiary fails to give such notification, a presentation that complies with the credit and to any not yet accepted amendment will be deemed to be notification of acceptance by the beneficiary of such amendment. As of that moment the credit will be amended.

d. A bank that advises an amendment should inform the bank from which it received the amendment of any notification of acceptance or rejection.

e. Partial acceptance of an amendment is not allowed and will be deemed to be notification of rejection of the amendment.

f. A provision in an amendment to the effect that the amendment shall enter into force unless rejected by the beneficiary within a certain time shall be disregarded.

번역

[제10조] 조건변경

a. 제38조에 의하여 별도로 규정된 경우를 제외하고, 신용장은 발행은행, 확인은행(있는

경우) 및 수익자의 합의 없이는 변경 또는 취소될 수 없다.

b. 발행은행은 그 자신이 조건변경서를 발행하는 시점부터 그 조건변경서에 의하여 취소불능적인 의무를 부담한다. 확인은행은 그 자신의 확인을 조건변경에까지 부연할 수 있으며 그 변경을 통지한 시점부터 취소불능적인 의무를 부담한다. 그러나 확인은행은 그 자신의 확인을 부연함이 없이 조건변경 통지를 선택할 수 있으며, 또한 이러한 경우에는 발행은행에게 지체 없이 통고하고 그 자신의 통지서로 수익자에게 통고하여야 한다.

c. 원신용장(또는 이미 승낙된 조건변경을 포함하고 있는 신용장)의 조건은 수익자가 조건변경에 대한 그 자신의 승낙을 그러한 조건변경을 통지해 온 은행에게 통보할 때까지는 수익자를 위하여 계속 효력을 갖는다. 수익자는 조건변경에 대하여 승낙 또는 거절의 통고를 행하여야 한다. 수익자가 그러한 통고를 행하지 아니한 경우, 신용장 및 아직 승낙되지 아니한 조건변경에 일치하는 제시는 수익자가 그러한 조건변경에 대하여 승낙의 통고를 행하는 것으로 본다. 그 순간부터 신용장은 조건변경 된다.

d. 조건변경을 통지하는 은행은 조건변경을 송부하여 온 은행에게 승낙 또는 거절의 모든 통고를 통지하여야 한다.

e. 조건변경의 부분승낙은 허용되지 아니하며 조건변경의 거절통고로 본다.

f. 조건변경이 특정기한 내에 수익자에 의하여 거절되지 아니하는 한 유효하게 된다는 취지의 조건변경서상의 규정은 무시된다.

해설

이 조에서는 승낙 및 거절에 대한 통고의무를 강조하고, 부분승낙은 거절의 의미로 본다는 것에 대한 명확한 문언이 추가되고 조건변경 시한은 승낙시에는 무시된다는 점을 반영하였다. 또한 이 조는 신용장의 조건변경의 효력에 대하여 규정하고 있다.

1. 조건변경 및 취소의 당사자(10a)

신용장의 조건변경(amendment of credit)이란 이미 발행된 신용장조건을 다른 조건으로 바꾸고자 할 때 그 원신용장(original credit)의 내용을 수정하는 것을 말한다. 이 조 a항에서는 신용장은 발행은행, 확인은행(있는 경우) 및 수익자의 합의 없이는 변경 또는 취소될 수 없도록 규정하고 있다.

2. 조건변경의 효력발생시기(10b)

이 조 b항에서 조건변경의 효력발생에 대하여 발행은행은 조건변경서를 발행하는 시점부터 취소불능의 의무를 부담하며, 확인은행은 확인을 조건변경에까지 추가 할 수 있고, 그 변경을 통지한 시점부터 취소불능적인 의무를 부담한다고 규정하고 있다. 그러나 확인은행은 그 자신의 확인을 추가함이 없이 조건변경 통지를 선택할 수 있으며, 이 경우 발행은행에게 지체 없이 통지하고, 아울러 수익자에게도 통지하여야 한다.

3. 수익자의 승낙(10c)

이 조 c항에 의하면 수익자는 조건변경의 승낙에 대한 통지를 반드시 행하여야 하는데 그렇지 않으면 원신용장조건이 그대로 유지된다. 수익자가 통지를 행하지 아니한 경우, 조건변경에 일치하는 제시는 수익자가 조건변경에 대하여 승낙의 통지를 행한 것으로 보며 그 순간부터 신용장은 조건변경이 된다.

4. 변경 통지은행의 통지의무(10d)

이 조 d항에서는 조건변경을 통지하는 은행은 조건변경을 송부하여 온 은행에게 승낙 또는 거절에 대한 모든 통고를 통지하여야 한다고 규정하고 있다.

5. 조건변경 부분승낙의 효력(10e)

이 조 e항에서는 부분 승낙은 조건변경의 거절로 간주하고 있다. 이 취지는 비록 신용장관계당사자의 전원의 합의가 있을 경우 어떤 수익자는 두 개 이상의 조건이 포함된 하나의 조건변경서에서 일부분만 선별적으로 승낙할 수는 없는 것으로 보는 것이다. 그러나 신용장조건이 연속해서 도착된 여러 개의 조건변경중 선별해서 승낙 또는 거절할 수는 있다.

6. 조건변경에 대한 수익자의 침묵(10f)

이 조 f항에서는 "조건변경이 특정기한 내에 수익자에 의하여 거절되지 아니하는 한 유효하게 된다는 취지의 조건변경서상의 규정은 무시 된다"라는 규정을 UCP 600에서 신설하고 있다. 이와 관련하여 이미 ICC 은행위원회에서도 "조건변경에 대한 수익자의 동의는 명시적인 수리의 의사표시가 있어야 하고 수익자의 묵시적인 동의는 수리되는 것으로 간주되지 아니 한다"라는 의견을 제시한 바 있다.[128)]

128) ICC Documents, 470/371, 470/373, December 9, 1980.

신용장의 발행은 그 내용을 수익자에게 통지하면 효력이 발생되는 일방적인 행위로 끝나지만, 신용장 조건변경이나 취소는 수익자의 승낙 또는 거절 통지를 하여야 하므로 이에 대한 기간제한이 있다하여 조건변경에 대한 승낙 및 거절의 효력에 영향을 미칠 수 없음을 명문화 한 규정이다.

Case 04-03	신용장 조건변경에 대한 수익자의 침묵이 동의로 볼 수 있는지 여부

 신용장 조건변경에 대한 수익자의 침묵은 동의로 볼 수 있는가?

사례 및 쟁점 실제로 어떤 수익자의 요청에 따라 조건변경을 위하여 확인은행이 발행은행에게 신용장 조건변경을 요청하면서 72시간 이내에 반대의 의사표시가 없으면 모든 당사자들이 그 변경을 승인하는 것으로 본다는 내용의 텔렉스를 보냈다. 이에 대하여 발행은행도 조건변경서를 보내면서, 72시간 이내에 회신이 없으면 모든 당사자들이 이 변경을 승인하는 것으로 간주하겠다고 답하였다. 쟁점은 이 경우 그 기간 내에 요청대로 답을 하지 아니한 침묵의 당사자(silent partners)에게도 승인하는 것으로 간주될 수 있는지 여부이다.

 변경내용에 대한 수익자의 동의는 분명히 명시되어야 하며 수익자의 침묵이 동의를 암시하는 것으로 받아들여지지는 않는다.[129)]

검토 이처럼 신용장조건변경에 대한 수익자의 침묵은 조건변경의 동의로 간주되지 않는다. 그러나 조건변경통지에 대하여 승낙되지 아니한 상태로 지정은행이나 발행은행에게 일치하는 서류를 제시하는 것은 그 조건변경에 대한 승낙의 통지로 간주되고, 그 순간부터 신용장은 변경되어 지는 것과는 구별하여야 한다.

신용장의 조건변경에 대한 수익자의 침묵이 변경에 대한 승낙으로 보는 것은 국내법에 저촉되기 때문에 UCP 600 제10조 b항에서는 수익자의 명시적인 승낙통고가 있어야 비

129) ICC Documents No. 470/371, 470/373, December 9, 1980.

로소 신용장은 변경되어진다는 원칙을 택하고 있다.

Altari, Inc. v. Harris Trust & Savings Bank 사건[130]에서도 수익자가 명시적인 승낙을 하지 않는 조건변경은 효력이 없다고 판시하였다.

위와 같은 취지는 국제물품매매계약에 관한 유엔 협약(CISG)에서도 청약에 대한 동의를 나타내는 뜻을 표시한 피청약자의 진술, 기타의 행위는 승낙으로 간주하지만 침묵(silent) 또는 무행위(inactivity) 그 자체는 승낙이 될 수 없는 것으로 규정하고 있다.[131] 침묵에 대한 법적 유효성에 대하여 한국 민법은 원칙적으로 승낙으로 인정하지 않고 있다.[132] 그러나 한국 및 일본 상법에서는 상인이 상시의 거래관계에 있는 자로부터 계약의 청약을 받은 때에는 지체 없이 낙부의 통지를 발송하여야 하고, 만약 이를 해태한 경우에는 승낙한 것으로 본다고 규정하고 있다.[133]

취소불능신용장의 조건변경은 기본적 상행위와 밀접한 관련이 있으며 발행은행의 확약은 신용장거래에 있어서 매우 중요한 의의를 가진다. 또한 신용장은 서류에 의한 거래이므로 신용장의 취소나 조건변경도 신용장관계당사자에게 매우 중요한 이해관계가 있다. 따라서 신용장관계당사자 전원의 동의가 있을 것을 조건으로 하기 때문에 상법이 준용된다고 보아 수익자에게 가부의 통지를 맡기는 것은 타당하다고 할 수 없다.

국제물품매매계약에 관한 유엔 협약이나 한국 민법에서와 같이 국제물품매매에서는 청약에 대하여 피청약자가 승낙 회신을 하지 않는 승낙의 침묵에는 계약이 성립되지 아니한다. 이와 같은 취지는 신용장거래에도 같이 적용된다 할 것이다.

Case 04-04	조건변경이 승낙되지 아니한 서류제시가 수익자의 조건변경에 대한 승낙을 구성하는지 여부

Q 승낙되지 아니한 조건변경에 영향을 받지 않는 서류제시가 수익자의 조건변경에 대한 승낙을 구성하는가?

사례 및 쟁점 서류제시에 영향을 주지 않는 조건변경에 대한 문제가 발생하였다. 분할

130) 599 F. Supp. 892 (1984).
131) CISG, 1980, Article 18(1).
132) 한국 민법 제528조, 제529조.
133) 한국 상법 제53조 ; 일본 상법 제50조.

선적을 허용하는 USD100,000 금액의 신용장에서 수익자가 신용장 조건변경에 대한 승낙이나 또는 거절 없이 USD50,000에 대한 서류를 제시한 경우, 발행은행이 USD50,000을 감액하는 조건변경을 하였다.

이 경우 은행은 신용장 조건변경에 대한 수익자의 침묵으로 해석할 수 없다. 왜냐하면 조건변경은 서류제시에 영향이 없었으므로 수익자는 조건변경에 대한 동의나 거절도 표명하지 아니하였다. 수익자는 서류가 UCP 600 제10조 a항에서 명시된 수익자의 권리에 직접적으로 상충되는 조건변경으로 영향을 받지 아니하는 경우, 수익자는 그러한 조건변경을 수령하지 않을지도 모르고 침묵을 승낙으로 해석할지도 모른다.

쟁점은 아직 승낙되지 아니한 조건변경에 영향을 받지 않는 제시가 수익자의 조건변경에 대한 승낙을 구성하는지 확인하여 달라는 것이다. 그 반대 입장은 UCP 600 제10조 a항과 직접적으로 상충된다. 서류의 제시에 영향을 받지 않는 조건변경은 수익자에게 자동적으로 강요되어질 수는 없다.

A 비록 지정은행 또는 발행은행이 수익자가 조건변경을 승낙하였는지의 여부를 묻기 위한 것이었다 할지라도, 수익자는 UCP 600 제10조 c항의 내용을 참조할 수 있고 또한 아직 결정하여야 한다고 말할 수 있다.

아직 승낙되지 아니한 조건변경에 영향을 받지 않는 서류제시는 수익자의 조건변경에 대한 승낙을 구성하지 않는다고 말하는 것이 옳다.[134)]

검토 원신용장의 발행은 그 내용을 수익자에게 통지하면 효력이 발생되는 일방적인 행위로 끝나지만, 신용장 조건변경이나 취소는 수익자의 승낙 또는 거절 통지를 행하여야 한다.

UCP 600에서는 수익자가 조건변경을 수리 또는 거절로 간주되는 기간설정 등 구체적 기준이 없다. 노르웨이에서는 수익자가 특정 기간 내에 반대 표시를 하지 않으면 조건변경을 승낙하는 것으로 간주한다는 관행을 채택하고 있다.[135)] 그러나 신용장거래에서는 조건변경은 반대표시가 없다고 해서 동의한 것으로 간주될 수는 없는 것이다.

실무상 조건변경은 보통 통지은행을 통하여 수익자에게 통지되는데, 통지은행은 수익자에게 통지수수료를 받고 외관상의 진정성을 확인한 후 조건변경서를 교부함으로 통지

134) ICC Pub. 697, R 634.
135) ICC Documents 470/371, 470/373, December 9, 1980.

의무를 사실상 끝내고 있다. 그렇다고 조건변경 통지를 할 때 반드시 변경된 신용장과 상응하여 수익자의 동의서를 받는다고는 할 수 없다.

그러나 UCP 600에서 "수익자는 조건변경에 대하여 승낙 또는 거절의 통고를 행하여야 하며 만일 이러한 통고를 행하지 아니한 경우, 신용장 및 아직 승낙되지 아니한 조건변경에 일치하는 제시는 수익자가 조건변경에 대하여 승낙의 통고를 행하는 것으로 보며 그 순간부터 신용장은 조건변경 된다"[136]라는 규정을 볼 때, 수익자가 수출환어음(서류)매입 시에 변경된 신용장 조건대로 제시하면 결국에는 조건변경에 대한 승낙으로 인정되어 신용장조건은 변경되어지는 것이다.

Case 04-05	모호한 신용장 조건변경에 대한 위험부담자

 신용장의 모호한 조건변경에 대한 위험은 누가 부담하는가?

Venizelos, S. A., v. Chase Manhattan Bank 사건[137)]

사실관계 원신용장은 수익자(원고)인 Venizelos가 본래의 운임 외에 용선계약에 의한 선박 Anastassis호의 체선료(demurrage)로서 USD10,000, 손해배상금(indemnity damages)으로서 USD5,000, 합계 USD15,000까지 청구할 수 있는 조건이었다. 이 신용장은 조건이 변경되어 물량이 증가되었고, 따라서 운임도 증액되었지만, 체선료와 손해배상금에 대해서는 반대로 감액되어서, 총액이 USD10,000이 되었다. Venizelos는 체선료와 손해배상금에 대하여 총 USD10,000에 대하여 Chase(피고)에 청구하였으나 Chase는 Venizelos에 분할선적 금지조건 위반을 주장하고 지급거절 하였다. 즉 원신용장은 분할선적 금지조건이지만 변경후의 신용장은 이 조건을 변경하고 있지 않다는 것이 Chase의 판단이었다.

136) UCP 600, Article 10-c.

137) 425 F. 2d 461 (1970). 이 밖에 같은 취지의 판례는 609 F. 2d 832 (5th Cir. 1980), United States v. Sun Bank of Miami; 593 F. 2d 598 (5th Cir. 1979), East Girard Sav. Ass'n v. Citizens Nat'l Bank 등을 참조; 강원진, "화환신용장 조건변경의 효력" 「국제상학」, 제11권 2호, 한국국제상학회, 1996, 136면.

A 법원의 판단

법원은 증량된 물량은 Anastassis 호의 운송능력으로 판단하면 2항해분에 해당되기 때문에 변경후의 신용장은 이와 같은 선적을 허용하는 것으로 해석하여야 하며, 애매모호한 문언의 해석에 대해서는 엄격하게 발행은행에 불리하게 해석되어야 한다는 취지에 따라 변경후의 신용장상의 USD10,000는 1항해분의 체선료 등에 해당한다고 해석하는 것이 정당하므로 원고 Venizelos에게는 분할선적에 대한 신용장 조건위반이 없다고 판시하였다.

검토 이 사건은 불명확한 조항은 그것을 작성한 자에게 불리하게 해석된다고 하는 미국법에서 행해지고 있는 해석 원칙을 신용장에 적용한 것이다. 그러나 미국법에서도 발행은행에 의해서 행해진 지급은 당연히 발행의뢰인이 보상하여야 하지만, 신용장계약을 근거로 하여 발행은행에 불리하게 된 결과를 발행의뢰인에게 부담시키기 위한 합리적인 이유는 찾지 못하고 있다.

이 사건에서와 같이 신용장이 모호하게 조건변경 되어 불명확한 신용장문언에 대하여는 발행은행의 불이익으로 인정된 점을 참고할 필요가 있다.

신용장발행이나 조건변경은 신용장약정에 기초하기 때문에 신용장 조건변경을 위한 지시나 신용장 자체는 완전하고 정확히 하여야 한다. 혼란과 오해를 방지하기 위하여 발행은행은 신용장의 구성요소 부분으로서, 근거계약의 사본, 견적송장 및 기타 유사한 것을 포함시키고자 하는 모든 시도를 제지하도록 하고 있다.[138] 만일 그 지시가 불완전·불명확한 점이 있을 경우에는, 그것은 발행은행이 신용장의 완전성과 정확성의 의무를 해태한 것이기 때문에 발행은행의 책임이라고 할 수 있을 것이다.

ISBP에서는 "발행의뢰인은 신용장 발행 또는 조건변경을 위한 지시에 있어서 모든 모호함에 따른 위험을 부담 한다"[139]라고 제시하고 있다. 이는 조건변경에 대한 지시의 모호함에 따른 위험 부담자를 원인제공자인 발행의뢰인으로 보고 있다.

그러나 신용장거래에서는 일단 신용장이 발행되고 적법하게 수익자에게 조건변경의 통지가 이루어진 경우에는 신용장의 모호함에 따른 책임 부담자는 발행은행이라고 할 수 있다. 이와 관련하여 발행은행과 발행의뢰인은 신용장발행 약정에서의 당사자이므로 최종적으로 발행은행은 발행의뢰인의 책임으로 전가하려 할 것이다. 이는 신용장발행 당사

138) UCP 600, Article 4-b.
139) ISBP 681, Para. 2.

자간의 계약관계의 측면에서 달리 처리하여야 할 문제로 생각된다.

Case 04-06	정식 서면통지 이전에 받은 신용장의 조건변경의 효력

 정식 서면통지 전에 받은 신용장의 조건변경은 효력이 있는가?

S주식회사(원고, 상고인) 대 C은행(피고, 피상고인) 사건[140)]

 한국 대법원의 판결

1. 원심[141)] 판결이유에 의하면, 피고 은행이 상공부장관의 대행자로서, 1970.12.31 수출상인 소외 B주식회사가 신용장 발행은행인 일본 F은행으로부터의 이 사건 신용장 조건변경 통지에 따라 피고 은행에 신청한 종전의 수출승인사항에 관한 변경승인을 하려면 무역거래법시행령 제10조와 같은 시행규칙 제17조에 의하여 그 승인신청서에 관계증빙서류가 첨부되어 있었어야 하는데도, 이러한 서류의 첨부가 없는 승인신청을 그대로 받아들여 변경승인을 하였으므로 피고 은행은 이 점에서 관계법령을 위배한 잘못이 있었다는 취지의 원고의 주장에 대하여, 원심은 그 판시 증거들을 취사선택하여, 일반적으로 수출상은 신용장 발행은행으로부터 신용장 조건변경에 관한 정식 서면통지를 받기 이전이라 하더라도 전문(電文)으로서 이러한 변경통지가 있으면 그 전문 사본(아멘트 카피)을 첨부하여 즉시 수출승인사항에 관한 변경승인 신청을 할 수가 있는 것이고, 본건에 있어서 위 복수상공회사는 위 후지은행으로부터의 신용장 조건변경에 관한 서면통지는 비록 1971.1.4에 받았지만 위 후지은행은 신용장 통지은행인 피고 은행에 1970.12.31에 전보로서 신용장 변경통지를 하였고, 피고 은행은 바로 B에 전화로서 이 사실을 통지하여 복수상공은 당일 이 전문사본을 첨부하여 그 조건변경에 맞게 피고 은행으로부터 수출사항 변경승인을 받은 것이라고 인정하므로 써 피고 은행이 이 사건 변경승인을 함에 있어서 원고 주장과 같은 무역거래에 관한 법령을 위배한 사실이 없다는 취지로 판단하고 있다.

---

140) 대법원 1980.1.15, 선고, 78다1015, 판결.

141) 서울고등법원 1978.5.3. 선고 77나1187 판결.

2. 원심이 채택한 증거들을 기록에 의하여 대조 검토하면 원심에 의한 위와 같은 인정사실이 충분히 긍인 되는 바로써 원심이 1978.3.31에 시행한 이 사건 수출승인사항 변경승인 신청서류에 대한 검증결과에 의하면 검증시행 당시 신용장 변경통지에 관한 전문 사본 자체는 보존되어 있지 않음은 소론이 지적하는 바와 같으나 그 신청서의 첨부 서류 란에 아멘트 카피(Amend Copy)라고 기재되어 있음에 비추어 1970.12.31의 승인신청 당시에는 그 전문사본이 첨부되어 있었음을 짐작할 수가 있으므로 이런 검증결과 등에 의하여 원심이 위와 같은 사실인정을 하였음에 증거 없이 사실을 인정한 위법이 있다고는 할 수 없고, 원심이 이러한 판단과정에서 피고가 직접적으로 내세우지 아니한 전문사본 첨부사실을 증거에 의하여 인정하였다고 해서 이것이 피고가 주장하지 아니한 사실을 법원이 인정하였다고 비난될 수도 없고, 원심은 위와 같이 이 사건 변경승인신청서에는 신용장 변경통지에 관한 전문사본이 첨부되어 있었다고 명백히 판단하고 있는 것이므로 이러한 사본첨부가 없었다고 전제하여 신용장변경통지의 효력이 발생하지 않았다고 하는 원고의 주장은 그 이유가 없다고 할 것이며, 이 사건에서 위 변경승인신청서에 전문 사본이 첨부되어 있지 않았다는 원고의 주장에 대하여 원심이 판단을 유탈한 것이라고 공격될 수도 없음이 분명하다.
3. 그리고 원심이 인정하고 있는 바와 같이 수출상인 B사가 신용장발행은행인 일본 F은행으로부터의 취소불능의 신용장에 관한 조건변경통지의 전문에 대하여 아무런 이의 없이 이에 응하여 피고은행으로부터 수출승인사항 변경승인까지를 받은 것이라고 한다면 정식 서면통지가 후에 도착하였다 하더라도 신용장 조건변경의 효력은 이로써 발생한 것이라고 볼 수 있음이 원심판시 증거들에 의하여 명백한 바이므로 같은 취지에서의 원심판단도 정당하다 할 것이다.

Case 04-07	발행은행의 매입은행에 대한 부가조건 삭제지시의 효력

Q 발행은행이 매입은행에게 지시의 형식으로 부가조건 삭제의 조건변경을 통보하였으나 수익자가 이를 거절한 경우 발행은행의 매입은행에 대한 부가조건 삭제 지시의 효력은 어떠한가?

B(원고, 피상고인) 대 N은행(피고, 상고인) 사건[142)]

 한국 대법원의 판결

1. 국제상업회의소(International Chamber of Commerce)의 제5차 개정 신용장통일규칙(The Uniform Customs and Practice for Documentary Credits, 1993 Revision, ICC Publication No. 500, 이하 '신용장통일규칙'이라고 한다) 제9조 d항(UCP 600 제10조a항)은 "제48조(UCP 600 제38조)에 의하여 별도로 규정된 경우를 제외하고는 취소불능신용장은 발행은행, 확인은행(있는 경우) 및 수익자의 합의 없이는 변경되거나 취소되지 아니한다."고 규정하고 있다.

   따라서 취소불능신용장에서 규정된 수익자의 권리 또는 권리의 행사요건 등에 영향을 미치는 신용장 조건 등의 변경은 수익자의 동의를 얻지 못하면 효력이 없다. 취소불능신용장의 이러한 조건변경 제한규정은 발행은행이 매입은행 등 지정은행에 대한 지시의 형식을 취하였다고 하더라도 그 지시 내용이 실질적으로 수익자의 권리 또는 권리의 행사요건 등을 변경하는 결과를 초래하는 경우에도 마찬가지로 적용된다고 보아야 하므로 수익자의 동의가 없는 한 그와 같은 지시는 효력이 없다.

   왜냐하면 발행은행의 그와 같은 지시가 수익자에 대한 관계에서만 무효이고 매입은행에 대한 관계에서는 그대로 유효하다고 한다면, 매입은행은 발행은행의 지시를 따를 수밖에 없고 그에 따라 수익자는 매입은행에게 변경 지시 전의 권리를 사실상 행사할 수 없게 되는 반면, 발행은행은 수익자의 동의 없이 매입은행에 대한 지시를 통하여 취소불능신용장의 신용장 조건을 임의로 변경할 수 있는 부당한 결과가 초래되기 때문이다. 따라서 이러한 경우 발행은행은 수익자뿐만 아니라 매입은행에 대한 관계에서도 그 지시의 유효를 주장할 수 없다.

2. 신용장 발행은행이 어느 은행이나 매입가능하고 지급에 필요한 서류로 상업송장 및 선화증권 전통(full set)을 제시하도록 한 취소불능신용장을 개설하면서, 그 부가조건에서 "매입 시점에 선화증권 원본을 제출할 수 없는 경우에는 상업송장 및 수익자가 발행한 보상장(Letter of Indemnity, LOI)과 상환으로 대금을 지급할 수 있다"고 규정하였다가 나중에 매입은행에게 "발행은행의 매입은행에 대한 지시의 변경"이라는 형식으로 그 부가조건을 삭제하도록 통보하였는데, 수익자가 매입은행으로부터 그 부가조건 삭제 요청을 통보받고 이를 거절하자, 매입은행이 다시 발행은행에 그 거절의사

142) 대법원 2011.1.13. 선고 2008다88337 판결; 원심판결 서울고법 2008. 10. 2. 선고 2007나36218 판결.

를 통지하고 그 후 수익자로부터 위 신용장에 기한 환어음과 상업송장 및 보상장 등의 서류를 매입한 다음 발행은행에 신용장 대금의 지급을 구한 사안에서, 위 부가조건의 삭제는 신용장으로 규정된 수익자의 권리행사요건을 변경시키는 신용장 조건의 변경에 해당하는데 수익자가 그 부가조건 삭제 요청을 거절하였으므로, 신용장 발행은행의 매입은행에 대한 부가조건 삭제 지시는 아무런 효력이 없다.

제11조 전송과 예비통지신용장 및 조건변경

[Article 11] Teletransmitted and Pre-Advised Credits and Amendments

a. An authenticated teletransmission of a credit or amendment will be deemed to be the operative credit or amendment, and any subsequent mail confirmation shall be disregarded.

If a teletransmission states "full details to follow" (or words of similar effect), or states that the mail confirmation is to be the operative credit or amend- ment, then the teletransmission will not be deemed to be the operative credit or amendment. The issuing bank must then issue the operative credit or amendment without delay in terms not inconsistent with the teletransmission.

b. A preliminary advice of the issuance of a credit or amendment ("pre-advice") shall only be sent if the issuing bank is prepared to issue the operative credit or amendment. An issuing bank that sends a pre-advice is irrevocably committed to issue the operative credit or amendment, without delay, in terms not inconsistent with the pre-advice.

번역

[제11조] 전송과 예비통지신용장 및 조건변경

a. 신용장 또는 조건변경의 인증된 전송은 유효한 신용장 또는 조건변경으로 보며, 이후의 모든 우편확인서는 무시된다.

전송이 "상세한 사항은 추후 통지함"(또는 이와 유사한 효력을 가지는 문언)이라고 명시하고 있거나 또는 우편확인서를 유효한 신용장 또는 조건변경으로 한다는 것을 명시한 경우, 그 전송은 유효한 신용장 또는 조건변경으로 보지 아니한다. 발행은행은 그 때 전송과 모순되지 아니한 조건으로 지체 없이 유효한 신용장 또는 조건변경을 발행하여야 한다.

b. 신용장의 발행 또는 조건변경의 예비통지는 발행은행이 유효한 신용장 또는 조건변경을 발행할 준비가 되어 있는 경우에만 송부되어야 한다. 예비통지를 송부하는 발행은행은 지체 없이 예비통지와 모순되지 아니한 조건으로 유효한 신용장 또는 조건변경

을 발행할 것을 취소불능적으로 약속한다.

해설

이 조에서는 인증된 전송에 대한 이후의 우편확인서는 무시하는 것으로 하고 예비통지 전송 조건에 모순되지 아니한 신용장발행 의무를 강조하고 있으며, 또한 전신신용장의 효력과 예비통지에 대하여 규정하고 있다.

1. 전신통지신용장의 효력(11a)

이 조 a항에서 신용장 및 조건변경에 대하여 인증된 전송이 이루어지는 경우에는 그 자체가 유효한 신용장이므로 어떠한 우편확인서(mail confirmation)도 보내지 않아야 한다. 그러나 우편확인서를 보낸 경우 이는 효력이 없으며 통지은행은 통신으로 유효한 신용장증서 또는 전송에 의하여 수령된 유효한 조건변경에 대한 우편확인서를 검토할 책임을 부담하지 아니한다. 이는 곧 모든 우편확인서가 무시된다는 것을 반영하는 것이다. 이 경우 발행은행은 전송과 모순되지 아니한 유효한 신용장 또는 조건변경을 발행하여야 한다.

실제 신용장발행은행에서 통지은행 앞으로의 전송은 "full teletransmission"[143]에 의한 방법과 "short teletransmission"[144]에 의한 방법이 있다. 전자에 의한 신용장은 수익자가 사용할 수 있는 신용장으로 보통 신용장통지 내용상 "This is an operative credit instrument"라고 표시되어[145] 유효한 신용장으로 간주된다. 그러나 후자의 방법은 신용장발행 사실내용의 일부만을 간단하게 기재하여 예비통지(preliminary advice)하는 것으로, 나중에 우편에 의해 완전한 신용장이 도착되기 전까지는 수익자가 사용할 수 없는 신용장이다.

2. 신용장의 예비통지(11b)

이 조 b에 의하면 신용장의 발행이나 조건변경의 예비통지는 발행은행이 신용장 또는 조건변경을 발행할 준비가 되어 있는 경우에만 송부되어야 한다고 규정하고 있다. 따라서 예비통지를 송부하는 발행은행은 지체 없이 예비통지와 모순되지 아니한 조건으로 유효한 신용장 또는 조건변경을 취소불능적으로 발행하는 의무를 부담하게 된다.

---

143) full cable이라고도 한다.

144) short cable이라고도 한다. 이 방식의 신용장은 보통 "Full details to follow," "Airmailing details"라는 문언이 명시된다.

145) full teletransmission에 의한 신용장은 "This credit is available,"이나 "No mai1 confirmation will follow"란 문언이 전송된 내용에 명시되어 있다.

Case 04-08 텔리팩스에 의한 신용장 발행의 법적 효력

텔리팩스(telefax)에 의한 신용장 발행의 법적 효력은 어떠한가?

사례 및 쟁점 당 은행의 환거래은행으로부터 텔리팩스(telefax)에 의해 발행된 신용장을 당 은행이 인수할 수 있는지에 대하여 답변하여줄 것을 요청받았다.

당 은행은 텔리팩스 메시지가 전신(cable), 텔렉스(telex)[146] 또는 SWIFT시스템에 의해서 전송된 메시지와 동일한 법적 효력을 갖는지 여부에 대하여 알고 싶다.

쟁점은 동 텔리팩스 메시지가 상세한 사항(full details)과 정확한 검증키(correct test key)를 포함하고 있을 경우, 텔리팩스 프린트에 의하여 출력된 사본은 우편확인서가 더 이상 불필요한 원본증서(original instrument)로 간주될 수 있는지 여부이다.

A ICC는 텔리팩스에 의하여 전송된 메시지의 법적 효력에 대하여 의견을 제공하는 것에 대한 자격을 부여받지 않았다. 그러나 신용장이 텔리팩스에 의하여 전송되었고, 정확한 검증키가 포함되어 있을 경우 당사자간에는 유효한 신용장증서로 간주되는 사례가 있다.[147]

검토 UCP에서는 "전송"(teletransmission)에 대한 정의나 전송된 메시지의 법적 효력에 대한 규정은 설정되지 않고 있다. 그러나 이와 관련하여 ICC 은행위원회는 오스트리아 국내위원회의 telefax가 "전자통신"의 의미에 포함되는지 여부에 대한 질의에 대하여 "'teletransmission'이라는 표현에는 전화대화는 포함되지 않지만 정확한 검증키(correct test key)를 포함하여 텔리팩스로 보낸 신용장은 유효한 신용장증서로 간주 된다"는데 의견을 같이 하고 있다.[148]

---

146) 텔렉스로 통지된 화환신용장의 조건변경의 효력에 대하여 ICC 은행위원회는 체코슬로바키아 은행(Czechoslovakian Bank)으로부터 신용장발행과 관련하여 텔렉스 통지의 효력에 대한 질의를 받고 "조건변경의 텔렉스통지는 텔렉스에 다른 별도의 표시가 없는 한 효력이 있는 조건변경증서로 간주되어야 한다. 그러나 조건변경은 통지의 형태가 어떠하든지 수익자가 이를 접수하기 이전에는 효력이 없다"고 결정한 바 있다; ICC Documents 470/355, 470/358, November 9, 1979.

147) ICC Pub. 459, Case 35.

148) ICC Documents 470/444, 470/452, April 23, 1985.

따라서 신용장발행 또는 신용장통지에 대한 텔리팩스 메시지가 상세한 사항(full details) 및 정확한 검증키(correct test key)를 포함하고 있을 경우에 한하여 유효한 신용장으로 볼 수 있다.

"전송"(teletransmissions)이라는 용어는 문제를 야기 시킬 수 있다. 전송이란 용어의 정의는 URR 또는 UCP 600에서는 내려지지 않고 있다. 전송은 SWIFT 메시지, 텔렉스(telex) 그리고 전보(telegram)를 포함한다. 그렇다면 "전송"은 "전자우편" (E-mail)도 포함하는가? 확실한 것은, 전자우편은 전자통신(electronic communication)이라는 점이다. SWIFT 또는 텔렉스에 의해 송부된 메시지와는 달리 전자우편은 "인증되지"(authenticated) 아니한 것이다.

숙련된 조작자는 다른 이에 의해 수신된 메시지를 자신이 송부한 전자우편으로 위장할 수 있다. "전송"이라는 용어에는 전자우편을 포함하지 않는다. 전송이라는 용어는 UCP 400에서 처음 사용되어졌다. 그 이전 UCP 개정판들은 전보와 텔렉스만을 언급하였었다. 따라서 그 이전 개정판들이 상이한 시기에 채택되었다 하더라도 이들이 규정하고 있는 대상들은 동일하고, 전송의 용어가 포함하는 통신 수단은 동일한 것으로 이해되어야 한다. 전송은 "전신전송"(telegraphic transmission)을 의미하는 것으로 본다.

전자우편은 텔렉스 또는 전보와 구별되는 특성에 의하여 "전자통신"으로 분류될 수 있다. 전자통신이라는 용어는 UCP 500과 UCP 600에서, 신용장에 의해 제시된 서류를 거절하는 방법으로써 사용되고 있다. 더욱이 URR 제11조 a항 ii호에서도 전자통신이라는 용어가 사용되고 있는데, 이에 따르면 은행은 "전자통신"에 의하여 상환을 거절한다는 취지를 통지하도록 하고 있다.

실제로 대부분의 상환청구는 SWIFT 메시지 또는 텔렉스에 의해 발행된다. 또한 청구은행과 상환은행이 동일은행인 경우, 메시지는 내부컴퓨터시스템을 통해 전송되어질 수 있다. 그러나 전송을 구성하는 내부소프트웨어에 의한 전달인지의 여부는 "사실상의 문제"(question of fact)라는 점을 명심하여야 한다. 따라서 이에 대한 답은 전문가의 증언에 의존하여야 할 것이다.[149)]

149) E.P. Ellinger, "Legal Position of Reimbursing Bank", *Journal of international Banking Law and Regulation,* Sweet & Maxwell Limited and Contributors, 2007, 22(10), p. 513.

Case 04-09 텔리팩스에 의하여 발행된 신용장의 안전성

 텔리팩스(telefax)에 의하여 발행된 신용장은 안전성이 있을까?

사례 및 쟁점 UCP 600 제11조 b항에서와 같이 전송이 "상세한 사항은 추후 통지함"(full details to follow) 또는 "우편확인서를 유효한 신용장 또는 조건변경으로 한다"라고 명시하지 않는다면 발행은행으로부터 수신된 모든 전송은 유효한 신용장증서로 추정하고 있다.

당 은행의 경험으로부터 보아, 그러한 지시는 일반적으로 검증된 telefax에 의해서 수신되고, 아무런 문제가 없음을 나타낸다. 그러나 팩시밀리기계 연결을 통하여 발행은행으로부터 수신된 검증된 또는 검증되지 않은 메시지가 이러한 이 조항의 목적을 위한 전송인지를 알고자 한다.

당 은행이 우려하고 있는 점은 팩시밀리기계에 의하여 수신된 메시지가 불안정하고 그러한 통신 매체가 오용(misuse)이나 사기(fraud)에 노출되기 쉽다는 점을 지적하고 통지은행이 발행은행으로부터 수령한 텔리팩스에 대하여 행동을 하여야 할 의무가 있는지에 대하여 질의하고자 한다.

A 이것은 UCP 해석 문제가 아니다. 그것은 특별한 경우에 있어서의 법적인 문제이다. 예를 들면, 텔렉스를 이용한 신용장 통지는 관습적인 관행으로 간주되고 있으나, 사무실이 비어 있는 주말, 기계가 용지를 다 소모하였기 때문에 메시지를 수신될 수 없어 손해배상을 청구하는 소송사건이 미국에서 있었나.

이것은 ICC가 분명하게 대답할 성질의 것이 아니고, 또는 다른 전송시스템이나 팩시밀리의 사용에 관한 의견을 표명할 성격이 아니다.[150)]

검토 텔리팩스에 전화선을 연결하면 누구에게나 개방되어 있기 때문에 이는 안전성 있는 연결망(network)이 아니다. 이는 재입력하지 않고서는 자료처리가 되지 않고, 안전성이 없기 때문에 이러한 문제를 보완하지 않는 한 주요한 결제통신수단으로는 부적합하

150) ICC Pub. 459, Case 36.

다고 할 수 있다.

한편 텔리팩스로 발행된 신용장 적용 가능성과 관련하여 1990년 ICC는 함부르크회의에서 은행위원회에 크레디팩스 규칙(Credifax Rules)의 채택을 제안하기에 이르렀다. 이 규칙에서는 발행은행 또는 확인은행의 책임 없이 신용장발행의뢰인의 책임하에서 크레디팩스 신용장을 발행할 수 있는 권한이 수권되어 있었으나, 내용이 빈약하게 초안되었다는 이유로 거절되었다.[151)]

스위프트 시스템 규칙과는 달리 텔리팩스에 의하여 발행되는 신용장은 안전성 이 취약하다는 점에서 신용장의 신뢰성을 저해할 수 있다. 따라서 통신매체의 오용 또는 사기가능성이 있으므로 이와 같은 안전성에 대하여 ICC은행위원회에 의견을 조회하는 것은 바람직하지 않다.

151) Boris Kozolchyk, "The Paperless Letter of Credit and Related Documents of Title", *Law and Contemporary Problems,* Duke University, Summer, 1992, p. 82; ICC Document 470/629, November 22, 1989.

Chapter 5

지정은행 및 은행간 상환약정

제12조 지정

[Article 12] Nomination

a. Unless a nominated bank is the confirming bank, an authorization to honour or negotiate does not impose any obligation on that nominated bank to honour or negotiate, except when expressly agreed to by that nominated bank and so communicated to the beneficiary.

b. By nominating a bank to accept a draft or incur a deferred payment undertaking, an issuing bank authorizes that nominated bank to prepay or purchase a draft accepted or a deferred payment undertaking incurred by that nominated bank.

c. Receipt or examination and forwarding of documents by a nominated bank that is not a confirming bank does not make that nominated bank liable to honour or negotiate, nor does it constitute honour or negotiation.

번역

[제12조] 지정

a. 지정은행이 확인은행이 아닌 한, 인수·지급 또는 매입하기 위한 수권은 지정은행이 명시적으로 합의하고 이를 수익자에게 통보하는 경우를 제외하고, 지정은행에게 인수·지급 또는 매입에 관한 어떠한 의무도 부과되지 아니한다.

b. 환어음을 인수 또는 연지급확약 부담은행을 지정함으로써, 발행은행은 지정은행이 인수한 환어음 또는 부담한 연지급확약을 선지급 또는 구매하기 위하여 그 지정은행에게 권한을 부여한다.

c. 확인은행이 아닌 지정은행이 서류의 수령 또는 심사 및 발송은 인수·지급 또는 매입할 의무를 그 지정은행에게 부담시키는 것은 아니며, 인수·지급 또는 매입을 구성하지 아니한다.

해설

이 조항은 신설된 것으로 연지급확약(deferred payment undertaking)을 선지급(prepay)

또는 구매(purchase)하기 위하여 지정은행에게 권한 부여에 따른 연지급신용장의 할인허용 및 지정은행의 인수·지급 또는 매입의무의 면제규정을 담고 있다.

1. 지정은행의 의무부담 요건(12a)

이 조 a항에서는 지정은행이 신용장의 확인은행이 아닐 경우, 또는 지정은행이 명시적으로 인수·지급 또는 매입에 동의함을 수익자에게 분명하게 통지하는 경우가 아니라면, 인수·지급 또는 매입하도록 은행을 지정하는 것이 해당 은행에 대하여 서류를 수령, 또는 심사하거나 인수·지급 또는 매입해야 하는 의무를 부담하는 것은 아니라고 하고 있다. 화한신용장의 구조에 따라, 확인은행은 지정은행이 아닌 경우도 있다.

2. 지정은행의 인수 또는 연지급확약(12b)

이 조 b항에 의하면 지정은행이 환어음을 인수하거나 또는 연지급 확약을 부담하는 것은 발행은행으로부터 수권된 것으로 이는 독립적이고 절대적이며 무조건적인 지정은행의 의무로 인정되는 것이다.

발행은행은 환어음을 인수 또는 연지급 확약을 선지급 또는 구매할 수 있도록 지정은행을 지정함으로써 일치하는 제시에 대한 매입권도 부여 받는 것으로 볼 수 있다. 따라서 환어음의 인수 또는 연지급 확약을 할 수 있는 은행의 지정은, 발행은행에 의하여 할인수권을 제공받는 것이 된다.

3. 확인은행이 아닌 지정은행의 의무면제(12c)

이 조 c에서는 지정은행이 확인은행이 아닐 경우 지정은행에 의한 서류의 수령, 심사 및 발송은 인수·지급 또는 매입할 의무에서 면제되는 것이라는 점을 강조하고 있다.

Case 05-01	대금지급 금지명령이 발행되어도 선지급을 행한 지정은행이 발행은행에게 독립적인 상환청구권이 있는지 유무

Q 법원명령이 발행은행으로 하여금 수익자에게 대금지급을 금지하는 것으로 발행되었다 할지라도 UCP 600 제12조 b항하에서 지정은행에 부여된 권한의 결과로써 동 규칙 제7조 c항에 따라 선지급을 행한 지정은행은 발행은행에 대하여 독립적인 상환청구권이 있는가?

사례 및 쟁점 A국의 한 은행을 대신하여, ICC 국내위원회는 UCP 600하에서 확인은행

(confirming bank)과 발행은행(issuing bank) 사이에 다음과 같은 분쟁에 대하여 은행위원회의 의견을 알고자 하였다.

쟁점은 연지급신용장(deferred payment credit)[152] 하에서 신용장조건에 일치되는 서류에 대하여 확인은행(지정은행)의 선지급(prepayment)을 행하였으나 발행은행이 법원명령(court order)으로 만기일에 상환하지 아니한 경우로 UCP 600 제12조 b항 및 제7조 c항 위반과 관련이 있다.

지정확인은행(nominated confirming bank :CB)은 신용장 조건과 완전히 일치되게 제시 된 서류에 대하여 연지급 확약으로 매입하고 상환청구권 없는 조건으로 수익자에게 대금지급 하였다.

발행은행은 인증된 SWIFT 메시지로 서류인수 및 만기일에 대금지급할 것을 확인하였다. 만기일 하루 전 발행은행은 CB에 다음 사항을 두개의 인증된 SWIFT 메시지로 통지하였다:

메시지 1: "이 신용장의 지급은 법원명령에 따라 정지되었음을 통지한다."

메시지 2: "2008년 5월 14일자 명령에 따르면, 제1심 법원에 의해 발행된 보호조치의 명령에 따라 계획된 대금지급이 정지되었다. 당 은행은 법원명령(court order) 때문에 위에서 언급된 지급을 이행할 수 없다. 발행의뢰인에게 신속히 연락을 취할 수 있도록 수익자에게 즉시 통지하여 주기 바란다."

위의 메시지들은 법원명령의 팩스사본과 함께 CB가 수익자에게 이미 선지급을 행하였는지의 여부에 대하여 발행은행에게 통지해 줄 것을 요청하여 CB는 지급하였다고 답하였다.

2008년 5월 21일 CB는 다음의 SWIFT 메시지를 발행은행에 보냈다.

"우리는 다음의 사실들을 지적하고자 한다:

1. 제1심 법원의 2008년 5월14일자 법원명령은 귀 은행이 수신인으로 되어 있고 이것은 신용장 발행의뢰인의 지시에 따라 대금지급을 정지하도록 하고 있다. 이 법원명령은 귀 은행이 수익자에 대한 대금지급이행을 금지하도록 하고 있다.

152) Kind of transaction: Irrevocable confirmed, deferred payment letter of credit("L/C") Issuing bank: IB, Nominated confirming bank : CB, Applicant: Subsidiary of a multinational, Beneficiary: Trader, Payment terms: Available by 90 days deferred payment at the counter of CB, Confirmation instructions: CONFIRM, Underlying transaction: Delivery of steel, L/C subject to: UCP 600.

2. ICC의 UCP 600 제7조 c항에 의하면
   a. 귀 은행이 만기일에 지정은행, 즉 확인은행에게 상환의무가 있다.
   b. 당 은행에 대한 상환을 위한 귀 은행의 확약은 수익자에 대한 귀 은행의 확약과는 독립적이다.
3. UCP 600의 제12조 b항에 의하면, 귀 은행은 당 은행의 연지급 확약에 대하여 선지급 또는 구매할 수 있도록 수권하였다.
4. 귀 은행이 인지하고 있는 것과 같이 당 은행은 연지급 확약으로 수익자에게 선지급하였다.

사실상 CB는 채권의 소유자이고 더 이상의 지체 없이 동 금액을 받을 권리가 있다. 위의 내용을 요약하면, 우리는 귀 은행이 신용상태가 우량하고 화환신용장을 포함하여 국제거래 경험 등에서 매우 평판이 좋은 은행으로 알고 있다. 따라서 우리는 법원명령에 대하여 귀 은행이 항변하고 미결문제의 해결을 기대하며 아울러 CB 앞으로 대금을 즉시 지급하여 주길 바란다."

근거거래에 관한 정보로 볼 때 발행의뢰인이 법원명령을 받으려는 이유는 품질클레임 때문이었다. 구매금액을 낮추기 위한 수익자의 제의는 권리포기(waiver)되었다. 발행의뢰인은 모든 거래의 취소를 원하였다. 그런데 강철 가격은 계약체결시 구매가격과 만기일 기간 동안에 상승하고 있었다.

UCP 600의 제12조 b항하에서 지정은행에 부여된 수권의 결과로써 UCP 600의 제7조 c항에 따라 발행은행은 선지급한 지정은행이 독립적인 상환청구권을 가진다는 것이 A국에 있는 은행의 의견이다. 따라서 발행의뢰인으로부터 신용장 대금을 회수와 관련하여 발행은행에게 발행된 법원명령이 수익자에게 대금지급을 금지하는 것이라 할지라도, 발행은행은 만기일에 즉시 지정은행의 상환청구권에 인수·지급(honour)할 의무를 부담하여야 하는 것으로 알고 있다.

발행은행의 태도에 대한 ICC의 입장은 무엇인가? UCP 600 적용 이래 회원은행들이 이러한 문제에 직면한 경우가 있는가?

A UCP 600 제12조 b항에서는 "환어음을 인수 또는 연지급확약 부담은행을 지정함으로써, 발행은행은 지정은행이 인수한 환어음 또는 부담한 연지급확약을 선지급 또는 구매하기 위하여 그 지정은행에게 권한을 부여한다"고 명시하고 있다.

제7조 c항에서는 "인수 또는 연지급 가능한 신용장에서 일치하는 제시금액에 대한 상환은 지정은행이 만기일 전에 선지급 또는 구매하였는지의 여부와 관계없이 만기일에 지급기일이 된다"는 것을 포함하고 있다.

확인은행은 제14조 a항의 요건에 따라 서류심사를 기준으로 서류가 일치되는 것으로 결정하였다. 법원명령이 발행은행이 수익자에게 대금지급하는 것을 금지하는 동안 대금지급이 이미 이루어 졌다.

연지급에 의하여 지정은행에서 사용가능한 신용장을 발행함으로써, 발행은행은 제12조 b항에 의거 일치하는 제시가 이루어지는 경우 발행은행은 지정은행이 연지급 확약을 선지급 또는 구매하기 위하여 그 지정은행에게 권한을 부여한다. 발행은행은 서류를 인수하고 만기일을 확인하였다.

분명히 발행은행은 법원명령을 무시할 수 없다. 또한 상환되지 아니하는 것에 대한 발행은행의 방어는 법원의 금지명령(injunction)[153]의 조건에 근거를 둔다. 그러나 발행된 법원명령의 근거는 물품의 품질과 관련된 것으로 보이므로 선의로 행동한 지정은행은 보호되어야만 한다. 이러한 문제들은 발행은행으로부터 상환을 받기위한 지정은행의 권리에 영향을 미치지 않아야 한다. 이러한 점에서 UCP 600 제4조와 제5조 또한 참조되어야 한다.

우리는 다른 회원은행에 대한 의견을 소개할 수 없으나 이 의견서 발행시점에 ICC 은행위원회에 제기된 유사한 쟁점들은 없다.[154]

검토 신용장은 UCP 600에 준거하고 있었고 UCP 600 제12조 b항 배제를 포함하고 있지 않다. 제12조 b항과 제7조 c항의 내용에 의해 발행은행은 신용장 및 UCP의 무결성(integrity)을 보호하기 위하여 그러한 금지명령을 배척하기 방안을 모색하여야 한다.

발행은행은 적절한 UCP 600 조항 및 신용장 조건을 법원에 참조하도록 함으로써 지급금지명령이 제거되도록 해야 할 것이다. 또한 발행은행은 현재와 미래의 거래를 위하여 제12조 b항의 내용 및 효과를 발행의뢰인에게 통지하기 위하여 잘 이해하고 있어야 한다.

153) 금지명령(injunction)이란 형평법의 구제수단으로 신청인의 신청에 의해서 수명자(enjoined party)에게 어떠한 행위의 이행을 요구하거나 또는 어떠한 행위를 하는 것을 금지하는 법원의 명령이다. 금지명령은 정의와 형평을 기준으로 하는 형평법에 따른 구제수단이므로 금지명령의 적용 여부는 법원의 재량에 속하는 것으로서 금지명령이 비상구제수단으로서의 성격을 가지고 있다는 이유로 인하여 당연히 허용되는 것은 아니다.

154) ICC Pub. 697, R 629.

물품의 품질에 관련된 모든 문제는 발행의뢰인이 요구서류에 포함하거나 또는 서류의 자료 내용에 명시하는 것은 발행의뢰인의 책임이다. 또한 지정은행이 일치하는 제시(complying presentation)에 있어서 상환 받을 권리에 영향을 미치는 배상청구를 하여서는 아니 된다.

일반적으로 신용장거래에서 발행은행의 부당한 거절에 대하여 수익자는 동 은행에 손해배상청구권을 갖게 되며 이와는 반대로 수익자의 부당한 제시의 경우 발행은행은 지급거절을 통하여 구제를 받을 수 있다. 또한 신용장발행은행은 발행의뢰인이 신용장 발행약정에 따른 의무를 이행하지 아니하고 부당한 거절이 있을 경우 발행의뢰인에게 손해배상청구권을 행사할 수 있다. 따라서 발행은행에게 발행된 법원명령이 수익자에게 대금지급을 금지하는 것이라도 발행은행은 만기일에 즉시 지정은행의 상환청구에 인수·지급할 의무를 부담하여야 하는 것이다. 이 사례는 UCP 600을 준거로 하는 신용장거래이므로 부당한 지급청구 또는 거절에 대하여 당사자는 법적인 대응을 통하여 금지명령의 해지 및 권리구제가 이루어지도록 대응하여야 할 것이다.

Case 05-02	"당 은행에 의하여 인수함"이라는 문언이 은행의 연지급확약 사실 반영 여부

Q "당 은행에 의하여 인수함"이라고 명시하고 있는 지정은행의 메시지에서 사용된 자구가 은행이 연지급확약이 이루어졌다는 사실을 반영하는 것인가?

사례 및 쟁점 신용장은 X국에 위치한 지정은행(nominated bank)이 사용가능한 것으로 확인(confirmation)을 추가하지 않고 T국에 있는 통지은행(advising bank)에게 MT710으로 전송하였다. 서류를 수신하자마자 지정은행은 통지은행에게 다음과 같은 메시지를 발신하였다:

"서류는 2008년 6월 5일(2008년 6월 4일은 우리나라의 공휴일임)을 만기일로 하여 당 은행에 의하여 인수함을 통지한다. 만기일에 당 은행은 대금지급 문제를 처리할 것이다."

마지막 문장의 설명을 요구받았을 때, 만기일에 명확히 대금지급 지시를 요구하는 수익자의 요청에 대하여 지정은행은 다음과 같이 회신하였다:

"신용장이 당 은행에 의하여 확인되지 않았기 때문에, 당 은행은 만기일에 대금지급을 보증할 수 없다."

당 은행은 서류를 인수하고, 또한 만기에 지급할 것을 명시한 첫 번째 메시지를 보낸 결과로써 UCP 600의 제12조 b항의 내용에서 지정은행이 연지급 확약이 이루어진 것으로 간주될 수 있는 지의 여부에 관하여 귀 위원회의 의견을 듣고 싶다.

A 지정은행의 첫 번째 메시지에서 사용된 자구, 즉 "accepted by us"는 연지급 확약을 부담하는 것을 반영하지 않는다. 확인은행이 아닌 지정은행이 서류의 수령 또는 심사 및 발송은 인수·지급 또는 매입해야 할 의무를 그 지정은행에게 부담시키는 것은 아니며, 인수·지급 또는 매입을 구성하지 아니함을 제12조 c항을 통하여 주의하여야 한다.

은행은 본 질의에서 개요를 서술한 것과 같은 상황들을 회피하기 위하여 서류 및 대금결제에 있어 지정은행의 역할에 대한 그들의 입장을 전달하기 위해 사용하는 자구의 선택을 신중하게 하는 것이 바람직하다.[155]

검토 지정은행은 발행은행의 본지점이거나 코레스계약에 의하여 특수한 관계를 가진 수출지 소재 은행이 지정된다. 따라서 양자간의 관계는 민법상 위임관계로 보아야 할 것이다.[156]

이 사례에서 지정은행이 서류를 "accepted by us"로 명시하고 있는 사실은 서류가 일치하는 제시를 나타내는 것을 선언하는 것이다. 이와 관련하여 한국 대법원 판결을 보면 더욱 명확하여 진다.

신용장이 연지급신용장임을 고려하면, 피고가 원고로부터 신용장 관련 서류를 받고 인수(accept)라는 용어를 사용하였다고 하더라도, 이는 피고가 신용장대금 지급의무를 인수하였다는 의미라기보다는 제시된 선적서류가 신용장의 조건에 부합하여 수리되었다는 정도의 의미로 해석하여야 한다고 판단하여, 그것이 신용장통일규칙상 만기에 대금을 지급하기로 하는 확약의 의사표시에 해당한다는 취지의 원고의 주장을 배척하였는바, 기록에 의하여 살펴보면 원심의 위와 같은 판단은 정당하고, 거기에 원고가 주장하는 바와 같은 신용장통일규칙상 인수의 개념에 대한 법리오해의 위법이 있다고 할 수 없다.[157]

---

155) ICC Pub. 697, R 630.
156) 유중원, 「신용장-법과 관습(상)」, 청림출판, 2007, 639면.
157) 대법원 2003. 1. 24. 선고 2001다68266 판결.

또한 지정은행이 서류 등을 매입하기 전에 발행은행의 수권 또는 의뢰에 따라 수익자에게 연지급신용장에 지급확약을 한 경우, 확인은행의 지위에서 발행은행과 동일하게 대금지급의 만기일에 신용장대금을 지급할 의무를 부담하나, 대금지급의 만기 전에 신용장대금을 지급할 의무를 부담하는 것은 아니다.[158)]

따라서 확인은행이 아닌 지정은행이 서류의 수령 또는 심사 및 발송은 인수·지급 또는 매입해야 할 의무를 그 지정은행에게 부담시키는 것이 아니며, 인수·지급 또는 매입을 구성하지 아니한다는 점에 유의할 필요가 있다.

158) 대법원 2008.11.13. 선고 2006다61567 판결.

제13조 은행간 상환약정

[Article 13] Bank-to-Bank Reimbursement Arrangements

a. If a credit states that reimbursement is to be obtained by a nominated bank ("claiming bank") claiming on another party ("reimbursing bank"), the credit must state if the reimbursement is subject to the ICC rules for bank-to-bank reimbursements in effect on the date of issuance of the credit.

b. If a credit does not state that reimbursement is subject to the ICC rules for bank-to-bank reimbursements, the following apply:

i. An issuing bank must provide a reimbursing bank with a reimbursement authorization that conforms with the availability stated in the credit. The reimbursement authorization should not be subject to an expiry date.

ii. A claiming bank shall not be required to supply a reimbursing bank with a certificate of compliance with the terms and conditions of the credit.

iii. An issuing bank will be responsible for any loss of interest, together with any expenses incurred, if reimbursement is not provided on first demand by a reimbursing bank in accordance with the terms and conditions of the credit.

iv. A reimbursing bank's charges are for the account of the issuing bank. However, if the charges are for the account of the beneficiary, it is the responsibility of an issuing bank to so indicate in the credit and in the reimbursement authorization. If a reimbursing bank's charges are for the account of the beneficiary, they shall be deducted from the amount due to a claiming bank when reimbursement is made. If no reimbursement is made, the reimbursing bank's charges remain the obligation of the issuing bank.

c. An issuing bank is not relieved of any of its obligations to provide reimbursement if reimbursement is not made by a reimbursing bank on first demand.

번역

[제13조] 은행간 상환약정

a. 신용장이 지정은행("청구은행")이 다른 당사자("상환은행") 앞으로 상환청구 받는 것으로 명시하고 있는 경우, 그 신용장은 상환이 신용장의 발행일에 유효한 은행간 대금상

환에 관한 국제상업회의소 규칙에 따르는지를 명시하여야 한다.

b. 신용장이 상환이 은행간 대금상환에 관한 국제상업회의소 규칙에 따른다고 명시하고 있지 아니한 경우, 다음의 것이 적용 된다:

ⅰ. 발행은행은 신용장에 명시된 사용가능성에 따르는 상환수권을 상환은행에 반드시 제공하여야 한다. 상환수권은 유효기일에 영향을 받지 아니하여야 한다.

ⅱ. 청구은행은 상환은행에게 신용장의 조건과의 일치증명서를 제공하도록 요구되어서는 아니 된다.

ⅲ. 상환이 최초의 청구시에 신용장의 조건에 따라 상환은행에 의하여 상환 받지 못한 경우, 발행은행은 발생된 모든 경비와 함께 이자손실의 책임을 부담하여야 한다.

ⅳ. 상환은행의 수수료는 발행은행의 부담으로 한다. 그러나 그 수수료가 수익자의 부담으로 하고자 하는 경우, 발행은행은 이를 신용장 및 상환수권서 상에 표시할 책임이 있다. 상환은행의 수수료가 수익자의 부담으로 하는 경우, 그 수수료가 상환이 이루어질 때 청구은행에 주어야 할 금액으로부터 공제되어야 한다. 상환이 이루어지지 아니한 경우, 상환은행의 수수료는 발행은행의 의무로 남는다.

c. 발행은행은 상환이 최초의 청구시에 상환은행에 의하여 이루어지지 아니하는 경우 상환을 행하여야 할 자신의 의무로부터 면제되지 아니한다.

해설

은행간 대금상환에 관한 통일규칙[159)]은 UCP 500 제19조 적용시부터 은행간 상환약정관련 규정을 설정한 바 있으나, UCP 600에서는 URR 725(구 525) 준거 여부를 신용장상에 명시하도록 하여 이 신설된 규정을 제공하고 있다.

1. 은행간 대금상환에 관한 통일규칙(URR)의 준거문언 명시(13a)

이 조 a항은 신용장이 지정은행("청구은행")이 다른 당사자("상환은행") 앞으로 상환청구 받는 것으로 명시하고 있는 경우, 즉 상환신용장을 발행할 경우에는 "은행간 대금상환

159) Uniform Rules for Bank to Bank Reimbursements under Documentary Credits("URR") (ICC Publication No. 725), 2008; 국제상업회의소 은행위원회는 2005년 제정된 은행간 대금상환통일규칙(URR), 즉 "URR 525"를 1996년 7월 1일부터 적용할 수 있도록 하여 왔으나 새로운 UCP 600에 부응하여 이를 다시 2008년 4월 15~16일 "URR 525"를 업데이트한 "URR 725"를 승인하고, 2008년 10월 1일부터 발효되도록 하여 상환신용장을 발행할 경우에 적용할 수 있도록 하였다.

에 관한 통일규칙"에 준거에 대하여 명시하도록 하고 있다. 따라서 URR 725에 준거하여 상환신용장을 발행할 경우 은행간 대금상환에 관한 준거규정을 반드시 포함할 것을 규정하여 동 규칙에 따른 상환업무처리를 할 수 있도록 하고 있다.

이와 관련하여 URR 725에서는 URR 725가 상환수권서의 본문에 삽입되어 있는 경우 모든 은행간 대금상환에 적용된다는 규정을 두고 있다.[160] 따라서 발행은행이 발행하는 상환수권서상에 대금상환은 URR 725에 따라서 행해진다는 취지를 "Reimbursement Authorisation is subject to the Uniform Rules for Bank-to-Bank Reimbursements under Documentary Credits, ICC Publication No. 725"와 같이 명시된 경우에 한해서 은행간 대금상환에 적용될 수 있다. 신용장거래와 관련하여 준거법으로 UCP 600이 적용된다고 해서 자동적으로 URR 725가 적용되는 것은 아니다. UCP 600에 준거되는 신용장에 URR 725가 보완적으로 적용되기 위해서는 상환수권서상에 URR 725의 준거문언을 삽입할 것과 신용장상에도 URR 725의 준거문언 삽입이 요구된다. 이와 관련하여 URR 725 제1조에서는 발행은행은 대금상환청구가 "URR 725"에 준거한다는 취지를 화환신용상상에 명시할 책임을 부담하며, UCP 600과 URR 725가 충돌하는 경우, UCP 600이 URR 725에 우선하는 취지로 규정되고 있다.

적용대상과 관련하여 UCP 600 제13조는 "대금상환을 행하는 자를 다른 당사자(상환은행)"라고 기술하고 있다. 국제상업회의소 은행위원회에 의하면, URR은 세계은행(World Bank), 미주개발은행(Inter-American Development Bank) 등과 같은 비은행기관에 대한 대금상환청구의 경우에도 적용될 수 있는 것으로 보고 있으나, URR 725는 이와 같은 거래를 대상으로 하는 것은 아니다. 왜냐하면 이와 같은 거래의 대부분은 상업은행간의 표준적 은행간 대금상환과는 명확히 다르기 때문이다.

2. URR 준거문언 불명시에 따른 발행은행의 책임(13b)

이 조 b항에 의하면 신용장에 의한 상환이 URR 725에 따르는 것이라는 것을 명시하고 있지 아니한 경우, 즉 청구은행이 상환확약[161]을 충족하는 경우 대금상환을 받을 수 있는지에 대하여, 그 적용요건을 다음과 같이 반영하고 있다.

(1) 발행은행은 상환이 신용장에서 명시된 사용가능성에 따라 상환수권을 상환은행에

160) URR 725, Article 1.

161) 상환확약(reimbursement undertaking)이라 함은 발행은행의 수권 또는 요청에 따라 상환은행이 상환수권서에 지정된 청구은행 앞으로 발행하는 것으로, 상환확약의 조건에 충족되는 경우, 청구은행의 상환청구를 인수·지급하겠다는 독립된 취소불능의 확약을 의미 한다; URR 725, Article 2-g.

제공하여야 하며 상환수권은 유효기일에 영향을 받지 않아야 한다고 하고 있다. 이는 상환확약 이외의 경우, 유효기간이 요구된다면 많은 양의 대금상환청구가 상환수권서의 유효기간 때문에 지급되지 않을 가능성이 있을 수 있기 때문이다. 즉 서류 매입이 유효기간에 또는 그것에 가까운 시점에서 행해진 경우에는 대금상환청구는 유효기간이 경과할 때까지 상환은행에 도래하지 않아 지급되지 않을 수도 있는 것이다.

(2) 청구은행은 상환은행에게 신용장의 조건과의 일치증명서를 제공하도록 요구되어서 아니 된다고 명시하고 있다. 왜냐하면 상환은행에게는 청구은행으로부터 서류가 송부되지 않기 때문에 신용장조건의 일치여부를 확인하기가 어렵고, 또한 이러한 일치증명서는 화환신용장거래에서 지정은행과 발행은행간의 문제이고 은행간 대금상환의 일부가 아니기 때문이다.

(3) 상환은행이 최초의 청구시 신용장 조건에 따라 이루어지지 아니한 경우, 발행은행은 이에 따른 청구은행의 모든 경비와 이자손실의 책임을 부담하여야 함을 강조하고 있다.

(4) 상환은행의 수수료는 발행은행의 부담하는 것이 원칙이지만 수익자의 부담으로 할 경우, 발행은행은 신용장 및 상환수권서 상에 표시할 책임이 있고, 이 경우 상환수수료는 대금상환이 이루어 질 때 청구은행에 지급할 금액으로부터 공제된다. 그러나 상환 자체가 이루어지지 아니한 경우에는 발행은행이 상환수수료를 부담한다.

3. 발행은행의 상환의무(13c)

이 조 c항에서 발행은행은 상환이 상환은행에 의하여 이루어지지 아니하는 경우 상환을 행하여야 할 자신의 의무로부터 면제 되지 않는다. 이는 곧 발행은행은 상환은행에 의해 최초의 청구시에 상환이 이루어지지 않는다 하더라도, 상환을 행하여야할 의무를 부담한다는 의미이다.

Case 05-03 유효기일 경과 이후의 대금상환청구에 대한 상환은행의 지급의무

Q 신용장 유효기일 경과 이후의 대금상환청구에 대하여 상환은행의 지급의무가 있는가?

사례 및 쟁점 발행은행은 확인은행 창구에서 지급에 의하여 사용가능한 신용장금액 USD1,200,000, 신용장 유효기일 7월 15일, 대금상환은 매입일로부터 5은행영업일에 NYK 상환은행 앞으로 청구하여 이루어지고, 확인은행의 수수료는 수익자가 부담하는 조건의 신용장을 발행하였다. 발행은행이 요구에 응하여 상환은행은 확인은행에게 취소불능 상환확약서(reimbursement undertaking)[162]를 발행하였다. 이 상환확약서는 텔렉스로 위의 내용을 반영하여 확인은행으로 보냈다. 이 메시지에는 URR 525(현 URR 725)에 준거문언 및 상환청구제시의 최종기일이 명시되지 않았다. 상환확약서를 받자마자 확인은행은 신용장에 확인문언을 삽입하였다.

확인은행(매입은행)은 7월 14일 수익자로부터 서류를 수령하여 서류일치를 확인하고 동일자에 발행은행으로 송부하였다. 7월 20일 발행은행은 확인은행에게 불일치를 언급하면서 확인은행에게 거절통지를 하였다. 동일자에 확인은행은 상환은행에게 상환확약 참조번호를 인용하면서 7월 14일자의 서류를 발행은행으로 송부하였으니 USD1,200,171.60을 자신의 계정에 입금하여 주도록 상환청구 하였다. 이에 대하여 7월 21일 상환은행은 확인은행에게 초과청구를 이유로 지급거절 한다고 통지하였다.

한편 7월 27일 확인은행은 USD1,200,171.60 대신 USD1,200,000의 금액을 수정하여 상환은행에게 다시 청구하였다. 이에 대하여 7월 28일 상환은행은 텔렉스로 확인은행에게 신용장 및 상환확약의 유효기일이 7월 15일이므로 유효기일 경과로 상환에 응할 수 없다고 답하였다.

상환확약에 따른 상환은행의 지급의무 위반 여부에 관한 쟁점에 대하여 ICC 은행위원회의 의견을 듣고 싶다.

162) "상환확약"은 첫째, 발행은행으로부터 수권 또는 요구에 근거하여 상환은행에 의하여 발행되는 것이다. 둘째, 상환수권서에 지정된 상환청구은행 앞으로 발행되는 것이다. 셋째, 상환확약상에 정하여져 있는 조건이 충족될 것을 조건으로 하여 상환청구은행의 대금상환청구에 응하는 것을 확약하는 것이다. 넷째, 상환은행에 의한 독립된 취소불능의 확약을 구성하는 것이다; URR 725, Article 2-g 참조.

A 상환은행은 신용장금액을 초과하여 청구된 금액에 대한 거절권이 있다. 그러나 청구은행이 상환확약 조건에 충족하는 청구의 경우(이 사안과 같이 USD1,200,000로 수정하여 청구된 경우)에는 상환은행은 이와 같은 대금청구일자에도 불구하고 인수·지급 의무가 있다.[163)]

검토 이 사례에서는 첫째, 상환은행으로부터 받은 청구에 유효기일이 정의되지 않았고 7월 15일 이전에 매입이 이루어지도록 하고 있다. 둘째, 청구은행은 USD1,200,000을 초과하지 않는 금액의 청구를 수권하였다. 셋째, 청구는 신용장 유효기일 이내에 매입되는 서류에 대하여 청구되어져야 하는 것으로 보았다.

상환수권은 신용장 유효기일에 영향을 받지 않음에도 불구하고 신용장 유효기일을 상환청구가 이루어지는 일자로 오해하고 있다. 청구은행으로부터의 상환청구는 7월 15일 이내에 USD1,200,000와 동일하거나 그보다 적게 서류매입이 이루어진 것으로 명시하여야 한다.

USD1,200,000로 수정하여 재청구된 상환청구에 대해서는 비록 신용장 유효기일이 경과 이후일지라도 상환확약서의 조건에 충족된다면 상환은행은 청구은행에게 지급하여야 한다.

UCP 600에서는 상환신용장을 발행할 경우 "은행간 대금상환에 관한 국제상업회의소 규칙"(ICC rules for bank-to-bank reimbursements)에 대한 준거규정을 반드시 포함할 것을 규정하여 동 규칙에 따른 상환업무처리를 할 수 있도록 하고 있다.

그러나 신용장이 상환이 은행간 대금상환에 관한 국제상업회의소 규칙에 준거함을 명시하지 아니한 경우, 이에 대한 적용기준에 대해서도 제시하고 있다. 즉, UCP 500 제19조 b항 i호를 UCP 600에서는 "발행은행은 신용장에 명시된 사용가능성에 따르는 상환수권을 상환은행에 반드시 제공하여야 한다. 상환수권은 유효기일에 영향을 받지 아니하여야 한다"[164)] 라는 규정을 신설하여 상환수권부여 및 상환수권의 유효기일에 대하여 규정하고 있다.

상환수권서의 유효기간에 관하여 상환확약의 경우를 제외하고 상환수권서에는 청구제시를 위한 유효기간 또는 최종일을 부가해서는 안 된다. 또한 상환은행은 유효기간에 대해서 아무런 책임을 부담하지 않고, 이와 같은 기간이 상환수권서에 명시되어 있어도 무시할 수 있다.[165)]

---

163) ICC Document 470/TA.490, April 2, 2001.
164) UCP 600, Article 13-b-i.
165) URR 725, Article 7.

이와 관련하여 ICC 은행위원회는 은행간대금상환에 관한 통일규칙을 제정하면서 상환수권서상에 유효기간을 요구하지 않는 것이 은행간 대금상환에 관여하는 당사자에게 있어 최선이라고 판단하였다. 왜냐하면 상환거래(상환확약 이외의 경우)에 있어 유효기간이 요구된다면 많은 대금상환청구가 상환수권서의 유효기간 때문에 지급되지 않을 가능성이 있을 수 있기 때문이다. 즉 서류매입이 유효기간에 또는 그것에 가까운 시점에서 행해진 경우에는 대금상환청구는 유효기간이 경과할 때까지 상환은행에 도래하지 않아 지급되지 않을 수도 있는 것이다.[166)]

Case 05-04 신용장 대금상환 지연에 따른 이자부담자

Q 신용장 대금상환 지연에 따른 이자부담자는 누구인가?

사례 및 쟁점 어떤 은행이 신용장에 다음과 같은 조항을 포함하여 확인(confirmation)을 추가하였다: "해외에서 발생한 모든 은행비용은 수익자의 부담으로 한다"(All bank charges abroad on account of beneficiary).

서류가 제시되었을 때 확인은행은 수익자의 은행에게 다음과 같이 통지하였다: "발행은행으로부터 상환수령 지연에 대한 이자를 수익자가 부담할 경우 지급준비가 되어 있다."

수익자의 은행은 그 신용장에는 이자지급에 대한 어떠한 조건도 포함하고 있지 않다고 반박하면서 다음 사항을 지적하였다:

은행수수료조항은 상환지연에 대한 이자가 아니라 우편요금, 매입수수료 등과 같은 수수료의 공제를 수권한 것이다. 확인은행은 상환지연 이자지급에 대해서는 발행은행에 조회하여야 할 사안이라고 하였다.

수익자의 은행은 ICC 은행위원회에 이에 대한 의견을 알고 싶다고 요청하였다.

"All bank charges abroad on account of beneficiary"라는 조항을 근거로 수익자로부터 상환지연에 대한 이자를 청구하는 것은 부당하다. 이와 같은 은행은

166) 강원진, 「신용장론」 제5판, 박영사, 2007, 268면.

수익자와 아무런 약정도 하지 않았으므로 발행은행에게 상환지연 동안 이자손실을 부담하도록 요구하는 것은 정당하다.

확인은행은 제13조 b항 iii호[167], 즉 "상환이 최초의 청구시에 신용장의 조건에 따라 상환은행에 의하여 상환 받지 못한 경우, 발행은행은 발생된 모든 경비와 함께 이자손실의 책임을 부담하여야 한다"는 규정을 참조할 필요가 있다.[168]

검토 수수료나 이자손실의 책임부담과 관련하여 신용장상의 지시에 따라 지급이행을 행한 상환청구은행이 상환은행에 대하여 대금상환을 청구하였음에도 불구하고, 그 최초의 상환청구시에 또는 경우에 따라서 신용장상에 별도로 명시되었거나, 또는 상호 합의된 대로 상환은행으로부터 대금상환을 받지 못한 경우에는, 발행은행은 상환청구은행에 대하여 이러한 수수료를 부담할 의무가 있다.[169]

그러나 이자손실, 환율변동, 평가절상 또는 평가절하에 기인하는 가액손실은 상환청구은행과 발행은행간의 문제이며 다만 그와 같은 손실이 상환확약에 따른 상환은행의 채무불이행으로 인하여 발생한 경우에는 예외가 된다.[170]

만일 상환은행에 대한 상환청구가 수익자에 의하여 발행된 동 은행을 지급인으로 하는 환어음에 의해 행하여지는 경우, 이러한 어음의 제시, 지급 및 지급거절 등의 행위는 지급지에 속한 국가의 어음법에 따르게 된다. 일람출급어음의 경우 만기일은 어느 국가에 있어서도 어음이 지급인에게 제시된 일자, 환언하면 지급청구를 받은 일자가 된다.

우편에 의한 경우는 어음의 송부를 받은 일자로 해석되기 때문에 상환은행은 우편물을 수령한 일자에 당해 어음의 상환을 실행하여야 한다. 환차손책임은 상환은행이 상환확약을 발행하는 경우를 제외하고, 이는 상환청구은행과 발행은행간의 문제이다. 즉 대금상환청구를 처리하는 상환은행으로서는 대금상환청구의 시점과 대금상환일간에 환율변동에 대하여 책임을 부담하지 아니한다.

그러나 상환은행이 상환확약서를 발행한 경우 동 은행은 상환확약은행으로서 독자적인 취소불능책임을 상환청구은행에 대하여 부담하기 때문에, 대금상환청구가 적절하게 행해졌음에도 불구하고 대금상환 처리일수 내에 행하여지지 아니한 경우 상환확약은행은 상환청구은행에 대하여 지연손해금 및 환차손해배상책임을 부담하게 된다.[171]

167) 동 조는 현재 적용되는 UCP 600 조항으로 바꾸었다.
168) ICC Pub. 459, Case 65.
169) URR 725, Article 16.
170) URR 725, Article 17.

이와 같이 신용장 대금상환 지연에 따른 이자부담과 관련된 또 다른 사례에서 ICC 은행위원회는 발행은행과 지급, 인수 또는 매입은행 사이의 약정에 따라 상환청구가 행하여졌으나 상환 받지 못한 경우, 발행은행은 모든 이자손실책임을 부담하여야 하지만[172] 수익자는 매입은행의 상환청구지연에 의해 발생되는 이자에 대하여 아무런 책임을 부담하지 않는다는 해석을 하였다.[173]

171) URR 725, Article 17.

172) ICC Pub. 459, Case 66.

173) ICC Pub. 459, Case 67.

Chapter 6

서류심사의 기준 및 불일치서류에 대한 권리포기

제14조 서류심사의 기준

[Article 14] Standard for Examination of Documents

a. A nominated bank acting on its nomination, a confirming bank, if any, and the issuing bank must examine a presentation to determine, on the basis of the documents alone, whether or not the documents appear on their face to constitute a complying presentation.

b. A nominated bank acting on its nomination, a confirming bank, if any, and the issuing bank shall each have a maximum of five banking days following the day of presentation to determine if a presentation is complying. This period is not curtailed or otherwise affected by the occurrence on or after the date of presentation of any expiry date or last day for presentation.

c. A presentation including one or more original transport documents subject to articles 19, 20, 21, 22, 23, 24 or 25 must be made by or on behalf of the beneficiary not later than 21 calendar days after the date of shipment as described in these rules, but in any event not later than the expiry date of the credit.

d. Data in a document, when read in context with the credit, the document itself and international standard banking practice, need not be identical to, but must not conflict with, data in that document, any other stipulated document or the credit.

e. In documents other than the commercial invoice, the description of the goods, services or performance, if stated, may be in general terms not conflicting with their description in the credit.

f. If a credit requires presentation of a document other than a transport document, insurance document or commercial invoice, without stipulating by whom the document is to be issued or its date content, banks will accept the document as presented if its content appears to fulfil the function of the required document and otherwise complies with sub-article 14 (d).

g. A document presented but not required by the credit will be disregarded and may be returned to the presenter.

h. If a credit contains a condition without stipulating the document to indicate compliance with the condition, banks will deem such condition as not stated and will disregard it.

i. A document may be dated prior to the issuance date of the credit, but must not be dated later than its date of presentation.

j. When the addresses of the beneficiary and the applicant appear in any stipulated document, they need not be the same as those stated in the credit or in any other stipulated, but must be within the same country as the respective addresses mentioned in the credit. Contact details (telefax, telephone, email and the like) stated as part of the beneficiary's and the applicant's address will be disregarded. However, when the address and contact details of the applicant appear as part of the consignee or notify party details on a transport document subject to articles 19, 20, 21, 22, 23, 24, or 25, they must be as stated in the credit.

k. The shipper or consignor of the goods indicated on any document need not be the beneficiary of the credit.

l. A transport document may be issued by any party other than a carrier, owner, master or charterer provided that the transport document meets the requirements of articles 19, 20, 21, 22, 23, or 24 of these rules.

번역

[제14조] 서류심사의 기준

a. 지정에 따라 행동하는 지정은행, 확인은행(있는 경우) 및 발행은행은 서류가 문면상 일치하는 제시를 구성하는지 여부를 결정하기 위하여 서류만을 기초로 하여 제시를 심사하여야 한다.

b. 지정에 따라 행동하는 지정은행, 확인은행(있는 경우) 및 발행은행은 제시가 일치하는지 여부를 결정하기 위하여 제시일의 다음날부터 최대 제5은행영업일을 각각 가진다. 이 기간은 제시를 위한 모든 유효기일 또는 최종일의 제시일 또는 그 이후의 발생에 의하여 단축되거나 또는 별도로 영향을 받지 아니한다.

c. 제19조, 제20조, 제21조, 제22조, 제23조, 제24조 또는 제25조에 따른 하나 또는 그 이상의 운송서류의 원본을 포함하는 제시는 이 규칙에 기술된 대로 선적일 이후 21일

보다 늦지 않게 수익자에 의하여 또는 수익자를 대리하여 행하여져야 한다. 그러나 어떠한 경우에도, 신용장의 유효기일보다 늦지 않아야 한다.

d. 신용장 문맥을 읽을 때, 서류의 데이터, 서류의 자체 및 국제표준은행관행은 서류의 데이터 또는 신용장과 동일성을 요하지 않지만 서류의 데이터, 모든 기타 규정된 서류 또는 신용장과 상충되어서는 아니 된다.

e. 상업송장 이외의 서류에서, 물품, 서비스 또는 이행의 명세는(명시된 경우) 신용장상의 명세와 상충되지 아니하는 일반용어로 기재될 수 있다.

f. 신용장이 서류가 누구에 의하여 발행된 것임을 또는 서류의 자료내용을 규정하지 않고, 운송서류, 보험서류 또는 상업송장 이외의 서류제시를 요구하는 경우, 은행은 그 서류의 내용이 요구된 서류의 기능을 충족하는 것으로 보이고 그 밖에 제14조 d항과 일치하는 경우, 제시된 대로 서류를 수리한다.

g. 신용장에 의하여 요구되지는 아니하였으나 제시된 서류는 무시되며 제시인에게 반송될 수 있다.

h. 신용장이 조건과의 일치성을 표시하기 위하여 서류를 규정하지 아니하고 조건만을 포함하고 있는 경우, 은행은 그러한 조건을 명시되지 아니한 것으로 보고 이를 무시 한다.

I. 서류는 신용장의 발행일자보다 이전의 일자가 기재될 수 있으나, 그 서류의 제시일보다 늦은 일자가 기재되어서는 아니 된다.

j. 수익자 및 발행의뢰인의 주소가 모든 규정된 서류상에 보이는 경우 이들 주소는, 신용장 또는 규정된 모든 기타 서류에 명시된 것과 동일할 필요는 없으나, 신용장에 언급된 각각의 주소와 동일한 국가 내에 있어야 한다. 수익자 및 발행의뢰인의 주소의 일부로서 명시된 연락처명세(모사전송, 전화, 전자우편 등)는 무시된다. 그러나 발행의뢰인의 주소 및 연락처 명세가 제19조, 제20조, 제21조, 제22조, 제23조, 제24조 또는 제25조에 따라 운송서류상의 수화인 또는 착화통지처 명세의 일부로서 보이는 경우, 이러한 주소 및 연락처명세는 신용장에 명시된 것과 같아야 한다.

k. 모든 서류상에 표시된 물품의 송화인 또는 탁송인은 신용장의 수익자일 필요는 없다.

l. 운송서류가 본 규칙의 제19조, 제20조, 제21조, 제22조, 제23조 또는 제24조의 요건에

충족되는 경우, 운송서류는 운송인, 선주, 선장 또는 용선자 이외의 모든 당사자에 의하여 발행될 수 있다.

해설

UCP 600에서는 UCP 500보다 서류심사기준[174)]을 구체화(3개항에서 12개항)하고, 서류심사 기간의 단축, 서류상호간 동일성 확인 및 서류작성 기준에 대하여 보다 세분화 하여 재정리 하고 있다.

1. 서류만에 의한 일치여부 심사(14a)

이 조 a항은 지정에 따라 행동하는 지정은행, 확인은행(있는 경우) 및 발행은행은 서류가 문면상(on their face) 일치하는 제시를 구성하는지 여부를 결정하기 위하여 서류만을 기초로(on the basis of the documents alone) 제시를 심사하여야 한다고 규정하고 있다. 여기에서 "문면상"이라는 개념은 서류의 앞뒷면을 심사하는 것이 아니라, 국제표준은행관행 및 UCP 600에 포함된 규칙과 일치하는 제시인지를 결정하기위하여 서류 내의 데이터를 검토하는 것이다.

따라서 이 개념은 서류심사와 관련되어 있기 때문에 운송서류, 보험서류 또는 상업송장 관련 조항에서 반복할 필요가 없게 되었다. 은행은 서류가 신용장조건, UCP 600의 적용 가능한 규정 및 국제표준은행과 일치하는 제시여부를 결정하기 위하여 서류의 문면상의 범위를 넘어 심사할 의무를 부담하지 않는다.

2. 서류심사기간(14b)

이 조 b항은 제시가 일치하는지 여부를 결정하기 위하여 제시일 다음날부터 최대 제5은행영업일을 가진다고 규정하고 있다. 이는 UCP 500에서의 제7은행영업일에서 단축된 것이다. 또한 종전의 "제7은행영업일을 초과하지 않는 범위 내에서 상당한 기간(reasonable time)을 갖는다"란 구절에서 상당한 기간에 대하여 국제적으로 표준화된 개

---

174) UCP 500에서는 서류심사기준에 관하여 국제표준은행관행(International Standard Banking Practice: ISBP)에 의한다는 개념을 처음으로 UCP상에 반영한 바 있으나, 해석상의 모호성과 불명확성으로 실효를 거두지 못하였다. 그러나 2002년 ICC가 UCP의 추록으로 새로운 ISBP를 제시함으로써 보다 구체적인 은행의 서류심사에 대한 가이드라인으로 삼게 되었고, 이를 UCP 600이 적용되면서 이를 업데이트 하게 되었다. ISBP는 2002년에 200개의 항(paragraph)을 제시한 바 있으나 2007년 4월 은행위원회의 승인을 받고 본 규칙에 반영된 일부 내용을 제외하여 이를 업데이트한 후 185항으로 조정하여 UCP 600과 함께 적용하게 되었다.

념이 적용이 될 수 없기 때문에 UCP 600에서는 이를 삭제하였다.

이 항의 두 번째 구절은 UCP 600에서 신설된 것으로 제5은행영업일은 제시를 위한 모든 유효기일 또는 최종일의 제시일 또는 그 이후의 발생에 의하여 단축되거나 또는 별도의 영향을 받지 않는다고 명시하고 있다. 신용장은 유효기일이 정하여져 있기 때문에 은행들은 심사를 재촉할 이유가 없다. 정정할 수 있는 불일치 서류의 경우, 서류를 정정하여 이를 재제시하기 위하여 충분한 기간 내에 서류가 제시되어지는 것은 수익자의 책임에 해당된다.

3. 원본 운송서류의 제시기일(14c)

이 조 c항에서는 하나 또는 그 이상의 운송서류의 원본(UCP 600 제19조~25조)을 포함하는 제시는 선적일 이후 21일 보다 늦지 않게 행하여져야 하며, 어떠한 경우에도 신용장의 유효기일보다 늦지 않아야 한다고 명시하고 있다. 개별적인 운송조항에는 어떠한 일자를 특정서류를 위한 선적일로 보는지에 대한 내용이 포함되고 있다.[175] 이는 운송서류 원본에만 적용된다는 점에 유의하여야 한다.

또한 운송서류의 제시기일과 관련하여 일자 또는 발생일 전후에서 시간을 나타내는데 종종 사용되는 기준에 대해서는 ISBP[176]의 해석기준을 참조할 필요가 있다.

---

175) ① 복합운송서류(Multimodal Transport Document) (UCP 600, Article 19-a. ii.)의 경우에는 발송일(date of dispatch), 수탁일(date of taking in charge), 본선적재일(date of loading on board) 또는 선적일(date of shipment), ② 선화증권, 즉 해상/해양선화증권(Marine/Ocean Bill of Lading) (UCP 600, Article 20-a. ii.)의 경우, 본선적재 선화증권(on board B/L)을 요구하였을 경우에는 본선적재 부기일(date of on board notation), 선적선화증권(shipped B/L)을 요구하였을 경우에는 선적일(date of shipment), ③ 비유통해상화물운송장(Non-Negotiable Sea Waybill) (UCP 600, Article 21-a. ii.)의 경우에는 본선적재일(date of loading on board) 또는 선적일(date of shipment), ④ 용선계약 선하증권(Charter Party Bill of Lading) (UCP 600, Article 22-a. ii)의 경우에는 본선적재일(date of loading on board) 또는 선적일(date of shipment), ⑤ 항공운송서류(Air Transport Document) (UCP 600, Article 23-a. iii.)의 경우에는 발행일(date of issuance), 또는 실제의 항공기에 선적일(actual date of shipment), ⑥ 도로, 철도 또는 내수로 운송서류(Road, Rail or Inland Waterway Transport Documents) (UCP 600, Article 24-a. ii.)의 경우에는 물품수령 스탬프일자(date of the reception stamp)가 포함되어 있는 경우에는 그 스탬프일자를, 그 외에는 발행일(date of issuance), ⑦ 특사수령증(Courier Receipt) (UCP 600, Article 25-a. ii.)의 경우에는 접수일(date of pick-up) 또는 수령일(date of receipt), ⑧ 우편수령증 또는 우송증명서(Post Receipt or Certificate of Posting) (UCP 600, Article 25-c.)의 경우에는 선적지에서의 스탬프 일자(date of stamp).

176) ISBP 681, Para. 16; 국제표준은행관행(ISBP)에서 일자 또는 발생일 전후에서 시간을 나타내는데 종종 사용되는 구절에 대한 해석기준은 다음과 같다. ① "이후 2일 이내"(within 2 days after)는 발생일로부터 발생일 후 2일까지의 기간을 나타내는 것이다. ② "이후 2일까지"(not later than 2

4. 서류의 일치성 기준(14d)

이 조 d항은 신용장거래에서 서류의 일치성 판단기준은 본질적인 개념으로 신용장 문맥을 읽을 때 화환신용장 서류와 국제표준은행관행과 동일할 필요는 없지만, 상충되어서는 아니 된다는 내용을 반영하기 위하여 개정되어 왔다. 서류상호간 또는 신용장과의 불일치를 판단하는 기준에 대한 용어 사용은 UCP 500에서의 모순(inconsistent)이라는 표현에서 UCP 600에서의 상충(conflict)이라는 표현으로 바꾸었다.

오랫동안 은행들은 이 규정을 오역함으로써 단순한 타이핑 및 문법적인 오류들이 쟁점이 되어 수많은 불일치를 불러들였다. 그러나 이러한 불일치는 종종 부당한 것으로 인정되었다. 새로운 서류심사기준은 자료에 대하여 "완전일치의 원칙"(mirror image rule) 적용을 요구하지 않는다. 그렇다고 사소한 불일치가 항상 용인되는 것은 아니다. 이에 대하여 ISBP[177]에서는 단어나 문장의 의미에 영향을 미치지 아니하는 오자 또는 타자 오류는 불일치로 보지 않지만, "Model 321"대신에 "Model 123"과 같은 물품명세는 불일일치로 본다는 해석기준과 같이 본질적인 불일치를 구성하고 있을 경우에는 완전일치의 원칙 적용에서 배제가 되는 것이다.

"...와 상충되어서는 아니 된다"(must not conflict with)라는 의미와 적용에 관하여 UCP 600 개정과정에서 많은 의문이 야기되었다. 화환신용장의 요구조건, 서류 자체의 형식과 목적 그리고 국제표준은행과정은 서류의 일치를 결정하는 데 있어서 평가되고 이해 및 고려되어야 할 필요성이 있다.

예를 들면, 원산지 증명서에서의 수화인(consignee) 데이터와 선화증권에서의 수화인 데이터가 서로 다른 것과 관련하여 이는 상충된 것으로 보지 않는다. 수화인은 여신을 위하여 물품에 대한 담보이익을 가지는 은행이 될 수도 있고, 또는 수화인은 선화증권의 원본 제시 없이 발행의뢰인이 물품에 대한 권리를 주장하지 못하도록 하는 수화인으로 명시될 수도 있다. 원산지증명서에서 명시된 수화인은 통관의 목적을 위해 존재하는 반면에, 선화증권에서의 수화인은 권리증권(document of title)으로서 서류의 기능과 관련된다. 양 당사자는 지정된 수화인이지만, 서류에서는 다른 수신인을 위하여 다른 목적으

---

days after)는 어떤 기간을 나타내는 것이 아니고 오직 최종일을 나타낸다. 통지가 특정일 이전의 일자로 표기되지 않아야 하는 경우, 신용장은 이와 같이 나타내어야 한다. ③ "적어도 이전 2일"(at least 2 days before)은 어떤 일이 발생일 이전의 2일전보다 늦지 않게 발생하여야 함을 나타내는 것이다. 그러한 일이 얼마나 빨리 발생하여야 하는가에 관하여는 제한이 없다. ④ "의 2일 이내"(Within 2 days of)는 발생일 이전 2일과 발생일 이후 2일까지의 기간을 나타낸다.

177) ISBP 681, Para. 25.

로 이용된다.[178]

5. 상업송장 이외의 서류 기재요건(14e)

이 조 e항을 보면 신용장에서 보통 요구되는 서류 중 상업송장 이외의 서류들은 예컨대, 운송서류, 보험서류, 원산지증명서, 포장명세서, 기타 증명서 또는 수익자의 확인서 등이 있다. 이와 같은 서류의 기재사항 중 물품, 서비스 또는 이행의 명세는 신용장상의 명세와 상충되지 아니하는 일반용어로 기재될 수 있다.

이와 관련하여 포장명세서가 물품의 명세를 표기하지 아니하고 상업송장상의 명세와 일치된다는 내용의 세부명세(물품수량, 스타일 번호, 상업송장번호)를 표기할 경우 이를 불일치로 간주될 수 있는지 여부에 대한 홍콩의 Wing Hang Bank의 질의[179]에 대하여, ICC 은행위원회는 상업송장과 포장명세서의 기재내용 간에 충분한 연계성(linkage)이 있는 것으로 파악할 수 있으면 족하므로 불일치로 보지 않는다고 하였다.

6. 기본서류 외의 불특정서류 수리요건(14f)

신용장에서 요구서류 중 필수적으로 명시되는 것은 상업송장, 운송서류, 보험서류(CIF 또는 CIP 규칙에 의한 매매계약의 경우)이다. 이는 매매계약에서 매도인이 매수인에게 제공하여야 하는 주요의무 중 서류제공 의무에 기초를 둔 것이다. 또한 신용장에서는 그 외의 발행의뢰인(매수인)의 요청에 의하여 임의서류가 추가적으로 요구되고 있다. 예를 들면, 원산지증명서, 포장명세서, 검사증명서, 중량 및 용적 증명서, 또는 수익자의 확인서 등이 요구된다.

이 조 f항에 의하면 이와 같은 필수서류는 은행이 수리하는 요건에 대하여 UCP 600에 제18조 상업송장, 제19조~제25조 운송서류 및 제28조 보험서류 관련 조항에서 이미 규정되고 있으므로, 이 규정과 국제표준은행관행에 일치되는 제시인지 여부를 심사하면 된다는 의미이다. 또한 신용장에 요구된 기타 임의서류 중 개별서류가 그 발행자나 그 서류 자체의 자료내용에 대하여 별도로 규정되었을 경우에는, 은행은 이와 같은 조건 충족여부에 대하여 심사할 의무가 있다.

그러나 서류의 자료내용을 규정하지 아니한 경우, 예컨대, SWIFT 메시지 형식 신용장

178) ICC, *Commentary on UCP 600*, ICC Publication No. 680(이하 ICC Pub. 680이라고 약칭한다), 2007, p. 64.

179) Query of Wing Hang Bank Ltd., Hong Kong; ICC Document 470/GE.6 (November 15, 1994); 강원진, "UCP 500적용 이후 신용장거래상의 쟁점에 관한 사례연구", 「중재학회지」, 제5권, 한국중재학회, 1995, 268-269면.

에서 ":46A Documents Required : Packing list in duplicate"과 같이 단순히 "요구서류 : 포장명세서 2통"이라고 되어 있을 경우, 이 서류(포장명세서)는 서류의 기능이 충족된 것으로 보고 제시된 대로 은행이 수리하게 되는 것이다.

서류의 기능 충족과 관련하여 운송서류, 보험서류 또는 상업송장 이외의 신용장에서 요구하는 서류들에 대하여는 제한을 두지 않는다. 위의 예에서와 같이 발행의뢰인이 포장명세서에 대하여 자료내용을 특정하여 않고 단순히 "포장명세서"라고 신용장에서 요구하였을 경우, 수익자는 포장명세서의 기능을 충족하는 어떠한 형식의 포장명세서도 제시할 수 있다.

7. 요구되지 아니한 제시서류의 무시(14g)

이 조 g항에서는 신용장에서 요구되지 아니하였으나 만일 제시된 서류가 있을 경우에는 무시되며 제시된 서류는 제시인에게 반송될 수 있는 것으로 규정하고 있다.

신용장에서 요구서류에 대하여 언급이 없는 데 수익자가 예컨대, "용적 및 중량 증명서"를 제시하는 경우, 신용장의 요구서류로서 용적 및 중량 증명서가 포함되는 내용의 신용장 조건변경을 하지 않고, 수익자가 동 서류를 수출서류 매입시 요구서류와 함께 제시하는 경우가 종종 있다.

신용장은 당사자의 합의에 의하여 요구서류 추가에 대한 조건변경이 없었으므로 신용장의 효력에는 변함이 없다. 추가서류는 신용장에서 요구된 서류가 아니기 때문에 은행은 이를 무시하게 되며, 이와 같이 제시된 서류는 제시인에게 반송될 수 있다.

그러나 실무상 매입은행이 신용장에 요구서류로 특정하지 아니한 추가서류를 매입서류와 함께 동봉하여 우송하는 경우, 발행은행은 이를 발행의뢰인에게 인도할 수도 있지만 그와 같은 서류를 제시인에게 반송할 수도 있다. 이와 같은 경우의 선택권은 발행은행에게 있다.

8. 비서류적 조건의 무시(14h)

이 조 c항에서는 비서류적 조건(non-documentary conditions)의 처리에 대하여 규정하고 있다. 신용장이 서류에 대한 언급 없이 조건(conditions)만을 포함하고 있는 경우에는 은행은 이를 무시한다.

비서류적 조건이란 제시되어야 할 서류를 지정하지 아니하고 조건만을 언급함으로써 은행이 서류를 심사함에 있어 서류가 아닌 사실문제에 대한 조사를 통하여 조건에 대한 이행여부가 확인되어야 하는 내용이 신용장상에 포함된 것을 말한다. 예를 들면, "선적은 선령이 15년 이하인 운송선박에 의하여 이루어져야 한다"(Shipment must be effected by carrying vessel under 15 years of age)라고 기재되어 있으나 이러한 사항에 대하여 표시되어야 하는 서류가 명시되어 있지 않은 경우 또는 신용장에는 물품이 독일산일 것을 명시하고 있으나 원산지증명서를 요구하지 않는 경우 등은 전형적인 비서류적 조건으로 볼 수 있다.

그러나 법원의 판례에서 비서류적 조건의 유효성을 인정하는 경우도 있어[180] 신용장 거래당사자간 분쟁이 야기될 수 있다. 따라서 발행의뢰인이나 발행은행은 비서류적 조건이 신용장에 포함되지 않도록 신용장 발행시 요구서류의 종류 및 서류문면상에 기재하여야 할 내용에 대하여 미리 조건을 특정할 필요가 있다.

예를 들면, 신용장의 추가조건(Additional Conditions) 란에 "선적은 반드시 동맹선사 선박에 의하여 이루어져야 한다"(Shipment must be effected by a conference line vessel only)라고 언급하는 대신, 요구서류란의 선화증권 조항에 "선적은 동맹선사 선박에 의하여 이루어짐을 명시하는 선화증권"(Bill of Lading stating that shipment is effected by a conference line vessel), 또는 요구서류 중의 하나로 "선적은 동맹선사 선박에 의하여 이루어짐을 명시하는 선박회사의 증명서"(Certificate of Shipping Company stating that carrying vessel is effected by a conference line vessel)라고 명시하는 것이 비서류적 조건에 대한 분쟁을 쉽게 예방할 수 있는 방법이 된다.

9. 서류의 발행일자(14i)

이 조 i항은 서류는 신용장 발행일자보다 이전의 일자가 기재될 수 있으나, 서류의 제시일보다 늦은 일자가 기재되어서는 아니 된다고 규정하고 있다.

예를 들면, 수익자(수출자)가 매매계약에 따라 이미 확보된 원자재로 물품을 생산하고 물품에 대한 선적전 검사(pre-shipment inspection : PSI)가 매수인에 의하여 이루어지는 경우, 물품검사에 따른 검사증명서의 일자 기재는 신용장을 발행하기 이전의 일자로 작성될 수 있는 상황을 반영한 것이다.

또한 서류의 제시일 보다 늦은 일자로 작성된 것이라 함은 신용장 유효기일 또는 제시기일 및 장소가 특정되는 경우 그 이후에 작성된 서류를 말하며, 이러한 서류에 대하여는 당연히 은행이 수리하지 아니한다.

그러나 수익자의 환어음(서류) 매입의뢰는 모든 서류가 발행된 이후 특정하지 않는 한

180) Raiffeisen-Zentrlkasse Tirol Reg. Gen. v. First National Bank in Aspen, 671 P.2d 1008, 36 UCC Rep.Serv. 254(1983).

선적일자 이후 21일이 경과되어 제시된 서류는 그 서류가 신용장에 명시된 제시를 위한 유효기일 이내에 제시되는 한 수리가능하다.[181]

10. 주소 및 연락처 명세의 요건(14j)

이 조 j항에서는 신용장의 수익자 및 발행의뢰인의 주소가 기재된 경우, 신용장에 언급된 주소와 동일한 국가 내에 있으면 신용장 또는 기타 서류에 명시된 것과 동일할 필요는 없으며 발행의뢰인의 주소의 일부로서의 연락처명세(contact details), 즉 모사전송, 전화, 전자우편 등은 무시되도록 규정하고 있다. 그러나 발행의뢰인의 주소 및 연락처 명세가 운송서류상의 수화인 또는 착화통지처(notify party) 명세의 일부로서의 주소 및 연락처명세는 신용장에 규정된 것과 동일하여야 한다.

11. 송화인 또는 탁송인의 표시(14k)

이 조 k항에서는 모든 서류상에 표시된 물품의 송화인(shipper) 또는 탁송인(consignor)은 수익자일 필요가 없다고 하여 이는 UCP 500에서 "운송서류에 표시된"을 UCP 600에서는 "서류상에 표시된"으로 하여, 그 사용 범위를 확대하였다. 따라서 ISBP에서[182] 원산지증명서는 신용장의 수익자 또는 운송서류상의 송화인 이외의 탁송인 또는 수출자를 당사자로서 표시할 수 있도록 하고 있다.

12. 운송서류 발행자의 범위(14l)

이 조 l항은 운송서류가 운송서류관련 조항(제19조~제24조)의 수리 요건에 충족되는 경우, 운송인, 선주, 선장 또는 용선자 이외의 모든 당사자도 운송서류를 발행할 수 있다고 규정하고 있다. 여기에서 이외의 모든 당사자란 운송인, 선주, 선장 또는 용선자 각각의 기명대리인(named agent) 그리고 UCP 500에서 규정되었던 운송주선인(freight forwarder)을 말한다. 운송주선인이 발행하는 운송서류는[183] 운송인 또는 복합운송인으로서 운송주선인의 명칭을 표시하고 운송인 또는 복합운송인으로서 운송주선인에 의하여 서명되었거나 기타의 방법으로 인증된 것으로 표시된 운송서류, 또는 운송인 또는 복합운송인을 대리하는 기명대리인으로서 운송주선인에 의하여 서명되었거나 기타의 방법으로 인증된 것으로 표시된 운송서류를 말한다.

181) ISBP 681, Para. 21-b.
182) ISBP 681, Para. 185.
183) UCP 500, Article 30.

Case 06-01	원산지증명이 송장명세의 물품과 연계성이 없는 경우 불일치로 보는지 여부

Q 원산지증명이 "우리는 물품이 프랑스 원산지임을 증명 한다"라는 문구로 기재하여 제시되어 있고, 수익자의 명칭 및 서명이 기재되어 있으나 송장에 기재된 물품과는 아무런 연계성이 없는 것으로 보일 경우, 이를 불일치로 볼 수 있는가?

사례 및 쟁점 우리는 UCP 600에 준거하여 발행된 화환신용장에서 제시된 서류와 관련하여 다음과 같은 질의에 대한 귀 위원회의 공식의견을 알고자 한다.

화환신용장은 "원산지증명서"(Certificate of Origin)를 요구하고 있다. 신용장은 서류가 누구에 의하여 발행되어지는지 또는 서류의 데이터 내용이 명시되지 않고 있다. 제시의 일부분인 어떤 서류(용지서두/머리말/꼬리말 모두 부재)에는 오직 다음과 같은 정보만이 포함되어 있다:

"우리는 물품이 프랑스 원산지임을 증명한다.

AB 사

[서명]"

AB 사는 화환신용장의 수익자이다. 제시는 다음과 같은 불일치를 인용하면서 거절되었다: "원산지증명서가 신용장 또는 거래와 아무런 연계성(linkage)이 없는 것으로 보이고 있다"

우리는 발행은행이 인용한 상기의 불일치가 옳은 것인지에 대하여 귀 위원회에 조언을 구하고 싶다

 불일치는 정당하다.[184]

검토 신용장은 원산지증명서에 대한 어떠한 요구된 데이터 내용명시가 없다. UCP 600 제14조 e항에는 "상업송장 이외의 서류에서, 물품, 서비스 또는 이행의 명세는(명시된 경우) 신용장상의 명세와 상충되지 아니하는 일반용어로 기재될 수 있다"라고 명시하고 있

184) ICC Pub. 732, R 727.

다. 제14조 e항의 "명시된 경우"라는 문구의 사용이 모든 명시된 서류에 물품의 명세가 있어야 한다는 요건은 아니다. 그러나 원산지증명서의 작성 및 심사를 위한 국제표준은행관행은 ISBP 간행물 681의 183항에 반영되어 있는 바와 같이 구체적인 요건을 다음과 같이 강조하고 있다: "원산지증명서는 반드시 송장에 기재된 물품에 연관된 것으로 나타나야 한다."

원산지증명서는 관련된 물품에 대한 명시가 있어야만 한다. 그 방법은 다음의 내용을 포함하여 다양한 방법으로 이루어질 수 있다:

- 신용장에 명시된 것과 일치하는 물품명세;
- 신용장의 명세와 상충하지 아니하는 "일반조건에" 나타낸 물품명세; 또는
- 규정된 서류에 기술되어 있는 물품과의 연계성을 명시하는 모든 기타 참조사항, 예를 들면, 신용장에 제시된 송장번호 또는 운송 또는 인도서류에 포함된 자료, 예를 들면 선화증권 번호, 항공화물운송장 번호 등.

원산지증명서는 "우리는 물품이 프랑스 원산지임을 증명 한다"라는 문구로 하여 제시되었고, 수익자의 명칭과 서명이 기재되었다. 송장에 기재된 물품과는 아무런 연계성이 없었다. 따라서 서류는 UCP 600 제14조 f항에 요구된 바와 같이 서류의 기능을 수행함에 있어 국제표준은행관행의 요건을 충족하지 못하고 있다.[185)]

Case 06-02	운송서류, 보험서류 또는 상업송장 이외의 서류가 기재사항이 누락된 경우 불일치의 판단기준

Q 신용장에서 운송서류, 보험서류 또는 상업송장 이외의 서류가 기재사항이 누락된 경우 불일치의 판단기준은 무엇인가?

사례 및 쟁점 신용장가액 GBP82,170를 Bank of China에 요구대로 서류를 제시하였지만 Bank of China는 UCP 500 이외에 부당한 기준으로 불일치를 통보하여 왔다. 물품은 아일랜드 양피와 관련이 있다. 신용장은 일람후 30일 출급조건으로 Bank of China Hebei 지점에서 사용가능하도록 발행되었다. 신용장에서 요구하는 서류 중에서 Bank of

185) *Ibid.*

China가 다음과 같은 서류에 대한 불일치를 주장하고 있다.

- 담당 부서에서 발행된 원산지증명서 2통
- 수익자가 발행한 품질증명서 2통
- 선명, 일자, 수량, 중량 그리고 선적 금액에 대하여 선적 이후 48시간 이내에 발행의뢰인에게 팩스로 발송된 수익자의 확인서

신용장의 물품명세는 다음과 같다:

계약서 번호 : XIE4

5X40FT 컨테이너 적입내용물 : 4000개 아일랜드산 양가죽 최소 사이즈는 6.58 QFT 평균 사이즈는 8SQFT 양털의 길이는 2-5인치

CIF Xingang China

당 은행[186]은 2월 22일 서류를 점검하고 2월 23일 특사(courier)를 통하여 발송하였으나 3월 6일에 아래와 같은 불일치를 통지받았다.

(1) 원산지증명서 4번 항목에 대한 운송명세가 기재되어 있지 않다.

(2) 품질증명서에는 신용장에 명시된 물품 품질의 주요내용을 기재하지 않고 있다.

(3) 품질증명서는 선적일 이전에 발행되어야 하나 서류(수량 증명서/품질증명서 기타) 발행일이 기재되지 않고 있다.

(4) 항해번호가 선박명의 일부이지만 확인된 팩스사본 및 보험증명서상에는 항해번호를 기재하지 않고 있다.

제기된 불일치에 대하여 당 은행은 3월 6일 불일치에 동의할 수 없다고 다음과 같이 회신하였다.

(1) 원산지증명서에 운송명세 기재는 UCP 500에서 규정된 요건이 아니다.

(2) 품질증명서는 물품의 품질을 표시하고 아일랜드산 양가죽과 같은 물품명세를 명시하는 것이지 이는 송장과 같이 SWIFT 메시지 ":45a"란에 기재되는 UCP 500에서 말하는 신용장의 물품명세와 완전하게 일치하도록 명시하여야만 하는 것이 아니다.

(3) 신용장은 품질증명서가 선적일 이전에 발행되어야 한다는 것과 또한 신용장이 모든 서류에 일자가 기재되도록 요구하지 않고 있다.

(4) UCP에는 선박명에 항해번호를 포함하여야 한다는 언급이 없다. 따라서 요구된 선

186) Bank of Ireland.

적명세를 나타내는 팩스명세는 항해번호가 없는 선박명으로도 충분하다.

이에 대하여 3월 8일 Bank of China로부터 아래와 같은 답을 받았다.

(1) UCP 500에서는 신용장거래 상의 모든 세부사항을 규정하는 것은 불가능하다. 신용장에서는 원산지증명서를 요구하였기 때문에, 언급된 서류 모든 항목에는 관례대로 기재되어야 한다.

(2) 품질증명서는 물품의 명세뿐만이 아니라 물품의 품질의 주요내용을 명시하여야 한다. 그렇지 않은 것은 품질증명서가 아니다.

(3) 신용장하의 일부 서류들은, 예를 들면 건강증명서, 보험증명서, 품질증명서 등은 선적일 이전의 일자로 발행되어져야 한다.

(4) 선박명은 선화증권에 항해번호가 명시되었으므로 항해번호가 포함되어야 한다. 따라서 확인된 팩스사본 및 보험증명서는 선화증권과 동일하게 항해번호가 명시되지 아니하였으므로 분명히 불일치이다.

당 은행은 이 주장에 대한 3월 9일 불일치는 승낙할 수 없고, 모든 은행은 UCP 500을 준거로 삼고 있으며 또한 모든 서류는 본 규칙에 일치되게 해석되어야 한다고 하고 아울러 다음 내용에 대하여 통지하였다:

(1) 원산지증명서는 운송명세가 기재되어 질 것을 요구하지 않고 있다. 원산지증명서 상의 4번 항목은 임의기재사항이다.

(2) 품질증명서에서 물품명세 기재에 대해서는 반복하여 말하지만 신용장에 별도 요구가 없는 한 신용장의 스위프트 메시지 ":45a"란과 완전히 일치되어야 하는 것은 송장이 유일한 서류이다.

(3) 신용장상에 요구된 서류를 상식적인 논쟁으로 삼는 것을 수긍할 수 없다.

(4) 수익자에 의해서 제공된 선적통지는 신용장에서 요구된 것과 같이 정확하게, 즉 선박명, 일자, 수량, 중량, 선적금액이 언급되고 있다.

당 은행은 Bank of China가 당 은행이나 당 은행의 고객을 통제할 수 없는 외적인 요인을 이유로 신용장의 의무를 회피하기 위하여 UCP 500에 따르지 않고 불일치를 지어내어 문제를 제기하고 있는 사실을 위의 상황을 통하여 이해하리라 믿고 있다. 이 문제에 대하여 귀 위원회의 의견을 알고자 한다.

 특정된 불치에 대한 ICC의 의견은 다음과 같다:

1. 신용장에는 운송명세로 원산지증명서 내에 명시하여야 하는 아무런 요구사항이 없다. 비록 원산지증명서가 운송명세의 제목으로 어떠한 란(field/box), 또는 이와 유사한 것이 설정되어 있을 지라도 이러한 란을 완성시켜야 하는 것을 요구하는 것이 아니다. 따라서 불일치가 아니다.
2. 제18조 c항[187]은 상업송장상의 물품, 서비스 또는 이행의 명세는 신용장에 보이는 것과 일치하여야 한다 한다고 하고 있다. 그러나 상업송장 이외의 서류에서, 물품, 서비스 또는 이행의 명세는(명시된 경우) 신용장상의 명세와 상충되지 아니하는 일반용어로 기재될 수 있다.[188] 또한 신용장이 서류가 누구에 의하여 발행된 것임을 또는 서류의 자료내용을 명시하지 않고, 운송서류, 보험서류 또는 상업송장 이외의 서류제시를 요구하는 경우, 은행은 그 서류의 내용이 요구된 서류의 기능을 충족하는 것으로 보이고 그 밖에 제14조 d항과 일치하는 경우, 제시된 대로 서류를 수리한다.[189] 제시된 정보에 의하면 불일치가 아니다.
3. 신용장은 서류가 수익자에 의해서 발행되어진 것을 요구하였다. 자료의 내용이 문제의 선적과 관련되어 질 수 있을 경우, 불일치가 아니다.
4. 선화증권에 물품이 목적지로 운송하고 있는 선명을 특정하고 있을 경우, 선화증권은 특정한 항로를 위한 항해번호를 명시하는 것은 일반적이다. 선화증권이 이와 같은 정보가 명시된 경우, 오직 선박명만을 나타내는 팩스 또는 보험증명서를 포함한 기타 서류들은 수리될 수 있다.[190]

검토 신용장에 요구되는 서류 중 상업송장, 운송서류 및 보험서류는 무역거래에서 매도인이 매수인에게 제공되는 필수서류이므로 UCP 600에도 동 서류에 대한 심사기준을 특별히 규정하고 있다. 그러나 그 외의 서류에 대해서는 별도의 심사규정은 없지만 공통적으로 적용되는 것은 "서류의 문맥을 읽을 때, 서류의 데이터, 서류의 자체 및 국제표준은행관행은 모든 기타 규정된 서류 또는 신용장과 상충되지 않아야 하며[191] 은행은 그

187) UCP 500 제37조c항을 지칭하였으나 여기에서는 현재 적용되는 UCP 600의 조항을 표시하였다.
188) UCP 600 Article 14-e.
189) UCP 600 Article 14-f.
190) ICC Document 470/TA.497, April 2, 2001.
191) UCP 600 Article 14-d.

서류의 내용이 요구된 서류의 기능을 충족하는 것으로 보이고 상충되지 않는 경우, 제시된 대로 서류를 수리하여야 한다"고 규정하고 있다.[192]

ISBP에서도 송장에 기재된 물품의 수량, 중량 및 용적은 기타 서류상에 나타나는 동일한 수량과 상충되어서는 아니 된다고 하고 있다.[193]

품질증명서는 선적일 이전에 발행되어야 하는가에 대한 문제는 ISBP에서 "분석증명서(certificate of analysis), 검사증명서(inspection certificate), 선적 전 검사증명서(pre-shipment inspection certificate)를 포함하는 모든 서류는 선적일자 이후의 일자로 표기될 수 있다. 그러나 신용장이 선적 전 발생 사실(예를 들면, 선적 전 검사증명서)을 입증하는 서류가 요구되는 경우, 그 서류는 서류의 제목 또는 내용에 의하여 그러한 발생일(예를 들면, 검사)이 선적일자 이전 또는 선적당일에 있었다는 것을 표기하여야 한다. 검사증명서의 요구는 선적전의 사실의 입증하는 요구로 간주되지 아니 한다. 서류는 서류제시일 이후에 발행된 것으로 표기되어서는 아니 된다"[194]고 제시되고 있는 점을 참조할 필요가 있다.

또한 일자기재와 관련하여 ISBP에서의 "환어음, 운송서류 및 보험서류는 신용장이 비록 일자(dates) 표기를 명시적으로 요구하지 아니하더라도 일자를 표기하여야 한다. 앞에서 언급한 서류 이외의 서류에 대한 일자표기 요구는 동일한 제시의 일부를 구성하는 다른 서류의 일자를 서류상에 참조함으로써 충족되어질 수 있다"[195]는 점을 고려하면 수량증명서/품질증명서에 발행일이 기재되지 않고 있다고 주장하는 것은 타당하지 않다. UCP 600 및 ISBP를 고려할 때 위의 사례는 발행은행이 상업송장의 요건을 기타 서류에도 적용하여 기재상의 동일성만을 무리하게 주장한 예라고 할 수 있다.

이와 관련하여 홍콩의 Wing Hang Bank Ltd.가 ICC 은행위원회에 질의 한 사례[196]에서 "포장명세서(Packing List) 물품명세를 기재하지 않고, 상업송장의 물품명세와 일치하는 명세, 즉 수량, 스타일 번호와 송장번호를 나타내고 있다면 이를 불일치한 서류로 간주할 수 있는가"라는 질의에 대하여 국제상업회의소는 UCP 500 제37조 C항[197] 하에서, 물품은 신용장상의 물품명세와 모순[198]되지 아니하는 일반용어로 기술될 수 있다. 또한

192) UCP 600 Article 14-f.
193) ISBP 681, Para. 63.
194) ISBP 681, Para. 14.
195) ISBP 681, Para. 13.
196) ICC Document 470/GE.6, November 15, 1994.
197) UCP 600 Article 18-c.
198) UCP 500에서의 모순(inconsistent)이라는 용어는 UCP 600에서는 상충(conflict)이라는 용어로 바꾸었다.

포장명세서는 UCP 500 제21조[199]의 규정에 따라서 제시할 수 있는 서류이다. 신용장상의 특별한 요구조건을 결하고 있다면, 포장명세서는 그 자료내용이 제시된 다른 서류와 서로 모순되지 않음을 나타내고 있다면 제시된 대로 수리될 수 있다고 회신하였다. 따라서 이 사례에서 제시된 포장명세서에 물품명세를 명시하지 아니하였다하여 불일치한 것으로 해석될 수는 없다. 그 이유는 상업송장상의 자료내용과 포장명세서간에 충분한 연계가 있기 때문이다.

그러나 이러한 결론은 특별한 질의에만 한정되어야 한다는 사실에 주의하여야 하고, 일반적으로 적용되는 것으로는 간주되지 않아야 한다고 하였다. 이와 같이 신용장조건에 없는 서류로 검사증명서를 수익자가 제시한다면 은행은 제시된 대로 검사증명서를 수리할 수는 있으나 그 검사증명서의 기재내용이 신용장 조건과 상충된다면 불일치로 간주되는 것이다.

Case 06-03 서류상의 기재사항 누락에 따른 불일치 주장의 타당성

Q 신용장에서 특정한 내용은 아니지만 서류상의 기재사항 누락에 따른 불일치 주장은 타당한가?

사례 및 쟁점 신용장에 요구된 서류는 다음과 같다:

- 지시식[200]으로 발행되고, 무기명 배서[201]가 되고, 운임 선지급, 화물도착 통지처를 신용장발행의뢰인으로 표기하고, 운임금액을 명시하는 무사고 본선적재 해양선화증권 전통[202]

---

199) UCP 600 Article 14-f.

200) 지시식 선화증권(order B/L)이란 선화증권의 수화인(consignee)란에 ① "to order," ② "to the order of A," 또는 ③ "to the order of ABC Bank"로 표시하여 발행된 선화증권을 말한다. ①과 ②의 경우에는 대개 무기명배서를 요구하게 되는데, 이 경우에는 선화증권 원본 뒷면에 송화인인 수출자가 배서를 하고 권리를 양도한다. 이 때 선화증권소지자가 화물에 대한 담보권을 취득하게 된다.

201) 무기명식 배서(blank endorsement)란 피배서인을 기재하지 않고 배서인이 단순히 자기 자신만 서명하는 방식으로 이를 백지식 배서라고도 한다.

202) 전통(full set)이란 선화증권의 원본 발행 총 수량으로 보통 선화증권 원본 하단에 원본발행 통수가 기재되어 있다. 이 경우 만약 원본 3통(original, duplicate, triplicate)이 1조로 발행되었다면 3통 모두를 갖춘 것을 말하며, 3통은 각각 정식의 선화증권으로서 독립된 효력을 가지므로 그 중 1통

- 각 포장마다 수량, 총중량 및 순중량을 명시하는 수익자가 발행한 포장명세서/중량 메모 3통
- 신용장 번호, 계약서 번호, 물품명, 송장금액, 수량, 선박명, 포장, 적재항, 선적기일, 도착예정일을 명시하는 선적 후 2일 이내에 발행의뢰인에게 통지된 수익자의 확인 팩스사본
- 비유통증권 2세트가 선적 후 2일 이내에 발행의뢰인에게 특사편으로 전달되었다는 것을 증명하는 수익자의 증명서

발행은행은 다음과 같은 이유로 불일치를 통지하였다.

1. 포장명세서/중량 메모에는 일자가 표기되지 않았다.
2. 수익자의 증명서에서 팩스번호가 잘못기재 되었다.
3. 선화증권에 명시된 화인(shipping mark)과 기타 서류상의 화인과 모순된다. 선화증권상의 shipping mark

PT. SLIM MASPION

POLYMERS

MADE IN INDONESIA

포장명세서/중량메모 및 원산지증명서를 포함하는 기타 서류상의 shipping mark

PVC RESIN

PT. SLIM MASPION

POLYMERS

MADE IN INDONESIA

달리 말하면, "PVC RESIN"은 선화증권에서 누락되었다.

이런 점에서 K국의 수출자는 신용장이 포장명세서/중량 메모 상에서 어떠한 일자표기를 요구하지 않았으므로 UCP 500의 21[203]조에 따라, 은행은 이와 같은 서류를 수리하여야 한다고 주장하고 있다. 이 이외에 ICC의 간행물 No.535(1995)의 사례 22에서 일자가 표기되지 아니한 포장명세서는 불일치가 아니라는 것을 분명하게 언급하고 있다.

수익자의 증명서는 그들이 신용장의 필요한 지시를 수행하는 증거로 작용하며 이것이 본 거래에서의 중요한 서류는 아니다. 잘못된 팩스번호의 사소한 차이는 철자오류로 인

이 사용되면 나머지는 자동 무효가 된다.

203) UCP 600, Article 14-f.

하여 발생되며, 이는 지시불이행 또는 신용장에서 요구되는 모순된 서류로 취급되지 아니한다.

심지어 팩스번호가 일치하지 않더라도 증명서가 신용장상의 동일한 수익자에 의하여 작성되었다는 것을 확인하는 것은 충분히 가능하다. 신용장은 증명서상에서 어떠한 팩스번호도 요구하지 않고 있다. 은행위원회의 의견 Doc.470/TA.304에 따르면, 팩스번호는 신용장에서 요구되는 것에 덧붙여 부가적인 정보이다. 이런 철자오류는 명백하게 기재상의 오류이며, 거절의 타당한 이유가 될 수 없다.

선화증권상의 화인은 신용장에서 요구되지 않으며 이는 단지 참조용으로만 사용 된다. 비록 화인이 선화증권상에 보이는 것과 다르다 하더라도, 이는 거래 및 세관통관에 어떠한 차이가 있는 것이 아니다.

결론적으로, 우리는 그러한 불일치를 승낙할 수 없다. 발행은행에 의하여 지적된 불일치는 인정할 수 있는지 은행위원회의 의견을 듣고 싶다.

A 1. 포장명세서/중량메모 일자 미표기

위에 명시된 것처럼 신용장조건에 따라 이 서류에 일자를 표기하여야할 필요는 없다. 다만, 은행이 서류상의 어떤 정보가 표기되어야 하는 것을 요구할 경우에는 반드시 신용장에 명시하여야 하는 것이다. 따라서 불일치가 아니다.

2. 팩스번호가 잘못 표기된 수익자의 증명서

신용장에서 요구사항은 2세트의 비유통증권이 선적후 2일 이내에 발행의뢰인에게 특사편으로 전달되었다는 증명서였다. 부가적인 정보는 부정확한 팩스번호가 포함된 서류를 첨부한 것으로 보인다. 그러나 팩스번호의 추가는 신용장에서 요구되지 아니하였고, 이에 포함되는 것은 정확여부에 관계없이 불일치가 아니다

3. 선화증권에 명시된 화인과 기타 서류상의 화인과 모순

단지 "PVC RESIN"의 누락되어도 신용장에 따라 물품은 아마도 선적될 것이다. 신용장에서는 어떠한 화인의 자구에 관한 요구가 없다. 이 사례에서 기타 서류상에 "PVC RESIN"이라는 자구가 제외되었다고 하여 불일치의 이유가 될 수 없다.[204)]

검토 일자 표기와 관련하여 ISBP에서는 "환어음, 운송서류 및 보험서류는 신용장이 비록 일자(dates) 표기를 명시적으로 요구하지 아니하더라도 일자를 표기하여야 한다. 앞에

204) ICC Document 470/TA.482, January 24, 2001.

서 언급한 서류 이외의 서류에 대한 일자표기 요구는 동일한 제시의 일부를 구성하는 다른 서류의 일자를 서류상에 참조함으로써 충족되어질 수 있다. 비록 독립된 서류로 요구된 증명 또는 선언이 일자표기가 될 것으로 예상된다 하더라도, 이는 요구된 증명 또는 선언의 형태, 요구문언, 및 그 내용에 나타난 문언에 의존한다. 기타 서류에 일자표기가 요구되는가의 여부는 당해서류의 성질 및 내용에 의존 한다"[205]고 하여 포장명세서/중량메모 일자의 미기재는 현행의 서류심사 관행에서 보더라도 문제가 없다.

또한 수익자의 증명서에 팩스번호가 잘못 기재되었다고 주장한 점에 대하여도 현행 UCP 600의 관련 규정[206]에서, 즉 "수익자 및 발행의뢰인의 주소의 일부로서 명기된 연락처 명세(팩스, 전화, 전자우편 등)는 무시된다. 그러나 발행의뢰인의 주소 및 연락처 명세가 운송서류상의 수화인 또는 착화통지처 명세의 일부로서 보이는 경우, 이러한 주소 및 연락처 명세는 신용장에 명시된 것과 같아야 한다"고 한 점을 보면 운송서류의 주소 및 연락처 명세가 아닐 경우 기타 서류에서 팩스, 전화, 전자우편 등이 설령 잘못 기재되었다 하더라도 불일치로 간주되지 아니한다.

화인에서의 자구누락 사항과 관련하여 ISBP는 "화인(shipping marks)은 신용장 조건과 상충되지 아니하는 한, 추가정보는 수리될 수 있고,[207] 일부 서류가 이와 같은 추가정보를 명시하고 있다는 사실은 다른 서류에 그러한 추가정보의 표시가 없다 하더라도 불일치가 아니다"[208]라는 점을 강조하고 있다.

Case 06-04 물품중량 단위 표시 상이에 따른 불일치 여부에 대한 판단기준

Q 신용장에서 제시서류 중 물품중량 단위 표시 상이에 따른 불일치 여부에 대한 판단기준은 무엇인가?

사례 및 쟁점 영어권에 있는 은행이 발행한 신용장에서, 물품의 중량이 12000 MT +/-5%로 표시되었고, 유럽 소재 지급은행(실제 매입은행)을 통하여 다음과 같이 물품중량이 표

205) ISBP 681, Para. 13.
206) UCP 600, Article 14-j.
207) ISBP 681, Para. 34.
208) ISBP 681, Para. 35.

기된 서류가 제시되었다.

Marine bill of lading 12600.000 kgs

Grain inspection certificate 12 600,000 tons

Commercial invoice 12.600 metric tons

Phytosanitary 12 600 000 kg

GSC issued weight certificate 12.600.000 kg

모든 서류는 해상선화증권과 연계하는 참조사항을 포함하고 있었는데 발행은행은 다음과 같은 불일치로 서류를 거절하였다.

1. 선화증권은 12.600.000 kgs나 12.600 metric tons 대신에 총중량 12600.000 kgs을 언급하고 있다.
2. 곡물검사증명서는 12.600,000 kgs나 12.600 metric tons 대신에 12 600,000 tons를 언급하고 있다.

* 지급은행: 유럽에서는 점과 소수점의 사용은 미국 시스템과는 다르다.

* 발행은행: 분명하게 선화증권에 있는 12 뒤에 소수점에 누락되었기 때문에, 실제로 선적된 물품중량은 분명하지 않다. 추가적으로, 귀 은행(지급은행)의 논쟁이 유럽의 소수점 관행을 포함하는 것이라면, 왜 곡물검사증명서가 12 600,000 metric tons를 나타내고 있는가?

* 지급은행: 12와 6 사이 점의 누락은 선적이 천이백육십만 킬로그램이나 만 이천육백 메트릭 톤에 관한 것으로 이해하는데 지장이 없다. 귀 은행(발행은행)은 의무적으로 마지막 세 개의 영이 점보다 선행하기 때문에 이를 백, 십의 단위로서 간주하여야 한다.

곡물검사증명서에서 귀 은행은 마지막 세 개의 영 앞에 소수점 기호(,)를 하고 있다. 따라서 귀 은행은 가격이 메트릭 톤으로 되어 있기 때문에 중량을 킬로그램으로 나타낸 것으로 간주하여야 한다. 귀 은행이 여전히 망설일 경우 GSC의 중량증명서는 선화증권 번호 1에 의해서 기재된 운송선박에 12.600.000 kgs의 선적을 증명하고 있다는 점을 참조하기 바란다.

당 은행(지급은행)은 귀 은행(발행은행)이 점(.) 없이 12 000 MT를 언급하고 있다는 사실을 귀 은행에게 지적하고 한다. 한편 당 은행은 그것이 “만 이천 메트릭 톤”으로 읽어야 한다고 이해하게 되었다.

* 발행은행: 당 은행은 신용장발행의뢰인이 그러한 불일치임에도 불구하고 서류를 인

수하였음을 통지한다. 당 은행은 당 은행의 거절에 반대하는 귀 은행의 모든 점을 고려하였다. 그러나 은행은 서류만을 취급한다는 사실의 견지에서, 당 행은 그 불일치가 명백히 속보이는 것이라고 강하게 부연하고 싶다. 제시된 모든 다른 부수적 서류는 선적된 올바른 물품중량을 명시하고 있다.

어느 은행도 자신의 주장을 굽히지 않았기 때문에, 지급은행(매입은행)은 원칙적인 점이 해결되지 않고 남아있는 점을 고려하여 ICC 은행위원회의 전문가에게 질의하고 있다.

A 이 문제는 두 가지 상이한 각도에서 효과적으로 접근되어야 할 것이다.

서류에 있는 모든 중량표시는 MT를 근거로 삼아야 된다는 화환신용장거래에서 엄격한 해석원칙에 따르는 견해가 있다. 킬로그램(kgs)이나 톤(tons)의 표시가 실제로 MT가액과 일치하는지를 검사하는 것은 은행의 직무가 아니다. 은행은 다양한 방법으로 일련의 서류세트에 표기된 중량표시에는 반대할 것이다.

한편 마침표(.)와 콤마(,)의 누락은 그 자체에 의해서는 서류를 하자있는 것으로 만들지 못한다는 의견이 있다. 이 의견에 따르면 불일치로 간주되지 아니한다.[209)]

검토 ISBP에 의하면 일반적으로 인정되는 약어(abbreviations)의 사용은, 예를 들면 "Limited" 대신에 "Ltd", "International" 대신에 "Int'l", "Company" 대신에 "Co", "Kilos" 대신에 "kgs" 또는 "kos", "Industry" 대신에 "Ind", "manufacturer" 대신에 "mfr", 또는 "metric tons" 대신에 "mt" 또는 이와 반대의 경우도 마찬가지로 서류가 불일치한 것이 되지 아니한다.[210)]

그러나 이 사례에서와 같이 운송서류(그 외 상업송장, 보험서류)와 같은 주요서류나 기타서류 상호간에 일련의 서류세트 중에 오해의 여지가 있는 서로 다르게 표기된 중량단위는 일치성에 반하거나 상충되는 것으로 간주될 여지도 있을 것이다. 따라서 UCP 600에서는 "신용장 문맥을 읽을 때, 서류의 데이터, 서류의 자체 및 국제표준은행관행은 서류의 데이터 또는 신용장과 동일성을 요하지 않지만 서류의 데이터, 모든 기타 규정된 서류 또는 신용장과 상충되어서는 아니 된다"[211)]고 규정하고 있는 점을 참조할 필요가

209) ICC Pub. 459, Case 40.
210) ISBP 681, Para. 6.
211) UCP 600, Article 14-d.

있다.

또한 서류심사와 관련하여 서류에서의 상세한 수학적 계산(mathematical calculations)은 은행이 점검하지 아니하며, 은행은 오직 신용장 및 기타 요구 서류들에 대한 총액을 점검하는 의무만 부담한다[212]는 점도 유념하여야 한다.

Case 06-05	발행의뢰인의 주소가 착화통지처로 표시된 경우 신용장 명시와 동일해야 하는지 여부

Q 발행의뢰인의 주소가 착화통지처로 표시된 경우 신용장에서 명시된 것과 동일해야하는가?

시례 및 쟁점 미화160만 달러에 내하여 UCP 600을 준거로 하는 화환신용장이 시성은행과 같은 자격으로 우리의 지점 중 한곳에서 인수·지급하였으나, 서류가 발행은행에 의하여 거절되었다. 다행히 발행은행은 과실인정 없이 지급에 동의하였으나, 다음의 해결되지 않은 불일치를 남겨두었다.

1. 신용장에서 명시된 발행의뢰인의 주소: "[no.] TRAGATERE ROAD, PORT OF SPAIN, TRINDAD, W.I."
2. 신용장은 선화증권이 다음과 같이 기재되기를 요구하였다:
   "NOTIFY [발행의뢰인의 명칭] [no.] TRAGATERE ROAD, PORT OF SPAIN, TRINDAD, W.I."
3. 제시된 선하증권은 다음과 같이 착화통지처(notify party)를 표시하였다:
   "[발행의뢰인 명칭] [no.] TRAGATERE ROAD, NEWTOWN, PORT OF SPAIN, TRINDAD, W.I."
4. 다음과 같은 이유로 발행은행은 제시를 거절하였다.
   "선하증권의 착화통지처의 주소가 신용장의 주소와 정확히 일치하지 않다 — 'NEWTOWN'이 포함됨."

국내위원회 분석(national committee analysis)에서는 그에 대한 답은 UCP 600의 제14조 d항[213] 및 제14조 j항[214]의 해석에 달려 있다. 주어진 정보에 근거하면 제14조 d항에

212) ISBP 681, Para. 24.

일치한다. 제14조 j항의 동일한 국가라는 요구조항도 일치한다. 그러나 제14조 j항의 마지막 문장에 관련하여 좀 더 어려운 문제가 발생하였다. "그러나 발행의뢰인의 주소 및 연락처 명세가 제19조, 제20조, 제21조, 제22조, 제23조, 제24조 또는 제25조에 따라 운송서류상의 수화인 또는 착화통지처 명세의 일부로서 보이는 경우, 이러한 주소 및 연락처 명세는 신용장에 명시된 것과 같아야 한다."

다음 논쟁에서, "그러나" 라는 단어의 사용이 같은 국가여야 한다는 조건의 뒷부분에 언급되었으며 "NEWTOWN"이라는 추가적인 단어는 제14조 g항에서 요구되지 않은 서류는 무시한다는 것을 허용하는 것과 같은 방식으로 무시될 수 있다고 주장되었다. 그러므로 지점의 인수·지급은 옳은 것이다. 반대로, 제14조 j항의 마지막 문장은 정확히 해석되어야 한다. 따라서 착화통지처에 추가적인 자료를 포함하는 경우 자동적으로 불일치가 된다는 주장도 있다. 그런 경우 발행은행은 서류를 거절할 권리가 있다.

불행하게도 우리 국내위원회는 본 쟁점에 관하여 의견이 갈렸다. 다수 측은 서류가 수리 가능하다고 간주하는 반면에 소수 측은 일치성의 해석에 있어 엄격함을 선호하며 서류는 거절되어야 한다고 믿고 있다. 이러한 상황에서 우리는 ICC 은행위원회의 정확한 의견을 알고자 한다.

불일치가 없다.[215]

검토 제14조 j항 마지막 문장의 "however"는 운송서류상의 수화인 또는 착화통지처의 일부분으로 발행의뢰인의 주소가 기재되는 경우 신용장의 주소와 차이점이 있다는 것을 강조하기 위하여 사용되었다.

제14조 j항의 첫 번째 문장은 수익자 또는 발행의뢰인의 주소가 서류상에 기재될 때 어느 정도의 폭을 허용한다. 즉 신용장의 주소와 같든지 아니면 동일한 국가이면 다른 주소라도 허용된다. 마지막 문장은 발행의뢰인의 주소가 착화통지처의 부분으로 기재되

213) 신용장의 문맥을 읽을 때, 서류의 데이터, 서류의 자체 및 국제표준은행관행은 서류의 데이터 또는 신용장과의 동일성을 요하지는 않지만 서류의 데이터, 모든 기타 규정된 서류는 신용장과 상충되어서는 아니 된다.

214) 수익자 및 발행의뢰인의 주소가 모든 명기된 서류상에 보이는 경우 이들 주소는, 신용장 또는 명기된 모든 기타 서류에 명시된 것과 동일할 필요는 없으나, 신용장에 언급된 각각의 주소와 동일한 국가 내에 있어야 한다.

215) ICC Pub. 732, R 732.

는 경우 반드시 신용장의 발행의뢰인의 주소가 동일해야 한다는 점을 기술하고 있다. 하지만 이것은 반드시 일치해야 한다는 것이 아니라 상충되지 않아야 한다는 것을 의미한다.

질의에서 기재된 주소에서 신용장의 주소와 일치하지는 않으나 동일하다는 것에는 의심의 여지가 없다.[216)]

Case 06-06	신용장에 요구하지 않은 기재 사항을 수익자가 신용장 또는 송장과 서로 다르게 기재한 경우의 수리성

Q 신용장이 증명된 팩스사본상에 계약서 번호 기재를 요구하지 않았으나, 수익자가 계약서 번호를 기재하였고 그 인용된 번호가 신용장에 명시된 계약서 번호 또는 송장상의 계약서 번호와 다른 경우, 이것은 불일치로 볼 것인가?

사례 및 쟁점 은행에서 발행된 화환신용장은 다음과 같은 서류를 요구하였다.(이 사례에 관련 있는 것만 표시하였다)

- 신용장 번호와 계약서 번호 091CDINTL0804A를 표시한 서명된 상업송장 원본 3통 및 사본 3통.
- 선박명, 선적일자, 수량, 중량 및 선적 금액을 선적통지 이후 10일 내에 발행의뢰인에게 발송된 수익자 증명 팩스사본.

송장을 제외한 모든 서류에 계약서 번호의 표시를 요구하지 않았으며, 신용장 어디에도 언급된 번호의 표시를 요구하지 않았다. 수익자는 서류를 제시하였다. 송장에는 계약서 번호 091CDINTL0804A가 표시되었다. 추가적으로 송장, 포장명세서, 수량/중량 증명서, 원산지증명서, 수익자 증명서 등과 같이 수익자에 의하여 작성된 모든 서류는 "our ref. 746293-SEG" 또는 간단하게 "746293-SEG"로 표시되었다. 수익자 증명 팩스사본상에만 "계약서 번호 746293-SEG"로 표시되었다. 신용장상에는 팩스에 언급된 계약서 번호 또는 참조 번호에 대한 요구가 없었다.

발행은행은 다음과 같은 이유로 지급을 거절하였다:

"우리는 UCP 600 제16조에 따라 다음과 같은 불일치 사유로 인수·지급을 거절 한다.

216) *Ibid.*

즉 선적통지 상의 계약번호가 송장상의 번호와 다르다. 우리는 발행의뢰인으로부터 권리포기를 수령 및 권리포기를 승낙하는 동의, 또는 권리포기 승낙을 동의하기 이전 귀하의 추가지시를 수령할 때까지 서류를 보관하고 있다...."

우리는 다음과 같은 이유로 이와 같은 거절에 대하여 받아들일 수 없다:

신용장은 발행의뢰인의 계약번호가 송장에 표시되도록 요구되었다. 이러한 요구는 이행되었다. 기타 서류가 계약서 번호로서 팩스메시지에 표시된 수익자의 참조번호가 표시된 다른 서류, 즉 지정된 팩스메시지에서 계약서 번호로 표시된 사실이 그 서류를 불일치로 만들지는 않는다. 발행은행은 서류가 불일치임을 주장하며 지급을 거절하였다.

결국 서류는 일부 공제된 금액으로 수리되었다. 우리는 계약서 번호로서 수익자의 참조 번호가 계약서 번호로 언급하고 있는 것이 과연 불일치인지 귀 위원회의 의견을 알고자 한다.

 거절은 정당하였다.[217]

검토 UCP 600 제14조 d항은 다음과 같이 명시하고 있다: "신용장의 문맥을 읽을 때, 서류의 데이터, 서류의 자체 및 국제표준은행관행은 서류의 데이터 또는 신용장과의 동일성을 요하지 않지만 서류의 데이터, 모든 기타 규정된 서류는 신용장과 상충되어서는 아니 된다."

증명된 팩스사본상에 표시된 번호는 수익자가 기타 서류상에 "our ref" 또는 단순히 번호 삽입에 의한 것으로 삽입된 동일 번호인 것으로 인정되었다.

그러나 신용장은 증명된 팩스사본상에 계약서 번호를 표시하도록 요구하지 않았다. 그럼에도 불구하고 수익자은 신용장에서 명시한 번호와 다른 계약서 번호를 표시하였고, 송장상에 그 번호를 계약서 번호로 표시하였다. 서류에 데이터를 삽입함으로서 수익자는 은행이 그 데이터가 신용장 및 UCP에 일치하는지를 심사토록 하였다. 제14조 d항에 따라 계약서 번호로 표시된 데이터는 송장 및 신용장상에 표시된 것과 상충된다.[218]

217) ICC Pub. 732, R 740.
218) *Ibid.*

Case 06-07	운송선박 관련 비서류적 조건이 선화증권에 명시하도록 요구할 권한이 있는지 유무

Q 신용장에서 "선적이 수에즈(Suez)를 경유하여 몸바사(Mombasa) 항구까지 해상운송 선박에 의하여 이루어져야 한다"라고 명시된 신용장에서 은행은 선화증권상에 이 구절을 명시하도록 요구할 권한이 있는가?

사례 및 쟁점 화환신용장에서는 "늦어도 xx일까지 선적이 서유럽 항구에서 몸바사 항구까지 이루어져야 한다"는 조건이 명시되어 있었다. 신용장에서 제시되어야 하는 서류(documents to be presented)로 다음과 같은 운송서류가 요구되었다:

"Full set of clean on board bill of lading, to order, endorsed in blank, dated not later than xx marked freight prepaid."

또한 특별조건(special conditions)란에 다음과 같은 조건이 명시되어 있었다:

"Shipment to be by sea freight vessel sailing to Mombasa port via Suez."

제13조 c항 및 제23조(UCP 600 제14조 h항 및 제20조)를 참조할 경우, 통지은행/확인은행은 이와 같은 구절이 선화증권에 연계하여 해석되고 따라서 선화증권 자체에 이 구절이 일치하도록 요구되는 것으로 이해하여야 하는지 여부를 알고 싶다. 그리고 이 사례의 해결을 위하여 신용장조건에 요구되지 아니한 운송인이 발행한 증명서가 도착되었다. 더욱이 당 은행은 요구서류에 추가하여 서류가 신용장조건에 요구되지 아니한 서류가 제시를 완성한 것으로 보고 신용장조건에 일치되는 것으로 간주되는지 의심스럽다.

A UCP 600 제20조의 요건에 부응하기 위하여 은행은 신용장 및 서류 자체에 관련된 자구로 해석하여야 한다. 해상운송선박은 수에즈를 경유하여 항해가 이루어진다는 사실을 해상선화증권상에 명시를 요구함으로써 정당화되어 진다.[219]

검토 UCP 600 제14조 h항에서와 같이 "신용장이 조건과의 일치성을 표시하기 위하여 서류를 명시하지 아니하고 조건만을 포함하고 있는 경우, 은행은 그러한 조건을 명시되

---

219) Gary Collyer, *Opinion of the ICC Banking Commission 1995-1996,* ICC Publication No. 565, ICC Publishing S.A., 1997(이하 ICC Pub. 565라 약칭한다), R 212, pp. 35-36.

지 아니한 것으로 보고 이를 무시 한다"라는 규정은 신용장에 요구서류란에 서류를 특정하지 않고 부가조건 등에 요구되는 조건들은, 이른바 비서류적 조건(non-documentary conditions)이다.

그러나 그러한 조건이 신용장에 약정되어 있는 서류와 연계되어 있다면 비서류적 조건으로 간주되지 않는다.[220] 그러므로 해상선화증권상에는 선화증권의 발행형식에서 선적항 및 목적항이 기재되고 또한 UCP 600 제20조 a항 iii호에 따라 신용장에 명시된 적재항으로부터 양륙항까지 선적을 표시하고 있어야 하므로 이 신용장 조건에 따라 "수에즈를 경유하는 해상운송선박에 선적되었다"는 문언을 추가로 기재하여야 한다. 왜냐하면 이는 선화증권상에 기재하여야 할 조건을 신용장의 특별조건란에서 지시하고 있기 때문이다.

따라서 이 사례에서는 선화증권상에 기재되어 있는 정보를 통하여 조건의 이행 여부를 확인할 수 있으므로 UCP 600에서 규정하고 있는 비서류적 조건의 적용에 해당되지 않는다.

Case 06-08	최종 선적일 참조를 포함하고 있는 신용장은 비서류적 요건에 해당되는지 여부

Q 신용장조건과 일치됨을 나타내는 서류제시 요건을 명시하지 아니하고 최종 선적일 참조를 포함하고 있는 신용장은 자동적으로 비서류적 조건으로 간주되는가? 또한 신용장에서 명시된 다른 서류에 대한 자료를 확인할 필요가 있는가?

사례 및 쟁점 우리는 UCP 600하의 비서류적 조건(non-documentary condition)의 취급과 관련하여 ICC 은행위원회의 공식적인 의견을 알고 싶다. 질의는 우리 국내위원회의 한 회원은행의 경험에 의한 실제 사례에 근거하고 있다.

"우리 회원은행 중 한 은행은 한 특정한 수익자로 신용장 거래를 진행하고 있다. 수령된 수출신용장은 조건과의 일치성을 표시하기 위한 서류의 제시요건을 규정함이 없이 선적항 및 목적항까지의 운송세부사항과 최종 선적일을 명시하는 조건을 포함하고 있다.

---

220) ICC Position Paper No. 3. UCP 500 sub-Article 13(c); Policy statement, Position Papers n° 1, 2, 3, 4 on UCP 500 Uniform Customs and Practice for Documentary Credits Commission on Banking Technique and Practice, 1 September 1994.

이러한 경우, 만약 UCP 600에 준거하는 신용장이, 그러한 조건이 명시되지 아니한 것으로 간주되어 비서류적 조건으로 처리되어지고 또한 신용장에서 명시된 모든 기타서류 또는 제시된 서류상에 나타나는 모든 자료와 관계없이 무시되는 것인지 귀 위원회에서 확인하여 주면 고맙겠다."

A 질의 내용처럼 선적항 및 목적항까지 선적되는 운송세부사항과 최종 선적일과 같은 물품선적에 관련된 세부사항을 포함한 다양한 신용장이 수령되고 있으나 일치를 증명하는 모든 서류제시를 요구하지는 않는다.

물품선적이 이루어지는 신용장거래에서 각 운송완료에 관하여 요구되는 증명은 없다. 이는 은행의 내부 정책과 국내 규제요건들에 따라 발행은행 및 지정은행에 의하여 고려되어질 필요가 있다. 신용장거래에 동의하는 경우에는 장소, 항구 또는 공항, 물품의 선적 및 최종 선적일과 같은 세부사항들은 일치하는 제시를 결정하기 위하여 무시되어 질 수 있고 또한 제시된 기타 서류상에 명시될 필요가 없다.

그러나 그 밖에 명시된 서류의 내용은 모든 자료가 신용장과 상충되지 않아야 한다는 제14조 d항에 따른다. 제14조 h항에 따르면, 서류를 명시하지 않고 조건만을 포함하는 경우 은행은 이를 무시하는 것으로 간주하고 있다.

그럼에도 불구하고 수익자가 다른 약정서류 상에 그러한 자료를 삽입하기로 하는 경우에 은행은 신용장의 자료와 상충되지 않는 내용인지 확인하여야 한다. 은행위원회의 관점은 제14조(h)항은 절대적이지 않으며 제14조 d항의 내용에 의하여 수정될 수도 있다는 점이다.[221)]

검토 제14조 d항에서는 "신용장 문맥을 읽을 때, 서류의 데이터, 서류의 자체 및 국제표준은행관행은 서류의 데이터 또는 신용장과 동일성을 요하지 않지만 서류의 데이터, 모든 기타 규정된 서류 또는 신용장과 상충되어서는 아니 된다"라고 규정하고 있다.

또한 제14조 h항에서는 "신용장이 조건과의 일치성을 표시하기 위하여 서류를 명시하지 아니하고 조건만을 포함하고 있는 경우, 은행은 그러한 조건이 명시되지 아니한 것으로 보고 이를 무시 한다"라고 규정하고 있다.

이와 같이 신용장이 서류에 대한 언급 없이 조건(conditions)만을 포함하고 있는 경우는 은행은 이를 무시 한다. 이는 곧 신용장거래는 서류거래라는 본질에 위반되기 때문이

221) ICC Pub. 697, R 631.

다. 이에 대하여 ICC 은행위원회에서도 신용장에 서류에 관한 언급 없이 조건만 요구하는 것은 무시되며, 그 취급에 있어서도 쓸데없는 문구로 간주하는 방법을 택하고 있다.

그러나 법원의 판례에서 실무상 비서류적 조건이라 하여도 비서류적 조건의 유효성을 인정하는 경우도 있어 신용장 신용장조건 위반과 관련된 분쟁이 야기될 수도 있다. 따라서 신용장발행의뢰인이나 발행은행은 비서류적 조건이 포함되지 않도록 신용장발행 시 요구서류를 특정하고 또한 서류문면 상에 나타내어야 할 사항에 대하여 미리 신용장 상에 그 조건을 명시할 필요가 있다.

Case 06-09 신용장에 부가된 비서류적 특수조건의 효력

 신용장에 부가된 비서류적 특수조건의 효력은 어떠한가?

S은행(원고, 상고인) 대 W은행(피고, 피상고인) 사건[222)]

A 한국 대법원의 판결

1. 제5차 신용장통일규칙 제13조 씨이(c)항(UCP 600 제14조 h항)은 "신용장에서 제시되어져야 할 서류에 관하여는 명시하지 않으면서 조건만을 명시하고 있을 경우에는 은행은 그러한 조건이 제시되지 않은 것으로 간주하고 이를 무시한다"라고 규정하고 있으나, 신용장 거래에도 원칙적으로 계약자유의 원칙이 적용될 수 있는 이상, 신용장에 기재된 비서류적 특수조건의 내용이 당해 신용장 기재의 문언 자체에 의하여 완전하고 명료한지 여부, 당해 신용장 발행 및 비서류적 특수조건이 삽입된 경위, 비서류적 특수조건의 내용, 수익자가 그 비서류적 특수조건을 승낙하였는지의 여부 및 그 특수조건의 성취에 관하여 수익자가 관여할 수 있는 정도 등 여러 사정에 비추어, 신용장에 부가된 이와 같은 비서류적 특수조건이 신용장의 본질에 비추어 바람직하지 않다 하더라도 이를 무효라고는 볼 수 없는 경우가 있고, 일단 그 유효성이 인정되는 경우에는 그 이후에 그와 같은 조건의 존재를 인식하거나 충분히 인식할 수 있었던 당해

222) 대법원 2008.9.11. 선고 2007다74683 판결.

신용장 매입은행에게도 그 특수조건의 효력은 미치므로, 당해 신용장 매입은행이 이와 같은 특수조건이 성취되었다는 사실을 주장·증명하지 못하는 한 신용장 발행은행은 신용장 매입은행에게 신용장 대금을 지급할 의무가 없다(대법원 2000. 11. 24. 선고 2000다12983 판결, 대법원 2002. 5. 28. 선고 2000다50299 판결 등 참조).

2. 원심판결[223] 이유에 의하면, 원심은 그 판시와 같은 사실을 인정한 다음, 이 사건 각 백투백신용장에는 해당 마스터신용장에 따른 수출절차가 실현되는 것을 조건으로 그 신용장의 조건에 합치하는 환어음이 제시되면 이를 인수하고 만기에 이를 지급한다는 취지의 특수조건(이하 '이 사건 특수조건'이라고 한다)이 부가되어 있고 이는 신용장 첨부서류에 의하여 조건의 성취 여부를 판정할 수 없는 비서류적 조건에 해당하지만 그 내용이 신용장 기재의 문언 자체에 의하여 완전하고 명료하며, 수익자를 포함한 이 사건 신용장 발행 당사자 사이에 그 조건에 따르기로 합의가 성립되어 있으며, 나아가 이 사건 특수조건은 이 사건 각 백투백신용장의 발행의뢰인인 유에프엠 비디 리미디드(이하 '유에프엠'이라고 한다)가 그 완제품을 수출하는 경우(유에프엠은 완제품의 수출대금의 획득을 위하여 그 원자재를 수입하기 위한 이 사건 백투백신용장 거래에 이르게 된 것이므로 특별한 사정이 없다면 수출은 예정되어 있다고 볼 수 있다) 이 사건 각 백투백신용장의 수익자인 리플렉스상사 주식회사(이하 '리플렉스'라고 한다)와 리조스무역상사 주식회사(이하 '리조스'라고 한다)가 자신들이 수입한 신발 완제품 대금을 지급하여 해당 마스터신용장에 따른 수출절차를 실현함으로써 언제든지 성취될 수 있는 것이므로, 위와 같이 이 사건 각 백투백신용장이 발행되고 이 사건 특수조건이 삽입된 경위, 이 사건 특수조건의 내용, 수익자인 리플렉스 및 리조스가 이 사건 특수조건을 응낙한 점, 그 특수조건의 성취에 관하여 수익자인 리플렉스 및 리조스가 관여할 수 있는 정도 등에 비추어 보면, 이 사건 각 백투백신용장에 부가된 이 사건 특수조건은 신용장의 본질에 비추어 바람직하지 않기는 하지만 신용장 거래에서 사적자치가 허용되는 이상 이를 무효라고는 볼 수는 없고, 일단 그 유효성이 인정되는 한 그 이후에 그와 같은 조건의 존재를 인식하거나 충분히 인식할 수 있었던 신용장 매입은행에게도 이 사건 특수조건의 효력은 미친다는 이유로, 이 사건 특수조건이 제5차 신용장통일규칙 제13조 씨이(c)항(UCP 600 제14조 h항)에 위반되어 이 사건 각 백투백신용장의 매입은행인 원고 은행에 대하여 효력이 없다는 원고 은행의 주장을 배척하였다.

223) 서울고법 2007. 9. 20. 선고 2005나52261 판결.

3. 앞에서 본 법리와 기록에 비추어 살펴보면, 위와 같은 원심의 판단은 정당하고, 상고이유에서 주장하는 바와 같은 제5차 신용장통일규칙 제13조 씨이(c)항(UCP 600 제14조 h항)의 해석에 관한 법리오해 등의 위법이 없다.

Case 06-10	제시서류의 불일치에 대한 발행은행의 지급거절의 타당성

Q 제시서류의 불일치에 대하여 발행은행의 지급거절은 타당성이 있는가?

Credit Industriel et Commercil v. China Merchants Bank 사건[224)]

사실관계 발행은행(China Merchants Bank)은 통나무 10,000cbm±10% 과부족을 허용하는 USD1,134,956.63의 신용장(UCP 500에 준거)을 발행하였다.[225)] 두 개의 선화증권으로 통나무는 가봉의 Owendo에서 적재되어 선편으로 중국의 Zhangjiagang로 보냈다.

SWIFT : 46A 란에는 다음과 같이 요구되었다:

(1) 수기 서명된 상업송장 원본 3통 및 사본 3통

(2) 포장명세서 3통

(3) 수익자가 발행한 수량증명서 3통

(4) 원산지증명서 1 통

(5) 수익자가 발행한 품질증명서 3통, 서류는 영어로 작성되어야 함

SWIFT : 41D 란에는 신용장은 프랑스에 있는 모든 은행에서 매입에 의하여 사용가능하도록 규정되었다.

SWIFT : 78A 란에는 신용장조건과 일치되는 서류를 수령한 후 발행은행의 지시와 같이 당 은행(발행은행)이 환어음을 인수하여 매입은행에 대금을 지급하도록 규정되었다. 신용장은 선화증권일자로부터 90일 지급조건이었다.

유효기일 이전에 매입은행은 서류를 매입하고 발행은행에게 송부하였다. 제2영업일 이

224) [2002] EWHC 973 (Q.B. Comm. 2002).

225) 원고 : Credit Industriel et Commercial, France(매입은행), 피고: China Merchants Bank, China(발행은행), 수익자 : Societe J Lalanne, 발행의뢰인 : Jiangsu Overseas Group Corp.

후 발행은행은 SWIFT 통신으로 발견된 다음과 같은 불일치를 통지하였다:

"① 수익자의 환어음이 영어로 작성되지 않았다.

② 포장명세서의 신용장 번호가 다르다.

③ 포장명세서, 중량증명서 및 품질증명서의 원본이 제시되지 않았다.

④ 송장번호 1062 하에서 송장상에 명시된 등급비율이 포장명세서와 일치되지 않았다.

당 은행(발행은행)은 UCP 500 제14조에 따라 서류를 거절한다. 발행의뢰인이 불일치를 승낙하는 경우, 당 은행은 귀 은행의 지시가 당 은행의 지급 이전에 반대 의사가 없다면 더 이상의 통지 없이 서류를 양도하고자 한다. 서류는 귀 은행의 처분과 위험에 맡겨둔다."

이러한 기간 동안, 선박이 침몰하여 모든 화물이 멸실되었다. 환어음이 만기가 되었을 때, 매입은행은 대금을 지급받지 못하였다. 발행은행은 불일치에 대해 ICC 은행위원회에 조회하고 발행은행은 매입은행에게 발행의뢰인이 제시된 불일치 서류에 대하여 수리거절을 통지하였다. 이 후 분쟁해결 및 서류회수를 목적으로 매입은행의 대리인이 중국으로 갔다. 발행은행은 매입은행의 대리인에게 서류반환을 거절하고 특사(courier)를 통하여 서류를 반환하겠다고 하였다. 서류는 특사편으로 매입은행에 반환되었다. 매입은행은 대금을 지급받기 위하여 소송을 제기하였다.

법원의 판단

서류 상호간 불일치를 확인하기 위하여 상세한 수학적 계산을 구실로 발행은행은 상당한 주의에서 부당하게 월권행위를 하였다. 환어음은 은행을 위한 서류로 이는 발행의뢰인 보다 오히려 은행서류로서 심사되어야 한다. 재판 전 서류가 어떻게 작성되고 서류가 원본으로 인정될 수 있음에도 원본이 아니라는 증거가 불충분하였다.

발행의뢰인에게 서류의 불일치를 권리포기하기 위하여 승인하는 발행은행의 의사표시의 통지가 발행은행이 수익자의 처분하에 서류를 보관한다는 의사표시로 볼 수 없다.

이 사건에서 Steel. J.은 매입은행에 대한 발행은행의 상환거절은 이와 같은 이유에서 부당한 것으로 판단하였다.

검토 1. 포장명세서의 신용장번호 불일치

포장명세서의 신용장번호는 926400800215로 표기되었다. 원래 정확한 신용장번호는

9926400800215였다. 법원은 이와 같은 불일치 주장에서 사소한 오류라는 매입은행의 주장을 지지하였다.

2. 명확성

발행은행은 상업송장의 통나무 등급비율과 포장명세서의 통나무 등급비율이 다르다고 주장하였다. SWIFT 메시지에 상업송장번호 1062의 통나무 등급비율은 포장명세서와 상이하게 명시되고 있다. 매입은행은 이를 충분히 명확하지 않다고 주장하였다. 이러한 불일치를 지적하는 매입은행의 주장에 대하여 법원은 이를 배척하였다.

3. 불일치; 상당한 주의; 수학적 계산

불일치와 관련하여 법원은 UCP 500의 제13조 a항(UCP 600 제14조 a항)과 제21조(UCP 600 제14조 f항)를 검토하고 다음과 같이 판단하였다:

(1) 은행의 의무는 국제표준은행관행에 따라 결정되도록 상당한 주의를 기울여 심사하여야 한다.

(2) 이러한 의무는 서류가 문면상에 포함된 자료에 근거하여 완전히 일치되어야 하는 능동적 의무가 아닌 서류의 문면상 분명한 모순(상충)이 없는 상당한 주의를 기울여야 하는 수동적 의무이다.

아무튼 상업송장은 UCP 500 제37조 c항(UCP 600 제18조 c항)의 조건에 따른다. 상업송장의 명세는 신용장의 명세와 일치하여야 한다. 포장명세서는 선화증권과 일치되는 것으로 선적된 통나무의 정확한 수량과 용적이 나타나 있으면 된다. 포장명세서 문면에 등급비율이 명시되지 아니한 것을 불일치로 판단하여서는 안 된다. 계산수치가 상세하지 못하다고 하여 상충되는 것은 아니다. 또한 법원은 어떠한 경우에도 법원이 신용장에서 ±10%허용은 전체뿐만 아니라 각각의 통나무등급에도 ±10% 허용치가 적용된다고 해석하였다.

4. 환어음의 불일치 및 환어음의 언어

발행은행은 환어음이 영어가 아닌 불어로 되어 있으므로 불일치라고 주장하였다. 신용장에는 "모든 서류는 영어로 작성되어야 한다"고 요구되었다. 이에 대하여 ICC 은행위원회는 "원칙적으로 환어음은 점검되어야 할 서류에 포함된다. 환어음에 포함하는 불일치는 수리여부에 관하여 조정하는 것이 아닌 발행의뢰인과는 아무런 관련이 없다"고 지적하였다.

법원은 매입은행에 의하여 발행은행에 제시된 불어의 환어음에 대한 불일치를 찾지 못하였다. 법원은 ":47A" 란(요구서류)에서 요구된 바와 같이 영어로 요구된 서류는 ":46A" 란(부가조건)에서 매입을 위하여 요구되는 유일한 서류였고, ":78" 란(지급, 인수, 매입은행에 대한 지시)에서 발행은행은 서류를 수령할 때 환어음을 인수해야 함을 주시하였다. 또한 법원은 이 접근은 환어음의 기능을 반영하는 것이라고 하고 환어음은 상업서류 부분이 아니고 이는 매입 이후 발행의뢰인인 Jiangsu에게 전해지는 것이고 환어음은 지급에 대한 발행은행의 의무로서 단지 쉽게 할인될 수 있도록 서식에 기재되어 지는 단순한 과정의 일부라고 하였다. 따라서 법원은 환어음은 통나무의 품질이나 가치에 아무런 관련이 없었지만 매입은행의 독점적인 이익이 있었기 때문에 신용장상에 매입은행은 프랑스에 있는 모든 은행으로 규정되었으므로 특별히 불어서식에 불어로 작성된 환어음은 일치되는 것으로 간주하였다.

5. 원본 미제시

발행은행은 포장명세서, 중량증명서 및 품질증명시의 원본이 제시되지 않았다고 주장하였다. 이에 대하여 법원은 제시된 서류에 관하여 다음과 같은 견해를 밝혔다:

"장소 및 일자 아래에 수익자의 명칭, 주소, 전화번호가 분명히 스탬프로 찍혀있고 그 아래에 잉크로 서명이 되어있다. 스탬프와 서명을 미리 준비해 놓은 서류가 원본이 아니라는 증거가 불충분하다.

(1) 서류는 전통적인 타이핑으로 작성하는 것이 아니다.

(2) 서류는 복사될 수도 있고 컴퓨터로 출력도 가능하다.

(3) 서류가 전체적으로 일시에 작성되지는 않는다. 서류상에 명칭, 주소 등을 미리 삽입해 놓을 수 있다."

또한 법원은 워드프로세서, 레이저프린터, 컬러프린터, 스캐너 등으로 작성된 서류는 원본임을 증명하여야 하고, 이러한 기세사용으로 인하여 서류가 복사, 자동화 및 전산화된 시스템의 형식 외의 처리로 작성되는 것은 실제 드문 일이라고 하면서 원본 서류에 관한 ISBP에 반영된 지침을 지지하였다.

6. 거절통지

매입은행은 발행은행의 거절통지가 UCP 500 제14조(UCP 600 제16조)에 부합하는 통지가 아니라고 주장하였다. 또한 서류를 매입은행에게 반환하지 않았고 그들의 처분 하에 두지도 않았다. 발행은행은 매입은행에게 아무런 통지 없이, 발행의뢰인에게 불특정 기한 내에 권리포기 하도록 하여 불일치를 수용하도록 요구하였다.

이와 관련하여 법원은 발행은행이 거절통지에 관련된 UCP 500 제14조 d항(UCP 600 제16조 c항)을 위반하였음을 확인하였다.

Case 06-11	상업송장과 신용장에 기재된 단위의 불일치가 지급거절 사유가 되는지 여부

상업송장과 신용장에 기재된 단위의 불일치가 지급거절 사유가 되는가?

B은행(원고, 피상고인) 대 N은행(피고, 상고인) 사건[226)]

한국 대법원의 판결

1. 신용장 첨부서류가 신용장 조건과 문언대로 엄격하게 합치하여야 한다고 하여 자구 하나도 틀리지 않게 완전히 일치하여야 한다는 뜻은 아니며, 자구에 약간의 차이가 있더라도 그 차이가 경미한 것으로서 문언의 의미에 차이를 가져오는 것이 아니거나 단지 신용장에 표시되어 있는 상품의 기재를 보완하고 특정하기 위한 것으로서 신용장 조건을 전혀 해하는 것이 아님을 문면상 알아차릴 수 있는 경우에는 신용장 조건과 합치하는 것으로 보아야 하고, 그 판단은 구체적인 경우에 신용장 조건과의 차이가 국제적 표준은행거래관습에 비추어 용인될 수 있는지 여부에 따라야 한다(대법원 2002. 6. 28. 선고 2000다63691 판결, 대법원 2009. 10. 29. 선고 2007다52911, 52928 판결 등 참조).
2. 원심판결[227)]이 인용한 제1심판결 이유에 의하면, 원심은 판시 신용장의 각 화물명세서에는 'KL'이라고 기재된 반면 상업송장에는 'KLS'로 기재되어 있으나, 'KL' 또는 'KLS'는 아라비아 숫자 다음에 위치하면서 등유(KEROSENE) 또는 석유(GASOIL)와 수량을 표시하기 위한 전치사 'OF'로 연결되어 있으므로 'KL' 또는 'KLS'가 상품의 중량단위이지 상품명세의 일부를 이루는 것이 아니라는 점은 문면상 쉽게 알 수 있고, 화물이 원유라는 것을 감안하면 'KL'과 'KLS'는 모두 킬로리터(Kiloliter)를 표시하는 단위로 해

226) 대법원 2011.1.13. 선고 2008다88337 판결.
227) 서울고법 2008. 10. 2. 선고 2007나36218 판결.

석될 수밖에 없으므로, 위 단위 기재의 불일치는 같은 단위에 관한 다른 표현을 혼용하여 사용한 것일 뿐 신용장 조건을 해하는 것이 아님을 쉽게 알 수 있는 경우에 해당한다고 보아, 신용장 조건과 상업송장이 일치하지 않는다는 피고의 주장을 배척하였다.

앞서 본 법리에 비추어 보면, 위와 같은 원심의 판단은 정당하고 거기에 상고이유로 주장하는 심리미진 및 신용장에 관한 법리를 오해한 잘못이 없다.

Case 06-12 제시서류와 신용장조건과의 일치여부를 심사하는 기준시점

Q 신용장발행은행이 제시서류와 신용장 조건과의 일치 여부를 심사하는 기준시점은 언제인가?

I 컴퍼니(원고, 상고인) 대 I은행(피고, 피상고인) 사건[228)]

A 한국 대법원의 판결

1. 신용장통일규칙(1993년 제5차 개정된 것) 제42조 a항(UCP 600 제14조 및 제29조)은 "모든 신용장은 지급, 인수를 위하여 서류를 제시하여야 할 유효기간(expiry date)과 장소, 또는 일반매입신용장의 경우를 제외하고는 매입을 위한 서류제시의 장소를 명시하여야 한다. 지급, 인수 또는 매입을 위하여 명시된 유효기간은 서류제시를 위한 유효기간(an expiry date for presentation of documents)을 의미하는 것으로 본다." 고 규정하고 있고, 같은 규칙 제43조 a항(UCP 600 제14조 및 제29조)은 "서류제시를 위한 유효기간에 관한 규정에 추가하여, 운송서류의 제시를 요구하는 모든 신용장은 신용장 조건과 일치하는, 선적일 이후부터 기산되는 서류제시를 위한 특정기간을 명시하여야 한다. 이러한 기간이 명시되지 않은 경우 은행은 선적일 이후 21일을 경과하여 은행에 제시된 서류는 이를 수리하지 않는다. 다만, 어떤 경우에도 서류는 신용장의 유효기간 내에 제시되어야 한다." 고 규정하고 있는바, 서류제시를 위한 신용장의 유효기간과 운송관련 서류의 제시기간에 관한 신용장통일규칙의 위 각 규정은 일반적인 매입신용장의 경우 그 유효기간과 제시기간의 기준이 되는 신용장에 규정된

228) 대법원 2005. 5. 27. 선고 2002다3754 판결.

서류제시장소에서 수익자가 매입은행에게 신용장과 그 관련 서류를 제시하는 기간에 관한 것으로서, 그 서류의 신용장 조건과의 일치 여부에 대한 기준시점은 수익자가 신용장이 정한 정당한 서류제시은행 혹은 지정은행에 서류를 제시한 시점이 될 것이고 (대법원 2003. 11. 28. 선고 2001다49302 판결 참조), 또한 같은 통일규칙 제10조 b항 ⅰ호에 의하면 자유매입신용장의 경우 모든 은행이 서류를 제시받을 수 있는 지정은행이 되고, 같은 조 c항에 의하면 지정은행이 명시적으로 합의하고 수익자에게 통보한 경우가 아닌 한 그 지정은행이 서류를 수령, 조사 또는 발송하였다고 하더라도 그 은행에게 지급, 연지급, 환어음의 인수 또는 매입의 의무가 발생하는 것이 아닌바, 이러한 규정에 비추어 볼 때 수익자로부터 신용장 관련 서류를 제시받은 은행으로서는 자신이 직접 이를 매입하여 매입은행으로서 발행은행에 대하여 상환을 구할 수도 있고, 그 서류를 매입하지 않은 채 직접 그 서류를 발행은행에 송부하여 서류제시은행으로서 수익자를 위하여 신용장 대금의 지급을 구할 수도 있으며, 후자의 경우라 할지라도 지정은행이 추심을 구한다는 의사, 즉 발행의뢰인이 대금을 결제하는 경우에 한하여 대금을 지급받겠다는 의사를 명시적으로 밝히지 않는 한 전자의 경우와 마찬가지로 신용장통일규칙이 적용되어야 한다(대법원 2004. 7. 22. 선고 2001다58269 판결 참조).

2. 기록에 있는 이 사건 신용장을 보면 그 선적서류의 제시장소가 "수익자의 국가"(in your country) 즉, "미국"으로 특정되어 있고, 실지 신용장 서류는 미국에 소재하는 아메리카 은행 샌프란시스코 지점에 제시되었는바, 신용장통일규칙의 위 각 규정에 따르면 이 사건 신용장이 자유매입신용장인 이상 위 은행은 지정은행으로서 위 서류를 직접 매입하지 않고 이를 수익자를 위하여 발행은행에 송부하고 그 지급을 구할 수도 있는 지위에 있으므로 신용장 선적서류의 제시가 적법한 기간 내(이 사건의 경우 선적일로부터 10일 이내)에 되었는지는 위 지정은행인 아메리카 은행에 제시된 날을 기준으로 판단되어야 할 것이다.
3. 원심[229]이 이와 다른 입장에서 위 아메리카 은행이 신용장 서류의 매입은행이 아니라 원고로부터 추심의뢰를 받은 것에 불과하고, 신용장통일규칙상의 독립한 당사자가 아니라는 이유로 신용장상의 서류의 제시는 발행은행인 피고에게 서류가 도착한 날을 기준으로 하여야 한다고 판단한 데에는 신용장통일규칙상 선적서류의 제시기간과 그 기준이 되는 서류제시장소에 대한 법리오해의 위법이 있다 할 것이고, 따라서 이 점을 지적하는 상고논지 역시 이유 있다.

229) 서울고법 2001. 11. 23. 선고 2001나25926 판결.

제15조 일치하는 제시

[Article 15] Complying Presentation

a. When an issuing bank determines that a presentation is complying, it must honour.

b. When a confirming bank determines that a presentation is complying, it must honour or negotiate and forward the documents to the issuing bank.

c. When a nominated bank determines that a presentation is complying and honours or negotiates, it must forward the documents to the confirming bank or issuing bank.

번역

[제15조] 일치하는 제시

a. 발행은행이 제시가 일치한다고 결정하는 경우, 발행은행은 인수·지급하여야 한다.

b. 확인은행이 제시가 일치한다고 결정하는 경우, 확인은행은 인수·지급 또는 매입하고 발행은행에게 서류를 발송하여야 한다.

c. 지정은행이 제시가 일치한다고 결정하고 인수·지급 또는 매입하는 경우, 지정은행은 확인은행 또는 발행은행에게 서류를 발송하여야 한다.

해설

이 조항은 UCP 600에서 신설된 규정으로 일치하는 제시의 경우 인수·지급 또는 매입과 서류발송에 관하여 발행은행, 확인은행 및 지정은행의 의무를 구분하여 다루고 있다.

1. 발행은행의 의무(15a)

이 조 a항에서는 발행은행이 제시가 일치하는 것으로 결정하는 때에 인수·지급(honour)하는 것은 발행은행의 의무라는 것을 강조하고 있다. 그러나 발행은행은 인수·지급할 때 신용장 발행의뢰인이 대금상환과는 관계가 없다.

2. 확인은행의 의무(15b)

이 조 b항에서는 확인은행이 제시가 일치하는 것으로 결정하는 때에 인수·지급(honour)

또는 매입하고(negotiate) 발행은행에게 서류를 발송하는 것은 확인은행의 의무라는 것을 강조하고 있다.

3. 지정은행의 의무(15c)

이 조 c항에서는 지정은행의 의무를 강조하고 있다. 이 의무는 수익자에 대한 별도의 통보를 표명한 바와 같이 지정은행이 그의 지정에 따라 행동하는 것을 동의하는 범위 내이다. 지정은행이 제시가 일치하고 인수·지급(honour) 또는 매입하는(negotiate) 것을 결정하는 때에, 지정은행은 확인은행 또는 발행은행에게 서류를 발송할 의무를 부담한다.

각 항에서 가장 중요한 용어는 "when"이다. 이 개념의 도입은, 서류 심사와 관련하여 "상당한 기간"(reasonable time)이라는 용어가 UCP 600에서 삭제한 결과로 필요한 것이었다. "when"은 인수·지급 또는 매입과정이 즉시 개시되어야 하는 때를 의미하는 것이 아니라, 인수·지급 또는 매입과정이 개시되어야 하는 때를 보여주는 것이다. 화환신용장의 보편적인 업무처리과정에 서류일치를 실제로 결정한 후 인수·지급 또는 매입까지 어느 정도의 기간을 가질 수 있다. 이 기간은 신용장의 업무처리과정 및 결정이 이루어지는 날의 시간에 따라서 한 시간부터 하루까지의 범위가 될 수 있다. 은행에는 통상적으로 당일의 업무 처리를 위한 마감 시간이 존재하기 때문에, 실질적인 지급은 익일까지 이행되지 아니할 수도 있다.

서류의 발송에 대한 참조사항은 지정은행이 상환 받는 경우에도 서류를 즉시 발송하지 아니하였다고 지적하는 다수의 ICC 국내위원회 위원들은 아주 중요한 문제로 보았다.[230)]

이와 같이 발행은행은 인수·지급만 할 수 있고, 매입은 할 수 없다. 한편 확인은행 및 지정에 따라 행동하는 지정은행은 인수·지급 또는 매입을 할 수 있다. 서류를 매입한 은행은 일반적으로 발행은행 앞으로 동 서류를 발송하는 것이 일반적이지만, 확인신용장하에서 별도의 서류 발송처에 대한 지시사항이 없다면 지정은행이 매입을 행하고 동 서류를 신용장에 확인은행 앞으로 발송하여도 된다는 점에 유의할 필요가 있다.

230) ICC, *Commentary on UCP 600,* ICC Publication No. 680, 2007(이하 ICC Pub. 680이하 약칭한다), p. 70.

Case 06-13 매입신용장하에서 발행은행의 의무

 매입신용장하에서 발행은행의 의무는 무엇인가?

사례 및 쟁점 우리나라에서 발행된 신용장은 대개 환어음이 발행은행을 지급인으로 하여 발행되고, 이 환어음이 지정은행에 의하여 매입되어지도록 수권하고 있다. 이탈리아의 한 은행은 신용장에서 환어음 지급인을 당 은행(발행은행) 대신에 발행의뢰인으로 하여 발행된 환어음을 매입하도록 수권하여 줄 것을 요구하였다.

우리는 이러한 상황에서 특히 매입에 대한 수권이 있는 경우 매입은행 또는 발행은행이 수익자 또는 매입은행에 대하여 상환청구권을 유지할 수 있는지에 대하여 ICC 은행위원회의 의견을 알고 싶다.

A UCP 600 제7조 a항 iv호의 규정과 같이 지정은행에서 인수 및 지정은행 자신을 지급인으로 하여 발행된 환어음 인수를 하지 아니하는 경우 또는 지정은행이 자신을 지급인으로 하여 발행된 환어음을 인수한 후 만기일에 지급하지 아니하는 경우, 발행은행은 일치하는 제시를 구성하는 한 인수·지급하여야 한다.

신용장은 발행은행의 확약이므로 환어음은 마땅히 발행은행 앞으로 발행되어야 한다. 이 경우 발행은행의 의무로 환어음에 대한 인수·지급이 담보된다. 또한 신용장이 환어음 지급인을 발행의뢰인으로 하여 발행되더라도 발행은행의 지급의무는 있으나, 신용장의 성격상 발행은행을 지급인으로 발행하여야 한다.

매입신용장에서 매입은행은 수익자에게 상환청구가능으로 매입가능 하지만 발행은행 또는 신용장상에 확인을 추가한 확인은행의 경우는 상환청구불능으로 인수·지급하여야 한다.231)

검토 발행은행은 일치하는 제시를 구성하는 한 지정은행에서 매입한 경우 및 지정은행이 매입하지 아니하는 경우에는 인수·지급하여야 한다. 이는 발행은행의 기본적 의무이다.

---

231) ICC Pub. 459, Case 18.

또한 UCP 600 제7조 제c항의 규정과 같이 발행은행은 일치하는 제시를 인수·지급 또는 매입한 지정은행 및 서류를 발행은행에 발송한 지정은행에게 상환할 것을 확약하는 것이다. 이와 같이 일치하는 제시에 대하여 발행은행 또는 확인은행은 상환청구불능 조건으로 인수·지급하여야 한다.

발행의뢰인을 지급인으로 한 환어음 발행과 관련하여 UCP 600 제6조 c항에서는 "신용장은 발행의뢰인을 지급인으로 발행된 환어음에 의하여 사용가능하도록 발행되어서는 아니 된다"라고 명시하고 있고, ISBP에서는 "신용장은 요구서류 중의 하나로 발행의뢰인을 지급인으로 하여 발행된 환어음을 요구하는 것으로 발행될 수 있으나, 발행의뢰인을 지급인으로 하여 발행된 환어음에 의하여 사용가능하도록 발행되어서는 아니 된다"[232]고 강조하고 있다.

발행의뢰인을 지급인으로 하는 환어음 문제는 일부 은행에서 제기한 문제로 이들 은행은 환어음이 발행의뢰인을 지급인으로 발행되거나 발행의뢰인에 의하여 수락되었을 경우 신용장발행은행으로서 의무를 부담하지 않았다. ICC 은행위원회는 이러한 은행의 입장에 대하여 반대하여 왔지만 동 문제는 오랫동안 해결되지 못하였다.

UCP 500 제9조 a항 iv호와 b항 iv호(발행은행과 확인은행의 의무)에서 "은행은 이와 같은 환어음을 추가적인 서류로 간주 한다"라고 하여 발행의뢰인을 지급인으로 하는 환어음의 발행을 사실상 금지시킴으로써 동 문제를 해결하려 하였다.

이러한 문구는 환어음과는 상관없이 발행은행이 신용장상의 의무를 부담하여야 한다는 것을 표명하고자 삽입된 것으로 보인다. UCP 600에서는 발행의뢰인을 지급인으로 하는 환어음의 발행을 더욱 엄격히 금지하고 있다.[233]

한편, 일치하는 제시에 대한 발행은행의 의무를 강조한 *ABN AMRO Bank N.V. v. Sunred B.V.* 사건[234]에서 UCP 600을 준거로 하는 보증신용장하에서 발행인(ABN AMRO Bank N.V.)은 신용장과 일치된 제시로 간주하여 수익자(Banco Santander Rio S.A..)에게 지급하고 신용장금액 USD480,000 및 부가비용 USD33,716을 발행의뢰인(Sunder B.V.)의 계정에서 차감하였다. 이에 대하여 발행의뢰인은 부가비용지급이 부당하다고 항

---

232) ISBP 681, Para. 54.

233) James E. Byrne and Lee H. Davis, "New Rules for Commercial Letters of Credit Under UCP 600," *UCC Law Journal,* Winter 2007, p. 1.

234) Amsterdam Court of Appeal 5 July 2011, LJN BR 2967; JOR 2011, 261[Netherlands] by Alexander VAN VEEN; *Annul Review of International Banking Law & Practice,* Institute of International Banking Law & Practice, Inc., 2012, p. 355.

변하여 이를 반환하라는 소송을 제기하였다. 항소법원은 발행인이 수익자의 제시가 정확하게 신용장조건과 일치된 것으로 간주되므로 UCP 600 제15조 a항에 따라 발행인은 부가비용분만이 아니라 원신용장금액을 지급할 의무가 있다고 판단하였다.

이와 같이 발행은행이 제시가 일치한다고 결정하는 경우, 발행은행은 일치하는 제시에 대하여 인수·지급하게 되는 것이다.

Case 06-14	근거계약 또는 신용장에 요구되지 아니한 사항에 대한 제시의 인수·거절

Q 발행은행이 근거계약 또는 신용장에 명시적으로 요구되지 아니한 사항에 대하여 신용장에 일치하는 제시가 이루어지지 아니하였다는 이유를 들어 인수·거절할 할 수 있는가?

ICC HANDELS A.G. v. CHINA CITIC BANK CORPORATION LIMITED 사건[235)]

사실관계 2007년 11월, ICC HANDELS(원고)는 Jiangsu Skyrun Corporation of Nanjing, China ("Jiangsu")와 화학제품(단청 에틸렌글리콜; mono ethylene glycol) 2,100M/T에 대한 매매계약을 체결하였다. Jiangsu는 China CITIC 은행(피고)에 수익자 앞으로 US$3,486,000의 신용장을 발행의뢰하였다.

신용장은 ICC HANDELS가 선적 후 21이내에 발행한 운송서류의 제시를 요구하였다. 또한 China CITIC 은행은 ICC HANDELS가 신용장과 일치하는 제시에 대한 환어음 및/또는 서류를 정히 인수·지급하는 것을 확약하였다. 뿐만 아니라, 신용장은 "모든 서류는 은행을 통하여 제시되어야 한다"고 요구하였다. ICC HANDELS는 ING Belgium NV/SA, Brussels ("ING Bank")를 매입/제시은행(the negotiating/presenting bank)으로 지정하였다.

신용장의 유효기일은 2007년 12월 25일이다. 동년 12월 12일 ICC HANDELS는 신용장 조건에 일치하는 서류를 ING 은행에게 제시하였다. ING 은행은 순서대로 China CITIC 은행에게 서류를 송부하였고, 제시서류는 "일치하는 서류"이므로 신용장을 인수·지급하라고 통지하였다. 그러나 China CITIC 은행은 2007년 12월 21일 ING 은행 앞으로 제시

235) Supreme Court of New York. New York County, ICC HANDELS A.G., Plaintiff CHINA CITIC BANK CORPORATION LIMITED, Defendant, No. 600011-2008, January 25, 2008.

서류는 다음 서류들이 신용장과 불일치하다는 이유로 거절통지를 하였다:

1. 수량증명서, 품질증명서 및 선박의 탱크 검사보고서는 적재항의 독립적인 감정인(surveyor)에 의해 발행되지 않았다.
2. 서류상의 Tank의 번호가 불일치하다.
3. 선화증권상의 신용장번호가 불일치하다.
4. 선화증권상의 항로(Shipping route)가 불일치하다.

법적 분석 China CITIC 은행이 주장한 불일치에 대하여 ING 은행은 타당하지 않다고 반박하였다. 그러나 ICC HANDELS는 신용장하에서 그들의 의무를 수행했으나, USD3,486,000 상당의 대금을 China CITIC 은행으로부터 지급받지 못하게 되자 China CITIC 은행을 상대로 이로 인한 손해발생 비용을 포함한 USD4,134,040.00을 청구하기 위하여 법원을 통하여 ICC HANDELS는 China CITIC 은행의 뉴욕거래계좌의 USD4,134,040.00 상당액에 대한 자산이전 금지명령을 신청하기 위하여 뉴욕에서 압류를 위한 4가지 기준에 부합시켰다. 즉 (1) ICC HANDELS는 China CITIC 은행에 대한 소송의 원인을 진술하였고, (2) ICC HANDELS는 본 소송의 시비에 대하여 성공할 것이라는 가능성이 있었으며, (3) China CITIC 은행은 ICC HANDELS의 주장에 대한 반소가 없었고, 또한 (4) China CITIC 은행은 주내에서 비즈니스를 할 수 있도록 자격을 갖추지 못한 외국계회사 및/또는 주내에 주소를 가지고 있지 않은 회사라는 것 등이다.

ICC HANDELS는 뉴욕주 통일상법전 및 UCP 600을 들어 신용장에 대해 부당하게 인수·지급 거절에 대한 타당한 사유를 진술하였다:

신용장거래의 근본적인 원칙은 신용장의 독립성이다.

첫 번째로 주장된 불일치는 "수량증명서(Certificate of Quantity), 품질증명서(Certificate of Quality), 선박의 탱크 검사보고서(Ship's tank inspection report)는 선적항의 독립적인 감정인(surveyor)에 의해 발행되지 않았다는 점이다. 이에 대하여 ICC HANDELS와 Jiangsu 양자 모두 관련 없는 검사업체의 Petro Desk B.V 감정인에 의하여 발행된 검사보고서는 문면상 "수량증명서, 품질증명서 선박의 탱크 검사보고서는 선적항의 독립적인 감정인에 의해 발행되었다"고 명시하고 있으며, "Moerdij k, European Port cargo loaded at Moerdij k and transhipped to Rotterdam by Barges VOPAK GALILEO and Barge VALLESIA"와 같이 확인되고 있다. 또한 신용장은 "환적 허용"(transhipment allowed)을 분명히 명시하고 있다.

두 번째로 주장된 "서류상의 Tank의 번호의 불일치" 주장에 대하여 신용장의 어느 부분에서도 물품이 선적되어질 선박 또는 탱크 번호가 특별히 명시되어야 하는 조건은 없었다. 관습적으로 선박의 탱크 검사보고서는 선박에 적재되는 물품을 BOW CEDAR로서 "4 Centre, 4 Port, 4 Starboard"로 선적된다. 선화증권 역시 BOW CENDAR로서 물품이 운반하는 선박을 확인할 수 있고, 물품을 선적한 탱크는 "4c, 4wp, 4ws"로서 확인된다. 2007년 12월 21일 ING 은행의 문서에서 "탱크번호는 약어를 사용하거나 상세하게 표현될 수 있다"고 지적하였다.

세 번째 주장된 신용장번호의 불일치는 선화증권상의 신용장번호는 "21000LC702119" 이었고, 신용장장상의 번호는 "21000LC0702119"였다. 신용장의 번호와 "0"하나가 누락된 것이다. 이는 타이핑의 실수이며 혼란의 소지가 있는 것이 아니다.

네 번째 주장된 "선화증권상의 항로(Shipping route)가 불일치하다는 점"에 대하여 China CITIC 은행의 최초의 지급 거절을 위한 통지 내에 명백하게 진술된 표현이 없었다. 그러나 그 이후의 진신에서 China CITIC 은행은 신화증권상에 "물품은 Moerdijk에서 선적되었고, 바지선 VOPAK GALILEO에 의해 Rotterdam으로 환적 되었다"는 진술을 언급하였다. 이는 완전히 불일치가 없는 것이다.

따라서 위에서 언급한 것과 같이 ICC HANDELS는 China CITIC 은행이 신용장의 인수·지급을 거절한 것은 부당하다고 증명하였다.

법원의 판단

선서진술서와 증언(affidavit and affirmation)에 따라 ICC HANDELS의 의견을 받아들여, 법원은 China CITIC 은행의 자산이전 금지명령을 내렸다.

검토 신용장의 본질은 발행은행의 일치하는 제시에 대하여 인수·지급을 이행한다는 은행의 확약은 구거계약과는 독립적인 확약이다. 발행은행은 신용장 조건에 일치하는 서류제시에 대하여 수익자에게 대금을 지급하여야 하는 당연한 의무가 있다

본 사건에서 신용장에서 요구한 서류를 매입은행(negotiating bank)을 통하여 발행인(발행은행)에 제시하였으나, 근거계약 또는 신용장에 특별히 요구되지 아니한 사항, 즉 비서류적 조건 등을 이유로 불일치를 주장하여 지급거절 하는 것은 신용장의 독립성의 원칙에 위배되며 또한 국제표준은행관행에 비추어 볼 때 타당하지 아니한 것으로 판단된다.

China CITC 은행은 뉴욕주에 사업장소가 없을 뿐만 아니라 주내에 비즈니스를 등록을

하지도 않았기 때문에 오직 뉴욕에 있는 China CITIC 은행에 의해 뉴욕내 은행의 거래계좌를 상대로 채권보전을 신청하여야만 하는 사건이다. 동 계좌내의 자금은 본질적으로 쉽게 현금으로 바꿀 수 있고 대체할 수 있다. ICC HANDELS는 China CITIC 은행자산의 압류를 뉴욕최고법원에 신청한 결과 법원이 이를 받아들여 2008년 1월 2일 China CITIC 은행의 뉴욕 거래은행의 자산이전 금지명령을 발급받게 된 것이다.

또한 ICC HANDELS가 선화증권상의 신용장번호에 "0"이 누락된 것은 국제표준은행관행[236]의 오자 및 타자오류에 해당되는 것으로 불일치로 간주되지 아니한다.

선화증권상의 항로의 표시에 관한 것은 신용장에서 항로표시가 요구되는 관행이 아니고 적재항 및 양륙지가 표시되어 있으면 족하고 그 외의 것은 신용장의 조건과 상충(conflict)되지 아니하고 연계성(linkage)을 가지고 있으면 불일치를 구성하지 않는다.

따라서 본 사례에서는 일치된 제시로 볼 수 있다 할 것이다.

236) ISBP 681, Para. 25.

제16조 불일치서류, 권리포기 및 통지

[Article 16] Discrepant Documents, Waiver and Notice

a. When a nominated bank acting on its nomination, a confirming bank, if any, or the issuing bank determines that a presentation does not comply, it may refuse to honour or negotiate.

b. When an issuing bank determines that a presentation does not comply, it may in its sole judgement approach the applicant for a waiver of the discrepancies. This does not, however, extend the period mentioned in sub-article 14 (b).

c. When a nominated bank acting on its nomination, a confirming bank, if any, or the issuing bank decides to refuse to honour or negotiate, it must give a single notice to the effect to the presenter.

The notice must state:

i. that the bank is refusing to honour or negotiate; and

ii. each discrepancy in respect of which the bank refuses to honour or negotiate; and

iii. a) that the bank is holding the documents pending further instructions from the presenter; or

b) that the issuing bank is holding the documents until it receives a waiver from the applicant and agrees to accept it, or receives further instructions from the presenter prior to agreeing to accept a waiver; or

c) that the bank is returning the documents; or

d) that the bank is acting in accordance with instructions previously received from the presenter.

d. The notice required in sub-article 16 (c) must be given by telecommunication or, if that is not possible, by other expeditious means no later than the close of the fifth banking day following the day of presentation.

e. A nominated bank acting on its nomination, a confirming bank, if any, or the issuing bank may, after providing notice required by sub-article 16 (c) (iii) (a) or (b), return the documents to the presenter at any time.

f. If an issuing bank or a confirming bank fails to act in accordance with the provisions of this article, it shall be precluded from claiming that the documents do not constitute a complying presentation.

g. When an issuing bank refuses to honour or a confirming bank refuses to honour or negotiate and has given notice to that effect in accordance with this article, it shall then be entitled to claim a refund, with interest, of any reimbursement made.

번역

[제16조] 불일치서류, 권리포기 및 통지

a. 지정에 따라 행동하는 지정은행, 확인은행(있는 경우) 또는 발행은행은 제시가 일치하지 아니한 것으로 결정하는 경우, 인수·지급 또는 매입을 거절할 수 있다.

b. 발행은행은 제시가 일치하지 아니한 것으로 결정하는 경우, 발행은행은 독자적인 판단으로 발행의뢰인과 불일치에 관한 권리포기의 여부를 교섭할 수 있다. 그러나 이로 인하여 제14조 b항에서 언급된 기간이 연장되지 아니한다.

c. 지정에 따라 행동하는 지정은행, 확인은행(있는 경우) 또는 발행은행은 인수·지급 또는 매입을 거절하기로 결정한 경우, 제시인에게 그러한 취지를 한 번에 통지 하여야 한다.

그 통지는 다음 내용을 명시하여야 한다:

i. 은행이 인수·지급 또는 매입을 거절하고 있는 중; 및

ii. 은행이 인수·지급 또는 매입을 거절한다는 것에 관한 각각의 불일치사항; 및

iii. a) 은행이 제시인으로부터 추가지시를 받을 때까지 서류를 보관하고 있다는 것; 또는

b) 발행은행이 발행의뢰인으로부터 권리포기를 수령하고 이를 승낙하는 동의를 하거나 또는 권리포기 승낙을 동의하기 이전에 제시인으로부터 추가지시를 수령할 때까지 서류를 보관하고 있다는 것; 또는

c) 은행이 서류를 반송중이라는 것; 또는

d) 은행이 제시인으로부터 이전에 수령한 지시에 따라 행동하고 있는 중이라는 것.

d. 제16조 c항에서 요구되는 통지는 전기통신으로 또는 그 이용이 불가능한 경우 기타 신속한 수단으로 제시일의 다음날로부터 제5은행영업일의 마감시간을 경과하지 아니하는 범위 내에서 반드시 행하여져야 한다.

e. 지정에 따라 행동하는 지정은행, 확인은행(있는 경우) 또는 발행은행은, 제16조 c항 iii호(a) 또는 (b)에 의하여 요구된 통지를 행한 후에, 언제라도 제시인에게 서류를 반송할 수 있다.

f. 발행은행 또는 확인은행은 본 조항의 규정에 따라 행동하지 아니한 경우, 은행은 서류가 일치하는 제시가 이루어지지 아니하였다는 클레임을 제기할 수 없다.

g. 발행은행이 인수·지급을 거절한 경우 또는 확인은행이 인수·지급 또는 매입을 거절한 경우 및 은행이 본 조항에 일치하는 취지의 통지를 행하였을 경우, 은행은 이미 지급한 모든 상환금에 이자를 포함하여 반환 청구할 권리를 갖는다.

해설

이 조에서는 불일치 제시에 대한 인수·지급 또는 매입의 거절, 발행은행에 의한 불일치에 따른 권리포기 및 불일치 서류에 대한 거절통지의 과정에 대한 종합적인 가이드라인을 제공하고 있다.

1. 불일치 제시에 대한 인수·지급 또는 매입의 거절(16a)

이 조 a항은 지정에 따라 행동하는 지정은행, 확인은행(있는 경우), 또는 발행은행은 불일치한 제시에 대하여 인수·지급 또는 매입을 거절할 수 있다는 서류의 처리와 관련된 기본원칙을 제시하고 있다.

2. 불일치에 대한 권리포기의 교섭권(16b)

이 조 b항에서는 "발행은행이 제시가 일치하지 아니한 것으로 결정하는 경우 발행은행은 독자적인 판단으로 발행의뢰인과 불일치에 관한 권리포기(waiver of discrepancies)의 여부를 교섭할 수 있다. 그러나 이로 인하여 서류심사기간으로서 일치여부를 결정하는 제시일 다음날부터 제5은행영업일이라는 기간이 연장되지는 않는다."라는 발행은행의 불일치에 대한 권리포기의 교섭권에 관련된 규정을 담고 있다.

권리포기(waiver)란 알려진 권리, 청구, 또는 특권에 대한 자발적 및 의도적인 포기를 의미한다. 이는 자발적 행위이기 때문에 권리포기는 가치를 배제하기 위한 사람의 선택, 또는 일부 권리나 이익을 버리기 위한 선택이 수반된다.

이 권리포기 규정은 발행은행만이 신용장의 발행의뢰인과 직접적인 관계를 가지고 있기 때문에 발행은행의 경우에 한하여 적용된다. 교섭권 행사는 발행은행의 의무사항이 아니므로 발행은행의 발행의뢰인과의 교섭권 행사 여부는 발행은행의 재량권에 속한다. 상업적 실익을 위하여 설사 발행은행이 권리포기에 관하여 발행의뢰인과 교섭을 행한다 하더라도, 제시인에게 불일치를 통지해야 하는 기간, 즉 제시 다음날로부터 최대 제5은행 영업일까지라는 유예기간(grace period)은 연장되지 않는다.

한편 발행은행은 발행의뢰인과의 교섭 결과 불일치에 대한 발행의뢰인의 권리포기를 접수하였더라도 그 요청에 따르거나 서류를 수리할 의무는 없는 것이다.

3. 거절통지의 명시내용(16c)

이 조 c항에서 규정하고 있는 거절통지의 요건은 매우 구체적으로 구성되어 있다. 거절통지 내용에는 “지정은행, 확인은행 또는 발행은행은 인수·지급 또는 매입을 거절하는 경우 제시인(presenter)에게 그러한 취지를 한 번에 통지하여야 한다. 그 통지에 명시되어야 하는 것들은 다음과 같다.

첫째, 인수·지급 또는 매입을 거절하고 있는 중이라는 것, 또는

둘째, 은행이 인수·지급 또는 매입을 거절한다는 것에 관한 각각의 불일치사항, 또는

셋째, ① 은행이 제시인으로 부터 추가지시를 받을 때가지 서류를 보관하고 있다는 것, 또는 ② 발행은행이 발행의뢰인으로부터 권리포기(waiver)를 수령하고 이를 승낙하는 동의를 하거나 또는 권리포기 승낙을 동의하기 이전에 제시인으로부터 추가 지시를 수령할 때까지 서류를 보관하고 있다는 것, 또는 ③ 은행이 서류를 반송 중 이라는 것, 또는 ④ 은행이 제시인으로 부터 종전에 수령한 지시에 따라 행동하고 있는 중이라는 것을 반드시 명시하여야 한다”와 같이 매우 상세한 거절통지 내용, 즉 거절한다는 의사표시, 모든 불일치내용 및 서류의 처리에 관하여 명시하고 있을 뿐만이 아니라 구체적인 절차요건에 대하여 규정하고 있다.

신용장거래에서 불일치서류에 대한 발행은행의 통지는 수익자의 서류보완의 권리와 밀접한 관계가 있다. 수익자는 신용장에 명시된 서류제시기간 또는 유효기일 이전에 불일치사항을 보완하여 서류를 제시할 권리를 가진다.

그러나 수익자가 불일치 서류를 보완하여 제시한 후 발행은행이 최초의 불일치 통지에서 언급하지 않았던 추가적인 불일치 내용을 다시 통지하게 된다면 수익자는 최초의 서류보완시에 정정할 수 있었던 내용을 기간 경과로 보완하지 못하여, 지급을 받지 못하는 불리한 입장에 처할 수도 있다.

ICC 은행위원회는 불일치 통지와 관련된 질의들에 대한 해석에서[237] 수익자는 서류의

제시기간이 경과되기 이전에는 언제라도 서류의 불일치를 정정하여 서류를 재제시할 권리가 있으므로 발행은행은 지급거절통지에 모든 불일치사항을 기재하여야 하며 수익자가 서류를 재제시한 이후 추가적인 불일치사항을 제시할 수 없다고 하고 있다.

따라서 발행은행은 제시서류의 거절과 관련하여 일치하지 아니한 제시내용, 즉 불일치 내용을 한꺼번에 모든 내용을 통지하여야 한다. 따라서 불일치에 대한 통지는 두 번, 즉 추가통지와 같은 여지를 두어서는 아니 된다.

4. 거절통지 기간(16d)

이 조 d항에서는 불일치와 관련되어 요구되는 통지는 제시일의 다음날로부터 5은행영업일 마감시간보다 늦지 않게 전기통신(telecommunication) 또는 다른 신속한 수단으로 행하여져야 한다고 규정하고 있다. 이러한 통지는 서류를 송부한 은행에게, 또는 서류를 수익자로부터 직접 수령한 경우에는 그 수익자에게 행하여야 한다.

5. 불일치서류의 반송(16e)

이 조 e항에 의하면 제시인에 대한 불일치서류의 반송에 관하여 지정에 따라 행동하는 지정은행, 확인은행(있는 경우) 또는 발행은행은 ① 은행이 제시인으로 부터 추가지시를 받을 때가지 서류를 보관하고 있다는 것, 또는 ② 발행은행이 발행의뢰인으로부터 권리포기(waiver)를 수령하고 이를 승낙하는 동의를 하거나 또는 권리포기 승낙을 동의하기 이전에 제시인으로부터 추가지시를 수령할 때까지 서류를 보관하고 있다는 것에 따라 요구된 통지를 행한 후 언제라도 제시인에게 서류를 반송할 수 있도록 하고 있다.

이와 관련하여 ICC 은행위원회도 불일치서류를 거절할 경우 제시인의 처분을 기다리고 보관중에 있다는 사실 또는 반송중에 있다는 사실을 통지한 후 제시인에게 반송하여야 한다는 공식의견을 제시하고 있다.[238)]

6. 클레임 제기권의 상실(16f)

이 조 f항은 발행은행 또는 확인은행은 이 조(제16조)의 규정에 따라 행동하지 아니한 경우 제시가 일치하지 않는다는 클레임을 제기할 수 없게 된다고 규정하고 있다. 그러나 지정에 의하여 행동하는 지정은행의 클레임 제기권과 관련된 언급은 없다.

---

237) ICC, *Case Studies on Documentary Credits,* ICC Publication No. 459, ICC Publishing S. A., 1989(이하 ICC Pub. 459라 약칭한다), Case 52, 53 ; ICC, *More Case Studies on Documentary Credits* (이하 ICC Pub. 489라 약칭한다), ICC Publishing S. A., 1991, Case 209.

238) ICC Banking Commission, Collected Opinions(1995-2001), ICC Publication No. 632(이하 ICC Pub. 632라고 약칭한다), 2002, R 324.

이와 같이 불일치한 제시에 대하여 발행은행 또는 확인은행이 불일치의 통지를 행하여야 하는 기간, 즉 서류심사기간인 제시일의 다음날로부터 제5은행영업일 마감시간까지 행하지 못한 경우에는 일치하는 제시가 아니더라도 인수·지급(honour)을 행하여야 한다는 의미로 받아들여야 한다. 또한 발행은행이 불일치된 것으로 결정하는 경우, 제16조 c항에서 요구되는 통지를 행하기 이전에 서류를 먼저 반송해버리는 것은 엄격한 의미에서 이 조 e항의 취지에 반한다는 점에 유의할 필요가 있다.

7. 거절통지 이후 상환금 반환청구권(16g)

이 조 g항에 의하면 발행은행 또는 확인은행이 인수·지급 거절 또는 확인은행이 인수·지급 또는 매입 거절시 그리고 은행이 제16조에 따라 통지를 행하였을 경우, 은행은 이미 지급한 상환금에 이자를 포함한 상환금의 반환을 청구할 권리를 가진다.

Case 06-15	서류의 불일치에 대한 통지를 행하지 아니한 발행은행의 지급거절의 타당성

 서류의 불일치에 대한 통지를 행하지 아니한 발행은행이 지급거절은 타당한가?

사례 및 쟁점 B국의 B은행에 의하여 발행된 신용장에 따라 다음과 같은 명세의 수출서류를 수익자가 매입은행을 통하여 제시하였다.

신용장 금액 : USD343,750.00

서류 금액 : USD69,871.73

결제조건 : B/L 일자로부터 90일

서류는 B은행에 의하여 2001년 10월 1일자에 수령됨(DHL 보고서에 의함)

신용장 조건에서의 만기일 : 2001년 12월 10일(즉, B/L 일자로부터 90일)

상환조건 : 만기일에 B은행이 제시서류에 일치하는 신용장을 근거로 대금을 송금함

이는 신용장에 따른 세 번째 선적이었다. 신용장에 따른 처음 두 개의 환어음은 만기일에 지급되었다. 이 세 번째 선적분에 대하여 은행은 어떠한 불일치에 대해서도 통보가 없었고 인수통지도 하지 않았다. 10월 13일에 보낸 SWIFT 메시지와 11월 1일, 5일 및 16일에 전화로 재차 반복하여 서류인수통지를 요청하였으나 아무런 응답이 없었다. 이에

대하여 B은행에게 UCP 600 제16조 f항[239]에 따라 서류를 거절할 권리가 상실되었음을 지적하였다.

이러는 동안 물품이 발행의뢰인(정부의 대리인)에게 인도되었고 발행은행이 만기일에 대금지급 의무가 있음을 주장하였다. 그러나 발행은행은 발행의뢰인으로부터 물품에 하자가 있으므로 대금결제를 하지 않도록 요청받았다. 발행은행은 "수익자는 당사자간에 합의한 계약서상의 명시조건에 부합되게 물품을 선적하지 않았다. 실제로는 제시된 조건과 세부사항에 대하여 수익자가 확인하였고 현재 수익자가 대금으로부터 USD18,277.88을 공제할 경우 발행의뢰인이 서류를 수락할 준비가 되어 있으므로 신속한 인수·지급을 위하여 수익자가 직접 발행의뢰인과 교섭할 것을 권고 한다"는 답을 하였다. 이에 대하여 수익자는 협상을 거절하였다.

쟁점은 서류를 송부한 은행에게 서류의 불일치에 대한 통지 없이 발행은행이 지급거절은 타당한지 여부이다.

A 발행은행은 문면상 신용장조건과 일치하는지 제시서류를 신용장에 명시된 정보와 요구조건만을 근거로 심사하여야 한다. 발행은행이 서류가 일치하지 않는다는 사실을 확인한 경우 발행은행은 제16조 c항 및 d항에 따라 거절에 대한 통지를 행하여야 한다.

서류 제시일의 다음날로부터 제5은행영업일이 마감시간을 경과하지 아니하는 범위에서 거절에 대한 통지를 하지 않는 경우, 발행은행은 서류가 일치하지 않는다는 클레임을 제기할 수 없으며 환어음을 반드시 인수·지급하여야 한다.

법원명령의 발행과 효력은 국내법의 문제이며 UCP의 범위 밖이다. 그러나 계약조건을 이행하지 않은 것에 관한 근본적인 분쟁은, 신용장조건에 반한 것으로 신용장과는 달리 해결해야 될 문제이다.[240]

검토 이 사례에서는 발행은행이 서류의 불일치에 대한 통지를 UCP에 규정된 대로 행하지 아니한 경우 불일치에 대한 클레임을 제기할 수 없다는 점을 보여주고 있다.

은행은 신용장에 규정된 모든 서류가 문면상 신용장의 조건과 일치여부를 심사하여야 한다. 지정에 따라 행동하는 지정은행, 확인은행(있는 경우) 또는 발행은행은 제시가 일

239) 현행의 UCP 600 규정으로 대체하였음.
240) ICC Document 470/TA.522, March 4, 2002.

치하지 아니한 것으로 결정하는 경우, 인수·지급 또는 매입을 거절할 수 있다. 발행은행이 제시가 일치하지 아니한 것으로 결정하는 경우, 독자적인 판단으로 발행의뢰인과 불일치에 관한 권리포기의 여부를 교섭할 수 있다.

불일치에 대한 권리포기의 요건을 살펴보면 다음과 같다.[241]

첫째, 제시서류가 불일치하여야 한다.

둘째, 불일치서류의 수리여부는 발행은행의 독자적인 판단으로 발행의뢰인과 교섭한다.

셋째, 발행은행의 권리포기를 수령하였을 경우 발행의뢰인의 권리포기 수락여부를 검토한다.

넷째, 은행이 권리포기를 인정하는 경우 인수·지급을 행한다.

다섯째, 은행이 권리포기를 불인정하는 경우 제시인에게 거절통지를 행한다.

여섯째, 거절통지는 제시일 다음날로부터 제5은행영업일 마감시간을 경과하지 아니한 범위 내이어야 한다.

일곱째, 은행이 발행의뢰인의 권리포기를 수령하지 못하였으나 은행이 독자적으로 권리포기를 인정하는 경우 인수·지급을 행한다.

여덟째, 은행이 발행의뢰인의 권리포기를 수령하지 못한 경우 은행이 독자적으로 제시인에게 거절통지를 행한다.

그러나 발행은행 또는 확인은행은 본 조항의 규정에 따라 행동하지 아니한 경우, 은행은 서류가 일치하는 제시가 이루어지지 아니하였다는 클레임을 제기할 수 없다.

따라서 발행은행이 UCP에 규정된 거절에 대한 적절한 통지를 하지 않았다는 사실이 분명함으로, ICC은행위원회가 답한 바와 같이 발행은행은 이 확정일부 환어음의 만기일에 반드시 지급하여야 한다.

241) 강원진, “UCP 600 상의 불일치서류의 권리포기 요건과 적용에 관한 연구,” 「무역학회지」, 제32권 제2호, 한국무역학회, 2007. 4, 11면.

Case 06-16 발행은행의 의무불이행에 따른 영향 및 이자청구의 기산일

Q 서류를 제시인의 처분에 맡기고 유보한다는 발행은행의 의무를 이행하지 못하였을 경우에 미치는 영향은 어떠하며 이자 등 청구에 따른 기산일은 어떻게 계산되는가?

사례 및 쟁점 고객(수익자)의 요청에 따라, 고객을 대신하여 당 은행은 발행은행과 동일한 국가에 소재하는 지정은행에 신용장 지시에 따라 제시되어야 하는 서류 전체를 송부하였다. 이 신용장은 발행은행에서 선화증권 일자 후 60일에 연지급에 의하여 사용가능한 UCP에 준거하는 신용장이다.

이후에 발행은행으로부터 서류가 몇 가지 불일치로 인하여 거절되었다는 통지를 받았다. 수익자의 위임에 따라 당 은행은 발행은행에게 서류 전체의 반송을 요청하는 SWIFT 메시지를 보냈고 연이어 반송된 서류를 수령하였으나 선화증권 3통 중 1통 및 송장 2통이 누락되었다. 질의에 대한 답신으로 발행은행은 "수익자의 동의에서와 같이 반송된 서류는 정확하며, 발행의뢰인이 물품통관을 위하여 송장 2통과 선화증권 1통을 사용하였다"고 주장하였다. 그러나 신용장에서 제시인인 당 은행은 발행은행에게 수익자를 대신하여 이와 같은 지시를 전달한 적이 없었다. 발행의뢰인이 물품을 점유하고 있는 것이 틀림없는 것으로 보는데, 이후 여러 번 연락을 취했음에도 불구하고 발행은행은 침묵을 지키고 있다.

이러한 사실에 비추어 볼 때, 이 사례에서 발행은행의 관행은 UCP 규정을 위반한 것으로 이해된다. 제16조 f항[242]은 "발행은행 또는 확인은행은 본 조항의 규정에 따라 행동하지 아니한 경우, 은행은 서류가 일치하는 제시가 이루어지지 아니하였다는 클레임을 제기할 수 없다"라고 규정하고 있다.

위의 사례에서 당 은행은 발행은행에게 다음 금액을 포함하는 지급요청 권리가 있다고 믿고 있다:

1. USD10,667.26의 서류금액.
2. 10월 9일로부터 기산되어 신용장 조건에 따라 결정된 만기일자까지의 이자 및 실제 지급일자까지의 지연이자.
3. 통신비를 포함하는 모든 추가 비용.

---

242) 현행의 UCP 600 규정으로 대체하였음.

이 경우에 당 은행은 신용장에 따라 지급받을 권리가 있는가? 만약 그러할 경우 "S국 외에서 발행하는 모든 비용은 수익자가 부담 한다"라는 신용장 조건과 관계없이 위에서 언급된 비용은 지급되어야 하는지 여부를 알고 싶다.

A 발행은행은 제16조 c항 및 d항의 규정에 따라 거절의 통지를 하여야 한다. 거절의 기본이 되는 불일치는 논의되지 않고 있다.

거절된 서류를 가지고 있었던 발행은행은 제시인에게 거절 또는 반송할 때까지 서류를 보관하여야 한다. 발행의뢰인이 불일치에 대한 권리포기를 이행하지 않았고 제시은행이 서류반송을 요청하였으므로 발행은행은 수령한 것과 동일한 수량 및 서류를 반송하여야 한다.

발행은행이 제시인의 처분에 서류를 유보하지 못한 경우 발행의뢰인과 수익자의 합의와 관계없이 발행은행은 서류가 신용장 조건에 불일치한다고 주장할 수는 없다. 따라서 발행은행은 인수·지급의 의무를 부담하여야 한다.

모든 이자 청구는 만기일 또는 유보서류가 해제된 날 중 늦은 일자로부터 적용가능하다. 발행은행이 통신비를 부담하여야 하는지에 대한 문제는 관련 은행이 해결하여야 할 사항이다.[243)]

검토 지정은행, 확인은행(있는 경우) 또는 발행은행은 인수·지급 또는 매입을 거절하기로 결정한 경우에는 제16조 c항의 규정에 따라 은행이 인수·지급 또는 매입을 거절하고 있는 중, 각각의 불일치사항, 제시인으로부터 추가지시를 받을 때까지 서류를 보관하고 있다는 것, 서류를 반송 중 이라는 것, 지시에 따라 행동하고 있는 중이라는 것과 같은 내용을 한 번에 통지 하여야 한다. 따라서 이와 같은 통지를 행한 후에는 언제라도 제시인에게 서류를 반송할 수 있다.

그러나 발행은행 또는 확인은행은 제16조 c항의 규정에 따라 행동하지 아니한 경우, 은행은 서류가 일치하는 제시가 이루어지지 아니하였다는 클레임을 제기할 수 없다.

불일치 서류는 선 통지, 후 반송의 절차에 따라야 하며 반송할 때까지 서류를 보관하여야 한다. 만일 서류를 반송할 때에는 발행은행은 서류를 송부하여 온 은행의 "covering letter"상에 명시된 제시서류 및 통수와 동일하게 송부하여야 한다.

실무상 기한부이자(usance interest) 부담자에 대하여는 신용장상에 발행의뢰인 또는

---

243) ICC Pub. 660, R 546.

수익자가 부담하는 것으로 명시될 경우에는 그에 따르지만 이에 대하여 아무런 명시가 없을 경우에는 수익자가 부담한다. 그러나 만기일이 경과되어 발생되는 지연이자(delay interest)에 대하여는 발행은행(최종적으로는 발행의뢰인)이 부담하는 것이 일반적이나 이와 관련하여 별도의 합의가 있을 경우에는 정하는 바에 따른다.

Case 06-17 불일치 사항에 대한 발행은행의 최초 통지 및 후속 통지의 효력

Q 서류를 거절하는 발행은행은 불일치 사항을 한번 통신문으로 통지하였으나 추가로 발견된 불일치에 대하여 후속 통신문으로 다시 통지할 수 있는가?

사례 및 쟁점 만일 발행은행이 서류를 거절하는 것으로 결정한다면, 발행은행은 서류를 거절하는 불일치 사항을 모두 한 번의 통신문으로 통지하여야 하는지 또는 기타 추가적인 불일치에 대하여 후속 통신수단으로 통지할 수 있는지 ICC 은행위원회의 의견을 듣고 싶다.

A 제16조 c항은 "발행은행이 인수·지급을 거절하기로 결정한 경우, 제시인에게 그러한 취지를 한 번에 통지하여야 한다"고 규정하고 있다. 만약 첫 번째 통지에서 언급된 하자가 서류거절에 대한 불충분한 취지로 판명되더라도 발행은행은 후속적으로 추가적인 불일치를 통지할 수 없다.[244)]

검토 발행은행이 신용장소선과 불일치된 서류를 거절하려한다면 UCP 600 제16조 c항 및 d항의 요건에 부합되는 통지를 행하여야 한다.

불일치서류 통지에서 모든 불일치서류는 신용장과의 불일치 사항을 하나하나씩 지적하여 연속적으로 통지할 수 있는 것이 아니고 한꺼번에 통지하여야 함을 의미한다.

통지는 전신수단을 이용하되 그 이용이 불가능한 경우에는 기타 신속한 수단으로 제시일의 다음날로부터 제5은행영업일의 마감시간을 경과하지 아니하는 범위 내에서 행하여져야만 한다.

244) ICC Pub. 459, Case 52.

그러한 통지에는 은행이 서류를 거절하게 된 모든 불일치 사항을 기재하여야 하며, 또한 동 은행이 서류를 제시인의 처분권에 맡겨 보유하고 있는지 아니면 서류 제시인에게 반송하고 있는지를 언급하여야 한다. 이와 같이 UCP 규정에 따라 행동하지 아니한 경우에는 서류가 신용장조건과 일치되지 않음을 주장할 수 있는 권리로부터 배제된다.

또한 만일 서류가 몇 가지의 불일치를 포함하고 있으나, 발행은행은 자신의 거절통지에서 단지 하나의 불일치만을 언급하고 있을 경우 발행은행은 서류를 거절할 추가적인 다른 불일치를 주장 할 수 있는지 여부에 대하여 ICC은행위원회의 공식견해에서는[245] 발행은행이 불일치를 통지할 경우, 그 불일치는 모든 불일치를 의미하는 것으로 이해되어야 하기 때문에, 발행은행은 거절통지에서 언급되지 않은 불일치를 주장할 권리가 없다는 해석을 참조할 필요가 있다.

Case 06-18	발행의뢰인의 권리포기 접수가 발행은행의 서류수리에 구속되는지 여부

Q 발행의뢰인으로부터 권리포기(waiver)에 대한 접수가 발행은행의 서류수리를 구속하게 되는가?

사례 및 쟁점 4월24일 발행되고 익년 4월 15일까지 유효한 일람출급신용장에 대한 서류거절로 인하여 당 은행(발행은행)의 고객과 은행간에 분쟁이 야기되었다. 지급을 위하여 요구된 서류는 다음과 같다 :

1. 당 은행을 지급인으로 발행된 환어음
2. 서명된 상업송장 2통
3. 발행의뢰인에 의하여 양호한 상태에서 물품수령을 확인하는 서명, 일자기재 및 스탬프된 물품인도에 대한 수령증
4. 신용장조건과 일치되었다는 수익자의 확인서

신용장은 다음 사항이 포함되었다:

"신용장의 발행일 이전에 발행된 서류는 인수하지 않는다."

245) ICC Pub. 459, Case 53; ICC Pub. 660, R 530.

10월 14일 수익자는 당 은행에게 모든 불일치 사항에 대하여 권리포기(waiver)하는 발행의뢰인의 서신과 함께 불일치 서류를 제시하였다. UCP 규정에 따라 당 은행은 거절하였고 그리고 다음과 같은 불일치를 이유로 24시간 내에 수익자에게 서류를 반송하였다.

1. 환어음에 신용장의 번호가 없다.
2. 물품수령증에 일자가 없다.
3. 물품수령증에 스탬프가 없다.
4. 발행의뢰인의 불일치의 승낙일자가 없다.
5. 모든 조건이 일치되었다는 수익자의 확인서가 누락되었다.
6. 불일치 사항에 대한 권리포기는 수권되지 아니한 서명에 의하여 작성되었다.

이에 대하여 수익자는 당 은행이 발행의뢰인에 의한 불일치사항의 인수는 발행은행을 구속한다는 이유로 서류거절권이 없다는 클레임을 제기하고 있다. 이와 같은 경우에 발행은행 및 지급은행으로서 당 은행은 불일치 서류를 수리할 의무가 있는지 여부이다.

A 발행의뢰인으로부터 권리포기의 접수는 직접적 또는 수익자를 경유하든 서류의 인수를 위하여 발행은행을 구속하지 않는다. 권리포기에 응하는 결정은 발행은행의 독자적인 판단에 따라 결정되는 것이다.[246)]

검토 모든 신용장조건과 일치하여야 한다는 수익자의 확인서의 서류목적 또는 내용은 명확하지가 않다. 이는 발행은행 또는 지정은행이 결정하여야 할 사안이다. 신용장에 이와 같은 요구를 포함하는 것은 UCP의 목적에 부합되지 않는다.

UCP 600 제16조 b항에 의하면 "발행은행은 제시가 일치하지 아니한 것으로 결정하는 경우, 발행은행은 독자적인 판단으로 발행의뢰인과 불일치에 관한 권리포기의 여부를 교섭할 수 있다. 그러나 이로 인하여 제14조 b항에서 언급된 기간(서류심사기간)이 연장되지 아니 한다"고 규정하고 있다.

한편 발행은행은 불일치서류에 관하여 발행의뢰인 이외에 수익자와도 교섭하여 지정된 심사기간 내에 하자서류의 보완을 요구할 수 있다. 그러나 *Heritage Bank v. Redcom Labortories, Inc.*사건[247)]에서와 같이 운송서류의 지연 제시는 제14조 b항의 적용을 받는 하자 있는 서류가 아니다. 따라서 신용장 유효기일 이내에 하자서류가 치유 가능한 경우,

246) ICC Pub. 596, R 267.
247) 250 F3d 319 (5th Cir. 2001).

불일치의 통지를 하지 아니한 발행은행은 불일치서류의 권리를 포기한 것으로 간주된다고 판시한 점을 유념할 필요가 있다.

이와 같이 신용장거래는 신용장과 제시서류간의 일치에 대하여 인수·지급 또는 매입을 행하는 것이 원칙이지만 거래당사자의 상업적 특성과 실익을 위하여 불일치서류가 제시되더라도 발행은행과 발행의뢰인 사이에 수리여부에 관한 교섭은 재량적 관행이므로 거래당사자는 이를 적절히 활용할 필요가 있을 것이다.

Case 06-19	지급이 상환청구 불능조건인 경우 은행의 초과 지급금액의 반환청구권

Q UCP하에서 지급이 상환청구 불능조건으로 이루어진 것으로 간주되는 경우 은행은 초과 지급한 금액에 대한 반환청구권을 갖는가? 또한 수익자 및 수익자의 은행이 초과 지급 금액을 반환할 책임이 있는가?

사례 및 쟁점 우리는 P국가에 있는 수익자 앞으로 일람출급신용장을 발행하였다. 나중에 서류는 수익자의 은행으로부터 수령하고 많은 불일치가 있는 것을 알았다. UCP 600 제16조에 따라 거절통지를 하였다. 그 후에 발행의뢰인이 불일치를 받아들였지만 환어음 금액의 90% 감액을 요구하였다(즉, 발행의뢰인이 환어음 발행금액의 10%만을 지급하기로 동의하였다).

불행하게도 우리가 발행의뢰인의 지시를 잘못 해석하고 환어음 금액의 10%만을 감액한다는 SWIFT메시지를 보냈다. 수익자 은행의 동의를 받자마자 우리는 SWIFT메시지로 환어음 금액의 90%를 지급하였다.

1. 우리가 수익자 또는 수익자의 은행에 초과 지급된 금액을 반환청구를 할 권리가 있는가?
2. 수익자 또는 수익자의 은행이 우리에게 초과 지급된 금액을 반환할 책임이 있는가?

A 1. 모든 은행은 초과 지급된 금액에 대한 반환청구권이 있다. 그러나 UCP하에 대금 수령자는 상환청구불능조건으로 지급이 이루어진 것으로 간주될 수도 있다.
2. 이것은 지급 당시 수익자 및 수익자의 은행이 알고 있는 정도 및 이해의 정도 그리

고 적용 법률이 초과지급 및 착오에 의하여 행한 지급에 대하여 어떻게 처리할 것 인가에 의존하게 되는 UCP 밖의 법적 문제이다.[248)]

검토 UCP 하에 발행은행에 의하여 행하여진 지급은 최종적인 것으로 지급이 행하여진 당사자에게 상환청구불능이 되는 것으로 간주된다. 잘못 선지급된 금액의 반환은 당사자의 조정이나 사실의 착오(mistake of fact)에 의하여 행하여진 지급과 관련된 적용법률을 통하여 가능할 수도 있을 것이다.

이 사례와는 성격이 좀 다르나, 어음금액 지급거절에 다른 상환청구와 관련하여 어음발행인에 대하여 어음금액을 상환청구[249)]할 수 있느냐 여부에 대하여 어음발행인에 대한 상환청구권 유무는 그 나라의 어음법에 의하여 결정된다. 한국의 경우에는 상환청구가능·불능에 관계없이 상환청구권을 인정하고 있으나,[250)] 영미법에서는 어음상에 "without recourse"의 표시가 있는 것은 원칙적으로 상환청구권을 인정하지 않는 것으로 하고 있다. ICC에서도 "without recourse"의 문언이 기재되어 있는 어음은 매입하지 말 것을 권고하고 있다.[251)]

신용장의 유형에서 상환청구불능신용장(without recourse credit)이란 어음소지인의 상환청구에 대하여 어음발행인이 상환의무를 부담하지 않는 신용장을 말한다. 상환청구불능신용장에는 "without recourse"의 표시가 반드시 있어야 한다.[252)]

그러나 어음지급이 이루어지지 않아 수익자 등에 상환청구(소구)가 가능한지 여부에 대한 문제와 위의 사례에서와 같은 사실의 착오에 의한 선지급금의 반환청구와는 구별되어야 할 사안으로 보인다.

248) ICC Pub. 732, R 738.
249) 소구라고도 한다.
250) 한국어음법 제9조.
251) ICC Document 470/371, 470/373, December 9, 1980.
252) "without recourse"란 표시가 없는 신용장은 상환청구가능신용장으로 간주한다.

Case 06-20	신용장에 의한 제시서류 불일치 통지와 지급거절의 정당성

 신용장에 의한 제시서류 불일치 통지와 지급거절은 정당한가?

DBJJJ INC v. NATIONAL CITY BANK 사건[253)]

사실관계 **1. 신용장 발행**

DBJJJ, Inc.(수익자, 원고, 항소인)와 Pennsylvania Fashions, Inc.(발행의뢰인)은 의류 판매에 대한 계약을 체결하였다. 매수인은 National City Bank(발행인, 피고, 피항소인)에 신용장발행을 신청하고 NCB는 매도인을 수익자로 하는 2건의 신용장을 발행하였다.

신용장 번호 ICS061083 (LOC No. 083)

LOC 번호 083은 USD123,000금액에 대하여 2001년 10월 19일 발행되었고, 2001년 11월 26일 유효기간이 만료되었다. 2001년 11월 26일 매도인 또는 매도인의 양수인인 Hana Financial, Inc., (HFI) 중 하나가 Wilshire State Bank(WSB)에 매입요청 및 서류를 제시하였다. 2001년 11월 30일 매입은행은 제시서류가 신용장조건과 몇 개의 불일치가 있음을 확인 하였다.

2001년 12월 3일 Stamos(발행인)는 매수인에게 불일치 사항을 명시하여 송부하고 권리포기(waiver) 여부에 대하여 문의하였다. 서신의 거절일자는 2001년 12월 11일로 표시되었다. 그 서신은 "불일치에 대한 권리포기 또는 기타 지시를 즉시 당 은행으로 하여 주기 바란다"는 내용이었다. 2001년 12월 11일 매수인은 지급 허용하는 것을 거절한다고 발행인에게 통지하였고 같은 날, 동 은행은 WSB에게 서류불일치로 인하여 제시를 거절하고 있다는 통지를 하였다. WSB에게 보낸 통지에는 동일한 불일치 내용이 기재되어 있었다.

신용장 번호 ICS061091 (LOC No. 091)

은행은 2001년 10월 23일 LOC No.091은 USD123,000금액에 대하여 신용장을 발행하였고 동 신용장은 2001년 12월 14일에 유효기간이 만료되었다. 2001년 12월 6일 매도인 또는 HFI 중 하나가 두 개의 별도의 매입요청 및 서류를 WSB에 제시하였다. 은행은

253) 2004 WL 1063849 United States Court of Appeals, 2004. 3. 17; No. B169885, October 26, 2004.

2001년 12월 11일에 문서접수를 확인하였다. Stamos(발행인)는 다음 일자에 서류를 검토하고 서류와 신용장조건 사이에 몇 개의 불일치가 있음을 확인하였다.

2001년 12월 20일 Stamos는 매수인에게 불일치사항 통지 및 권리포기 문의사항에 대한 서신을 보냈다. 서신의 거절일자는 2001년 12월 20일로 표시되었다. 그 서신은 "불일치에 대한 권리포기 또는 기타 지시를 즉시 당 은행으로 하여 주기 바란다"는 내용이었다. 2001년 12월 20일 매수인은 지급 허용하는 것을 거절한다고 발행은행에 통지하였고 같은 날, 동 은행은 WSB에게 서류불일치로 인하여 제시를 거절하고 있다는 통지를 하였다. WSB에게 보낸 통지에는 동일한 불일치 내용이 기재되어 있었다.

각각의 신용장에서 요구하는 서류는 다음과 같다.

(1) 수익자가 서명한 상업송장 원본 및 사본

(2) 포장명세서 원본 및 사본

(3) 운임 선지급이 표시된 Pen. Fashions사를 수화인으로 하는 트럭운송장

(4) 수익자의 서명이 표기된 상업송장 사본에 운임부담 여부가 표시될 것

각각의 신용장의 최종선적일은 LOC 083이 2001년 11월 26일, LOC 091이 2001년 12월 14일로 요구되었다.

2. LOC 083의 제시 및 불일치 통지

2001년 11월 26일 DBJJJ Inc(수익자)는 LOC 083에 대한 서류를 WSB(통지인)에 제시했으며, WSB는 2001년 11월 30일 동 서류를 NCB(발행인)에 제시하였다. NCB는 제시된 서류가 LOC 083에서 요구하는 것과 상당부분 불일치하다는 것을 발견하고 2001년 12월 3일 Pen Fashions사에 불일치 권리포기 교섭을 하였다.

Pen. Fashions사는 2001년 12월 11일 불일치 권리포기를 거부한다는 의사를 NCB에 팩스로 송부했으며, 이에 따라 NCB는 12월 11일(서류수령일 다음날로부터 제7영업일째) WSB에 서류불일치로 인한 지급거절을 통지하였다.

지급거절 통지이후 NCB는 LOC 083의 유효기일인 2001년 11월 26일까지 어떠한 서류의 재제시도 받지 못하였다.

3. LOC 091의 제시 및 불일치 통지

2001년 12월 6일 DBJJJ Inc(수익자)는 LOC 091에 대한 서류를 WSB(매입은행, 통지인)에 제시했으며 WSB는 2001년 12월 11일 동 서류를 NCB(발행인)에 제시하였다. NCB는 제시된 서류를 검토한 후 상당부분 불일치하다는 것을 발견, 2001년 12월 12일 Pen.

Fashions사에 불일치 권리포기 교섭을 하였다.

Pen. Fashions사는 2001년 12월 20일 불일치 권리포기를 거부한다는 의사를 NCB에 팩스로 송부했으며, 이에 따라 NCB는 12월 20일(서류수령일 다음날부터 제7영업일째) WSB에 서류불일치로 인한 지급거절을 통지하였다.

지급거절 통보이후 NCB는 LOC 091의 유효기일인 2001년 12월 14일까지 어떠한 서류의 재제시도 받지 못하였다.

LA 카운티 대법원은 NCB가 2개의 신용장을 근거로 제시된 서류를 검토한 후 서류불일치를 사유로 지급거절 통지를 한 것은, UCP 500 제14조(UCP 600 제16조 불일치서류, 권리포기 및 통지)에 근거한 적법한 것이며, 지급거절 통보도 서류수령일 다음날로부터 제7영업일(현행 제5영업일) 이내에 이루어졌으므로 DBJJJ Inc의 제소를 기각하였다. DBJJJ Inc.는 캘리포니아 항소법원에 항소하였다.

법률적 검토 1. 신용장의 역할과 엄밀일치의 원칙적용

국제물품매매거래의 원활성을 도모하기 위해 개발된 신용장은 격지간의 거래에서 대금지급 불능의 위험을 해소하여 주는 역할을 한다. 신용장의 유용성은 발행은행의 독립적인 채무의 발생을 통하여 결제수단으로서 예측가능한 신뢰성을 확보하는데 있다.

이러한 이유에 따라 신용장의 엄밀일치의 원칙은 수익자에게 대금지급 의무를 부담하는 발행은행을 보호하는 역할을 한다.

따라서 제시된 서류가 문면상 신용장의 조건과 일치하지 않을 경우 은행은 서류인수를 거절할 수 있으며 거절통지 이전에 발행의뢰인과 불일치에 관한 권리포기의 여부를 교섭할 수 있는 권한을 가진다.

본 사건에서 DBJJJ Inc는 NCB가 불일치에 관한 권리포기의 교섭을 Pen. Fashions사에게만 하고, WSB에는 하지 않았다고 주장하고 있으나, UCP 500 제14조 d항 i호(UCP 600 제16조 b항)에서 NCB가 그러한 의무를 행하여야 한다는 규정은 없다.

2. 제시된 서류의 신용장과의 불일치 및 지급거절 통지

LOC 083, LOC 091 L/C는 동일한 형태의 서류가 NCB에 제시될 것을 요구하고 있으나 DBJJJ Inc.는 이러한 요구를 충족시키지 못하였다.

DBJJJ Inc.에 의해 제시된 서류는 다음과 같은 불일치사항을 포함하고 있다:

(1) DBJJJ Inc.가 제시한 상업송장에 수익자의 서명이 누락됨

(2) 상업송장 서명누락은 물품명세와 선적조건이 명시되지 않아 심각한 불일치를 구성함

(3) LOC 083에 의거하여 제시된 서명이 누락된 상업송장은 도착지가 Weirton, Virginia가 아닌 Warrendale, Pennsylvania로 되어 있음

(4) 제시된 서류에는 JBJ Enterprise사의 상업송장 복사본이 누락됨

(5) LOC 083, LOC 091 신용장에 요구된 트럭운송장에 수화인이 Pen. Fashions로 표기되어 있지 않음

신용장유효기일이 종료되기 전까지 적절한 서류가 제시되지 않을 경우, NCB의 대금지급 의무는 정지된다. WSB가 제시한 서류에 대한 NCB의 지급거절은 정당하며, 각각의 신용장에 대한 대금지급의 의무도 없다.

3. NCB의 지급거절 통지의 정당성

UCP 500 제13조 b항(UCP 600 제14조)은 서류심사의 기준에 대해 설명하고 있으며, 제14조 c항(UCP 600 제16조)은 불일치 권리포기의 교섭여부에 대해 명시하고 있다.

NCB는 UCP 500의 제반규정을 준수하여, WSB에 의해 제시된 서류를 면밀히 검토, 불일치 사실을 발견한 후 Pen Fashions사에 불일치 권리포기 여부를 교섭했으며 발행의뢰인의 거절통보를 접수한 후, WSB로부터 서류를 제시받은 제7은행영업일(현행 제5은행영업일) 이내에 지급거절 통지를 행하였다.

이러한 과정은 UCP 제14조 d항 i호의 "지체 없이"(without delay)[254] 지급거절 통보가 행하여진다는 규정에 위배되지 않으며, 제7은행영업일(현행 제5은행영업일) 이내에 이루어졌으므로 적법하다.

법원의 판단

"UCP 500 제13조 b항 (UCP 600 제14조 b항), 제14조 d항 i호(UCP 600 제16조 d항)에 따라 DBJJJ Inc(원고, 항소인, 수익자)가 WSB를 통하여 제시한 서류의 불일치를 근거로 NCB(피고, 피항소인, 발행인)가 행한 지급거절 통지는 적법하다. 따라서 캘리포니아 항소법원은 DBJJJ Inc의 제소를 기각한 원심판결을 확정하고 비용은 각 당사자가 부담 한다"고 판단하였다.

검토 불일치서류의 심사 및 통지에서 발행은행이 제시된 서류를 검토할 때의 기준은

254) UCP 600에서는 "without delay"라는 용어는 삭제되었다.

신용장조건과의 문면상 일치성을 판단하는 것이며 서류검토 후 불일치 사항이 발견되었을 경우, 발행의뢰인과의 권리포기 교섭권을 행사한 후(은행의 재량행위) 지급여부 결정 또는 지급거절 통지를 할 수 있다.

불일치서류의 검토 및 통지기한에서 발행은행의 불일치서류 통지는 서류제시의 다음 날로부터 제5은행영업일의 마감시간을 경과하지 아니하는 범위 내에 이루어져야 한다.

한편 발행은행은 불일치서류에 관하여 발행의뢰인 이외에 수익자와도 교섭하여 지정된 심사기간 내에 하자서류의 보완을 요구할 수 있다. 그러나 *Heritage Bank v. Redcom Labortories, Inc.* 사건[255]에서와 같이 운송서류의 지연 제시는 UCP 500 제14조 d항(UCP 600 제14조 b항)의 적용을 받는 하자 있는 서류가 아니다. 따라서 신용장 유효기일 이내에 하자서류가 치유 가능한 경우, 불일치의 통지를 하지 아니한 발행은행은 불일치서류의 권리를 포기한 것으로 간주된다고 판시한 점을 유념할 필요가 있다.

이와 같이 신용장거래는 신용장과 제시서류간의 일치에 대하여 인수·지급 또는 매입을 행하는 것이 원칙이지만 거래당사자의 상업적 특성과 실익을 위하여 불일치서류가 제시되더라도 발행은행과 발행의뢰인 사이에 수리여부에 관한 교섭은 재량적 관행이기는 하지만 거래당사자는 이를 적절히 활용할 필요가 있을 것이다.

UCP 600에 준거하여 불일치에 대한 권리포기를 할 경우의 요건을 정리하면 다음과 같다.

첫째, 제시서류가 불일치하여야 한다.

둘째, 불일치서류의 수리여부는 발행은행의 독자적인 판단으로 발행의뢰인과 교섭한다.

셋째, 발행은행의 권리포기를 수령하였을 경우 발행의뢰인의 권리포기 수락 여부를 검토한다.

넷째, 은행이 권리포기를 인정하는 경우 인수·지급을 행한다.

다섯째, 은행이 권리포기를 불인정하는 경우 제시인에게 거절통지를 행한다.

여섯째, 거절통지는 제시일 다음날로부터 제5은행영업일 마감시간을 경과하지 아니한 범위 내에 행하여야 한다

일곱째, 은행이 발행의뢰인의 권리포기를 수령하지 못하였으나 독자적으로 권리포기를 인정하는 경우 인수·지급을 행한다.

여덟째, 은행이 발행의뢰인의 권리포기를 수령하지 못한 경우 은행이 독자적으로 제시인에게 거절통지를 행한다.

255) Heritage Bank v. Redcom Labortories, Inc., 250 F3d 319 (5th Cir. 2001).

Case 06-21 발행은행 등의 일괄하자통지의무는 통지 당시 존재하던 하자에 대해서만 적용되는지 여부

 발행은행 등의 일괄하자통지의무는 통지 당시 존재하던 하자에 대해서만 적용되는가?

E공사(원고, 상고인) 대 중국은행 (피고, 피상고인) 사건[256)]

A 한국 대법원의 판결

1. 제6차 개정 신용장통일규칙(UCP 600) 제16조 a항은 "지정에 따라 행동하는 지정은행, 확인은행이 있는 경우의 확인은행 또는 발행은행은 제시가 일치하지 않는다고 판단하는 때에는, 결제 또는 매입을 거절할 수 있다", 같은 조 c항은 "지정에 따라 행동하는 지정은행, 확인은행이 있는 경우의 확인은행 또는 발행은행이 결제 또는 매입을 거절하기로 결정하는 때에는, 제시자에게 그러한 취지로 한 번에 통지하여야 한다.

   통지에는 은행이 결제 또는 매입을 거절하는 각각의 하자를 기재하여야 한다(ii호)", 같은 조 f항은 "발행은행 또는 확인은행이 이 조항의 규정에 따라 행동하지 못하면, 그 은행은 서류에 대한 일치하는 제시가 아니라는 주장을 할 수 없다"고 규정하고 있는바, 위 규정들의 취지에 비추어 매입은행으로부터 신용장 및 그 관련 서류를 제시받은 발행은행이 신용장 및 그 서류의 불일치 등의 하자를 이유로 결제 또는 매입을 거절할 경우 1회에 모든 하자를 통지하여야 하고, 차후에 다른 하자를 이유로 결제 또는 매입을 거절할 수 없는 것이 원칙이라고 할 것이다. 그러나 발행은행 등의 일괄하자통지의무는 통지 당시 존재하던 하자에 대해서만 적용되는 것이고 그 후에 새롭게 추가로 발생한 하자에 대해서는 적용되지 않는다고 할 것이다.
2. 원심판결[257)] 이유에 의하면, 원심은, 앞서 본 제1심이 인정한 사실관계에 의하면, 피고는 1차 지급요구시 제시된 선적서류 중 상업송장에 물품명세 자체가 기재되지 않았기 때문에 이를 이유로 신용장대금의 지급을 거절하였고, 이에 외환은행이 상업송장에 물품명세를 보충하여 2차 지급요구를 하였는데, 이번에는 그 보충된 상업송장의 물품명세에 관한 서류심사 결과 물품명세 중 물품 크기(SIZE)에 관한 기재가 신용장

256) 대법원 2009.12.24. 선고 2009다56221 판결.
257) 서울고법 2009. 6. 11. 선고 2008나100529 판결.

의 그것과 불일치한 것이 발견되어 2차로 신용장대금의 지급을 거절한 것으로서, 2차 지급요구에 대하여 피고가 지적한 위와 같은 불일치 하자는 1차 지급거절 시에는 존재하지 않았던 새로운 하자에 해당한다고 할 것이므로, 피고는 이를 이유로 또다시 신용장 대금의 지급을 거절할 수 있다고 판단하였는바, 이러한 원심의 판단은 위 법리에 따른 것으로 정당하고, 거기에 상고이유로 주장하는 일괄하자통지의무에 관한 법리오해 등의 위법이 없다.

3. 그리고 앞서 본 바와 같이 이 사건 1차 지급요구시 제시된 분석증명서에 'Size Analysis 0-50 MM 75.21%'라고 기재되어 있고, 외환은행은 분석증명서에 기재된 위 사항을 상업송장에 그대로 옮겨 적어 보완한 사실을 알 수 있으나, 위 분석증명서의 'Size Analysis 0-50 MM 75.21%'는 샘플분석 수치로서 그 자체에 어떠한 하자가 있다고 할 수 없고, 반면 신용장에 기재된 물품 크기(SIZE)는 샘플에 대한 것이 아니라 선적 물품에 대한 명세로서 분석증명서의 'Size Analysis'와 일치할 것을 요하지 않으며, 2차 지급요구시 제시된 상업송장의 물품명세가 신용장의 그것과 일치하는지 여부만이 피고의 결제 또는 매입 거절을 정당화하는 사유가 될 뿐이다.

   같은 취지에서 원심이, 1차 지급요구시 제시된 서류 중 분석증명서에 2차 지급요구시 제시된 상업송장의 물품명세와 동일한 기재가 있었다고 하여 1차 지급거절 시에 이미 존재하였던 하자라고 볼 수 없다는 취지로 판단한 것을 정당한 것으로 수긍할 수 있다.

Case 06-22	최초에 명시하지 아니한 새로운 하자를 주장하여 신용장 대금지급을 거절할 수 있는지 여부

Q 신용장 발행은행이 최초에 명시하지 아니한 새로운 하자를 주장하여 신용장 대금지급을 거절할 수 있는가?

B은행(원고, 피상고인) 대 N은행 (피고, 상고인) 사건[258)]

---

258) 대법원 2011.1.13. 선고 2008다88337 판결; 원심판결 : 서울고법 2008. 10. 2. 선고 2007나36218 판결.

A 한국 대법원의 판결

1. 신용장통일규칙 제14조 d항 I호(UCP 600 제16조 c항 및 d항)는 '발행은행 및/혹은 확인은행(있는 경우), 또는 이들을 대리하는 지정은행이 서류를 거절하기로 결정한 경우에는 서류접수일 다음 영업일로부터 기산하여 제7은행영업일(현행 제5영업일)의 마감시간까지 지체 없이 전신 또는 그 사용이 불가능할 경우에는 기타 신속한 방법으로 그 취지를 통지하여야 한다. 이러한 통지는 서류를 송부하여 온 은행에게 또는 서류를 수익자로부터 직접 받은 경우 수익자에게 하여야 한다'고 규정하고 있고, 같은 항 ii호는 '위와 같은 통지를 할 경우 은행은 서류를 거절하게 된 모든 하자사항(all discrepancies)을 명시하여야 하며, 동시에 그 은행은 서류를 제시인의 지시를 기다리며 보관하고 있는지 아니면 이를 제시인에게 반송중에 있는지 여부를 기재하여야 한다'고 규정하고 있다. 위 규정들의 취지에 비추어 볼 때 매입은행으로부터 신용장 및 그 관련 서류를 제시받은 발행은행이 신용장 및 그 서류의 하자를 이유로 신용장 대금의 지급을 거절할 경우, 발행은행은 위 신용장통일규칙이 정한 소정의 기간 내에 매입은행에게 그 모든 거절 사유를 구체적으로 명시하여 통보하여야 하고, 그 기간이 지난 후에는 최초에 명시하지 아니한 새로운 하자를 주장하여 신용장 대금지급을 거절할 수 없다(대법원 2002. 10. 11. 선고 2000다60296 판결, 대법원 2009. 10. 29. 선고 2007다52911, 52928 판결 등 참조).
2. 원심판결[259] 이유에 의하면, 원심은 선화증권에 관하여 정해진 조건이 당연히 이 사건 보상장에도 그대로 적용된다고 해석할 근거가 없고 또한 이 사건 부가조건은 수익자가 발행한 보상장이라고 명시되어 있을 뿐 그 수신인을 피고로 하라는 조건이 기재되어 있지 않으므로, 원고가 제출받은 이 사건 보상장의 수신인이 피고가 아닌 바울석유라 하여 이를 신용장 조건에 위배된다고 할 수 없을 뿐만 아니라, 무엇보다도 피고가 원고에게 이 사건 보상장의 수신인이 피고가 아니라는 점을 하자로 통지하였다고 볼 증거가 없으므로, 피고는 그와 같은 사정을 들어 신용장 대금의 상환을 거부할 수 없다고 판단하였다.

   앞서 본 법리 및 기록에 비추어 보면, 위와 같은 원심의 판단은 정당하고 거기에 상고이유로 주장하는 바와 같은 부가조건의 해석 및 신용장조건에 관한 법리오해의 잘못이 없다.

259) 서울고법 2001. 12. 14. 선고 2001나39048 판결.

Case 06-23 신용장 대금의 지급거절시 발행은행의 서류반환범위

 신용장 대금의 지급거절시 발행은행의 서류반환범위는 어떠한가?

I은행 (원고, 상고인) 대 중국은행 (피고, 피상고인) 사건[260)]

 한국 대법원의 판결

국제상업회의소 제정 제5차 개정 신용장통일규칙(이하 '신용장통일규칙'이라 한다) 제14조 d항 ⅰ호(UCP 600 제16조 d항)는 "발행은행 및/또는 확인은행(있는 경우에 한함) 또는 이들 은행을 대신하여 행동하는 지정은행이 서류를 거절하기로 결정한 경우에는, 그러한 사실을 전신 또는 전신이 불가능한 경우에는 다른 신속한 수단으로 지체 없이 그러나 서류를 수취한 다음날로부터 7영업일(5영업일, UCP 600 제16조 d항) 마감 전까지 그러한 사실을 통지하여야 한다."고 규정하면서, ⅱ호는 "그러한 통지에는 은행이 서류를 거절하게 된 모든 하자사항을 명시하여야 하며, 또한 서류 제시인이 처분할 수 있도록 서류가 보관중인지 또는 서류가 서류 제시인에게 반송중인지도 명시하여야 한다."고 규정하고 있는바, 위 규정의 취지에 비추어 신용장 발행은행이 매입은행의 대금 지급청구를 거절할 경우 매입은행에 의하여 제시된 서류는 그 은행이 서류반환청구권을 포기하였다고 볼 특별한 사정이 없는 한 원칙적으로 신용장 서류 제시은행에게 반환되어야 할 것이지만(대법원 2000. 11. 24. 선고 2000다12983 판결 참조), 이와 같이 발행은행이 서류를 제시한 매입은행에 대하여 반환할 의무를 부담하는 선적서류는 다른 특별한 사정이 없는 한 매입은행으로부터 직접 송부되어 발행은행이 받은 서류에 한하고, 수익자가 발행의뢰인에게 직송한 다른 서류는 발행은행에게 제시된 바 없는 이상 발행은행이 이 서류를 발행의뢰인으로부터 회수하여 다시 매입은행에 반환할 의무까지 부담하지는 않는다고 보아야 한다(이 사건과 같이 신용장에서 수익자의 발행의뢰인에 대한 그와 같은 서류 직송에 대하여 규정하고 있다고 하여도 마찬가지이다).

원심이 이와 같은 입장에서 발행은행인 피고로서는 자신에게 제시하도록 된 통수의 선하증권원본만을 제시인의 처분권 아래에 보유하거나 제시인에게 반송할 의무가 있다고 판단한 것은 정당하고, 거기에 신용장대금의 지급거절시 발행은행의 서류반환범위에 대

260) 대법원 2003. 11. 14. 선고 2002다7770 판결.

한 법리오해의 위법이 없다. 이 부분 상고도 이유 없다.

Case 06-24	지급의무가 없을 경우 발행은행의 제시서류 반환의무 및 불일치통지 위반의 효과

Q 신용장에 부가된 특수조건의 불성취가 확정되어 지급의무가 발생하지 않는 경우, 신용장 발행은행은 제시서류를 반환하여야 할 의무가 있는가? 또한 제시서류의 불일치 사유로 지급거절을 할 경우 발행은행의 불일치사항에 대한 통지를 위반하였을 경우의 효과는 어떠한가?

S은행(원고, 상고인) 대 W은행(피고, 피상고인) 사건[261)]

한국 대법원의 판결

1. 신용장 서류 반환의무에 대하여 제5차 신용장통일규칙 제14조 디(d)항(UCP 600 제16조 d항)의 규정에 의하면, 신용장 제시서류에 하자가 있는 경우 신용장 발행은행은 제시된 서류를 제시인을 위하여 보관하든지 혹은 제시인에게 반송할 것이 요구되는바, 신용장 매입은행이 신용장 발행은행에게 선적서류 등의 신용장 서류와 환어음을 제시하였으나 그 신용장에 부가된 특수조건이 불 성취되는 것으로 확정되는 등으로 인하여 신용장 대금 지급의무가 발생하지 않는 경우 신용장 발행은행의 제시서류 반환의무에 관하여 신용장통일규칙 등에 명문의 규정은 없지만 위 규정 등을 유추하여 그 제시된 서류는 원칙적으로 신용장 서류 제시인 등에게 반환되어야 할 것으로 봄이 상당하지만, 위와 같은 경우에도 서류 제시인 등이 그 제시된 서류의 반환청구권을 포기하였다고 볼 만한 특별한 사정이 있는 경우에는 그러하지 아니하다(대법원 2000. 11. 24. 선고 2000다12983 판결 등 참조).
2. 원심판결[262)] 이유에 의하면, 원심은 피고 은행 다카지점이 이 사건 각 백투백신용장의 발행조건인 이 사건 특수조건이 성취되면 환어음을 인수하겠다는 취지로 원고 은행에게 통보한 것은 이 사건 각 백투백신용장 및 이로부터 파생된 환어음거래에 있어

261) 대법원 2008.9.11. 선고 2007다74683 판결.
262) 서울고법 2007. 9. 20. 선고 2005나52261 판결.

서 백투백신용장 발행 당시부터 예정되어 있던 조건을 통지한 것에 불과할 뿐, 이를 당초 당사자들 사이에 약정한 바 없는 새로운 조건을 부가하여 환어음을 인수하는 것이거나 인수를 거절한 것으로 볼 수는 없으므로, 피고 은행 다카지점이 신용장 서류 전체의 접수를 거절한 것으로 보아 그 서류를 즉시 원고 은행 등에게 반환할 의무가 있다고 할 수 없고, 또한 이 사건 각 백투백신용장의 발행은행인 피고 은행 다카지점이 그 신용장 서류를 제시받은 경우 그 서류가 일단 위 신용장의 문면에 합치되면 유에프엠으로 하여금 원자재를 미리 찾아 완제품을 생산할 수 있도록 하기 위하여 그 신용장 대금지급 이전에 이를 그 발행의뢰인인 유에프엠에게 교부할 것이 예정되어 있었고, 이 사건 각 백투백신용장의 수익자인 리플렉스 및 리조스도 이러한 점을 용인하고 있었으며, 나아가 그 매입은행인 원고 은행으로서도 위 신용장의 문면에 해당 마스터신용장에 대한 수출절차가 실현되는 것을 조건으로 그 신용장대금이 지급된다는 취지가 기재되어 있어 위와 같은 사정을 알았거나 알 수 있었으므로, 이 사건 각 백투백신용장의 수익자인 리플렉스 및 리조스는 이 사건 각 백투백신용장의 특수조건의 성취 여부에 관계없이 그 발행은행인 피고 은행 다카지점으로 하여금 백투백신용장 제시서류를 그 발행의뢰인인 유에프엠에게 바로 교부하도록 하기 위하여 이 사건 각 백투백신용장의 발행은행에 대한 관계에서는 백투백신용장 대금지급이 안 되는 경우라 할지라도 자신들의 서류반환청구권을 포기한 것으로 볼 만한 특별한 사정이 있고, 이 사건 각 백투백신용장의 매입은행인 원고 은행도 이러한 사정을 이미 용인하고 이를 매입한 것이라고 봄이 상당하므로, 결국 이 사건 각 백투백신용장이 그 특수조건의 불성취로 말미암아 지급되지 않게 되었다고 할지라도 그 매입은행인 원고 은행으로서는 그 발행은행인 피고 은행 다카지점에 대하여 제시된 백투백신용장 서류들의 반환을 청구할 수 없다는 취지로 판단하였다.

앞에서 본 법리와 기록에 비추어 살펴보면, 위와 같은 원심의 판단은 정당하고, 상고이유에서 주장하는 바와 같은 제5차 신용장통일규칙 제14조 디(d)항(UCP 600 제16조 d항)의 해석 및 신용장 서류반환의무에 관한 법리오해 등의 위법이 없다.

3. <u>제5차 신용장통일규칙 제14조 이(e)항(UCP 600 제16조 c항 및 f항)이 신용장 발행은행 등이 제시된 서류의 불일치를 이유로 서류의 수리를 거절하고자 하는 경우에 지체없이 제시인에게 그 불일치 사항을 통지하고 서류를 반송하는 등의 조치를 취하지 아니하면 발행은행은 그 서류가 신용장의 조건과 일치하지 않는다는 주장을 할 수 있는 권리를 상실한다는 취지로 규정한 것은, 신용장 제시 서류에 불일치가 있다 하여도 발</u>

행은행이 제시인에게 이를 통지하는 등의 조치를 취하지 아니하면 발행은행은 그 불일치를 주장하지 못하고 원래의 신용장 조건에 따른 대금지급의무를 부담한다는 것에 불과하고, 그 불일치 사항의 통지가 없다고 하여 신용장 수익자나 그 이후의 신용장 매입은행으로 하여금 종전에 없었던 새로운 권리를 취득하게 하는 것은 아니다(대법원 2000. 11. 24. 선고 2000다12983 판결 등 참조).

4. 원심판결 이유에 의하면, 원심은 피고 은행 다카지점이 서류송부은행인 원고 은행에게 이 사건 각 백투백신용장의 발행조건인 이 사건 특수조건과 동일하게 해당 마스터 신용장 대금을 지급받는 것을 조건으로 환어음을 인수하겠다는 취지를 통보하였다고 하여 이 사건 백투백신용장 서류 전체의 접수를 거절한 것이라고는 볼 수 없을 뿐만 아니라, 설령 피고 은행 다카지점이 신용장 제시서류의 불일치 사항을 통지하지 아니하여 어떠한 불일치 사항을 주장하지 못하게 되었다고 보더라도 이 사건 각 백투백신용장의 매입은행인 원고 은행으로서는 여전히 이 사건 각 백투백신용장 발행시에 약정된 대로 이 사건 특수조건이 성취되는 것을 조건으로 하여 이 사건 각 백투백신용장 대금을 청구할 수 있을 뿐, 제5차 신용장통일규칙 제14조 이(e)항(UCP 600 제16조 c항 및 f항)의 규정에 의하여 원고 은행에게 이 사건 특수조건 조항의 적용을 받지 않는 무조건적인 신용장 대금지급청구권이 발생하는 것은 아니라는 취지로 판단하였다.

앞에서 본 법리와 기록에 비추어 살펴보면, 위와 같은 원심의 판단은 정당하고, 상고이유에서 주장하는 바와 같은 제5차 신용장통일규칙 제14조 이(e)항(UCP 600 제16조 c항 및 f항)의 해석에 관한 법리오해 등의 위법이 없다.

Chapter 7

원본서류 및 사본

제17조 원본서류 및 사본

[Article 17] Original Documents and Copies

a. At least one original of each document stipulated in the credit must be presented.

b. A bank shall treat as an original any document bearing an apparently original signature, mark, stamp, or label of the issuer of the document, unless the document itself indicates that it is not an original.

c. Unless a document indicates otherwise, a bank will also accept a document as original if it:
   i. appears to be written, typed, perforated or stamped by the document issuer's hand; or
   ii. appears to be on the document issuer's original stationery; or
   iii. states that it is original, unless the statement appears not to apply to the document presented.

d. If a credit requires presentation of copies of documents, presentation of either originals or copies is permitted.

e. If a credit requires presentation of multiple documents by using terms such as "in duplicate", "in two fold" or "in two copies", this will be satisfied by the presentation of at least one original and the remaining number in copies, except when the document itself indicates otherwise.

번역

[제17조] 원본서류 및 사본

a. 적어도 신용장에 규정된 각 서류의 원본 1통은 반드시 제시되어야 한다.

b. 은행은 서류 그 자체가 원본이 아니라고 표시하고 있지 아니하는 한, 명백히 서류발행인의 원본서명, 표기, 스탬프, 또는 부전을 기재하고 있는 서류를 원본으로서 취급한다.

c. 서류가 별도로 표시하지 아니하는 한, 서류가 다음과 같은 경우, 은행은 서류를 원본으로서 수리 한다:
   i. 서류발행인에 의하여 수기, 타자, 천공 또는 스탬프된 것으로 보이는 것; 또는

ii. 서류발행인의 원본용지상에 기재된 것으로 보이는 것; 또는

iii. 제시된 서류에 적용되지 아니하는 것으로 보이지 아니하는 한, 원본이라는 명시가 있는 것.

d. 신용장이 서류의 사본제시를 요구하는 경우, 원본 또는 사본의 제시는 허용된다.

e. 신용장이 "2통"(in duplicate), "2부"(in two fold) 또는 "2통"(in two copies)과 같은 용어를 사용함으로써 수통의 서류제시를 요구하는 경우, 이것은 서류자체에 별도의 표시가 있는 경우를 제외하고, 적어도 원본 1통 및 사본으로 된 나머지 통수의 제시에 의하여 충족 된다.

해설

이 조는 원본서류의 인정범위와 사본서류의 제시요건에 대하여 규정하고 있다.

1. 원본서류의 제시 통수(17a)

이 조 a항은 신용장이 사본으로 서류제시를 허용하지 않는다면 각각 요구되는 서류는 적어도 원본 한 통이 제시되어야 한다고 규정하고 있다. 제시되어야 할 원본의 통수는 신용장, UCP 600 또는 서류 자체에 원본발행 통수를 명시한 경우에는, 그 서류상에 명시된 통수 이상이어야 한다.[263)]

가끔 신용장의 문언에서 신용장이 1통의 원본 또는 사본을 요구하는지 또는 그러한 요구가 1통의 원본 또는 사본에 의하여 충족되는지를 결정하는 것이 어려울 수 있다. 이와 관련하여 신용장이 서류제시 통수를 요구한 경우 다음과 같은 ISBP의 해석기준을 참조할 필요가 있다.

(1) "Invoice", "One Invoice", "Invoice in 1 Copy"는 송장 원본 1통이 요구되는 것으로 간주된다.

(2) "Invoice in 4 copies"는 적어도 송장 원본 한통 및 나머지 통수의 송장 사본의 제시에 의하여 충족된다.

(3) "One copy of Invoice"는 송장 사본 1통 또는 원본 1통의 제시에 의하여 충족된다.[264)]

263) ISBP 681, Para. 29.
264) ISBP 681, Para. 30.

2. 원본서류의 인정(17b)

이 조 b항에 의하면 은행은 서류자체에 원본이 아니라는 표시가 없는 한, 서류발행인의 원본서명, 표기, 스탬프, 또는 부전을 포함하고 있는 서류는 원본으로서 취급한다. 한 통 이상의 원본으로 발행된 서류는 "Original", "Duplicate", "Triplicate", "First Original", "Second Original" 등으로 표시될 수 있다. 이러한 표시가 없는 서류는 원본으로서의 자격을 상실한다.[265)]

운송서류에는 발행된 원본의 통수를 반드시 표시하여야 한다. "제1원본"(First Original), "제2원본"(Second Original), "제3원본"(Third Original), "원본"(Original), "부본"(Duplicate), "3부본"(Triplicate) 등 또는 유사한 표현이 표시된 운송서류는 모두 원본이다. 선화증권은 원본선화증권으로 수리되기 위하여 "원본"이라고 표시될 필요는 없다.[266)]

3. 원본서류의 수리요건(17c)

이 조 c항에 의하면 서류상에 별도의 표시가 없는 한 은행은 다음과 같은 서류를 원본으로 수리한다.

(1) 서류발행인의 수기, 타자, 천공 또는 스탬프된 것

(2) 서류발행인의 원본용지상에 기재된 것

(3) 제시서류에 적용하지 아니하는 것으로 명시되지 않는 한, 원본이라고 기재된 것.

ISBP는 이 조에 추가하여 "UCP 500 제20조 b항의 문언에서 원본서류의 결정"이라고 칭한 문서 제470/871호 수정본(Rev), 국제상업회의소 은행위원회 정책보고서는 원본에 관한 상세한 지침으로 추천되고 있으며 UCP 600에서 유효한 것이 된다.[267)]

정책보고서는 문서가 사진 복사나 팩스와 같은 명백한 사본이 아니라면 원본으로 추정되며 이는 은행에 의하여 관행적으로 원본으로 수리된다.

---

265) ISBP 681, Para. 28.

266) ISBP 681, Para. 93.

267) ISBP 681, Para. 33.

* 국제표준은행관행(ISBP 645) 부록에서의 원본서류의 결정기준

ISBP의 부록(appendix)에서는 UCP 500 제20조 b항(UCP 600 제17조 c항)의 문언과 관련하여 원본서류의 결정기준[268]에 대하여 다음과 같이 제시하고 있다.

은행은 서류 자체에서 원본이 아니라는 명시가 없는 한, 분명히 서류발행인의 서명, 표지, 스탬프 또는 부전을 포함하는 모든 서류를 원본으로 취급한다. 따라서 서류에 별도의 명시가 없는 한 다음과 같은 서류는 원본으로 취급 된다:

(A) 서류발행인에 의하여 수기, 타자, 천공 또는 스탬프된 것으로 보이는 것; 또는

(B) 서류발행인의 원본용지 상에 기재된 것으로 보이는 것; 또는

(C) 원본이라고 기재된 것, 다만 그 기재가 제시된 당해 서류에는 적용하지 않는 것으로 보이는 것은 제외한다(예컨대, 서류가 다른 서류의 사진 복사본으로 보이고 원본이라는 기재가 다른 서류에 적용되는 것으로 보이는 것).

1) 수기 서명된 서류

위의(A)에 따라 은행은 서류발행인에 의하여 수기 서명된 것으로 보이는 서류를 원본으로 취급한다. 예컨대 수기 서명된 환어음 또는 상업송장은 서류의 기타 구성요소의 일부 또는 전부가 미리 인쇄되었거나 카본 복사되었거나 또는 복사기, 컴퓨터 시스템에 의하여 생성되었는지 여부를 불문하고 원본으로 취급된다.

2) 모사 서명된 서류

은행은 모사(telefax) 서명을 수기서명과 동등하게 취급한다. 따라서 서류발행인의 모사서명을 포함하고 있는 것으로 보이는 서류는 원본서류로 취급된다.

3) 사진 복사본

은행은 다른 서류의 사진 복사본으로 보이는 모든 서류를 원본이 아닌 것으로 취급한다. 그러나 만약 사진 복사본이 서류발행인의 수기에 의하여 완성된 것으로 보이고 위의 (A)에 따라 그 복사본은 별도의 명시가 없는 한 원본으로 취급된다.

서류가 백지가 아닌 원래의 서식용지에 내용을 사진 복사하여 작성된 것으로 보이는 경우, 위의 (B)에 따라 사진 복사본은 별도의 명시가 없는 한 원본서류로 취급된다.

4) 모사 전송된 서류제시

은행은 은행의 모사 전송기로 생성된 모든 서류를 원본이 아닌 것으로 취급한다. 모사 전송에 의한 제시를 허용하는 신용장은 모사 전송에 의하여 제시되는 모든 서류의

원본제시를 위한 모든 요건을 포기하는 것이다.

5) 원본성을 명시하는 표현

위의 (A) 및 (C) 중의 하나 또는 양자에 따라 서류에 "원본"(original)이라는 단어가 스탬프 되어 있는 서류는 원본으로 취급된다. 서류에 "부본의 원본"(duplicate original) 또는 "세 통 중 의 제3본"(third of three)이라는 표현 또한 원본임을 명시하는 것이다.

원본성은 또한 서류에 동일한 기일 및 일자의 다른 서류가 사용되는 경우 무효라는 표현으로 명시될 수도 있다.

6) 원본이 아님을 명시하는 표현

서류에 다른 서류의 사실상의 사본 또는 다른 서류가 유일한 원본이라는 표현은 그 서류가 원본이 아님을 명시하는 것이다. 서류에 "고객용 사본"(customer's copy) 또는 "송화인용 사본"(shipper's copy)이라는 표현은 원본성을 부인하거나 인정하는 것도 아니다.

7) 원본이 아닌 것

다음 각 호의 경우에는 원본이 아닌 것으로 명시하는 것이다.

첫째, 팩스기계에 의하여 작성된 것으로 보이는 경우

둘째, 다른 서류의 복사에 의한 것으로 보이는 경우로 수기 표기에 의하여 완성되거나 고유한 서식용지로 보이는 것에 내용을 복사함으로써 서류가 완성되지 않은 경우

셋째, 서류상에 다른 서류의 진정한 사본 또는 다른 서류가 유일한 원본이라는 표현이 있는 경우

4 사본서류의 제시요건(17d)

이 조 d항은 사본의 제시에 대한 요구는 원본 또는 사본의 제시에 의해 충족될 수 있다는 것을 분명히 하고 있다. 사본은 복사를 포함하며, 서류의 사본은 서명을 요하지 아니한다.[269]

원본이 사본 대신에 수리되지 아니하는 경우, 신용장은 예를 들면, 송장의 사진 복사본-

---

268) ICC Banking Commission Policy Statement, Document 470/871(Rev), "The Determination of an "Original" document in the context of UCP 500 sub-Article 20(b)."

269) ISBP 681, Para. 32.

서류의 원본은 사진 복사본 대신에 수리되지 아니 한다. 신용장이 운송서류 사본을 요구하고 그 운송서류 원본에 대한 처분지시를 표시하는 경우, 운송서류 원본은 수리되지 아니한다.[270)]

5. 복본서류 통수의 충족기준(17e)

이 조 e항에 의하면 신용장이 "2통"(in duplicate) "2부"(in two fold) 또는 "2통"(in two copies)과 같이 복본의 서류제시를 요구하는 경우, 적어도 원본 1통 및 사본으로 된 나머지 통수를 제시하여도 된다.

신용장의 요구서류 중 "Commercial Invoice in three copies"와 같이 명시되어 있을 경우, 상업송장은 원본 1통과 사본 2통이 제시되어도 충족되며,[271)] 또는 원본 2통과 사본 1통 또는 원본 3통이 제시되어도 된다.

Case 07-01	원본서류상에는 반드시 "원본"이라는 단어가 표시되어야 하는지 여부

Q 원본서류로 간주되기 위하여 서류상에는 반드시 "원본"(original)이라는 단어가 표시되어야 하는가?

A 원본서류의 인정기준에 따라 작성되었거나 작성되어진 것으로 보이는 서류는 서류가 원본으로 또는 적절한 방법으로 서명되어졌다면 은행은 원본서류로 수리하여야 한다.[272)]

검토 신용장이 복본서류 통수의 충족기준과 같이 충분하게 통수제시를 규정하지 않았다면, 서류는 항상 원본여부를 표시해야만 한다. 서류는 화환신용장하에서 수리가능여부를 판단하는 자료 또는 운송정보로 이는 원본서류(original document)여야 한다.

발행의뢰인과 발행은행은 화환신용장의 저자라고 할 수 있다. 만일 그들의 의도가 상

270) ISBP 681, Para. 31.
271) ICC Banking Commission Pub. No. 632, R 440.
272) Query of The Japanese National Committee; ICC Document 470/ GE.8, October 3, 1994; UCP 600 Article 17-b.

업송장 또는 포장명세서가 분명하게 발행되고 원본이라고 표시되어야 한다면 이와 같은 조건은 준수되어져야 한다.

ISBP 645에서는 원본 및 사본 관련 지침으로 서류의 사본에 대한 서명여부에 대하여 언급이 없었고[273] 또한 UCP 500에서도 이와 관련된 규정이 없었으나 ISBP 681에서는 원본 및 사본 관련 지침에서 "서류의 사본은 서명을 요하지 아니 한다"라는 내용을 반영하여 사본의 서명인증에 대하여 명확히 하고 있다.

만일 신용장이 사본으로 서류제시를 허용하지 않는다면 각각 요구되는 서류는 적어도 원본 한 통이 제시되어야 한다. 제시되는 원본 통수는 신용장, UCP 600 또는 서류 자체에 원본이 발행통수를 명시한 경우에는 서류상에 명시된 통수 이상이어야 한다.[274]

신용장이 원본 또는 사본을 요구한 경우 신용장의 단어로 결정하거나 요구사항이 원본 또는 사본에 의하여 충족되는지를 결정하는 것이 어려울 수 있다

예를 들면, 신용장에서 "Invoice in 1 Copy"는 송장 원본 1통이 요구되는 것으로 간주된다. 또한 "Invoice in 2 copies"는 적어도 송장 원본 한통 및 나머지 통수는 송장 사본 제시로도 충족되며, "One copy of Invoice"는 송장 사본 1통 제시에 의하여 충족되지만, 본 의미에서는 사본 대신에 원본 1통을 수리하는 것이 국제표준은행관행이다.[275]

원본이 사본 대신 수리되지 아니하는 경우, 신용장은 "서류의 원본은 사진 복사본 대신 수리되지 아니한다" 또는 유사한 표현과 같이 하여 원본을 금지시켜야 한다.[276] 원본과 사본에 관한 상세한 지침에 관해서는 위에서 서술된 바와 같이 UCP 600 제17조에 추가하여 국제상업회의소 은행위원회 정책보고서 문서 470/871(Rev)을 추천한다.[277]

Case 07-02	복사, 자동화 또는 전산화된 시스템 또는 복사지에 의하여 작성된 서류의 원본서류 요건

Q 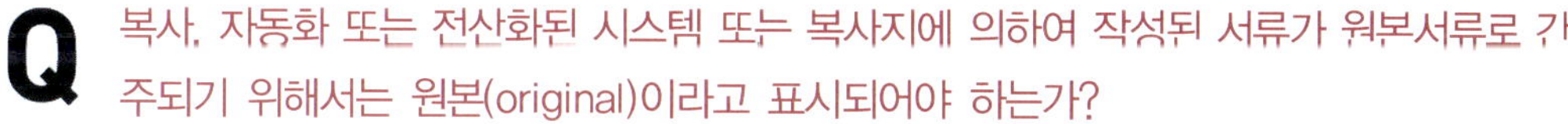

273) UCP 500, Article 20-c-i.
274) ISBP 681, Para. 29.
275) ISBP 681, Para. 30.
276) ISBP 681, Para. 31.
277) ISBP 681, Para. 33.

A 복사, 자동화 또는 전산화된 시스템 또는 복사지에 의하여 작성되는 서류가 원본서류로 간주되기 위해서는 특별히 원본이라는 표시를 할 필요가 있다.[278)]

검토 신용장이 복본서류(multiple documents) 제시를 요구할 경우 한통의 원본과 나머지 통수를 사본으로 제시하여도 이는 충족되어진다. 은행이 복사, 자동화 또는 전산화된 시스템 또는 복사지에 의해 작성되었거나 작성된 것으로 보여 지는 서류가 원본이라는 표시가 있고 또한 필요한 경우에 서명이 되어 있다면 수리할 수 있다.

이와 관련하여 *Glencore International AG v Bank of China* 사건[279)]에서 수기서명이 된 컴퓨터 프린트된 증명서의 백지용지 사진 복사본은 "원본"(original)이라는 표시가 없었기 때문에 거절되었다. 이에 대하여 법원에서도 원본이라는 표시가 없으므로 무효라고 판시하였다.

신용장거래에 있어 서류의 "원본성"에 관한 신용장통일규칙의 규정내용과 이에 대한 ICC 은행위원회의 Policy Statement는 지극히 상식적인 수준에서 이해되어야 한다. 서명이 존재(필요)하는 서류에 있어서 제일 중요한 부분은 서명부분이고, 검사증명서와 같은 증명서(certificate)에 있어서, 발행자의 서명은 반드시 필요한 것이라고 할 것인데, 여러 가지 서명방법이 가능하다 하더라도 "복사기로 서명을 복사(photocopy)하는 방법에 의한 서명"은 신용장통일규칙이나 국제표준은행관행에서도 인정되는 형태의 서명이 아니고, 서명이 필요함에도 불구하고 서명이 없는 상태에서 단순히 "원본"이라고 표시하였다고 하여 "원본"서류라고 볼 수는 없을 것이다.[280)]

Case 07-03	온라인으로 확인될 수 있는 참조사항을 포함하고 있는 원산지증명서의 원본 수리성

온라인으로 확인될 수 있는 참조사항을 포함하고 있는 원산지증명서(첨부된 송장과 함께)는 UCP 600 제17조에 따라 원본으로 수리될 수 있는가?

278) Query of Bank in Liechstentein; ICC Document 470/ GE.12, October 10, 1994.
279) [1996]1 Lloyd's Rep. 135.
280) 채동원, 전게서, 514면.

사례 및 쟁점 화환신용장이 요구하고 있는 서류는 다음과 같다:

"서명된 상업송장 원본 1통 및 사본 4통. 원본은 상업회의소에 의하여 증명되어야 한다. 물품의 xxx원산지로 표시하는 수익자 국가의 상업회의소에 의하여 발행되고 증명된 원산지증명서"

상업회의소에서 원산지증명서 발행을 신청하면서 수익자는 송장 2통을 제시하였다. 원산지증명서는 상업회의소에서 인쇄 되었다. 두통의 송장은 상업회의소에 의하여 "상업회의소 원산지증명서에 첨부"라고 뒷면에 스탬프 되어 있었다.

원산지증명서는 물품명세란에 "첨부된 송장과 같음"이라고 표시되어 있었다. 원산지증명서에는 상업회의소의 스탬프 및 서명이 되어 있었는데 이는 스캔된 형식으로 나타내고 있었다. [발행인의 명칭(로고), 즉 "xxx 회의소"는 서류상에 오렌지색 및 푸른색 두 개의 색으로 인쇄되었음을 주의] 게다가 원산지증명서는 "이 증명서의 온라인 확인을 위해서는 우리의 웹사이드를 방문 하세요"라는 문언이 포함된 것과 같이 "온라인 확인"을 할 수가 있다. 원산지증명서에는 "ID 확인"을 포함하여 확인되어질 수 있는 웹사이트 명칭이 포함되어 있다.

우리는 원산지증명서(첨부된 송장과 함께)가 UCP 600 제17조에 따라 원본으로 수리가 능한지 알고 싶다. 상업회의소의 스탬프가 있는 1통 및 추가 4통의 사본은 원산지증명서에 첨부된 스탬프된 송장에 추가적으로 제시되었다.

 이 서류는 신용장과 일치된다.[281)]

검토 UCP 600 제14조 a항은 지정에 따라 행동하는 지정은행, 확인은행(있는 경우) 및 발행은행은 서류가 문면상 일치하는 제시를 구성하는지 여부를 결정하기 위하여 서류만을 기초로 하여 제시를 심사하여야 한다고 규정하고 있다.

이 조항의 내용에 따라 온라인 확인이 가능하고 이와 같은 확인이 이루어 질 수 있는 웹사이트에 대한 원산지증명상의 참조사항은 은행이 서류의 일치를 결정하는데 있어 무시된다.

언급된 바에 의하면 서류는 원본에 대한 사본이라고 주장하지 않고 또한 그와 같은 증

281) ICC Pub. 732, R 745.

거도 보이지 않고 있다. 서류 발행인의 의도는 근거거래 및 신용장을 위하여 원본서류를 작성하려는 것이었다. 스캔된 서명에 대한 참조사항은 서류에 추가한 모사 방식의 서명을 표시하는 것으로 나타내고 있다.

수익자의 송장은 서류 및 첨부하고 있는 서류상에 나타내는 상호참조에 의하여 원산지증명서 내용의 일부를 구성하고 있다. 이와 관련하여 전체 서류는 복사된 것이 아니고 또한 모두 하나의 서류 및 제17조의 목적을 위하여 원본을 나타내는 것으로 간주되어야 한다.[282)]

Case 07-04	원본전통 제시를 요구하는 신용장에서 두 번째 및 세 번째 선화증권의 원본표시가 없는 경우의 수리 여부

Q 해양선화증권 원본전통제시를 요구하는 신용장의 경우 두 번째 및 세 번째 선화증권상에 원본이라는 표시가 없다는 이유로 불일치 클레임이 허용될 수 있는가?

A "Duplicate" 및 "Triplicate"라고 스템프된 선화증권은 원본이라는 표시가 없다는 이유로 거절할 수 없다.[283)]

검토 이 사례에서는 신용장은 원본 3/3전통(full set of 3/3 originals ocean bills of lading)을 요구하였다. 여기에서 선화증권 각 한 통은 물품에 대한 권리를 부여하는 서류로 원본이다. 비록 선화증권에 원본이라는 표시가 없이 "부본"(Duplicate), "3부본"(Triplicate) 등과 같은 표시가 있더라도 이는 사본이라는 의미가 아니고 원본이다.

원본이 사본 대신 수리되지 아니하는 경우와 관련되는 지침으로 ISBP 681의 31항에서는 "신용장이 운송서류 사본을 요구하고 그 운송서류 원본에 대한 처분지시를 표시하는 경우, 운송서류 원본은 수리되지 아니 한다"라는 내용을 반영하고 있다.

한 통 이상으로 발행된 서류는 "Original", "Duplicate", "Triplicate", "First Original", "Second Original" 등으로 표시될 수 있다. 이러한 표시가 없는 서류는 원본으로서의 자격을 상실한다.[284)]

282) *Ibid.*
283) Query of National Bank of Kuwait; ICC Document 470/ GE.14, November 18, 1994.

Case 07-05	신용장거래에서 "원본"서류의 개념과 판단기준

 신용장거래에서 "원본"서류의 개념과 그 판단 기준은 무엇인가?

J은행(원고, 피상고인)·J공사(승계참가인, 피상고인) 대 E공사(피고, 상고인) 사건[285]

 한국 대법원의 판결

1. 국제적인 신용장거래에서 원본(Original) 서류의 개념과 그 판단 기준에 관하여 이 사건 신용장 거래에 적용되는 제5차 개정 신용장통일규칙(Uniform Customs and Practice for Documentary Credits, ICC Publication No. 500 Effective January 1, 1994. : UCP 500, 이하 '신용장통일규칙'이라 한다) 제20조는 b항(UCP 600 제17조)에서 "신용장에 별도의 명시가 없는 한 은행은 또한(also) 다음과 같은 방법으로 발급되었거나 발급된 것으로 보이는 서류를 원본으로 수리하여야 한다. ⅰ. 복사시스템, 자동화시스템, 컴퓨터시스템 등에 의하여 발급된 것, ⅱ. 탄소복사지로 발급된 것, 다만 이들 서류는 원본이라는 표시가 있고 또한, 필요한 경우에는 서명이 있어야 한다. 서류는 자필, 팩시밀리 서명, 천공서명, 스탬프, 부호 또는 기타 모든 기계식 또는 전자식 증명에 의하여 서명할 수 있다."고 규정하고, c항 ⅰ호는 "신용장에 별도로 약정되지 않는 한, 은행은 사본이라고 부기되어 있거나 원본이라는 표시가 없는 서류는 사본으로 수리하며, 사본에는 서명이 필요하지 않다."고 규정하고 있다.
2. 신용장통일규칙의 원본 서류에 대한 규정의 해석과 관련하여, 국제상업회의소(International Chamber of Commerce, ICC) 은행기술실무위원회(Commission on Banking Technique and Practice, 이하 '국제상업회의소 은행위원회'라 한다)는 "1999. 7. 12. 자 신용장통일규칙 제20조 b항의 원본의 의미에 대한 결정[The determination of an 'Original' document in the context of UCP 500 sub-Article 20(b), 12 July 1999, Document n° 470/871 Rev. 29 July 1999]"이라는 폴리시 스테이트먼트(Policy statement)를 통하여, "신용장통일규칙 제20조 b항(UCP 600 제17조)의 '원본 표시'라는 조건은 해당 서류에 그 작성자가 그 문서를 사본이 아닌 원본으로 취급되도록 하려는 의사를

284) ISBP 681, Para. 28.
285) 대법원 2002. 6. 28. 선고 2000다63691 판결.

나타내는 어떠한 표시를 하거나 텍스트에 그에 관한 기술이 있으면 충족되고, 따라서 어떤 문서가 전자적으로 저장된 것으로부터 출력되어 백지에 인쇄된 경우 원본이라고 표시되어 있거나, 레터헤드(letterhead, 회사명·주소 등 서류 용지 윗부분의 인쇄문구)를 포함하고 있거나, 수기로 표시되어 있다면, 통일규칙 제20조 b항(UCP 600 제17조)에서의 '원본이라고 표시된 것'에 해당되며, 따라서 서류에서 달리 명시되지 않는 한, 서류 작성자의 수기로 쓰여지거나, 타이핑되거나, 천공되거나, 스탬프된 것으로 보이는 문서, 서류발행자의 고유양식용지에 작성된 것으로 보이는 것, 원본이라고 쓰여진 것은 원본으로 취급되고, 이는 국제적 표준은행거래관습에 기초한 것"이라고 판단하였다.

3. 국제상업회의소 은행위원회의 위와 같은 결정의 취지와 신용장통일규칙 제20조 b항(UCP 600 제17조)의 규정 중 'also'라는 단어의 의미에 비추어 이 규정이 서류의 원본성 판단에 관하여 사본으로부터 원본을 구별하는 포괄적이거나 배타적인 규정으로 보이지 않는 점 등에 비추어, 신용장거래에서 신용장통일규칙의 해석상 서류의 원본성을 판단할 때에는 '과연 서류의 작성자가 이 서류를 원본으로 작성하려는 의도에서 작성하였는가'에 의하여 판단되어야 할 것이므로, 서류 작성자의 그와 같은 의도, 즉 서류를 원본으로서 작성하려는 취지가 서류의 문면상 표시된 경우에는 신용장통일규칙 제20조 b항(UCP 600 제17조)의 규정과 관계없이 원본이라는 표시가 필요하지 않다고 봄이 타당하다. 그러므로 예를 들면, 서류 작성자가 수기로 서명한 서류(hand signed documents), 수기서명과 같은 것으로 취급되는 전자서명이 있는 서류(예, facsimile signed documents), 기타 서류 작성자의 서명으로 인정되는 표시, 스탬프, 또는 작성자의 라벨이 있는 서류, 서류 작성자의 레터헤드를 포함하고 있으면서 작성자의 서명이 있거나, 수기로 원본임이 표시된 서류 등은 신용장거래상 원본으로 취급되고, 신용장통일규칙 제20조 b항에서 요구하는 '원본' 표시는 필요하지 않다고 보아야 할 것이다.
4. 이 사건의 경우, 원고가 발행은행에 송부한 신용장 관련서류 중 상업송장과 포장명세서는 타이프에 의하여 작성되고, 서류 작성자에 의하여 스탬프 방식에 따른 서명이 포함되어 있으며, 피고가 문제로 삼는 이 사건 검사증명서의 경우도 타자기가 아닌 워드프로세서로 작성된 것으로 보이기는 하지만, 서류의 작성명의인이 되는 위해수출입공사의 레터헤드가 포함된 용지에 작성된 서류로서 신용장조건에 서류의 작성자로 지명된 류우웨홍이 자필로 서명하고, 나아가 개인인장이 날인되어 있으므로, 이들 서류의 경우 작성자의 의도가 '원본'을 작성하려는 것임이 명백하고, 따라서 달리 서류 문면상에 '원본'이라는 추가적인 표시는 필요하지 않다고 보아야 할 것이므로, 원심[286]이 이

사건 검사증명서에 '원본'의 표시를 요한다고 판단한 부분은 신용장거래상 서류의 원본성에 대한 법리를 오해한 위법을 저지른 것이라고 보지 않을 수 없다.[287]

Case 07-06	추가서명 없이 복사본에 스탬프로 "원본"이라고 표시한 검사증명서의 원본인정 여부

Q 서명을 포함하여 복사한 후 추가적인 서명이 없이 그 복사본 위에 스탬프로 "원본"(ORIGINAL)이라는 단어만을 잉크로 찍은 검사증명서를 신용장거래에서 원본으로 볼 수 있는가?

W은행(원고, 상고인) 대 DY사(피고, 피상고인) 사건[288]

한국 대법원의 판결

1. **판결요지** : 신용장거래에 있어서 대금지급을 위한 필요서류로 흔히 요구되는 검사증명서(Inspection Certificate)는 그 성질상 서명이 요구되는 서류로서, 신용장통일규칙 제20조 b항(UCP 600 제17조 c항) 및 그에 관한 유권해석인 국제상업회의소 은행기술실무위원회의 '1999. 7. 12.자 신용장통일규칙 제20조 b항의 원본의 의미에 대한 결정'이라는 제목의 폴리시 스테이트먼트(Policy Statement)에 따르는 한, 발행인의 서명을 포함한 검사증명서의 내용 일체를 복사기를 이용하여 일반 백지에 복사한 다음 그 복사본 위에 스탬프를 이용하여 '원본(ORIGINAL)'이라는 단어만을 잉크로 찍는 방법으로 작성된 경우 신용장통일규칙 제20조 b항(UCP 600 제17조 c항)에서 인정하는 방식의 추가적인 서명이 없는 이상 그 복사본을 원본으로 볼 수는 없다.
2. **판결이유** : 신용장 거래에 있어서 발행은행은 수익자나 매입은행 등으로부터 지급을 위하여 제시받은 선적서류가 문면상 신용장 조건과 일치하는지의 여부를 정해진 기간 내에 조사·확인하여 만일 거기에 불일치가 있으면, 그것이 사소한 것이어서 그 서류에 의하더라도 충분히 신용장 조건이 의도하는 목적을 충족시킬 수 있는 등의 특별한

286) 서울지법 2000. 10. 10. 선고 99나71619 판결.
287) 본 판례에서 "원본서류 및 사본"과 관련된 내용은 UCP 600 제17조를 참조하기 바람.
288) 대법원 2004. 6. 10. 선고 2003다42053 판결.

사정이 인정되는 경우를 제외하고는 발행의뢰인의 명시적인 지시가 없는 한 신용장대금을 지급하지 말아야 하고, 발행은행이 이에 위반하여 임의로 불일치의 흠이 있는 서류의 수리를 결정하거나 혹은 상당한 주의를 기울여 서류를 조사하지 않음으로써 흠이 있는 서류에 의하여 신용장대금을 지급한 것이라면 발행은행은 원칙적으로 발행의뢰인에 대하여 그 대금의 결제를 청구할 수 없다.

그리고 신용장거래에 있어서 대금지급을 위한 필요서류로 흔히 요구되는 검사증명서(Inspection Certificate)는 그 성질상 서명이 요구되는 서류로서, 신용장통일규칙 제20조 b항(UCP 600 제17조 c항) 및 그에 관한 유권해석인 국제상업회의소 은행기술실무위원회의 '1999. 7. 12.자 신용장통일규칙 제20조 b항의 원본의 의미에 대한 결정'이라는 제목의 폴리시 스테이트먼트(Policy Statement)에 따르는 한, 발행인의 서명을 포함한 검사증명서의 내용 일체를 복사기를 이용하여 일반 백지에 복사한 다음 그 복사본 위에 스탬프를 이용하여 '원본(ORIGINAL)'이라는 단어만을 잉크로 찍는 방법으로 작성된 경우 신용장통일규칙 제20조 b항에서 인정하는 방식의 추가적인 서명이 없는 이상 그 복사본을 원본으로 볼 수는 없다 할 것이다.

원심[289]은 그의 채용 증거들을 종합하여, 그의 판시와 같은 사실을 인정한 다음, 원고가 수령한 필요서류 중 발행의뢰인(수입자)인 피고 대영국제상사 주식회사(다음부터 '피고 회사'라고 한다) 발행의 검사증명서 3부가 모두 동일한 복사기로 백지에 복사한 복사본에 불과한 상황에서 각 그 우측 상단에 'ORIGINAL'이라는 붉은색 스탬프가 찍혀 있다는 사정만으로 이를 원본으로 볼 수 없고, 더욱이 검사증명서에 선박명, 선적일자, 출항일자 등 기재사항 일부가 누락되거나 일부 지운 흔적이 있을 뿐만 아니라 3부 모두 피고 회사의 대표이사인 피고 전임표의 서명까지 포함한 문서 전체가 복사된 다음 'ORIGINAL'이라는 스탬프가 찍혀진 점을 고려할 때 위 'ORIGINAL'이라는 표시 역시 피고 전00 이외의 자에 의하여 현출된 것이라고 봄이 상당하다고 전제하여 결국 원고가 상당한 주의를 기울여 조사를 하지 않음으로써 그러한 흠이 있는 그 서류에 의하여 신용장대금을 지급하였으므로 발행의뢰인인 피고 회사나 그 연대보증인인 피고 전임표에게 그 대금의 결제를 청구할 수 없다고 판단하였다.

원심이 인정한 사실관계에서는 원심의 그 판단은 위의 법리에 따른 것으로서 정당하고, 거기에 신용장거래에 있어서 원본 서류의 판단에 관한 법리를 오해하였다는 위법사유가 없다. 상고이유의 주장들을 받아들이지 아니한다.

289) 서울지법 2003. 6. 27. 선고 2002나60367 판결.

Chapter 8

상업송장

제18조 상업송장

[Article 18] Commercial Invoice

a. A commercial invoice:

  i. must appear to have been issued by the beneficiary (except as provided in article 38);

  ii. must be made out in the name of the applicant (except as provided in sub-article 38 (g));

  iii. must be made out in the same currency as the credit; and

  iv. need not be signed.

b. A nominated bank acting on its nomination, a confirming bank, if any, or the issuing bank may accept a commercial invoice issued for an amount in excess or the amount permitted by the credit, and its decision will be binding upon all parties, provided the bank in question has not honoured or negotiated for an amount in excess of that permitted by the credit.

c. The description of the goods, service or performance in a commercial invoice must correspond with that appearing in the credit.

번역

[제18조] 상업송장

a. 상업송장은:

  i. 수익자에 의하여 발행된 것으로 보여야 하며(제38조에 규정된 경우는 제외함);

  ii. 발행의뢰인 앞으로 작성되어야 하며(제38조 g항에 규정된 경우는 제외함);

  iii. 신용장과 동일한 통화로 작성되어야 하며; 그리고

  iv. 서명을 필요로 하지 아니한다.

b. 지정에 따라 행동하는 지정은행, 확인은행(있는 경우) 또는 발행은행은 신용장에 의하여 허용된 금액을 초과한 금액으로 발행된 상업송장을 수리할 수 있으며, 그 은행의 결정은 문제의 은행이 신용장에 의하여 허용된 금액을 초과한 금액으로 인수·지급 또는 매입하지 아니하였을 경우 모든 당사자를 구속한다.

c. 상업송장상의 물품, 서비스 또는 이행의 명세는 신용장에 보이는 것과 일치하여야 한다.

해설

이 조는 상업송장의 필수적인 요소를 규정하고 있다. 특히 UCP 600에서는 종전 규정에 비하여 중대한 변경은 없지만, 새로운 내용은 "물품명세" 그 자체에 추가하여 "서비스 또는 이행"(service or performance)의 명세를 포괄하여 그 범위를 확장하고 있다.

1. 상업송장의 발행요건(18a)

이 조 a항에 의하면 상업송장의 발행요건은 수익자가 발행하고, 발행의뢰인 앞으로 작성되어야 하며, 신용장과 동일한 통화로 작성되어야 하고 또한 상업송장은 서명을 필요로 하지 아니한다고 하고 있다.

이 조항에서 "상업송장은 신용장과 동일한 통화로 작성되어야 한다"라는 것은 UCP 500 제37조에서 없던 것으로 UCP 600에서 추가된 요건이다. 신용장에서 요구되지 않은 한, 송장은 서명되거나 일자기재를 필요로 하지 아니한다.[290)]

상업송장에서는 수익자나 발행의뢰인의 주소가 포함되는 것을 요구하지 않고 있다. UCP 600 제2조는 "발행의뢰인"(applicant)의 의미를 "신용장이 발행되도록 요청하는 당사자"로 정의하고 있지만, 신용장에서 지정된 당사자로 제한하지는 않는다. 발행의뢰인을 매수인(buyer)으로 단정하면 아니 된다. 왜냐하면 발행의뢰인은 신용장에서 지정되지 않은 실체(은행과 같은)일 수도 있기 때문이다.

신용장이 상업송장의 제시를 요구하는 경우, "송장"(invoice)이라는 명칭의 서류는 수리된다. 추가적인 정의 없이 송장을 요구하는 신용장은 제시된 모든 형태의 송장, 즉 상업송장(commercial invoice), 세관송장(customs invoice), 세무송장(tax invoice), 최종송장(final invoice), 영사송장(consular invoice) 등에 의하여 충족된다. 그러나 "가송장"(provisional invoice), "견적송장"(pro-forma invoice) 또는 유사한 것으로 확인된 송장은 수리되지 아니한다.[291)]

2. 신용장금액 초과발행 상업송장(18b)

이 조 b항은 화환신용장에 의해 허용된 금액을 초과한 금액으로 발행된 상업송장은 지정은행, 확인은행(있는 경우) 또는 발행은행에 의하여 수리가능하다는 변화를 반영하고 있다. 다만 문제의 은행이 신용장에 의하여 허용된 금액을 초과한 금액으로 인수·지급 또는 매입하지 아니하여야 하며, 이 때 그 은행의 수리결정은 모든 당사자를 구속한다.

---

290) ISBP 681, Para. 62.
291) ISBP 681, Para. 57.

UCP 500의 표현은 암묵적으로 서류의 거절을 장려한 것으로 여겨졌으나, 반면에 UCP 600에서는 수리될 수 있다는 점을 강조하고 있다.

3. 상업송장의 물품, 서비스 또는 이행의 명세(18c)

이 조 c항에서는 "상업송장상의 물품, 서비스 또는 이행의 명세는 신용장에 보이는 것과 일치하여야 한다"라고 규정하여 UCP 600에서는 UCP 500 제37조 c항의 "물품명세" 그 자체에 추가하여 "서비스 또는 이행"(service or performance)의 명세를 포괄하고 있다.

이 경우에 "일치하는"의 기준을 적용하는 것은 다음과 같이 ISBP에서 확립되고 있다.

첫째, 송장의 물품, 서비스 또는 이행의 명세는 반드시 신용장의 명세와 일치하여야 한다. 완전일치가 요구되지는 아니한다. 예를 들면, 물품의 세부사항은 함께 대조하는 경우 신용장에서의 그것과 일치하는 물품의 명세를 표시한 송장 내의 많은 영역에 표시될 수 있다.[292]

둘째, 송장의 물품, 서비스 또는 이행의 명세는 반드시 실제로 선적된 물품이 반영되어야 한다. 예를 들면, 트럭 10대와 트랙터 5대와 같이 두 가지 유형의 물품이 신용장에 기재되어 있는 경우, 신용장이 분할선적을 금지하고 있지 않는 한, 트럭 4대의 선적만을 표시한 송장은 수리될 수 있다. 신용장에 명시된 것과 같이 전체의 물품명세가 표시되고, 실제로 선적되어진 물품을 명시한 송장 또한 수리될 수 있다.[293]

셋째, 송장은 반드시 선적된 물품 또는 제공된 서비스 또는 이행의 금액을 증명하고 있어야 한다.[294]

넷째, 무역거래규칙이 신용장의 물품명세의 일부이거나, 또는 금액과 관련하여 명시된 경우, 송장은 반드시 특정된 무역거래규칙을 명시하여야 하며, 또한 명세가 무역거래규칙의 출처를 규정하는 경우, 반드시 동일한 출처가 확인되어야 한다(예를 들면, "CIF Singapore Incoterms® 2010"이라는 신용장조건은 "CIF Singapore Incoterms" 등에 의하여 충족되지 아니 한다). 수수료 및 비용은 반드시 신용장 및 송장에서 명시된 거래조건에 대하여 표시된 금액 속에 포함되어야 한다. 이러한 금액을 초과하여 표시된 모든 수수료 및 비용은 허용되지 아니한다.[295]

다섯째, 송장에 기재된 물품의 수량, 중량 및 용적은 기타 서류상에 나타나는 동일한

292) ISBP 681, Para. 58.
293) ISBP 681, Para. 59.
294) ISBP 681, Para. 60.
295) ISBP 681, Para. 61; Incoterms® 2010에 준하여 표현하였음.

수량과 상충되어서는 아니 된다.[296)]

Case 08-01 송장상의 물품명세와 신용장조건상의 물품명세와의 일치 여부

Q 송장상의 물품명세와 신용장 조건상의 물품명세와의 일치 여부는?

사례 및 쟁점 C국에 있는 어떤 회사인 우리의 고객은 S국에 있는 회사(이하 매도인으로 함)로부터 Brazilian Extracted Toasted Soybean Meal를 구매하였다. 결제는 취소불능 신용장으로 하기로 하였고 계약서에 약정된 물품명세는 다음과 같다:

- Profat: min 45/46 per cent
- Rejectable if below 43 per cent protein.

신용장의 물품명세는 "Profat: min 45/46 per cent; protein 43 per cent 이하인 경우 발행의뢰인의 선택으로 거절할 수 있다"는 내용이 포함되었다. 매도인에 의하여 제시된 송장은 "Profat: 45.56 per cent, protein 43.60 per cent"라고 표기되어 있고, 또한 매도인에 의하여 제시된 SGS 증명서는 동일한 백분율의 수치를 증명하고 있었다. 발행은행은 신용장 조건과 백분비율 불일치라는 이유로 서류를 거절하였다. 이러한 상황에서 발행은행이 서류 거절권을 행사할 수 있는지 여부를 알고 싶다.

A "Profat: 45.56 per cent" 및 "protein 43.60 per cent"이하이면 거절할 수 있다는 최소 백분율을 포함함으로써 이는 최소, 즉 수리할 수 있는 최소치를 나타낸다. 이 신용장하에 제시되어진 서류는 개별적인 기준의 실제 백분율을 반영하여야 한다.

제시된 서류는(송장 및 SGS 증명서) 선적된 물품에 관하여 "실제" 백분율을 나타내고 있다. profat의 수치가 45.56%는 45%/46%의 최소 수치 위에 있으며 45%가 실질적인 최소 수치이다. 단백질 수치는 43.60%로 이는 또한 43%의 거절기준 위에 있다.

위의 언급된 문서에서 표시된 백분율은 언급된 최소 기준의 위에 있기 때문에 동 신용장 조건하에서 수리될 수 있다.[297)]

---

296) ISBP 681, Para. 63.
297) ICC Pub. 660, R 583.

검토 상업송장은 운송서류 및 보험서류(CIF 및 CIP 규칙의 경우)와 마찬가지로 매도인이 매수인에게 제공되어야 하는 무역서류로 신용장거래에서 물품의 가격 그리고 물품명세와 같은 중요한 정보를 포함하고 있다. 신용장발행 의뢰인은 신용장 발행의뢰시 이와 같은 서류를 수익자가 제시할 것을 반드시 요구하게 된다.

이와 같이 상업송장은 계약물품이 신용장조건에 일치되게 인도되었는가를 입증할 수 있는 서류에 해당되므로 상업송장에 표기된 물품명세는 반드시 신용장의 물품명세와 일치하여야 한다.

이 사례에서 물품명세가 제시된 송장에서 "Profat: 45.56 per cent, protein 43.60 per cent"라고 표기된 것은 신용장조건에서 거절기준인 "Profat: min 45/46 per cent; protein 43 per cent"범위 내에 있으므로 기재된 명세가 상충되는 것으로 볼 수 없다.

홍콩의 Wing Hang Bank로부터 "포장명세서가 물품의 명세를 표시하지 않고 상업송장상의 명세와 일치된다는 내용의 세부 명세(물품 수량, 스타일 번호, 상업송장 번호)를 표시할 경우 이를 불일치로 간주할 것인가"라는 질의에 대하여 ICC 은행위원회는 "불일치로 보지 않는다. 그 이유는 상업송장과 포장명세서의 기재 내용 간에 충분한 연계(sufficient link)가 있음을 파악할 수 있으면 족하기 때문이다"[298]라고 하였다. 포장명세서는 운송서류, 보험서류 또는 상업송장 이외의 서류이므로 서류 상호간 또는 서류와 신용장간 상충되지 않으면 UCP 600 제14조 f항에 규정하고 있는 서류의 범주에 속하므로 제시한 대로 수리되는 서류가 된다.

실제로 인도된 물품이 매매계약에 일치하더라도, 상업송장에 표기된 물품명세가 신용장의 물품명세와 불일치하거나 불명확한 경우 은행은 이러한 서류를 거절하게 된다. 따라서 상업송장상의 물품, 서비스 또는 이행의 명세는 신용장에 보이는 것과 반드시 일치하여야 한다.

또한 ICC 은행위원회에 질의한 사례[299]로 어떤 신용장이 5통의 상업송장을 요구하였는데, 제시된 상업송장상의 수량은 송장 4통에는 85.162 M/T, 나머지 1통에는 88.162 M/T이라고 기재되어 있었는데, 이 경우 불일치로 볼 수 있는지 여부에 대하여 ICC는 만일 상업송장 5통을 요구하였다면 원본 1통 및 사본 4통 모두는 모든 점에서 일치되어야 하며 모든 제시 서류가 상호간 일치되지 아니하였다면 불일치로 보아야 한다는 의견을 제시하였다.

---

298) Query of Wing Hang Bank Ltd., Hong Kong; ICC Document 470/GE.6, November 15, 1994.
299) ICC Pub. 489, Case 202.

서류를 심사함에 있어 상업송장에 기재된 물품의 수량, 중량 및 용적은 기타 서류상에 나타나는 동일한 수량과 상충(conflict)되지 않고, 상업송장 이외의 서류에서 물품, 서비스 또는 이행의 명세가 신용장상의 명세와 상충되지 아니하는 일반용어로 기재될 수 있다는 점을 유념할 필요가 있다.

Case 08-02 신용장상의 물품명세와 상업송장상의 물품명세와의 일치 여부

Q 신용장조건상의 물품명세와 상업송장상의 물품명세와의 일치 여부는?

사례 및 쟁점 USD24,192.00에 대하여 UCP 500을 준거로 하는 신용장이 J국 B은행이 H국 W사를 수익자로 하여 발행되고 물품명세는 "Men's suede jackets, plain suede fabric"으로 규정하고 있었다.

수익자에 의하여 제시된 상업송장은 "Men's suede jackets (imitation suede with 100 per cent polyester knitted backing) plain suede fabric"이라는 물품명세가 표시되었다. 10월 14일 발행은행은 "상업송장 상의 물품명세가 신용장의 물품명세와 다르다"는 이유로 서류를 거절하였다.

우리(S은행인 매입은행)는 괄호 속의 자구는 단지 물품명세를 묘사하고 설명하는 것에 불과한 것임으로 발행은행의 주장에 동의할 수 없으며, 전체적으로 상업송장의 물품명세가 신용장의 명세와 일치된 것으로 믿고 있다. 우리는 우리의 견해, 관련된 UCP 500 조항 및 ISBP 항목을 발행은행에 설명하였고 이 문제를 재검토하여 지급이행을 요청하였으나 발행은행은 괄호 속의 자구가 신용장에 명시된 본래의 물품명세를 변경하였다고 주장하고 있다.

11월 8일 수익자는 괄호 속의 유익한 세부사항의 필요성에 대하여 국내 상업회의소에 의하여 요구되었다는 것을 설명하는 서신을 발행은행으로 보냈다. 11월 20일 우리는 물품명세와 괄호 속의 자구와의 일치성의 증거로써 H국 상업회의소에 의하여 확인된 수익자의 진술서를 원산지증명서와 함께 발행은행으로 보냈다.

우리는 발행은행이 주장하는 불일치가 정당한지 여부에 관하여 ICC 은행위원회의 의견을 알고 싶다.

A 신용장의 물품명세는 "Men's suede jackets, plain suede fabric"이고, 송장의 물품명세는 "Men's suede jackets (imitation suede with 100 per cent polyester knitted backing) plain suede fabric"이다.

UCP 500 제37조 c항(UCP 600 제18조 c항)의 요건은 분명하다. 즉 상업송장상의 물품, 서비스 또는 이행의 명세는 신용장에 보이는 것과 일치하여야 한다. 괄호 속의 자구 추가는 신용장에서 물품명세의 부분이 아니다. "imitation"이라는 단어는 다른 물품의 카테고리 또는 분류를 나타내는 것으로, 이는 신용장의 물품명세로 나타내지 않는다. "imitation"이라는 단어를 추가함으로서 송장상의 물품명세와 신용장의 물품명세가 불일치된 것임으로 거절하는 근거가 된다.[300]

검토 신용장조건상의 물품명세와 상업송장상의 물품명세와의 일치성 어부와 관련하여 UCP 600 제18조 c항에서는 "상업송장상의 물품, 서비스 또는 이행의 명세는 신용장에 보이는 것과 일치하여야 한다"고 규정하고 있다.

물품명세 및 송장에 관련된 기타 일반사항과 관련하여 ISBP에서는 "송장의 물품, 서비스 또는 이행의 명세는 반드시 신용장의 명세와 일치하여야 한다. 완전일치가 요구되지는 아니한다. 예를 들면, 물품의 세부사항은 함께 대조하는 경우 신용장에서의 그것과 일치하는 물품의 명세를 표시한 송장 내의 많은 영역에 표시될 수 있다"[301]고 하여 UCP 600의 규정에 따른 물품명세의 서류심사기준을 신용장의 본질을 해하지 아니하는 범위 내에서 사소한 오탈자의 용인 및 기재영역 등에 대하여 구체적인 지침을 제시하고 있다.

또한 "송장의 물품, 서비스 또는 이행의 명세는 반드시 실제로 선적된 물품이 반영되어야 한다. 예를 들면, 트럭 10대와 트랙터 5대와 같이 두 가지 유형의 물품이 신용장에 기재되어 있는 경우, 신용장이 분할선적을 금지하고 있지 않는 한, 트럭 4대의 선적만을 표시한 송장은 수리될 수 있다. 신용장에 명시된 것과 같이 전체의 물품명세가 표시되고, 실제로 선적되어진 물품을 명시한 송장 또한 수리될 수 있다"[302]고 국제표준은행관행으로서 신용장의 서류심사기준을 제시하고 있다.

ICC 은행위원회는 상업송장에서 수익자의 주소에서 우편지역번호를 "2056" 대신에 "0256"으로 표기한 경우 오자로 인한 위험이 없고 명백한 타자의 오류임으로 불일치로

300) ICC Pub. 660, R 584.
301) ISBP, Para. 58.
302) ISBP, Para. 59.

취급되지 아니하는 것으로 해석하였고[303] 송장의 주소에 포함된 텔렉스나 팩스 번호 등의 세부사항까지 신용장과 일치할 필요는 없으나 국가명이 다르게 표기될 정도로 신용장과 차이가 있는 주소의 표기는 불일치로 간주 된다[304]는 의견을 갖고 있다.

ICC에 질의한 사례[305]에서 신용장은 "Machinery as per Proforma Invoice No. … dated …"와 같이 적재물품에 대한 명세를 기재하도록 요구하였다. 제시된 서류는 신용장에 명시된 정확한 물품명세를 기재함과 동시에 "Goods are reconditioned as new"라는 문언이 추가로 기재되어 있었다. 은행은 그 서류를 거절하였다. 이 경우의 지급거절이 타당한지 여부에 대한 질의에 대하여 ICC는 UCP 규정[306]에 의거 수리될 수 없다고 답하였다. 왜냐하면 상업송장의 물품명세에 추가로 기재된 문언은 신용장상의 물품명세에 포함되지 않기 때문이다. 따라서 물품명세의 일부로서 "Goods are reconditioned as new"라고 신용장에 별도로 규정하지 아니하는 한 그와 같은 추가 문언이 포함된 서류는 거절될 수 있다는 공식의견을 밝혔다.[307]

한편 신용장상의 물품명세와 같이 상업송장상에도 기재하면서 추가로 모델명까지 상업송장에 기재하여 제시된 서류의 지급여부에 대한 질의에서 ICC는 UCP상에는 상업송장에 있어 신용장의 물품명세와 일치되는 물품명세에 추가하여 세부항목을 기재하는 것까지 금지하는 규정은 마련하고 있지 않다. 따라서 상업송장이 신용장명세를 기재하고 추가로 신용장에 언급 없는 세부적인 브랜드명을 기재하였다면 UCP의 범위를 벗어나지 아니한 것으로 본다는 공식의견을 밝혔다.[308]

신용장의 물품명세와 상업송장상의 견적송장 내용과 관련하여 ICC에 질의한 사례[309]로 신용장 상에는 물품명세를 기재하면서 "goods as per Proforma Invoice No. …"라는 문언이 추가되어 있었으나, 견적송장 양식은 첨부되어 있지 아니하였다. 수익자는 신용장조건대로 물품명세 외에 견적송장과 관련된 추가 문언을 기재한 상업송장을 제시하였

303) ICC Pub. 632, R 209.

304) ICC Pub. 632, R 223; 수익자 및 발행의뢰인의 주소가 모든 명시된 서류상에 보이는 경우 이들 주소는 신용장 또는 명시된 모든 기타 서류에 명시된 것과 동일할 필요는 없으나, 신용장에 언급된 각각의 주소와 동일한 국가 내에 있어야 한다. 수익자 및 발행의뢰인의 주소의 일부로서 명시된 연락처명세(모사전송, 전화, 전자우편 등)는 무시 된다; UCP 600 Article 14-j.

305) ICC Pub. 459, Case 265.

306) UCP 400, Article 41-c; UCP 500, Article 37-c; UCP 600, Article 18-c.

307) ICC Pub. 399, R. 80; Bank Meli Iran v. Barclays Bank(D.C.&O), 2 Lloyd's Rep. 367(1951).

308) ICC, Opinions of the ICC Banking Commission 1980-1981, ICC Publications S. A., 1981, (이하 ICC Pub. 399라 약칭한다).

309) ICC Pub. 489, Case 266.

다. 그러나 발행은행은 자신이 보관중인 견적송장과 제시된 상업송장을 대조하여 불일치 사항을 들어 서류수리를 거절하였다. 이에 대하여 매입은행은 발행은행의 수리거절의 부당함에 대하여 국제상업회의소에 질의하였다. 이에 대하여 국제상업회의소는 견적송장이 상업송장의 구성요소로 첨부되지 아니하였다면 신용장상의 물품명세와 그 외로 "goods as per Proforma Invoice No. …"라는 문언만 기재되어 있으면 족하다고 답하였다.

그러나 물품명세가 "Car Model T"로 명시된 신용장에서, 상업송장이 "Car Model T"에 추가하여 "Model Y"에 대한 명세가 기재한 것은 UCP범위를 벗어난 불일치 서류로 간주된다.[310)]

이상과 같은 사례를 검토하여 볼 때, 신용장조건과 상업송장의 물품명세는 특히 발행은행의 입장에서 보면 엄밀일치원칙이 요구되고 있다. 상업송장의 기재사항에 신용장에서 요구하는 사항보다 부가적인 표현이 포함되는 경우, 이것이 신용장의 기재사항을 해하는 것이 아닌 경우에는 국제표준은행관행에 따라 용인될 수도 있지만, 신용장에서 요구하는 조건을 누락하여 기재하거나 신용장의 기재사항과 상충되는 경우에는 용인될 수 없는 것이다.

Case 08-03	상업송장 및 선화증권에 추가물품이 무상선적된 것으로 표시된 경우의 일치성 판단

Q 상업송장 및 선화증권에 추가물품이 무상으로 선적된 것으로 표시되고 있으면 불일치로 간주되는가?

사례 및 쟁점 신용장에서 제시된 상업송장 및 선화증권에 추가물품이 무상(no commercial value)[311)]으로 선적된 것으로 언급하고 있으면 불일치로 간주되는지 ICC가 다음의 사항에 대하여 조언하여 준다면 감사 하겠다:

수익자는 수출신용장에 커버되는 추가물품을 선적하였다. 상업송장과 선화증권에는 "No Commercial Value: Fruit Candy xxx CTNS by Applicant"라고 명시되고 있다. 신용

310) ICC Pub. 459, Case 132.
311) 대외무역관리규정 등에서는 무상(No Commercial Value) 대신 무환이라는 용어가 사용되고 있다. 이 경우 무환이란 외국환 거래가 수반되지 아니하는 것을 말하며, 보통 무환수출입 물품으로는 여행자 휴대품, 이사물품, 상품견본 등이 이에 해당된다.

장에서 어떠한 추가금액, 즉 신용장금액에 대하여 환어음 초과발행 지시도 없으며 관련된 인코텀즈규칙은 CIF이다.

위에서 언급된 추가적인 문언은 아래에서 설명된 이론적 근거로 보면 서류가 불일치하다고 생각하지 않는다. 여분의 부품 또는 추가물품과 같은 추가품목에 관련된 제공은 보통 당사자간에 합의되며 이것은 일반적으로 발행의뢰인이 대금을 지급하지 않기 때문에 발행의뢰인에게 이로운 것으로 보여 진다. 추가물품은 수익자의 이익 또는 혜택이 아니므로 발행의뢰인의 동의 없이 발행의뢰인에게 추가적인 품목들을 선적하지 않는다. 따라서 신용장 발행은행은 보통 이와 같은 점을 불일치로 간주하지 않는다.

더욱 중요한 것은, 신용장 발행은행은 수익자가 추가운임 또는 물품원가를 발행의뢰인에게 전가하는지 여부에 대하여 또한 심사하게 된다. 이런 점을 입증하기 위한 간단한 방법은 신용장과 관련된 인코텀즈규칙에 단가가 명시되었는지 여부를 확인하는 것이다. 물품의 단가가 신용장에 명시되었거나, 동시에 운임이 예를 들면, CFR 또는 CIF 규칙으로 매도된 것과 같이 이미 단가에 포함된 경우 추가적 운임(있는 경우), 또는 물품원가가 발행의뢰인에게 전가되지 않았음을 확인할 수 있다. 따라서 신용장 발행은행은 추가적인 정보를 불일치로 취급하지 않을 것이다.

같은 이유에서 신용장상에 단가가 표시되지 않았다면, 발행은행은 아마도 추가품목의 제공을 불일치로 간주할 지도 모른다. 이는 물품이 한 번에 전부 선적되지 않고 관련 운임이 예를 들면, CFR 또는 CIF 규칙과 같이 수익자가 부담하는 동시에 신용장금액에 대하여 초과발행하지 아니하는 경우, 추가운임 또는 심지어 물품원가가 발행의뢰인에게 전가될 수도 있었을 것이라는 가능성이 있기 때문이다.

본 사례에서 수익자는 발행의뢰인에게 다음과 같은 이유에 기초하여 수익자가 추가운임 또는 물품원가를 전가하지 아니한 것으로 나타내고 있다.

- 각 물품 유형에 따라 정해진 구체적인 단가(신용장의 단가와 동일한);
- 물품은 관련 선적운임이 수익자가 부담한 것으로 명시하고 있는 신용장 규정과 같이 CIF 규칙으로 매매됨; 또한
- 신용장금액을 초과하여 환어음을 발행하지 아니함, 즉 환어음 발행금액은 모든 추가품목이 실제 무상조건으로 선적된 것으로 명시하고 있는 신용장에 규정된 단가를 정확하게 반영하고 있음.

추가물품이 선적되는 경우 비록 무상이라고 하더라도 추가물품은 신용장의 물품명세 내에 반드시 언급되어야 한다.[312)]

검토 제37조 c항(UCP 600 제18조 c항)의 내용으로부터 도출할 수 있는 추론은 신용장 하에 선적되어진 물품은 그 안에 설명되었던 것들과 단적으로 관련이 있다. 질의자가 분명하게 기술했던 것처럼, 추가물품은 무상으로 선적되어질 수 있고 또한 서류가 그와 같은 물품이 추가비용(즉, 운임)을 유도하지 않는 명백한 증거가 될 수 있다는 사실이 신용장에서 수리 가능한 경우를 만들지 않는다.

추가물품의 쟁점은 비용에 관한 것보다 더 클 수 있다. 그와 같은 추가물품은 어떤 이유에서든 수입국 세관당국에 의하여 신용장에서 요구된 물품이 거절당하는 결과를 초래할지도 모른다.

신용장 요구사항에 추가적으로 선적되어지는 물품과 관련된 UCP 규정은 없다. 제18조 c항에서 "상업송장상의 물품, 서비스 또는 이행의 명세는 신용장에 보이는 것과 일치하여야 한다"라고 명시하고 있다.

따라서 비록 무상으로 서비스 부품 등을 제공하는 경우라 하더라도 신용장에 물품명세란에 구체적인 품목, 수량, 단가(비록 무상이라 하더라도) 등을 분명하게 명시하여야 할 것이다.

환어음 금액을 초과한 상업송장의 금액에 대한 지급여부와 관련하여 *Atari, Inc. v. Harris Trust Sav. Bank* 사건[313)]에서 수익자는 송장금액 USD2,120,679에 근거하여 USD395,391 상당의 일람출급환어음을 제시하였다. UCP에 준거하는 신용장금액은 USD1,500,000 이었다. 발행은행은 송장금액이 환어음금액을 초과하는 이유로 환어음지급을 거절하였다. 법원은 은행이 의존하는 UCP 규정[314)]이라 할지라도 은행으로 하여금 신용장에 허용하는 금액을 초과하여 발행한 환어음에 대하여 지급 거절하는 것을 허용하였다.

그러나 *North Beach Leather International, Inc. v. Morgan Guaranty Trust Co.* 사건[315)]에서 단일계약 하에서 금액 USD25,559.60을 결합하는 2개의 신용장이 발행되고 수익자는 총 금액을 1묶음으로 하여 10통의 송장을 제시하였다. 법원은 발행인이 신용장에

312) ICC Document 470/TA.523, March 2, 2002.
313) 40 UCC Rep. Serv. 1345, 599 F. Supp. 592(N.D. Ill. 1984).
314) UCP 600, Article 18-b.
315) UCC Rep. Serv. 2d 1227, 687 F. Supp. 127(S.D.N.Y. 1988).

허용된 금액을 초과한 금액에 대하여 발행한 송장을 거절할 수 있는 것으로 규정한 UCP 규정은 매도인 송장에 대한 거절을 정당화하지 아니하는 것으로 판시하였다.

한편 신용장금액 보다 부족한 상업송장 제시와 관련하여 ICC 은행위원회에 질의한 사례[316]에서 신용장조건은 FOB가액 USD256,000, 최대운임 USD136,000, 그리고 최대 보험료 USD4,000를 합하여 신용장금액이 CIF 규칙으로 USD396,000로 되어 있었다. 수익자가 제시한 상업송장상에는 FOB가액 USD244,000, 운임 USD128,000, 그리고 보험료 USD4,000을 합하여 CIF 규칙으로 USD376,000만을 청구하고 있었다.

그러나 확인은행은 상업송장상의 청구금액이 신용장금액보다 부족하다는 이유로 유보조건부로 수리하였다. 수익자는 이와 같은 처리가 합당한지 여부에 대한 질의에 대하여 ICC 은행위원회는 물품의 수량 및 단가는 신용장상의 수량 및 단가와 일치할 경우 신용장금액의 5% 범위 내에서 부족하게 환어음 및 송장을 발행할 수 있는 것으로 답하였다.

이와 관련하여 UCP[317]에서는 분할선적을 금지하는 신용장에 별도의 규정이 없거나 신용장이 일정한 개수의 포장 단위 또는 각개품목의 조건으로 수량을 규정하고 있지 아니한 경우에는, 5% 이내의 부족한 금액 범위 내에서 환어음 발행이 허용될 수 있으나 다만 신용장 상에서 물품의 수량을 규정한 경우에는 그러한 물품의 수량을 전부 선적하여야 하며, 또한 신용장에서 단가를 규정한 경우에는, 그 가격은 감액될 수 있는 것으로 규정하고 있다.

따라서 상업송장이나 환어음은 신용장금액 범위 내에서 발행하되 실제 송부되는 물품에 대한 상업송장의 수량과 단가는 신용장 조건과 일치되게 발행되어야 한다.

Case 08-04 신용장과 상업송장의 일치성 판단기준

신용장과 상업송장의 일치성 판단기준은 무엇인가?

E공사(원고, 상고인) 대 중국은행 (피고, 피상고인) 사건[318]

316) ICC Publication No. 459, Case 134.

317) UCP 600, Article 30-c.

318) 대법원 2009.12.24. 선고 2009다56221 판결.

A 한국 대법원의 판결

1. 신용장에 의한 거래는 서류에 의한 거래이고 직접적인 상품의 거래가 아니므로 신용장 거래는 그 기초가 된 상품의 매매계약과는 관계가 없는 전혀 별개의 거래로 취급되고, 그 거래의 이행은 신용장에 기재된 조건과 형식상 엄격하게 일치함을 요한다. 제6차 개정 신용장통일규칙(UCP 600) 제18조 c항은 "상업송장상의 물품, 서비스 또는 의무이행의 명세는 신용장상의 그것과 일치하여야 한다"고 규정하고, 제14조 a항에서 "지정에 따라 행동하는 지정은행, 확인은행이 있는 경우의 확인은행 그리고 발행은행은 서류에 대하여 문면상 일치하는 제시가 있는지 여부를 단지 서류 만에 의해서 심사하여야 한다", 같은 조 d항에서 "신용장, 서류 그 자체 그리고 국제표준은행관행의 문맥에 따라 읽을 때의 서류상의 정보는 그 서류나 다른 적시된 서류 또는 신용장상의 정보와 반드시 일치될 필요는 없으나, 그들과 저촉되어서는 안된다"고 규정하여 그와 같은 취지를 나타내고 있다.
2. 따라서 신용장 발행은행은 발행의뢰인인 매수인을 대신하여 매도인에게 매매대금을 지급하는 지위에 있는 자로서 은행에 제시된 서류가 형식상 신용장 조건과 엄격하게 합치하는지 여부를 상당한 주의를 기울여 심사할 의무가 있고 이러한 의무를 다함으로써 책임을 면하게 되는바, 여기에서 상당한 주의라 함은 상품거래에 관한 특수한 지식경험이 없는 은행원으로서의 일반적인 지식경험에 의하여 기울여야 할 객관적이고 합리적인 주의를 가리킨다.

   다만, 신용장 첨부서류가 신용장 조건과 문언대로 엄격하게 합치하여야 한다고 하여 자구 하나도 틀리지 않게 완전히 일치하여야 한다는 뜻은 아니며, 자구에 약간의 차이가 있더라도 그 차이가 경미한 것으로서 문언의 의미에 차이를 가져오는 것이 아니거나 단지 신용장에 표시되어 있는 상품의 기재를 보완하고 특정하기 위한 것으로서 신용장 조건을 전혀 해하는 것이 아님을 문면상 알아차릴 수 있는 경우에는 신용장 조건과 합치하는 것으로 보아야 하고, 그 판단은 구체적인 경우에 신용장 조건과의 차이가 국제표준은행관행(ISBP)에 비추어 용인될 수 있는지 여부에 따라야 한다(대법원 2006. 5. 12. 선고 2004다34158 판결 참조).
3. 원심[319)]이 인용한 제1심이 인정한 사실관계에 의하면, 이 사건 신용장의 물품명세에 'SIZE 0-100 MM 100PCT'라고 기재되어 있는 사실, 이 사건 1차 지급요구시 제시된

319) 서울고법 2009. 6. 11. 선고 2008나100529 판결.

상업송장에는 물품명세의 기재가 전혀 없었고, 분석증명서(CERTIFICATE OF ANALYSIS)에 'Size Analysis 0-50 MM 75.21%'라고 기재되어 있는 사실, 피고는 1차 지급요구시 제시된 서류 중 상업송장에 물품명세 자체가 기재되지 않았다는 이유로 신용장대금의 지급을 거절하였고, 이에 외환은행은 분석증명서에 기재된 내용 즉, 'Size Analysis 0-50 MM 75.21%'를 그대로 옮겨 적어 보완한 상업송장을 제시하여 2차 지급 요구한 사실을 알 수 있는바, 2차 지급요구시 제시한 상업송장에 기재된 물품명세는 75.21%가 0~50mm 사이에 분포한다는 것일 뿐 나머지 24.79%에 해당하는 물품 크기(SIZE)에 대하여는 아무런 언급이 없으므로, 그 실질적인 내용에 있어서 신용장 조건과 상업송장의 기재가 일치한다고 할 수 없다.

같은 취지의 원심의 판단은 위 법리에 따른 것으로 정당하고, 거기에 신용장 및 관련서류의 일치에 관한 법리오해 등의 위법이 없다.

Case 08-05	상업송장의 물품명세가 일부 일치, 일부 불일치한 경우 일치된 물품 해당금액만 지급할 수 있는지 여부

Q 상업송장의 물품명세가 일부 물품에 대해서는 일치하고 다른 물품에 대해서는 불일치할 경우 발행은행은 일치된 물품에 해당되는 금액만 지급할 수 있는가?

J공사(원고, 상고인) 대 피고 1외 2인(피고, 피상고인) 사건[320]

 **한국 대법원의 판결**

1. 상업송장의 상품명세에 기재된 "HAIR TAIL"(갈치), "YELLOW CONVINA, WHITE CONVINA"(조기), "CHUB MACKEREL"(꽁치), "COD"(대구), "EASTERN FLAT HEAD"(양태) 등은 모두 그 단가가 "US$2,200"이어서 신용장에 기재된 "OTHER KIND OF FISH"(단가 US$2,800)와 일치한다고 볼 수 없고, 또한 이것들은 모두 어류로서 신용장에 기재된 "TOP SHELLS AND OTHERS"의 "OTHERS"에 해당한다고도 볼 수 없으므로, 상업송장이 신용장 조건과 문면상 일치하지 아니한다.
2. 상품은 선화증권과 상환으로만 인도받을 수 있는데 한 장의 상업송장에 대해서는 한

320) 대법원 2006.5.12. 선고 2004다34158 판결; 원심판결: 부산고법 2004. 6. 3. 선고 2003나11547 판결.

장의 선화증권이 발행되므로, 신용장 조건과 상업송장의 상품명세가 일부 상품에 대해서는 일치하고 다른 상품에 대해서는 불일치하다고 인정되면 발행은행은 전체 금액에 대하여 지급거절을 하여야 하며, 일부에 대한 지급거절을 할 수 없고, 제시된 선적서류가 신용장 조건과 일부 일치하지 아니하여 발행은행으로서는 마땅히 신용장 대금의 지급을 전부 거절하였어야 하는데도 이를 간과하고 대금을 지급해 버린 경우, 그 위험은 발행은행이 부담하여야 하고 신용장 발행의뢰인에게 대지급한 신용장 대금의 상환을 청구할 수 없다.

검토 이와 같이 상업송장의 물품명세가 일부 물품에 대해서는 일치하고 다른 물품에 대해서는 불일치할 경우 일치된 물품에 해당되는 금액만을 지급할 수는 없다. 따라서 신용장에 의한 서류심사에서 부분승낙(수리)에 의한 지급은 용인되지 아니한다.

한편 영국 법원이 신용장조건에 없는 물품명세가 추가 기재된 상업송장과 관련하여 발행은행의 지급거절을 인정한 사례로 Glencore International A.G. v. Bank of China 사건[321]에서 신용장상의 물품명세는 "Commodity : LME registered brand primary unalloyed aluminium … Origin : any western brand"이었는데 수익자가 제시한 상업송장상의 물품명세 중 원산지에 대한 표기는 "Origin : Any western brand-Indonesia"(Inalum Brand)로 기재되어 있었다. 발행은행은 원산지가 "Indonesia"(Inalum Brand)라고 기재된 상업송장은 "western brand"라고 요구한 신용장조건과 불일치 한다는 이유로 이를 거절하였다. 원고인 수익자는 피고인인 발행은행의 지급거절이 부당하다고 소송을 제기하였으나 영국 법원 원심이 인정하지 않아 이를 항소하였다. 항소심에서 릭스(Rix, J.)판사는 "any western brand"라는 표현은 광의의 명세이며, 추가 단어인 "Indonesia"(Inalum Brand)는 오직 구체적인 브랜드를 표기한 것으로 볼 수 있으므로 이 사건에서의 신용장조건과 상업송장의 불일치에 대하여 지급 거절할 수 있다고 판시한 원심 판결은 타당하다고 하여 항소를 기각하였다.

또한 미국 법원이 신용장조건에 없는 물품명세가 추가로 기재된 상업송장과 관련하여 신용장발행인이 지급 거절한 판례로 Sunlight Distribution, Inc. v. Bank of Communications 사건[322]에서 수익자가 인도하여야 할 전화기에 대한 신용장상의 물품명세는 "MOTOROLA 8900X-2(ETACS) PORTABLE RADIO TELEPHONE"이라고 요구하고 있었으나 실제 수익자가 제시한 상업송장은 "S3410A MOTOROLA 8900X-2 (ETACS) PORTABLE RADIO

321) 1 Lloyd's Rep. 135(Com Ct. and C.A. 1996); Haward N. Bennett, "Strict Compliance under U.C.P. 500," *Lloyd's Maritime and Commercial Law Quarterly*, LLP Ltd., 1997, p. 10.

322) 94 Civ. 1210(S.D.N.Y. 1995).

TELEPHONE"이라고 기재되었기 때문에 발행인은 지급 거절하였다. 이에 대하여 수익자는 소송을 통하여 UCP 규정을 들어 발행인은 모든 서류들은 상당한 주의를 가지고 점검하고 지급하여 줄 것을 주장하였다. 이 사건에서 법원은 상업송장과 신용장간의 물품명세에 초점을 두고[323] 주의 깊은 수익자는 신용장에 일치되게 단어 그대로 물품명세를 기재하여야 할 것을 지적하고 서류점검상의 주의 의무는 발행인에게 분명한 불일치를 양해하도록 요구하는 것은 아니기 때문에 수익자가 제시한 상업송장은 신용장과 불일치된다고 판시하였다.

323) UCP 600, Article 18-c.

Chapter 9

운송서류

제19조 적어도 두 가지 다른 운송방식을 표시하는 운송서류

[Article 19] Transport Document Covering at Least Two Different Modes of Transport

a. A transport document covering at least two different modes of transport (multimodal or combined transport document), however named, must appear to:

i. indicate the name of the carrier and be signed by:

- the carrier or a named agent for or on behalf of the carrier, or
- the master or a named agent for or on behalf of the master.

Any signature by the carrier, master or agent must be identified as that of the carrier, master or agent.

Any signature by an agent must indicate whether the agent has signed for or on behalf of the carrier or for or on behalf of the master.

ii. indicate that the goods have been dispatched, taken in charge or shipped on board at the place stated in the credit, by:

- pre-printed wording, or
- a stamp or notation indicating the date on which the goods have been dispatched, taken in charge or shipped on board.

The date of issuance of the transport document will be deemed to be the date of dispatch, taking in charge or shipped on board, and the date of shipment. However, if the transport document indicates, by stamp or notation, a date of dispatch, taking in charge of shipped on board, this date will be deemed to be the date of shipment.

iii. indicate the place of dispatch, taking in charge or shipment and the place of final destination stated in the credit, even if:

a) the transport document states, in addition, a different place of dispatch, taking in charge or shipment or place of final destination, or

b) the transport document contains the indication "intended" or similar qualification in relation to the vessel, port of loading or port of discharge.

iv. be the sole original transport document or, if issued in more than one original, be the full set as indicated on the transport document.

v. contain terms and conditions of carriage or make reference to another source containing the terms and conditions of carriage (short form or blank back transport document). Contents of terms and conditions of carriage will not be examined.

vi. contain no indication that it is subject to a charter party.

b. For the purpose of this article, transhipment means unloading from one means of conveyance and reloading to another means of conveyance (whether or not in different modes of transport) during the carriage from the place of dispatch, taking in charge or shipment to the place of final destination stated in the credit.

c. i. A transport document may indicate that the goods will or may be transhipped provided that the entire carriage is covered by one and the same transport document.

ii. A transport document indicating that transhipment will or may take place is acceptable, even if the credit prohibits transhipment.

번역

[제19조] 적어도 두 가지 다른 운송방식을 표시하는 운송서류

a. 적어도 두 가지의 다른 운송방식을 표시하는 운송서류(복합운송서류)는 그 명칭에 관계없이 다음과 같이 보여야 한다:

i. 운송인의 명칭을 표시하고 다음의 자에 의하여 서명된 것:

- 운송인 또는 운송인을 위한 또는 운송인을 대리하는 기명 대리인 또는
- 선장 또는 선장을 위한 또는 선장을 대리하는 기명 대리인.

운송인, 선장 또는 대리인의 모든 서명은 운송인, 선장 또는 대리인의 서명으로 확인되어야 한다. 대리인의 모든 서명은 대리인이 운송인을 위하여 또는 운송인을 대리하여 또는 선장을 위하여 또는 선장을 대리하여 서명한 것인지를 표시하여야 한다.

ii. 다음에 의하여 물품이 신용장에 명시된 장소에서 발송, 수탁 또는 본선선적 되었음을 표시하고 있는 것:

- 미리 인쇄된 문언, 또는
- 물품이 발송, 수탁 또는 본선 선적된 일자를 표시하는 스탬프 또는 부기.

운송서류의 발행일은 발송일, 수탁일 또는 본선선적일 및 선적일로 본다. 그러나 운송서류가 스탬프 또는 부기에 의하여 발송일, 수탁일 또는 본선 선적일을 표시하는 경우, 이 일자를 선적일로 본다.

iii. 비록 다음의 경우라 할지라도, 신용장에 명시된 발송지, 수탁지 또는 선적지 및 최종목적지를 표시하고 있는 것:
   a) 운송서류가 추가적으로 다른 발송지, 수탁지 또는 선적지 또는 최종목적지를 명시하는 경우, 또는
   b) 운송서류가 선박, 적재항 또는 양륙항과 관련하여 "예정된" 또는 이와 유사한 제한의 표시를 포함하는 경우.

iv. 단일의 운송서류 원본 또는 2통 이상의 원본으로 발행된 경우에는, 운송서류상에 표시된 대로 전통인 것.

v. 운송조건을 포함하거나 또는 운송조건을 포함하는 다른 자료를 참조하고 있는 것(약식/배면백지식 운송서류). 운송조건의 내용은 심사되지 아니한다.

vi. 용선계약에 따른다는 어떠한 표시도 포함하지 아니한 것.

b. 본 조를 위하여, 환적이라 함은 신용장에 명시된 발송지, 수탁지 또는 선적지로부터 최종목적지까지의 운송과정 중에 한 운송수단으로부터 양화 및 다른 운송수단으로 재적재하는 것을 말한다.

c. i. 운송서류는 전 운송이 하나의 동일한 운송서류에 의하여 커버된다면 물품이 환적될 것이라거나 또는 환적 될 수 있다고 표시할 수 있다.

ii. 신용장이 환적을 금지하고 있는 경우에도, 환적이 행하여 질 것이라거나 또는 행하여 질 수 있다고 표시하는 운송서류는 수리될 수 있다.

해설

이 조는 화환신용장이 적어도 두 가지 다른 운송방식에 의한 운송을 커버하는 운송서류, 즉 복합운송서류(multimodal transport document)의 제시를 요구할 경우 및 운송서류가 신용장에 언급된 수탁지 또는 항구, 공항 또는 적재지로부터 최종 목적지까지 선적을 커버하는 것으로 명확하게 표시하는 경우, 운송서류의 수리요건, 환적 및 환적명시 서류의 수리에 대하여 규정하고 있다. 이 규정은 운송형태 또는 운송수단을 불문하고 운송서류가 신용장에 명시된 발송·수탁·본선선적지로부터 최종목적지까지 전 운송을 커버하는 단하나의 서류를 취득하는 것에 관심을 두고 있다.

1. 복합운송서류의 수리요건(19a)

이 조 a항에서는 신용장이 복합운송서류의 제시를 요구한 경우 및 운송서류가 신용장에 언급된 수탁지 또는 항구, 공항 또는 적재지로부터 최종 목적지까지 선적을 커버하는 것으로 표시하는 경우에 운송서류의 명칭에 관계없이 은행이 수리하는 요건에 대하여 규정하고 있다.

복합운송서류의 명칭으로는 "Multimodal Transport Document", "Multimodal Transport Bill of Lading", "Combined Transport Bill of Lading", 또는 "Intermodal Transport Bill of Lading"등과 같이 다양하게 실무적으로 사용되고 있으나 UCP 600에서는 이러한 운송서류의 명칭과 관계없이 은행이 수리하는 요건에 대하여 규정하고 있을 뿐이다. 비록 신용장에서 "Multimodal Transport Document"라는 복합운송서류 표제의 명칭이 사용되더라도, 서류에는 "Combined Transport Document"라는 명칭사용도 허용된다는 의미로 볼 수 있다.[324)]

(1) 명칭 및 서명

이 조 a-i항에서는 복합운송서류의 발행자의 명칭(name) 및 서명(signature) 요건을 설정하고 있다.

첫째, 운송인의 명칭을 표시하고 운송인에 의하여 서명되거나, 운송인의 기명 대리인에 의하여 서명된 것이라야 한다.

둘째, 운송인의 명칭을 표시하고 선장에 의하여 서명되거나, 선장의 기명 대리인에 의하여 서명된 것이라야 한다.

셋째, 운송인, 선장 또는 대리인의 서명은 그 들 자신의 서명으로 확인되어야 한다.

넷째, 대리인의 서명은 운송인 또는 선장을 대리하여 서명한 것인지를 표시하여야 한다.

ICC의 운송위원회(Transport Commission)의 논의에서도 UCP 600의 취지에서와 같이 선장의 대리인이 서명하는 경우, 선장의 명칭까지는 요구되지 않는 것으로 보고 있다.[325)]

선장의 서명과 관련하여 ISBP는 "선장(함장)이 복합운송서류에 서명하는 경우, 선장(함장)의 서명은 선장(함장)으로서 확인되어져야 한다. 이러한 경우 선장(함장)의 명칭은 명시될 필요가 없다"[326)]라고 하고 있다. 또한, "대리인이 선장(함장)을 대리하여 복합운송서류에 서명하는 경우, 대리인은 반드시 대리인으로서 확인되어져야 한다. 이러한 경우

---

324) ISBP 681, Para. 69.
325) ICC Pub. 680, p. 83.
326) ISBP 681, Para. 71-b.

선장(함장)의 명칭은 명시될 필요가 없다"[327]라고 하여 선장의 서명에 대한 지침을 분명하게 제시하고 있다. 따라서 선장의 대리인이 서명하는 경우에 선장의 명칭을 표시하지 않아도 된다.

운송서류 발행자의 명칭은 "ABC Shipping Co., Ltd. As Carrier"와 같이 운송인의 자격(capacity)으로 발행되거나 "XYZ Ltd. As Agent for(or on behalf of) The Carrier, ABC Shipping Co., Ltd."와 같이 운송인을 대리하는 기명 대리인 자격으로 발행될 수 있다.

또한 운송서류에 서명하는 당사자는 운송인(carrier), 선장(master) 또는 대리인(agent) 자격으로 서명하는지를 표시하여야 한다. 그리고 당사자가 대리인 자격으로 서명한다면 서명하는 자격뿐만 아니라 그 대리인의 명칭이 포함되어야 한다. 운송서류에 서명하는 자의 자격에 관한 표시는 서명란에 나타나야 한다.

운송서류 발행과 관련하여 "운송인 자격" 및 "운송인의 대리인 자격"으로 발행되는 복합운송서류에 대한 발행자의 명칭과 서명 및 자격에 대한 표시의 예는 다음과 같다.

1) ABC Shipping Co., Ltd.가 운송인 자격으로 발행할 경우

ABC Shipping Co., Ltd. As Carrier

Gildong Hong

Gil-dong Hong, Manager

2) XYZ Ltd.가 ABC Shipping Co., Ltd.의 대리인 자격으로 발행할 경우

XYZ Ltd. As Agent

for The Carrier, ABC Shipping Co., Ltd.

Minho Kang

Min-ho Kang, Manager

또는

XYZ Ltd. on behalf of

The Carrier, ABC Shipping Co., Ltd.

Minho Kang

Min-ho Kang, Manager

327) ISBP 681, Para. 71-c.

(2) 발송·수탁·선적일자 및 발행일자

이 조 a-ii항에서는 운송서류에 신용장에 미리 인쇄된 문언 또는 물품이 발송된(despatched), 수탁된(taken in charge), 또는 본선 선적된(shipped on board) 일자를 표시하는 스탬프 또는 부기에 의하여 명시된 장소에서 물품이 발송되고, 수탁 또는 본선선적되었음을 표시할 것을 요구하고 있다. 운송서류의 발행일자는 발송일, 수탁일 또는 본선선적일을 표시하는 경우, 이 일자가 선적일로 간주된다.

또한 "외관상 양호한 상태로 선적됨"(shipped in apparent good order), "본선 적재됨"(laden on board), "무사고 본선적재"(clean on board) 또는 "선적됨"(shipped) 또는 "본선적재"(on board)와 같은 단어를 원용한 기타의 구절은 "본선 선적됨"(shipped on board)과 동일한 효력을 가진다.[328)]

(3) 발송·수탁 또는 선적지 및 최종목적지

이 조 a-iii항에서는 발송, 수탁 또는 선적 이전에 또는 신용장에 언급된 최종목적지(final destination) 이후에 물품의 항해와 관련된 다른 장소를 표시한 운송서류를 수리하는 것으로 규정하고 있다. 이는 운송인으로 하여금 화환신용장에 의해 예견되는 항해뿐만 아니라 물품의 전 항해를 커버하는 서류를 발행할 수 있도록 허용하는 것이다. 예를 들면, 유럽에서부터 홍콩까지의 선적을 커버하는 운송서류를 요구하는 화환신용장하에서 해상선박이 접근할 수 있는 도시가 아닌 스위스 베른(Bern, Switzerland)을 발송 또는 수탁지로, 마르세이유(Marseille)를 선적항으로, 홍콩(Hong Kong)을 양륙항으로 그리고 상하이(Shanghai)를 최종목적지로 명시된 운송서류는 수리 될 수 있다.[329)]

또한 운송서류가 발송, 수탁 또는 선적이, 설령 그 운송서류가 선박, 적재항(port of loading), 양륙항(port of discharge)과 관련하여 "예정된"(intended) 또는 이와 유사한 제한의 표시를 포함 하더라도, 신용장에 명시된 발송지, 수탁지 또는 선적지 및 최종목적지를 표시하고 있는 경우에도 수리될 수 있다.

신용장에서 수탁지, 발송지, 본선선적지 및 목적지를 위한 지리적 구역이 주어진 경우(예를 들면, 모든 유럽 항구), 복합운송서류에는 실제의 수탁지, 발송지, 본선적재지 및 목적지를 표시하여야 하며, 그러한 장소는 신용장에 명시된 해당 지리적 지역 또는 구역(geographical area or range) 이내이어야 한다.[330)]

328) ISBP 681, Para. 74.
329) ICC Pub. 680, p. 83.
330) ISBP 681, Para. 75.

(4) 원본제시 통수

이 조 a-iv항에서 규정된 바와 같이 운송서류는 단일의 운송서류 원본이어야 하며 또는 2통 이상의 원본으로 발행된 경우에는, 원본 운송서류상에 표시된 전통(full set)이 제시되어야 한다.

이 조가 적용되는 운송서류에는 발행된 원본의 통수를 반드시 표시하여야 한다. 제1원본(First Original), 제2원본(Second Original), 제3원본(Third Original), 원본(Original), 부본(Duplicate), 3부본(Triplicate) 등 또는 유사한 표현이 표기된 운송서류는 모두 원본이다.[331]

발행통수는 보통 운송서류의 앞면에 원본 선화증권 발행통수(Number of Original Bill of Lading) 기재란 또는 구절 중에 명시되어 있다. 예컨대, "3통"(Three), 또는 "2통"(Two)과 같이 복본으로 발행되고 있음을 나타내고 있다.

(5) 운송약관의 형식 및 조건

이 조a-v항에서는 운송조건(운송약관)을 포함하거나 또는 "약식"(short form) 또는 "배면백지식"(blank back) 운송서류와 같이 운송조건(운송약관)을 포함하는 다른 자료를 참조하도록 하는 형식의 운송서류는 수리되는 것으로 규정하고 있다. 은행은 운송조건(운송약관)의 내용은 심사하지 않는다.

"약식 또는 배면백지식 운송서류"란 보통 운송서류 원본의 뒷면에 운송조건(운송약관)이 표시되지 아니하고 동 조건이나 별도의 자료를 참조하도록 하는 것이다. 보통 운송서류 원본 뒷면에 운송조건(운송약관)이 표시되어 있으면 "정식"(long form) 운송서류이다.

(6) 용선계약 명시의 배제

이 조 a-vi항에서 운송서류는 용선계약에 따른다는 "어떠한 표시"(no indication)도 포함해서는 아니 된다고 규정하고 있다. "어떠한 표시"에 해당되는 운송서류는 "to be used with charter parties", "freight payable as per charter party" 또는 "charter party contract number ABC123"[332]과 같은 문언이 포함되어 있는 것으로, 이는 용선계약에 따른다는 명시를 포함하고 있는 것이므로 은행은 이와 같은 운송서류에 대해서는 수리를 거절한다.

2. 환적의 정의(19b)

이 조 b항에서는 두 가지 이상의 운송방식을 커버하는 운송서류를 요구하는 경우에 환

331) ISBP 681, Para. 70.
332) ICC Pub. 680, p. 84.

적의 정의를 하고 있다. 환적(transhipment)이란 신용장에 명시된 발송지, 수탁지 또는 선적지로부터 최종목적지까지의 운송과정 중에 한 운송수단으로부터 양화 및 다른 운송수단으로 재적재하는 것을 말한다. 여기에서 운송수단은 상이한 운송방식 여부를 불문한다.

3. 환적명시 서류의 수리(19c)

이 조 c항에 의하면 운송서류가 전 운송이 하나의 동일한 운송서류에 의하여 커버된다면, 즉 복합운송의 경우, 운송서류에는 물품이 환적 될 것이라거나 또는 환적 될 수 있다고 표시할 수 있다. 또한 신용장이 환적을 금지하고 있는 경우에도, 환적이 행하여 질 것이라거나 또는 행하여 질 수 있다고 표시하는 운송서류는 수리될 수 있다.

실무적으로 복합운송의 경우에는 여타 운송방식에 비하여 환적이 이루어지는 경우가 많으므로 신용장에 환적배제 조항이나 환적금지조건을 설정하는 것은 신용장의 조건과 실제의 물품운송 과정에서 상충될 소지가 있으므로 환적을 허용하더라도 물품의 성질에 따라 적화보험에서 환적에 따른 멸실 또는 손상 위험에 대하여 담보되는 보상범위를 설정하는 것이 바람직할 것이다.

Case 09-01	미리 인쇄된 문언에 의한 복합운송서류의 본선적재부기 관련 해석과 수리요건

 미리 인쇄된 문언에 의한 복합운송서류의 본선적재부기 관련 해석과 수리요건은?

사례 및 쟁점 신용장은 India에서 Istanbul로 선적을 증명하는 복합운송선화증권을 요구하고 있다. 제시된 복합운송선화증권은 다음과 같이 나타내고 있다:

Place of receipt: xxx(an inland place in India); pre-carriage: by rail

Port of loading: yyy(an Indian Port); Vessel: ABC

Port of discharge: Istanbul

Place of delivery: Istanbul

The document is also marked "CFS/CY."[333]

333) CFS(Container Freight Station): 컨테이너화물 조작장, CY(Container Yard) 컨테이너 야적장.

"서류에 인쇄된 문언은 다음과 같다: 수령지가 선화증권에 지정되고 물품이 선화증권에 의하여 기술되고 합의된 항로상에 언급된 지정 선적항 또는 수령지로부터 운송을 위하여 특정된 경우 및 언급된 지정 양화항에서 양화하거나 인도지에서 인도하는 경우 언급된 본선적재해양선박상 또는 모든 대체선박 또는 본선적재 피더선박 또는 기타 운송수단(철도 또는 트럭)으로 운송을 위하여 외관상 양호한 상태로 물품을 수령하였다."

지정은행은 UCP 500 제26조(UCP 600 제19조)하에서 서류를 수리하였으나 발행은행이 UCP 500 제26조 a항 ii호(UCP 600 제19조 a항 ii호)에 따라 서류가 물품이 발송, 수탁 또는 본선적재된 것으로 명시되어야 하거나 또는 별도의 본선 부기일을 포함하여야 한다는 규정에서 불일치를 발견하였다.

발행은행이 동일한 발행자(다국적 및 잘 알려진 선박회사)가 "Shipped"라는 단어로 시작하고 있는 인쇄된 문언을 포함하는 다른 복합운송선화증권 양식을 사용하였으므로 이 두 번째 양식의 존재는 제26조(UCP 600 제19조)에서 의도하는 첫 번째 양식의 불일치의 증거로 볼 수 있다.

지정은행은 "언급된 해양선박상에 운송을 위하여... 수령함"이라는 인쇄된 문언에서의 표현은 제26조(UCP 600 제19조)가 의도하는 것을 만족시키며 전체적으로 볼 때, 동일한 인쇄된 문언은 발행인이 수령장소로부터 복합운송으로 예상된 인도장소까지의 운송을 수탁하는 것을 증명하고 있는 것이라고 항변하였다.

어느 은행의 태도가 옳은지 ICC 은행위원회의 의견을 듣고 싶다.

A 선박회사가 둘 이상의 양식을 가지고 있다는 사실이 UCP의 특정 조항과 불일치하는 양식으로 간주되지 않는다. 서류는 신용장조건 및 UCP의 적용가능한 규정들이 문면상 나타내고 있는 자료의 수리가능성에 대하여 평가되어야만 한다.

신용장은 복합운송선화증권의 제시를 요구하였고, 서류는 "By Rail"로 첫 번째 운송방식으로 명시하고 있다. "received in apparent good order···"라는 명시는 물품이 수탁되었음을 명시하고 있는 UCP 500 제26조 a항 ii호(UCP 600 제19조 a항 ii호)의 요건과 일치하는 것이다. 지정은행의 주장이 옳다.[334)]

검토 UCP 600 제19조는, UCP 500 제26조와 달리, 적어도 두 가지의 서로 다른 운송

334) ICC Pub. 697, R 661.

방식을 커버하는 운송서류를 요구하는 신용장을 명확하게 제한하지 않는다. 형식의 조건에서, UCP 600 제19조는 명확하게 "적어도 두 가지의 서로 다른 운송방식을 커버하는 운송서류"의 의미로 정의되는 "combined transport documents"와 "multimodal transport documents" 두 가지 모두를 인정하고 있다.[335)]

복합운송서류는 명칭에 관계없이 미리 인쇄된 문언 또는 물품이 발송, 수탁 또는 본선선적된 일자를 표시하는 스탬프 또는 부기에 의하여 물품이 신용장에 명시된 장소에서 발송, 수탁 또는 본선선적 되었음을 표시하고 있으면 수리되고, 비록 운송서류가 추가적으로 다른 발송지, 수탁지 또는 선적지 또는 최종목적지를 명시하는 경우 또는 선박, 적재항 또는 양륙항과 관련하여 "예정된" 또는 이와 유사한 제한의 표시를 포함하는 경우라 할지라도, 신용장에 명시된 발송지, 수탁지 또는 선적지 및 최종목적지를 표시하고 있는 것은 수리된다.

복합운송서류의 본선적재부기와 관련하여 "외관상 양호한 상태로 선적됨," (shipped in apparent good order) "본선 적재됨,"(laden on board) 무사고 본선적재"(clean on board) 또는 "선적됨"(shipped) 또는 "본선적재"(on board)와 같은 단어를 원용한 기타의 구절은 "본선 선적됨"(shipped on board)과 동일한 효력을 가진다.[336)] 복합운송서류의 본선적재부기가 신용장조건을 충족하지 아니한 경우에는 불일치서류로 간주된다. 예를 들면, 수탁지의 항구와 선적항의 항구가 다른 경우에는 운송서류상에 선적항 및 선박명을 본선적재부기와 함께 명시하여야 한다.

Case 09-02	**수령장소, 적재항, 양륙항 또는 인도장소로 명시된 도시에 추가로 국가명칭 기재의 필요성**

Q UCP 또는 국제표준은행관행에서 수령장소, 적재항, 양륙항 또는 인도장소로 보이는 명시된 도시에 추가로 나타내기 위하여 국가명칭을 필요로 하는가? 또한 물품이 최종선적일 이전에 수령된 경우 최종선적일 이후 일자의 본선선적부기에 대한 효과는 어떠한가?

사례 및 쟁점 우리는 UCP 600에 준거하는 다음과 같은 명세의 화환신용장을 수령하였다:

335) Peter Ellinger and Dora Neo, *The Law and Practice of Documentary Letters of Credit,* Hart Publishing, 2010, pp. 259-260.

336) ISBP 681, Para. 74.

44A: PRAGUE, CZECH REPUBLIC

44E: HAMBURG, GERMANY

44F: ANY PORT IN CHINA

44C: 090331

46A: FULL SET OF MULTIMODAL TRANSPORT BILLS OF LADING ...

수익자는 다음 데이터가 표시된 복합운송선화증권을 포함하는 서류를 제시하였다:

Place of receipt: Prague

Port of loading: Hamburg, DE

Port of discharge: Shanghai

Received for shipment ...

복합운송서류는 2009년 3월 31일자로 발행되었고 추가적으로 다음과 같은 본선적재부기가 있었다:

"Shipped on board vessel X in Hamburg on 04/04/2009."

우리는 신용장 조건에 일치하는 것으로 판단하여 서류를 매입하였으나 다음과 같은 발행은행의 거절통지를 받았다:

"+ Late shipment

+ Transport route not per L/C ('Czech Republic' and 'China' not stated. DE stated i/o[337] 'Germany'."

우리는 SWIFT 메시지의 44C란은 신용장에서 요구하는 운송경로의 최초장소에서 최종선적일을 판단해야 되는 것이라고 답하였다. 신용장은 늦어도 2009년 3월 31일까지 Prague로부터 운송되는 것으로 명시하는 복합운송서류를 요구하였고, 그 운송서류가 2009년 3월 31일자로 발행되었으므로 이 조건이 충족되었다.

운송경로 자체에 대하여 우리는 신용장의 각 운송경로란에 명시된 국가는 운송서류 자체에도 이를 명시할 필요가 있는 명시요건이 아니라는 사실로 받아들였다. 물품이 신용장에서 요구된 장소에서 수탁(수령)되고 양화되었음이 분명한 것으로 보인다. Germany 대신에 DE를 사용한 것에 관하여 우리는 위와 같은 사실에도 불구하고 DE가 ISO 국가코드를 나타내고 있다는 것은 이에 대하여 은행들이 알고 있기 때문이라고 판단한다. 우

337) I/o는 "instead of"의 약어이다.

리의 견해로 이와 같은 코드의 사용은 분명하게 그 국가를 표시하고 있는 것이다.

발행은행은 선적일자에 대하여 UCP 600 제19조 a항 ii호, 즉 "그러나, 운송서류가 스탬프 또는 부기에 의하여 발송일, 수탁일 또는 본선선적일을 표시하는 경우, 이 일자를 선적일로 본다"가 적용되며 또한 운송경로에 대해서는 여전히 불일치가 유효한 것으로 간주한다고 답하였다. 우리는 반복하여 불일치에 대하여 반박하였으나 더 이상의 답을 받지 못하였다.

우리는 이와 같이 주장된 불일치가 타당한지 여부에 대하여 귀 위원회의 공식의견을 듣고 싶다.

제시된 서류는 신용장조건과 일치한다.338)

검토 UCP 600 제19조 a항 ii호에서 발췌하면 "물품이 신용장에 명시된 장소에서 발송, 수탁, 또는 본선선적 되었음을 표시하고 있는 것..." 또한 "운송서류의 발행일은 발송일, 수탁일 또는 본선선적일 및 선적일로 본다"고 서술하고 있다.

"그러나, 운송서류가 스탬프 또는 부기에 의하여 발송일, 수탁일 또는 본선선적일을 표시하는 경우, 이 일자를 선적일로 본다"라는 발행은행측의 불일치를 정당화하기 위한 언급은 단지 이러한 부기가 운송개시를 위하여 신용장에서 지정된 장소 또는 항구에서 발송, 수탁 또는 본선선적에 관련된다.

이와 같은 특별한 신용장에서 운송개시를 위한 장소는 Prague였고 복합운송서류에는 2009년 3월 31일 선적을 위하여 Prague에서 물품이 수령되었다고 명시되고 있었다. 본선적재 부기는 Hamburg에서 선박상에 적재된 것을 나타낸 것으로 이는 Prague에서 물품이 수령 및 물품운송 이후에 발생하는 것이다, Hamburg를 경유하여 Shanghai로 선적하기 위하여 Prague에서 물품수령을 명시하는 복합운송서류는 신용장 및 제19조 a항 ii호에 따라 수리가능한 것이다.

신용장 또는 국제표준은행관행에서 수령장소, 적재항, 양륙항 또는 인도장소로 보이는 명시된 도시에 추가로 나타내기 위하여 국가명칭 표시의 요건은 없다. "Czech Republic" 및 "Germany"라는 단어의 부재가 이와 같은 단어가 신용장에 명시되어 있다 하더라도 거절사유가 되지 않는다.

---

338) ICC Pub. 732, R 750.

"Any port in China"인 양륙항의 요건은 Shanghai가 중국내의 한 항구인 것과 같이 중국에 소재된 하나의 지정된 항구로 충족되는 것이다. Germany 대신 ISO 국가코드 DE의 사용은 데이터간 상충으로 간주되지 않는다.[339]

복합운송에서는 최초의 물품인도가 육상, 해상 등 다양한 장소에서 이루어질 수 있으므로 물품이 신용장에 명시된 장소에서 발송, 수탁 또는 본선적재가 된 것으로 표시할 수 있다. 특히 국제복합운송이 컨테이너 만재화물(FCL)인 경우의 운송에서는 물품인도가 주로 매도인(수익자)의 영업장 구내(premises) 또는 문전에서 이루어지므로 수탁(taking in charge)이 되며 수탁일자가 복합운송서류의 발행일자가 된다. 따라서 물품이 최종선적일 이전에 발송, 수탁 또는 본선적재가 된 경우에는 어느 경우에도 신용장의 선적조건이 충족되는 것이다.

Case 09-03 선적항 및 수탁지가 달리 명시된 선화증권의 수리가능성

Q 선적항과 수탁지가 달리 명시된 선화증권은 은행이 수리가능한가?

사례 및 쟁점 무사고 본선적재 해양선화증권 및 주요 유럽항구로부터 Singapore까지 선적을 요구하는 신용장에서 물품수탁지로 Antwerp CFS, 적재항으로 Rotterdam을 나타내고 있는 복합운송선화증권은 수리될 수 있는지 여부에 관하여 ICC 은행위원회의 의견을 알고 싶다.

이 신용장은 환적을 금지하고 있다.

A 적재항과는 다른 수탁지를 나타내고 있다고 하여 거절되어서는 아니 된다. Antwerp CFS에서 Rotterdam에로의 사전운송은 무방하다. 결정적인 것은 신용장조건에서 규정된 대로 틀림없이 주요 유럽항구인 Rotterdam에서 물품선적이 이루어졌다는 것이다. 환적문제는 Rotterdam이 실제적 항해 출발지이기 때문에 야기되지 않는다.

수탁지 Antwerp CFS와 인도장소 Singapore CFS에 대한 참조는 운송서류가 추가적으로 다른 발송지, 수탁지 또는 선적지 또는 최종목적지를 명시하는 경우, 또는 운송서

339) *Ibid.*

류가 선박, 적재항 또는 양륙항과 관련하여 신용장에 명시된 발송지, 수탁지 또는 선적지 및 최종목적지를 표시하고 있는 것은 UCP의 취지에 적격한 것이므로 수리가능하다.[340)]

검토 신용장이 적어도 두 가지 운송방식을 이용하는 운송을 커버하는 운송서류의 제시를 요구한 경우 및 운송서류가 신용장에 언급된 수탁지 또는 항구, 공항 또는 적재지로부터 최종목적지까지 선적을 커버하는 것으로 명확하게 표시하는 경우, UCP 600 제19조가 적용될 수 있다. 이러한 상황에서, 운송서류는 선적 또는 발송이 단지 한 가지 운송방식에 의하여 이행되어진 것으로 표시하여서는 아니 된다. 그러나 이용된 운송방식에 관하여 침묵할 수는 있다.[341)]

복합운송선화증권은 두 가지의 다른 운송형태를 증명하고 있기 때문에 환적이 이루어진다. 이 경우 환적금지된 운송서류 제시를 요구하는 것을 올바르지 않다. 운송서류(복합운송서류)는 그 명칭에 관계없이 운송서류가 추가적으로 다른 발송지, 수탁지 또는 선적지 또는 최종목적지를 명시하는 경우, 또는 운송서류가 선박, 적재항 또는 양륙항과 관련하여 "예정된" 또는 이와 유사한 제한의 표시를 포함하는 경우라 할지라도, 신용장에 명시된 발송지, 수탁지 또는 선적지 및 최종목적지를 표시하고 있는 것은 UCP 600 제19조 a항 iii호에 따라 수리된다.

또한 복합운송서류에는 물품이 신용장에 명시된 장소에서 발송, 수탁 또는 본선적재되었음을 표시하고 물품이 발송, 수탁 또는 본선적재된 일자를 표시하는 스탬프 또는 부기가 있어야 한다.

이 경우에 개별 운송형태별 적재증빙을 필요로 하는지 여부에 대한 ICC은행위원회의 공식의견은 UCP 600 제19조(질의 당시 UCP 500 제26조)가 복합운송서류의 발행인에게 특정 운송수단을 사용할 것을 강제하고 있지 않으므로 신용장이 복합운송서류의 제시를 요구하고 당해 서류가 UCP 600 제19조 및 신용장의 규정에 부합하는 경우 은행은 개별 운송과정의 증빙을 따로 요구할 필요가 없다고 하였다.[342)]

340) ICC Pub. 459, Case 95.
341) ISBP 681, Para. 68.
342) ICC Pub. 632, R 462.

Case 09-04	해상선화증권을 요구하였으나 복합운송선화증권 등의 다른 명칭을 사용한 선화증권의 수리 여부

Q 신용장에서 해상선화증권을 요구하였으나 복합운송선화증권 등의 다른 명칭을 사용하는 선화증권이 제시된 경우, 발행은행의 서류심사에 있어 UCP의 해상선화증권 관련조항이 적용되는 것인지 여부는?

H사(원고, 피상고인) 대 중국은행(피고, 상고인) 사건[343]

A 한국 대법원의 판결

1. 신용장통일규칙은 신용장에서 항구간의 선적에 적용되는 선화증권(Marine/Ocean Bill of Lading 또는 Port-to-Port Bill of Lading, 이하 '해상선화증권'이라 한다)을 요구하는 경우 신용장 관련 서류로서 갖추어야 할 요건에 대하여는 그 제23조(UCP 600 제20조)에서 규정하고, 신용장에서 적어도 두 가지 이상의 서로 다른 운송방식에 의한 운송서류(Multi-modal Transport Document 또는 Combined Transport Document, 이하 '복합운송증권'이라 한다)를 요구하는 경우 신용장 관련 서류로서 갖추어야 할 요건에 대하여는 그 제26조에서 규정하고 있으면서, 이들의 경우 신용장에서 별도로 명시하고 있지 않는 한 해당 운송서류의 명칭에 관계없이(however named) 신용장에서 요구한 각 운송서류에 해당하는 신용장통일규칙에 의한 요건을 모두 갖춘 이상 은행은 이를 수리하도록 규정하고 있으므로, 신용장 발행은행은 신용장에서 요구한 서류가 해상선화증권인데 수익자가 제출한 선화증권이 복합운송선화증권(Combined Transport Bill of Lading) 등의 다른 명칭을 사용하고 있다는 사유만으로는 신용장이 규정하고 있는 조건과 제출된 서류가 불일치한다는 이유로 신용장대금의 지급을 거절할 수 없고, 제출된 서류의 명칭과 관계없이 신용장에서 요구하는 운송서류의 종류에 따라 해당 운송서류가 신용장통일규칙이 정하고 있는 수리요건을 갖추었는지 여부를 가려 신용장대금의 지급 여부를 판단하여야만 한다.
2. 원심[344]은 이 사건 선화증권이 화물의 환적을 전제로 한 복합해상선화증권(Combined Transport Ocean Bill of Lading)이라고 하면서 이러한 증권에 관하여는 복합운송증권

343) 대법원 2002. 10. 11. 선고 2001다29469 판결.
344) 서울고법 2001. 4. 3. 선고 2000나59083 판결.

에 관한 신용장통일규칙 제26조(UCP 600 제19조)가 적용되어야 함을 전제로 판단하고 있다.

그러나 이 사건 선화증권의 표제는 '복합해상선화증권'이 아닌 '복합운송선화증권'으로서, 그 증권의 양식에 비추어 이는 두 가지 이상의 운송수단을 전제로 하고 있는 복합운송증권의 양식으로 보이는바, 이 사건의 경우 신용장에서 명시적으로 요구한 운송서류는 항대항 해상운송에 사용되는 무고장 해상선화증권(Clean On Board Ocean Bill of Lading)인 점은 위에서 본 바와 같고, 나아가 이 사건 화물이 두 가지 이상의 다른 운송방식, 즉 복합운송에 의한 운송이 이루어짐을 전제로 한 것이 아님은 신용장 및 그 관련 서류의 기재로 보아 분명하므로, 신용장의 발행은행으로서는 수익자인 원고가 신용장 관련 서류로 제시한 이 사건 선화증권이 그 명칭과 관계없이 해상선화증권에 관한 신용장통일규칙 제23조가 정하고 있는 수리 가능한 요건을 모두 갖추었는지 여부를 판단하여야만 할 것이다.

결국, 이 사건 선화증권의 표제에 복합운송(Combined Transport)이라는 문구가 들어 있음을 이유로{원심이 설시한 '해상(Ocean)'이라는 표현은 이 사건 선화증권의 표제에 들어 있지 않다.} 복합운송서류(Multimodal Transport Document)에 관한 신용장통일규칙 제26조가 적용되어야 한다고 판단한 원심판결에는 신용장통일규칙상 해상선화증권 등 운송서류의 수리요건에 관한 법리를 오해한 위법이 있고, 이는 판결 결과에 영향을 미쳤음이 분명하다.

제20조 선화증권

[Article 20] Bill of Lading

a. A bill of lading, however named, must appear to:

i. indicate the name of the carrier and be signed by:

• the carrier or a named agent for or on behalf of the carrier, or

• the master or a named agent for or on behalf of the master.

Any signature by the carrier, master or agent must be identified as that of the carrier, master or agent.

Any signature by the agent must indicate whether the agent has signed for or on behalf of the carrier or for or on behalf of the master.

ii. indicate that the goods have been shipped on board a named vessel at the port of loading sated in the credit by:

• pre-printed wording, or

• an on board notation indicating the date on which the goods have been shipped on board.

The date of issuance of the bill of lading will be deemed to be the date of shipment unless the bill of lading contains an on board notation indicating the date of shipment, in which case the date stated in the on board notation will be deemed to be the date of shipment.

If the bill of lading contains the indication "intended vessel" or similar qualification in relation to the name of the vessel, an on board notation indicating the date of shipment and the name of the actual vessel is required.

iii. indicate shipment from port of loading to the port of discharge stated in the credit.

If the bill of lading does not indicate the port of loading stated in the credit as the port of loading, or if it contains the indication "intended" or similar qualification in relation to the port of loading, an on board notation indicating the port of loading as stated in the credit, the date of shipment and the name of the vessel is required. This provision applies even when loading on board or shipment on a named vessel is indicated by pre-printed wording on the bill of lading.

iv. be the sole original bill of lading or, if issued in more than one original, be the full set as indicated on the bill of lading.

v. contain terms and conditions of carriage or make reference to another source containing the terms and conditions of carriage (short form or blank bill of lading). Contents of terms and conditions of carriage will not be examined.

vi. contain no indication that it is subject to a charter party.

b. For the purpose of this article, transhipment means unloading from one vessel and reloading to another vessel during the carriage from the port of loading to the port of discharge stated in the credit.

c. i. A bill of lading may indicate that the goods will or may be transhipped provided that the entire carriage is covered by one and the same bill of lading.

ii. A bill of lading indicating that transhipment will or may take place is acceptable, even if the credit prohibits transhipment, if the goods have been shipped in a container, trailer or LASH barge as evidenced by the bill of lading.

d. Clauses in a bill of lading stating that the carrier reserves the right to tranship will be disregarded.

번역

[제20조] 선화증권

a. 선화증권은 그 명칭에 관계없이 다음과 같이 보여야 한다:

i. 운송인의 명칭을 표시하고 다음의 자에 의하여 서명된 것:

- 운송인 또는 운송인을 위한 또는 운송인을 대리하는 기명 대리인, 또는
- 선장 또는 선장을 위한 또는 선장을 대리하는 기명 대리인.

운송인, 선장 또는 대리인의 모든 서명은 운송인, 선장 또는 대리인의 서명으로 확인되어야 한다.

대리인의 모든 서명은 대리인이 운송인을 위하여 또는 운송인을 대리하여 또는 선장을 위하여 또는 선장을 대리하여 서명한 것인지를 표시하여야 한다.

ii. 다음에 의하여 물품이 신용장에 명시된 적재항에서 지정선박에 본선선적 되었음을 표시하고 있는 것:

- 미리 인쇄된 문언, 또는
- 물품이 본선선적된 일자를 표시하는 본선적재 부기.

선화증권의 발행일은 선화증권이 선적일을 표시하는 본선적재 부기를 포함하지 아니하는 경우 선적일로 본다. 선화증권에 본선적재 부기가 된 경우 본선적재 부기에 표시된 일자를 선적일로 본다.

선화증권이 선박명과 관련하여 "예정된 선박" 또는 이와 유사한 제한의 표시를 포함하고 있는 경우, 선적일 및 실제 선박명을 표시하고 있는 본선적재 부기가 요구된다.

iii. 신용장에 명시된 적재항으로부터 양륙항까지의 선적을 표시하고 있는 것.

선화증권이 적재항으로서 신용장에 명시된 적재항을 표시하지 아니한 경우, 또는 적재항과 관련하여 "예정된" 또는 이와 유사한 제한의 표시를 포함하는 경우에는, 신용장에 명시된 대로 적재항, 선적일 및 선박명을 표시하는 본선적재 부기가 요구된다. 이 규정은 비록 지정된 선박에의 본선적재 또는 선적이 선화증권상에 미리 인쇄된 문언에 의하여 표시된 경우일지라도 적용된다.

iv. 단일의 선화증권 원본 또는, 2통 이상의 원본으로 발행된 경우에는, 선화증권상에 표시된 대로 전통인 것.

v. 운송조건을 포함하거나 또는 운송조건을 포함하는 다른 자료를 참조하고 있는 것 (약식/배면백지식 선화증권). 운송조건의 내용은 심사되지 아니한다.

vi. 용선계약에 따른다는 어떠한 표시도 포함하지 아니한 것.

b. 본 조를 위하여, 환적이라 함은 신용장에 명시된 적재항으로부터 양륙항까지의 운송 과정 중에 한 선박으로부터 양화 및 다른 선박으로 재적재하는 것을 말한다.

c. i. 선화증권은 전 운송이 하나의 동일한 선화증권에 의하여 커버된다면 물품이 환적될 것이라거나 또는 환적될 수 있다고 표시할 수 있다.

ii. 신용장이 환적을 금지하는 경우에도, 물품이 컨테이너, 트레일러 또는 래쉬 바지에 선적되었다는 것이 선화증권에 의하여 증명된 경우, 환적이 행하여질 것이라거나 또는 행하여 질 수 있다고 표시하는 선화증권은 수리될 수 있다.

d. 운송인이 환적할 권리를 유보한다고 명시하고 있는 선화증권의 조항은 무시된다.

해설

이 조는 신용장이 한 항구에서 다른 항구까지의 해상운송을 커버하는 선화증권 제시를 요구할 경우에 적용된다. 이 조에서는 UCP 500에서의 "해상/해양 선화증권"(marine/ocean bill of lading)이라는 운송서류의 조항을 선화증권(bill of lading)이라는 조항으로 단순화 하였으나 기능상으로는 별 차이가 없다. 이 조에서는 선화증권의 수리요건, 환적의 정의, 환적명시 서류의 수리 및 환적권리 유보조항의 무시와 관련하여 규정하고 있다.

1. 선화증권의 수리요건(20a)

이 조 a항에서는 명칭과 관계없이 은행이 수리하는 선화증권의 요건에 대하여 규정하고 있다. UCP 600 제20조에 따르기 위하여 선화증권이 항구간 선적을 커버하는 것을 나타내야 하지만 "해상", "해양" 또는 "항구간" 또는 유사한 서류라는 용어의 사용을 요하지 아니한다.[345)]

(1) 명칭 및 서명

이 조 a-i항에서는 선화증권의 발행자의 명칭(name) 및 서명(signature) 요건을 설정하고 있다.

첫째, 운송인의 명칭을 표시하고 운송인에 의하여 서명되거나, 운송인의 기명 대리인에 의하여 서명된 것이라야 한다.

둘째, 운송인의 명칭을 표시하고 선장에 의하여 서명되거나, 선장의 기명 대리인에 의하여 서명된 것이라야 한다.

셋째, 운송인, 선장 또는 대리인의 서명은 그 들 자신의 서명으로 확인되어야 한다.

넷째, 대리인의 서명은 운송인 또는 선장을 대리하여 서명한 것인지를 표시하여야 한다.

운송업계는 운송서류가 발행될 때 대리인이 선박의 선장 이름을 알지 못하는 것이 일반적이라고 지적하였다. UCP 600 제19조와 같이 선장의 대리인이 서명하는 경우, 선장의 명칭까지는 요구되지 않는 것으로 보고 있다.[346)]

선장의 서명과 관련하여 ISBP는 "선장(함장)이 선화증권에 서명하는 경우, 선장(함장)의 서명은 반드시 "선장"(함장)으로서 확인되어져야 한다. 이러한 경우 선장(함장)의 명칭은 명시될 필요가 없다"[347)] 또한 "대리인이 선장(함장)을 대리하여 선화증권에 서명하는 경우, 대리인은 반드시 대리인으로서 확인되어져야 한다. 이러한 경우 선장(함장)의 명칭은 명시될 필요가 없다"[348)]라고 하여 선장의 서명에 대한 지침을 분명하게 제시하고 있다. 따라서 선장의 대리인이 서명하는 경우에 선장의 명칭을 표시하지 않아도 된다.

345) ISBP 681, Para. 92.
346) ICC Pub. 680, p. 83. and p. 90.
347) ISBP 681, Para. 94-b.
348) ISBP 681, Para. 94-c.

선화증권 발행자의 명칭은 "ABC Shipping Co., Ltd. As Carrier"와 같이 운송인의 자격(capacity)으로 발행되거나 "XYZ Ltd. As Agent for(or on behalf of) The Carrier, ABC Shipping Co., Ltd."와 같이 운송인을 대리하는 기명 대리인 자격으로 발행될 수 있다.

또한 선화증권에 서명하는 당사자는 운송인(carrier), 선장(master) 또는 대리인(agent) 자격으로 서명하는지를 표시하여야 한다. 그리고 당사자가 대리인 자격으로 서명한다면 서명하는 자격뿐만 아니라 그 대리인의 명칭이 포함되어야 한다. 선화증권에 서명하는 자의 자격에 관한 표시는 서명란에 나타나야 한다.

운송서류 발행과 관련하여 "운송인 자격" 및 "운송인의 대리인 자격"으로 발행되는 선화증권에 대한 발행자의 명칭과 서명 및 자격에 대한 표시의 예는 다음과 같다.

1) ABC Shipping Co., Ltd.가 운송인 자격으로 발행할 경우

ABC Shipping Co., Ltd. As Carrier

Gildong Hong

Gil-dong Hong, Manager

2) XYZ Ltd.가 ABC Shipping Co., Ltd.의 대리인 자격으로 발행할 경우

XYZ Ltd. As Agent

for The Carrier, ABC Shipping Co., Ltd.

Minho Kang

Min-ho Kang, Manager

또는

XYZ Ltd. on behalf of

The Carrier, ABC Shipping Co., Ltd.

Minho Kang

Min-ho Kang, Manager

(2) 선적일자 및 발행일자

이 조 a-ii 항에서는 신용상에 미리 인쇄된 문언 또는 불품이 본선 선적된(shipped on board) 일자를 표시하는 본선선적 표시에 의하여 명시된 적재항에서 지정선박에 본선선적 되었음을 표시할 것을 요구하고 있다. 선화증권의 발행일자는 선화증권이 선적일을 표시하는 본선적재 부기를 포함하지 아니하는 경우 선적일로 간주된다. 선화증권에 본선적재 부기가 된 경우, 본선적재 부기상에 명시된 일자는 선적일로 본다.

또한 "외관상 양호한 상태로 선적됨"(shipped in apparent good order), "본선 적재됨"(laden on board), "무사고 본선적재"(clean on board) 또는 "선적됨"(shipped) 또는 "본선적재"(on board)와 같은 단어를 원용한 기타의 구절은 "본선 선적됨"(shipped on board)과 동일한 효력을 가진다.[349]

선화증권이 선박명과 관련하여 "예정된 선박"(intended vessel) 또는 이와 유사한 제한의 표시를 포함하고 있는 경우, 선적일 및 실제 선박명을 표시하는 본선적재 부기가 요구된다. 따라서 선화증권의 선박명란에 "intended vessel"이라고 기재되었을 경우 별도로 본선적재 부기를 하여야 한다.

(3) 적재항 및 양륙항

이 조 a-iii항에 의하면 선화증권은 신용장에 명시된 것처럼 선적은 적재항으로부터 양륙항까지 유효하다는 것을 명시하도록 표시되어야 한다. 선화증권이 신용장에 명시된 적재항을 적재항으로서 명시하지 않는다면 신용장에 명시된 대로 적재항, 선적일 및 선박명을 표시하는 본선적재 부기를 하여야 한다. 선화증권이 적재항과 관련하여 "예정된" 또는 유사한 제한의 표시를 포함하는 경우에도 같은 기준이 적용된다. 또한 이 규정은 본선선적 또는 선적사실이 미리 인쇄된 문언의 선화증권에도 적용된다.

한편, ISBP에서는 적재항과 관련하여 "신용장에서 요구된 바와 같이, 지정 적재항은 선화증권내의 적재항란에 나타나야 하지만, 선박에 의하여 물품이 수령장소로부터 운송된 것이 명백하고, 또한 물품이 "수령장소" 또는 유사한 용어에 따라 명시된 항구에서 선박에 적재되었음을 증명하는 본선적재 부기가 있는 한, "수령장소" 또는 유사한 표제의 란에 명시될 수 있다"[350]라고 하고 있다.

또한 양륙항과 관련하여 "신용장에서 요구된 바와 같이, 지정양륙항은 선화증권내의 양륙항란에 나타나야 하지만, 선박에 의하여 물품이 최종목적지로 운송된 것이 명백하고, 또한 양륙항이 "최종목적지" 또는 유사한 용어에 따라 명시되었음을 증명하는 부기가 있는 한, "최종목적지" 또는 유사한 표제의 란에 명시될 수 있다"[351]고 하고 있다.

그리고 신용장이 적재항 또는 양륙항의 지리적 지역 또는 구역이 주어진 경우(예를 들면, "모든 유럽항구"), 선화증권은 반드시 실제의 적재항 또는 양륙항을 표시하여야 하며, 그러한 장소는 반드시 신용장에 명시된 해당 지리적 지역 또는 구역 이내이어야 한다.[352]

349) ISBP 681, Para. 97.
350) ISBP 681, Para. 98.
351) ISBP 681, Para. 99.
352) ISBP 681, Para. 100.

(4) 원본제시 통수

이 조 a-iv항에서 규정된 바와 같이 선화증권은 단일의 선화증권 원본이어야 하며 또는 2통 이상의 원본으로 발행 된 경우에는, 원본 선화증권상에 표시된 전통(full set)이 제시되어야 한다.

이 조가 적용되는 운송서류에는 발행된 원본의 통수를 반드시 표시하여야 한다. 제1원본(First Original), 제2원본(Second Original), 제3원본(Third Original), 원본(Original), 부본(Duplicate), 3부본(Triplicate) 등 또는 유사한 표현이 표기된 운송서류는 모두 원본이다. 선화증권은 원본선화증권으로 수리되기 위하여 "원본"이라고 표기될 필요는 없다.[353]

발행통수는 보통 운송서류의 앞면에 원본 선화증권 발행통수(Number of Original Bill of Lading) 기재란 또는 구절중에 명시되어 있다. 예컨대, "3통"(Three), 또는 "2통"(Two)과 같이 복본으로 발행되고 있음을 나타내고 있다.

(5) 운송약관의 형식 및 조건

이 조a-v항에서는 운송조건(운송약관)을 포함하거나 또는 "약식"(short form) 또는 "배면백지식"(blank back) 선화증권과 같이 운송조건(운송약관)을 포함하는 다른 자료를 참조하도록 하는 형식의 선화증권은 수리되는 것으로 규정하고 있다. 은행은 운송조건(운송약관)의 내용은 심사하지 않는다.

"약식 또는 배면백지식 선화증권"이란 보통 선화증권 원본의 뒷면에 운송조건(운송약관)이 표시되지 아니하고 동 조건이나 별도의 자료를 참조하도록 하는 것이다. 보통 선화증권 원본 뒷면에 운송조건(운송약관)이 표시되어 있으면 "정식"(long form) 운송서류이다.

(6) 용선계약 명시의 배제

이 조 a-vi항에서 선화증권은 용선계약에 따른다는 "어떠한 표시"(no indication)도 포함해서는 아니 된다고 규정하고 있다. "어떠한 표시"에 해당되는 선화증권은 "to be used with charter parties", "freight payable as per charter party" 또는 "charter party contract number ABC123"[354]과 같은 문언이 포함되어 있는 것으로, 이는 용선계약에 따른다는 명시를 포함하고 있는 것이므로 은행은 이와 같은 선화증권에 대해서는 수리를 거절한다.

353) ISBP 681, Para. 93.
354) ICC Pub. 680, p. 84.

2. 환적의 정의(20b)

이 조 b항에서는 해상운송을 커버하는 선화증권을 요구하는 경우에 환적의 정의를 제공하고 있다. 환적(transhipment)이란 신용장에 명시된 적재항으로부터 양륙항까지의 운송과정 중에 한 선박으로부터 양화 및 다른 선박으로 재적재하는 것을 말한다.

3. 환적명시 서류의 수리(20c)

이 조 c항에 의하면 선화증권이 전 운송이 하나의 동일한 선화증권에 의하여 커버된다면, 선화증권에는 물품이 환적될 것이라거나 또는 환적될 수 있다고 표시할 수 있다. 또한 신용장이 환적을 금지하고 있는 경우에도, 환적이 행하여 질 것이라거나 또는 행하여 질 수 있다고 표시하는 선화증권은 수리될 수 있다. 또한 물품이 컨테이너, 트레일러 또는 래쉬(LASH)선에 선적되었다는 것이 선화증권에 의하여 증명된 경우 환적이 종종 발생하는 선박업계의 관행을 인정하여 이와 같은 환적표시 선화증권도 수리될 수 있다.

그러나 항구간 운송을 중심으로 하는 해상운송의 경우에는 신용장발행의뢰인이 물품의 안전을 위하여 특별히 환적금지를 요청하는 경우도 있다. 이와 같이 환적명시 선화증권을 배제시키기 위해서는 신용장에 이 조 c항 환적명시 서류의 수리관련 조항의 적용배제 및 SWIFT 메시지 형식의 신용장 MT700의 환적관련 란에, 즉 ":43T transhipment : NOT ALLOWED"와 같이 환적금지 조건을 명시하여야 한다.

4. 환적권리 유보조항 무시(20d)

이 조 d항에는 운송인이 환적할 권리를 유보한다고 명시하고 있는 선화증권의 조항은 무시된다. 이와 같이 운송서류의 운송조건(운송약관)에 운송인이 상황에 따라 환적할 권리를 가진다는 언급이 있다하더라도 은행은 이를 무시하고, 이와 같은 운송서류는 수리될 수 있다.

Case 09-05	운송인 자신의 명칭을 운송인의 대리인으로 서명한 운송서류는 불일치로 보는지 여부

Q 운송인 자신의 명칭을 운송인의 대리인으로 하여 서명한 운송서류는 불일치로 보는가?

사례 및 쟁점 대리인 및 / 또는 운송인으로 행동하는 당사자인 ABC Co., Ltd.에 의하여 서명한 해양선화증권 발행이 UCP 500 제23조(UCP 600 제20조) 및 1994년 9월 1일 ICC 포지션 페이퍼 제4호(position paper no. 4)의 요건을 충족할 수 있는지, 또한 발행은행이 서류의 불일치, 즉 "두 가지 다른 서명당사자의 자격(대리인으로서 또한 운송인으로서)을 나타내는 선화증권"을 근거로 거절할 수 있는지 여부이다.

선화증권상에 "Signed as agent for the carrier"이라는 어구는 사전 인쇄되고, "as agent for the carrier: ABC CO., LTD."라고 본문에 추가되고, "For and on behalf of ABC CO., LTD. and an authorized signature"라고 나타내는 스탬프서명이 되어 있다.

Signed as agent for the Carrier(PRE-PRINTED)

AS AGENT FOR THE CARRIER: (ADDED TEXT)

ABC CO., LTD.

For and on behalf of (STAMP WITH SIGNATURE)

ABC CO., LTD.

(SIGNATURE)

Authorized Signature

Authorized Signature(PRE-PRINTED)

ICC의 간행물 632의 의견 R 354(3)에서 선화증권에 대리인이 "for the master" 및 "for the carrier" 라고 서명되어 있었다. 서명되어 있었던 대리인의 자격이 불명확한 것으로 결론이 났다. 선화증권에 서명하는 대리인은 "for the master" 또는 "for the carrier" 중 하나를 삭제하여야만 하였다.

문제의 선화증권은 ABC CO., LTD.가 운송인(carrier)이라고 표기하는 것을 "As agent for the carrier: ABC CO., LTD."로 나타내고 있는 점이다. ICC의 의견 R354(3)에서의 논리는 서명이 대리인으로서 어떤 회사 또는 운송인으로서 ABC CO., LTD.에 의하여 할 수 있으나, 그들 자신을 위한 대리인은 아니다. 따라서 제시된 서류는 불일치한다.

A 질의에서 보여준 방법으로 서명된 선화증권 거절의 이유를 발견할 수 없다. 그러나 제공된 정보에서 볼 때 운송인의 명칭으로 표시된 선화증권이 명확하지는 않다. 이것은 오직 운송서류 자체로 결정되어져야 한다.[355]

검토 이 사례와 관련하여 ICC 포지션 페이퍼 제4호의 내용이 운송인의 기명 및 운송서류의 서명에 관하여 ICC의 다양한 견해로 대체되어 왔음을 주목하여야 한다.

ICC 포지션 페이퍼 제4호에서 은행위원회는 해양선화증권 및 해상화물운송장과 관련하여(적용가능한 경우, 복합운송서류, 용선계약선화증권의 경우에도 적용) 운송서류의 요건에 관련된 입장을 다음과 같이 명확히 하고 있다.

1. 운송인의 명칭은 서류의 전면에 표시하여야 한다.
   여기에서 서류의 전면이라 함은 물품명세, 선박 및 항로가 기재된 면을 말하고, 서류의 이면이라 함은 운송계약이 기재된 면을 말한다. UCP 600 제20조 a항 v호에 규정된 바와 같이 운송조건의 내용은 심사되지 아니한다. 따라서 은행은 운송인의 특정이 서류 이면에 표시될지라도 서류 전면에 운송인의 명칭이 표시되지 아니한 경우에는 요건 불일치로 서류를 거절한다.

2. 서류가 운송인에 의하여 서명된 경우 운송인으로 행동하는 당사자를 특정하기 위하여 서류 전면에 이미 사용된 경우 서명란에 운송인이라는 자구는 다시 표시할 필요가 없다.

3. 운송인의 대리인에 의하여 서명된 서류의 경우, 대리인은 다음과 같은 방법 중의 하나로 기명하고 서명한 본인(또는 대리인)을 표시하여야 한다. (운송인을 XYZ Shipping, 대리인을 ABC Co., Ltd.로 가정할 경우)
   (1) 운송인이라는 자구가 운송인으로 행동하는 당사자를 특정하기 위하여 서류 전면에 사용되지 아니하였을 경우, 다음과 같이 표시한다.

   ABC Co., Ltd.
   As agent for(or "on behalf of")
   XYZ Shipping, carrier
   (signature)

   (2) 운송인이라는 자구가 운송인으로 행동하는 당사자를 특정하기 위하여 서류 전면에 사용되었을 경우, 다음 중의 하나로 표시한다.

   ABC Co., Ltd.
   As agent for(or "on behalf of")

355) ICC Pub. 697, R 674.

XYZ Shipping, carrier
(signature)

or

ABC Co., Ltd.
As agent for(or "on behalf of")
XYZ Shipping
(signature)

or

ABC Co., Ltd.
As agent for(or "on behalf of") the above
named carrier
(signature)

or

ABC Co., Ltd.
As agent for(or "on behalf of") the carrier
(signature)

4. 서류가 선장에 의하여 서명된 경우 선장의 명칭을 표시할 필요가 없다. 서류가 선장의 대리인에 의하여 서명된 경우 대리인은 반드시 명칭을 표시하고 서명하는 선장 명칭이 다음과 같이 표시되어야 한다. (선장 명칭은 John Doe라고 가정할 경우)

ABC Co., Ltd.
As agent for(or "on behalf of") John Doe, Master
(signature)

UCP 600 제20조 a항 I호에 규정된 선화증권이 서명 요건과 관련하여 ISBP[356]에서는 다음과 같이 보다 구체적으로 제시하고 있다.

(1) 원본 선화증권은 반드시 UCP 600 제20조 a항 i호에 기술된 형식으로 서명되어야 하며, 운송인으로 확인된 운송인의 명칭이 표시되어야 한다(ISBP 94).

---

356) ISBP 681, Paras. 94~95.

(2) 운송인을 대리하여 선화증권에 서명한 경우, 대리인은 대리인으로서 확인되어져야 하며, 서명을 대리하게 한 운송인을 확인하고 있어야 한다(ISBP 94-a).

(3) 선장(master, captain)이 선화증권에 서명하는 경우, 선장의 서명은 "선장"으로서 확인되어져야 하며 선장의 명칭이 표시될 필요가 없다(ISBP 94-b).

(4) 대리인이 선장을 대리하여 선화증권에 서명하는 경우, 대리인은 대리인으로서 확인되어져야 하며 서명을 대리하게 한 선장의 명칭이 표시되어야 한다(ISBP 94-c).

(5) 신용장에 "운송주선인 선화증권 수리가능 또는 유사한 표현이 사용되는 경우, 선화증권은 운송주선인의 자격으로서의 운송주선인에 의하여 서명될 수 있으며, 운송인 또는 지정운송인의 대리인으로서의 자신을 확인할 필요가 없으며 이 경우, 운송인의 명칭이 표시될 필요가 없다(ISBP 95).

Case 09-06	신용장에 명시된 적재항에서 지정선박에 본선선적 사실이 명확하게 기재하지 아니한 선화증권

Q 선화증권은 신용장에 명시된 적재항에서 지정선박에 본선선적 사실을 명확히 하지 아니한 경우 불일치된 것으로 보는가?

사례 및 쟁점 UCP 600에 준거하여 발행된 화환신용장은 Hamburg Port에서 Hong Kong Port까지 선적을 명시하는 선화증권을 요구하였다. 제시된 선화증권은 다음 정보를 포함하고 있다.

	Place of Receipt: "Hannover by truck"
Ocean Vessel: "Vessel XX"	Port of Loading: "Hamburg"
Port of Discharge: "Hong Kong"	Place of Delivery:

선화증권은 별도의 본선적재 부기를 포함하지 아니하였으나, 물품은 "date of issue"뿐만 아니라 "shipped on board"가 표시된 미리 인쇄된 문언을 포함하고 있었다.

선화증권이 신용장에 명시된 적재항에서 지정선박에 본선선적 사실을 명확히 하지 아니한 경우 불일치된 것으로 간주되는지 여부이다.

A 본선선적 명시가 지정 선박 및 신용장에 명시된 적재항에 적용하는 것으로 명확히 하지 않는 한, 선화증권은 불일치한 것으로 간주된다.[357)]

검토 전통적으로 선화증권은 세 가지 기능을 제공한다. 즉 운송인의 선적물품에 대한 수령의 증거(evidence of receipt)이며, 운송인과 화주 사이의 운송계약의 증거(evidence of contract of carriage)이기도 하다. 또한 선화증권이 유통가능한 경우, 이는 또한 선화증권의 양도방법에 의하여 근거 물품에 대한 소유권의 이전을 가능하게 하는 권리증권(document of title)의 역할을 한다.[358)]

UCP 600 제20조 a항 ii호는 "물품이 신용장에 명시된 적재항에서 지정선박에 본선선적 되었음을 표시하고 있는 것" 그리고 제20조 a항 iii호는 "신용장에 명시된 적재항으로부터 양륙항까지의 선적을 표시하고 있는 것"을 포함하고 있다. 또한 제20조 a항 ii호에서는 "미리 인쇄된 문언, 또는 물품이 본선선적된 일자를 표시하는 본선선적 표기에 의하여 물품이 신용장에 명시된 적재항에서 지정선박에 본선선적 되었음을 표시하고 있는 것"을 해양(해상)선화증권의 요건으로 하고 있다.

이 질의의 쟁점은, 2007년 10월 은행위원회의 회의에서 승인되었던 ICC Opinion TA 635rev(query 3)에서 이미 다루어진 바 있다. 이 의견에서의 결론은 "선화증권은 선적항으로부터 양륙항까지 해상운송을 포함한 운송서류의 일반용어 이지만 반드시 제한될 필요는 없다. 그러나 선박회사나 그 대리인이 선적항과 다른 수취장소 또는 수탁을 포함하고 있을 경우에는 인정될 수도 있다.

물품이 신용장에 명시된 적재항에서 지정선박에 본선선적 되었음을 표시하고 있는 것으로 규정하고 있는 것처럼 여기에서 강조되어지는 것은 서류의 심사자는 선화증권이 신용장에 명시된 적재항에서 지정선박에 본선적재와 관련된 표시(사전인쇄 문언 또는 별도 부기) 그리고 수취장소 또는 수탁 및 적재항 사이에 물품에 대한 어떠한 사전운송이 없다는 명시로서 결정될 수 있어야 한다는 것이다.

따라서 본선선적 명시가 선박 및 적재항에 적용하는 것으로 선화증권에 명확히 하지 않는 한, 선화증권은 물품이 선화증권상에 명시된 선박에 적재되더라도 적재항 및 선박명을 나타내는 본선적재 부기를 요구하게 되는 것이다.

---

357) ICC Pub. 697, R 645.

358) Peter Ellinger and Dora Neo, *op. cit.*, 250.

Case 09-07 본선적재 부기일자가 선화증권 발행일자와 관계없이 "B/L date"로 간주될 수 있는지 여부

Q 본선적재 부기일자가 선화증권 발행일자 보다 이후 또는 이전에 관계없이 "B/L date"로 간주될 수 있는가?

사례 및 쟁점 이 사례의 쟁점은 "B/L date"라는 표현의 의미를 명확히 하는데 있다. 이 질의에서는 "at 90 days after B/L date" 조건으로 발행된 환어음(draft)과 관련된다. 혼란이 야기된 이유는 제시된 선화증권(B/L) 상에 2개의 일자가 표기되어 있기 때문이다. 하나는 "Loaded on board" 부기 바로 아래에 표기된 1996년 2월 18일이고, 다른 하나는 발행일자(date of issue)란에 표기된 1996년 2월 21일이라는 일자이다.

이 두 개의 일자 중 어느 일자를 "B/L date"로 볼 것인가?

A 환어음이 "x days after B/L date" 조건으로 규정된 신용장하에 발행된 환어음의 만기일을 확정하기 위하여 본선적재 부기일자는 선화증권 발행일자 보다 이후이거나 또는 이전에 관계없이 "B/L date"로 간주될 수 있다.[359)]

검토 사실상 어떤 상황하에서 "B/L date"라는 표현은 불명확한 용어로 볼 수 있을 것이다. 이 사례의 경우 선화증권은 발행일자와 더불어 물품이 본선적재된 일자를 제시하는 본선적재 부기를 함께 수용하는 것으로써, 양 일자는 서로 다른 일자를 나타내고 있다. 이 같은 상황이 발생하는 경우 보통 신용장이 발행될 때 미리 알 수는 없다.

위와 같은 상황에서 본선적재 부기일자는 대부분 선화증권 발행일 이후가 된다. 그러나 본선적재 부기일자가 선화증권 발행일 이전이라고 해도 특이한 경우라고 볼 수는 없다.

물품이 본선적재된 일자가 선화증권 발행처에 통지되어 주말 사이 또는 업무 과중 등으로 인하여 선화증권 발행일이 며칠 뒤로 미뤄짐에도 불구하고 물품의 본선적재일자는 정확하게 또는 앞당겨진 채로 표기될 수도 있는 것이다. 이와 같은 맥락에서 볼 때, 실무상으로는 환어음의 지급기일(tenor)에 맞춰 약정하는 경우 주로 "x days after B/L date" 대신에 "x days after shipment date"이라는 표현을 사용한다.

UCP 600 제23조 a항 ii호에서는 선화증권의 발행일은 선화증권이 선적일을 표시하는

359) ICC Pub. 660, R 568.

본선적재 부기를 포함하지 아니하는 경우 선적일로 간주하고, 선화증권에 본선적재 부기가 된 경우에는 본선적재 부기에 표시된 일자를 선적일로 간주한다.

이와 같은 상황에서는 선화증권이 본선적재 부기를 수용하는 경우 본선적재 부기 일자를 "B/L date"로 간주하는 것이 정당화될 수 있다.

신용장에서 선적신화증권(shipped B/L)이 요구된 경우에는 선화증권 발행일을 선적일로 간주하므로 본선적재 부기의 필요성이 없다. 그러나 발행일과 본선적제 부기일이 상이한 선적선화증권이 제시된 경우에는 제23조 a항 ii호에 따라서 본선적재 부기일을 선적일로 간주한다.

Case 09-08 하나의 적재항에 두 개의 선박명이 기재되어 있는 선화증권

 선화증권상에 하나의 적재항에 두 개의 선박명이 기재되어 있을 경우 수리가능한가?

사례 및 쟁점 본 사례의 쟁점은 선화증권에 다음과 같은 정보가 보이는 경우, 본선적재 부기상에 물품이 선적되어 있는 선박명이 포함되도록 요구되는 지 여부에 관한 것이다:

• 사전운송(Pre-carriage by) :	Vessel X
• 해양선박(Ocean Vessel) :	Vessel Y
• 수령지(Place of Receipt) :	This box is blank
• 적재항(Port of Loading) :	Qingdao, China
• 양륙항(Port of Discharge) :	Chittagong, Bangladesh
• 환적시(For Transshipment to):	This box is blank

위의 선화증권 어디에도 "예정된 선박"이나 이와 유사한 자격에 대한 표시는 없다. 우리의 견해로는 선화증권의 문면에 "예정된 선박"이라는 문언이나 이와 유사한 자격이 보이는 경우에만 본선적재 부기상에 선박명의 표시가 요구되는 것으로 여겨진다. 이에 우리는 발행은행에서 "해당 선화증권의 본선적재 부기상에 선박명이 언급되어 있지 않음"을 근거로 한 불일치 판단은 유효하지 않은 것으로 보고 있다. 귀 위원회의 의견을 알고 싶다.

A 제시된 선화증권은 하나의 적재항이 표기되었음에도 불구하고 두 개의 선박명을 나타내고 있다. 질의문구에서 볼 때, 제시된 선화증권은 수취선화증권(received for shipment B/L)이다.

두 개의 선박명을 기재함으로써 선화증권은 제20조 a항 ii호에서 명시한 "기명 선박명"을 나타낼 것이란 요건을 충족하지 못하고 있다. 본선적재 부기는 본선적재 부기가 관련 선박명칭이 포함되어야만 한다.[360)]

검토 UCP 600 제20조 a항 ii호에는 물품이 신용장에 명시된 적재항에서 지정선박에 본선선적 되었음을 표시하고 있는 것을 요건으로 명시하고 있다. 또한 지정선박에 본선적재 또는 선적사실은 물품이 지정선박에 본선적재 되었거나 선적되었음 선화증권상에 미리 인쇄한 문언으로 표시될 수도 있으며, 이때 선화증권의 발행일자는 본선적재일자 또는 선적일자로 간주된다.

선화증권이 선박에 관련하여 "예정된 선박" 또는 이와 유사한 제한조건의 명시를 포함하고 있는 경우에는 비록 물품이 "예정된 선박"으로 지정된 선박에 적재되었다 하더라도 지정된 선박의 본선적재는 반드시 선화증권상에 물품이 적재된 일자와 함께 물품이 적재된 선박명을 포함하는 본선적재의 부기에 의하여 입증되어야 한다.

Case 09-09 적재항 또는 양륙항이 모두 실제 항구가 아닌 해상선화증권

Q 신용장에서 명시한 적재항 또는 양륙항이 모두 실제 항구가 아닌 해상 또는 해양 선화증권은 수리가능한가?

사례 및 쟁점 신용장은 SWIFT 코드 44B에서 일본 Tagonoura로 운송됨을 명시하고 있다. 또한 SWIFT 코드 46A에서 송화인 지시식, 무기명 배서, 운임선지급 및 화물도착통지처로 발행의뢰인이 발행한 무사고 본선선적해상선화증권 전통을 요구하고 있다. 이 선화증권은 다음과 같이 명시하고 있다:

- 선박명 : Vessel V

360) ICC Pub. 660, R 570.

- 선적항 : Tacoma, WA
- 양륙항 : Tokyo, Japan
- 인도장소 : Tagonoura, Japan

UCP에 따라 은행이 정확하게 발행되지 아니한 선화증권을 거절할 수 있다는 점을 명확히 한 것으로 보는지 또한 양륙항이 Tagonoura대신에 Tokyo로 선화증권에 명시될 수 있다는 사실로 설명될 수 있는지 여부이다.

A 신용장이 항구간 선적을 커버하는 해상 또는 해양선화증권의 제시를 요구하는 경우, 선화증권에 명시된 적재항 및 양륙항은 반드시 신용장에 규정된 것이어야 한다.

신용장이 해상 또는 해양선화증권의 제시를 요구하는 경우, 또한 신용장에 명시된 적재항 또는 양륙항이 실제항구가 아닌 경우, 복합운송서류를 요구하는 것으로 수정되어야 한다.

해상 또는 해양선화증권에서 적재항 또는 양륙항은 반드시 관련 항구의 실제 명칭을 표시하여야 한다. "Japanese port"처럼 나타낸 양륙항은 비록 신용장에서 사용된 표현이라 하더라도 수리될 수 없다.[361]

검토 UCP 600 제20조(UCP 500 제23조)는 운송서류가 항구간 선적을 커버하는 해상 또는 해양 선화증권으로 신용장에서 명시된 경우 그러한 운송서류의 발행을 규정하고 있다.

제20조 a항 iii호에서는 "신용장에 명시된 적재항으로부터 양륙항까지의 선적을 표시하고 있는 것. 선화증권이 적재항으로서 신용장에 명시된 적재항을 표시하지 아니한 경우, 또는 적재항과 관련하여 "예정된" 또는 이와 유사한 제한의 표시를 포함하는 경우에는, 신용장에 명시된 대로 적재항, 선적일 및 선박명을 표시하는 본선적재 부기가 요구된다"라고 규정하고 있다.

ISBP[362]에서도 "신용장이 적재항 또는 양륙항의 지리적 지역 또는 구역이 주어진 경우(예를 들면, 모든 유럽항구), 선화증권은 반드시 실제의 적재항 또는 양륙항을 표시하여야 하며, 그러한 장소는 반드시 신용장에 명시된 해당 지리적 지역 또는 구역이내이어야 한다"고 지침을 제시하고 있다.

---

361) ICC Pub. 632, R 454.

362) ISBP 681, Para. 100.

따라서 이 사례는 해상선화증권을 요구한 것이므로 양륙항을 "Tokyo, Japan"과 같이 명확하게 표시하여야 한다. 그러나 양륙항이 실제항구가 아닐 경우에는 신용장의 운송서류는 해상선화증권이 아닌 복합운송서류를 요구하는 것으로 하여야 한다.

Case 09-10	**신용장 부가조건에 선화증권 대신 수익자 발행의 보상장 제시 허용 이후 보상장 수신인 관련 발행은행의 대금상환 거부**

Q 매입은행이 수익자로부터 선화증권 대신 수익자 발행의 보상장을 제출받아 환어음을 매입한 후 발행은행에 제시하였으나 보상장의 수신인이 발행은행이 아니라는 이유로 신용장대금의 상환을 거부할 수 있는가?

B은행(원고, 피상고인) 대 N은행(피고, 상고인) 사건[363]

 **한국 대법원의 판결**

1. **판결요지** : 신용장 발행은행이 어느 은행이나 매입가능하고 지급에 필요한 서류로 상업송장 및 선화증권 전통(full set)을 제시하도록 한 취소불능신용장을 발행하면서, 그 부가조건에서 '매입 시점에 선화증권 원본을 제출할 수 없는 경우에는 상업송장 및 수익자가 발행한 보상장(Letter of Indemnity, LOI)과 상환으로 대금을 지급할 수 있다'고 규정하였다가 나중에 매입은행에게 '발행은행의 매입은행에 대한 지시의 변경'이라는 형식으로 그 부가조건을 삭제하도록 통보하였는데, 수익자가 매입은행으로부터 그 부가조건 삭제 요청을 통보받고 이를 거절하자, 매입은행이 다시 발행은행에 그 거절의사를 통지하고 그 후 수익자로부터 위 신용장에 기한 환어음과 상업송장 및 보상장 등의 서류를 매입한 다음 발행은행에 신용장 대금의 지급을 구한 사안에서, 위 부가조건의 삭제는 신용장으로 규정된 수익자의 권리행사요건을 변경시키는 신용장 조건의 변경에 해당하는데 수익자가 그 부가조건 삭제 요청을 거절하였으므로, 신용장 발행은행의 매입은행에 대한 부가조건 삭제 지시는 아무런 효력이 없다.
2. **판결이유** : 원심판결[364]이 인용한 제1심판결 이유에 의하면, ① 피고가 수익자를 보레

363) 대법원 2011.1.13. 선고 2008다88337 판결.
364) 서울고법 2008. 10. 2. 선고 2007나36218 판결.

알리스(BOREALIS N. V.)로 하여 취소불능신용장인 이 사건 신용장을 발행한 사실, ② 이 사건 신용장은 어느 은행이든 매입가능하고 지급에 필요한 서류로 상업송장 및 선화증권 전통(full set)을 제시하되, 그 부가조건에서 '매입 시점에 선화증권 원본을 제출할 수 없는 경우에는, 상업송장 및 수익자가 발행한 보상장(Letter of Indemnity, LOI. 이하 '이 사건 보상장'이라고 한다)과 상환으로 대금을 지급할 수 있다'(이하 '이 사건 부가조건'이라고 한다)고 규정한 사실, ③ 피고가 2005. 3. 10. 원고에게 '발행은행의 매입은행에 대한 지시의 변경'이라는 형식으로 이 사건 부가조건을 삭제하도록 통지한 사실, ④ 보레알리스는 원고로부터 피고의 부가조건 삭제 요청을 통보받자 이를 거절하였고, 원고가 다시 피고에게 보레알리스의 거절의사를 통지한 사실, ⑤ 원고는 2005. 3. 18. 보레알리스로부터 이 사건 신용장에 기한 환어음과 상업송장 및 이 사건 보상장 등의 서류를 매입한 사실을 알 수 있다.

위 사실관계를 앞서 본 법리에 비추어 보면, 보레알리스는 선화증권의 전통(full set)이 없이도 이 사건 부가조건에 따라 상업송장 및 자신이 작성한 이 사건 보상장의 제시만으로 환어음을 어느 은행에서든 매도할 수 있는 권리를 가지는데, 만약 이 사건 부가조건을 삭제하게 되면 보레알리스로서는 상업송장 및 선화증권 전통(full set)을 제시하여만 환어음을 매도할 수 있게 되므로 이 사건 부가조건의 삭제는 신용장으로 규정된 보레알리스의 권리행사요건을 변경시키는 신용장 조건의 변경에 해당하고, 따라서 보레알리스의 동의가 있어야만 유효하다고 할 것이다. 그런데 보레알리스가 피고의 이 사건 부가조건 삭제 요청을 거절하였으므로 피고의 원고에 대한 이 사건 부가조건 삭제 지시는 아무런 효력이 없다.

같은 취지의 원심 판단은 정당하고, 거기에 상고이유에서 주장하는 바와 같은 이 사건 부가조건 삭제 지시의 효력에 관한 법리오해 또는 판단누락의 잘못이 없다

Case 09-11	선화증권상의 수탁자 및 선적항란의 기재장소가 같은 경우, 본선적 재표기상에 선적항과 선박명 표시의 필요성 유무

선화증권상의 표시에서 수탁자란에 CY(Container Yard)의 기재가 있고 선적항란에 기재된 장소와 같은 경우, 선화증권의 본선적재표기상에서 따로 선적항과 선박명을 표시할 필요가 있는가?

J공사(원고승계참가인, 상고인) 대 O은행(피고, 피상고인) 사건[365)]

A 한국 대법원의 판결

국제상업회의소(International Chamber of Commerce, 줄여서 'ICC'라 한다)가 그 산하 은행위원회(ICC Banking Commission)의 승인 하에 결정한 '국제표준은행관행{International Standard Banking Practice (ISBP) for the examination of documents under documentary credits, ICC Publication No. 645(2003)[366)]}'은 선화증권상의 본선적재표기와 관련한 국제표준은행관행으로서, 선화증권상의 표시에서 수탁지(place of receipt)란에 컨테이너 야드(Container Yard / CY) 혹은 Container Freight Station(CFS)의 기재가 있고 그 장소가 선화증권상의 선적항(port of loading)란에 기재된 장소와 같은 경우(예를 들면, place of receipt : Hong Kong CY; port of loading : Hong Kong), 그 장소들은 같은 것으로 간주하여 본선적재표기(On board notation) 상에서 따로 선적항과 선박명을 표시할 필요가 없다고 하고 있고, 이 사건 기록상 이와 다른 국제적 표준은행관행이 존재한다는 자료는 없는바, 따라서 원심이 인정한 위 사실관계에 이와 같은 관행을 참작하면, 이 사건의 경우 위 각 선화증권상의 화물수령장소(PLACE OF RECEIPT)로 기재되어 있는 '부산 컨테이너 야드(BUSAN CY)'와 선적항(PORT OF LOADING)으로 기재되어 있는 '부산항(BUSAN, SOUTH KOREA)'은 같은 장소라고 보아야 하므로 위 본선적재표기에는 따로 선적항과 선박명의 표기는 필요하지 않다고 봄이 상당하다.

그러므로 이와 다른 입장에서 피고의 이 사건 신용장 대금지급거절이 정당하다고 판단한 원심[367)]은 제5차 개정 신용장통일규칙 제23조 a항 ii호의 의미를 오해한 위법을 범하

365) 대법원 2003. 5. 13. 선고 2001다58283 판결.
366) UCP 600에 따라 ISBP 681(2007)로 업데이트 되었다.
367) 서울고법 2001. 7. 6. 선고 2000나6553 판결.

였다고 할 것이다. 이 점을 지적하는 원고의 상고는 이유 있다.

Case 09-12 수취선화증권의 본선적재표기의 요건과 충족 여부의 판단기준

Q 신용장통일규칙상 수취선화증권의 본선적재표기의 요건과 그 충족 여부의 판단기준은 무엇인가?

J공사(원고승계참가인, 상고인) 대 O은행(피고, 피상고인) 사건[368]

한국 대법원의 판결

신용장 거래에 적용되는 제5차 개성 신용장통일규칙 제23조 a항 ii호(UCP 600 제20조 a항 ii호)는 신용장이 항구간 선적에 적용되는 선화증권을 요구하는 경우 선화증권에 미리 인쇄된 문언에 의하여 화물의 선적사실을 표시할 수 있으나 {선적선화증권(Shipped Bill of Lading)의 경우}, 화물이 선화증권의 발행 전에 선적되지 아니한 수취선화증권(Received Bill of Lading)의 경우에는 그 선화증권에 화물이 지정된 선박에 본선적재 또는 선적되었다는 사실과 그 본선적재일이 명시되어야 한다는 취지를 규정하고 있는바(본선적재표기, On Board Notation), 이는 수취선화증권의 경우 화물이 지정된 선박에 정상적으로 선적되었는지 여부를 선화증권상으로 명확히 하여 화물의 선적에 따른 당사자들의 법률관계를 명확히 하고자 하려는 데 그 목적이 있으므로, 신용장통일규칙이 요구하는 본선적재표기가 정당하게 되었는지 여부는 신용장 관련 다른 서류의 기재를 참고하지 아니하고 해당 선화증권의 문언만을 기준으로 하여 엄격하게 판단되어야 할 것이다(대법원 2002. 10. 11. 선고 2001다29469 판결, 2002. 11. 26. 선고 2001다83715, 83722 판결 각 참조).

368) 대법원 2003. 5. 13. 선고 2001다58283 판결; 원심판결: 서울고법 2001. 7. 6. 선고 2000나6553 판결.

Case 09-13	선화증권에 지정 선박의 본선적재와 관련하여 요구되는 조건

Q 선화증권에 "예정된 선박" 또는 이와 유사한 조건을 명시하고 있는 경우 선화증권에 지정된 선박에의 본선적재와 관련하여 요구되는 조건은 무엇인가?

N사(원고(반소피고),피상고인) 대 이OO(피고(반소원고),상고인) 사건[369)]

한국 대법원의 판결

제5차 개정 신용장통일규칙 제23조 a항 ii호(UCP 600 제20조 a항 ii호)는 만약 선화증권에 선박과 관련하여 '예정된 선박(intended vessel)' 혹은 이와 유사한 조건을 명시하고 있는 경우, 비록 화물이 '예정된 선박'으로 지정된 선박에 선적되었다고 하더라도 지정된 선박에의 본선적재는 반드시 선화증권상에 화물이 적재된 선적일자와 선박명을 기재하도록 하고 있는바, 이는 선화증권상에 기재된 선박명에 위와 같은 '예정된 선박(intended vessel)' 등의 제한문구로 말미암아 본선적재표기(수취선화증권의 경우)상의 선적일과 선적사실에 대한 기재가 과연 화물이 선화증권 표면에 기재된 '예정된 선박'에 선적되었다는 점에 관한 것인지, 혹은 화물이 선적항에서 위와 같은 '예정된 선박'이 아닌 다른 선박에 선적이 이루어져 선화증권상의 선적항으로부터 양륙항으로 운송이 이루어진다는 점에 관한 것인지 알 수 없는 경우 그에 관한 판단의 부담을 신용장 관련 서류를 심사하는 은행에게 지우는 것은 부당하기 때문이다.

수취선화증권의 양식에 화물의 수취일을 표시하는 일자는 공란, 선적일을 표시하는 란의 선적일자가 선화증권의 발행일과 같은 날이 스탬프 방식에 의하여 기재되어 있고, 문면에서 '(intended) vessel' 이라는 인쇄문구가 있는 경우, 원칙적으로 선화증권상의 본선적재표기에 선적일과 함께 선적항에서 선적이 이루어진 선박의 명칭도 기재되어야 할 것으로 볼 여지가 있지만, 신용장의 발행은행이 그 사유를 신용장통일규칙에서 정한 신용장 관련 서류의 조사기간 중에 매입은행에 대하여 하자로서 통지된 것이 아니어서 더 이상 발행은행으로서는 이를 문제삼을 수 없다.

369) 대법원 2002. 11. 26. 선고 2001다83715,83722 판결; 원심판결: 서울고법 2001. 11. 9. 선고 2001나28000, 28017 판결.

제21조 비유통 해상화물운송장

[Article 21] Non-Negotiable Sea Waybill

a. A non-negotiable sea waybill, however named, must appear to:

i. indicate the name of the carrier and be signed by:

- the carrier or a named agent for or on behalf of the carrier, or
- the master or a named agent for or on behalf of the master.

Any signature by the carrier, master or agent must be identified as that of the carrier, master of agent.

Any signature by an agent must indicate whether the agent has signed for or on behalf of the carrier or for or on behalf of the master.

ii. indicate that the goods have been shipped on board a named vessel at the port of loading stated in the credit by:

- pre-printed wording, or
- an on board notation indicating the date on which the goods have been shipped on board.

The date of issuance of the non-negotiable sea waybill will be deemed to be the date of shipment unless the non-negotiable sea waybill an on board notation indicating the date of shipment, in which case the date stated in the on board notation will be deemed to be the date of shipment.

If the non-negotiable sea waybill contains the indication "intended vessel" or similar qualification in relation to the name of the vessel, an on board notation indicating the date of shipment and the name of the actual vessel is required.

iii. indicate shipment from the port of loading to the port of discharge stated in the credit.

If the non-negotiable sea waybill does not indicate the port of loading stated in the credit as the port of loading, or if it contains the indication "intended" or similar qualification in relation to the port of loading, an on board notation indicating the port of loading as stated in the credit, the date of shipment and the name of the vessel is required. This provision applies even when loading on board or shipment on a named vessel is indicated by pre-printed wording on the non-negotiable sea waybill.

iv. be the sole original non-negotiable sea waybill or, if issued in more than one original, be the full set as indicated on the non-negotiable sea waybill.

v. contain terms and conditions of carriage or make reference to another source containing the terms and conditions of carriage (short form or blank back non-negotiable sea waybill). Contents of terms and conditions of carriage will not be examined.

vi. contain no indication that it is subject to a charter party.

b. For the purpose of this article, transhipment means unloading from one vessel and reloading to another vessel during the carriage from the port of loading to the port of discharge stated in the credit.

c. i. A non-negotiable sea waybill may indicate that the goods will or may be transhipped provided that the entire carriage is covered by one and the same non-negotiable sea waybill.

ii. A non-negotiable sea waybill indicating that transhipment will or may take place is acceptable, even if the credit prohibits transhipment, if the goods have been shipped in a container, trailer or LASH barge as evidenced by the non-negotiable sea waybill.

d. Clauses in a non-negotiable sea waybill stating that the carrier reserves the right to tranship will be disregarded.

번역

[제21조] 비유통 해상화물운송장

a. 비유통 해상화물운송장은 그 명칭에 관계없이 다음과 같이 보여야 한다:

i. 운송인의 명칭을 표시하고 다음의 자에 의하여 서명된 것:

- 운송인 또는 운송인을 위한 또는 운송인을 대리하는 기명 대리인, 또는
- 선장 또는 선장을 위한 또는 선장을 대리하는 기명 대리인.

운송인, 선장 또는 대리인의 모든 서명은 운송인, 선장 또는 대리인의 서명으로 확인되어야 한다.

대리인의 모든 서명은 대리인이 운송인을 위하여 또는 운송인을 대리하여 또는 선장을 위하여 또는 선장을 대리하여 서명한 것인지를 표시하여야 한다.

ii. 다음에 의하여, 물품이 신용장에 명시된 적재항에서 지정선박에 본선선적 되었음

을 표시하고 있는 것:

- 미리 인쇄된 문언, 또는
- 물품이 본선선적된 일자를 표시하는 본선적재 부기

비유통 해상화물운송장의 발행일은 선적일로 본다. 비유통성 해상화물운송장이 선적일을 표시하는 본선적재 부기를 포함하지 아니하는 경우 선적일로 본다. 비유통 해상화물운송장에 본선적재 부기가 된 경우 본선적재 부기에 표시된 일자를 선적일로 본다.

비유통 해상화물운송장이 선박명과 관련하여 "예정된 선박" 또는 이와 유사한 제한의 표시를 포함하고 있는 경우, 선적일 및 실제 선박명을 표시하고 있는 본선적재 부기가 요구된다.

iii. 신용장에 명시된 적재항으로부터 양륙항까지의 선적을 표시하고 있는 것.

비유통 해상화물운송장이 적재항으로서 신용장에 명시된 적재항을 표시하지 아니한 경우, 또는 적재항과 관련하여 "예정된" 또는 이와 유사한 제한의 표시를 포함하는 경우에는, 신용장에 명시된 대로 적재항, 선적일 및 선박명을 표시하는 본선적재 부기가 요구된다. 이 규정은 비록 지정된 선박에의 본선선적 또는 선적이 비유통 해상화물운송장에 미리 인쇄된 문언에 의하여 표시된 경우일지라도 적용된다.

iv. 단일의 비유통 해상화물운송장 원본 또는, 2통 이상의 원본으로 발행된 경우에는, 비유통 해상화물운송장상에 표시된 대로 전통인 것.

v. 운송조건을 포함하거나 또는 운송조건을 포함하는 다른 자료를 참조하고 있는 것 (약식/배면백지식 비유통 해상화물운송장). 운송조건의 내용은 심사되지 아니한다.

vi. 용선계약에 따른다는 어떠한 표시도 포함하지 아니한 것.

b. 이 조를 위하여, 환적이라 함은 신용장에 명시된 적재항으로부터 양륙항까지의 운송과정 중에 한 선박으로부터 양화 및 다른 선박으로 재적재하는 것을 말한다.

c. i. 비유통 해상화물운송장은 전 운송이 하나의 동일한 비유통 해상화물운송장에 의하여 커버된다면 물품이 환적될 것이라거나 또는 환적될 수 있다고 표시할 수 있다.

ii. 신용장이 환적을 금지하는 경우에도, 물품이 컨테이너, 트레일러 또는 래쉬 바지에 선적되었다는 것이 비유통 해상화물운송장에 의하여 증명된 경우, 환적이 행하여질 것이라거나 또는 행하여 질 수 있다고 표시하는 비유통 해상화물운송장은 수리될 수 있다.

d. 운송인이 환적할 권리를 유보한다고 명시하고 있는 비유통 해상화물운송장의 조항은 무시된다.

해설

이 조는 신용장에서 한 항구에서 다른 항구까지의 해상운송을 커버하는 비유통 해상화물운송장(Non-Negotiable Sea Waybill)[370] 제시를 요구하는 경우에 적용된다. 비유통 해상화물운송장은 기능면에서 제20조의 선화증권과 다르지만 조항의 구성면에서는 유사한 같은 방법으로 취급된다. 이 조에서도 해상화물운송장의 수리요건, 환적의 정의, 환적명시 서류의 수리 및 환적권리 유보조항의 무시와 관련하여 규정하고 있다.

1. 해상화물운송장의 수리요건(21a)

이 조 a항에서는 명칭과 관계없이 은행이 비유통 해상화물운송장을 수리하는 요건에 대하여 규정하고 있다.

(1) 명칭 및 서명

이 조 a-i항에서는 선화증권의 발행자의 명칭(name) 및 서명(signature) 요건을 설정하고 있다.

첫째, 운송인의 명칭을 표시하고 운송인에 의하여 서명되거나, 운송인의 기명 대리인에 의하여 서명된 것이라야 한다.

둘째, 운송인의 명칭을 표시하고 선장에 의하여 서명되거나, 선장의 기명 대리인에 의하여 서명된 것이라야 한다.

셋째, 운송인, 선장 또는 대리인의 서명은 그 들 자신의 서명으로 확인되어야 한다.

넷째, 대리인의 서명은 운송인 또는 선장을 대리하여 서명한 것인지를 표시하여야 한다.

운송업계는 운송서류가 발행될 때 대리인이 선박의 선장 이름을 알지 못하는 것이 일반적이라고 지적하였다. UCP 600 제19조 및 제20조 그리고 ISBP 681(Para. 94-b 및 94-c)의 취지에서와 같이 선장의 대리인이 서명하는 경우, 선장의 이름까지는 요구되지 않는 것으로 보고 있다.[371] 따라서 선장의 대리인이 서명하는 경우에 선장의 명칭을 표시하지 않아도 된다.

---

370) 비유통 해상화물운송장(Non-Negotiable Sea Waybill)은 화물수령증과 같으며, 운송장의 수화인(consignee)란에 특정인의 명칭·주소가 기재되어 유통금지문언이 부기되어 있다. 이는 단순한 화물수령을 표시한 증거증권으로 권리증권(document of title)은 아니다. 일반적으로 비유통 해상화물운송장은 본·지사간 거래, 신뢰하는 거래처간의 거래, 이사화물 등에 이용되는 운송서류이다.

371) ICC Pub. 680, p. 83. and p. 90.

비유통 해상화물운송장 발행자의 명칭은 “ABC Shipping Co., Ltd. As Carrier”와 같이 운송인의 자격(capacity)으로 발행되거나 “XYZ Ltd. As Agent for(or on behalf of) The Carrier, ABC Shipping Co., Ltd.”와 같이 운송인을 대리하는 기명 대리인 자격으로 발행될 수 있다.

또한 비유통 해상화물운송장에 서명하는 당사자는 운송인(carrier), 선장(master) 또는 대리인(agent) 자격으로 서명하는 지를 표시하여야 한다. 그리고 당사자가 대리인 자격으로 서명한다면 서명하는 자격뿐만 아니라 그 대리인의 명칭이 포함되어야 한다. 비유통 해상화물운송장에 서명하는 자의 자격에 관한 표시는 서명란에 나타나야 한다.

운송서류 발행과 관련하여 “운송인 자격” 및 “운송인의 대리인 자격”으로 발행되는 비유통 해상화물운송장에 대한 발행자의 명칭과 서명 및 자격에 대한 표시의 예는 다음과 같다.

1) ABC Shipping Co., Ltd.가 운송인 자격으로 발행할 경우

ABC Shipping Co., Ltd. As Carrier

Gildong Hong

Gil-dong Hong, Manager

2) XYZ Ltd.가 ABC Shipping Co., Ltd.의 대리인 자격으로 발행할 경우

XYZ Ltd. As Agent

for The Carrier, ABC Shipping Co., Ltd.

Minho Kang

Min-ho Kang, Manager

또는

XYZ Ltd. on behalf of

The Carrier, ABC Shipping Co., Ltd.

Minho Kang

Min ho Kang, Manager

(2) 선적일자 및 발행일자

이 조 a-ii항에서는 신용장에 미리 인쇄된 문언 또는 물품이 본선선적된(shipped on board) 일자를 표시하는 본선선적 표시에 의하여 명시된 적재항에서 지정선박에 본선선적 되었음을 표시할 것을 요구하고 있다. 비유통 해상화물운송장의 발행일자는 선화증권

이 선적일을 표시하는 본선적재 부기를 포함하지 아니하는 경우 선적일로 간주된다. 비유통 해상화물운송장에 본선적재 부기가 된 경우 본선적재 부기에 표시된 일자를 선적일로 본다.

비유통 해상화물운송장이 선박명과 관련하여 "예정된 선박"(intended vessel) 또는 이와 유사한 제한의 표시를 포함하고 있는 경우, 선적일 및 실제 선박명을 표시하고 있는 본선적재 부기가 요구된다. 따라서 비유통 해상화물운송장의 선박명란에 "intended vessel"이라고 기재되었을 경우 별도로 본선적재 부기를 하여야 한다.

(3) 적재항 및 양륙항

이 조 a-iii항에 의하면 비유통 해상화물운송장은 신용장에 명시된 것처럼 선적은 적재항으로부터 양륙항까지 유효한 것으로 표시되어야 한다. 비유통 해상화물운송장이 신용장에 명시된 적재항을 적재항으로서 명시하지 않는다면 신용장에 명시된 대로 적재항, 선적일 및 선박명을 표시하는 본선적재 부기를 하여야 한다. 비유통 해상화물운송장이 적재항과 관련하여 "예정된" 또는 유사한 제한의 표시를 포함하는 경우에도 같은 기준이 적용된다. 또한 이 규정은 본선선적 또는 선적 사실이 미리 인쇄된 문언의 비유통 해상화물운송장에도 적용된다.

(4) 원본제시 통수

이 조 a-iv항에서 규정된 바와 같이 비유통 해상화물운송장은 단일의 선화증권 원본이어야 하며 또는 2통 이상의 원본으로 발행된 경우에는, 원본 비유통 해상화물운송장상에 표시된 전통(full set)이 제시되어야 한다.

발행통수는 보통 운송서류의 앞면에 원본 선화증권 발행통수(Number of Original Bill of Lading) 기재란 또는 구절 중에 명시되어 있다. 비유통 해상화물운송장의 경우에도 예컨대, "3통"(Three), 또는 "2통"(Two)과 같이 복본으로 발행되고 있음을 나타내고 있다.

(5) 운송약관의 형식 및 조건

이 조a- v 항에서는 운송조건(운송약관)을 포함하거나 또는 "약식"(short form) 또는 "배면백지식"(blank back) 비유통 해상화물운송장과 같이 운송조건(운송약관)을 포함하는 다른 자료를 참조하도록 하는 형식의 운송서류는 수리되는 것으로 규정하고 있다. 은행은 운송조건(운송약관)의 내용은 심사하지 않는다.

"약식 또는 배면백지식 비유통 해상화물운송장"란 보통 비유통 해상화물운송장 원본의 뒷면에 운송조건(운송약관)이 표시되지 아니하고 동 조건이나 별도의 자료를 참조하도록 하는 것이다. 보통 비유통 해상화물운송장 원본 뒷면에 운송조건(운송약관)이 표시되어 있으면 “정식”(long form) 운송서류이다.

(6) 용선계약 명시의 배제

이 조 a-vi항에서 비유통 해상화물운송장은 용선계약에 따른다는 “어떠한 표시”(no indication)도 포함해서는 아니 된다고 규정하고 있다. “어떠한 표시”에 해당되는 비유통 해상화물운송장은 “to be used with charter parties”, “freight payable as per charter party” 또는 “charter party contract number ABC123”372)과 같은 문언이 포함되어 있는 것으로, 이는 용선계약에 따른다는 명시를 포함하고 있는 것이므로 은행은 이와 같은 비유통 해상화물운송장에 대해서는 수리를 거절한다.

2. 환적의 정의(21b)

이 조 b항에서는 해상운송을 커버하는 비유통 해상화물운송장을 요구하는 경우에 환적의 정의를 제공하고 있다. 환적(transhipment)이란 신용장에 명시된 적재항으로부터 양륙항까지의 운송과정 중에 한 선박으로부터 양화 및 다른 선박으로 재적재하는 것을 말한다.

3. 환적명시 서류의 수리(21c)

이 조 c항에 의하면 비유통 해상화물운송장이 전 운송이 하나의 동일한 비유통 해상화물운송장에 의하여 커버된다면, 비유통 해상화물운송장에는 물품이 환적될 것이라거나 또는 환적될 수 있다고 표시할 수 있다. 신용장이 환적을 금지하고 있는 경우에도, 환적이 행하여 질 것이라거나 또는 행하여 질 수 있다고 표시하는 비유통 해상화물운송장은 수리될 수 있다. 또한 물품이 컨테이너, 트레일러 또는 래쉬(LASH)선에 선적되었다는 것이 비유통 해상화물운송장에 의하여 증명된 경우 환적이 종종 발생하는 선박업계의 관행을 인정하여 이와 같은 환적표시 비유통 해상화물운송장도 수리될 수 있다.

그러나 항구간 운송을 중심으로 하는 해상운송의 경우에는 신용장발행의뢰인이 물품의 안전을 위하여 특별히 환적금지를 요청하는 경우도 있다. 이와 같이 환적명시 비유통 해상화물운송장을 배제시키기 위해서는 신용장에 이 조 c항 환적명시 서류의 수리관련 조항의 적용 배제 및 SWIFT 메시지 형식의 신용장 MT700의 환적관련 란에, 즉 “:43T transhipment : NOT ALLOWED”와 같이 환적금지 조건을 명시하여야 한다.

372) ICC Pub. 680, p. 84.

4. 환적권리 유보조항 무시(21d)

이 조 d항에는 운송인이 환적할 권리를 유보한다고 명시하고 있는 비유통 해상화물운송장의 조항은 무시된다. 이와 같이 운송서류의 운송조건(운송약관)에 운송인이 상황에 따라 환적할 권리를 가진다는 언급이 있다하더라도 은행은 이를 무시하고, 이와 같은 운송서류는 수리될 수 있다.

Case 09-14	비유통 해상화물운송장에 발행일자 불표시가 불일치서류를 구성하는지 여부

Q 비유통 해상화물운송장에 발행일자를 표시하지 아니한 것은 ISBP 제13항의 목적에 위배되어 불일치서류로 간주되는가?

사례 및 쟁점 발행은행은 선화증권이 발행일자가 표시되지 아니하였다는 이유로 불일치서류라고 주장하고 있다. 두 일자는 항상 모든 선화증권에 요구되어 논란이 되고 있다. 그중 하나는 발행일자를 나타내고, 그 밖의 하나는 물품이 본선에 적재된 일자를 나타낸다. 이에 대하여 다음과 같이 의견을 모은 ICC 은행위원회의 Opinion R 285를 신뢰하고 있다: 운송서류는...물품이 본선적재 되었다는 취지의 미리 인쇄된 문언에 의하여 명시될 수 있으며...그 때 이 일자는 선적일로 간주 된다"

또한 발행은행은 선화증권이 "환어음, 운송서류 및 보험서류는 신용장이 비록 일자 표기를 명시적으로 요구하지 아니하더라도 일자를 표기하여야 한다"고 규정하고 있는 ISBP 제13항과 반드시 일치하여야 한다고 주장하고 있다. 그 밖의 서류는 신용장 조건 및 UCP 600과 일치하였다.

우리는 다음과 같은 이유로 불일치로 간주하지 않고 있다:

- ICC 은행위원회는 본선적재일자를 선화증권 발행일자보다 더 중요시 하였다. 이 사례에서 본선선적일자만 있더라도 위에서 정의된 것처럼 기본요건은 충족된 것으로 본다.
- R 285 Opinion이 선적일자를 어떻게 결정할 것인가에 대하여 초점을 두고 있으므로 결론은 R 285와 상충되지 않는다.

발행일자가 아닌 본선적재일자이기는 하지만 전술한 선화증권에 일자가 기재되어 있기 때문에, 우리의 관점이 ISBP 681의 제13항에 모순되지 않는다고 본다. 이 점에 대하여 귀 위원회의 의견을 알고 싶다.

A 제시된 선화증권의 예에서는 발행장소 및/또는 발행일자를 위한 난이 없다. 여기에는 "본선선적일자"라고 표기된 것밖에 없다. 운송서류의 구조는 UCP에 의해 지배되지 않는다. 이는 선박회사나 대리점이 결정할 사안이다. 이 특별한 선화증권과 관련한 세부항목에 발행일자를 위한 요구가 없다. 그러므로 본선선적일의 완료는 (1)서류의 발행일자 및 (2)물품이 본선에 선적된 일자라는 두 목적을 제공하고 있다.

제공된 형식으로 발행된 서류가 발행일자를 포함하고 있지 아니한 경우에도 이는 불일치가 아니다. ISBP 681 제13항의 목적을 위해 본선선적일자는 선화증권일자를 구성한다.[373)]

검토 비유통 해상화물운송장(Non-Negotiable Sea Waybill)의 경우, 운송서류가 운송(선박)회사에 의해 제출된 두 일자(발행일과 본선적재일)를 나타내어야 하는지 여부에 관하여 ICC Opinion R 285하의 질의 내용에서 주목할 필요가 있다. 이 는 운송서류가 발행된 방법에 근거를 두었다. 또한 당해 질의는 선화증권이 선박회사에 의하여 발행되고 있는 방법에 근거하고 있다.

이러한 선화증권의 일자들은 변함없이 동일하거나 다를 수도 있다. 즉, 본선선적일은 수령한 선적서류의 발행일보다 늦거나 빠를 수도 있다. 선적을 위하여 수령한 상황에서, 서류에는 항상 두 일자가 있게 되는 데 이 경우 본선적재일자는 선적일자로 간주된다.

비유통 해상화물운송장의 발행일자에 대하여 UCP 600 제21조 a항 ii호에서는 "미리 인쇄된 문언, 또는 물품이 본선선적 된 일자를 표시하는 본선적재 부기에 의하여 물품이 신용장에 명시된 적재항에서 지정선박에 본선선적 되었음을 표시하고 있는 것을 요건으로 하고 있다. 또한 비유통 해상화물운송장이 발행일자는 선적일자로 본다. 비유통성 해상화물운송장이 선적일자를 표시하는 본선선적 부기를 포함하지 아니하는 경우 선적일로 본다. 비유통 해상화물운송장에 본선적재 부기가 된 경우 본선적재 부기에 표시된 일자를 선적일로 본다"고 규정하고 있다.

선화증권의 발행방식에서 지시식 선화증권(order B/L)[374)]은 양도가능한 선화증권이다.

---

373) ICC Pub. 697, R 659.

374) 지시식 선화증권(order B/L)이란 선화증권의 수화인(consignee)란에 ① "to order", ② "to the

특정한 당사자에게 위탁된 기명식 선화증권(straight B/L)[375]은 양도가능하지 않으므로 비유통이다. 기명식 선화증권과 같은 비유통 선화증권은 UCP 600 하에서 "비유통 해상화물운송장"(Non-Negotiable Sea Waybill)으로 참조된다. 비유통 해상화물운송장의 양도는 근거물품에 대한 권리이전의 효과를 가지지 아니한다. 비유통 해상화물운송장은 UCP 600의 해상/해양선화증권으로써 간주되지 않기 때문에 해상/해양선화증권을 요구하는 신용장하에서는 수리되지 않는다.[376]

---

order of A", 또는 ③ "to the order of ABC Bank"로 표시하여 발행된 선화증권을 말한다. ①과 ②의 경우에는 대개 무기명식 배서(blank endorsement; endorsed in blank)를 요구하게 되는데, 이 경우에는 선화증권 원본 이면에 송화인인 수출자가 배서를 하고 권리를 양도한다. 이 때 선화증권 소지자가 화물에 대한 담보권을 취득하게 된다; 강원진, 「신용장론」 제5판, 박영사, 2007, 285면.

375) 기명식 선화증권(straight B/L)이란 화물의 수령인을 특정인, 즉 수입자(또는 은행)의 명칭과 주소를 수화인란에 기재한 선화증권으로 이 경우 화물의 소유권은 특정인에게 귀속된다. 따라서 송금환방식(remittance basis)이나 선수금을 받는 선대신용장(red clause L/C)에 의한 거래가 아니면 수화인을 수입자명의로 기재하는 기명식 선화증권을 발행하지 않는 것이 안전하다. 강원진, 상게서, 285면.

376) Peter Ellinger and Dora Neo, *op. cit.,* 256.

제22조 용선계약 선화증권

[Article 22] Charter Party Bill of Lading

a. A bill of lading, however named, containing an indication that it is subject to a charter party (charter party bill of lading), must appear to:

i. be signed by:

- the master or a named agent for or on behalf of the master, or
- the owner or a named agent for or on behalf of the owner, or
- the charterer or a named agent for or on behalf of the charterer.

Any signature by the master, owner, charter or agent must be identified as that of the master, owner, charterer or agent.

Any signature by an agent must indicate whether the agent has signed for or on behalf of the master, owner or charterer.

An agent signing for or on behalf of the owner or charterer must indicate the name of the owner or charterer.

ii. indicate that the goods have been shipped on board a named vessel at the port of loading stated in the credit by:

- pre-printed wording, or
- an on board notation indicating the date on which the goods have been shipped on board.

The date of issuance of the charter party bill of lading will be deemed to be the date of shipment unless the charter party bill of lading contains an on board notation indicating the date of shipment, in which case the date stated in the on board notation will be deemed to be the date of shipment.

iii. indicate shipment from the port of loading to the port of discharge stated in the credit. The port of discharge may also be shown as a range of ports or a geographical area, as stated in the credit.

iv. be the sole original charter party bill of lading or, if issued in more than one original, be the full set as indicated on the charter party bill of lading.

b. A bank will not examine charter party contracts, even if they are required to be presented by the terms of the credit.

번역

[제22조] 용선계약 선화증권

a. 용선계약에 따른다는 표시를 포함하고 있는 선화증권(용선계약 선화증권)은 그 명칭에 관계 없이 다음과 같이 보여야 한다:

ⅰ. 다음의 자에 의하여 서명된 것:

- 선장 또는 선장을 위한 또는 선장을 대리하는 기명 대리인, 또는
- 선주 또는 선주를 위한 또는 선주를 대리하는 기명 대리인, 또는
- 용선자 또는 용선자를 위한 또는 용선자를 대리하는 기명 대리인.

선장, 선주, 용선자 또는 대리인의 모든 서명은 선장, 선주, 용선자 또는 대리인의 서명으로 확인되어야 한다.

대리인의 모든 서명은 대리인이 선장, 선주 또는 용선자를 위하여 또는 대리하여 서명한 것인지를 표시하여야 한다.

선주 또는 용선자를 위한 또는 대리하여 서명하는 대리인은 선주 또는 용선자의 명칭을 표시하여야 한다.

ⅱ. 다음에 의하여, 물품이 신용장에 명시된 적재항에서 지정선박에 본선선적 되었음을 표시하고 있는 것:

- 미리 인쇄된 문언, 또는
- 물품이 본선선적된 일자를 표시하는 본선적재 부기

용선계약 선화증권이 선적일자를 표시하는 본선적재 부기를 포함하지 아니하는 경우, 용선계약 선화증권의 발행일은 선적일로 본다. 용선계약 선화증권에 본선적재 부기가 된 경우에는 본선적재 부기상에 명시된 일자를 선적일로 본다.

ⅲ. 신용장에 명시된 적재항으로부터 양륙항까지 선적을 표시하고 있는 것. 양륙항은 신용장에 명시된 대로 항구의 구역 또는 지리적 지역으로도 표시될 수 있다.

ⅳ. 단일의 용선계약 선화증권 원본 또는, 2통 이상의 원본으로 발행된 경우에는, 용선계약 선화증권 상에 표시된 대로 전통인 것.

b. 은행은 비록 신용장의 조건이 용선계약서 제시를 요구하더라도 용선계약서를 심사하지 아니한다.

해설

이 조는 신용장이 용선계약 선화증권(charter party bill of lading)[377]의 제시를 요구하는 경우, 신용장이 용선계약 선화증권 및 제시된 용선계약 선화증권을 허용하는 경우에 적용된다. 용선계약 선화증권은 용선계약에 따른다는 표시를 포함하는 선화증권이다. 이 조에서는 용선계약 선화증권의 수리요건 및 용선계약서 제시에 대한 심사제외와 관련하여 규정하고 있다.

1. 용선계약 선화증권의 수리요건(22a)

이 조 a항에서는 용선계약에 따른다는 표시를 포함하는 용선계약 선화증권에 대하여 명칭과 관계없이 은행이 수리하는 요건을 규정하고 있다.

(1) 서명

이 조 a-i항에서는 용선계약 선화증권의 서명(signature) 요건을 설정하고 있다.

첫째, 선장(master), 선주(owner), 용선자(charterer) 자신 또는 선장, 선주, 용선자 각각의 기명 대리인(named agent)에 의하여 서명된 것이어야 한다.

둘째, 선장, 선주, 용선자 또는 대리인의 서명은 선장, 선주, 용선자 또는 대리인의 서명으로 확인되어야 한다.

셋째, 대리인의 서명은 대리인이 선장, 선주 또는 용선자를 대리하여 서명한 것인지를 표시하여야 한다.

넷째, 선주 또는 용선자를 대리하여 서명하는 대리인은 선주 또는 용선자의 명칭을 표시하여야 한다.

이와 같이 용선계약 선화증권은 선박 임대차계약에 의하여 이미 용선되어, 그 성격상 운송인(carrier)이 발행할 수 없기 때문에 이 조항의 서명 요건에서 운송인에 대하여 언급되고 있지 않다는 점에 유의할 필요가 있다.

운송업계는 운송서류가 발행될 때 대리인이 선박의 선장을 알지 못하는 것이 일반적이라고 지적하고 있다. 따라서 선장의 대리인이 서명하는 경우, 선장의 명칭까지는 요구되지 않는 것으로 보고 있다.[378]

선장의 명칭과 관련하여 ISBP는 "대리인이 선장(함장), 용선자 또는 선주를 대리하여

377) 용선계약 선화증권(charter party B/L)이란 화주가 살물(bulk cargo) 형태의 대량화물을 운송하기 위하여 특정한 항로 또는 기간 동안 용선하는 경우, 화주와 선박회사 사이에 체결된 용선계약(Charter Party)에 의하여 발행되는 선화증권을 말한다.

378) ICC Pub. 680, p. 83. and p. 90.

용선계약 선화증권에 서명하는 경우, 대리인은 반드시 선장(함장), 용선자 또는 선주의 대리인으로서 확인되어져야 한다. 이러한 경우, 선장(함장)의 명칭이 표시될 필요는 없으나 용선자 또는 선주의 명칭은 반드시 표시하여야 한다"[379]라고 하여 선장의 명칭 기재 불필요에 대한 지침을 분명히 하고 있다. 따라서 선장의 대리인이 서명하는 경우에 선장의 명칭을 표시하지 않아도 된다.

용선계약 선화증권에서 선장이 서명은 "As Master"를 기재하고 명칭 기재 없이 서명만 하여도 무방하다. 한편 선장을 대리하는 기명 대리인의 서명은 "XYZ Ltd. As Agent for(or on behalf of) The Master"를 기재하고 명칭 기재 없이 서명만 하여도 된다.

용선계약 선화증권에서 "선장의 자격" 및 "선장의 대리인 자격"으로 서명하는 예는 다음과 같다.

1) 선장이 서명하는 경우

As Master

Gildong Hong

2) XYZ Ltd.가 선장의 대리인 자격으로 서명하는 경우

XYZ Ltd. As Agent for The Master

Minho Kang

또는

XYZ Ltd. on behalf of The Master

Minho Kang

(2) 선적일자 및 발행일자

이 조 a-ii항에서는 신용장에 미리 인쇄된 문언 또는 물품이 본선 선적된(shipped on board) 일자를 표시하는 본선적재 부기에 의하여 명시된 적재항에서 지정선박에 본선적재 되었음을 표시할 것을 요구하고 있다. 용선계약 선화증권의 발행일자는 용선계약 선화증권이 선적일을 표시하는 본선적재 부기를 포함하지 아니하는 경우 선적일로 간주된다. 이 경우, 본선적재 부기상에 명시된 일자는 선적일로 본다.

또한 "외관상 양호한 상태로 선적됨"(shipped in apparent good order), "본선 적재됨"(laden on board), "무사고 본선적재"(clean on board) 또는 "선적됨"(shipped) 또는 "본선적재"(on board)와 같은 단어를 원용한 기타의 구절은 "본선 선적됨"(shipped on

379) ISBP 681, Para. 118-b.

board)과 동일한 효력을 가진다.[380]

(3) 적재항 및 양륙항

이 조 a-iii항에 의하면 선화증권은 신용장에 명시된 적재항으로부터 양륙항까지 선적을 표시하고 있어야 한다.

신용장에서 선적항 또는 양륙항의 지리적 지역 또는 구역이 주어진 경우(예를 들면, "모든 유럽 항구"), 용선계약 선화증권은 실제의 적재항 또는 적재항들을 표시하여야 하며 그러한 장소는 신용장에 명시된 해당 지리적 지역 또는 구역 이내이어야 하나, 양륙항으로는 지리적 지역 또는 항구의 구역을 표시할 수 있다.[381]

이와 관련하여 ICC 은행위원회는 이미 신용장에서 양륙항을 'Any XX Country Port'로 명시하였다면 용선선화증권의 양륙항란은 'Any XX Country Port'으로 표기하거나 해당 국가의 특정항을 표기하여도 수리가 가능하다는 해석을 하고 있다.[382] 해상선화증권과는 달리 용선계약 선화증권의 경우 양륙항을 지리적 지역으로 표기할 수 있게 허용한 것은 용선운송계약이 정기선에 의한 해상운송계약과는 달리 도착지역의 다수 화주의 화물을 주로 운송한다는 점을 반영한 것으로 볼 수 있다.[383]

(4) 원본제시 통수

이 조 a-iv항에서 규정된 바와 같이 용선계약 선화증권은 단일의 선화증권 원본이어야 하며 또는 2통 이상의 원본으로 발행된 경우에는, 원본 용선계약 선화증권상에 표시된 전통(full set)이 제시되어야 한다.

이 조가 적용되는 운송서류에는 발행된 원본의 통수를 반드시 표시하여야 한다. 제1원본(First Original), 제2원본(Second Original), 제3원본(Third Original), 원본(Original), 부본(Duplicate), 3부본(Triplicate) 등 또는 유사한 표현이 표기된 운송서류는 모두 원본이다. 용선계약 선화증권은 원본선화증권으로 수리되기 위하여 "원본"이라고 표기될 필요는 없다.[384]

발행통수는 보통 운송서류의 앞면에 원본 선화증권 발행통수(Number of Original Bill of Lading) 기재란 또는 구절 중에 명시되어 있다. 예컨대, "3통"(Three), 또는 "2통"(Two)과 같이 복본으로 발행되고 있음을 나타내고 있다.

380) ISBP 681, Para. 120.
381) ISBP 681, Para. 121.
382) ICC Document 470/TA.396 (February 22, 2000).
383) ICC Pub. 632, R. 168.
384) ISBP 681, Para. 117.

2. 용선계약서 제시에 대한 심사제외(22b)

이 조 b항에서는 은행은 비록 신용장의 조건이 용선계약서 제시를 요구하더라도 용선계약서를 심사하지 아니한다고 명시하고 있다.

용선계약에 따르는 선화증권은 "subject to charter party", "to be used with charter parties", "freight payable as per charter party" 또는 "charter party contract number ABC123"[385]과 같은 문언이 포함되어 있는 것으로, 이는 용선계약 선화증권이기 때문에 은행은 이와 같은 선화증권에 대해서는 수리를 거절한다. 이 경우 은행은 용선계약서 전체를 무시하게 된다. 은행은 선화증권발행의 근거로 용선계약서와는 관계가 없기 때문이다. 그러나 이는 신용장이 용선계약 선화증권의 제시를 요구하는 경우, 신용장이 용선계약 선화증권 및 제시된 용선계약 선화증권을 허용하는 경우 UCP 600 제22조가 적용될 수 있다[386]는 점과 구별되는 것이다.

Case 09-15	운송서류에 "charter party"라고 표시된 경우 용선계약 선화증권으로 취급될 수 있는지 여부

Q 다음과 같은 3가지의 서류는 용선계약 선화증권으로 취급될 수 있는가?

 UCP 600 제22조는 용선계약에 따른다는 표시를 포함하고 있는 선화증권(용선계약 선화증권)은 그 명칭에 관계없이 다음과 같이 보여야한다: "[A bill of lading, however named, containing an indication that it is subject to a charter party (charter party bill of lading) must appear to:]..."와 같은 문언으로 시작된다.

질의는 다음과 같다:

1. 신용장은 해상선화증권을 요구하고 있다. 제시서류는 서류의 공란에 아무런 일자를 명시하지 아니하고 "Issued pursuant to charter party dated…" 라는 미리 인쇄된 문언을 포함하고 있는 것을 제외하고 신용장조건 및 UCP 600 제20조와 일치하는 것으로 나타내고 있다. 서류는 그 이면에 보통 선화증권에서 보이는 운송약관을 포함

385) ICC Pub. 680, p. 84.
386) ISBP 681, Para. 115.

하고 있고 "선화증권"(Bill of Lading)이라는 표제가 있다. 이 서류는 용선계약 선화증권으로 취급되어야 하는가?

2. 신용장은 해상선화증권을 요구하고 제시서류는 서류가 "Freight payable as per charter party"라는 스템프를 포함하고 있는 것을 제외하고 신용장조건 및 UCP 600 제20조와 일치하는 것으로 나타내고 있다. 서류는 그 이면에 보통 선화증권에서 보이는 운송약관을 포함하고 있다. 이 서류는 용선계약 선화증권으로 취급되어야 하는가?
3. 서류는 "Charter Party Bill of Lading"이라는 표제를 포함하고 있으나 선화증권상에는 "charter party"라는 아무런 참조문언이 없다. 그 밖에 제시서류는 신용장조건 및 UCP 600 제20조와 일치한다. 해상선화증권의 서류 이면상에 보통 선화증권에서 보이는 운송약관을 포함하고 있다. 이 서류는 용선계약 선화증권으로 취급되어야 하는가? 만약 그렇다면 제22조의 "명칭에 관계없이"(however named)란 말은 무슨 의미로 볼 것인가?

위의 세 가지 모든 서류는 기명 운송인의 대리인에 의하여 서명되었다.

귀하의 정보를 위하여 우리의 의견은 다음과 같다:

1. 서류가 "용선계약 일자에 따라 발행되었다"라는 사전 인쇄된 문언이 있다고 해서 일자 기재가 없는 한, 이 서류를 용선계약 선화증권으로 취급하지 않는다.
2. 위의 두 번째 및 세 번째의 질의에서 언급된 서류를 용선계약 선화증권으로 취급하지 않는다.

A

1. 서류는 "Issued pursuant to charter party dated…"라는 문언을 포함하고 있다. UCP 600 제20조 a항 vi호 및 제22조 a항의 목적을 위하여, 이는 용선계약 조건으로 발행되었다는 표시를 나다내고 있다.
2. 선화증권 내용이 제20조의 조건과 일치한다 하더라도, "freight payable as per charter party"라고 포함시킨 것은 선화증권이 용선계약 조건으로 발행되었다는 표시이다. 이 서류는 UCP 하에 서류심사목적을 위하여 용선계약 선화증권으로 간주된다.
3. 서류는 "Charter Party Bill of Lading"의 표제를 붙이고 있다. 제20조 a항 vi호 및 제20조 a항의 목적을 위하여, 이는 용선계약 조건으로 발행되었다는 표시를 나타내고 있다.[387)]

검토 UCP 600 제22조 a항의 문언에 추가하여 제20조 a항 iv호는 본 질의의 서두에서와 같이 선화증권과 관련하여 "용선계약 조건에 따른다는 아무런 표시가 없다." 제20조 a항 iv호에서의 요건은 서류심사자가 선화증권이 용선계약과 함께 사용되는 목적으로 발행되었는지 여부를 판단할 수 있도록 한 것이다. 본 사례에서는 용선계약 선화증권을 요구하고 있지 않고 있다. 여기에서 질의 1~3에서와 같은 경우에 용선계약 선화증권으로 볼 수 있는지 여부와 용선계약 선화증권을 신용장에 요구 또는 허용하고 있느냐는 별개의 사안이다.

용선계약 선화증권은 신용장 조건에서 용선계약 선화증권을 요구하거나 허용하는 경우에 한하여 제22조가 적용될 수 있다. 만약 신용장상의 운송서류 조항에 "... subject to a charter party"(charter party bill of lading) 등의 표현과 같이 운송서류로서 용선계약 선화증권이 요구되는 경우에는 UCP 600 제20조가 아닌 제22조를 적용하게 된다.

용선계약 선화증권의 적용과 관련하여 ISBP는 "신용장이 용선계약 선화증권의 제시를 요구하는 경우 또는 신용장이 용선계약 선화증권 및 제시된 용선계약 선화증권을 허용하는 경우에는 UCP 600 제22조가 적용될 수 있다"[388] 또한 "용선계약에 따른다는 모든 표시를 포함하는 운송서류는 UCP 600 제22조 하의 용선계약 선화증권이다"[389]라고 그 지침을 제시하고 있다.

용선계약 선화증권과 관련된 규정에서 UCP 500 제25조는 "신용장이 용선계약 선화증권을 요구하거나 허용한 경우"로 용선계약 선화증권의 적용범위를 정의하였으나 UCP 600 제22조는 "용선계약에 따른다는 표시를 포함하고 있는 선화증권(용선계약 선화증권)은 그 명칭에 관계없이 다음과 같이 보여야한다..."와 같은 표현을 하고 있다.

용선계약 선화증권이 수리가능하기 위해서는, 신용장이 용선계약 선화증권을 명확히 규정하여야 한다. UCP 600 제22조에서의 (UCP 500에서 정의한 것의)생략은 실질적인 변화에 영향을 미칠게 되어 논쟁의 소지가 있다. 용선계약 선화증권의 위험을 경감시키는 하나의 방법은 신용장이 용선계약 선화증권을 명확하게 금지하게 하는 것이다.[390]

---

387) ICC Pub. 697, R 647.
388) ISBP 681, Para. 115.
389) ISBP 681, Para. 116.
390) Peter Ellinger and Dora Neo, *op. cit.,* pp. 257-258.

Case 09-16	"용선계약 선화증권 수리가능"과 "약식선화증권 수리불가능"이라는 조건이 불일치를 구성하는지 여부

Q "charter party B/L acceptable"과 "short form B/L not acceptable"이라는 조건이 불일치를 구성하는가?

사례 및 쟁점 우리는 다른 조건과 더불어 다음의 조건을 포함하고 있는 화환신용장을 정기적으로 수령하고 있다:

1. 용선계약 선화증권 수리가능
2. 약식 선화증권 수리불가

우리는 상기 사항과 관련하여 이 같은 조건이 모순 또는 불일치가 될 수 있는지 여부에 대하여 귀 위원회의 의견을 알고 싶다.

또한 UCP 500 제20조 a항 v호(UCP 600 제20조 a항 v호)("약식선화증권"에 관해 참조할 수 있는 유일한 조항)를 고려하여 주기 바란다. 약식선화증권은 어떤 자료 또는 선화증권 이외의 서류에 대한 참조를 통해 몇몇 운송조건들을 포함하고 있는 것으로 해석될 수 있다. 우리는 용선계약(C/P)을 어떤 자료나 선화증권이외의 서류로 간주하고 있다.

결과적으로, 용선계약 선화증권은 약식선화증권으로 간주될 수 있다.

A 귀하는 신용장에 "용선계약 선화증권 수리가능"이란 조건이 포함되어 있다고 진술하고 있다. 이는 신용장상에 해상/해양선화증권 전통을 요구하는 것(송화인, 착화통지인 등과 같은 요구된 데이터에 대한 적절한 세부내역을 제시하는)을 표시하는 것이다. "약식선화증권 수리불가"라는 조건은 해상/해양선화증권이 제시되었을 경우의 상황과 관련이 있다.[391]

검토 "약식선화증권"(short bills of lading)에 대한 참조사항은 UCP 600 제20조 a항 v호(해상/해양선화증권)*에 보이고 있으며, 용선계약 선화증권에 대해 구체적으로 커버하고 있는 제25조에는 나타내고 있지 않다. 문면에 약식선화증권 수리불가가 참조되어 있고, 용선계약 선화증권이 제시된 경우, 이는 불일치 한 것으로 볼 수 있다.

391) ICC Pub. 660, R 577.

Case 09-17 사전 인쇄된 문언에 의한 본선적재 표시, 발행일자가 적재기간이 완료일자 이후인 용선계약 선화증권의 수리성

Q 선화증권이 본선적재일자 없이 사전 인쇄된 문언에 의하여 "본선적재"를 나타내고, 선화증권 발행일자가 적재기간이 완료된 일자 이후인 경우, 이와 같은 용선계약 선화증권은 불일치로 보는가?

사례 및 쟁점 N국의 어떤 은행으로부터 다음과 같은 질의를 받았다: 매입은행인 당 은행은 선화증권의 "본선적재일"과 기타의 서류에 명시된 "적재기간"이 상이하게 명시한 서류를 정규적인 서류로 수령하고 있다. 예를 들면, 검사증명서에 적재기간은 1월 27~28일까지로 명시되고, 선화증권 본선적재 부기에는 본선선적일은 1월 29일로 명시되고 있다. 이 점에서 당 은행은 이와 같은 서류가 불일치된 것으로 간주하고 있다.

선화증권은 본선적재일 없이 사전 인쇄된 문언에 의하여 "본선적재"를 나타내는 경우, 선화증권 발행일은 적재기간이 완료된 일자 이후이다. 당 은행은 이와 같은 서류가 불일치된 것으로 간주하지 않는다. 그러나 관련 수익자는 당 은행의 의견에 반대하고 있다.

귀 위원회는 당 은행의 의견을 지지하는가?

A 질의에서 언급된 일자는, 물품이 1월 29일에 본선적재한 것으로 사전 인쇄된 문언으로 표시하거나 또는 본선적재부기가 1월 29일로 표시하고 있는 용선계약 선화증권은 1월 적재기간이 27~28일이었던 것으로 명시된 검사증명서와 일치하지 않는다. 적재기간은 본선적재일보다 늦지 않아야 한다. 물품이 적재가 완료되자마자 선적되게 된다고 기대할 수 있는 점은, UCP 상에 이에 관한 요건이 없을 뿐 아니라 문제의 신용장조건에서도 보이지 않는다.[392)]

검토 선화증권에 명시된 본선적재일(1월 29일)과 검사증명서의 문면상 적재기간(1월 27일~28일)은 일치하지 않는다. 이 점에서 서류는 실제 불일치한다.

선화증권의 발행일은 발행일이 본선적재일과 선적일로 간주되더라도, 서류는 적재가 완료된 이후에 발행되어야한다.

질의에 언급된 내용을 보면, 요구된 물품의 적재완료는 용선계약 선화증권과 같다. 이

392) ICC Pub. 697, R 678.

질의에 대한 답변의 목적은, 동일한 답변이 해상선화증권(UCP 600 제20조), 비유통 해상화물운송장(UCP 600 제21조), 복합운송서류(UCP 600 제19조)에 준거하는 해상선적에 적용될지라도, 용선계약 선화증권(UCP 600 제22조)의 규정에 참조될 수 있는 것이다.

UCP 600조 a항 ii호에 규정한 바와 같이 용선계약 선화증권은 사전 인쇄된 문언, 또는 물품이 본선선적된 일자를 표시하는 본선적재 부기에 의하여, 물품이 신용장에 명시된 적재항에서 지정선박에 본선선적 되었음을 표시하고 있는 것은 수리된다. 용선계약 선화증권이 선적일자를 표시하는 본선적재 부기를 포함하지 아니하는 경우, 용선계약 선화증권의 발행일은 선적일로 본다. 용선계약 선화증권에 본선적재 부기가 된 경우에는 본선적재 부기상에 명시된 일자를 선적일로 본다.

따라서 용선계약 선화증권은 물품이 본선적재를 명시하는 사전 인쇄된 문언에 표시하거나 또는 본선적재 부기된 것으로 표시하여도 입장이 다르지는 않다.

Case 09-18	**선화증권의 정당한 소지인이 아닌 자에게 인도함으로써 선화증권 소지인의 운송물에 대한 권리를 침해한 경우의 책임**

Q 운송인 등이 선화증권과 상환하지 아니하고 운송물을 선화증권의 정당한 소지인이 아닌 자에게 인도함으로써 선화증권 소지인의 운송물에 대한 권리를 침해한 경우, 고의 또는 중대한 과실에 의한 불법행위가 성립되는지 여부는?

K은행(원고, 피상고인) 대 I사(피고, 상고인) 사건[393]

 **한국 대법원의 판결**

1. 원심판결[394] 이유에 의하면, 원심은, 피고는 이 사건 선박을 소유하는 해상운송업자로서 소외 스타쉬핑 에이 에스(Star Shipping A/S, 이하 '스타쉬핑'이라 한다)와 이 사건 선박에 대한 정기용선계약을 체결하고, 이에 터 잡아 스타쉬핑은 소외 링크베스트 리미티드(Linkvest Limited, 이하 '링크베스트'라 한다)에, 링크베스트는 소외 카스 리미티드 사이프러스(Calx Ltd. Cyprus, 이하 '칵스'라 한다)에 순차 정기용선계약을 체결

393) 대법원 1999. 4. 23. 선고 98다13211 판결.
394) 서울고법 1998. 2. 6. 선고 96나26885 판결.

하여 칵스가 이 사건 선박의 정기용선자로서 1994. 4. 25. 소외 D철강 주식회사(이하 'D철강'이라 한다)와 사이에 그 판시 철근을 수출하는 계약을 체결하고 이 사건 선박에 이를 선적한 후 이 사건 선박의 정기용선자로서 같은 해 6. 6. 이 사건 화물에 관한 선화증권을 발행하였다.

2. 한편 원고는 D철강의 발행의뢰에 따라 같은 해 7. 15. 칵스를 수익자로 한 취소불능 신용장을 발행한 다음, 같은 달 21. 칵스의 거래은행인 인도수에즈은행으로부터 선화증권 등 이 사건 화물에 대한 선적서류를 송부 받고 같은 달 28. 그 은행에 신용장 대금을 지급한 사실, 다른 한편 이 사건 화물이 포항항으로 운송 중이던 같은 해 6. 22. 칵스는 링크베스트에, 링크베스트는 스타쉬핑에, 스타쉬핑은 피고에게 순차로 이 사건 화물을 선화증권과 상환함이 없이 D철강에 인도하여 줄 것을 요청하면서 그로 인하여 상대방에게 발생하는 손해를 모두 배상하여 주겠다는 내용의 각서를 제공하고, D철강 역시 같은 해 7. 15. 피고에게 동일한 내용의 각서를 제공하여, 피고가 같은 달 19. 국내의 선박대리점인 소외 H해운 주식회사를 통하여 이 사건 선박의 선장에게 "스타쉬핑으로부터 면책각서를 받았으니 선화증권과 상환함이 없이 화물을 동해철강에 인도하라."고 지시하여 이에 따라 선장이 같은 달 20.부터 22.까지 사이에 화물을 인도하여 주었고, 동해철강이 위와 같이 인도받은 화물을 타소장치장에 보관하다가 같은 달 26.경 이를 임의로 처분해 버린 사실, 피고와 스타쉬핑 사이의 용선계약에 "용선자측이 요구하는 경우 선장은 용선자와 그 대리점이, 항해사가 발급한 화물인수증의 내용대로 용선자측이 사용하는 양식으로 선화증권을 선주 또는 선장 명의로 발급할 권리를 갖게 한다.

3. 용선자측은 선장이나 용선자와 그 대리점이 위와 같이 선화증권을 발급한 결과 또는 화물인수증과 선화증권에 기재된 내역이 서로 어긋난 데 대하여 선주가 책임을 지거나 피해를 입지 않게 한다."(제49조) 및 "선화증권의 원본을 제시하지 아니하면 화물을 선박에서 하역해서는 아니 된다. 이를 위반하는 경우에는 용선자는 선주가 가입한 P&I Club의 약관 내용 또는 선주가 수락할 수 있는 수하인측의 면책조치에 따라 선주를 면책하여야 한다."(제57조)는 내용이 포함되어 있는 사실을 인정한 다음, 피고는 이 사건 선박의 선주로서 그 선장에게 위와 같은 지시를 함으로써 선화증권의 소지인인 원고가 화물을 인도받을 수 없게 하였으므로, 원고의 선화증권상 권리를 침해한 불법행위자로서 원고가 입은 손해를 배상할 의무가 있다고 판단하였다.

4. <u>해상운송인 또는 선박대리점이 선화증권과 상환하지 아니하고 운송물을 선화증권 소</u>

지인 아닌 자에게 인도하는 것은 그로 인한 손해의 배상을 전제로 하는 것이어서, 그 결과 선화증권 소지인에게 운송물을 인도하지 못하게 되어 운송물에 대한 그의 권리를 침해하였을 때에는 고의 또는 중대한 과실에 의한 불법행위가 성립되는 것이므로 (대법원 1992. 2. 14. 선고 91다4249 판결, 1991. 12. 10. 선고 91다14123 판결, 1989. 3. 14. 선고 87다카1791 판결 등 참조), 정기용선계약이 순차로 이루어져 최종 용선자가 운송계약을 체결한 경우라도, 선주와 최초 용선자 사이의 용선계약에 "선화증권 원본의 제시 없이는 화물을 인도해서는 아니 되고, 이를 위반한 경우 용선자는 선주를 면책시켜야 한다."는 약정이 있고, 선주가 선박대리점을 통하여 선장에게 선화증권과 상환하지 않고 화물을 인도할 것을 지시하여, 이에 따라 선장이 선화증권 소지인이 아닌 사람에게 화물을 인도함으로써 그 화물이 멸실된 이상, 선화증권의 발행인이 정기용선자인지 여부 및 운송계약상 선주와 용선자 중 누가 운송인이 되는지 여부에 관계없이 선주로서는 선화증권의 정당한 소지인에 대하여 화물을 멸실케 한 불법행위로 인한 손해배상의 책임을 져야 하고, 또 그러한 선주의 인도 지시가 수하인의 요청에 의한 것인지, 정기용선자의 요청에 의한 것인지에 따라 영향을 받을 것도 아니다.

5. 기록과 이러한 법리에 비추어 살펴보면, 원심의 사실인정과 판단은 정당한 것으로 수긍이 가고, 거기에 사실오인의 위법이나, 용선계약 및 보증도로 인한 불법행위에 관한 법리오해 등의 위법이 있다고 할 수 없다. 이 점을 지적하는 상고이유의 주장은 받아들일 수 없다.

제23조 항공운송서류

[Article 23] Air Transport Document

a. An air transport document, however named, must appear to:

i. indicate the name of the carrier and be signed by:

• the carrier, or

• a named agent for or on behalf of the carrier.

Any signature by the carrier or agent must be identified as that of the carrier or agent.

Any signature by an agent must indicate that the agent has signed for or on behalf of the carrier.

ii. indicate that the goods have been accepted for carriage.

iii. indicate the date of issuance. This date will be deemed to be the date of shipment unless the air transport document contains a specific notation of the actual date of shipment, in which case the date stated in the notation will be deemed to be the date of shipment.

Any other information appearing on the air transport document relative to the flight number and date will not be considered in determining the date of shipment.

iv. indicate the airport of departure and the airport of destination stated in the credit.

v. be the original for consignor or shipper, even if the credit stipulates a full set of originals.

vi. contain terms and conditions of carriage or make reference to another source containing the terms and conditions of carriage. Contents of terms and conditions of carriage will not be examined.

b. For the purpose of this article, transhipment means unloading from one aircraft and reloading to another aircraft during the carriage from the airport of departure to the airport of destination stated in the credit.

c. i. An air transport document may indicate that the goods will or may be tran-shipped, provided that the entire carriage is covered by one and the same air transport document.

ii. An air transport document indicating that transhipment will or may take place is acceptable, even if the credit prohibits transhipment.

번역

[제23조] 항공운송서류

a. 항공운송서류는 그 명칭에 관계없이 다음과 같이 보여야 한다:

i. 운송인의 명칭을 표시하고 다음의 자에 의하여 서명된 것:

- 운송인, 또는
- 운송인을 위한 또는 운송인을 대리하는 기명 대리인.

운송인 또는 대리인의 모든 서명은 운송인 또는 대리인의 서명으로 확인되어야 한다. 대리인의 모든 서명은 대리인이 운송인을 위하여 또는 운송인을 대리하여 서명한 것인지를 표시하여야 한다.

ii. 물품이 운송을 위하여 인수되었음을 표시하고 있는 것.

iii. 발행일을 표시하고 있는 것. 이 일자는 항공운송서류가 실제 선적일에 관한 특정 표기를 포함하지 아니한 경우 표기에 명시된 일자는 선적일로 본다.

운항번호와 일자와 관련하여 항공운송서류상에 보이는 모든 기타 정보는 선적일을 결정하는데 고려되지 아니한다.

iv. 신용장에 명시된 출발공항과 목적공항을 표시하고 있는 것.

v. 비록 신용장이 원본 전통을 규정하고 있는 경우라도, 탁송인 또는 송화인용 원본인 것.

vi. 운송조건을 포함하거나 또는 운송조건을 포함하는 다른 자료를 참조하고 있는 것. 운송 조건의 내용은 심사되지 아니한다.

b. 본 조를 위하여, 환적이라 함은 신용장에 명시된 출발공항으로부터 목적공항까지의 운송과정 중에 한 항공기로부터 양화 및 다른 항공기로 재적재하는 것을 말한다.

c. i. 항공운송서류는 전 운송이 하나의 동일한 항공운송서류에 의하여 커버된다면 물품이 환적될 것이라거나 또는 환적될 수 있다고 표시할 수 있다.

ii. 신용장이 환적을 금지하고 있는 경우에도, 환적이 행하여 질 것이라거나 또는 행하여 질 수 있다고 표시하는 운송서류는 수리될 수 있다.

해설

이 조는 신용장이 공항간 선적을 커버하는 항공화물운송장(air waybill) 또는 항공화물수탁서(air consignment note)와 같은 항공운송서류(air transport document)[395]의 제시를 요구하는 경우에 적용할 수 있다. 항공화물운송장은 비유통 운송서류라는 점에서 보면 해상운송에 사용되는 비유통 해상화물운송장과 법적성격 면에서 공통점이 있다. 이 조에서도 항공화물운송장의 수리요건, 환적의 정의, 환적명시 서류의 수리와 관련하여 규정하고 있다.

1. 항공화물운송장의 수리요건(23a)

이 조 a항에서는 항공운송서류는, 즉 "항공화물운송장", "항공화물수탁서" 또는 유사한 서류라는 명칭과 관계없이 은행이 수리하는 요건에 대하여 규정하고 있다.

(1) 명칭 및 서명

이 조a- i 항에서는 항공운송서류에 대한 운송인의 명칭(name) 및 서명(signature) 요건을 설정하고 있다.

첫째, 운송인의 명칭을 표시하고 운송인에 의하여 서명되거나, 운송인의 기명 대리인에 의하여 서명된 것이라야 한다.

둘째, 운송인 또는 대리인의 서명은 그들 자신의 서명으로 확인되어야 한다.

셋째, 대리인의 서명은 운송인을 대리하여 서명한 것인지를 표시하여야 한다.

그러나 운송주선인(freight forwarder)에 의한 항공운송서류의 서명과 관련하여 ISBP에서는 "신용장이 '혼재화물운송장(house air waybill) 수리가능' 또는 '운송주선인 항공화물운송장(forwarder's air waybill) 수리가능' 또는 유사한 구절이 사용되는 경우, 운송주선인의 자격으로서의 운송주선인에 의하여 서명될 수 있으며, 운송인 또는 지정운송인의 대리인으로서의 자신을 확인할 필요가 없다. 이러한 경우, 운송인의 명칭은 표시할 필요

395) 항공운송서류(air transport documents)에는 항공화물운송장(Air Waybill : AWB)과 항공화물수탁서(air consignment note)가 있다. 보통 미국에서는 전자로, 유럽에서는 후자로 부르고 있다. 이들은 모두 화물을 공로로 운송하는 경우에 항공운송인(air carrier)이 발행하는 운송장으로 선화증권과 같이 운송계약상의 권리를 유가증권화한 권리증권이 아니고 단순한 수령증에 불과하다. 따라서 항공운송서류는 비유통서류이다. 항공운송서류의 발행과 관련하여 ISBP 제143항에 의하면 "항공운송서류는 권리증권이 아니므로 '단순지시식' 또는 지정 당사자의 '지시식'으로 발행되어서는 아니 된다. 비록 신용장에서 항공운송서류가 '단순지시식' 또는 지정 당사자의 '지시식'으로 발행되도록 요구한 경우에도, 제시된 서류가 '단순지시식' 또는 '특정인의 지시식'에 대한 언급 없이 물품이 그러한 당사자를 수화인으로 표시하여 제시된 서류는 수리될 수 있다"고 지침을 제시하고 있다.

가 없다"[396] 라는 지침을 제공하고 있다. 따라서 운송주선인 항공화물운송장의 경우에는 운송인의 명칭을 기재하지 아니하고 운송주선인의 자격으로 서명하여도 된다.

항공화물운송장 발행자의 명칭은 "ABC Aircargo Co., Ltd. As Carrier"와 같이 운송인의 자격(capacity)으로 발행되거나, "XYZ Ltd. As Agent for(or on behalf of) The Carrier, ABC Aircargo Co., Ltd."와 같이 운송인을 대리하는 기명 대리인 자격으로 발행될 수 있다.

또한 항공화물운송장에 서명하는 당사자는 운송인(carrier) 또는 대리인(agent) 자격으로 서명하는지를 표시하여야 한다. 그리고 당사자가 대리인 자격으로 서명한다면 서명하는 자격뿐만 아니라 그 대리인의 명칭이 포함되어야 한다. 항공화물운송장에 서명하는 자의 자격에 관한 표시는 서명란에 나타나야 한다.

운송서류 발행과 관련하여 "운송인 자격" 및 "운송인의 대리인 자격"으로 발행되는 항공화물운송장에 대한 발행자의 명칭과 서명 및 자격에 대한 표시의 예는 다음과 같다.

1) ABC Aircargo Co., Ltd.가 운송인 자격으로 발행할 경우

ABC Aircargo Co., Ltd. As Carrier

Gildong Hong

Gil-dong Hong, Manager

2) XYZ Ltd.가 ABC Aircargo Co., Ltd.의 대리인 자격으로 발행할 경우

XYZ Ltd. As Agent

for The Carrier, ABC Aircargo Co., Ltd.

Minho Kang

Min-ho Kang, Manager

또는

XYZ Ltd. on behalf of

The Carrier, ABC Aircargo Co., Ltd.

Minho Kang

Min-ho Kang, Manager

(2) 인수사실 명시

이 조 a-ii항에 의하면 물품운송을 위하여 인수된(accepted for carriage) 사실을 표시하여야 한다. 항공운송서류에 대한 국제표준은행관행(ISBP) 에서도 "항공운송서류는 물품

396) ISBP 681, Para. 138.

이 운송을 위하여 인수되었음을 표시하고 있어야 한다"[397]고 하여 동일한 지침을 제공하고 있다.

(3) 선적일자 및 발행일자

기본적으로 항공운송서류의 발행일은 선적일로 간주된다. 이 조 a-iii항에서는 발행일은 항공운송서류가 실제 선적일에 관한 특정표기를 포함하지 아니한 경우 표기에 명시된 일자는 선적일로 간주되며 또한 운항번호 및 일자(flight number and date)와 관련하여 항공운송서류상에 보이는 기타정보는 선적일을 결정하는데 고려대상이 아니라고 규정하고 있다. 이와 관련하여 ISBP에서도 동일한 가이드라인이 제시되고 있다.[398]

항공운송서류에서의 특정표기 일자는 인쇄된 형식에서의 데이터 입력이나 미리 인쇄된 데이터를 우선한다.[399]

(4) 출발공항 및 목적공항

이 조 a-iv항은 항공운송서류는 신용장에 명시된 출발공항(airport of departure)과 목적공항(airport of destination)을 표시하고 있어야 하는 것으로 규정되고 있다.

항공운송서류는 정식의 명칭을 기재하는 대신에 국제항공운송협회(IATA) 코드의 사용에 의한 공항의 동일성 증명(예를 들면, London Heathrow 대신에 LHR)은 불일치가 아니다.[400]

또한 신용장에서 출발공항 또는 목적공항의 지리적 지역 또는 구역이 주어진 경우(예를 들면, "모든 유럽 공항"), 항공운송서류는 실제의 출발공항 또는 목적공항을 표시하여야 하며, 그러한 장소는 신용장에 명시된 해당 지리적 지역 또는 구역 이내이어야 한다.[401]

(5) 원본제시 통수

이 조 a-v항에서는 신용장이 원본 전통(full set of originals)을 규정하고 있는 경우라도 탁송인 또는 송화인용 원본이 제시되어야 한다고 명시하고 있다.[402] 이러한 취지에서

---

397) ISBP 681, Para. 139.
398) ISBP 681, Para. 140.
399) Peter Ellinger and Dora Neo, *op. cit.*, p. 261.
400) ISBP 681, Para. 141.
401) ISBP 681, Para. 142.
402) 항공화물운송장은 국제항공운송협회(International Air Transport Association: IATA)의 표준양식과 발행방식에 따라 전 세계 항공사가 동일한 운송장을 사용하도록 의무화하고 있다. 항공화물운송장은 유통이 금지된 비유통증권으로만 발행되는데, 원본 ①은 항공사용으로 운송계약의 증거로 사용되고, 원본 ②는 수화인용으로 화물도착지에 보내져서 항공사가 수화인에게 교부하는 것으로

신용장은 원본 전통의 항공운송서류를 요구하지 아니하는 것이 바람직하지만 전통에 대한 요구가 있더라도 "탁송인 또는 송화인용 원본"의 제시에 대해서도 수리된다는 의미이다. 이 경우에는 수익자가 서류매입을 위하여 운송서류를 제시하려면 송화인용으로 원본을 취득하는 것이 편리할 것이다.

ISBP에서도 같은 취지의 지침을 다음과 같이 제공하고 있다. 항공운송서류는 반드시 "탁송인 또는 송화인용 원본"(original for consignor or shipper)임이 나타나야 한다. 원본 전통에 대한 요구는 탁송인 또는 송화인용 원본임을 표시한 서류의 제시에 의하여 충족된다.[403)]

항공화물 운송장 발행통수는 보통 운송서류의 앞면에 원본 항공화물운송장 발행통수(Number of Original Air Waybill) 기재란 또는 구절 중에 명시되어 있다. 항공화물운송장의 경우에도 예컨대, "3통"(Three)과 같이 송화인용, 수화인용, 운송인용 등으로 구별하여 복본으로 발행될 수 있다.

(6) 운송약관의 형식 및 조건

이 조a-ⅴⅰ항에서는 운송조건(운송약관)을 포함하거나 또는 운송조건(운송약관)을 포함하는 다른 자료를 참조하도록 하는 형식의 운송서류는 수리되는 것으로 규정하고 있다. 은행은 운송조건(운송약관)의 내용은 심사하지 않는다. 항공운송서류는 대부분 운송조건(운송약관)을 포함하고 있다.

2. 환적의 정의(23b)

이 조 b항에서는 ISBP에서와 같이 항공운송을 커버하는 항공화물운송장을 요구하는 경우에 환적의 정의를 제공하고 있다. 환적(transhipment)이란 신용장에 명시된 출발공항으로부터 목적공항까지의 운송중 한 항공기로부터 다른 항공기로의 양화 및 재적재를 말한다. 이러한 두 공항간에 발생하지 아니하는 경우, 양화 및 재적재는 환적으로 간주되지 아니한다.

3. 환적명시 서류의 수리(23c)

이 조 c항에 의하면 항공화물운송장이 전 운송이 하나의 동일한 항공화물운송장에 의하여 커버된다면, 항공화물운송장에 물품이 환적될 것이라거나 또는 환적될 수 있다고

유통목적은 아니다. 원본 ③은 송화인용으로 송화인의 화물처분권에만 효력이 미친다. 항공화물운송장의 발행부수는 원본 3장과 부본 6장을 원칙으로 하고, 항공사에 따라 5장까지 추가할 수 있다. 강원진, [무역결제론] 개정판, 박영사, 2010, 204면.

403) ISBP 681, Para. 136.

표시할 수 있다. 또한 신용장이 환적을 금지하고 있는 경우에도, 환적이 행하여 질 것이라거나 또는 행하여 질 수 있다고 표시하는 항공화물운송장은 수리될 수 있다.

그러나 공항간 운송을 중심으로 하는 항공운송의 경우에는 신용장발행의뢰인이 물품의 안전을 위하여 특별히 환적금지를 요청하는 경우도 있다. 이와 같이 환적명시 항공화물운송장을 배제시키기 위해서는 신용장에 이 조 c항 환적명시 서류의 수리관련 조항의 적용, 배제 및 SWIFT 메시지 형식의 신용장 MT700의 환적관련 란에, 즉 ":43T transhipment : NOT ALLOWED"와 같이 환적금지 조건을 명시하여야 한다.

Case 09-19	"Master Air Waybill" 대신에 "House Air Waybill"제시 이유로 거절할 수 있는지 여부

Q 신용장이 Master Air Waybill을 요구하였고, 제시된 Air Waybill은 운송인의 대리인으로서 IATA 대리인에 의하여 발행되었을 경우 이와 같은 운송서류는 불일치로 간주하는가?

사례 및 쟁점 당 은행은 I국에서 자유매입가능하고, 분할선적이 허용되고, 당 은행의 확인 없이 매입가능한 UCP에 준거하는 화환신용장을 수령하였다. 화환신용장은 여타 서류 중 "master air waybill consigned to..."를 요구하였다. 화환신용장은 엄밀일치된 것으로 판명된 서류 두 세트를 별도 제시에 의하여 사용될 수 있도록 하였다.

첫 번째 발행분은 여타 서류 중 두 번째 발행분에서 제시된 하나와 동일한 운송서류의 제시에 대하여 발행은행에 의하여 인수·지급 되었고, 두 번째 발행분은 "Master Air Waybill 대신에 House Air Waybill"이라는 이유로 발행은행이 거절하였다.

당 은행은 제시된 항공화물운송장은 화환신용장 및 UCP 규정과 일치되게 IATA 대리점이 발행하고 "As agent for the carrier Air China"에 의하여 동 서류에 정히 서명되어 발행된 것임으로 이와 같은 거절에 대하여 이의를 제기하였다. 이에 불구하고 발행은행은 서류의 인수·지급을 하지 않고 서류를 반송하였다.

위와 같은 사실을 고려하여 당 은행은 야기된 불일치의 적법성에 관하여 은행위원회의 의견을 듣고 싶다. 당 은행은 항공운송서류는 그 명칭에 관계없이 수리가능 함을 UCP 조항 및 은행위원회의 의견 R 221에 비추어 볼 때 수리 가능한 서류로 보고 있다.

A HAWB No. 또는 MAWB No.의 표기는 운송인형식 서류요건과 불일치된 것으로 고려되지 않는다. 이 항공화물운송장은 언급된 이유로 불일치로 간주되지 않는다.[404]

검토 항공화물운송장은 국제항공운송협회(International Air Transport Association : IATA)의 표준양식과 발행방식에 따라 전 세계 항공사가 동일한 운송장을 사용하도록 의무화하고 있다. 항공화물운송장은 항공화물운송대리점 또는 항공화물운송주선업자가 발행하는 것이 일반적이다.

항공화물운송대리점(air cargo agent)은 항공사를 대리하여 항공사의 운송약관, 운임률표와 운항시간표에 의거 항공화물을 모으고 항공화물운송장(air waybill : AWB)[405]을 발행하며, 이에 부수되는 업무를 수행하여 그 대가로 소정의 수수료(commission)를 받는다.

항공화물운송주선업사(air freight forwarder)는 혼재업자(consolidator)라고도 부르는데, 타인의 수요에 응해 자기 명의로 항공사의 항공기를 이용, 화물을 혼재, 운송을 주선하는 사업자이다. 혼재업자는 자체의 운송약관과 운임률표(tariff)를 가지고 혼재되는 개개의 화물에 대하여 혼재화물운송장(House Air Waybill : HAWB)을 발행한다. 혼재화물이 항공사에 인도될 때 혼재업자는 화물집화자이면서 송화인(shipper)이 되어 항공사로부터 항공화물운송장(Master Air Waybill : MAWB)을 발급받게 된다. 수출자가 은행을 통하여 대금결제를 받는 것과 수입자가 화물도착지에서 항공화물을 찾게 되는 것은 HAWB이다. HAWB는 항공사와 혼재업자간의 운송계약에 따른 증빙이고, 항공화물을 수화인별로 분류하여 인도할 경우에는 MAWB와 HAWB를 연결시켜 처리하게 된다.[406]

ICC 은행위원회는 의견 R 221에서 쟁점은 운송인 자격으로 운송주선인에 의하여 발행된 항공화물운송장상에 HAWB No. 또는 MAWB No. 표시에 대한 적법성 여부에 대하여 이는 운송인 유형의 서류에 대한 UCP의 요건과 일치하는 견해를 밝혔다.

UCP 600 제23조에 항공운송서류는 "명칭에 관계없이" 수리되는 것이 항공운송서류의 요건 중 하나로 HAWB 또는 MAWB의 의미나 효과에 대하여 침묵하고 있다하더라도 운송서류에 운송인의 자격, 즉 운송인이나 기명 대리인의 자격으로 발행 및 서명하게 되면 두 가지 중 어느 유형의 운송서류 표기도 무방하다고 할 수 있다.

---

404) ICC Pub. 697, R 681.

405) 이 때 발행하는 항공화물운송장은 Master Air Waybill이라고 할 수 있다.

406) 강원진, [신용장론] 제5판, 박영사, 2007, 294-295면.

Case 09-20	"운송인 또는 운송인의 대리인에 의하여 서명"되었다는 사실을 증명하고 있지 아니한 항공화물운송장의 수리 여부

Q 항공화물운송장이 표기된 란에 신분 또는 자격에 관하여 아무런 호칭 없이 "송화인 또는 송화인의 대리인의 서명"(Signature of Shipper or his Agent)이라고 나타내고 있고, "발행하는 운송인 또는 그의 대리인에 의한 서명"(Signature of Issuing Carrier or his Agent)이라는 지정된 란에 아무런 서명이 없을 경우, 불일치로 간주하는가?

사례 및 쟁점 우리회원중 하나가 신용장하에 제시된 항공화물운송장을 수령하였다. 항공화물운송장은 서명을 제외하고 신용장조건과 일치되었다.

이 항공화물운송장에는 다음과 같이 하단 우측 코너에 완성된 두 개의 란이 있다: "송화인은 문면상 명세가 정확하고 적송품의 어떠한 부분이 위험물이 포함되는 한 그와 같은 부분은 적절하게 명칭이 기술되어 지고 위험물규정을 적용하는 것에 의하여 적절한 항공운송약관이 존재한다."

....

Signature of Shipper or his Agent

XYZ AIR & SEA CARGO AS AGENT FOR THE CARRIER ABC FROM [NAMED] AIRPORT DEC/06/04, [NAMED] AIRPORT [PRINTED NAME OF INDIVIDUAL].

....

Executed on (Date) at (Place) Signature of Issuing Carrier or his Agent

서명은 표기된 란에 신분 또는 자격에 관하여 아무런 호칭 없이 "송화인 또는 송화인의 대리인의 서명"(Signature of Shipper or his Agent)이라고 나타내고 있다. "발행하는 운송인 또는 그의 대리인에 의한 서명"(Signature of Issuing Carrier or his Agent)이라고 지정된 란에 아무런 서명이 없다.

A 항공화물운송장은 기명 운송인을 대리하는 것으로 행동하는 기명 대리인을 분명하게 특정 한다. 서명이 "송화인 또는 그의 대리인의 서명"으로 지정된 란에

나타내는 것은 발행하는 운송인 또는 그의 대리인이라는 것을 은행이 판단하기 위한 것이 아니다. 서류는 "운송인 또는 그의 대리인에 의하여 서명"되었다는 사실을 증명하고 있지 않고 있으므로 불일치한다.[407]

검토 UCP 600 제23조 a항에 의하면 항공운송서류는 그 명칭에 관계없이 운송인의 명칭을 표시하고 운송인, 또는 운송인을 위한 또는 운송인을 대리하는 기명 대리인에 의하여 서명된 것으로 나타내도록 규정하고 있다.

여기에서 운송인 또는 대리인의 모든 서명은 운송인 또는 대리인의 서명으로 확인되어야 한다. 또한 대리인의 모든 서명은 대리인이 운송인을 위하여 또는 운송인을 대리하여 서명한 것인지를 표시하여야 한다.

따라서 위의 항공화물운송장은 "발행하는 운송인 또는 그의 대리인에 의한 서명"(Signature of Issuing Carrier or his Agent)란에 발행인의 자격, 예컨대 운송인, 또는 운송인의 기명 대리인이라는 것을 명시하고 서명하여야 된다.

Case 09-21	항공화물운송장 수리를 위한 UCP 요건의 충족여부 판단 기준 및 방법

화물운송장을 수리함에 있어 UCP에 정한 요건의 충족 여부를 판단하는 기준 및 방법은 무엇인가?

M주식회사(원고, 피상고인) 대 K은행(피고, 상고인) 사건[408]

한국 대법원의 판결

1. 신용장발행은행은 발행의뢰인인 매수인을 대신하여 매도인에게 매매대금을 지급하는 지위에 있는 자로서 은행에 제시된 서류가 형식상 신용장조건과 엄격하게 합치하는지를 조사 점검할 의무가 있고, 이러한 의무를 다함으로써 책임을 면한다. 이 사건 신용장 거래에 적용되는 제5차 개정 신용장통일규칙 제13조 a항(UCP 600 제14조 a항)은

407) ICC Pub. 697, R 680.
408) 대법원 2007.5.10. 선고 2005다57691 판결.

위와 같은 취지를 명시하고 있으며, 특히 은행의 조사점검의무에 관하여 "은행은 신용장에 명시된 모든 서류가 문면상 신용장조건과 합치하는지의 여부를 상당한 주의를 기울여 점검하여야 한다.

서류 상호간에 문면상 모순되는 것은 신용장조건과 합치되지 않는 것으로 본다."[409] 고 규정하고 있는데, 이 규정에서 상당한 주의라 함은 상품거래에 관한 특수한 지식경험에 의함이 없이 은행원으로서의 일반적인 지식경험에 의하여 기울여야 할 객관적이고 합리적인 주의를 가리킨다. 따라서 은행원은 신용장조건에 관한 실질적 심사의무는 없다고 하더라도 신용장과 기타 서류에 기재된 문언을 형식적으로 엄격하게 해석하여 신용장조건과의 합치 여부를 가려낼 의무가 있다(대법원 1985. 5. 28. 선고 84다카696 판결 참조).

2. 한편, 위 신용장통일규칙 제27조 a항 i호(UCP 600 제23조 a항 i호)에 의하면, 신용장에서 항공운송서류를 요구한 경우에는, 은행은 신용장에 별도로 명시하고 있지 않는 한 그 명칭에 관계없이 문면상 운송인의 이름이 표시되고 운송인 또는 대리인이 서명하거나 기타 다른 방식으로 인증한 서면을 수리하여야 하며, 운송인의 모든 서명 또는 인증에는 반드시 운송인이라는 확인이 있어야 하고, 운송인을 대신하여 서명하거나 인증한 대리인은 반드시 운송인의 명의와 자격도 명시하여야 한다고 규정하고 있는바, 신용장에서 항공화물운송장의 제시를 요구하고 있는 경우, 신용장발행은행은 위 규정에서 정한 요건을 충족하는 서류만을 신용장조건에 합치하는 서류로서 수리하여야 하고, 항공화물운송장이 위와 같은 요건을 충족하고 있는지 여부는 신용장 관련 다른 서류의 기재를 참고하지 아니하고 해당 항공화물운송장의 문언만을 기준으로 하여 형식적으로 엄격하게 판단하여야 한다.

그런데 신용장에 따라 제시된 항공화물운송장의 발행인 란에 운송인으로 기재된 자가 운송인의 대리인으로서 서명함으로써, 항공화물운송장의 문언만으로는 그 항공화물운송장이 운송인에 의하여 서명·발행되었는지, 운송인의 대리인에 의하여 서명·발행되었는지 신용장발행은행의 입장에서 판단하기 어려운 경우, 항공운송서류에 관한 신용장통일규칙 제27조 a항 i호의 요건을 충족하는 항공화물운송장이 신용장발행은행에 적법하게 제시되었다고 볼 수 없다.

3. 원심판결[410] 이유에 의하면, 이 사건 제2물품에 관한 항공화물운송장 상단 발행인

409) UCP 600 제14조 a항에서는 "지정에 따라 행동하는 지정은행, 확인은행(있는 경우) 및 발행은행은 서류가 문면상 일치하는 제시를 구성하는지 여부를 결정하기 위하여 서류만을 기초로 하여 제시를 심사하여야 한다"라고 규정하고 있다.

(Issued by)란에는 "PRIME LOGISTICS INTERNATIONAL (HK) LTD."(이하 '프라임사' 라고 한다)라고 굵은 글씨로 인쇄되어 있고, 그 옆에 "운송인으로서"(as the Carrier)라고 인쇄되어 있는 반면, 그 하단에 있는 "발행 운송인 또는 그 대리인의 서명"(Signature of Issuing Carrier or its Agent)란에는 프라임사를 표시하는 타원형의 스탬프와 프라임사측의 서명이 있고, "원고를 대신하여"(For and on behalf of Micro-Merge Semi-conductor Co., Ltd)라는 스탬프와 "AS AGENT FOR THE CARRIER : KOREAN AIRLINES"라는 기재가 있는 사실을 알 수 있으므로, 이 사건 항공화물운송장은 1955년 헤이그에서 개정된 바르샤바협약 제6조 제4항, 제5항에 따라 프라임사가 송하인인 원고를 대신하여 스탬프를 찍고 서명을 한 것으로 볼 것이다. 그러나 이 사건 항공화물운송장의 발행인 란에는 프라임사가 운송인으로 기재되어 있는 반면, 이 사건 항공화물운송장의 하단 부분에 의하면, 프라임사의 스탬프와 "As Agent For The Carrier : KOREAN AIRLINES"가 서명 란에 기재된 점에 비추어, 프라임사는 운송인인 대한항공의 대리인으로서 서명하였다고 할 것이다. 따라서 신용장발행은행으로서는 프라임사가 이 사건 항공화물운송장을 운송인으로서 발행하였는지, 운송인의 대리인으로서 발행하였는지 판단하기 불분명하여 이를 신용장에서 요구하는 적법한 항공화물운송장으로서 수리할 수 없다고 할 것이므로, 위와 같은 경우 항공화물운송장이 신용장발행은행에 적법하게 제시되었다고 볼 수 없다.

4. 그럼에도 불구하고, 원심은 이 사건 항공화물운송장의 문면상 운송인 표시에 관한 모순이 없음을 전제로 신용장발행은행인 피고에게 신용장통일규칙에 따른 항공화물운송장이 제시되었다고 판단하였으니, 원심판결에는 신용장에서 요구하는 항공화물운송장의 요건에 관한 법리를 오해한 위법이 있고, 이러한 위법은 판결에 영향을 미쳤음이 부명하다

410) 서울고법 2005. 8. 12. 선고 2005나18490 판결.

제24조 도로, 철도 또는 내수로 운송서류

[Article 24] Road, Rail or Inland Waterway Transport Documents

a. A road, rail or inland waterway transport document, however named, must appear to:

i. indicate the name of the carrier and:

- be signed by the carrier or a named agent for or on behalf of the carrier, or
- indicate receipt of the goods by signature, stamp or notation by the carrier or a named agent for or on behalf of the carrier.

Any signature, stamp or notation of receipt of the goods by the carrier or agent must be identified as that of the carrier or agent.

Any signature, stamp or notation of receipt of the goods by the agent must indicate that the agent has signed or acted for or on behalf of the carrier.

If a rail transport document does not identify the carrier, any signature or stamp of the railway company will be accepted as evidence of the document being signed by the carrier.

ii. indicate the date of shipment or the date the goods have been received for shipment, dispatch or carriage at the place stated in the credit. Unless the transport document contains a dated reception stamp, an indication of the date of receipt or a date of shipment, the date of issuance of the transport document will be deemed to be the date of shipment.

iii. indicate the place of shipment and the place of destination stated in the credit.

b. i. A road transport document must appear to be the original for consignor or shipper or bear no marking indicating for whom the document has been prepared.

ii. A rail transport document marked "duplicate" will be accepted as an original.

iii. A rail or inland waterway transport document will be accepted as an original whether marked as an original or not.

c. In the absence of an indication on the transport document as to the number of originals issued, the number presented will be deemed to constitute a full set.

d. For the purpose of this article, transhipment means unloading from one means of conveyance and reloading to another means of conveyance, within the same mode of transport, during the carriage from the place of shipment, dispatch or carriage to the place of destination stated in the credit.

e. i. A road, rail or inland waterway transport document may indicate that the goods will or may be transhipped provided that the entire carriage is covered by one and the same transport document.

ii. A road, rail or inland waterway transport document indicating that transhipment will or may take place is acceptable, even if the credit prohibits transhipment.

번역

[제24조] 도로, 철도 또는 내수로 운송서류

a. 도로, 철도 또는 내수로 운송서류는 그 명칭에 관계없이 다음과 같이 보여야 한다:

i. 운송인의 명칭을 표시하고 있는 것 그리고:

- 운송인 또는 운송인을 위한 또는 운송인을 대리하는 기명 대리인에 의하여 서명된 것, 또는
- 운송인 또는 운송인을 위한 또는 운송인을 대리하는 기명 대리인에 의하여 행하여진 서명,스탬프 또는 부기에 의하여 물품의 수령을 표시하고 있는 것.

물품수령에 관한 운송인 또는 대리인에 의한 모든 서명, 스탬프 또는 부기는 운송인 또는 대리인의 것이라는 것을 확인하고 있어야 한다.

물품의 수령에 관한 대리인에 의한 모든 서명 스탬프 또는 표기는 그 대리인이, 운송인을 위하여 또는 운송인을 대리하여 서명 또는 행동한 것을 표시하여야 한다.

철도운송서류가 운송인을 확인하지 아니한 경우, 철도회사의 모든 서명 또는 스탬프는 운송인에 의하여 서명되어 있는 서류의 증거로서 수리된다.

ii. 신용장에 명시된 장소에서 선적일 또는 물품이 선적, 발송 또는 운송을 위하여 수령된 일사를 표시한 것. 운송서류가 일자 표시된 수령스탬프, 수령일 또는 선적일의 표시가 포함하고 있지 아니하는 한, 운송서류의 발행일은 선적일로 본다.

iii. 신용장에 명시된 선적지 및 목적지를 표시하고 있는 것.

b. i. 도로운송서류는 탁송인 또는 송화인용 원본인 것으로 보이거나 또는 그 서류가 누구를 위하여 작성되었는지에 대한 표시가 없어야 한다.

ii. "부본"이라고 표시된 철도운송서류는 원본으로서 수리된다.

iii. 철도 또는 내수로 운송서류는 원본이라는 표시 여부에 관계없이 원본으로서 수리된다.

c. 발행된 원본 통수에 관하여 운송서류상에 표시가 없는 경우, 제시된 통수는 전통을 구성하는 것으로 본다.

d. 본 조를 위하여, 환적이라 함은 신용장에 명시된 선적, 발송 또는 운송지로부터 목적지까지의 동일한 운송방식 내에서 한 운송수단으로부터 양화 및 다른 운송수단으로 재적재하는 것을 말한다.

e. i. 도로, 철도 또는 내수로 운송서류는 전 운송이 하나의 동일한 운송서류에 의하여 커버된다면 물품이 환적될 것이라거나 또는 환적될 수 있다고 표시할 수 있다.

ii. 신용장이 환적을 금지하고 있는 경우에도, 환적이 행하여 질 것이라거나 또는 행하여 질 수 있다고 표시하는 도로, 철도 또는 내수로 운송서류는 수리될 수 있다.

해설

이 조는 신용장이 도로, 철도 또는 내수로에 의한 이동을 커버하는 운송서류의 제시를 요구하는 경우에 적용할 수 있다. 신용장이 도로, 철도[411] 또는 내수로 운송서류를 요구하는 경우에 적용한다. 이 조에서도 도로, 철도 또는 내수로 운송서류의 수리요건, 원본의 인정기준과 제시통수, 환적의 정의와 환적명시서류의 수리와 관련하여 규정하고 있다.

1. 도로, 철도 또는 내수로 운송서류의 수리요건(24a)

이 조 a항에서는 도로, 철도 또는 내수로 운송서류에 대하여 명칭과 관계없이 은행이 수리하는 요건을 규정하고 있다.

(1) 명칭 및 서명

이 조 a- i 항에서는 도로, 철도 또는 내수로 운송서류에 대한 운송인의 명칭(name) 및

411) 육상운송의 경우에는 철도운송과 도로운송을 이용하게 된다. 철도화물수탁서(railway consignment note)나 도로화물수탁서(road consignment note)는 운송인이 화물을 수령한 것을 확인하고 탁송한 화물의 청구권을 표시한 유가증권을 말한다. 이들은 운송인이 송화인과 운송계약에 의해 탁송화물수령을 증명하고 목적지에서 이것과 상환으로 화물인도의무를 진다는 취지가 표시되어 있다. 또한 매매나 금융에 이용될 뿐만이 아니라 운송의 중지, 운송화물의 반환 및 기타의 처분을 청구할 수 있으며, 법률적 성질이나 경제적 기능도 선화증권과 동일하다. 강원진, [무역결제론] 개정판, 박영사, 2010, 203면.

서명(signature) 요건을 설정하고 있다.

첫째, 운송인의 명칭을 표시하고 운송인에 의하여 서명되거나, 운송인의 기명 대리인에 의하여 서명된 것이라야 한다.

둘째, 운송인의 명칭을 표시하고 운송인 또는 운송인의 기명 대리인에 의하여 행하여진 서명, 스탬프 또는 부기에 의하여 물품수령을 표시하고 있어야 한다.

셋째, 물품수령에 관한 운송인 또는 대리인의 서명, 스탬프 또는 부기는 운송인 또는 대리인의 것이라는 것을 확인하고 있어야 한다.

넷째, 물품수령에 관한 대리인의 서명, 스탬프 또는 부기는 운송인 위하여 또는 운송인을 대리하여 서명 또는 행동한 것을 표시하여야 한다.

철도운송서류가 운송인을 확인하지 아니한 경우, 철도회사의 서명, 스탬프는 운송인이 서명한 서류의 증거로서 수리된다.

운송인이 운송서류상에 별도로 확인되어 있는 경우, 운송서류가 운송인에 의하여 또는 운송인을 대리하는 대리인에 의하여 서명된 것으로 나타나 있는 한, "운송인"이라는 용어는 서명란에 표시될 필요가 없다. 국제표준은행관행은 운송인의 명칭 또는 운송인을 위하거나 또는 대리하여 서명하는 기명 대리인의 명칭을 표시하지 아니하고 철도회사 또는 출발철도역에 의하여 일자 스탬프로 증명하는 철도화물운송장(railway bill)을 수리한다.[412]

이 조에서 사용된 운송인이라는 용어는 "발행운송인"(issuing carrier), "실제운송인"(actual carrier), "후속운송인"(succeeding carrier) 및 "계약운송인"(contracting carrier)과 같은 운송서류상의 용어들을 포함한다.[413]

철도운송이 이루어지는 경우 철도화물수탁서(railway consignment note) 발행자의 명칭은 "ABC Railway Co., Ltd. As Carrier"와 같이 운송인의 자격(capacity)으로 발행되거나, "XYZ Ltd. As Agent for(or on behalf of) The Carrier, ABC Railway Co., Ltd."와 같이 운송인을 대리하는 기명 대리인 자격으로 발행될 수 있다.

또한 철도화물수탁서에 서명하는 당사자는 운송인(carrier) 또는 대리인(agent) 자격으로 서명하는 지를 표시하여야 한다. 그리고 당사자가 대리인 자격으로 서명한다면 서명하는 자격뿐만 아니라 그 대리인의 명칭이 포함되어야 한다. 철도화물수탁서에 서명하는 자의 자격에 관한 표시는 서명란에 나타내야 한다.

운송서류 발행과 관련하여 "운송인 자격" 및 "운송인의 대리인 자격"으로 발행되는 철

412) ISBP 681, Para. 159.
413) ISBP 681, Para. 160.

도화물수탁서에 대한 발행자의 명칭과 서명 및 자격에 대한 표시의 예는 다음과 같다.

1) ABC Railway Co., Ltd.가 운송인 자격으로 발행할 경우

ABC Railway Co., Ltd. As Carrier

Gildong Hong

Gil-dong Hong, Manager

2) XYZ Ltd.가 ABC Railway Co., Ltd.의 대리인 자격으로 발행할 경우

XYZ Ltd. As Agent

for The Carrier, ABC Railway Co., Ltd.

Minho Kang

Min-ho Kang, Manager

또는

XYZ Ltd. on behalf of

The Carrier, ABC Railway Co., Ltd.

Minho Kang

Min-ho Kang, Manager

(2) 선적일자 및 발행일자

이 조 a-ii항에 의하면 은행은 신용장에 명시된 장소에서 선적일자 또는 물품이 선적, 발송 또는 수령일자를 표시한 운송서류를 수리한다. 운송서류에 일자가 표시된 수령스탬프, 수령일자 또는 선적일자가 있을 경우 선적일자로 간주하지만, 기타 모든 경우에는 운송서류의 발행일자는 선적일자로 본다.

(3) 선적지 및 목적지

이 조 a-iii항에 의하면 운송서류는 신용장에 명시된 바와 같이 선적지에서 목적지까지의 선적, 발송 또는 운송을 표시하고 있어야 한다.

2. 원본의 인정기준(24b)

이 조 b항에 의하면 제시된 서류가 실제로 탁송인 또는 송화인의 물품수령을 표시하고 있지 않을지라도, 원본으로 표시하는 도로운송서류가 탁송인 또는 송화인과는 다른 누구를 위하여 작성되었다는 것을 나타내고 있지 않는 한 수리된다. 또한 철도운송서류는 "부본"(Duplicate)이라고 표시되어 있으면 원본으로 수리된다. 보통 서류는 원본으로 보

여 지는 한 원본으로 제공하기 위하여 "원본"(Original)이라는 표시를 필요로 하지 않는다. 철도와 내수로 운송서류는 일반적으로 "원본"의 표시를 수반하지 않는다.

원본 및 부본의 수리에 관하여 ISBP는 "신용장이 철도, 도로 또는 내수로 운송서류를 요구하는 경우, 원본으로서의 표시가 있든 없든 불문하고 제시된 서류는 원본으로서 수리될 수 있다. 도로운송서류는 탁송인용 또는 송화인용 원본임을 나타내고 있거나 또는 누구를 위하여 준비된 서류인지에 관한 표시가 포함되지 않아야 한다. 철도화물운송장과 관련하여, 철도회사의 관행은 철도회사의 스탬프에 의하여 정히 인증된(종종 복사지) 부본만을 탁송인 또는 송화인에게 제공하고 있다. 그러한 부본은 원본으로서 수리 된다"[414]라고 지침을 설정하고 있다.

3. 원본제시 통수(24c)

이 조 c항에 의하면 커버되는 운송서류가 발행된 원본 통수에 관하여 표시가 없는 경우, 은행은 제시된 통수는 전통(full set)을 구성하는 것으로 간주한다. 그러나 명백하게 발행된 원본 통수를 표시하고 있는 경우에는 전통의 운송서류가 제시되어야 한다.

4. 환적의 정의(24d)

이 조 d항에서는 환적(transhipment)이란 신용장에 명시된 선적, 발송 또는 운송지로부터 목적지까지의 동일한 운송방식 내에서 한 운송수단으로부터 양화 및 다른 운송수단으로 재적재하는 것을 말한다. 이 조항은 도로, 철도 또는 내수로에 의한 운송을 커버하고 이러한 운송방식의 혼합된 경우가 아닌 동일한 운송방식 내에서 양화 및 재적재 될 경우에만 정의될 수 있다.

5. 환적명시 서류의 수리(24e)

이 조 e항에 의하면 도로, 철도 또는 내수로 운송서류가 전 운송이 하나의 동일한 운송서류에 의하여 커버된다면, 물품이 환적될 것이라거나 또는 환적될 수 있다고 표시할 수 있다. 또한 신용장이 환적을 금지하고 있는 경우에도, 환적이 행하여 질 것이라거나 또는 행하여 질 수 있다고 표시하는 도로, 철도 또는 내수로 운송서류는 수리될 수 있다.

그러나 항공운송의 경우에는 신용장발행의뢰인이 물품의 안전을 위하여 특별히 환적금지를 요청하는 경우도 있다. 이와 같이 환적명시 도로, 철도 또는 내수로 운송서류를 배제시키기 위해서는 신용장에 이 조 e-ii항 환적명시 서류의 수리관련 조항의 적용 배제 및 SWIFT 메시지 형식의 신용장 MT700의 환적관련 란에, 즉 ":43T transhipment : NOT

414) ISBP 681, Para. 158.

ALLOWED"와 같이 환적금지 조건을 명시하여야 한다.

Case 09-22	CMR 운송서류의 명칭 및 서명에 대한 일치성 및 서식란의 기재

Q field 23란에 스템프 및 서명을 나타내고 있는 CMR은 명칭 및 서명과 일치되는가? 또한 field 16란은 그 기재가 완성되어야 하는가?

사례 및 쟁점 수개월 전 Y국소재 은행으로부터 CMR의 field 16란이 기재되어 있지 않은채 비어 있고 field 23란과 모순되는 이유로 수차례의 거절통지를 받아왔다. 거절통지의 내용은 다음과 같다:

"field 16란에 운송인이 누락되고 또한 field 16란에 "As carrier"라는 명시가 없다."

"CMR의 field 16란에는 기재되어 있지 않고 그것은 field 23란과 일치하지 않는다. 제시된 CMR은 field 16란에 서명 및 스템프 되어 있으나 운송인 명칭을 명시하고 있지 않다."

당 은행은 언급된 불일치에 동의할 수 없음을 발행은행에 주장하였다.

- CMR의 field 16란은 필수기재란이 아니며 field 23란의 명칭은 운송인의 서명 및 스템프로 이는 field 23란에 운송인이 명시되었다는 것을 의미한다.
- "우리는 CMR의 field 23란 운송인의 서명 및 스템프를 하였으므로 위의 불일치에 대한 수락을 거절한다"; 그리고
- 제시된 CMR은 정확하였으며 비록 field 16란이 비어 있었을 지라도 UCP 및 ISBP의 요건을 충족하고 있다."

UCP 600 및 ISBP 681에 대한 우리의 해석은 field 23란에 스템프 및 서명을 나타내는 CMR이 UCP 600 제24조 a항 I호와 정히 일치되고 있다. 즉 운송인 명칭이 표시되고:...그리고 운송인에 의하여 서명 및 스템프 되었다.

유감스럽게도 발행은행에게 우리가 옳다는 점을 설득할 수가 없었다. 그럼에도 불구하고 그들은 서류를 인수하였고 대금을 지급하였으나 서류가 불일치 하였다는 주장은 굽히지 않고 있다.

우리의 위와 같은 추정들이 옳은지 여부에 대하여 귀 위원회의 의견을 알고 싶다.

A 귀하의 판단이 옳다고 본다. CMR은 스템프, 운송인 명칭을 확인할 경우 일치되었으며 또한 서명이 운송인 명칭으로 작성되었다. CMR은 거절통지에서 언급된 이유로 불일치가 아니다.[415)]

검토 UCP 600 제24조 a항 I호는 다음과 같이 규정하고 있다:

"운송인의 명칭을 표시하고 있는 것 그리고:

- 운송인 또는 운송인을 위한 또는 운송인을 대리하는 기명 대리인에 의하여 서명된 것, 또는
- 운송인 또는 운송인을 위한 또는 운송인을 대리하는 기명 대리인에 의하여 행하여진 서명, 스탬프 또는 부기에 의하여 물품의 수령을 표시하고 있는 것."

제시된 CMR은 field 16란에 운송인의 명칭 및 주소가 명시되지 않았다. 그러나 field 23란은 스템프 및 서명이 완성되었다. field란에는 "운송인의 서명 및 스템프"라고 명시하고 있다. 각각의 CMR은 운송인이라고 칭하는 당사자의 스템프 및 서명이 되어 있다.[416)]

CMR International Consignment Note 서식에서 field 16란에는 "Carrier"(Name, Address, Country)를 기재하는 란이며, field 23란에는 "Stamp and Signature of Carrier"를 기재하는 난이다.

Case 09-23	CMR 서류는 발송인 또는 수령인의 서명이 있어야만 하는지 여부

Q 
CRM 서류는 발송인 및/또는 수령인의 서명이 있어야만 하는가?

사례 및 쟁점 비록 UCP에서는 발송인(sender) 및/또는 수령인(recipient)의 서명을 요구하지 않고 있지만 CMR 서류에는 발송인의 서명과 수령인의 서명 공간이 있다. 이들 공간에 서명을 하여야 하는가? 이곳에 서명을 하지 않으면 이는 불일치로 보는가?

---

415) ICC Pub. 732, R 763.
416) *Ibid.*

특별한 지시가 없을 경우 CMR 서류가 발송인 또는 수령인의 서명이 없는 것은 불일치로 간주되지 않는다.[417)]

검토 CMR이란 국제도로를 통한 물품운송에 있어서 운송인의 책임을 중심으로 한 국제도로운송조약(Convention relative au contrat de transport internationale de Marchandise par Route : CMR)을 말한다.

도로, 철도 또는 내수로 운송서류의 요구는 UCP 500 제28조(UCP 600 제24조)에서 명시되고 있다. 각 서류의 세부적인 항목에 추가하여 이들 서류의 요건은 은행이 서류 수리가능성을 확인하는 검토가 요구되는 서류의 구성을 특정 한다.

발행은행(또는 발행의뢰인)은 서류가 발송인 및/또는 수령인의 서명을 요구하는 경우, 이를 신용장에 분명하게 명시하여야 한다. 그러나 이와 같이 명시되는 것은 ICC가 지지하는 관습이 아니다.

여기에서 유의할 사항은 도로, 철도 또는 내수로 운송서류는 운송인의 명칭을 표시하고 운송인 또는 그의 기명 대리인에 의하여 반드시 서명이 되어야한다는 점이다.

Case 09-24	국제화물수탁서상에 "copy for shipper"라는 문언이 포함되거나 표시되어야 하는지 여부

국제화물수탁서가 "copy for shipper"라는 문언을 포함하거나 표시를 필요로 하는가?

사례 및 쟁점 "International Consignment Note-Copy for Shipper"를 요구하는 UCP 600에 준거한 신용장에서 제시에 대한 일치성을 판단하는 동안 우리는 다음과 같이 상충하는 견해가 있다:

1. 제시된 서류는 "copy for shipper"라는 문언을 포함하거나 표시를 하여야만 한다.
2. 그 서류가 누구를 위하여 작성되었는지에 대한 표시가 없기 때문에 제24조 b항 i호에 따라 수리할 수 있다.

참고로 우리는 유사한 신용장의 요건을 커버하는 은행위원회의 의견 R 371 및 R 467

417) ICC Pub. 596, R 288.

을 참조하였으나 위 조항의 문제에 대한 분명한 해결점을 찾지 못하였다.

제시된 서류가 그와 같이 표시된 서류를 명시적으로 요구하지 않고 위에서 언급한 신용장조건에 "Copy for Shipper"와 같은 표시 없이 수리될 수 있는지 여부에 관하여 귀 위원회의 의견을 알고 싶다.

A 서류는 당사자를 위하여 의도되거나 또는 송화인에 의해 사용되어지는 것 이외의 기능에 대한 표시가 없었다. 서류가 "copy for shipper"로 제공하기 위한 의도였다는 표시가 없는 경우 불일치가 아니다.[418)]

검토 도로, 철도 및 내수로 운송서류의 요건은 UCP 600에서 변경된 점을 유의하여야 한다. 은행위원회의 의견 R 371과 R 467의 입장은 UCP 500 제28조는 서류가 제시되어야 하는 형식에 관한 아무런 요건을 제공하지 않았다는 사실을 반영하였다. 위에서 언급한 바와 같이 UCP 600 제24조 b항 i 호는 제시를 위하여 요구된 서류의 형식에 관한 구체적인 참조사항이다.

신용장은 "International Consignment Note-Copy for Shipper"의 제시를 요구하였다. 이 요구는 서류가 "copy for shipper"을 제공하는 복사 형식으로 발행된 것으로 가정하고 있다. 서류가 그러한 형식으로 발행되지 않았을 경우 "copy for shipper"라고 표시된 판(version)이 없게 되거나 또는 운송인 또는 대리인이 그러한 방법으로 서류에 주석을 다는 것이 필요하다.

이 사례와 관련하여 종전의 ICC 은행위원회의 의견 R 467의 내용을 참조하면 다음과 같다.[419)]

신용장이 수하인/송화인용으로 도로화물수탁서(CMR) 원본을 제시하도록 요구하였으나 수탁서 문면에 이러한 사항을 기재할 수 없어 표시되지 아니한 경우 발행은행이 UCP 500 제28조 a항 iv호 "기타의 모든 점에서 신용장의 규정을 충족한 것"을 들어 동 서류에 수화인/송화인용이라는 증빙이 없기 때문에 서류상이 하자로 간주할 수 있는지 여부에 대하여 은행위원회는 "UCP 500 제28조는 '수하인/송화인용 서류'의 발행에 대해서는 언급하지 않고 있기 때문에 신용장이 특정 서류의 제시를 요구하고 동 서류의 세부사항을 언급한 경우 수익자는 해당 규정을 준수하여야 한다. 따라서 '수화인/송화인용'으로 표시

418) ICC Pub. 697, R 649.
419) ICC Pub. 632, R 467.

되지 않은 도로화물수탁서는 서류상의 불일치로 판단할 수 있다"는 견해를 밝힌 바 있다.

그러나 이와 관련하여 UCP 600 제24조 b항에서는 다음과 같이 새롭게 구체화 하고 있는 점을 유의하여야 한다.

1. 도로운송서류는 탁송인 또는 송화인용 원본인 것으로 보이거나 또는 그 서류가 누구를 위하여 작성되었는지에 대한 표시가 없어야 한다.
2. "부본"이라고 표시된 철도운송서류는 원본으로서 수리된다.
3. 철도 또는 내수로 운송서류는 원본이라는 표시 여부에 관계없이 원본으로서 수리된다.

제25조 특사수령증, 우편수령증 또는 우송증명서

[Article 25] Courier Receipt, Post Receipt or Certificate of Posting

a. A courier receipt, however named, evidencing receipt of goods for transport, must appear to:

  ⅰ. indicate the name of the courier service and be stamped or signed by the named courier service at the place from which the credit states the goods are to be shipped; and

  ⅱ. indicate a date of pick-up or of receipt or wording to this effect. This date will be deemed to be the date of shipment.

b. A requirement that courier charges are to be paid or prepaid may be satisfied by a transport document issued by a courier service evidencing that courier charges are for the account of a party other than the consignee.

c. A post receipt or certificate of posting, however named, evidencing receipt of goods for transport, must appear to be stamped or signed and dated at the place from which the credit states the goods are to be shipped. This date will be deemed to be the date of shipment.

번역

[제25조] 특사수령증, 우편수령증 또는 우송증명서

a. 운송물품의 수령을 증명하는 특사수령증은 그 명칭에 관계없이 다음과 같이 보여야 한다:

  ⅰ. 특사업자의 명칭을 표시하고, 신용장에 물품이 선적되어야 한다고 명시하고 있는 장소에서 지정된 특사업자에 의하여 스탬프 또는 서명된 것; 그리고

  ⅱ. 접수일 또는 수령일 또는 이러한 취지의 문언을 표시하고 있는 것. 이 일자는 선적일로 본다.

b. 특사배달료가 지급 또는 선지급되어야 한다는 요건은 특사배달료가 수화인 이외의 당사자의 부담임을 증명하는 특사업자에 의하여 발행된 운송서류에 의하여 충족될 수 있다.

c. 운송물품의 수령을 증명하는 우편수령증 또는 우송증명서는 그 명칭에 관계없이 신용장에서 물품이 선적되어야 한다고 명시하고 있는 장소에서 스탬프 또는 서명되고 일자가 기재되는 것으로 보여야 한다. 이 일자는 선적일로 본다.

해설

이 조는 신용장이 운송물품에 대한 수령을 증명하는 특사수령증(courier receipt), 우편수령증(post receipt) 또는 우송증명서(certificate of posting)를 요구하는 경우에 적용된다.

1. 특사수령증의 수리요건(25a)

이 조 a항에서는 명칭과 관계없이 적용되는 특사수령증의 수리요건에 대하여 규정하고 있다.

(1) 명칭 및 서명

이 조 a- i 항에서는 특사수령증에 대한 특사업자(courier)의 명칭(name) 및 서명(signature) 요건을 설정하고 있는데, 특사수령증에는 특사업자의 명칭을 표시하고 특사업자에 의하여 스탬프 또는 서명된 것이라야 한다.

(2) 선적일자 및 접수일 또는 수령일

이 조 a-ii항에 의하면 특사수령증에 나타난 접수일 또는 수령일 또는 접수나 수령에 대한 취지의 문언이 표시되어 있는 것으로 이와 같은 일자는 선적일로 간주된다.

2. 특사배달료(25b)

이 조 b항은 특사배달료(courier charges)가 지급(paid) 또는 선지급(prepaid)되었다는 사실은 특사업자가 발행한 운송서류에 의하여 충족될 수 있다. 실제 물품을 수령할 때 특사배달료가 지급되지 않고 발송인이 특사회사에 대한 계정(account)을 보유하여 별도로 정산 및 결제하는 실무계의 관행을 고려하고 있는 것이다.

3. 우편수령증 또는 우송증명서 수리요건(25c)

이 조 c항에 의하면 운송물품의 수령을 증명하는 우편수령증 또는 우송증명서는 그 명칭에 관계없이 신용장에 명시된 선적장소에서 스탬프 또는 서명되어야 한다. 이와 같이 기재된 수령일자는 곧 선적일자로 간주 된다. 이와 같이 우편수령증이나 우송증명서는 명칭이나 발행자의 표시에 대하여 특정하지 않고 있다.

Case 09-25 서명란이 없을 경우 서명되지 아니한 특사수령증의 일치성

Q 특사수령증이 요구되고 수령되었으나 서류상에 포함된 서명란이 없을 경우 서명되지 아니하였다면 이 서류는 불일치로 보는가?

사례 및 쟁점 UCP 600에 준거하여 발행된 화환신용장이 "비유통서류(non-negotiable documents)[420] 1 세트(set)는 선적일 이후 제3은행영업일 이내에 발행의뢰인에게 발송하였다는 사실을 증명하는 관련 특사수령증(courier receipt)과 함께 수익자의 증명서(beneficiary's certificate)"를 요구하고 있다.

발행은행에 서류를 제시한 후 지정은행은 발행은행으로부터 다음과 같은 불일치를 표시하는 거절통지를 수령하였다: "제시된 특사수령증은 서명이 없다."

특사수령증은 서명되지 아니하였다. 그러나 특사수령증에는 바코드가 포함되어 있었고 서류상에 포함된 아무런 서명란이 없었다. 발행은행의 거절은 정당한가?

특사수령증은 수리가능하다.[421]

검토 특사수령증의 요구는 특사수령증 사본이 아닌 특사수령증 원본이 UCP 600 제17조 a항에 따라 요구되었다. 제17조 a항에는 "적어도 신용장에 명시된 각 서류의 1통의 원본은 반드시 제시되어야 한다"라고 규정하고 있다. 2008년 4월 은행위원회 회의에서 승인되었던 ICC 의견(TA 654rev)과 같이 특사수령증 원본은 서명되어야 한다. 그러나 문제의 특사수령증은 서명공간이 없다. 특사수령증의 구조는 UCP에 의하여 지배되지 아니하는 것으로 이는 각각의 특사회사가 결정할 사안이다. ICC은행위원회는 특사회사의 서류가 이와 같은 증거를 요구하지 아니하는 경우에 서명요구를 좌우할 수 없다고 하고 있다.[422]

그러나 UCP 600에서 규정하고 있는 운송서류 중에는 제25조의 특사수령증, 우편수령증 또는 운송증명서도 포함되기 때문에(UCP 600 제14조 c항 참조) 이와 같은 서류에는

420) "비유통서류 1 세트"란 신용장에 요구된 수출환어음(서류)매입용 서류사본 1 세트를 말한다. 보통 수익자(수출자)가 발행의뢰인에게 선적통지용으로 우편 또는 팩스로 직접 발송한다.
421) ICC Pub. 697, R 636.
422) *Ibid*.

신용장에 특별한 지시가 없는 한, 원본이 제시되어야 하고, 그 서식에 특사회사의 스템프 또는 서명을 하는 것이 분쟁의 소지를 예방할 수 있을 것이다.

Case 09-26	발송일자가 선적일 이전인 DHL 영수증 원본이 신용장에서 요구한 선적통지 증거로서의 DHL 영수증 원본에 부합되는지 여부

Q 발송일자가 선적일 이전인 디에이치엘 영수증 원본은 신용장조건에서 필요서류로 요구하고 있는 디에이치엘 영수증 원본에 부합하는가?

K은행(원고, 피상고인) 대 E공사(피고, 상고인) 사건[423)]

 **한국 대법원의 판결**

1. 원심[424)]이 인정하고 있는 바와 같이 이 사건 신용장에서는 양도불능 선적서류 사본 1부를 물품 선적 후 2일 이내에 디에이치엘로 수입자에게 발송하였음을 증명하는 디에이치엘 영수증 원본을 제출할 것을 요구하고 있는데, 이처럼 디에이치엘 영수증 원본을 신용장 필요서류로 하는 이유는 수입자에게 신속하게 선적서류 사본을 송부하여 그 내용을 확인시키려는 목적뿐만 아니라 선적일 전에 발행되는 선화증권의 경우에는 그 위조의 가능성과 실제 선적이 제대로 이행되지 아니할 가능성이 있어 이를 방지하기 위한 취지도 함께 있다고 보여지므로, 정상적인 방법으로는 성립할 수 없는 선적일 전에 선화증권 등의 선적서류를 이미 수입자에게 발송하였다는 내용의 디에이치엘 영수증 원본은 위 신용장 조건에서 필요서류로 요구하고 있는 디에이치엘 영수증 원본에 포함된다고 보기 어렵다. 따라서 위 신용장 조건에 위배하여 선적일 전에 선화증권 등의 선적서류를 발송하였다는 취지의 디에이치엘 영수증 원본을 매입한 은행으로서는 그러한 서류를 매입하여도 무방하다는 발행은행의 동의나 승낙이 있다는 등의 특별한 사정이 있기 전에는 위 신용장 필요서류를 갖추었다고 주장할 수 없고, 이러한 결론은 디에이치엘 영수증 원본이 선화증권 등과 달리 그 자체에 권리가 화체된 것이 아니라거나 혹은 피고 측 직원이 이 사건 화물이 화물차에 실리는 것까지 확인하였고

423) 대법원 2002. 5. 24. 선고 2000다52202 판결.
424) 서울지법 2000. 8. 30. 선고 2000나28079 판결.

그 이후 실제 선적이 이루어진 점을 감안하더라도 달라지지 않는다고 할 것이다.

2. 그럼에도 불구하고, 원심이 원고가 매입한 디에이치엘 영수증 원본은 이 사건 신용장 조건에 위반됨이 문면상 명백하기는 하지만 다른 사정을 살펴볼 때 피고로서는 디에이치엘 영수증 원본의 발송일자가 이 사건 신용장 조건과 불일치하다는 이유만으로 면책까지 주장할 수 없다고 본 것은 신용장 서류의 일치에 관한 법리를 오해하여 판결에 영향을 미친 위법이 있다 할 것이다. 그렇다면 다른 나머지 신용장 조건 불일치의 점에 관하여 더 따져볼 필요도 없이 피고의 이 부분 상고이유의 주장은 이유 있게 된다고 할 것이다.

제26조 갑판적재, 송화인의 적재 및 계수, 송화인의 내용물 신고 및 운임에 대한 추가비용

[Article 26] "On Deck", "Shipper's Load and Count", "Said by Shipper to Contain" and Charges Additional to Freight

a. A transport document must not indicate that the goods are or will be loaded on deck. A clause on a transport document stating that the goods may be loaded on deck is acceptable.

b. A transport document bearing a clause such as "shipper's load and count" and "said by shipper to contain" is acceptable.

c. A transport document may bear a reference, by stamp or otherwise, to charges additional to the freight.

번역

[제26조] 갑판적재, 송화인의 적재 및 계수, 송화인의 내용물 신고 및 운임에 대한 추가비용

a. 운송서류는 물품이 갑판에 적재되거나 또는 될 것이라고 표시하여서는 아니 된다. 물품이 갑판에 적재될 수도 있음을 명시하고 있는 운송서류상의 조항은 수리될 수 있다.

b. "송화인의 적재 및 계수" 및 "송화인의 내용물 신고에 따름"과 같은 조항이 있는 운송서류는 수리될 수 있다.

c. 운송서류는 스탬프 또는 다른 방법으로 운임에 추가된 비용에 대한 참조사항을 나타낼 수 있다.

해설

이 조에서는 UCP 500에서 "갑판적재"의 적용관련 용어가 "해상운송 및 복합운송"의 경우로 한정시켜 언급되던 것을 UCP 600에서는 이를 삭제하여 운송범위를 확대하고 있다. 이 조는 갑판적재 명시서류, 부지약관 명시서류, 추가비용 명시서류에 대하여 규정하고 있다.

1. 갑판적재 명시 운송서류(26a)

이 조 a항에서는 운송서류에는 물품이 갑판에 적재되어 있거나 적재될 것이라고 표시하면 아니 되는 것으로 규정하고 있다. 그러나 "물품이 갑판상에 적재될 수도 있다" (...the goods may be loaded on deck)와 같이 "may..."라는 조항이 명시된 운송서류에 대하여는 은행이 수리할 수 있다.

2. 부지약관 명시 운송서류(26b)

이 조 b항에서는 운송서류에 부지약관(unknown clause)[425]이 포함된 운송서류의 수리에 대하여 규정하고 있다. 은행은 "송화인 적재 및 계수" 및 "송화인의 내용물 신고에 따름"과 같은 조항이 있는 운송서류도 수리할 수 있다. 부지약관이 명시되는 경우는 주로 컨테이너 만재화물(full container cargo load: FCL)인 경우에 화물을 빈 컨테이너에 적입 및 수량을 계산하는 것은 수익자(송화인) 자신이 행하기 때문에 내용물에 대하여는 운송인이 모르게 된다. 따라서 운송인은 오직 송화인의 신고하는 내용에 따라 운송서류상의 화물명세를 기재하게 되는 것이다.

3. 추가비용 명시 운송서류(26c)

이 조 c항에 의하면 운송서류에는 스탬프나 다른 방법으로 운임(freight)에 추가된 비용(additional charges)에 대한 참조사항을 기재하여도 수리된다. 따라서 신용장에서 특별히 금지하지 아니하는 한 적재 및 양화와 관련된 비용, 유가할증료(Bunker Adjustment Factor: BAF) 또는 통화할증료(Currency Adjustment Factor: CAF) 등과 같이 기본운임에 추가비용이 내용이 기재된 운송서류에 대해서도 은행이 수리하게 된다.

425) 부지약관(unknown clause)이란 운송서류에 화물의 외관상 양호한 상태로 선적하고, 외관상 이것과 유사한 상태로 화물을 인도한다고 기재하여 화물의 내용·중량·용적, 내용물의 수량·품질·종류 및 가격에 대해서는 운송인이 면책된다는 조항을 말한다. 이는 컨테이너 화물운송에서 운송인은 내용물에 대해서는 책임이 없다는 약관으로, 이를 보다 확실히 하기 위하여 "shipper's load and count" 또는 "said by shipper to contain"이라는 내용물 부지문언이 운송서류상에 기재되기도 한다.

Case 09-27	용선계약 선화증권의 사전 인쇄된 문언에 "품질, 수량, 용적을 알 수 없음"이라는 문언이 있는 경우의 일치성 여부

Q 용선계약 선화증권에 물품의 수량, 중량, 용적을 포함하고 있으나, 용선계약 선화증권의 사전 인쇄된 문언에는 "품질, 수량, 용적을 알 수 없음"이라고 표시되어 있는 경우 불일치로 볼 것인가?

사례 및 쟁점 우리는 "품질, 수량, 용적 등을 알 수 없음"(Quality, Quantity, Measurement, etc. unknown)이라는 내용을 포함하고 있는 용선계약 선화증권을 수령하여 왔다. 우리는 선화증권이 불일치하기 때문에 거절하고 있는 중이다. 즉 선화증권은 총중량 및 용적을 나타내고 있지만 총중량 및 용적은 알 수 없다고 명시하고 있다.

운송인들이 xx의 총중량, yy의 용적을 기재하고 이와 같은 중량/용적을 기초로 운임을 청구하고 또한 그 때 동일한 서류상에 하단의 마지막 항목에 표시된 것처럼 "중량, 용적, 품질, 수량, 조건 및 가격을 알 수 없음"이라고 명시한 경우 불일치로 보는가?

운송인들이 "송화인의 적재, 계수 및 적부"(shipper load, count and stow)라고 명시한 경우, 우리는 아무런 모순이 없기 때문에 수리한다. 이 사례에서 우리는 확신할 수 없다. ICC의 명확한 의견을 알고 싶다.

A 용선계약 선화증권은 "송화인의 적재 및 계수"라는 용어를 사용할 수 없다. 왜냐하면 선박에 적재함에 있어 필요한 관리를 하는 것은 송화인이 아니기 때문이다.

본 위원회는 용선계약 선화증권이 물품의 수량 및/또는 중량 및/또는 용적 표시를 포함하는 데 동의한다. 그러나 "품질, 수량, 용적을 알 수 없음"이라는 언급(보통 용선계약 선화증권 상에 미리인쇄)을 하고 있는 것은 모순이 아니다. 따라서 그와 같은 이유로 불일치가 아니다.[426)]

검토 국제매매와 운송에서 대부분의 선화증권 또는 운송서류는 Hague 또는 Hague-Visby 규칙을 준거로 한다. 만약 송화인이 요구한다면 운송인은 적어도 "외관상 양호한 상태"를 명시해야한다.

"외관상 양호한 상태"는 선적 또는 품질에 관한 물품의 내부조건이 아닌 분명한 합리적

426) ICC Pub. 697, R 677.

심사여야 한다. 만약 귀하가 비정상적인 또는 의심스러운 상태의 적송품을 받을 경우 그 회사는 다음과 같은 지침을 추천하게 된다.

첫째, 선적이 "외관상 양호한 상태"를 명시하고 있을 경우, 그것은 항해에서 일어날 수 있는 사고에 견딜 수 있는 것처럼 적절하게 포장되는 것을 의미한다. 만약 포장이 불충분한 적송품을 받는 경우, 유보 없이 선화증권을 발행하지 않아야 한다.

둘째, 유보조건은 명확해야 한다. 만약 조건이 너무 일반적이거나 애매하다면, 법원은 물품이 외관상 양호한 상태를 나타낸다고 간주한다. 예를 들면, 1946년 *Potts(AE) v. Union Steamship Company of New Zealand* 사건[427]에서 선적포장은 손상이 있었고 좀도둑을 맞았다. 운송인은 "포장 불충분"의 사고부 선화증권을 가지고 있었으므로, 이는 "외관상 양호한 상태"에 대한 효력이 없는 단서를 제공하게 되었다.

대부분의 선화증권은 "모든 명세는 송화인에 의해 제공되지만 운송인은 모름" 또는 "중량, 용적, 품질, 수량, 조건, 내용, 및 가격을 모름"과 같은 인쇄된 조항이 포함된다. 이와 같은 서술은 화물이 합리적인 선적관행을 증명할 수 없을 경우 운송인을 보호하는 데 도움을 주므로, 운송인은 표준운송서류에 이와 같은 조항을 포함하도록 하고 있는 것이다.

427) NZLR 276(Sup Ct NZ) [1946].

第27조 무사고 운송서류

[Article 27] Clean Transport Document

A bank will only accept a clean transport document. A clean transport document is one bearing no clause or notation expressly declaring a defective condition of the goods or their packaging. The word "clean" need not appear on a transport document, even if a credit has a requirement for that transport document to be "clean on board".

번역

[第27조] 무사고 운송서류

은행은 무사고 운송서류만을 수리한다. 무사고 운송서류는 물품 또는 포장의 하자상태를 명시적으로 표시하는 조항 또는 부기가 없는 운송서류를 말한다. 신용장이 운송서류가 "무사고 본선선적"이어야 한다는 요건을 포함하는 경우일지라도, "무사고"라는 단어는 운송서류상에 보일 필요가 없다.

해설

이 조는 무사고(clean)라는 문언을 운송서류상에 명시할 필요가 없다는 점을 강조한 규정이다.

무사고 문언표시 불필요

이 조에서 무사고 운송서류(clean transport document)란 물품 또는 포장의 하자상태를 명시적으로 표시하는 조항 또는 부기가 없는 운송서류를 말한다. 신용장이 "무사고 본선선적"(clean on board)을 요구한 경우에도 "clean" 이라는 말은 운송서류상에 명시할 필요가 없다. 이는 ISBP의 운송서류 관련 항목에서도 "무사고"라는 단어가 선화증권상에 표시되었다가 삭제된 경우, 물품 또는 포장에 하자가 있음을 선언하는 조항 또는 부기를 특별히 포함하고 있지 아니하는 한, 그러한 선화증권은 조건부 또는 사고부로 간주되지 아니한다[428]라고 하여 이 조와 같은 취지를 반영하고 있다.

UCP 600 第26조에서 규정된 "'송화인의 적재 및 계수' 및 '송화인의 내용물 신고에 따름'"과 같은, 이른바 내용물 부지약관(unknown clause)이 있는 운송서류는 수리되는 것

428) ISBP 681, Para. 107.

이므로, 운송서류에 이러한 문언이 있다하여도 "사고부"로 간주하지 않는다.

Case 09-28	"open top container"라고 선화증권에 표시되어 있을 경우 사고부 선화증권으로 간주되는지 여부

Q "open top container"라고 선화증권에 인용될 경우 이는 하자 있는 포장으로 구성하는 사고부 선화증권으로 간주되는가?

사례 및 쟁점 운송주선인이 무사고부 본선선적 해양선화증권을 요구하고 있는 신용장에서 은행과 야기된 다음과 같은 문제에 대한 해석을 요구하였다:

1. 본선선적 선화증권은 다음과 같은 명세를 나타내고 있다:
   "1×20ft open top container S.T.C. supply of scientific stores as per contract"
2. 발행은행은 1×20ft open top이란 표현은 선화증권에 인용되어 있기 때문에 사고부를 의미한다고 주장하고 있다.
3. 우리는 발행은행이 제34조 (a)항(UCP 600 제27조)에 근거해서 서류를 거절하고 있다고 가정한다. 만약 이것이 올바르다면, 세계도처에서 선박에 의하여 운항되고 있는 모든 open top container는 하자 있는 포장을 구성하는 것으로 볼 수 있는가?

A open top이라는 선화증권상의 단순한 언급은 포장상태에 대한 하자를 분명하게 선언하는 것이 아니므로 선화증권은 UCP조항의 취지에서 사고부로 간주될 수 없다.[429)]

검토 운송서류가 사고부가 되기 위해서는 물품 및/또는 포장의 하자 상태를 명백하게 언급하여야 한다. open top container는 그러한 사고부를 의미하는 언급이 아니다. 그러한 표현은 선화증권에 인용되었다는 문언이 확립되고 있는 관행이므로 사고부라는 것을 의미한다는 발행은행이 진술을 인정할 수 없다.

이러한 유형의 컨테이너는 덮개를 제외하고 컨테이너 안으로 적재될 수 없는 중량화물(heavy lift goods)에 사용되고, 이는 그러한 경우에 있어 관습적인 형태의 컨테이너화물

429) ICC pub. 459, Case 121.

이다. 이 경우의 화물은 분명히 중량 품목이었다. 왜냐하면 총중량이 4,000 kgs이었기 때문이다.

서류는 open top container 안에서의 인도가 신용장에서 금지되지 않았기 때문에 선화증권이 물품이 open top container로 포장되었다는 문언이 있다는 이유로 거절되어서는 아니 된다.

한편 운송서류에 포장이 지물 또는 플라스틱 백(paper or plastic bags)으로 이루어 진 것으로 보이는, 이른바 "paper bag clause"가 있는 경우, ICC(Publication 371)에서는 "그러한 조항이 물품 또는 포장에 관한 하자 있는 상태를 명시적으로 표시하지 않는 한, 그것에 의하여 서류의 거절이 정당화되지 않는다"고 해석[430]하고 있는 점을 참조할 필요가 있다.

운송서류가 "무사고"인지를 결정하는 시기는 선적시기와 관련이 있다. *M Golodetz & Co. Inc. v. Czarnikow-Rionda Co. Inc.* 사건[431]에서 적재하는 동안 선박 갑판상에 화재가 발생하였고, 설탕 200톤 정도가 손상되어 화물로부터 양화되어야만 했다. 적재가 재개되어 남은 설탕은 다시 적재되어 목적지로 선적되었다. 양화된(손해 입은)설탕을 나타내는 선화증권이 발행되었다. 설탕은 화물이 화재로 인하여 손상된 후 양화되었다는 사실을 언급하는 타이프된 주의문언이 포함된 선화증권이었다.

쟁점은 무사고 선화증권인지의 여부이다.

이에 대하여 법원은 무사고 선화증권은 선적시점에 물품이 양호한 상태였다는 사실을 인정하는 것 밖에 없다고 판단하였다. 선적시점에 무사고였다는 것은, 선적 후 물품에 대한 기록을 부기하는 다음 단계에서 선화증권에 추가하는 것에 의하여 사고부로 만들 수 있는 것은 아니라는 점이다.

430) ICC pub. 459, Case 125.

431) (1980) WLR 495, CA.; Peter Ellinger and Dora Neo, *op. cit.,* p. 267.

Chapter 10

보험서류

제28조 보험서류 및 담보범위

[Article 28] Insurance Document and Coverage

a. An insurance document, such as an insurance policy, an insurance certificate or a declaration under an open cover, must appear to be issued and signed by an insurance company, an underwriter or their agents or their proxies.
Any signature by an agent or proxy must indicate whether the agent or proxy has signed for or on behalf of the insurance company or underwriter.

b. When the insurance document indicates that it has been issued in more than one original, all originals must be presented.

c. Cover notes will not be accepted.

d. An insurance policy is acceptable in lieu of an insurance certificate or a declaration under an open cover.

e. The date of the insurance document must be no later than the date of shipment, unless it appears from the insurance document that the cover is effective from a date not later than the date of shipment.

f. i. The insurance document must indicate the amount of insurance coverage and be in the same currency as the credit.

ii. A requirement in the credit for insurance coverage to be for a percentage of the value of the goods, of the invoice value or similar is deemed to be the minimum amount of coverage required.
If there is no indication in the credit of the insurance coverage required, the amount of insurance coverage must be at least 110% of the CIF or CIP value of the goods.
When the CIF or CIP value cannot be determined from the documents, the amount of insurance coverage must be calculated on the basis of the amount for which honour or negotiation is requested or the gross value of the goods as shown on the invoice, whichever is greater.

iii. The insurance document must indicate that risks are covered at least between the place of taking in charge or shipment and the place of discharge or final destination as stated in the credit.

g. A credit should state the type of insurance required and, if any, the additional risks to be covered. An insurance document will be accepted without regard to any risks that are not covered if the credit uses imprecise terms such as "usual risks" or "customary risks".

h. When a credit requires insurance against "all risks" and an insurance document is presented containing any "all risks" notation or clause, whether or not bearing the heading "all risks", the insurance document will be accepted without regard to any risks stated to be excluded.

i. An insurance document may contain reference to any exclusion clause.

j. An insurance document may indicate that the cover is subject to a franchise or excess (deductible).

번역

[제28조] 보험서류 및 담보범위

a. 보험증권, 포괄예정보험에 의한 보험증명서 또는 통지서와 같은 보험서류는 보험회사, 보험업자 또는 그들의 대리인 또는 그들의 대리행위자에 의하여 발행되고 서명된 것으로 보여야 한다.
대리인 또는 대리행위자에 의한 모든 서명은 그 대리인 또는 대리행위자가 보험회사 또는 보험업자를 위하여 또는 그들을 대리하여 서명하였는지 여부를 표시하여야 한다.

b. 보험서류가 2통 이상의 원본으로 발행되었다고 표시하는 경우, 모든 원본은 제시되어야 한다.

c. 보험승낙서는 수리되지 아니한다.

d. 보험증권은 포괄예정보험에 의한 보험증명서 또는 통지서를 대신하여 수리가능하다.

e. 보험서류에서 담보가 선적일보다 늦지 않은 일자로부터 유효하다고 보이지 아니하는 한, 보험서류의 일자는 선적일보다 늦어서는 아니 된다.

f. i. 보험서류는 보험담보의 금액을 표시하여야 하고 신용장과 동일한 통화이어야 한다.
ii. 보험담보가 물품가액 또는 송장가액 등의 비율이어야 한다는 신용장상의 요건은 요구되는 최소담보금액으로 본다.

요구된 보험담보에 관하여 신용장에 아무런 표시가 없는 경우, 보험담보금액은 최소한 물품의 CIF 또는 CIP 가격의 110%이어야 한다.

서류로부터 CIF 또는 CIP 가격이 결정될 수 없는 경우, 보험담보금액은 인수·지급 또는 매입이 요청되는 금액 또는 송장에 표시된 물품의 총가액 중 더 큰 금액을 기초로 하여 산정되어야 한다.

iii. 보험서류는 적어도 위험이 신용장에 명시된 바와 같이 수탁지 또는 선적지와 양륙지 또는 최종목적지간에 담보하고 있음을 표시하여야 한다.

g. 신용장은 요구되는 보험의 종류를 명시하여야 하고, 부보 되어야 하는 부가위험(있는 경우)도 명시하여야 한다. 신용장이 "통상적 위험" 또는 "관습적 위험"과 같은 부정확한 용어를 사용하는 경우, 보험서류는 부보 되지 아니한 모든 위험과 관계없이 수리된다.

h. 신용장이 "전위험"에 대한 보험을 요구하는 경우, "전위험"이라는 표제를 기재하고 있는지의 여부와 관계없이 "전위험"의 표기 또는 조항을 포함하고 있는 보험서류가 제시된 경우, 그 보험서류는 제외되어야 한다고 명시된 모든 위험에 관계없이 수리된다.

i. 보험서류는 모든 제외조항의 참조를 포함할 수 있다.

j. 보험서류는 담보가 소손해면책률을 또는 초과(공제)면책률을 조건으로 한다는 것을 표시할 수 있다.

해설

신용장이 보험증권(insurance policy), 포괄예정보험에 의한 보험증명서(insurance certificate) 또는 통지서(declaration)와 같은 보험서류(insurance document)[432]의 제시를 요구하는 경우, 이 조를 적용할 수 있다. UCP 600에서는 기존의 보험서류발행 및 서명권자가 "보험회사, 보험업자, 대리인"에서 "대리행위자"(proxy)[433]를 새롭게 추가하고 있으며, 보

432) 보험서류란 보통 보험증권(insurance policy), 보험증명서(insurance certificate) 및 통지서(declaration)를 총칭하는 것이다. 보험증권은 확정보험(definite insurance)에 근거하여 발행되는 증권이며, 보험증명서 또는 보험확정통지서는 포괄예정보험(open cover)에 근거하여 발행되는 부보증명서이다. 신용장에서는 보험증권이나 보험증명서 중 어느 한 가지를 제시하도록 하고 있는 것이 일반적이다; 강원진, [무역결제론] 개정판, 박영사, 2010, 157면.

433) 이 조에서 "proxy"란 보험회사(insurance company) 또는 보험업자(underwriter)의 업무를 위임받

험서류에도 담보구간을 반드시 표시하도록 하고 있다.

또한 이조에서는 보험서류의 발행, 원본전통 제시, 보험승낙서 수리거절, 보험서류의 일자, 보험서류의 담보요건과 범위 및 소손해 면책 조건 보험서류의 수리 등에 대하여 규정하고 있다.

1. 보험서류의 발행자 및 서명(28a)

이 조 a항에서는 보험증권, 포괄예정보험(open cover)에 의한 보험증명서 또는 통지서(declaration)와 같은 보험서류의 유형, 보험서류의 발행자 및 서명 요건에 대하여 설명하고 있다.

보험서류는 보험회사, 보험업자 또는 그들의 대리인이나 대리행위자에 의하여 발행되고 서명된 것이라야 한다. 만일 대리인 또는 대리행위자가 서명하는 경우에는 어느 보험회사 또는 어느 보험업자를 "위하여 또는 대리하여"(for or on behalf of) 서명하였는지에 대하여 그 자격을 반드시 표시하여야 한다. 대리인의 서명방법은 운송서류 관련조항(제19조~제25조)에서의 경우와 유사하다.

보험서류가 보험회사 또는 그 대리인 또는 대리행위자 또는 보험업자 또는 그 대리인 또는 대리행위자에 의하여 서명되는 한, 보험중개인(broker)의 용지 상에 발행된 보험서류는 수리할 수 있다. 보험중개인은 기명 보험회사 또는 기명 보험업자의 대리인으로서 서명할 수 있다.[434]

포괄예정보험에 의한 보험증명서 또는 통지서는 보험회사 또는 보험업자, 그들의 대리인 또는 대리행위자에 의하여 미리 서명될 수 있는 것이 보험업계의 관행이다. 일반적으로 이런 서류들은 피보험자 또는 다른 기명된 당사자의 부서(countersignature)가 요구된다. 이러한 경우에는 신용장상에서 수리 가능하도록 부서되어 있어야만 한다.[435] ISBP에서도 "보험서류 또는 신용장조건에 따라 요구된 경우, 모든 원본은 반드시 부서되어 있는 것으로 나타나야 한다"[436]는 점을 제시하고 있다.

2. 보험서류 원본전통 제시(28b)

이 조 b항에서는 보험서류가 2통 이상의 원본으로 발행된 것으로 표시되더라도 반드시 모든 원본이 제시되어야 한다는 점을 강조하고 있다.

은 대리행위자를 말한다.

434) ISBP 681, Para. 172.

435) ICC Pub. 680, p. 131.

436) ISBP 681, Para. 171.

신용장에서는 보통 보험증권 또는 보험증명서 2통을 요구하는 것이 관행이다. SWIFT MT700 형식의 신용장에 예컨대, ":46A document required + Marine Insurance Policy or Certificate in duplicate..."와 같은 조건으로 보험증권 또는 증명서가 요구된 경우에는 원본 2통이 발행되었다는 사실이 동 서류에 기재되어야 한다. 실제로는 원본으로 2통 발행이 일반적이지만, 만일 원본 3통이 발행된 것으로 기재되어 있다면, 그 원본 3통 모두를 제시하여야 한다. 왜냐하면 보험증권은 보험계약의 내용을 증명하기 위하여 보험자가 발행하는 증거증권으로 보험사고가 발생한 경우에 피보험 이익을 취득할 수 있는 서류이기 때문에 배서(endorsement) 또는 인도(delivery)에 의하여 양도된 전통을 은행이 확보하여야 한다.

ISBP의 일반원칙(원본 및 사본)에 의하면 한 통 이상의 원본으로 발행된 서류는 "Original", "Duplicate", "Triplicate", "First Original", "Second Original" 등으로 표시될 수 있으며[437], 제시되어야 할 원본의 통수는 신용상, UCP 600 또는 서류 자체에 원본발행통수를 명시한 경우에는, 그 서류상에 명시된 통수 이상이어야 한다[438]는 지침을 제공하고 있다.

3. 보험승낙서 수리거절(28c)

이 조 c항에 의하면 보험승낙서(cover note)는 수리되지 않는다. 보험승낙서는 보험중개인이 보험계약자에 대하여 보험계약 존재의 증거로서 교부하는 것으로, 부보각서라고도 한다. 이는 보험료의 수취증을 겸한 보험의 예약 각서에 불과하고 보험약관이 제시되지 않으므로 보험증권이나 보험증명서와 같은 보험서류로 대신할 수는 없다. 이와 같이 보험중개인이 발행하는 보험승낙서는 정규의 보험서류로 취급하는 데는 문제가 있으므로 UCP 600에서는 수리되지 아니하는 것으로 규정하고 있다.

4. 보험증권으로의 대체 제시(28d)

이 조 d항에 의하면 신용장이 포괄예정보험에 의한 보험증명서 또는 동시서를 요구할 경우, 보험증권 제시로도 수리가능하다.

그러나 신용장에서 보험증권을 요구할 경우, 포괄예정보험에 의한 보험증명서 또는 통지서의 제시로는 수리할 수 없다. 왜냐하면 포괄예정보험에 의한 보험증명서 또는 통지서는 보험계약의 증거이지만, 보험금청구의 경우에 보험증권과 포괄예정보험에 의한 보

437) ISBP 681, Para. 28.
438) ISBP 681, Para. 29.

험증명서 또는 통지서간에 보험담보에 차이가 발생한다면, 보험증권상의 보험담보가 우선되는 것으로 이해되기 때문이다.[439]

5. 보험서류의 일자(28e)

이 조 e항에서는 보험서류의 담보시기에 대하여 규정하고 있다. 보험부보(담보)일자는 곧 보험서류의 발행일자가 된다. 보험서류의 일자는 본선적재(loading on board)를 나타내는 선화증권(bill of lading)의 경우에는 적재일, 발송(dispatching)을 나타내는 항공화물운송장 등의 운송서류일 때는 발송일, 수탁(taking in charge)을 나타내는 복합운송증권의 경우에는 그 수탁일과 각각 최소한 같거나 그 이전이어야 한다. 이와 같은 일자 이후에 보험에 부보하게 되면 보험사고발생시 원칙적으로는 보상을 받지 못한다.[440]

그러나 본문의 약관 중에 "소급약관"(lost or not lost clause)이 있는 경우에는 부보일자가 선적일자보다 늦더라도 부보효력이 선적일자로부터 발효한다는 조항이므로 관계가 없다. 또한 "창고간 약관"(warehouse to warehouse clause)이 있는 보험증권의 경우에는 화물이 창고에서 적재될 때부터 담보된다는 것을 표시하고 있는 것이므로 부보일자가 선적일자보다 늦어도 무방하다.

신용장거래에서는 특별히 선적일자보다 부보일자가 늦어도 된다는 명시가 없다면, 보험서류의 일자는 선적일자보다 늦어서는 아니 된다.

협회적화약관(Institute Cargo Clause)[441]의 "운송약관"(Transit Clause)은 일명 "창고간 약관"(Warehouse to Warehouse Clause)이라고 하며, 해상적화보험에 있어서의 보험자의 담보책임의 시기 및 종기, 즉 담보기간을 규정한 약관이다.

(1) 위험의 시기

해상적화보험에 있어서는 운송약관에 따라 보험자의 담보책임은 "운송개시를 위하여

439) ICC Pub. 680, p. 131.

440) 강원진, 「신용장론」, 제5판, 박영사, 2007, 301면.

441) 신협회적화약관(Institute Cargo Clauses: ICC)은 런던보험자협회(Institute of London Underwriters)와 로이즈보험자협회(Lloyd's Underwriters Association)가 합동으로 기존 약관을 새롭게 재정비하여 1982년부터 ICC(A), ICC(B), ICC(C)약관 체계로 사용되어 왔다. 이 약관은 20여 년간 사용하여 오면서 그동안 테러행위(terrorism) 등 새로운 위험이 등장하고, 운송 및 보험 환경의 변화 등에 부응하기 위하여 런던국제언더라이팅협회(International Underwriting Association of London : IUA)는 로이즈보험시장협회(Lloyd`s Market Association: LMA)와 합동적화위원회를 구성하여 1982년 ICC를 다시 개정 하여 2009년 1월 1일부터 신약관을 사용할 수 있도록 하였다. 2009년 신약관에서는 A, B, C 약관의 체계는 같지만 약관의 재구성, 모호한 표현의 명확화 및 "underwriter"라는 용어가 "insurer"로 바뀌게 되었다. 2009년 신 협회적화약관은 ICC(A), ICC(B), ICC(C) 의 기본약관과, 협회전쟁약관(적화) 및 협회동맹파업약관과 같은 부대약관으로 구성되어 있다.

운송차량 또는 운송용구에 적재할 목적으로 보험증권에 명시된 장소의 창고 또는 보관장소에서 보험목적물이 최초로 이동하게 된 때에 개시된다." 그러므로 창고에서 운송용구까지 화물을 적재하는 동안이나 실제로 운송이 개시되기 이전의 기간 중에는 위험이 개시되지 않는다. 컨테이너에 화물을 적부하기 위해 컨테이너 터미널로 운송을 개시하는 경우는 해상운송의 일부로 간주된다.

(2) 위험의 종기

운송약관에 의하면 위험의 종기는 아래와 같이 세 가지로 구분하여 그 중에서 가장 먼저 도래하는 사유가 발생하면 그 때에 보험자의 담보책임은 종료하는 것으로 하고 있다.

1) 화물이 보험증권에 기재된 목적지의 최종창고 또는 보관 장소에서 운송차량 또는 기타 용구로부터 양화 완료된 때에 종료된다.
2) 보험증권에 기재된 목적지를 불문하고 통상의 운송과정에 있어서의 보관이 이외의 보관을 하거나 할당 또는 분배를 위하여 보관할 장소에서 운송차량 또는 기타 용구로부터 양화 완료된 때에 종료된다.
   이 경우 피보험자가 화물이 양화된 후 목적지에 도착되기 전에 이전에 할당이나 분배를 위하여 택한 장소를 최종목적지로 간주하게 되는 것이다.
3) 본선으로부터 양화작업을 완료한 후 60일을 경과하면 위험이 종료된다. 여기에서 60일의 기산은 부보화물전량이 양화 완료된 날을 기준으로 한다. 다만, 한국에서는 수입화물의 경우에는 30일 약관에 의해 이 기간을 화물을 통관하기 위하여 창고 기타 보관장소에 인도한 후 30일로 제한하여 사용하고 있다.

(3) 운송계약의 종료 및 항해 변경시의 위험의 종기

보험증권상에 기재된 목적지 이외의 항구 또는 지역에서 종료되거나 또는 기타의 사정으로 화물의 인도가 이루어지기 이전에 운송이 종료된 경우에는 보험도 종료된다. 단, 보험자에게 지체 없이 통지하고 담보를 계속해줄 것을 요청하는 경우 추가보험료를 지급하는 조건으로 하는 경우 일정시점까지 보험이 유효하게 계속된다.

(4) 이로 등 위험변경에 따른 종기확장담보

운송약관에서는 피보험자가 지배할 수 없는 사정으로 인하여 이로(deviation), 강제양화(forced discharge), 재선적(reshipment), 환적(transshipment) 또는 해상운송계약상 선주 측의 자유재량권의 행사로 인하여 위험변경사유가 발생하였을 때에는 보험자의 위험부담에 관한 책임이 계속된다고 규정하고 있다.

이러한 위험변경은 보험계약을 체결할 당시에 보험료 산출의 기초가 되는 사항이므로 원칙적으로는 이와 같은 위험변경의 경우에는 보험자가 면책되어야 한다는 위험변경의 원칙이 적용되어야 하겠지만, 피보험자가 지배할 수 없는 사정으로 인한 경우에까지 이를 강행하는 것은 불합리하므로 이를 구제하기 위하여 확장담보하려는 취지를 밝힌 것이다.[442)]

6. 보험서류의 담보요건(28f)

(1) 담보금액 및 표시통화

이 조 f-i항은 보험서류에는 보험담보금액이 표시되어야 하며, 신용장의 통화와 같아야 함을 규정하고 있다. 보험서류상의 표시통화는 신용장과 동일한 통화(same currency)로 표시되어야 한다. 이는 신용장과 다른 통화로 부보된 경우 보험사고가 발생하였을 때 신용장발행의뢰인 또는 신용장발행은행에 환시세변동에 따른 손해가 발생될 가능성이 있으므로 이를 회피하기 위한 것이다.

(2) 최소담보금액

이 조 f-ii항에서는 신용장에 보험담보금액에 대하여 표시한 것이 없다면 CIF 또는 CIP 금액의 110% 이어야 한다. 만약 CIF 또는 CIP 가격이 결정될 수 없는 경우, 보험담보금액은 인수·지급 또는 매입 요청금액 또는 송장표시 물품의 총 가액 중 더 큰 금액으로 산정되어야 한다.

예를 들면, 신용장이 송장가액의 백분율로 한 금액을 보험담보금액으로 요구한 경우, 그 백분율로 한 금액은 송장가액 백분율의 최소를 요구하는 것으로 간주된다. 이러한 최소금액의 요구를 초과한 보험담보금액을 나타내는 보험서류는 수리가능하다. UCP는 보험담보범위의 어떠한 최대 백분율에 대해서도 규정하고 있지 아니하고 있다.[443)]

(3) 담보구간

이 조 f항에서는 적어도 신용장에서 명시된 바와 같이 수탁지 또는 선적지와 양륙지 또는 최종목적지 간에 위험을 담보하는 보험서류를 요구하고 있다. 예를 들면, London Heathrow 공항에서 Singapore Changi 공항까지의 발송이 행하여지는 보험서류를 요구할 경우, 보험담보범위가 Liverpool에서 개시되어, London Heathrow 공항을 통과하여, 그리고 물품이 Singapore Changi 공항에 도착할 때까지 커버하면서 제시된 보험서류는 수리될 수 있는 것이다.[444)]

---

442) 강원진, 「강원진 교수의 무역실무 문답식 해설」, 두남, 2011, 303-304면.
443) ISBP 681, Para. 176.
444) ICC Pub. 680, p. 132.

7. 담보종류 및 부가위험 명시(28g)

이 조 g항에서는 신용장은 요구되는 보험담보 약관(조건)의 종류를 명시하고 부보되어야 하는 부가위험(additional risks)도 명시하도록 요구하고 있다.

적화보험에서 사용되는 주요 약관을 보면 다음과 같다.

- 전위험(All Risks)을 포괄하여 담보하는 ICC(A) 약관
- 특정위험만을 담보하는 ICC(B) 약관
- 소수의 특정위험만을 담보하는 ICC(C) 약관
- 항공선적을 위하여 "전위험"을 담보하는(우편에 의한 발송은 제외) ICC(Air) 약관

여기에서 ICC(Air)는 오직 항공선적 만을 담보한다는 사실에 유의할 필요가 있다. 항공선적이 이루어지는 경우, ICC(A)를 담보하는 보험서류를 요구하는 것은 옳지 않다.

어떠한 물품, 예를 들면, 석탄, 냉동식품, 목재, 설탕 등을 담보하기 위하여 특별히 고안된 다른 약관들이 존재하며, 이러한 약관들은 신용장에서 명시적으로 요구되어야 한다. 그리고 "통상적 위험"(usual risks) 또는 "관습적 위험"(customary risks)과 같이 부정확한 모든 용어들을 사용하면 아니 된다. 신용장에 이런 용어들이 사용되었다면, 은행은 담보되지 아니한 모든 위험과 관계없이 제시된 대로 보험서류를 수리하게 된다.[445]

부가위험 중에 특히 중요한 것으로는 도난·발화·불착 위험(Theft, Pilferage & Non-Delivery : TPND), 우·담수 위험(Rain and/or Fresh Water Damage : RFWD), 파손 위험(Breakage), 누손·부족 위험(Leakage/Shortage), 오염 위험(Contamination), 갈고리 위험(Hook & Hole), 곡손 위험(Denting & Bending), 유류 및 타화물과의 접촉 위험(Contact with Oil and/or Other Cargo : COOC) 등이 있다.

실무적으로 보험담보 약관은 물품의 종류와 성질을 고려하여 협회적화약관의 ICC(A), ICC(B) 또는 ICC(C) 중에서 어느 약관으로 부보 할 것이며, 과연 동 약관으로 위험이 담보되는지를 검토하여야 한다. 무조건 ICC(A)에 W/SRCC(War/Strikes, Riots and Civil Commotions: 전쟁/파업, 폭동, 소요 위험)를 부보 할 것이 아니라, 물품 또는 성질에 따라 ICC(C)에 적절한 부가위험을 선택하면서 W/SRCC를 부보 하더라도 경제적인 보험료로 위험을 담보할 수도 있다.[446]

---

445) *Ibid.*, p. 133.

446) 신용장의 요구서류에서 보험서류 조건의 예는 일반적으로 다음과 같다; "Marine Insurance Policy or Certificate in duplicate, endorsed in blank for 110% of invoice value, stipulating that claims

8. 전위험 담보 보험서류의 수리(28h)

이 조 h항에 의하면 다른 시장에서 다양한 유형의 "전위험"(all risks) 담보가 존재하므로, 신용장은 전위험에 대한 보험담보를 요구하여서는 아니 된다. 이 조 h항에서는 신용장이 보험담보 요건에 대하여 더욱 구체적이어야 한다고 명시하고 있다. 신용장이 전위험에 대한 보험을 요구하는 경우, 보험서류에 전위험을 기재하고 있을 지라도 전위험의 표기 또는 조항을 포함하는 보험서류는 제외되어야 한다고 명시된 모든 위험에 관계없이 수리된다.

9. 제외조항 참조 보험서류의 수리(28i)

이 조 i항에 의하면 모든 제외조항(exclusion clause)을 참조하는 것을 포함하고 있는 보험서류는 수리가능하다. 이 규정은 현재 보험서류에 나타나는 수많은 제외조항 때문에 포함되었다. 예를 들면, 최근 테러행위(terrorism)와 같은 제외조항이 보험서류에 명시하는 것과 관련이 있다. UCP 600 초안그룹(drafting group)은 당시 보험업계에서는 이런 조항들은 업계의 표준제외조항으로 간주되어 조항 목록을 작성하였으나, 이 목록은 UCP 600에서 목록을 변경할 수가 없었기 때문에, UCP 600에서 제외조항 참조가 포함된 보험서류 수리가능성이 반영된 것이다.[447)]

보험서류는 반드시 신용장에 정의된 위험을 담보하여야 한다. 신용장이 담보되어야 할 위험에 대하여 명시한다 할지라도, 서류에서 제외조항을 언급할 수 있다. 신용장이 전위험 담보를 요구하는 경우, 비록 특정위험이 제외된다고 명시되어 있다 하더라도 어떠한 전위험 조항 또는 부기를 증명하는 보험서류의 제시에 의하여 충족된다. ICC(A)로 담보하고 있음을 표시한 보험서류는 전위험 조항 또는 부기를 요구하는 신용장조건을 충족하는 것으로 본다.[448)]

10. 소손해면책조건 보험서류의 수리(28j)

이 조 j항에서는 담보가 소손해면책률(franchise) 또는 초과공제면책률(excess deductible franchise)을 조건으로 한다는 것을 표시한 보험서류는 수리가능하다고 규정하고 있다. 소손해면책이란 보험자가 적은 금액의 손해(소손해)에 대하여 담보하지 아니하는 것을 말한다. 소손해면책률(franchise)의 종류에는 공제면책률(deductible franchise)과 비공제면책

are payable in the currency of the draft and a1so indicating a claim settling agent in U.S.A. covering Institute Cargo Clauses(B) including W/SRCC."

447) ICC Pub. 680, p. 133.

448) ISBP 681, Para. 173.

률(non-deductible franchise)이 있다.

공제면책률은 일정비율을 초과하면 면책률 부분을 공제하고 나머지 초과부분만을 보상하는 것으로, 이를 초과공제면책률이라고도 한다. 예를 들면, 3% 품목인 경우 5%의 손해가 발생하였을 때 5%-3%=2%만 보상하는 것을 말한다.

한편 비공제면책률은 면책비율 이상의 손해가 발생하면 면책비율을 공제하지 아니하고 발생된 손해 전부를 보상하는 것으로 예를 들면, 3% 품목인 경우 5%의 손해가 발생하였을 때 5% 전부를 보상하는 것을 말한다.

신용장이 "백분율에 관계없이"(irrespective of percentage : IOP) 보험담보를 요구하는 경우, 보험서류는 보험담보가 소손해면책률 또는 초과공제면책률을 조건으로 기재된 조항이 포함되어서는 아니 된다.[449] 따라서 면책비율의 적용을 받지 않으려면 신용장발행의뢰인은 신용장상에 예를 들면, "Claims recoverable hereunder shall be payable irrespective of percentage."라는 조건을 보험서류에 명시하도록 요청할 필요가 있다.

Case 10-01 보험중개인(broker)에 의하여 서명된 보험서류의 수리 여부

 보험중개인(broker)에 의하여 서명된 보험서류는 수리가능한가?

사례 및 쟁점 많은 보험서류가 현재 보험중개인(broker)에 의하여 서명되고 있다. UCP 600 제28조 a항은 보험서류가 보험회사(insurance company), 보험업자(underwriter), 또는 그 대리인(agent) 또는 대리행위자(proxy)에 의하여 발행되고 서명된 것으로 보여야 하며 대리인 또는 대리행위자의 서명은 보험회사 또는 보험업자를 대리하여 서명하였다는 것을 표시하여야 한다.

소수의 은행을 제외하고 대부분의 은행은 중개인이 서명한 보험서류를 거절한다. 왜냐하면 중개인은 UCP 600에서 보험서류를 서명할 수 있는 수권된 당사자 중의 하나로 칭하고 있지 않기 때문이다. 중개인에 의하여 서명된 보험서류를 수리하는 은행은 "중개인"이 대리인 또는 대리행위자이거나 또는 보험서류상에 보이는 중개인은 회사 내에서 공식적으로 "중개인"으로 지명된 보험회사의 종업원으로 생각하고 있다.

449) ISBP 681, Para. 177.

더 이상의 분쟁을 피하기 위하고 국제표준은행관행을 위하여 우리는 중개인에 의하여 발행되고 또는 서명된 보험서류가 국제표준은행관행에 따라 수리가능한지에 관하여 은행위원회에의 공식적인 의견을 알고자 한다.

A 보험서류는 보험회사 또는 보험업자의 대리인 또는 대리행위자의 자격으로 행동하는 것을 표시하는 경우 중개인에 의하여 발행 및 서명될 수 있다. 한 개인이 보험회사의 종업원이고 "중개인"이라는 직함을 가질 경우 그는 보험회사를 위하여 또는 대리하여 서명하여야 한다.

보험서류가 별도로 신용장 및 UCP 600 제28조에 일치하는지의 여부는 보험서류의 작성방법 여하에 달려있다.[450)]

검토 UCP 600 제28조 a항에는 "보험증권, 포괄예정보험에 의한 보험증명서 또는 통지서와 같은 보험서류는 보험회사, 보험업자 또는 그들의 대리인 또는 그들의 대리행위자에 의하여 발행되고 서명된 것으로 보여야 한다. 대리인 또는 대리행위자에 의한 모든 서명은 그 대리인 또는 대리행위자가 보험회사 또는 보험업자를 위하여 또는 그들을 대리하여 서명하였는지 여부를 표시하여야 한다"고 명시하고 있는 점을 잘 검토해 볼 필요가 있다.

UCP 600부터 보험서류의 발행 및 서명 자격자로 추가된 대리행위자(proxy)라는 표현은 새로운 것이다. 특히 대리인이나 대리행위자가 개인인 경우, 보험서류에 자신의 명의로만 서명하여서는 아니 되고 보험회사 또는 보험업자를 위하여 또는 대리하여 서명되어야 한다.

UCP 500 제34조 c항에서는 "신용장에 특별히 수권되지 아니하는 한, 보험중개인(broker)이 발행한 보험승낙서(cover note)는 수리되지 아니 한다"와 같이 규정되었으나, UCP 600 제28조 c항에서는 "보험승낙서는 수리되지 아니 한다"라고 만 하여 "보험중개인이 발행한"이라는 문언이 삭제되었다. 이에 더하여 ISBP 681 제172항에서는 기 언급한 바와 같이 "보험서류가 보험회사 또는 그 대리인 또는 대리행위자 또는 보험업자 또는 그 대리인 또는 대리행위자에 의하여 서명되는 한, 보험중개인의 용지상에 발행된 보험서류는 수리할 수 있다. 보험중개인은 기명 보험회사 또는 기명 보험업자의 대리인으로

450) Gary Collyer and Ron Katz, *ICC Banking Commission OPINIONS 2009-2011,* ICC Publication No. 732, 2012(이하 ICC Pub. 732라 칭한다), R 765.

서 서명할 수 있다"고 하여 보험중개인이 발행 및 서명 등 작성 요건이 준수될 경우 보험서류를 발행할 수 있는 길을 열어두고 있다.

Case 10-02 선적일자보다 늦은 일자의 보험서류와 "창고간 담보조건"의 적용

Q 보험서류가 선적일자보다 늦은 일자로 작성되었으나 "창고간 담보조건"이라고 보험서류상에 명시될 경우 수리가능한가?

사례 및 쟁점 우리는 "창고간"(warehouse-to-warehouse)을 담보하는 것으로 명시되고 언제 담보가 효력발생 하는지에 관하여 아무런 일자표시가 없는 선적일자 보다 늦은 발행일사의 보험서류의 수리에 관하여 은행위원회의 공식의견을 알고자 한다.

우리의 국내 전문가 그룹 내에서는 이와 같은 보험서류가 수리가능한지 여부에 대하여 견해차이가 있다. UCP 600 제28조 e항은 "보험서류에서 선적일보다 늦지 않은 일자로부터 유효하다고 보이지 아니하는 한, 보험서류의 일자는 선적일보다 늦어서는 아니 된다"고 규정하고 있다.

일부는 담보가 앞서 언급된 조항의 선적일보다 늦지 않은 일자로부터 유효하다고 보이지 아니하는 경우에 기초를 두고 이와 같은 보험서류가 수리 가능한 것으로 믿고 있다. "창고간 담보"에서 물품은 송화인의 창고에서 출발하는 시점부터 목적지의 창고에 도착하는 시점까지 담보된다. 이는 또한 은행위원회 의견 R 234 (쟁점 2)에 의하여 지지되고 있으며, 다음과 같이 은행위원회가 분석하고 있다: "이른바, '운송약관'(transit clause)[451]은 실제 계속적으로, 운송선박으로부터 양화한 후 60일이 경과하지 아니하는 기간 내에서 끝에서 끝까지 목적지의 최종지점까지 담보한다. 그러므로 고려되어야 하는 것은 위험인수 일자이지 목적지에서 위험이 중단되는 일자가 아니다."

그 외는 이와 같은 보험서류는 UCP 600 의 보험서류 조항에 근거하여 수리할 수 없는 것으로 믿고 있다. "보험서류의 일자는 선적일자보다 늦어서는 아니 된다"는 점과 UCP

451) 이 약관은 일명 "창고간 약관"이라고 하며, 해상적화보험에 있어서의 보험자의 책임의 시기 및 종기, 즉 담보기간을 규정한 약관이다. 현대의 상거래실무상으로는 화물이 선적을 개시하기 위해 창고를 출발할 때부터 적재작업, 해상운송, 적양화 작업, 보세창고 입고, 최종창고에 입고될 때까지의 여러 가지 위험이 담보되어야 할 필요성에 따라 제정된 것이 운송약관이다.

600 제14조 a항에서 제시는 서류가 문면상 일치하는 제시를 구성하는 것으로 보이는지 여부에 결정하기 위하여 서류만을 기초로 심사되어야 한다고 규정하고 있다. 전문가들은 서류점검자가 유효한 담보일자를 확인하기 위하여 담보의 명세를 점검하는 것을 기대하지 않는다는 것을 감안하고 있다.

국제상업회의소 간행물 번호 680의 "UCP 600에 관한 해설"(Commentary on UCP 600)은 은행위원회에 의하여 승인된 간행물이 아니지만 이 책의 본문 132면에 다음과 같이 보여주고 있는 것처럼 초안그룹(Drafting Group) 내에서 이 주제에 대한 논의가 있었던 것으로 보인다.

"어떤 ICC 국내위원회에서는 증권에서 표시하고 있듯이 '협회적화약관'(Institute Cargo Clause)[452]이 '운송약관'(Transit Clause)을 커버하기 때문에 선적일자보다 늦은 보험서류의 일자는 수리되어야 한다고 제안하였다. 보험은 물품이 창고 또는 운송이 개시되는 지정장소에 있는 보관장소를 떠나는 시점부터 효력이 발생된다. 그러나 서류가 문면상 일치하는 제시를 구성하는지 결정하기 위한 심사원칙은 서류만을 기초로 하여 적용한다. e항에 대하여 서류심사자는 담보의 유효일자 여부를 확인하기 위하여 협회적화약관의 세부적인 사항을 검토하는 것을 기대하지 않는다."

선적일자보다 늦은 일자로 작성된 보험서류라 하더라도 "창고간 담보조건"으로 부기하여 보험서류상에 분명하게 표시하는 경우에는 수리 가능하다.[453]

검토 제28조 e항은 보험서류 심사에 적용되는 기본적 규칙을 포함하고 있는데, 이는 보험서류의 일자는 반드시 선적일자 보다 늦지 않아야 된다는 것이다. 그러나 이 규칙은 담보가 선적일자 보다 늦지 않은 일자로부터 유효하였다는 표시가 있는 경우 선적일자보다 늦지 아니한 일자의 보험서류가 수리 가능한 것이라는 점에서 제한되는 것이다. 선적일자 이후에 발행된 보험서류는 담보가 창고간에 이루어진 것으로 표시되어 있으면 수리될 수 있다.

---

452) 해상보험에서는 1779년 Lloyd's에서 사용하기로 채택된 "Lloyd's S. G. Policy Form"이 200여 년 동안 사용되어 왔으나, 그간 동 증권양식은 중세의 고문으로 되어 있어 이해하기 어렵고 현실에 맞지 않는 점이 많았으므로 1912년 기술 및 약관위원회에서 "Lloyd's S. G. Policy Form"에 첨부하여 사용하기 위한 통일된 특별약관을 제정하게 되었는데 이것이 곧 협회적화약관(Institute Cargo Clauses)이다.

453) ICC Pub. 732, R 766.

예를 들면, "런던의 창고에서 홍콩의 창고까지" 또는 "보험은 창고에서 창고까지 부보됨" 또는 유사한 문언을 표시하는 보험서류는 물품이 언급된 창고에 인도된 순간부터 부보가 되었다는 것을 증명하는 것이다. 이러한 상황에서 보험서류는 담보가 선적일자 이전에 개시된 것으로 일자가 되어있어도 문제시되지 않는다.

서류심사자는 협회적화약관(Institute Cargo Clauses) (A)와 같은 특정 담보위험이 창고간 규정을 포함하고 있는지 여부에 대하여 알아야 할 필요가 없다. 보험서류는 보험서류의 일자가 선적일자 보다 늦은 경우, 담보범위가 제28조 e항에 부응하기 위하여 "창고간"으로 되어있음을 분명하게 표시하여야 한다.

보험서류는 담보가 선적일자 보다 늦지 않은 일자로부터 유효하다는 것을 이와 같이 행한 것을 구체적인 문언에 의하여 표시할 수 있다는 점을 유의하여야 한다. 예를 들면, 선화증권은 20xx년 12월 22일로 일자로 되고 보험서류는 20xx년12월 23일자로 되어 있다. 그러나 다음의 내용(또는 그와 유사한 문언)이 보험서류 상에 "보험은 20xx년 12월 22일자로 유효하다"라고 표시되어 있다.

UCP 600의 운송서류 관련조항(제19조-제25조)에 의하여 규정하고 있은 선적일자의 해석기준을 참조하여 보험서류가 선적일자 보다 늦은 일자에 작성 및 서명되지 않도록 하여야 한다.

적화보험의 부보일자는 곧 보험서류의 발행일자가 된다. 보험서류의 일자는 본선적재(loading on board)를 나타내는 선화증권(bill of lading)의 경우에는 본선적재일, 발송(dispatching)을 나타내는 항공화물운송장 등의 운송서류일 경우에는 발송일, 수탁(taking in charge)을 나타내는 복합운송증권의 경우에는 그 수탁일을 침조하여 각각 최소한 같은 일자이거나 그 이전이어야 한다. 이와 같은 일자 이후에 보험에 부보하게 되면 보험사고 발생시 원칙적으로는 보상은 받지 못한다.

그러나 앞에서 언급한 바와 같이 보험서류 본문의 약관 중에 "소급약관"(lost or not lost)이 있는 경우에는 부보일자가 선적일자보다 늦더라도 부보효력이 선적일자로부터 발효한다는 조항이므로 관계가 없다. 또한 "창고간 약관"(warehouse to warehouse clause)이 있는 보험서류의 경우에도 화물이 출발하는 창고에서 적재될 때부터 담보되는 것을 표시하고 있는 것이므로 부보일자가 선적일자보다 늦어도 무방하다.

보험증명서(insurance certificate)의 경우에는 포괄예정 보험증권(open policy)에 의해 발급된 것이므로 포괄예정 보험증권은 선적일자 이전에 발급된 것이기 때문에 보험증명서가 늦은 일자에 발급되더라도 수리가 가능하며, 신용장거래에서는 특별히 선적일자보다 부보일자가 늦어도 된다는 명시가 있으면 선적일자보다 늦게 부보된 보험서류에 대하여 수리 가능하다.

Case 10-03 보험담보금액의 110%는 준수되어야 하는지 여부

Q 보험담보금액은 반드시 정확하게 110%가 되어야 하는 것인가? 또는 그 이상이 될 수도 있는가?

사례 및 쟁점 1. 신용장이 요구된 보험담보 금액에 관하여 침묵하고, 송장금액이 USD99.00 CIF 또는 CIP인 경우 보험은 110%(즉, USD108.00)를 준수하여야 하는가? 또는 더 많은 비율이 허용되는가? 만약 더 많은 비율이 허용될 경우 그 상한선은 어디까지인가?

2. 신용장이 "110% 송장금액에 대한 보험" 및 송장금액이 USD99.00인 경우, 보험담보는 명확하게 110%(즉, USD108.00)을 준수하여야 하는가? 또는 예를 들면, 반올림하여 USD110.00(실제, 111.1111%)로 부보하여도 무방한가?
3. 반올림이 되는 경우 담보비율은 5% 또는 10%도 가능한가?
4. UCP 600 제28조 f항 ii호의 "송장 총가액의 110%"라는 것은 관례에 따른 것인가? 또는 물품에 대한 결제일정 및 사전결제 또는 기타의 대금감액으로 송장가액이 변경되는 경우에는 어떻게 적용되는가?

A 1. UCP 600 제28조 f항 ii호는 신용장상의 요건은 요구되는 최소담보금액으로 보며 신용장에 아무런 표시가 없는 경우, 보험담보금액은 최소한 물품의 CIF 또는 CIP 가격의 10%이어야 한다. 그러나 보험담보액의 최대비율에 대하여 제시하지 않고 있다.

2. "110% 송장금액에 대한 보험"과 같은 조건을 신용장에 삽입할 경우 이는 110%의 UCP 요건과 완전일치하기 위한 은행의 시도방법이다. 그러나 은행은 일반적으로 정확한 담보보다는 오히려 최소담보를 요구하는 조항의 신용장을 발행한다. 은행이 보험서류가 정확하게 몇 %로 또는 금액 얼마로 또는 유사한 어구로 발행되는 경우, 신용장은 분명하게 이와 같은 요구를 명시하여야 한다.

3. 적용되지 아니한다.
4. UCP 500 제34조(UCP 600 제28조) f항 ii호의 송장 총 가액의 100%는 어떠한 감액이 이루어지기 이전 물품의 가액이다. 예를 들면, 신용장이 USD100,000 발행되고 서류에 대하여 환어음발행을 80% 허용하고 20%가 사전지급이 이루어지는 경우이다. 여기에서 수익자는 물품가액(USD100,000.00)의 100%에 대한 송장을 발행하고 사전지급분 USD80,000에 대한 공제내역을 하단에 명시하게 된다. 이 경우 보험은 물품 총 가액의 110%를 최소담보로 하는 것이지 USD80,000.00의 110%를 최소담보로 하지 않는다.[454)]

검토 UCP 600 제28조 f항 ii호에서는 "보험담보가 물품가액 또는 송장가액 등의 비율이어야 한다는 신용장상의 요건은 요구되는 최소담보금액으로 본다. 요구된 보험담보에 관하여 신용장에 아무런 표시가 없는 경우, 보험담보금액은 최소한 물품의 CIF 또는 CIP 가격의 110%이어야 한다. 서류로부터 CIF 또는 CIP 가격이 결정될 수 없는 경우, 보험담보금액은 인수·지급 또는 매입이 요청되는 금액 또는 송장에 표시된 물품의 총가액 중 더 큰 금액을 기초로 하여 산정되어야 한다"고 명시하고 있다.(이 사례는 UCP 500에 준거하였으나 여기에서는 UCP 600의 경우로 하였다).

보험담보금액은 최소한 물품의 CIF 또는 CIP 가격의 110%이어야 한다. 따라서 무역결제에서 일부 선지급 등 혼합결제방식 또는 공제항목 등이 있을 경우 송장에 이를 세분하여 명시할 수도 있으므로 이 경우에도 적화보험은 물품 총 가액, 즉 상업송장 가액에 대하여 110%를 담보하여야 한다.

보험담보비율(percentage of insurance cover)이 신용장에서 요구된 것 보다 큰 경우에도 발행은행이나 발행의뢰인에게 불리하지는 않으므로 문제시될 수 없다고 단정하면 아니 된다. 보험담보비율과 관련된 신용장분쟁과 관련하여 은행위원회의 의견은 다음 사례에서와 같이 상충되는 견해를 보이고 있다.

1989년 ICC 간행물 번호 459, Case 129에 의하면 신용장이 약정된 위험담보로 110%를 커버하는 보험서류를 요구하고 있다. 제시된 보험서류가 정확한 부보비율을 나타내지 않고 115% 또는 120%를 언급하고 있을 경우, 그것은 올바른 제시인지 여부에 대한 질의에서 은행위원회는 "1. 신용장이 110%부보를 규정하고 있을 경우, 보험서류는 110%를 나

454) ICC Pub. 632, R 468.

타내고 있어야 한다. 115%나 120% 커버하는 보험서류는 수리될 수 없다. 2. CIF계약에 의한 선적 및 110% 보험담보를 규정하고 있는 신용장이 분명하므로 115% 또는 120%를 커버하고 있는 보험서류는 수리될 수 없다. 신용장이 FOB선적 뿐 만이 아니라 운임과 보험료가 포함되고 신용장금액 이상으로 지급되는 것으로 규정하고 있을 경우 의도에 관하여 해석의 여지가 있다. 그러한 경우 발행은행에게 확인을 하여보는 것이 바람직하다"라는 답을 하고 있다.

1998년 ICC 간행물 번호 565, R 195에 의하면 "신용장은 보험증권 또는 증명서를 3통 요구하고 CIF 물품가격의 110%에 대한 보험을 부보하도록 하였다. 그러나 수익자는 제시된 물품에 대한 CIF 가격의 110%를 정확하게 부보하한 보험서류를 제시하지 아니하고 제시된 보험서류는 111.17%로 발행된 것이었다. 쟁점은 보험서류가 신용장에 규정된 송장금액의 비율보다 더 많은 금액이 발행되었을 경우의 수리여부인데 ICC 은행위원회는 불일치에 대한 청구는 정확하다"는 의견을 제시하였다.

2001년 4월 2일 ICC Document 470/TA.499에 의하면 ICC 은행위원회는 "신용장에서 부보비율이나 부보금액을 명시하지 않은 경우 UCP 제34조에 의하여 보험서류의 부보금액은 CIF 또는 CIP 가격의 110% 이상의 금액으로만 발행된다면 수리가능하고 부보금액의 상한선은 없다"는 의견을 제시하고 있다. 또한 "신용장에 'Insurance for 110% invoice value'라고 명시되어 있는 경우에도 이러한 요구는 110%를 부보하도록 요구하는 UCP를 반영한 것으로서 은행이 그와 같은 문구를 신용장에 표기하는 목적은 정확히 그 금액을 원한다기 보다는 최소 부보금액을 의미한다고 보아야 하므로 신용장에서 명시된 비율보다 낮지 않으면 절상하여 부보하여도 수리가능하다"고 하고 있다.

2005년 ICC 간행물 번호 660, R 581에 의하면 "신용장이 보험을 부보하기 위하여 보험담보비율, 고정금액 또는 최대금액이 구체화하지 아니한 경우, 보험서류에 CIF 또는 CIP 총 가액의 110%에 대한 최소금액 이상의 금액이 명시될 수 있는가"라는 질의에 대하여 ICC 은행위원회는 "신용장상에 보험담보금액에 대한 비율, 고정금액 또는 최대금액이 구체화되어 있지 않은 경우에는 보험서류에 총 CIF 또는 CIP 가격의 110%에 대한 최소금액 이상의 금액을 명시할 수 있다.[455)]"는 공식의견을 제시하고 있다.

이는 보험서류의 부보비율이 신용장에 명시된 것보다 클 경우 하자라고 하였던 ICC 은행위원회의 기존의 해석과는 상반되는 것이다.

2007년 ISBP 681, 제176항에서는 "UCP는 보험담보범위의 어떠한 최대 백분율(maximum

455) ICC Pub. 660, R 581.

percentage)에 대해서도 규정하고 있지 않고 있다"고 하고 있다.

이와 같이 보험담보비율과 관련하여 다소 혼란스러운 문제의 해결을 위해서는 신용장 지급이행의 본질은 일치하는 제시에 대한 발행은행(있을 경우, 확인은행)의 확약에 있으므로 신용장에 보험담보비율에 대한 특별한 명시가 없을 경우에는 보험담보금액은 최소한 물품의 CIF 또는 CIP 가격의 110%이어야만 한다는 점을 반드시 준수하여야 할 것이다.

최근의 사례에서 신용장에 CIF 또는 CIP 가격에 대한 담보비율이 특정되지 아니한 경우 최소비율 110% 이상으로 부보될 수 있다는 ICC 은행위원회의 의견을 참조할 필요가 있으나, 최대 백분율에 대한 상한범위에 대한 규정이 없다고 하여, 예를 들면, 물품가격에 대하여 150%를 부보하는 것은 당사자간 이해관계가 상충될 수도 있으므로 이와 같이 구체화 되지 아니한 경우 발행은행에 요청하여 신용장 조건변경을 통하여 담보비율을 분명하게 설정하는 것이 필요하다.

따라서 실무적으로는 "110% 송장금액에 대한 보험"(Insurance for 110% invoice value)은 최소담보금액이므로 매매계약체결 및 신용장을 발행할 경우 "Marine Cargo Insurance Policy or Certificate in duplicate, endorsed in blank for 110% of invoice value ...."와 같이 송장금액의 110%에 대한 적화보험증권 또는 증명서를 요구하도록 하여야 한다.

Case 10-04	보험부보 금액은 소수점 이하 둘째 자리 수까지 계산하는 것이 국제표준은행관행인지 여부

Q 보험서류의 일치성을 판단하기 위하여 보험부보 금액은 소수점 이하 둘째 자리 수까지 계산하는 것은 국제표준은행관행인가?

사례 및 생점 아래에 수장된 불일치들은 발행은행에 의하여 각각 제시되어 인용된 유일한 불일치였다:

1. 보험증명서 번호 xxx는 송장 금액 USD93,420.02의 110%를 부보하지 않고 금액 USD102,762.02 라고 나타내고 있다. 정확한 보험부보 금액은 소수점 셋째 자리를 떨어 내리지 아니한 적어도 USD102,762.022이었다.
2. 보험증명서 번호 yyy는 송장 금액 USD17,163.93의 110%를 부보하지 않고 금액 USD18,880.32 라고 나타내고 있다. 정확한 보험부보 금액은 소수점 셋째 자리를 버

리지 아니하고 USD18,880.323으로 나타내고 있다.

* 주 : 신용장금액은 소수점 이하 둘째 자리까지 나타내며 신용장조건에서는 보험담보 금액에 대한 계산방법을 언급하고 있지 않다.

A 둘 중 어느 하나의 제시에 대해서도 불일치가 아니다.
몇 개의 통화, 즉 BHD, KWD, OMR 및 TND에서는 소수점 이하 셋째 자리까지 취급 또는 견적되는데 반하여, 보험서류의 일치성 판단은 소수점 둘째 자리까지 계산하는 것이 국제표준은행관행을 나타낸다.[456]

검토 BHD, KWD, OMR 및 TND란 외국환은행들이 사용하고 있는 ISO의 통화코드(currency code)로 BHD는 Bahrain Dinar, KWD는 Kuwait Dinar, OMR은 Oman Rial, 및 TND는 Tunisia Dinar를 의미한다.

바로 앞에서 살펴본 ICC 의견 R 468에서는 보험서류는 CIF 또는 CIP 가격의 110%를 최소로 발행되어야 한다 하더라도 발행은행의 거절에서 발생된 쟁점, 즉 계산이 소수점 셋째 자리까지 이루어져야 하는지의 여부에 대하여 다루고 있지 않다.

보험서류는 최대한 소수점 둘째 자리까지 담보범위로 명시하는 것이 보험업계의 관행이다. 이러한 관행은 보험금청구의 경우 보험회사 또는 그 대리인이 소수점 셋째 자리까지 주어진 통화단위를 포함하는 지급이행을 할 수 없게 되는 것을 인정하는 것이다.

예에서 최소계산은 다음에서 보이는 것과 같다:

송장 금액 USD93,420.02 + 10%, 즉 USD9,342.00 = USD102,762.02 및

송장 금액 USD17,163.93 + 10%, 즉 USD1,716.39 = USD18,880.32.

실제 통화의 최소단위의 일부를 지급하는 것은 가능하지 않을 수 있으므로 국제표준은행관행은 소수점 둘째 자리를 계산하도록 하는 것이다.

456) ICC Pub. 732, R 768.

Case 10-05	신용장이 보험담보 비율을 특정하지 아니한 경우, CIF 또는 CIP 가액의 110% 이상이면 적격한지 여부

Q 신용장이 보험을 부보하기 위하여 보험담보 비율, 고정금액 또는 최대금액이 구체화하지 아니한 경우, 보험서류에 CIF 또는 CIP 총 가액의 110%에 대한 최소금액 이상의 금액이 명시될 수 있는가?

사례 및 쟁점 C시에서 개최된 최근 세미나 중, 사례연구 중 하나는 총 송장가액의 "150%"로 발행된 보험증권 또는 증명서가 신용장하에서 수리가능한지에 대한 조항(답변)에 관한 것이었다.

신용장에는 모든 위험을 커버하는(그리고 보험담보를 위하여 최소금액 또는 최대금액을 약정으로 하지 않는) 보험증권 또는 증명서를 요구하였다.

나의 경우에는 UCP 500 제34조 f항 ii호(UCP 600 제28조 f항 ii호)에 사용되고 있는 "최소"라는 용어의 의도는 은행에게 보험담보금액의 범위가 110%를 "다소" 초과하는 보험서류(신용장에 110%로 산정된 보험증권 또는 증명서가 요청되어 있지 않고, 모든 초과분이 1995/1996 ICC 공식의견 및 법정소송에 따라 불일치로 간주될 수 있다는 전제 하에)에 대한 수리(또는 거절)에 있어 특정한 "유연성"(flexibility)을 제공하기 위한 것으로 이해하고 있다.

나의 관심사항은 다음과 같다:

우리가 서류 심사자에게 150%로 산정되어 있는 보험서류를 수리하는 것이 "괜찮다"는 의사를 전달한 경우에는 250%나 그 이상으로 산정된 보험서류에 대해서도 수리가 가능하지 않은가?

또 다른 법정소송을 피하기 위해서는 기준을 어느 선에 두어야 하는가?

적화보험에 대한 초과담보를 하는 이유는 무엇이며, 왜 매수인은 최상의 보험금에 대한 평가를 하는 것인가?

이와 같은 보험 초과담보가 사기로 간주될 수도 있는가?

110% 이상이 담보된 보험서류가 정당화될 수 있는 상황(선적물품에 기초하여)이 있을 수도 있음에 동의하지만, 도대체 어떤 물품이 선적 후 30일에서 90일 이내의 기간 동안 가액이 급격히 증가하는지에 대해서는 의문이다.

A 신용장상에 보험담보에 대한 비율, 고정금액 또는 최대금액이 구체화되어 있지 않은 경우에는 보험서류에 총 CIF 또는 CIP 가격의 110%에 대한 최소금액 이상의 금액을 명시할 수 있다.[457)]

검토 UCP 600 제28조 f항 ii호)에 의하면 "보험담보가 물품가액 또는 송장가액 등의 비율이어야 한다는 신용장상의 요건은 요구되는 최소담보금액으로 본다. 요구된 보험담보에 관하여 신용장에 아무런 표시가 없는 경우, 보험담보금액은 최소한 물품의 CIF 또는 CIP 가격의 110%이어야 한다. 서류로부터 CIF 또는 CIP 가격이 결정될 수 없는 경우, 보험담보금액은 인수·지급 또는 매입이 요청되는 금액 또는 송장에 표시된 물품의 총가액 중 더 큰 금액을 기초로 하여 산정되어야 한다"고 규정하고 있다.

이와 같이 보험담보에 대한 비율, 고정금액 또는 최대금액이 전혀 명시되어 있지 아니한 경우, 이 규정이 주어진 담보보다 더 높은 금액을 산정하는데 제한을 두는 것은 아니다.

Case 10-06 회사의 인장으로 변경 인증한 보험서류의 적격성

보험서류의 변경에 대한 인증을 회사의 인장으로 할 수 있는가?

사례 및 쟁점 우리는 J국, K국 및 C국에서 발행된 서류의 변경인증에 관하여 우리의 고객으로부터 질의를 받았다. 문제의 서류는 보험서류이다. 변경에 대한 인증은 아래와 같은 방법 중의 하나로 되었다:

- 인장 자체에 새겨진 보험회사의 담당임원의 약식서명과 함께 보험회사의 명칭을 포함하고 있는 작은 둥근 인장에는 인장 옆에 수기로 된 추가적인 서명/약식서명이 없었다.
- "3 ABC"라는 숫자를 포함하고 있는 작은 둥근 인장이 인장 안에 새겨졌다. ABC는 보험회사의 약칭 및 3은 부서번호를 나타낸다. 인장 옆에 수기로 된 추가적인 서명/약식서명이 없었다.

457) ICC Pub. 660, R 581.

위와 같은 인증의 형식은 "인증은 인증을 행한 자를 표시하여야 하고, 그러한 당사자의 서명 또는 약식서명을 포함하여야 한다"라는 ISBP 제9항과 일치하지 아니한 것 같이 보인다,

그러나 ICC 간행물 제613호 R 337의 마지막 문장, 즉 "UCP 500 제20조 b항에 따라, 인장은 서명을 구성 한다"가 주목된다. 그런 의미에서, 위와 같은 인증은 수리할 수 있을 것 같다. 왜냐하면 이는 UCP 500 제20조 b항의 마지막 항에 "서류는 육필, 모사서명, 천공서명, 스탬프, 상징 또는 그 밖의 다른 기계적 또는 전자적 인증방법에 의하여 서명될 수 있다"라고 규정하고 있기 때문이다. 따라서 위에 제시한 2가지 인증방법은 다 허용될 수 있을 것 같은데 우리의 분석이 정확한지 여부를 알려주었으면 한다.

A 보험회사의 인장에서 회사명칭을 포함하고 있고 회사 담당자의 명칭도 새겨 있어 국제표준은행관행과 일치한다. 회사명칭을 포함하고 있는 인장과 별도의 인장이나 변경인의 서명/약식서명을 포함하고 있는 인장인 것은 확실하다.

그러나 "3 ABC"와 같은 번호로 새긴 인장은 문면상에 변경인의 명칭과 자격을 증명할 수 없다. 따라서 이러한 인장으로 인증된 서류의 변경은 불일치로 간주된다.[458]

검토 ISBP 681, 제9항에서 "인증은 인증을 행한 자를 표시하여야 하고, 그러한 당사자의 서명 또는 약식서명을 포함하여야 한다. 인증이 서류발행인 이외의 자에 의하여 행하여진 것으로 표시된 경우, 그 인증은 수정 및 변경을 인증한 당사자의 자격을 분명하게 표시하여야 한다"라고 규정하고 있다. 이것은 ICC 은행위원회가 종전에 제시한 관점을 지지하고 있다.

UCP 600 제17조(앞에서 언급한 UCP 500 제20조 b항)에서 "은행은 서류 그 자체가 원본이 아니라고 표시하고 있지 아니하는 한, 명백히 서류발행인의 원본서명, 표기, 스탬프, 또는 부전을 기재하고 있는 서류를 원본으로서 취급한다. 서류가 별도로 표시하지 아니하는 한, 서류가 다음과 같은 경우, 은행은 서류를 원본으로서 수리 한다:

1. 서류발행인에 의하여 수기, 타자, 천공 또는 스탬프된 것으로 보이는 것; 또는
2. 서류발행인이 원본용지 상에 기재된 것으로 보이는 것; 또는
3. 제시된 서류에 적용되지 아니하는 것으로 보이지 아니하는 한, 원본이라는 명시가 있는 것"과 같이 원본서류의 요건에 대하여 규정하고 있다.

458) ICC Pub. 660, R 552.

Case 10-07	적화보험증권에 기재된 도착지와 신용장에서의 도착지가 다른 경우의 보험증권의 수리가능 여부

Q 적화보험증권에 기재된 도착지와 신용장에서 요구하는 도착지가 다른 경우, 이 신용장에서 수리될 수 있는 보험증권인가?

N은행(원고, 상고인) 대 E공사(피고, 피상고인) 사건[459]

A 한국 대법원의 판결

1. **판결요지** : 출발지로부터 도착지까지 모든 운송구간에서 물건의 위험을 부보하는 보험증권에 기재된 도착지와 신용장에서 요구하는 도착지가 명백히 다른 경우, 위 보험증권은 신용장에서 요구하는 유효한 보험증권이라고 볼 수 없다.
2. **판결이유** : 원심판결[460] 이유와 기록에 의하면, 이 사건 보험증권은 출발지로부터 도착지까지 모든 운송구간에서 물건의 위험을 부보하는 것인데, 이 사건 신용장상의 도착지인'XINGANG'은 중국 신 강항을 가리키고, 보험증권상의 도착지인 'XINJIANG'은 중국 신지앙 자치구 또는 산시성 신지앙 현을 가리키는 영문 표기로서, 이 사건 보험증권에 기재된 도착지는 이 사건 신용장에서 요구하는 도착지와 명백히 다른 곳이라고 보아야 하므로 이 사건 보험증권은 이 사건 신용장에서 요구하는 유효한 보험증권이라고 볼 수 없다.

   같은 취지의 원심 판단은 정당하고, 거기에 상고이유로 주장하는 바와 같은 신용장 조건과 보험증권의 일치 여부에 대한 법리를 오해한 위법이 없다.

---

459) 대법원 2006.4.28. 선고 2005다6327 판결.
460) 서울고법 2004. 12. 29. 선고 2004나34686 판결.

Case 10-08	보험서류의 피보험자나 배서의 여부에 대하여 신용장에 명시되지 않은 경우의 보험서류 피보험자 및 배서 관계

신용장에서 보험서류의 피보험자나 배서의 여부에 대하여 명시하지 않은 경우, 수익자가 피보험자로 보험서류를 제시하면서 백지식 배서를 하여 은행에 제시하여야 하는가?

C사(원고, 상고인) 대 중국 C은행(피고, 피상고인) 사건[461)]

A 한국 대법원의 판결

신용장통일규칙 제13조 a항(UCP 600 제14조 a항 및 g항)에 의하여, 신용장 및 그 관련 서류를 심사하는 은행으로서는 신용장에 약정된 모든 서류가 문면상 신용장 조건과 엄격하게 합치(in accordance with)하는지를 상당한 주의를 기울여(with reasonable care) 심사할 의무가 있고, 그 신용장 약정서류가 문면상 신용장 조건과 일치하는가 여부는 신용장통일규칙에 반영된 국제적인 표준은행거래관습에 의하여 결정된다고 보아야 하고(대법원 2002. 6. 28. 선고 2000다63691 판결, 대법원 2003. 3. 14. 선고 2002다56178 판결, 대법원 2003. 5. 13. 선고 2001다58283 판결 참조), 국제상업회의소(International Chamber of Commerce, 줄여서 'ICC'라 한다) 가 그 산하 은행위원회(ICC Banking Commission)의 승인 하에 결정한 '국제표준은행관행{International Standard Banking Practice (ISBP) for the examination of documents under documentary credits, ICC Publication No. 645(2003)[462)]}' 은 신용장 서류 심사시 보험서류의 피보험자와 배서의 필요여부에 대한 국제표준은행관행으로서, 보험서류는 신용장에서 요구하는 형태로 작성되어야 하고 '필요한 경우' 대금지급에 대한 권리를 소유하고 있는 사람에 의하여 배서되어야 하고, 만일 신용장에서 피보험자에 대한 명시가 없고, 보험서류가 송하인 또는 신용장상의 수익자 지시식에 의하여 청구에 대한 보험금 지급이 가능하다는 것을 표시하고 있으면 배서가 되어있지 않는 한 수리가 가능하지 않다고 하고 있고, 이 사건 기록상 이와 다른 국제적 표준은행관행이 존재한다는 자료는 없는바, 따라서 원심[463)]이 인정한 위 사실관계에 이와 같은 관행을 참작하면, 이 사건의 경우와 같이 신용장에서 특별히 필요한 원본의 숫자

461) 2003. 11. 28. 선고 2001다49302 판결.
462) UCP 600에 따라 ISBP 681(2007)로 업데이트되었다.
463) 서울고법 2001. 6. 22. 선고 2000나34961 판결.

를 지정함이 없이 보험서류 원본을 필요서류로 요구하면서 비록 보험서류의 피보험자나 배서의 여부에 대하여 명시한 바 없다고 하더라도 수익자가 신용장의 첨부서류로 피보험자로 보험서류를 제시하는 경우에는 해당 서류의 소지인이 그 보험서류상의 권리를 행사할 수 있도록 백지식 배서를 하여 은행에 제시하여야 한다고 보는 것이 타당하다.

원심이 이와 같은 입장에서 이 사건 보험증권에 서류제시당시에 피보험자인 수익자, 즉 원고의 백지식 배서가 있어야 신용장의 조건에 부합하는 것이라고 판단한 것은 정당하고, 거기에 원고가 지적하는 바와 같은 신용장의 서류심사에 대한 법리오해의 위법이 있다고 할 수 없다. 이 부분 원고의 상고는 이유 없다.

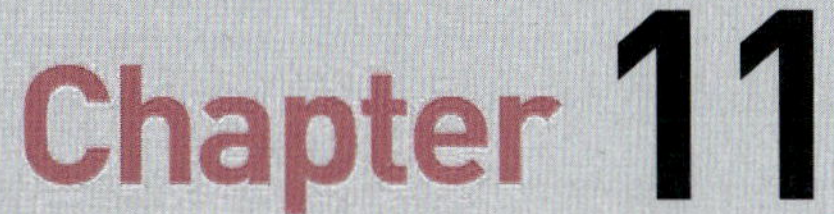

신용장의 유효기일, 과부족 허용, 분할어음발행 및 선적

제29조 유효기일 또는 제시를 위한 최종일의 연장

[Article 29] Extension of Expiry Date or Last Day for Presentation

a. If the expiry date of a credit or the last day for presentation falls on a day when the bank to which presentation is to be made is closed for reasons other than those referred to in article 36, the expiry date or the last day for presentation, as the case may be, will be extended to the first following banking day.

b. If presentation is made on the first following banking day, a nominated bank must provide the issuing bank or confirming bank with a statement on its covering schedule that the presentation was made within the time limits extended in accordance with sub-article 29 (a).

c. The latest date for shipment will not be extended as a result of sub-article 29 (a).

번역

[제29조] 유효기일 또는 제시를 위한 최종일의 연장

a. 신용장의 유효기일 또는 제시를 위한 최종일이 제36조에 언급된 사유 외의 이유로 제시를 받아야 하는 은행이 영업을 하지 아니하는 날인 경우, 유효기일 또는 제시를 위한 최종일은 경우에 따라 그 다음 첫 은행영업일까지 연장된다.

b. 제시가 그 다음 첫 은행영업일에 이루어지는 경우, 지정은행은 발행은행 또는 확인은행에게 제시가 제29조 a항에 따라 연장된 기간 내에 이루어졌음을 표지서류상에 설명과 함께 제공하여야 한다.

c. 선적을 위한 최종일은 제29조 a항의 결과로서 연장되지 아니한다.

해설

이 조에서는 유효기일 또는 제시를 위한 최종일의 연장과 관련하여 UCP 500에서의 "영업일"(business day)을 "은행영업일"(banking day)로 바꾸고, 기일 연장사유에 대하여 UCP 준거 간행물 전부를 기재하지 않고 이 조의 b항을 기재하도록 단순화하였다. 또한 이 조는 은행휴업시 제시기일 연장, 자동연장기간 내 제시에 따른 표지서류상에 설명 및 은행휴업일에 따른 선적기일의 연장금지에 대하여 규정하고 있다.

1. 은행휴업시 제시기일 연장(29a)

이 조 a항에 의하면 신용장의 유효기일(expiry date)이나 제시를 위한 최종일이 지정은행의 휴업일일 경우에는 그 다음 첫 은행영업일까지 연장된다. 그러나 제36조 불가항력(force majeure) 사태에 기인되는 업무중단의 경우에는 이와 같은 기일연장 사유에서 제외 된다.

ISBP에서도 "지급기일이 은행영업일이 아닌 경우, 지급은 지급기일의 다음 첫 은행영업일에 이루어지는 것으로 한다"[464]라고 하여 은행휴업의 경우 제시기일이 자동 연장됨을 재확인하고 있다.

2. 연장기간 내 제시에 따른 부연설명(29b)

이 조 b항에 의하면 은행휴업일에 따라 제시가 그 다음 첫 은행영업일에 이루어지는 경우에는 지정은행(매입은행)은 발행은행 또는 확인은행에게 연장기간 내 제시가 이루어졌다는 사실을 표지서류상에 다음의 예와 같은 부연설명을 하여야 한다. 즉 부연설명에 대한 통지가 수반되어야 한다.

"The presentation was made within the time limits extended in accordance with sub-article 29(a) of UCP 600"

3. 은행휴업일에 따른 선적기일의 연장금지(29c)

이 조 c항에 의하면 은행 휴업일인 경우 신용장의 유효기일 또는 제시를 위한 최종일은 자동 연장되지만, 신용장의 선적기일은 연장되지 아니한다. 따라서 선적기일은 은행휴업일과는 관계없이 신용장의 선적기일 내에 무조건 선적이 완료되어야 한다. 여기에서 선적(shipment)의 의미는 신용장의 운송관련 조항(제19조~제25조)에 따라 본선에 선적하는 것만이 아닌, 수탁 또는 발송의 의미를 포함하는 광의의 개념으로 이해하여야 한다.

---

464) ISBP 681, Para. 48.

Case 11-01	제시은행의 표지서류에 신용장 유효기일 내에 제시가 이루어졌음을 증명하지 않으면 거절사유가 되는지 여부

Q 서류가 신용장의 유효기일 내에 제시되었다는 것을 제시은행의 표지서류상에 증명하지 않았을 경우 거절사유가 되는가?

사례 및 쟁점 X국가에 소재한 I은행은 다음과 같은 내용으로 Y국가에 소재한 신용장 수익자에게 취소불능신용장을 발행하였다.

- 신용장 유효기일 및 서류제시장소 : Y국에서 xxxx년 10월 10일.
- 최종선적일 : xxxx년 9월 30일.
- 서류는 선적일 이후 10일 이내 단, 신용장 유효기일 이내에 Y국에서 제시되어야 함.

그 후, I은행은 Y국에 소재한 제시은행으로부터 다음과 같이 명시된 서류를 수령하였다.

- 제시은행의 "표지서류"(covering schedule)는 신용장의 유효기일 이후 일자가 기재되어 있었다.
- 제시은행은 서류가 신용장의 유효기일 내에 제시되었다는 것을 제시은행의 커버링 스케줄상에 증명하지 않았다.
- 선화증권에 본선적재일(선적일)은 1994년 9월 29일 이었다.

I은행은 다음과 같은 사유로 환어음을 거절하였다:

- 신용장 유효기일 경과 및 지연제시.

다음 사항에 대한 귀 위원회의 의견을 듣고 싶다:

1. I은행에 의해 제기된 불일치사항들이 정당한지 여부.
2. I은행에 의해 제기된 불일치사항들(즉, 신용장 유효기일 경과 및 지연 제시)이 정당한 것이며, 제시은행이 서류가 신용장의 유효기일 내에 제시은행에 제시되었다는 것을 차후에(불일치사항에 관한 I은행의 통지를 수령한 후) 증명하였다면, I은행은 관련된 불일치사항들을 철회할 의무가 있는가?
3. 2번 질의에 관한 대답이 "yes" 라면, 제시은행이 그러한 증명을 하는데 있어 어떠한 시간제한이 있는가?

A 매입은행은 서류가 규정된 일자 이내에 제시되었다는 것 또는 모든 조건과 일치한다는 취지의 진술이 "표지서류"(covering schedule) 상에 표시되지 않아 발행은행이 신용장 유효기일 경과 또는 지연제시를 이유로 거절하는 경우, 일자들과 일치를 확인하는 매입은행의 메시지는 발행은행이 서류를 인수·지급하기 위한 충분한 증거가 된다.

매입은행이 그러한 진술을 해야 하는 기한에 관한 질의에 답하여, 상당한 기한 내에 그러한 증명을 기대하는 발행은행의 입장에 비합리적이지 않아야 한다. 그러나 상당한 기한 내에 그러한 증명을 하거나 아니하던 간에, 궁극적인 문제는 수익자가 일치하는 서류제시를 하였는가 하는 점이다. 지정은행의 증명이 없을 경우에는, 적시에 일치하는 서류제시를 한 수익자는 환거래은행이 그 후에 증명의 여부와 관계없이 지급받을 자격이 있다.[465)]

검토 "covering schedule" 또는 "covering letter"란 "표지서류"를 말한다. 신용장에 의한 대금결제는 수익자가 신용장 조건에 따라 환어음을 발행하고(지급신용장인 경우 제외) 요구하는 서류를 준비하여 수출환어음(서류)을 매입의뢰 한다.

매입은행은 이를 매입(또는 보증부 매입)하고 대금을 추심의뢰하기 위하여 신용장상의 서류송달 지시에 따라 보통발행은행 앞으로 환어음(서류)를 송부(지급은행 앞으로 환어음만 송부하는 경우 및 상환지시에 따라 상환어음만을 발행 및 송부하는 경우도 있음)하게 된다. 이와 같은 매입서류 위에 덮는 표지서류를 작성한다하여 "covering letter"라 칭하고, 송부 방법에 따라 매입서류 모두를 한꺼번에 송부하는 1편 전송 또는 매입서류를 서류별로 구분하여 1차 발송 우편물 및 2차 발송 우편물로 2편 분송 스케줄에 맞추어 송부한다하여 "covering schedule"이라고 칭하기도 한다.

"covering letter"에는 보통 매입관련 신용장 내용, 신용장 결제조건에 따른 매입금액, 동봉서류 종류별 통수, 서류송부(1편 전송 또는 2편 분송) 방법, 물품명, 대금 입금계정 및 보증부(유보부) 매입사유 등이 기재된다.

제기된 질의의 본문에서는 서류가 유효기일 내에 그리고 선적일 이후 10일 이내에 제시되었다는 것을 나타내고 있다. 그러나 커버링 스케줄에 이러한 사실이 언급되지 않았다.

서류제시 일자에 관한 발행은행에 의한 모든 가능한 분쟁을 피하기 위하여, 매입은행

465) ICC Pub. 632, R 480.

은 서류에는 규정된 일자 이내에 제시되었다는 것 또는 모든 조건과 일치한다는 취지의 진술을 포함시키는 것이 바람직하다. 그러한 진술을 포함시키는데 있어서 매입은행의 불이행은 발행은행이 UCP 600 제16조(불일치서류, 권리포기 및 통지)에 따라 거절통지를 할 근거가 된다.

UCP 600 제29조 b항에 규정된 것과 같이 제시가 그 다음 첫 은행영업일에 이루어지는 경우, 지정은행은 발행은행 또는 확인은행에게 제시가 제29조 a항에 따라 연장된 기간 내에 이루어졌음을 표지서류상에 설명과 함께 제공하여야 한다.

Case 11-02	신용장에서 매입이 선적일자로부터 특정기간 이후로 명시된 경우 그 기간 이전에 매입시의 지급 여부

Q 신용장에서 매입이 선적일자로부터 7일 지난 이후 행해져야 된다고 명시된 경우 그 기간보다 이전에 매입이 행해지면 지급거절 사유가 되는가?

사례 및 쟁점 ICC 간행물 번호 596에서, ICC는 은행이 서류가 제시되거나 매입되어야 하는 최종 일자를 기술하는 것을 강력하게 억제하고 있다. 우리가 최근 유사한 상황에 직면하였는데, 이는 다음과 같이 요약될 수 있다:

- SWIFT 신용장 MT700의 Field 47A에서, 즉 추가조건으로 매입이 선적일자로부터 7일 이후 행해져야 된다고 명시되었다. 제시된 서류에서 선화증권의 일자는 2001년 7월 14일이었다. 그러나 2001년 7월 16일 매입은행이 매입하고 서류를 발행은행에게 송부하였는데, 이 일자는 선적일자로부터 2일이 늦었다. 따라서 발행은행은 조기매입(early negotiation) 이라는 불일치 사유로 서류수리를 거절하였다.

우리는 귀 위원회가 다음과 같은 2가지 질의에 대하여 통지하여 준다면 매우 감사 하겠다:

1. Field 47A 내용은 누구에게 적용되며, 수익자 또는 매입은행 또는 기타의 자가 field 47A에 명시된 지시를 따라야 하는가?
2. 이 사례에서 조기 매입은 불일치로 보는가?

우리의 의견으로는 제시된 서류가 그들의 문면상 신용장의 조건과 일치한다면, 취소불능신용장하에 지급이행하는 것은 발행은행의 책임이다. 신용장의 지시를 따르든 따르지 않던 매입은행의 행위는 발행은행으로부터 지급받을 수 있는 수익자의 권리에 영향을 미치지 않아야 한다. 우리가 이 문제에 관하여 귀 위원회의 의견을 듣고 싶다.

A 수익자 및 매입은행은 조건적용 범위 내에서 신용장의 전체 내용을 준수하여야 한다. 매입이 선적일자로부터 7일이 지난 이후 행해져야 된다는 서술은 ICC에서는 권고하지는 않지만 지켜져야만 한다. 통지은행이 신용장을 수익자에게 송부했다는 것을 기초로 하면 그러한 조건에 합의했다는 것이고 수익자의 선적은 그 신용장 조건에 합의를 표시하는 것이다.

귀하가 말한 바와 같이, 이 조항은 신용장조건에 일치하여 수익자에 의해 제시되는 서류에 대하여 인수·지급해야 하는 발행은행의 의무를 면제할 수 없다. 이 신용장에서 발행은행은 선적일자로부터 7일 이후 인수·지급해야 할 의무가 있다.[466)]

검토 SWIFT 시스템에 의하여 발행된 신용장(MT700)의 Field 47A는 "추가조건"(Additional Conditions)을 명시하는 난이다. 이 난은 수익자가 반드시 준수하야야 하는 특별조건으로 부가하는 것이어서 이를 준수하지 않으면 신용장 조건위반이 되어 지급거절 사유가 된다.

신용장에 의한 서류제시는 신용장의 유효기일 이내에 서류제시장소에 행해져야만 한다. 그러나 서류제시기간을 특정 하는 경우 예를 들면, "All documents must be presented for negotiation within three days after the date of shipment"와 같이 "모든 서류는 매입을 위하여 선적일자 이후 3일 이내에 제시되어야 한다"고 신용장에 명시되었을 경우에는 신용장 유효기일을 준수하면서 선적일자 이후 3일 이내에 매입이 이루어져야 한다. 이 경우는 근거리 무역이나 항공운송이 이루어지는 경우 신용장의 부가조건으로 명시된다.

그러나 이와는 달리 이 사례에서와 같이 서류매입을 특정일 이후로 신용장이 요구할 경우에는 반드시 이에 따라야 할 것이다. 그러나 이는 수익자에게 매우 불리한 조건의 신용장이므로 이와 같은 신용장을 통지받을 경우에는 미리 조건변경을 요청하는 것이 바람직하다.

이에 대하여 UCP 600 제6조 e항에서는 "29조 a항에서 규정된 경우를 제외하고, 수익자에 의한 제시 또는 수익자를 대리하는 제시는 유효기일 또는 그 이전에 행하여져야 한

466) ICC Pub. 660, R 585.

다"고 규정하고 있는 내용을 참조할 필요가 있다.

Case 11-03	환어음을 포함하여 불일치한 서류를 보완하여 재제시하는 경우 신용장의 제시기간과 유효기간을 모두 준수해야 하는지 여부

Q 신용장에서 환어음의 제시를 요구하고 있는 경우 그 환어음도 서류제시기간 내에 제시되어야 하는가? 또한 신용장 조건과 불일치한 사항을 보완하여 다시 제시하는 경우 서류제시기간과 신용장 유효기간을 모두 준수하여야 하는가?

원고(원고, 상고인) 대 피고주식회사(피고, 피상고인) 사건[467)]

A 한국 대법원의 판결

1-1. 판결요지 : 제5차 개정 신용장통일규칙(The Uniform Customs and Practice for Documentary Credits, 1993 Revision, ICC Publication No. 500) 제43조 제a항은 "운송서류의 제시를 요구하는 신용장은 유효기간 외에 선적일부터 기산되는 서류제시기간을 명시하여야 한다. 그 서류제시기간 내에 신용장의 조건과 일치하는 서류의 제시가 이루어져야 하고, 서류제시기간이 명시되지 않았더라도 은행은 서류가 선적일 후 21일을 경과하여 제시된 때에는 이를 수리하지 아니한다. 다만, 어떠한 경우에도 서류는 신용장의 유효기간 내에 제시되어야 한다"고 규정하고 있다. 이와 같이 신용장에 서류제시기간을 명시하도록 한 것은 신용장의 수익자(수출상)가 선적 후 운송서류 등을 수령하고서도 이를 제시하지 않고 계속 보관함으로써 개설의뢰인(수입상)이 운송물을 늦게 수령하는 불이익을 입게 되는 것을 방지하려는 데 그 목적이 있고, 서류제시기간 내에 제시하여야 할 서류를 필요서류 중 일부만으로 한정하여서는 이러한 목적을 달성하기 어렵게 될 것이므로, 당해 신용장에 기재된 모든 필요서류가 서류제시기간 내에 제시되어야 한다고 보아야 하고, 따라서 신용장에서 환어음에 관한 조건을 명시하여 환어음의 제시를 요구하고 있는 경우에는 그 환어음도 위 조항이 규정하는 서류에 포함된다.

1-2. 판결이유 : 화환신용장의 조건에 따라 발행된 환어음은 신용장의 수익자로 지정된

467) 대법원 2009.11.12. 선고 2008다24364 판결.

자가 발행하는 화환어음으로서 그 어음상의 권리가 신용장 및 운송 중의 물건을 표창하는 운송증권 등에 의하여 담보되는바, 화환신용장에 환어음의 지급기일, 지급인 등 조건을 명시함과 아울러 환어음에 첨부하여야 할 서류로서 운송증권 등을 요구하고 있는 경우 환어음과 그 첨부서류는 모두 신용장 서류 심사의 대상이 되므로, 신용장의 수익자는 이를 모두 개설은행에 제시하여야 하고, 이를 수취한 개설은행은 신용장에 명시된 모든 서류가 문면상 신용장 조건과 엄격하게 합치하는지 여부에 관하여 상당한 주의를 기울여 심사하여야 한다.

원심[468]은, 이 사건 신용장에 환어음의 지급일을 "DRAFTS AT 90 DAYS AFTER B/L DATE"로, 그 지급인을 "DRAWEE-NAME AND ADDRESS KOREA EXCHANGE BANK YEOKSAM STATION BRANCH"로 하도록 명시되어 있어 환어음은 신용장 서류 심사의 대상이 된다고 전제한 다음, 선적서류와 함께 제시받은 이 사건 제1환어음에는 위와 같은 이 사건 신용장의 조건과는 다르게 그 지급일이 "AT 90 DAYS AFTER B/L DATE SIGHT OF THE FIRST BILL OF EXCHANGE"라고 기재되어 있고, 그 지급인(DRAWEE)이 공란으로 되어 있는데다가 "DRAWN UNDER DOCUMENTARY CREDIT NO. OF L/C NO. M06DX508XU00064 OF KOREA EXCHANGE BANK SEOUL, DATED BY 08/18/2005"라는 기재도 이 사건 제1환어음이 피고가 개설한 신용장 조건 하에 지급된다는 것을 나타낸 것에 불과할 뿐 피고를 지급인으로 기재한 것은 아니어서, 이 사건 제1환어음은 신용장 조건과 합치하지 않으므로, 이 사건 신용장의 개설은행인 피고로서는 그 신용장대금의 지급을 거절할 수 있다고 판단하였는바, 이와 같은 원심의 판단은 앞서 본 법리와 기록에 비추어 정당하고, 거기에 주장하는 바와 같은 환어음 지급일의 해석 및 지급인 표시에 관한 법리오해 등의 위법이 없다.

또한, 피고가 이 사건 신용장 거래 이전에는 그 환어음의 지급일이 이 사건 제1환어음과 동일하게 기재되어 있었음에도 신용장 조건과의 합치 여부를 문제 삼지 않은 채 신용장대금을 지급한 일이 있다고 하더라도, 그로 인하여 이 사건 신용장 거래에 있어서도 신용장대금을 지급하여야 할 의무가 생긴다거나 이 사건 신용장대금의 지급 거절이 신의성실의 원칙에 반한다고 볼 수도 없다(대법원 1998. 3. 13. 선고 97다54017 판결 참조). 결국 이 부분 상고이유의 주장을 모두 받아들일 수 없다.

2-1. 판결요지 : 신용장에 기재된 모든 필요서류는 반드시 서류제시기간 내에 제시되어야 할 뿐 아니라 신용장의 유효기간 내에도 제시되어야 하므로, 서류제시기간과 유효기간

468) 서울고법 2008. 2. 14. 선고 2007나61481 판결.

중 어느 하나라도 경과한 후에 제시된 경우에는 수리될 수 없고, 수익자가 일단 서류를 제시하였다가 개설은행의 통보에 따라 신용장 조건과의 불일치 사항을 보완하여 서류를 다시 제시하는 경우에도 서류제시기간과 유효기간을 모두 준수하여야 한다.

2-2. 판결이유 : 제5차 신용장통일규칙 제43조 제a항(UCP 600 제6조 d항 및 제29조)은 "운송서류의 제시를 요구하는 신용장은 유효기간 외에 선적일부터 기산되는 서류제시기간을 명시하여야 한다. 그 서류제시기간 내에 신용장의 조건과 일치하는 서류의 제시가 이루어져야 하고, 서류제시기간이 명시되지 않았더라도 은행은 서류가 선적일 후 21일을 경과하여 제시된 때에는 이를 수리하지 아니한다. 다만, 어떠한 경우에도 서류는 신용장의 유효기간 내에 제시되어야 한다."고 규정하고 있다.

이와 같이 신용장에 서류제시기간을 명시하도록 한 것은 신용장의 수익자(수출상)가 선적 후 운송서류 등을 수령하고서도 이를 제시하지 않고 계속 보관함으로써 개설의뢰인(수입상)이 운송물을 늦게 수령하는 불이익을 입게 되는 것을 방지하려는 데에 그 목적이 있고, 서류제시기간 내에 제시하여야 할 서류를 필요서류 중 일부만으로 한정하여서는 이러한 목적을 달성하기 어렵게 될 것이므로, 당해 신용장에 기재된 모든 필요서류가 서류제시기간 내에 제시되어야 한다고 보아야 하고, 따라서 신용장에서 환어음에 관한 조건을 명시하여 환어음의 제시를 요구하고 있는 경우에는 그 환어음도 위 조항이 규정하는 서류에 포함된다.

또한, 신용장에 기재된 모든 필요서류는 반드시 서류제시기간 내에 제시되어야 할 뿐 아니라 신용장의 유효기간 내에도 제시되어야 하므로, 서류제시기간과 유효기간 중 어느 하나라도 경과한 후에 제시된 경우에는 수리될 수 없고, 수익자가 일단 서류를 제시하였다가 개설은행의 통보에 따라 신용장 조건과의 불일치 사항을 보완하여 서류를 다시 제시하는 경우에도 서류제시기간과 유효기간을 모두 준수하여야 한다고 보아야 한다.

원심이 인용한 제1심판결 이유에 의하면, 이 사건 신용장은 환어음에 관한 조건을 명시하면서 환어음에 첨부할 서류로서 상업송장 3통, 포장명세서 3통, 선하증권 전통(full set)을 요구하고 있는 사실, 이 사건 신용장의 매입은행인 원고는 2005. 8. 22. 그 수익자인 미합중국 소재 ○○ 트레이딩으로부터 이 사건 신용장 금액과 같은 액면으로 된 이 사건 제1환어음과 그 첨부서류 등을 매입한 후 2005. 8. 25. 개설은행인 피고에게 제시한 사실, 피고는 그로부터 신용장통일규칙에 따른 기한인 7영업일 내인 2005. 9. 2. 원고에게 이 사건 제1환어음의 만기와 지급인이 신용장 조건과 불일치하는 등 제시된 서류에 하자가 있음을 통보한 사실, 그 후 원고는 ㅇㅇ 트레이딩으로부터 그 하자를 보완한 이 사건 제2환어음을 다시 발행받아 2005. 9. 9. 피고에게 이 사건 제2환어음을 제시한 사실, 그런데 이 사건 신용장에는 그 유효기간이 2005. 9. 17.로, 서류제시기간이 선적일로부터 5일 이내로 명시되어 있고, 이 사건 신용장에 관련된 운송물의 선적일은 2005. 8. 22.인 사실을 알 수 있다.

이를 앞서 본 법리에 비추어 살펴보면, 이 사건 신용장은 환어음에 관한 조건을 명시함으로써 환어음의 제시를 요구하고 있는데, 이 사건 제2환어음은 이 사건 신용장에 명시된 서류제시기간을 경과한 후에야 제시되었으므로, 서류제시기간 내에 이 사건 신용장의 조건에 부합하는 모든 서류가 제시되었다고 할 수 없고, 이 사건 제2환어음이 신용장의 유효기간 내에는 제시되었다거나 그에 앞서 이 사건 제1환어음이 서류제시기간 내에 제시된 바가 있었다고 하여 달리 볼 수도 없다.

같은 취지에서 피고가 원고에게 이 사건 신용장대금을 지급할 의무가 없다고 본 원심의 판단은 정당하고, 거기에 주장하는 바와 같은 제5차 신용장통일규칙 제43조 제a항(UCP 600 제6조 d항 및 제29조)의 해석·적용에 관한 법리오해 등의 위법이 없다. 이 부분 상고이유의 주장도 받아들일 수 없다.

Case 11-04	**서류가 유효기일의 경과 후 발행은행에 송부된 경우, 제시은행의 표지서류로 유효기일 내에 제시됨을 인정할 수 있는지 여부**

Q 제시를 위한 유효기간 내에 서류가 제시되었으나 은행이 유효기일의 경과 후 발행은행에 송부된 경우, 그 표지(covering letter)에 "서류는 유효기일 이내에 제시되었음" 또는 "서류는 신용장 조건과 일치함"이라는 표시를 하고 있다면, 서류제시를 위한 유효기간 내에 제시된 것으로 볼 수 있는가?

I컴퍼니(원고, 상고인) 대 I은행(피고, 피상고인) 사건[469)]

 한국 대법원의 판결

신용장통일규칙에는 선적서류가 서류제시를 위한 유효기간 내에 제시되었으나 은행에

469) 대법원 2005. 5. 27. 선고 2002다3754 판결.

의하여 유효기일 경과 후에 선적서류가 개설은행에 송부된 경우, 확인은행, 지정은행이 언제 서류를 접수하였는지 혹은 언제 서류를 매입하였는지에 관한 어떠한 요구도 규정되어 있지 않으므로 선적서류를 제시받은 은행이 그 표지(Covering letter)에 '서류는 유효기일 이내에 제시되었음' 또는 '서류는 신용장 조건과 일치함'이라는 표시를 하고 있는 경우, 다른 특별한 사정이 없는 한 신용장의 선적서류는 신용장 서류제시를 위한 유효기간 내에 제시된 것으로 보는 것이 상당하다.

원심[470]도 인정하는 바와 같이, 이 사건의 경우에도 아메리카 은행이 2000. 4. 24. 발송한 제2차 선적서류의 서류표지에 "우리는 선적서류가 신용장 조건과 신용장의 유효기일에 따라 제시되었음을 증명한다(We certify documents presented as per LC terms and validity of the credit)."라고 기재되어 있으므로 특별한 사정이 없는 한 위 제2차 선적서류는 신용장 조건이 정한 적법한 기간 내에 제시되었다고 봄이 상당하고, 원심이 거시하는 일련의 사정들만으로는 이를 번복하기는 심히 부족하다 할 것이다.

원심은 이 점에서도 신용장 선적서류의 제시기간에 관하여 채증법칙 위반으로 인한 사실오인 혹은 법리오해의 위법을 범하였다고 할 것이니 이 점을 지적하는 상고논지 또한 이유 있다

Case 11-05	하자 없이 매입한 서류를 매입시점으로부터 상당기간 지연되었다는 사정만으로 발행은행 지급거절의 타당성 여부

매입은행이 신용장 유효기간 내에 서류를 매입하여 발행은행에 제시 및 상환청구를 한 경우, 서류의 매입시점으로부터 상당기간 지연되었다는 사정만으로 발행은행이 지급거절할 수 있는가?

S은행(원고, 피상고인) 대 C은행의 파산관재인 외 1인(피고, 상고인) 사건[471]

한국 대법원의 판결

1. 신용장통일규칙 제42조 a항(UCP 600 제6조 d항 및 제29조)은 "모든 신용장은 지급, 인수를 위하여 서류를 제시하여야 할 유효기간(expiry date)과 장소, 또는 일반매입신

470) 서울고법 2001. 11. 23. 선고 2001나25926 판결.
471) 대법원 2002. 10. 11. 선고 2000다60296 판결.

용장의 경우를 제외하고는 매입을 위한 서류제시의 장소를 명시하여야 한다. 지급, 인수 또는 매입을 위하여 명시된 유효기간은 서류제시를 위한 유효기간(an expiry date for presentation of documents)을 의미하는 것으로 본다."고 규정하고 있고, 제43조 a항(UCP 600 제14조 c항)은 "서류 제시를 위한 유효기간에 관한 규정에 추가하여, 운송서류의 제시를 요구하는 모든 신용장은 신용장 조건과 일치하는, 선적일 이후부터 기산되는 서류제시를 위한 특정기간을 명시하여야 한다. 이러한 기간이 명시되지 않은 경우 은행은 선적일 이후 21일을 경과하여 은행에 제시된 서류는 이를 수리하지 않는다.

2. 다만, 어떤 경우에도 서류는 신용장의 유효기간 내에 제시되어야 한다."고 규정하고 있는바, 위와 같이 서류제시를 위한 신용장의 유효기간과 운송관련 서류의 제시기간에 관한 신용장통일규칙의 규정은 일반적인 매입신용장의 경우 그 유효기간과 제시기간의 기준이 되는 신용장에 규정된 서류제시장소(일반적으로 매입은행 소재지가 될 것이다.)에서 수익자가 매입은행에게 신용장과 그 관련 서류를 제시하는 기간에 관한 것으로 보아야 할 것이고, 신용장통일규칙은 제14조 a항(UCP 600 제15조)에서 "발행은행이 타 은행에 신용장의 조건과 문면상 일치하는 서류와 상환으로 지급, 연지급약정의 이행, 환어음의 인수 또는 매입하도록 수권한 경우에는 발행은행과 확인은행(있는 경우에 한함)은 다음과 같은 의무를 이행하여야 한다. i. 지급, 연지급약정의 이행, 환어음의 인수 또는 매입을 행한 지정은행에게 보상해야 하고, ii. 서류를 수리하여야 한다."고 규정하고 있는 외에는 매입은행 등의 발행은행에 대한 상환청구에 있어서의 기간제한은 별도로 규정한바 없다.

3. 위와 같은 신용장통일규칙 각 규정들의 취지에 비추어, 일반매입신용장의 경우 매입은행이 신용장의 유효기간 내에 신용장 및 관련 서류를 매입하여 발행은행에 대하여 그 서류제시 및 상환청구를 한 이상 발행은행의 입장에서는 다른 특별한 사정이 없는 한 그와 같은 매입은행의 상환청구가 신용장 및 관련 서류의 매입시점으로부터 상당기간 지연하여 이루어졌다는 사정만으로는 신용장 대금의 지급을 거절할 수는 없다고 할 것이다.

4. 같은 취지에서 피고들의 주장을 배척한 원심[472]의 판단은 정당하고, 거기에 상고이유가 지적하는 바와 같은 신용장의 유효기간 및 선적서류의 제시기간에 관한 법리오해의 위법이 없다(피고들이 상고이유에서 지적하는 신용장통일규칙 제43조 a항(UCP

472) 서울고법 2000. 9. 29. 선고 99나34 118 판결.

600 제14조 c항) 소정 선적서류의 제시기간에 관한 규정은 이 사건과 같은 매입신용장의 경우 매입은행에 의한 발행은행에 대한 신용장 대금 상환청구에 적용될 성격의 규정이 아니고, 더구나 원심이 적법하게 인정한 위 사실관계에 의하면, 이 사건 각 신용장의 경우 발행은행인 충청은행이 선적서류의 지연제시를 스스로 허용하고 있음을 알 수 있으므로, 충청은행으로서는 위 규칙 제43조 a항(UCP 600 제14조 c항)의 규정을 들어 이 사건 상환청구를 거절할 수는 없다고 할 것이다].

제30조 신용장금액, 수량 및 단가의 과부족 허용

[Article 30] Tolerance in Credit Amount, Quantity and Unit Prices

a. The words "about" or "approximately" used in connection with the amount of the credit or the quantity or the unit price stated in the credit are to be construed as allowing a tolerance not to exceed 10% more or 10% less than the amount, the quantity or the unit price to which they refer.

b. A tolerance not to exceed 5% more or 5% less than the quantity of the goods is allowed, provided the credit does not state the quantity in terms of a stipulated number of packing units or individual items and the total amount of the drawings does not exceed the amount of the credit.

c. Even when partial shipments are not allowed, a tolerance not to exceed 5% less than the amount of the credit is allowed, provided that the quantity of the goods, if stated in the credit, is shipped in full and a unit price, if stated in the credit, is not reduced or that sub-article 30 (b) is not applicable. This tolerance does not apply when the credit stipulates a specific tolerance or uses the expressions referred to in sub-article 30 (a).

번역

[제30조] 신용장금액, 수량 및 단가의 과부족 허용

a. 신용장에 명시된 신용장의 금액 또는 수량 또는 단가와 관련하여 사용된 "약" 또는 "대략"이라는 단어는 이에 언급된 금액, 수량 또는 단가의 10%를 초과하지 아니하는 과부족을 허용하는 것으로 해석된다.

b. 신용장이 수량을 규정된 포장단위 또는 개별 품목의 개수로 명시하지 아니하고 어음발행총액이 신용장금액을 초과하지 아니하는 경우, 물품수량은 5%를 초과하지 아니하는 범위 내에서 과부족이 허용된다.

c. 물품의 수량이 신용장에 명시된 경우 전량 선적되고 단가는 신용장에 명시된 경우 감액되지 아니한 때, 또는 제30조 b항이 적용될 수 없을 때에는, 분할선적이 허용되지 아니하는 경우에도, 신용장금액의 5%를 초과하지 아니하는 과부족은 허용된다. 이 과부족은 신용장이 특정 과부족을 규정하거나 또는 제30조 a항에 언급된 표현을 사용하는 경우에는 적용되지 아니한다.

해설

신용장 과부족 허용에 사용되는 용어와 관련하여 UCP 500의 규정[473]에서의 "약"(about), "대략"(approximately), "대개"(circa), 또는 "유사한 표현"(similar expressions)이 UCP 600에서는 이 들 중 "circa,"와 "유사한 표현"이 삭제되었다. 이는 "circa"가 과부족 허용을 위하여 신용장금액, 수량, 단가 앞에 사용되는 관행이 거의 없음을 고려하여 사용빈도가 많은 두 용어로 사용범위를 한정시킨 것이다. 이 조에서는 "about" 또는 "approximately" 용어 사용시의 과부족 허용오차, 살물(bulk cargo)에 대한 수량과부족 허용범위 및 금액의 과부족 허용범위에 대하여 규정하고 있다.

1. "about" 또는 "approximately" 용어의 과부족 허용오차(30a)

이 조 a항은 신용장의 금액, 수량, 단가와 관련하여 "약"(about), "대략"(approximately)이라는 용어가 사용된 경우에는, 언급된 항목에 대하여 10% 과부족에 대한 오차를 허용하는 것으로 해석된다. 이 허용오차(tolerance)는 금액, 수량, 단가에 한하여 적용하되 문맥을 보아 수식되는 항목에만 적용되는 점에 유의할 필요가 있다.

SWIFT 시스템에 의한 MT700 형식의 신용장은 예컨대, ":39A pct credit amount tolerance: 10/10"란에서 신용장 금액의 경우에 "약" 또는 "대략"과 같은 용어를 사용하는 대신 허용오차를 10/10과 같이 표현하게 되면 신용장 금액의 "+10%/-10%"라는 백분율에 상당하는 오차가 허용된다.

2. 살물에 대한 수량 과부족 허용범위(30b)

이 조 b항에서는 살물(bulk cargo)의 경우 신용장에서 물품의 수량 과부족 허용에 대한 명시가 없더라도 환어음 발행총액이 신용장금액을 초과하지 않는 범위내에서 5% 과부족이 허용된다. 그러나 포장단위(packing units)나 개별품목(individual items)에 따라 수량이 명시된 경우에는 적용되지 아니한다.

살물은 석탄, 광석, 원유, 강철, 원목, 곡물 등과 같이 포장되지 아니한 물품을 말한다.[474] 이와 같은 살물의 매매에서는 그 성질상 신용장이 요구하는 대로 정확한 수량을 선적한다는 것은 사실상 불가능하기 때문에 분쟁예방 취지에서 수량 과부족 허용오차를 인정하고 있는 것이다. 여기에서 수량이라 함은 단지 개수만이 아닌 중량, 용적, 길이 등과 같이 물품매매에서 물품의 성질에 따라 호칭되는 수량단위를 포괄하는 것으로 이해하

473) UCP 500, Article 39-a.
474) 이와 같은 물품을 운송하는 선박을 살물선(bulk carrier; bulk cargo carrier)이라고 한다.

여야 한다.

신용장에서 요구된 물품의 수량은 5%의 과부족의 오차허용 범위 내에서 달라질 수 있다. 신용장에서 수량이 초과하거나 또는 부족하지 않아야 한다고 명시한 경우 또는 신용장이 수량을 포장단위 또는 개개 품목의 수로 규정된 대로 수량을 명시하고 있는 경우에 이는 적용되지 않는다. 이 경우 물품수량에 있어서 5%까지 초과허용 된다고 하여 환어음 발행금액이 신용장금액을 초과하는 것은 허용되지 아니한다.[475]

3. 금액의 과부족 허용범위(30c)

이 조 c항에 의하면 신용장에서 분할선적(partial shipment)이 금지된 경우에도 신용장 금액의 5%를 초과하지 아니하는 범위 내에서 과부족이 허용된다. 다만 이는 신용장의 물품이 전량 선적되고, 단가의 감액이 없고, 또한 이 조의 b항 살물에 대한 수량과부족 5% 허용오차가 적용되지 아니하는 경우에 한한다.

이와 관련하여 ISBP에서도 "분할선적이 금지된 경우라 하더라도, 수량이 전부 선적되고, 신용장에 명시되어 있다면 단가가 감액되지 않은 한 신용장에서 5% 부족한 오차허용 범위의 금액은 수리될 수 있다. 신용장에서 수량이 명시되지 않은 경우, 송장은 전량을 커버하는 것으로 간주 된다"[476]라고 하여 금액의 과부족 허용요건에 대하여 재강조하고 있다.

Case 11-06	신용장금액의 허용한도(tolerance)와 환어음 발행금액

Q SWIFT MT700의 field 39A는 신용장에서 환어음이 발행될 수 있는 금액에 대하여 영향을 미치는가?

사례 및 쟁점 통지은행인 우리는 다음의 조건을 포함하고 있는 신용장을 수신하였다:

- L/C available with the issuing bank by payment
- L/C amount: EUR34,034.91
- percentage credit amount tolerance: 00/00 (field 39A)

475) ISBP 681, Para. 65.
476) ISBP 681, Para. 66.

• partial shipments: not allowed
• description of goods: "cunas de madera"

수익자는 EUR33,589.71에 대한 서류를 제시하였다. 발행은행에 의해 서류를 수령한 후, 우리는 다음의 불일치와 함께 MT734를 수신하였다:
"분할선적 금지"(PARTIAL SHIPMENT NOT ALLOWED).[477)]

추가정보에서 우리는 신용장금액의 허용한도(tolerance)가 00/00으로 표시되고 있는 신용장의 field 39A의 조건에 근거하였음을 알았다.
우리의 질의는 발행은행이 서류를 거절하는 것이 정당한지 여부이다.

A SWIFT 안내서에 의하면, SWIFT MT700의 field 39A에서 "00/00"의 사용은 신용장에서 발행될 수 있는 금액에 대한 영향을 미치지 않는다. field 39A내에서 숫자의 완성은 신용장금액에 적용되는 과부족 백분율(plus and/or minus percentage)을 나타내기 위한 것이다.
신용장에서 모든 환어음 발행은 신용장조건 및 근거가 되는 환어음 발행조건에 의존하는 UCP 600 제30조 b항 또는 c항에서 이루어진 허용치를 조건으로 한다. 신용장금액에서 5% 과부족에 대한 발행은 신용장에서 허용된다.[478)]

검토 참조하는 신용장은 SWIFT를 통하여 발행되었다. MT700와 관련된 SWIFT 안내서는 field 39A "신용장금액의 허용오차 백분율"(Percentage Credit Amount Tolerance)에 대하여 다음의 정의와 관행규정을 제공하고 있다: "정의(definition)에서 이 field는 화환신용장대금과 관련한 허용한도를 신용장대금의 과부족으로써 명시하고 있으며, 관행규정(usage rules)에서는 허용한도 1은 양(positive)의 허용한도를 그리고 허용한도 2는 음

477) 운송물품에 대하여 분할선적(partial shipment)의 허용 여부는 신용장에 지시하게 되는데, 보통 허용(allowed) 또는 금지(not allowed) 중 하나를 표시하고 있다. 분할선적에 대하여 신용장상에 아무런 명시가 없으면 분할선적이 허용되는 것으로 간주된다. 동일선박(same vessel)과 동일항로(same voyage)에 의한 선적은 본선선적을 증명하는 각 운송서류가 비록 다른 일사나 항구가 표시되어 있어도 분할선적으로 간주하지 않는다. 또한 5월·6월·7월에 각 얼마씩 일정기간의 할부선적(shipment by instalment)이 규정된 신용장의 경우에는 그 선적분이 허용된 기간 내에 선적되지 아니하면 당해 할부선적분은 물론 그 이후의 모든 선적분에 대해서도 신용장은 무효가 됨을 유의하여야 한다; 강원진, [신용장론] 제5판, 박영사, 2007, 147면.
478) ICC Pub. 697, R 689.

(negative)의 허용한도는 명시하고 있다."

또한 금액 외에 수량과부족 허용에 대하여 UCP 600 제30조 b항에서 "신용장이 수량을 규정된 포장단위 또는 개별품목의 개수로 명시하지 아니하고 어음발행총액이 신용장금액을 초과하지 아니하는 경우, 물품수량은 5%를 초과하지 아니하는 범위 내에서 과부족이 허용되며", 또한 단가의 과부족 허용에 대하여 b항에서 "물품의 수량이 신용장에 명시된 경우 전량 선적되고 단가는 신용장에 명시된 경우 감액되지 아니한 때, 또는 제30조 b항이 적용될 수 없을 때에는, 분할선적이 허용되지 아니하는 경우에도 신용장금액의 5%를 초과하지 아니하는 과부족은 허용 된다"고 규정하고 있는 내용을 참조할 필요가 있다.

Case 11-07	전체금액 및 총수량에 대한 과부족이 일부 수량에도 적용가능한지 여부

Q 전체금액 및 총수량에 대한 과부족이 일부 수량에도 적용가능한가?

사례 및 쟁점 E은행이 발행한 화환신용장은 field 39A에서 허용한도 10/10이고 field 45A의 물품명세는 다음과 같다:

PREPAINTED GALVANIZED COILS EN 10169, DX 51 D ACC.EN 10142,Z275
0.60 X 1250 125 TM PW 1006
0.60 X 1250 100 TM TR 7001
0.60 X 1250 25 TM NG 3000
UNIT PRICE 655 EUR/TM CIF FO
QUANTITY: 250MT(+/-10PCT)

D은행은 E은행에게 서류를 전달하였다. 이는 일부품목에서 금액이 과부족 되었음을 언급하면서 서류를 거절한 것이다. "신용장이 전체금액에 있어 10%의 허용한도를 허용하고 있고 품목이 고려되어야만 한다는 언급이 없기 때문에" D은행은 E은행으로 서류를 반송하였다. 전체금액 및 총수량에 대한 과부족이 일부금액에도 적용 할 수 있는 것으로 이해될 수 있는가? 반대로, 금액이 275MT를 초과하지 않을 경우 일부금액(partial amount)은 모든 금액에 적용할 수 있는가?

UCP 600 제30조 a항(UCP 500 제39조 a항)은 "신용장에 명시된 신용장금액 또는 수량 또는 단가와 관련하여 사용된 "약" 또는 "대략"이라는 단어는 이에 언급된 금액, 수량 또는 단가의 10%를 초과하지 아니하는 과부족을 허용하는 것으로 해석 된다"고 명시하고 있다.

우리나라 전문가 그룹은 10% 과부족은 각 품목의 진체수량 및 일부수량 둘 다에 적용되는 것으로 해석할 수 있는 것으로 이해하고 있다. 만약 그 반대가 수리가능하다면, 그것은 비논리적인 결론을 도출할 수 있을 것이다. 예를 들면, 112.5TM PW, 90 TM TR 및 72.5TM NG의 선적은 10% 더한 허용한도(당해 사건에서는 275MT)를 초과하지 않고 있고 비록 마지막 수량이 신용장에서 요구한 금액의 290%라 할지라도 수리가능하다. 또한 총금액에 과부족이 없는 것으로 명시된 경우 일부수량에 대한 과부족도 인정되지 않는다.

따라서 전체 수량에 대한 과부족이 있을 경우, 그 과부족은 일부 수량에도 적용가능하다. 일부 수량이 적용가능하지 않을 경우, 최대수량을 참조함에 있어 어떤 의미로 언급되어야 하는가?

우리나라 대부분의 전문가 그룹은 발행은행에 의해 주장된 불일치는 인정할 수 있는 것으로 보고 있다. 그럼에도 불구하고, 전문가 그룹은 발행은행이 과부족을 전체뿐만 아니라 각각의 일부수량에도 적용할 수 있음을 명확히 하여야 한다고 권고하고 있다.

위의 사례에서, 우리나라의 전문가 그룹은 두 가지의 다른 관점이 있다. 첫 번째 관점은 분석에서 설명하였고 결국 그룹의 모든 회원들에 의해 채택되었다. 그래서 그것이 질문에 대한 답이 되었다.

다른 관점은 UCP 600 제30조 a항을 적용하였고, 신용장 조건이 결정된다면, 당사자들은 위에서 명시된 것과 같이 수리할 것임을 인정하였다. 그 이유는 다음과 같았다:

1. 제30조 a항에서, 우리는 "금액 또는 수량 또는 단가"에 대한 과부족을 허용할 것임을 알 수 있다. 이 사례에서는, 250MT을 참조하고 있으며 일부금액을 참조하지는 않는다. 신용장이 "약"(about)을 언급하는 것이 아니라 제30조 a항 결론의 +/-10% 과부족을 언급하고 있는 것은 사실이다.
2. 일부수량에 있어 과부족이 추가는 최대 금액을 초과하는 과부족일 수 있다. 이 사례에서, 137.5+110+27.5는 275와 같다. 이것은 인정된 과부족이 각각의 일부수량에 조화되기 위해, 최대 수량을 인정하는 과부족보다 더욱 적절한 다른 표현인 것 같다.
3. 전체금액에 대해 표현된 과부족은 전체금액을 구성하는 다른 품목에도 같은 비율로

적용되어야 한다는 것이 어디에도 쓰여 있지 않다.

4. Opinion R 238은 적용가능한 것으로 보이지 않는다. Opinion R 238은 과부족이 "특정금액으로 제한되지 않을 경우", 일부금액에 적용되어질 수 있음을 말하고 있다. 이 사례에서는 과부족이 매우 구체적인 수량 바로 옆에 나타내고 있다.

이것이 우리 국내전문가 그룹이 최종 결정을 요청하기 위하여 이 사례를 ICC 은행위원회에 발송하기로 동의한 이유이다.

A 비록 신용장이 아연도금강판(Prepainted Galvanized Coils)의 전체 수량을 250MT (+/-10PCT)로 명시하였다 할지라도, 명시된 물품명세 내에서 3가지 각각의 세목에 대한 기초수량의 증거를 제공하고 있다. 제공된 정보를 기초로 하여, +/-10%의 허용한도는 각각의 수량에 대하여 적용된다. 그룹 전문가들에 의해 작성된 분석에서 표시한 것처럼, 발행은행은 언급된 물품 관련 +/-10%의 허용한도의 적용에 관하여 더욱 명확히 하여야 한다. 전문가 그룹의 대부분의 입장은 지지된다.[479)]

검토 신용장이 전체수량(total quantity)에 대한 과부족이 용인되었을 경우, 그 과부족은 일부수량에도 적용가능하다. 10% 과부족은 각 품목의 전체수량 및 일부수량 둘 다에 적용되는 것으로 해석할 수 있다. 그러나 전체수량에 때한 과부족은 명시된 전체에 대하여 과부족 용인범위 내에서 허용되지만, 전체가 아닌 개별항목의 경우에는 언급된 개별항목에만 과부족용인 범위 내에서만 과부족이 허용된다.

ISBP 681, 제65항에서는 물품명세 및 송장에 관련된 기타 일반사항에서 "신용장에서 요구된 물품의 수량은 5%의 과부족의 오차허용 범위 내에서 달라질 수 있다. 신용장에서 수량이 초과하거나 또는 부족하지 않아야 한다고 명시한 경우, 또는 신용장이 수량을 포장단위 또는 개개 품목의 수로 규정된 대로 수량을 명시하고 있는 경우, 이는 적용되지 않는다. 물품 수량에 있어서 5%까지의 초과하는 변경은 환어음의 발행금액이 신용장금액을 초과하는 것을 허용하지 아니 한다"는 지침을 제시하고 있다.

SWIFT 메시지에 의한 MT700형식의 신용장에서 ":39A pct credit amount tolerance : 10/10"라고 명시되어 있을 경우 분할선적 조건이 예를 들면, ":43P partial shipment : ALLOWED"와 같이 허용된 경우에는 신용장 금액 +10%/-10%의 과부족이 용인되며(수차

479) ICC Pub. 697, R 688.

분할 선적하게 되더라도 신용장금액 총액의 +10%/-10%범위 내이어야 함), 금지된 경우에는 1회에 전부를 선적하더라도 신용장금액의 +10%/-10% 범위내의 과부족은 용인된다.

한편 신용장에서 ":39A pct credit amount tolerance : 00/00"라고 명시되어 있을 경우 "+/-" 의 과부족이 용인되지 아니한다는 의미이기 때문에 분할선적이 금지된 경우 및 허용된 경우에도 신용장금액 전체에 대하여만 선적하여야 한다.

Case 11-08	신용장대금 항목의 과부족 규정과 부가조건에 신용장 금액의 자동증감 규정의 적용

Q 신용장대금 항목의 과부족 규정과 별도로 부가조건에 신용장 금액의 자동증감을 규정하고 있는 경우, 가격조항과 실제수량에 의하여 산정된 신용장 대금이 과부족 규정에서 정한 범위를 초과하면 신용장조건에 위반되는가?

원고주식회사(원고(반소피고), 상고인) 대 피고주식회사(피고(반소원고), 피상고인) 사건[480)]

한국 대법원의 판결

1. 국제상업회의소(International Chamber of Commerce) 제5차 개정 신용장통일규칙(The Uniform Customs and Practice for Documentary Credits, 1993 Revision, ICC Publication No. 500, 이하 '신용장통일규칙'이라 한다) 제37조 b항(UCP 600 제18조 b항)이 "신용장에 달리 명시되지 않은 한 은행은 신용장에서 허용된 금액을 초과한 금액으로 발행한 상업송장을 수리하지 않을 수 있다"고 규정하고 있고, 신용장통일규칙이 적용되는 스위프트[SWIFT(Society for Worldwide Interbank Financial Telecommunications, 국제은행간 금융통신조직)] 방식으로 발행된 신용장이 신용장 금액란에서 신용장 대금의 10% 범위 내의 과부족을 허용하고 있다 하더라도, 화물이 유류와 같이 가격 변동이 심하여 신용장 발행 당시에 단위가격을 정할 수 없는 때에는 신용장에 부가조건으로 가격조항을 두어 신용장 발행 무렵의 일정기간이나 시점의 국제 유류시장에서의 고시 가격에 따라 단위가격을 결정하도록 규정하고, 이러한 가격 변동에 따

480) 대법원 2009.10.29, 선고, 2007다52911,52928, 판결.

른 신용장 금액의 증감을 고려하여 신용장 대금 항목의 과부족 규정과 별도로 부가조건에 "신용장 금액은 가격조항에 기한 어떠한 증가·감소도 수용될 수 있도록 신용장 조건의 추가적 변경 없이 자동적으로 증감한다"고 규정하게 된다.

2. 이러한 경우 신용장의 금액란에서 정하고 있는 금액은 일응의 기준이 될 뿐 화물의 실제 단위가격과 수량을 반영한 것이라 할 수 없고 신용장 대금은 신용장 발행 후 가격조항에 따른 단위가격의 증감과 실제 선적수량에 의하여 결정되는 것을 예정하고 있는 것이므로, 신용장 발행후에 위와 같이 가격조항과 실제수량에 의하여 산정된 신용장 대금이 신용장 금액란에서 정한 10%를 초과한다고 하더라도 신용장 조건에 어긋나는 것이라고 할 수 없다.

3. 원심판결[481] 이유에 의하면, 원심은 그 판시와 같은 사실을 인정한 다음, 원고(반소피고, 이하 '원고'라 한다)가 발행한 이 사건 각 신용장에서 신용장 금액을 미화 800,000달러로 정하고, 수량 및 신용장 금액의 10% 과부족을 허용하고 있으며, 피고(반소원고, 이하 '피고'라 한다)가 매입한 송장의 상품 금액이 위 금액의 10%를 초과하고 있으나, 이 사건 각 신용장의 부가조건에서 가격조항을 두어 이 사건 각 신용장 금액이 가격조항에 따라 정해지도록 하고 있고, 신용장 금액은 "가격조항에 기한 어떠한 증감도 수용될 수 있도록 신용장 조건의 추가적 변경 없이 자동적으로 증감한다"고 규정하고 있는 취지는, 이 사건 각 신용장 발행 당시에 상품의 가격을 특정할 수 없는 사정을 고려하여 이 사건 각 신용장 금액이 상품 가격 변동에 따라 신용장 금액의 10%의 범위를 초과하는 경우에도 신용장의 추가적인 수정 없이 자동적으로 변경하기 위한 것이라고 보아야 한다는 이유로, 피고의 매입금액이 이 사건 각 신용장에서 정한 신용장 금액의 한도를 초과하여 신용장 조건에 위반된다는 원고의 주장을 배척하였다.

앞에서 본 법리와 기록에 비추어 살펴보면, 위와 같은 원심의 판단은 정당하고, 상고이유에서 주장하는 바와 같은 신용장 조건 해석에 관한 대법원판례 위반이나 신용장통일규칙 해석에 관한 법리오해 등의 위법이 없다.

481) 서울고법 2007. 6. 28. 선고 2006나39852, 39869 판결.

제31조 분할어음발행 또는 선적

[Article 31] Partial Drawings or Shipments

a. Partial drawings or shipments are allowed.

b. A presentation consisting of more than one set of transport documents evidencing shipment commencing on the same means of conveyance and for the same journey, provided they indicate the same destination, will not be regarded as covering a partial shipment, even if they indicate different dates of shipment or different ports of loading, places of taking in charge or dispatch. If the presentation consists of more than one set of transport documents, the latest date of shipment as evidenced on any of the sets of transport documents will be regarded as the date of shipment.
A presentation consisting of one or more sets of transport documents evidencing shipment on more than one means of conveyance within the same mode of transport will be regarded as covering a partial shipment, even if the means of conveyance leave on the same day for the same destination.

c. A presentation consisting of more than one courier receipt, post receipt or certificate of posting will not be regarded as a partial shipment if the courier receipts, post receipts or certificates of posting appear to have been stamped or signed by the same courier or postal service at the same place and date and for the same destination.

번역

[제31조] 분할어음발행 또는 선적

a. 분할어음발행 또는 분할선적은 허용된다.

b. 동일한 유송수단으로 개시되고 동일한 유송구간을 위한 선적을 증명하는 2세트 이상의 운송서류를 구성하는 제시는, 운송서류가 동일한 목적지를 표시하고 있는 한 서류가 상이한 선적일 또는 상이한 적재항, 수탁지 또는 발송지를 표시하더라도 분할선적으로 보지 아니한다.
그 제시가 2세트 이상의 운송서류를 구성하는 경우에는, 운송서류의 어느 한 세트에 증명된 대로 최종선적일은 선적일로 본다. 동일한 운송방식에서 둘 이상의 운송수단상의 선적을 증명하는 하나 또는 2세트 이상의 운송서류를 구성하는 제시는 그 운송수단이 동일한 일자에 동일한 목적지를 향하여 출발하는 경우에도 분할선적으로 본다.

c. 둘 이상의 특사수령증, 우편수령증 또는 우송증명서로 구성하는 제시는 그 특사수령증, 우편수령증 또는 우송증명서가 동일한 장소 및 일자 그리고 동일한 목적지를 위하여 동일한 특사업자 또는 우편서비스에 의하여 스탬프 또는 서명된 것으로 보이는 경우에는 분할선적으로 보지 아니한다.

해설

UCP 500에서 분할선적으로 간주되지 아니하는 해석기준에 추가하여 이 조에서는 동일한 운송방식에서 둘 이상의 운송수단상의 선적을 증명하는 하나 또는 2세트 이상의 운송서류를 구성하는 제시에 대하여 분할선적으로 간주되는 경우를 추가하여 분할선적에 대한 해석기준을 보완하고 있다.

1. 분할어음발행 또는 분할선적의 허용(31a)

이 조 a항에서는 신용장이 분할어음발행(partial drawing) 또는 분할선적(partial shipment)에 관하여 아무런 언급이 없더라도, 분할어음발행 또는 분할선적이 허용되는 것으로 규정하고 있다.

2. 분할선적의 해석기준(31b)

이 조 b항에 의하면 2세트 이상의 운송서류로 제시된 경우, 동일한 운송수단(same means of conveyance)에 의하여 동일한 목적지를 향하는 선적에서 운송서류상에 동일한 목적지가 표시되고 있는 한, 선적일, 적재항, 수탁지 또는 발송지가 상이하더라도 분할선적으로 보지 않는다. 여기에서 2세트 이상의 운송서류로 구성된 제시일 경우, 각 세트의 운송서류에 증명된 최종선적일은 선적일로 본다.

반면 동일한 운송방식에서 동일한 목적지로 동일한 일자에 출발하더라도 둘 이상의 운송수단으로 물품이 선적되어 2세트 이상의 운송서류로 제시된 경우에는 분할선적으로 본다.

신용장이 분할선적을 금지하고, (특별히 허용된 것과 같이 또는 신용장에 명시된 지리적 지역 또는 구역 범위 내에서) 하나 또는 다수의 선적항으로부터의 선적을 커버하는 2세트 이상의 원본 선화증권이 제시된 경우, 동일한 선박 및 동일한 항해를 커버하는 물품선적과, 또는 동일한 양륙항을 목적지로 하고 있는 한, 그러한 서류는 수리될 수 있다. 2세트 이상의 선화증권이 제시되고 다른 선적일이 포함되어 있는 경우, 그러한 선적일의 최종일이 제시 기간의 계산을 위하여 고려하여야 하며 그러한 일자는 신용장에 명시된 최종선적일 또는 그 이전이어야 한다. 선박들이 동일한 목적지를 향하여 출항하더라도 둘 이상의 선박에 선적하는 것은 분할선적이다.[482)]

3. 특사업자 또는 우편서비스에 의한 분할선적의 해석(31c)

이 조 c항에 의하면 둘 이상의 특사수령증(courier receipt), 우편수령증(post receipt) 또는 우송증명서(certificate of posting)에 의한 제시가 이루어지더라도 동일한 일자와 장소에서 동일한 목적지를 향하고 동일한 특사업자 또는 우편서비스에 의하여 스탬프나 서명이 되었더라도 이를 분할선적으로 보지 아니한다. 이는 물품이 동일한 일자에 동일한 장소에서 동일한 목적지로 발송하기 위하여 다른 포장으로 포장되어 복수의 특사수령증이나 우편수령증 등이 제시되는 경우라고 할 수 있다.

Case 11-09	동일한 선박으로 하나이상의 양륙항이 명시되었을 경우 분할선적 금지조건의 위반 여부

Q 신용장이 분할선적을 허용하지 아니할 경우 선화증권이 특정된 국가로 부터 동일한 선박으로 하나이상의 양륙항이 명시되었다면 분할선적 금지조건을 위반한 것으로 간주되는가?

사례 및 쟁점 당사는 A국가와 B국가로부터 C국가의 두 항구까지 늦어도 xxxx년 8월 15일까지 선적을 요청하는 취소불능신용장을 수령하였다. 분할선적은 허용되지 않는다. 매입은행은 서류를 점검하여 "분할선적"이라는 불일치가 포함된 것을 발견하였다.

동일한 항해번호를 표시하고 동일한 선박에 본선적재를 나타내는 각각의 용선계약 선화증권 총3부가 제시되었다.

- 첫 번째 선화증권 : A 국가의 S 항구에서 C국가의 H항구까지 선적, 적재일은 xxxx년 8월 8일
- 두 번째 선화증권 : A 국가의 S 항구에서 C국가의 X항구까지 선적, 적재일은 xxxx년 8월 8일

482) ISBP 681, Para. 105.

• 세 번째 선화증권 : B국가의 R항구에서 C국가의 X항구까지 선적, 적재일은 xxxx년 8월 13일

매입은행은 "동일한 목적지를 표시함"이라는 문구를 강조하여 당사의 서류가 UCP 600 제31조 b항(UCP 500 제40조 b항)에 모순된다고 당사에게 알려왔다. 이러한 경우에 있어, 신용장이 C국가의 두 항구를 요구하고 있는 사실로 인하여 당사는 두 개의 목적항을 포함하는 선화증권을 제시하였다. 매입은행은 서류들이 제31조 b항의 내용을 이유로 불일치한다고 주장하였다. 그러한 불일치를 지적하는 근거는 신용장과 일치하지 않기 때문에 법적조언은 발행은행이 몇 가지 이유로 지급을 지연시키기를 원하는 경우에 거절요청을 할 수 있다고 부언하였다.

당사는 서류가 장차 수리될 수 있도록 다음의 문구들을 신용장에 포함하여 제시하였다.

• 분할선적이 금지된 경우에도 A국가 및/또는 C국가의 두 항구로 선적.
• C국가의 두 항구에서 동일한 선박으로 양륙되지 않는 경우 분할선적은 허용되지 않는다.

1. 신용장 요건 및 당사의 서류형태를 근거로 분할선적의 불일치는 정당한가?
2. 매입은행의 의견 및 원신용장의 조건은 그 취지에서 차이점이 존재하는가? 만약 존재한다면 매입은행의 주장에 근거한 분할선적이 허용되었다는 의미인가?
3. "동일한 목적지"는 단일로 사용되는가? 아니면 신용장에서 규정한 하나 이상의 양륙항에도 사용되는가?

A 신용장이 A국가와 B국가에서 C국가의 두 항구까지 이행된 선적을 요청함으로서 특정되었으나, 분할선적은 허용되지 않는다고 명시하였다. "C국가의 두 항구"에 대한 문구의 포함이 신용장이 또한 분할선적은 허용되지 않는다고 특정하는 것을 예상하는 조항은 아니다. 발행은행이 서류를 수령할 것인가에 관한 몇 가지 불명확 표현이 있다. 논리적인 해석은 선적은 한 번의 선적으로 C국가의 두 항구까지 이행되었다는 것이며, 그래서 "운송서류가 동일한 목적지를 표시하고 있는 한..."이라고 명시한 제31조 b항에서의 조항을 무효로 하는 것이다.

선화증권은 특정된 국가로 부터(A국가와 B국가) C국가의 두 항구까지 동일한 선박으로 이행되었음을 증명하고 있다. 선화증권은 신용장 조건과 일치된다.[483)]

483) ICC Pub. 632, R 368.

검토 UCP 600 제31조 b항은 "동일한 운송수단으로 개시되고 동일한 운송구간을 위한 선적을 증명하는 2세트 이상의 운송서류를 구성하는 제시는, 운송서류가 동일한 목적지를 표시하고 있는 한 서류가 상이한 선적일 또는 상이한 적재항, 수탁지 또는 발송지를 표시하더라도 분할선적으로 보지 아니 한다"고 명시하고 있다.

또한 ISBP 681, 제105항에서는 해상운송이 이루어지는 경우 "신용장이 분할선적을 금지하고, (특별히 허용된 것과 같이 또는 신용장에 명시된 지리적 지역 또는 구역 범위 내에서) 하나 또는 다수의 선적항으로부터의 선적을 커버하는 2세트 이상의 원본 선화증권이 제시된 경우, 동일한 선박 및 동일한 항해를 커버하는 물품선적과, 또는 동일한 양륙항을 목적지로 하고 있는 한, 그러한 서류는 수리될 수 있다.

2세트 이상의 선화증권이 제시되고 다른 선적일이 포함되어 있는 경우, 그러한 선적일의 최종일이 제시기간의 계산을 위하여 고려하여야 하며 그러한 일자는 신용장에 명시된 최종선적일 또는 그 이전이어야 한다. 선박들이 동일한 목적지를 향하여 출항하더라도 둘 이상의 선박에 선적하는 것은 분할선적이다"라고 제시하고 있는 점을 유의하여야 한다.

Case 11-10	선적수량 조건은 분할선적란 또는 부가조건란이 아닌 신용장 어느 곳이라도 명시가능한지 여부

Q 선적수량에 관한 조건은 분할선적란(43P) 또는 부가조건란(47A)이 아닌 신용장 어느 곳이라도 명시될 수 있는가?

사례 및 쟁점 ICC 국내위원회 회원 중 하나가 신용장조건의 해석에 관하여 다음의 질의(매입은행 및 확인은행으로)를 요청하여 왔다.

2008년 3월 19일 발행은행은 다음과 같은 신용장을 발행하였다.

SWIFT message MT 700:

Field 43P: Partial shipments allowed for two lots.

Field 45A: Description of Goods: ...total quantity 3,385 cbm will be shipped in two lots. Each of 1,692 cbm.

and

Field 47A: additional conditions point 9) Shipment of quantity of this L/C is to be effected in two lots.

2008년 3월 27일 신용장조건이 다음과 같이 변경되었다:

Field 43P: to read allowed without mentioning two lots.

Field 45A: amend total quantity to read 3,385 and whole quantity to be shipped in two lots without mentioning the quantity of each lot of two lots.

Field 47A: completely delete clause 9.

1,629.138 cbm에 대한 첫 번째 선적이 2008년 3월 19일 이루어 졌다. 서류는 2008년 4월 8일 송부되어 수리되었다. 720.070 cbm에 대한 두 번째 선적이 2008년 4월 10일에 이루어졌다. 서류는 2008년 4월 24일 송부되어 수리되었다.

217.473 cbm에 대한 최종 선적이 2008년 5월 14일에 이루어졌고, 서류는 2008년 5월 30일에 송부되었다. 그 서류는 2008년 6월 3일에 3회 선적을 이유로 발행은행에 의하여 거절되었다.

발행은행 앞으로의 2008년 6월 4일자 메시지에서 확인은행은 신용장이 43P 및 47A 9) 하에서 변경되어졌고 분할선적이 허용되었다고 주장하였다.

2008년 6월 5일 발행은행은 서류불일치로 반송하였고 2회 선적분의 각 횟수에 대한 수량을 언급하지 아니하고 "전체수량은 3,385 cbm이고 2회 선적되는 것으로 함"이라고 하는 것은 조건변경이 2회 이상을 수리하는 의미가 아니라는 것을 명시하였다.

확인은행은 발행은행이 그러한 입장을 유지하는 것이 정확하였는지 여부와 더구나 물품명세에서 2회를 언급하면서 43P란에서 주어지고 47A란 9)에서 "이 신용장에서 선적수량은 2회 행하여져야 한다"라고 언급한 부가조건의 삭제에 의하여 강조된 정보를 무시한 점에 대하여 귀 위원회의 의견을 알고자 한다.

발행은행은 3번째 환어음을 발행하여 제시된 서류에 대하여 거절할 권리를 갖는다.[484)]

검토 제31조 a항은 분할어음발행 또는 분할선적이 허용됨을 규정하고 있다. UCP 600 제1조에서는 신용장에 분명히 수정되거나 또는 배제되지 아니하는 한 모든 관계당사자를 구속한다고 명시하고 있다.

484) ICC Pub. 697, R 650.

분할선적이 허용되는 경우 신용장은 이 쟁점에 관하여 침묵하게 되며 31조 a항은 자동적으로 적용된다. 분할선적이 허용되는 것으로 명시하고 있는 신용장은 모든 선적횟수를 허락한다. 문제된 신용장에서 발행은행은 선적관련 기준을 2회로 변경하였다. 발행된 내용과 같이 신용장은 물품의 동일수량 2회 선적을 요구하였다.

변경에 의하여, "2회 선적"하는 조건이 43P와 47A 9)에서 삭제되었다. 그러나 45A란에는 여전히 2회로 선적을 이행하도록 요구하고 있었으나 동일한 수량의 선적제한은 없었다. 선적이 이행되어야 하는 수량에 관한 제한은 43P란 또는 47A란이 아닌 신용장상 어느 곳이라도 명시될 수 있다.

사실상 2번째 환어음발행은 물품의 잔량이 그 시기에 선적되지 않았다는 이유로 불일치된 것이었다. 이 질의는 서류가 수리된 것을 반영하는 것이지만, 수리가 모든 물품이 선적되지 않았다는 불일치에 대하여 발행의뢰인의 권리포기(waver)가 있었는지 또는 불일치를 관찰하지 아니한 발행은행 측의 착오여부에 대하여는 명확하지 않다.

제32조 할부어음발행 또는 선적

[Article 32] Instalment Drawings or Shipments

If a drawing or shipment by instalments within given periods is stipulated in the credit and any instalment is not drawn or shipped within the period allowed for that instalment, the credit ceases to be available for that and any subsequent instalment.

번역

[제32조] 할부어음발행 또는 선적

신용장에서 일정기간 내에 할부에 의한 어음발행 또는 선적이 규정되어 있는 경우 어떠한 할부분이 할부분을 위하여 허용된 기간 내에 어음발행 또는 선적되지 아니하였다면, 그 신용장은 해당 할부분과 이후의 모든 할부분에 대하여 효력을 상실한다.

해설

이 조는 신용장에서 일정기간 내의 할부에 의한 어음발행 또는 선적 위반에 따른 효력에 대하여 규정하고 있다.

할부어음발행 또는 할부선적 위반시의 효력

일정기간내에 할부 어음발행 또는 할부선적이 행하여 져야 되는 것으로 규정된 신용장의 경우, 각 할부분의 허용된 기간 내에 지정된 수량에 대하여 어음발행을 하지 아니하거나 또는 선적되지 아니하게 되면 그 신용장은 해당 할부분만이 아니라 그 이후의 모든 할부분에 대하여도 효력을 상실하게 된다.

예를 들면, 어떤 물품에 대하여 5월에 2,000개, 6월에 3,000개 그리고 7월에 4,000개를 선적하도록 요구한 신용장에서 수익자가 5월중에 2,000개는 선적하였으나 6월중에는 3,000개를 선적하지 못하고 그 이후에 선적하려고 할 경우, 제32조의 규정에 따라 6월 선적분 및 나머지 7월 선적예정분에 대하여도 신용장 자체의 효력이 상실된다는 점이다.

할부선적은 분할로 선적된다는 점에서는 분할선적과 공통점이 있으나, 분할선적은 신용장에서 분할선적이 허용되었을 경우, 신용장의 물품을 최종 선적일까지 수익자가 한번 또는 수차로 나누어 임의로 선적할 수 있으나, 할부선적은 신용장에서 특정한 수량을 특정한 기간 내에서만 선적할 수 있다는 점이 상이하다. 특히 할부선적에서 할부기간내의 분할선적은 신용장에서 별도로 허용되는 경우에만 가능하다는 점에 유의할 필요가 있다.

ISBP에서도 "신용장이 할부선적을 요구하는 경우, 각각의 선적은 할부일정에 일치되어야 한다"[485]는 점을 강조하고 있다.

Case 11-11 분할선적이 허용과 할부선적 요건의 미준수

Q 분할선적이 허용된 경우 특정 일자 이전에 1회 발송에서 요구된 수량을 발송할 필요가 있었는가?

사례 및 쟁점 우리는 확인은행과 발행은행간의 다음의 분쟁에 대하여 귀 위원회의 의견을 듣고 싶다. 회환신용장은 UCP 500에 준거한다. 첫 번째 분쟁에 관련된 신용장요건은 아래와 같다:

43P reads: allowed see under field 47A

47A reads as follows:

SHIPMENTS SCHEDULE:

5,000 metres of 815x12.5 mm to szazhalombatta 500 metres of 813x16.0 mm to szazhalombatta to be shipped latest until 30.07.2007

19,000 metres of 815x12.5 mm to szazhalombatta 500 metres of 813x16.0 mm to szazhalombatta to be shipped latest until 30.09.2007

14,500 metres of 815x12.5 mm to pilisvorosvar 14,500 metres of 813x12.5 mm to szazhalombatta 500 metres of 815x16.0 mm to pilisvorosvar 500 metres of 813x16.0 mm to szazhalombatta to be shipped latest until 13.02.2008.

신용장은 선적과 관련한 다른 조항을 포함하고 있지 않고 각 선적일정 내에서 분할선적을 금지하지는 않고 있다. 수익자는 813x12.5mm 5,000미터를 "2007년 7월 30일 까지" 1회에 선적하지 않았다. 대신 2007년 7월 4일 2,376.77미터, 2007년 7월 6일 1,152.45미터, 2007년 7월10일 2,389.53미터, 2007년 7월 13일 2,291.21 미터 등을 선적하였다.

따라서 수익자는 2007년 7월 30일 이전에 813x12.5mm 5,000미터를 szazhalombatta로

485) ISBP 681, Para. 67.

완전히 선적하였고 심지어 두 번째 기간의 수량도 선적하였다. 즉, 위에서 언급한 것과 같이 813x12.5mm 19,000미터는 2007년 9월 30일까지 선적되어질 예정이었다.

발행은행은 모든 선적물품이 "첫 번째 선적일정이 준수되지 아니하였다(UCP 500 제41조; UCP 600 제32조)"는 자신의 통지를 명시하면서 다음과 같은 사유를 들어 제시서류를 거절하였다.

"UCP 500의 제40조 a항(UCP 600 제31조 a항)과 같이 신용장에서 별도의 명시가 없는 한 분할선적은 허용되는 것이다. 이는 우리의 신용장에서의 사례이다. 신용장은 43P란에서 "허용"(allowed)이라고 규정하지 않고 물품의 수량 및 규격이 특정된 최종 기간까지 선적되어야 한다고 명시하면서 3회의 분할선적이 포함된 선적일정에 의하여 "47A란을 참조하여 허용"(allowed see field 47A)이라고 규정하였다. 따라서 수익자는 위에서 명시된 것과 같이 물품을 인도하여야 하고 신용장을 사용할 수 있다."

A 질의의 본문에서 분할선적은 허용되는 것으로 명시되었다. 신용장에서 각 기간 내에 요구된 수량의 발송이 1회의 발송으로 행해져야 한다는 참조사항은 나타내지 않고 있다. 신용장의 문언은 명시된 모든 기간 내에서 1회 이상의 발송을 금지하지 않았다. 수익자가 7월 30일 이전 1회 이상의 발송을 한 것은 불일치가 아니다.

단지 최소 813x12.5mm 5,000미터와 813x16.0mm 500미터가 2007년 7월 30일까지 발송되지 않았을 경우, "첫 번째 선적일정에서 준수되지 아니한 것"은 불일치로 적용될 수 있다.[486)]

검토 신용장에 선적일정이 포함되었을 경우, 그 실체는 2007년 7월 30일전에 요구된 모든 물품을 수익자가 발송하는 것으로 허용된 구조라는 것이다. 각 물품이 발송되어야 하는 최종 선적일을 규정하고 있으므로 수익자는 7월 30일까지 적어도 813x12.5mm 5,000 미터와 813x16.0mm 500미터의 발송요건을 이행하여야 한다.

따라서 위의 사례는 분할선적이 허용되었다는 데에 초점을 두고 할부선적의 요건을 따르지 아니한 경우이다. 특정의 할부선적 기간 내에 분할선적이 금지되지 아니하였더라도 당해 할부분의 전체수량은 반드시 할부선적시 특정된 기간 이내에 선적되어야 한다.

UCP 600 제32조에서 "신용장에서 일정기간 내에 할부에 의한 어음발행 또는 선적이 규정되어 있는 경우 어떠한 할부분이 할부분을 위하여 허용된 기간 내에 어음발행 또는 선적되지 아니하였다면, 그 신용장은 해당 할부분과 이후의 모든 할부분에 대하여 효력을 상실한다"라고 규정하고 있는 점을 재음미 할 필요가 있다.

---

486) ICC Pub. 697, R 690.

제33조 제시시간

[Article 33] Hours of Presentation

A bank has no obligation to accept a presentation outside of its banking hours.

번역

[제33조] 제시시간

은행은 자신의 은행영업시간 외의 제시를 수리할 의무가 없다.

해설

영업시간외의 제시

이 조에서는 은행이 자신의 은행영업시간(banking hours) 외에 제시를 수리할 의무가 없다는 개념은 유지되고 있다. 이 규칙에서는 지정은행 또는 발행은행이 은행영업시간 이외에 제시인에 의하여 행하여진 제시를 수리할지 여부를 결정하는 것을 허용하고 있다.

제시에 대한 수리여부를 판단하는 은행영업시간은 당해 은행 소재지의 국내법에서 정하여진 은행의 영업마감시간을 의미하므로 국가 또는 지역에 따라 다르다.

Case 11-12	은행의 무역부서의 은행영업시간 외에 이루어진 제시

Q 제시가 허용된 경우 은행의 무역부서의 은행영업시간 외에 이루어진 것을 어떻게 결정할 수 있는가?

사례 및 쟁점 국내위원회를 대신하여 다음 질의에 관하여 귀 위원회의 의견을 받으면 감사하겠다. 이 사례는 UCP 600을 준거하는 신용장과 관련된다.

제2조의 "은행일" 및 "제시"에 대한 정의에서 제시는 은행의 정규적으로 영업이 행하여지는 행위를 말한다. 우리는 또한 UCP 500의 "서류의 수령일"에 반하여 UCP 600 제14조 b항의 심사기간은 "제시일" 다음날부터 시작되는 것으로 알고 있다.

그러므로 서류가 은행의 비영업일에 은행의 우편수령부서에서 수령될 경우 제시일은 은행영업일로 이해하고 있다. 우리가 이해하고 있는 것이 올바른가?

A 제시일이 은행영업일이거나 또는 아닐 수도 있다. 적용규정은 "은행은 자신의 은행영업시간 외의 제시를 수리할 의무가 없다"고 명시한 UCP 600 제33조에 포함되어 있다.

UCP 600에 따라 행동하는 것을 목적으로 이행되는 은행영업일이거나 또는 UCP 600을 목적으로 비은행영업일이 아닌 은행의 우편수령부서가 개점하는 날이거나 은행은 영업시간 외의 제시를 거절하는 것을 허용한다. 이 질의의 목적을 위하여 제시가 은행의 무역부서 은행영업시간 외에 행하여지는 것이 허용되는지 여부는 은행이 결정하는 것이다.[487)]

검토 UCP 600 제33조는 지정은행 또는 발행은행이 은행영업시간 외의 제시를 승낙할 것인지의 여부를 결정하는 것을 허용하고 있다. "은행영업일"과 관련하여 이는 지정은행 또는 발행은행에게 제시가 이루어지는 은행에 따라 현지 시간을 적용하는 것을 의미한다.

은행의 무역부서가 아닌 우편수령 부서가 영업을 하는 당일 서류를 수령하는 은행은 서류수령 승낙을 결정할 수 있다. 그러나 이를 감안하여 그 서류는 그 다음 무역부서의 영업일에 수령된 것으로 간주된다.

보통의 은행영업시간 외에 서류제시를 수리하는 것은 이 경우가 토요일인 경우에는 UCP 600 제14조 b항, 즉 "... 제시가 일치하는지 여부를 결정하기 위하여 제시일의 다음 날부터 최대 제5은행영업일을 가진다"라는 규정을 고려할 때 서류심사기간을 산정하기 위한 서류수령일로 계산하는 것을 의미하는 것이다. 동일한 전제는 UCP 600 제33조하에서도 적용된다.

---

487) ICC Pub. 697, R 648.

Case 11-13	지급거절을 통지할 수 있는 종료시기로서의 은행영업일 종료시기의 의미

Q UCP상 신용장 발행은행이 지급거절을 통지할 수 있는 종료시기로서의 은행영업일 종료시기의 의미는 무엇인가?

J리미티드(원고, 피상고인 겸 상고인) 대 H은행(피고, 상고인 겸 피상고인) 사건[488)]

 한국 대법원의 판결

1. 신용장통일규칙 제14조 d항 1호(UCP 600 제16조 d항)에 의하면, 발행은행 등이 조건불일치를 이유로 지급거절을 하기로 결정한 경우에는 서류접수일 다음 영업일로부터 기산하여 제7은행영업일(현행, 제5은행영업일)의 종료시(close of the seventh banking day following the day of receipt of the documents)까지 지체 없이 전신 또는 기타 신속한 방법으로 그 취지를 통지하여야 하고, 같은 조 e항에 의하면 그러한 조치를 취하지 아니한 경우에는 서류가 신용장 조건과 일치하지 아니하다는 주장을 할 수 있는 권리를 상실하는 것인바, 여기서 제7은행영업일의 종료시의 의미는 지정된 영업시간(banking hours)의 끝이 아니라 당일 24:00이고 따라서 그 날 24:00 이내에 전신 또는 기타 신속한 방법으로 지급거절통지가 발송된 것이라면 적법한 것으로 봄이 상당하다.
2. 그럼에도 불구하고, 원심[489)]이 피고 은행의 서류접수일이 1996. 6. 12.이고 그 때로부터 제7은행영업일은 같은 달 20.이라는 점을 인정하면서도, 피고 은행이 지급거절통지를 지정된 영업시간을 경과한 같은 날 19:08 발송하였다는 이유로 적법한 기간 내에 지급거절통지가 이루어지지 아니하였다고 본 것은, 신용장통일규칙상 하자통지기간의 산정에 관한 법리를 오해하여 판결에 영향을 미친 위법을 저지른 것이라 할 것이므로, 이 점을 지적하는 상고이유의 주장은 이유 있다.[490)]

488) 대법원 2004. 7. 22. 선고 2001다58269 판결.
489) 서울고법 2001. 7. 24. 선고 99나63123 판결.
490) ICC Opinion R 424 의 공식의견을 통하여 "발행은행이 거절통지를 마지막 7일째 되는 날 발송하였는데 그 정확한 시간이 통상적인 마감시간인 17:30에서 7분을 넘긴 17:37이었던 사안에서 UCP 조문이 서류접수 다음날부터 기산하여 제7영업일(현행, 제5은행영업일)의 마감시간이라고만 규정하고 있고 '지정된 영업시간'이라는 제한을 규정하고 있지 않다는 이유에서 7일째 되는 날에 발송된 것이 적법하다"고 판단하였다. 즉, 발행은행에 의한 지급거절기간의 마지막 시점을 7일째 되는

날의 "24:00"를 기준으로 한다고 해석하였다. 통일규칙의 해석상으로는 banking days를 banking hours와 동일하게 제한적으로 이해하는 것은 논리의 비약으로 이 사건에서 은행영업일의 종료시는 해당일자의 24:00를 의미한다고 보는 것이 타당하다; 채동헌, 전게서, 570-572면.

Chapter 12

은행의 면책

제34조 서류의 효력에 대한 면책

[Article 34] Disclaimer on Effectiveness of Documents

A bank assumes no liability or responsibility for the form, sufficiency, accuracy, genuineness, falsification or legal effect of any document, or for the general or particular conditions stipulated in a document or superimposed thereon; nor does it assume any liability or responsibility for the description, quantity, weight, quality, condition, packing, delivery, value or existence of the goods, services or other performance represented by any document, or for the goods faith or acts or omissions, solvency, performance or standing of the consignor, the carrier, the forwarder, the consignee or the insurer of the goods or any other person.

번역

[제34조] 서류의 효력에 대한 면책

은행은 모든 서류의 형식, 충분성, 정확성, 진정성, 위조 또는 법적 효력에 대하여, 또는 서류상에 규정되거나 또는 이에 부기된 일반조건 또는 특별조건에 대하여 어떠한 의무 또는 책임을 부담하지 아니하며; 또한 은행은 모든 서류에 표시되어 있는 물품의 명세, 서비스 또는 기타 이행의 명세, 수량, 중량, 품질, 상태, 포장, 인도, 가치 또는 존재에 대하여, 또는 물품의 송화인, 운송인, 운송주선인, 수화인 또는 보험자, 또는 기타 당사자의 성실성 또는 작위 또는 부작위, 지급능력, 이행 또는 신용상태에 대하여 아무런 의무 또는 책임을 부담하지 아니한다.

해설

이 조는 기존의 규정에서 "서류에 표시되어 있는 물품의 명세"를 "서류에 표시되어 있는 물품, 서비스 또는 기타 이행의 명세"로 하였다. 특히 "이행"을 추가한 것은 보증신용장의 특성을 고려하여 서류의 효력에 대한 면책조항에도 반영시킨 것으로 볼 수 있다.

1. 서류의 자체에 대한 면책

은행은 서류가 일반적 상태성의 형식(form)을 구비하고 있는지, 또한 그 서류에는 의뢰인의 요구내용 기재여부에 대한 형식적 심사이기 때문에 그 서류가 과연 법률상 완전하고 유효한지, 위조 또는 변조가 없다는 등에 관해서까지 보장할 수는 없다. 따라서 은행은 서류의 이면에 있는 물품을 알 수 없기 때문에 오직 서류만을 기초로 서류의 문면만을 심사한다.

따라서 신용장에 구체적으로 요구하지 않는 한 제공된 서류의 종류, 통수 및 서류의 기재사항이 상거래상 불충분하다 하여도, 즉 충분성(sufficiency) 여부에 대하여 은행은 조금도 책임을 부담하지 않는다.

또한 서류의 정확성(accuracy)에 대해서는 서류의 기재내용이 사실관계를 바르게 표시하고 있을 것과 그 계산이 정확히 되어 있을 것으로 해석되나, 비록 부정확한 것이었다 해도 은행은 책임을 부담하지 않는다는 취지이다.

이와 같이 은행은 서류 자체에 관하여 모든 형식, 충분성, 정확성에 대하여 면책이 된다.

2. 서류의 진정성, 위조 또는 변조에 대한 면책

서류의 진정성(genuineness), 위조(falsification) 혹은 법적 효력(1ega1 effect)에 대해서는 신용장거래의 실무면에서 종종 관계당사자간의 쟁점이 되어 경우에 따라서는 신용장거래의 근간을 흔들리게 하는 사태를 초래할지도 모르는 문제이지만, 신용장통일규칙은 은행이 면책됨을 규정하고 있다.

미국 통일상법전에서도 발행은행은 근거계약, 약정 또는 거래의 이행 또는 불이행, 기타 자의 작위 또는 부작위, 표준관습 이외의 특수한 거래관행의 준수 또는 인식에 대하여 아무런 책임을 부담하지 아니한다고 규정하고 있다.[491] 그러나 은행은 진정한 것으로 보이는 서류에 대한 지급은 보호되지만,[492] 서류가 위조된 사실을 미리 알거나 은행 측의 의무를 해태(negligence)한 경우에는 그렇지 않다.[493]

따라서 환어음 매입은행은 그 매입서류를 조사함에 있어서 제시된 서류가 신용장에 기재된 사항과 허위 또는 위조 등의 형식적 조사의무는 있으나 실질적 조사의무는 없기 때문에 서류검토를 게을리 하여서는 아니 된다. 또한 신용장발행은행이 스스로 수익자에 대하여 인수·지급을 행하여야 할 경우에는 허위의 사실을 알면서 인수·지급을 행하여서도 아니 된다.

은행은 매도인의 기망행위를 알면서 지급하는 것은 신용장제도의 목적에 어긋날 뿐만

491) UCC, Article 5-108(f).
492) Henry, Harfield, *Bank Credits and Acceptance,* The Ronald Company, New York, 1974, p. 80.
493) H.C. Gutteridge and Maurice, Megrah, *The Law of Banker's Commercial Credits,* Europe Publications Ltd., London, 1984, p. 179.

아니라 공서양속에 반하는 행위이다.

3. 서류문면상의 일반조건 또는 특별조건에 대한 면책

은행은 제시된 서류상에 규정되거나 또는 이에 부가된 일반조건(general or particular conditions)에 대해서도 책임을 부담하지 아니한다. 선화증권을 포함하는 운송서류(transport documents) 혹은 보험서류(insurance documents) 등에 인쇄되어 있는 일반약관이나 부가되어 있는 특수약관의 내용에 대해서 전문적 지식을 갖고 있지 않은 은행에게 점검의무를 지우는 것은 어려운 일이 되기 때문이다.

4. 서류에 기재된 물품의 실질 상태에 대한 면책

은행은 서류에 표시되어 있는 물품, 서비스, 또는 기타 이행의 명세(description of the goods, services or other performance), 수량(quantity), 중량(weight), 품질(quality), 상태(condition), 포장(packing), 인도(delivery), 가치(va1ue) 또는 존재(existence)에 대하여 아무런 의무나 책임을 부담하지 아니한다. 따라서 은행의 면책은 운송서류에 표시되어 있는 운송인의 "부지약관"(unknown c1ause)에 의한 면책과도 상통하는 점이 있다고 할 수 있다.

5. 서류의 작성자 및 발행자에 대한 면책

은행은 신용장거래와는 별개의 매매계약, 운송계약 또는 보험계약상의 당사자는 아니다. 은행은 신용장당사자라는 범위내에서 책임과 의무를 부담하지만, 각 서류가 가리키는 기타 계약에서의 당사자에 관한 일에 대해서는 면책이라는 것을 분명히 하고 있다. 따라서 물품의 매매계약, 운송계약 또는 보험계약의 당사자가 아닌 은행은 물품의 송화인(shipper)·운송인·운송주선인·수화인 또는 보험자 또는 기타 당사자의 성실성(good faith), 작위 또는 부작위(acts and/or omissions), 지급능력(solvency), 이행(performance) 또는 신용상태(standing) 등에 관하여 아무런 의무나 책임을 부담하지 아니한다.[494]

494) 강원진, 「신용장론」, 제5판, 박영사, 2007, 79-82면.

Case 12-01	선화증권 서명이 위조된 것으로 확인될 경우 은행의 상환청구 가능 여부

Q 선화증권상의 서명이 위조된 것으로 확인될 경우에 은행은 상환청구를 할 수 있는가?

사례 및 쟁점 UCP 600 제34조(UCP 400 제17조)에서 "은행은 모든 서류의 형식, 충분성, 정확성, 진정성, 위조 또는 법적 효력에 대하여, 또는 서류상에 규정되거나 또는 이에 부기된 일반조건 또는 특별조건에 대하여 어떠한 의무 또는 책임을 부담하지 아니하며; ..."라고 규정하고 있다.

따라서 은행은 선화증권상의 서명을 확인하는 것과 관련이 없는 것으로 나타내고 있다. 만일 서류가 위조된 것으로 판명이 될 경우, 은행은 UCP 하에서 상환청구를 할 수 있는지 여부를 알려주었으면 한다.

A 화환신용장에서 선화증권을 심사하는 은행은 자국에서 발행된 선화증권상의 서명형식을 준거로 하는 법적 요건을 알 것으로 기대되지만, 타국에서 발행되는 선화증권은 그러하지 않다. 따라서 전문가들은 서류를 심사하는 은행은 자국에서 서명된 선화증권에 대해서는 법적으로 유효한 형식으로 발행되었는지를 확인할 책임이 있다고 하고 있다.

그러나 은행이 위조로 판명된 서류에 대하여 상환청구를 할 수 있는지 여부는 UCP의 문제가 아닌 적용법의 문제이다.[495]

검토 운송서류(transport documents) 중에서 가장 대표적인 것은 선화증권(bi11 of lading)이다. 수출자가 선화증권을 위조·변조하여 서류상의 사기(fraud in documents)를 행하는 예가 종종 발생된다.

UCP에서는 서류의 형식, 충분성, 정확성, 진정성, 위조 또는 법적 효력에 대하여 은행의 면책임을 강조하고 있을 뿐, 위조·변조된 서류제시와 관련하여 지급이행 여부에 관해서는 침묵하고 있다. 이는 독립·추상성의 원칙 적용과 사기행위 사이의 표리관계를 고려한 것으로 볼 수도 있다.

---

495) ICC Pub. 489, Case 218.

이 사례에서와 같이 자국에서 서명된 선화증권은 발행형식 등의 확인이 비교적 용이하지만, 타국에서 서명된 선화증권은 그렇지 못하다. 그러나 은행은 제시된 선화증권의 유효성을 확인할 책임이 있다고 지적하고 있는 점에 유의할 필요가 있다. 다만 은행이 위조로 판명된 서류에 대하여 상환청구를 할 수 있는지 여부는 UCP의 문제가 아닌 적용법의 문제로 보고 있다.

Case 12-02	수익자의 반출지시서 사본의 물품명세를 일부 정정한 경우, 반출지시서 사본의 정규성과 상태성에 대한 효력

Q 신용장에서 수익자가 신용장 금 청구시 수익자가 발행한 반출지시서 사본을 제출서류로 요구하고 있고 수익자가 인증 없이 반출지시서 사본 상의 물품명세를 일부 정정한 경우, 반출시시서 사본이 서류로서의 정규성과 상태성을 잃게 되는가?

원고주식회사{원고(반소피고), 상고인} 대 피고주식회사{피고(반소원고), 피상고인} 사건[496)]

A 한국 대법원의 판결

1. **판결요지** : 제5차 개정 신용장통일규칙(The Uniform Customs and Practice for Documentary Credits, 1993 Revision, ICC Publication No. 500) 제15조 1문(UCP 600 제34조)에 의하면, "은행은 모든 서류의 형식, 충분성, 정확성, 진정성, 위조 여부 또는 법적 효력에 대하여, 또는 서류에 명기 또는 부기된 일반조건 및/또는 특별조건에 관하여 아무런 의무나 책임을 부담하지 않는다"고 규정하고 있고, 국제상업회의소가 그 산하 은행위원회의 승인 하에 결정한 국제표준은행관행 제10항은 "환어음을 제외하고 수익자 자신이 발행한 서류로서 공인, 사증 또는 기타 동종의 인증이 되어 있지 아니한 서류상 정정 또는 변경은 인증할 필요가 없다"고 규정하고 있으므로, 신용장에서 수익자가 신용장 대금 청구시 수익자가 발행한 반출지시서 사본을 제출서류로 요구하고 있고, 수익자가 정정 또는 변경을 인증하지 않고 반출지시서 사본 상의 상품명세를 일부 정정하였다고 하더라도 반출지시서 사본이 서류로서의 정규성과 상태성을 잃는

496) 대법원 2009.10.29, 선고, 2007다52911,52928, 판결.

다고 볼 수 없다.

2. **판결이유** : 신용장통일규칙 제15조 1문(UCP 600 제34조)에 의하면, "은행은 모든 서류의 형식, 충분성, 정확성, 진정성, 위조 여부 또는 법적 효력에 대하여, 또는 서류에 명기 또는 부기된 일반조건 및/또는 특별조건에 관하여 아무런 의무나 책임을 부담하지 않는다"고 규정하고 있고, 국제상업회의소가 그 산하 은행위원회(ICC Banking Commission)의 승인 하에 결정한 '국제표준은행관행[International Standard Banking Practice (ISBP) for the examination of documents under documentary credits, ICC Publication No. 645(2003)]'[497] 제10항은 "환어음을 제외하고 수익자 자신이 발행한 서류로서 공인, 사증 또는 기타 동종의 인증이 되어 있지 아니한 서류상 정정 또는 변경은 인증할 필요가 없다"고 규정하고 있으므로, 신용장에서 수익자가 신용장 대금 청구시 수익자가 발행한 반출지시서 사본을 제출서류로 요구하고 있고, 수익자가 정정 또는 변경을 인증하지 않고 반출지시서 사본 상의 상품명세를 일부 정정하였다고 하더라도 반출지시서 사본이 서류로서의 정규성과 상태성을 잃는다고 볼 수 없다.

원심판결[498] 이유에 의하면, 원심은 그 판시와 같은 사실을 인정한 다음, 이 사건 4번 내지 9번 신용장과 관련된 반출지시서 각 사본의 수정 부분의 삭제 여부가 반출지시서가 담고 있는 지시 내용 자체에 변경을 가져오는 것으로 보기는 어려우므로 각 반출지시서 사본 일부 수정 부분에 작성권자의 서명이나 날인이 누락되었다는 사정만으로 각 반출지시서 사본이 서류로서의 정규성이나 상태성을 갖추지 못하였다고 볼 수는 없다고 판단하였다.

앞에서 본 법리와 기록에 비추어 살펴보면, 위와 같은 원심의 판단은 정당하고, 상고이유에서 주장하는 문서의 정규성·상태성 등에 대한 대법원 판례 위반이나 신용장통일규칙 적용 등에 관한 법리오해 등의 위법이 없다.

497) UCP 600에 따라 ISBP, 681(2007)로 업데이트 되었다.
498) 서울고법 2007. 6. 28. 선고 2006나39852, 39869 판결.

제35조 송달 및 번역에 대한 면책

[Article 35] Disclaimer on Transmission and Translation

A bank assumes no liability or responsibility for the consequences arising out of delay, loss in transit, mutilation or other errors arising in the transmission of any messages or delivery of letters or documents, when such messages, letters or documents are transmitted or sent according to the requirements stated in the credit, or when the bank may have taken the initiative in the choice of the delivery service in the absence of such instructions in the credit.

If a nominated bank determines that a presentation is complying and forwards the documents to the issuing bank or confirming bank, whether or not the nominated bank has honoured or negotiated, and issuing bank or confirming bank must honour or negotiate, or reimburse that nominated bank, even when the documents have been lost in transit between the nominated bank and the issuing bank or confirming bank, or between the confirming bank and the issuing bank.

A bank assumes no liability or responsibility for errors in translation or interpretation of technical terms and may transmit credit terms without translating them.

번역

[제35조] 송달 및 번역에 대한 면책

은행은 모든 통신, 서신 또는 서류가 신용장에 명시된 요건에 따라 송달 또는 송부된 경우, 또는 은행이 신용장에 그러한 지시가 없으므로 인도서비스의 선택에 있어서 주도적 역할을 하였다 하더라도, 은행은 그러한 통신의 송달 또는 서신이나 서류의 인도중 지연, 분실, 훼손 또는 기타 오류로 인하여 발생하는 결과에 대하여 아무런 의무 또는 책임을 부담하지 아니한다.

지정은행이 제시가 일치하는 것으로 결정하고 그 서류를 발행은행 또는 확인은행에 발송하는 경우, 서류가 지정은행과 발행은행 또는 확인은행간, 또는 확인은행과 발행은행간 송달 중에 분실된 경우라 하더라도, 지정은행이 인수·지급 또는 매입하였는지의 여부와 관계없이, 발행은행 또는 확인은행은 인수·지급 또는 매입하거나, 또는 그 지정은행에 상환하여야 한다.

은행은 전문용어의 번역 또는 해석상의 오류에 대하여 아무런 의무 또는 책임을 부담하지 아니하며 신용장의 용어를 번역함이 없이 송달할 수 있다.

해설

UCP 500 제16조의 본문에는 반영되었으나 제목에 없던 번역에 대한의 면책을 추가하고, 종전 규정에 없었던 내용을 UCP 600에서는 신용장 조건과 일치되는 서류가 지정은행과 발행은행 또는 확인은행 사이 또는 확인은행과 발행은행 사이에 송달 중에 분실되더라도 지급이행을 하여야 한다는 은행의 책임규정을 새로이 반영하였다. 이는 여타 은행면책 조항과 비교할 때 처음으로 은행의 귀책되는 경우를 단서로 설정하고 있는 점은 특기할 만하다.

1. 통신 송달에 대한 면책

신용장거래를 행하는 은행간에는 전송에 의한 통지방법으로 스위프트, 전신 또는 텔렉스 등을 이용하고 있다. 전송의 경우에는 통신의 지연, 전문의 훼손 또는 자구의 탈락, 지시와 다른 자구의 혼입 등의 사고가 발생할 수도 있다. 전송사고의 원인으로서는 전원, 단말기, 중계기기, 중앙전산기시스템 등의 고장이나 통신회로의 이상이나 장애가 있을 수 있다. 은행은 통신 송달중에 이러한 사고가 발생하더라도 은행은 아무런 의무나 책임을 부담하지 아니한다.

은행이 수익자의 의뢰에 의하여 신용장의 선적기일(shipping date) 또는 유효기일(expiry date)의 연장 등 조건변경 요청에 관한 전신을 발신한 경우, 송신중의 지연 또는 오자, 탈자 등이 발생하여 조건변경을 하지 못하였다고 하더라도 은행은 수익자에 대하여 책임을 부담하지 아니한다.

2. 서류의 인도 지연, 분실, 훼손 또는 오류에 대한 면책

통지은행 또는 확인은행이 신용장원본, 신용장발행통지서, 조건변경통지서 또는 확인통지서 등을 수익자 앞으로 서신이나 서류의 인도중 지연, 분실, 훼손, 또는 기타 오류로 인하여 발생되는 결과에 대하여 통지은행 또는 확인은행은 책임을 부담하지 아니한다. 또한 발행은행으로부터 신용장에 따른 서류와 상환으로 인수·지급 또는 매입이 지시되어 수권된 지정은행(nominated bank)이 수익자로부터 수리한 서류를 정상적인 절차를 밟아 발행은행 앞으로 송달하는 도중에 연착, 미착 또는 불착되어도 서류 발송은행은 면책된다.

일반적으로 매입은행이 매입한 서류를 발행은행 등으로 송달할 경우, 2편 분송(two

consecutive lots)으로 송달기관을 통하여 발송을 위탁하기 때문에 서류 모두가 분실 또는 멸실하는 예는 많지 않다. 그러나 2편 분송이나 또는 1편 전송(one lot)에 의한 서류 송달중 사고에 발생한 경우, 손실에 대한 상환청구는 당시의 서류발송의뢰에 따른 접수증 등 증빙을 제시하여 의뢰인의 귀책사유가 없음을 입증시켜야 한다.

3. 지정은행과 발행은행, 확인은행 상호간의 송달중 분실책임

지정은행이 서류의 제시를 받고 일치하는 것으로 결정하여 발행은행 또는 확인은행으로 서류를 송달하는 경우, 서류가 지정은행과 발행은행 또는 확인은행 사이 또는 확인은행과 발행은행 사이에 송달중 분실된 경우라도 지정은행이 인수지급 또는 매입 여부와 관계없이 발행은행은 인수·지급 또는 확인은행은 인수·지급, 매입하거나 또는 지정은행에 상환하여야 한다. 따라서 불일치서류 또는 심사되지 않고 발행은행 또는 확인은행으로 보내진 서류나 송달중 분실된 서류는 이 조에 따라서 보호를 받지 못하게 된다.

4. 전문용어의 번역 및 해석상의 오류에 대한 면책

은행은 신용장에 기재되어 있는 물품·서비스·이행의 명세, 품질, 규격 등을 설명하는 전문용어에 대하여 충분한 지식을 갖고 있지 못하기 때문에 이를 정확히 번역하거나 해석하기가 어려울 수 있다. 따라서 은행은 전문용어의 번역이나 해석상의 오류에 관하여 어떠한 의무나 책임을 부담하지 아니하며, 또한 신용장조건을 번역하지 아니하고 송달할 권리를 갖는다.

통지은행 또는 제2통지은행이 자국어와 다른 언어의 신용장을 받을 경우, 신용장 및 신용장 번역본을 수익자에게 통지하기 전에 어떠한 의무나 확약 없이 신용장 조건을 번역하는 것을 고객에 대한 서비스로 행할 수 있다. 그러나 통지와 서류 등에 사용되고 있는 언어가 자국어가 아닌 경우라 할지라도 은행은 이를 번역할 의무는 없으며 원문 그대로 전달하여도 관계가 없다. 또한 코레스(correspondent)상의 과실에 대해서도 면책이 된다.[499] 따라서 번역하느냐 안 하느냐는 통지은행의 의향에 달려 있기 때문에 은행이 신용장의 용어를 번역하지 않고 송달할 권리를 갖는다고 규정한 것이다.

499) Peter Ellinger and Dora Neo, *op. cit.*, p. 169.

Case 12-03	일치하는 제시서류 송달중 분실된 경우 발행은행의 인수·지급 의무

지정은행이 매입한 일치하는 제시에 대하여 송달중 분실되더라도 발행은행은 인수·지급할 의무가 있는가?

사례 및 쟁점 1. C국에 있는 은행(발행은행)은 S국에 있는 기업을 수익자로 하여 매입에 의하여 사용가능한 선화증권일자 이후 180일 지급 취소불능화환신용장을 UCP 500을 준거로 하여 발행하였다.

2. 신용장은 S국에 있는 은행(매입은행)을 통하여 수익자에게 통지하였다. 신용장의 확인은 요구되지 않았다.
3. 신용장은 "신용장 조건에 일치되는 서류의 전부(전통)를 받자마자 귀하의 지시에 따라 지급을 이행할 것이다"와 같이 발행은행은 일치하는 서류를 자신의 부서에서 수령하면 수익자에게 지급할 것을 확약한다고 SWIFT 메시지 ":78란"(지급지시)에서 규정하고 있다.
4. S국에 있는 은행은 신용장의 매입을 준비하고 있다.
5. 그렇기 때문에, 우리는 신용장이 현금화될 때 서류분실에 대한 위험은 발행은행에게 이전된다는 것을 알고 있다. 즉, S국가에 있는 은행이 적절하게 신용장 매입이 이루어지는 경우이다.

우리는 서류분실위험은 서류를 발행은행이 수령하게 되면 발행은행에게 이전하는지 여부에 대하여 ICC 은행위원회의 명확한 의견을 받게 되면 감사하겠다.

A 신용장에 "신용장 조항에 일치하는 서류 전부를 수령하자마자 귀하의 지시에 따라 지급이행 할 것이다"라는 상환지시가 있다 하더라도 제35조에 따라 발행은행은 지정은행에 의하여 매입되고 일치하는 제시에 대하여 송달중 분실되더라고 인수·지급할 의무를 부담한다.

위에서 언급한 바와 같이 신용장에서 상환의무는 발행은행의 서류수령 조건으로 하지 않지만 지정은행에 의하여 행하는 일치하는 제시에 의한다. 신용장에서의 상환조항은 서류수령 조건으로 상환이 이루어지지 않는다.[500)]

500) ICC Pub. 660, R 548.

검토 신용장이 지정은행의 매입을 규정하거나 또는 자유매입이 가능한 경우 매입은행은 발행은행으로부터 지급받을 권리를 부여받는다. 서류가 송달중 분실된다 하더라도 매입은행은 제35조의 내용으로 보호받게 된다. 발행은행은 신용장조건에 일치하는지에 대해 서류를 검토하기 위하여 매입은행에 송달된 서류의 사본을 요청할 수 있다.

UCP 500 제16조에는 통신 송달이나 전문용어 번역에 대한 은행의 면책조항을 설정하고 있었으나 UCP 600 제35조에서는 이에 추가하여 "지정은행이 제시가 일치하는 것으로 결정하고 그 서류를 발행은행 또는 확인은행에 발송하는 경우, 서류가 지정은행과 발행은행 또는 확인은행간, 또는 확인은행과 발행은행간 송달중에 분실된 경우라 하더라도, 지정은행이 인수·지급 또는 매입하였는지의 여부와 관계없이, 발행은행 또는 확인은행은 인수·지급 또는 매입하거나, 또는 그 지정은행에 상환하여야 한다"[501]라고 하여 신용장조건과 일치되는 서류가 지정은행, 확인은행, 발행은행간의 서류송달중 분실되더라도 지급이행을 하여야 한다는 은행의 책임규정을 새로이 반영하였다. 이는 UCP가 그간 개정되어 오면서도 은행의 면책조항은 그대로 유지되었던 점에 비추어 2007년 개정 UCP 600부터 은행의 귀책되는 경우를 면책조항상에 단서로 규정한 것은 특기할 만하다.

신용장에 따라 지급, 인수 또는 매입을 행한 은행이 서류송달중에 사고가 발생하게 된 경우에는 면책되지만, 발행은행에 대해 상환을 청구할 때에는 분실한 서류가 정확히 신용장조건에 합치하고 있었던 것이라는 점과 아울러 당해 서류는 정규의 절차로 송달했음을 입증시켜야 한다. 일반적으로 은행간에 매입한 서류를 해외로 송달할 때에는 2편 분송으로 나누어 송달기관에 발송위탁을 하는 관행이 있어 이 경우 양편 공히 우연한 사고로 모두가 분실·멸실하는 예는 거의 없기 때문에 양편 공히 사고에 의해 도착되지 아니하는 한 발행은행에 대한 입증은 비교적 용이하다.

Case 12-04 원본서류 송달중 분실된 경우의 책임관계

Q 발행은행이 지정은행에게 제35조 규칙을 중속시키기 위하여 신용장에서 요구하는 모든 서류 사본을 송부하도록 요구하였는데 원본이 송달중 분실되었을 경우의 책임은 어떠한가?

501) UCP 600, Article 35.

사례 및 쟁점 H국 및 S국의 일부 은행들은 매입에 의하여 모든 은행에서 사용가능한 신용장을 발행하였다. 이 신용장은 다음과 같이 명시하는 조건을 포함하고 있다: "발행은행은 지정은행에게 신용장에 따라 제시된 모든 서류사본 송부를 요구할 권리가 있다. 지정은행은 일치하는 제시로 결정하였고 이와 같은 일치된 것으로 결정된 서류가 지정은행이 송부한 이 후 송달중 분실되었다. 발행은행은 신용장조건과 일치하는 것으로 서류를 심사하여야 하며 또한 발행은행이 서류가 (원본성 문제를 제외하고) 신용장조건과 일치하지 아니한 것으로 결정하는 경우 지정은행에 대한 상환을 거절할 권리가 있다. 그것은 앞서 말한 것과 모순되는 범위내에서 제35조는 명시적으로 제외되는 것이다."

더욱 적절한 절차는 요구된 서류가 발행은행에게 2편의 특사편의 우편물로 송부되도록 요구되었어야 하는 것이 우리의 견해이다. 또한 서류의 사진복사본에 근거하여 일치성을 결정하는 적법성에 관하여 강한 의문을 가지고 있다. "원본성의 문제는 제외하고"라는 명시는 마치 그것이 사소한 쟁점인 것처럼 너무 관대하게 보인다.

만약 서류가 원본으로써 서명 또는 스탬프 되어 작성되어 진다면 어떠한가? 그리고 유효한 조건이나 제시기간에 관한 것이라면 어떠한가? 발행은행은 매입은행의 송달중 서류분실에 관한 명시에 따르게 되는가? 우리는 귀 위원회의 명확한 의견을 알고 싶다.

A UCP 600 제35조에 포함되어 왔던 개념은 새로운 것이 아니다. Opinion R 548로 간행된 ICC 은행위원회의 결론은 다음과 같다: "'신용장조건에 일치하는 서류 전부를 수령하자마자 귀하의 지시에 따라 지급이행 할 것이다'라는 상환지시가 있다 하더라도 제35조에 따라 발행은행은 지정은행에 의하여 매입된 일치하는 제시에 대하여 송달중 분실되더라도 인수·지급할 의무를 부담한다. 신용장에서 상환의무는 발행은행의 서류수령 조건이 아닌 단지 일치하는 제시가 지정은행에게 행하였는가 하는 점이다. 신용장에서 상환조항은 서류수령 조건으로 상환이 이루어지지 않는 것이다."

서류가 송달중에 분실되는 경우, 은행위원회의 견해나 제35조에서는 어떤 행동방침이나 이와 같은 위험을 어떻게 무효화 할 것인가에 대한 답을 제공하지 않고 있다. 이는 관계당사자에게 맡겨둘 사안이다. 질의에서 이미 언급한 것처럼, 우선적인 선택은 서류를 2편 분송하도록 하는 요청이고, 이것은 발행은행 및/또는 발행의뢰인의 선택사항이다. 2편 분송으로 우송하는 것은 신용장에서 비용이 증가하게 됨을 염두에 두어야 한다.

1편으로 우송되는 경우(이는 신용장에서 요구되어지거나 또는 우송 횟수 표시가 없는데 서류가 송달중 분실된 경우) 발행은행 또는 확인은행은 원래 제시된 서류의 사본을 재 작성하여 제시하도록 요구하는 결정을 할 수도 있다. 발행은행 또는 확인은행은 "마치 신용장조건에 따라 요구된 것과 같은 원본 및 사본인 것처럼" 그와 같이 제시된 사본을 재검토 할 것이다. 이것은 원본서류의 사본상에 나타내는 모든 서명이 서류가 마치 원본으로 작성된 것으로 간주될 필요가 있다는 입장을 포함하게 된다.

서류의 제시는 지정은행에게 유효기일 및/또는 제시를 위한 최종일 이내에 이루어져야 하기 때문에, 유효기일 또는 제시기간에 관한 문제는 없다. 발행은행 또는 확인은행은 서류가 일치된 것으로 결정하는 경우, 원래대로 지정은행에 제시되었을 때 발행은행 또는 확인은행은 인수·지급 또는 매입하여야 한다. 지정은행이 제시된 서류의 사본을 보유할 의무가 없는 데도 발행은행 또는 확인은행이 요구하였을 경우, 사본의 형식으로 재작성한 제시로(서류가 송달중에 분실되는 경우) 이후의 문제를 경감시킬 수도 있다는 점에 유의하여야 한다.

질의에 언급된 바와 같이 이 조항은 서류 송달중 분실된 경우를 대비하여 서류를 1편 또는 2편 분송을 선택하는 발행은행의 요구가 지정은행에게 강조되고 있다.[502]

검토 UCP 600 제35조에서는 "지정은행이 제시가 일치하는 것으로 결정하고 그 서류를 발행은행 또는 확인은행에 발송하는 경우, 서류가 지정은행과 발행은행 또는 확인은행간, 또는 확인은행과 발행은행간 송달중에 분실된 경우라 하더라도, 지정은행이 인수·지급 또는 매입하였는지의 여부에 관계없이, 발행은행 또는 확인은행은 인수·지급 또는 매입하거나, 또는 그 지정은행에 상환하여야한다"와 같이 은행면책의 예외 적용의 경우에 대하여 설정하고 있다.

신용장거래는 서류로 거래하는 것이므로 서류를 송달하는 과정에 분실 또는 착오가 발생될 수도 있다. 따라서 신용장에서 서류송달 지시가 1편 전송 보다 2편 분송하는 것이 수익자에게는 유편료가 추가로 발생되더라도 이는 적은 비용에 속하므로 만약의 경우를 대비하여 서류송달 지시를 2편으로 분송할 수 있도록 수익자가 발행의뢰인에게 신용장발행을 의뢰할 때 발행은행에 이를 반영하여 줄 것을 요청하는 것이 바람직하다.

502) ICC Pub. 697, R 651.

제36조 불가항력

[Article 36] Force Majeure

A bank assumes no liability or responsibility for the consequences arising out of the interruption of its business by Acts of God, riots, civil commotions, insurrections, wars, acts of terrorism, or by any strikes or lockouts or any other causes beyond its control.
A bank will not, upon resumption of its business, honour or negotiate under a credit that expired during such interruption of its business.

번역

[제36조] 불가항력

은행은 천재, 폭동, 소요, 반란, 전쟁, 테러행위에 의하거나 또는 동맹파업 또는 직장폐쇄에 의하거나 또는 기타 은행이 통제할 수 없는 원인에 의한 은행업무가 중단됨으로 인하여 발생하는 결과에 대하여 아무런 의무 또는 책임을 부담하지 아니한다.
은행은 업무가 재개되어도 업무중단 동안에 유효기일이 경과된 신용장에 의한 인수·지급 또는 매입을 행하지 아니한다.

해설

이 조에서는 불가항력(Force Majeure)의 범위에서 은행업무 중단이 일어날 수 있는 원인으로 "테러행위"(terrorism)가 있을 수 있기 때문에 기존의 규정에 이를 새롭게 추가하였다.

1. 신용장거래에서 불가항력의 범위

"Force Majeure"는 프랑스법에서 유래된 용어로[503] "당사자의 통제를 넘어서는 모든 사건"(every event beyond the control of the parties)을 말한다.[504]

특히 국제거래당사자는 매매계약을 체결할 때 이후 불가항력에 따른 이행불능이 되는 경우를 대비하여 계약서상에 불가항력조항을 삽입하고 불가항력 사태가 발생하였을 경우에는 면책이 인정될 수 있도록 하여 후일의 분쟁에 대비하고 있다.

---

503) A.G. Guest, *Benjamin's Sale of Goods,* Sweet & Maxwell, London, 1981, §665.
504) Clive M. Schmitthoff, *Export Trade,* 9th ed., Stevens & Sons, 1991, London, p. 164.

이 조의 취지에 따르면 신용장거래에서도 은행이 통제할 수 없는 불가항력사태로 인하여 업무를 중단한 경우에는 그 업무중단으로부터 발생한 결과에 대하여 은행은 아무런 의무나 책임도 부담하지 아니하는 것으로 하고 있다.

UCP 600에서 불가항력에 따른 은행의 면책으로 인정되는 불가항력의 범위와 그 내용들을 검토하면 다음과 같다.505)

천재(Acts of God)라 함은 자연현상에 의한 재해로서 지진, 태풍, 홍수, 폭설 등을 말한다. 폭동(riots)은 적법함과 위법함을 불문하고 3인 이상의 사람이 사적인 계획을 수행하기 위하여 집합하여 일반대중에게 공포를 줄 것 같은 폭력을 사용하는 행위 및 행동으로 일반대중의 평온한 생활에 대한 격렬한 교란을 말한다. 소요(civil commotions)는 일반적인 목적을 위하여 사람이 다수 집합하여 폭행 또는 강박을 행하는 것을 가리키나 국가권력의 탈취를 목적으로 한 모반(rebellion)506) 또는 그 전 단계인 반란의 정도에는 달하고 있지 않는 것을 말하며, 반란(insurrections)은 모반의 전제적 단계의 교란 또는 모반의 영역에 달하지 않은 전 단계의 교란을 가리킨다. 전쟁(wars)은 국제법의 범위내에서 온갖 가해수단을 이용하여 상대국의 저항력을 제압하는 것이 가능한 법적 상태를 가리키지만 일반적으로는 병력에 의한 국가간의 투쟁을 말한다. 또한 테러행위(acts of terrorism)는 정치, 종교, 이념적 목적 달성을 위하여 정부 또는 사회에 대한 위협 또는 협박의 수단으로 개인 또는 재산에 대하여 비합법적인 힘 또는 폭력을 사용하는 것이다. 동맹파업(strikes)은 은행근로자가 근로조건의 유지개선을 목적으로 단결하여 은행업무를 거부하는 것이며, 직장폐쇄(lockouts)는 은행경영자가 은행을 폐쇄하고 은행원의 근로를 거부하는 것을 말한다.

그리고 "은행이 통제할 수 없는 기타의 원인"(any other causes beyond its control)이라 함은 은행이 경영에 있어 또는 신용장거래에 있어 중대한 영향을 미치는 여러 가지의 형태로 국가권력의 개입, 지시, 명령 등에 의한 은행업무 활동의 중단도 본 조항의 불가항력에 포함된다.

505) Clive M. Schmitthoff, *op. cit.*, pp. 163~168; 早岡良平 監修, 「實務家のための逐條解說信用狀統一規則」, 金融財政事情硏究會, 1985., 196~197面; ICC, *Force Majeure and Hardship,* ICC Publishing S.A., 1985, p. 8의 Force Majeure(exemption) clause 등을 참조.

506) 모반(rebellion)이라 함은 헌법상 허용된 자유행동의 범위를 이탈한 국가기력에 반항하는 정치적 반란이다.

2. 은행업무중단중 신용장 유효기일의 경과시의 은행의 면책

불가항력 사태로 업무가 중단되었다가 재개되어도 업무중단 기간 동안에 신용장 유효기일이 경과된 경우에는, 은행은 신용장에 의한 인수·지급 또는 매입을 행하지 않아도 된다.

그러나 기한부환어음을 인수한 은행은 불가항력사유로 지급기일에 은행업무가 중단되었던 이유로 지급이 실행되지 않았던 경우에는 업무 재개시점에서 만기에 따른 지급을 이행하여야 한다.

Case 12-05	불가항력사태에 기인하여 은행업무 중단 경우 확인은행의 확약도 종료되는지 여부

 불가항력사태에 따라 은행업무가 중단되었을 경우 확인은행의 확약도 종료되는가?

사례 및 쟁점 다음 내용을 이해하는데 견해차이가 있어 ICC에 질의하고자 한다.

1. UCP 600 제2조(구 UCP 400 제10조 b항)에는 "확인이라 함은 발행은행의 확약에 추가하여 일치하는 제시를 인수·지급 또는 매입하겠다는 확인은행의 분명한 확약"으로 확인을 정의하고 있다.
2. 제36조(구 제19조)하에서 은행은 업무가 재개되어도 업무중단 동안에 유효기일이 경과된 신용장에 의한 인수·지급 또는 매입을 행하지 아니한다. 이 조항에서 언급된 이유 때문에 은행의 업무가 중단되는 경우 그 결과에 대한 의무 및 책임이 없음을 가정하고 있다.
3. UCP조항은 다른 조항과 독립적으로 받아들이지 않고 모든 규칙은 함께 관련성을 가지고 적용되는 것이므로 우리의 이해는 다음과 같이 한다: 제36조(구 제19조)의 경우 신용장 조건이 성취되도록 허용하는 방법으로 상황이 변할 때까지 확인은행은 그의 확약에 대해서 책임을 부담하지 않는다.

무력분쟁이 있는 동안 발행은행은 파괴되는 사건이 발생되어 폐업하였다. UCP 600 제2조 문언에 따르는 확인은행의 확약은 은행이 파괴되어 더 이상 존재할 수 없으므로 발행은행의 확약에 더 이상 "추가하여"라는 확인은행의 확약이 존재하지 않는 것으로 볼 수 있는지 여부이다.

A UCP 600 제36조(구 제19조)는 신용장하에서 지급, 인수, 혹은 매입이 수권된 은행에 관련된 것이다. 여기에서는 확인은행을 포함하고 있다.

은행업무가 제36조의 원인으로 중단되고, 그와 같은 중단중에 유효기간이 경과한 경우에는 수익자에게는 불운(지급받지 못하게 되는)하다.

그러나 일치하는 서류가 은행의 업무중단 전에 확인은행에 제시되고 은행업무중단 때문에 인수·지급되지 않았을 경우 신용장이 유효기일이 비록 경과되더라도 확인은행은 업무재개후 자신의 확약에 의하여 여전히 구속된다.[507)]

검토 한편 확인은행이 제36조의 이유로 폐쇄되는 경우, 수익자는 직접 발행은행에게 직접 서류를 제시하도록 노력하여야 한다. 확인에 대한 UCP규정의 숨은 의도는 확인은 별개의 그리고 독립된 확약임을 명백히 하는 것이다. 제2조의 "추가하여"란 단어의 목적은 부수적인 것이 아니라 별개 그리고 분명한 확약의 개념을 전달하기 위한 것이다.

확인은행의 입장에서는 면책에 대한 본질적 개념이 다르다. 확인은행이 발행은행의 의뢰에 따라 신용장에 확인을 추가하는 행위[508)]는 그 국가의 정치·경제적인 위험을 고려하여 발행은행의 신용력 부족을 확인은행이 보완하여 보강하는 것이다.

발행은행의 경영파탄으로 확인은행이 지급한 자금에 대하여 발행은행으로부터 상환을 받을 수 없다고 하여도 수익자에 대하여 이미 지급된 자금의 반환청구 또는 매입된 어음의 매입원인무효청구를 행하는 것이 허용되지 않는다.[509)]

발행은행이 불가항력원인에 의하여 확인은행에게 보상이 불가능하게 된 경우에도 확인은행은 수익자에 대하여 지급된 자금의 반환 내지는 매입어음의 무효청구를 할 수 없

507) ICC Pub. 459, Case 61.

508) SWIFT 메시지 MT700 형식으로 신용장을 발행할 경우 ":49 confirmation instructions: CONFIRM" (또는 "MAY ADD")이라고 명시되어 있으면 확인신용장이고, 그 위치에 "WITHOUT"이라고 명시되어 있으면 미확인신용장(unconfirmed credit)이다. 확인요청에 대하여 수신은행이 확인을 거절하지 아니할 경우의 신용장의 확인문언은 보통 "We confirm this credit and hereby undertake a1l drafts drawn and presented as above stipulated shall be duly honored by us"와 같이 명시한다. 또한 수신은행의 매입에 대한 확언문언은 보통 "We have been requested to add our confirmation to this credit and we therefore undertake that any drafts drawn by you in accordance with the terms of the credit will be duly negotiated by us without recourse"와 같이 명시할 수 있다.

509) 朝岡良平, 前掲書, 198面.

다. 왜냐하면 신용장의 확인은행은 발행은행과는 별개로 독립하여 신용장 거래상의 채무를 부담하고 있다고 해석하기 때문이다.[510)]

불가항력사태가 발행은행의 상환실행을 불가능하게 한 것이기 때문에 수출지에서 매입은행 또는 지급은행과 같이 발행은행은 신용장유효기일에 따른 구속을 받는 것이 아니다. 따라서 일단 유효기일 내에 모든 서류가 신용장조건에 일치되게 제시되었다면 유효한 것으로 간주하여 불가항력사태가 소멸된 시점에는 신용장조건에 따라 상환을 실행하여야 할 것이다.

510) UCP 600, Article 8; 강갑선 역, 「무역결제론」, 요하네스짜안저, 법문사, 1977, 196면.

제37조 피지시인의 행위에 대한 면책

[Article 37] Disclaimer for Acts of an Instructed Party

a. A bank utilizing the services of another bank for the purpose of giving effect to the instructions of the applicant does so for the account and at the risk of the applicant.

b. An issuing bank or advising bank assumes no liability or responsibility should the instructions it transmits to another bank not be carried out, even if it has taken the initiative in the choice of that other bank.

c. A bank instructing another bank to perform services is liable for any commissions, fees, costs or expenses ("charges") incurred by that bank in connection with its instruction.
If a credit states that charges are for the account of the beneficiary and charges cannot be collected or deducted from proceed, the issuing bank remains liable for payment of charges.
A credit or amendment should not stipulate that the advising to a beneficiary is conditional upon the receipt by the advising bank or second advising bank of its charges.

d. The applicant shall be bound by and liable to indemnify a bank against all obligations and responsibilities imposed by foreign laws and usages.

번역

[제37조] 피지시인의 행위에 대한 면책

a. 발행의뢰인의 지시를 이행하기 위하여 다른 은행의 서비스를 이용하는 은행은 발행의뢰인의 비용과 위험부담으로 이를 이행한다.

b. 발행은행 또는 통지은행이 다른 은행의 선택에 있어서 주도적 역할을 하였다 하더라도, 그 은행이 다른 은행에게 전달한 지시가 이행되지 아니하는 경우, 발행은행 또는 통지은행은 아무런 의무 또는 책임을 부담하지 아니한다.

c. 다른 은행에게 서비스를 이행하도록 지시하는 은행은 그 지시와 관련하여 다른 은행

에 의하여 발생된 모든 수수료, 요금, 비용 또는 경비("비용")에 대하여 부담하는 의무가 있다.

신용장에 비용이 수익자의 부담이라고 명시하고 있고 그 비용이 대금으로부터 징수 또는 공제될 수 없는 경우, 발행은행은 비용지급에 대하여 부담하는 의무가 있다.

신용장 또는 조건변경은 수익자에 대한 통지가 통지은행 또는 제2통지은행이 자신의 비용을 수령하는 조건으로 한다고 규정하여서는 아니 된다.

d. 발행의뢰인은 외국의 법률 및 관행에 의하여 부과되는 모든 의무와 책임에 구속되며 이에 대하여 은행에게 보상할 책임이 있다.

해설

이 조에서는 기존의 피지시인의 행위에 대한 면책 조항중 신용장을 발행하거나 조건변경을 할 경우 수수료를 받아야 통지를 행한다는 식의 조건부 신용장을 발행하여서는 안된다는 내용을 새롭게 반영하고 있다.

1. 다른 은행 서비스이용에 따른 비용 및 위험부담의 면책(37a)

신용장거래에 있어서 발행은행은 보통 외국에 있는 환거래은행(correspondent bank)[511] 앞으로 신용장의 통지(advice) 또는 확인(confirmation)을 의뢰하거나 또는 지정은행에게 인수·지급 또는 매입을 수권하고 있다. 그러므로 다른 은행의 서비스 이용은 불가피하게 되고, 이를 이용하는 이상 신용장의 통지, 확인 또는 인수 수수료 등의 비용이 발생되는 경우도 있다.

따라서 이 조 a항에서는 다른 은행의 서비스를 이용하는 은행은 발행의뢰인의 비용과 위험으로 이를 이행하도록 규정하고 있다. 즉 발행은행의 해외지점이나 환거래은행을 통하여 신용장의 지시를 행하는 경우 또는 신용장에 확인을 필요로 하는 경우에는 다른 은행의 서비스의 제공 혹은 채무의 인수, 확인에 따른 수수료는 발행의뢰인이 부담하는 것이 된다.

한국의 경우 외국환은행들은 신용장거래에 발생되는 비용부담에 대하여 미리 신용장

511) 외국환은행이 외국의 은행과 외국환거래에 관하여 체결하는 약정을 환거래약정(correspondent agreement)이라고 하고, 이를 체결한 외국의 은행을 보통 "코레스은행"이라고 부른다. 대외환거래약정은 당좌예금계정의 설정 여부에 따라 예치환거래약정(depository correspondent agreement)과 무예치환거래약정(non-depository correspondent agreement)으로 구분할 수 있다.

발행의뢰인으로부터 "수입거래약정서"에 기초하여 이를 약정하는 것이 관행이다.

또한 신용장에 인수·지급 또는 매입하도록 발행은행으로부터 수권 받은 은행이 신용장거래를 행한 경우, 이에 따라 요구되는 이자, 수수료 등의 제비용은 모두 최종적으로는 발행의뢰인이 부담하더라도 모두 발행은행 앞으로 청구한다.

2. 다른 은행 지시불이행에 따른 면책(37b)

이 조 b항에 의하면 발행은행 또는 통지은행이 다른 은행의 서비스를 이용할 경우 다른 은행의 선택에 있어서 주도적 역할을 하였다 하더라도 전달된 지시사항이 제대로 이행되지 않아도 발행은행 또는 통지은행은 면책된다. 이는 지정은행의 불이행에 대한 발행은행의 면책조항은 대리인(발행은행)은 본인(발행의뢰인)에 대하여 대리인의 임무수행권이 위임된 복대리인(다른 은행)에 대한 책임을 부담한다고 하는 사실이 관례적으로 받아들여지고 있음에 비추어 특수한 조항이라 할 수 있다.[512)]

신용장 이용이 발행은행의 소재지 이외 특히 외국에서 이루어지는 경우에는 외국에 있는 다른 은행을 이행보조자로서 사용할 필요가 있다. 이 경우 이행보조자의 사용은 발행은행의 편의상의 임의조치라고 하는 것보다는 불가피한 조치이기 때문에 은행의 책임을 경감시키는 것이 필요하다. 채권법의 일반원칙에 따르면 은행의 이행보조자인 다른 은행의 협력을 받은 은행자신 측에 고의의 과실이 있는 경우에는 책임을 부담하여야 하는 것으로 보고 있다. 이는 발행은행의 의뢰자에 대한 위임계약 또는 청부계약, 기타의 계약상의 의무이행에 관한 문제로 이행보조자의 선정은 의뢰인을 위한 것이거나 또는 발행은행 스스로가 한 것이든 간에 이를 불문한다.[513)]

3. 다른 은행 서비스이행 지시은행의 비용부담(37c)

이 조 c항에서는 발행은행 또는 통지은행이 신용장 또는 조건변경 및 이행된 연관서비스와 관련하여 다른 은행 서비스를 이행하도록 지시하는 은행은 다른 은행에 의하여 발생된 모든 비용(charges)에 대하여 부담할 의무가 있다는 것을 명시하고 있다.

그러나 신용장을 발행할 때 보통 발행은행은 예를 들면, "All banking charges outside of the United States are for account of the beneficiary"라고 명시되어 있는 경우가 많다. 이 경우에는 미국 이외에서 발생하는 모든 비용(charges)은 당연히 수익자부담이 된다.[514)] 이와 같이 신용장에 비용이 수익자의 부담으로 명시되고 있으나, 이를 징수 또는

512) 한주섭, 「최신신용장론」, 동성사, 1987, 483면.
513) F.M. Ventris, *Banker's Documentary Credits,* 3rd ed., Lloyd's of London Press Ltd., 1990., p. 23.
514) 한국의 외국환은행들의 신용장거래관련 수수료 징수관행은 별도 합의가 없는 경우, 수익자가 부담

공제될 수 없는 경우에는 서비스 이행을 지시한 발행은행이 모든 비용을 부담한다.

특히 매입은행에 대한 수출환어음의 상환지연에 따른 소위 지연이자(delay interest)에 대하여 "상환이 최초의 청구시에 신용장의 조건에 따라 상환은행에 의하여 상환 받지 못한 경우, 발행은행은 발생된 모든 경비와 함께 이자손실의 책임을 부담하여야 한다"[515]고 규정하고 있음을 유의할 필요가 있다.

또한 통지은행 또는 제 2통지은행이 신용장 또는 조건변경을 통지하기 전 수익자로부터 자신의 비용을 수령하여야 한다는 조건, 즉 선지급 하도록 하는 조건으로 한다는 식의 문언을 명시하여 조건부 신용장을 발행하여서는 안 되도록 하고 있다. 그러한 조건은 통지은행 또는 제2통지은행에게 불필요한 부담을 초래할 수 있다.

4. 외국법률 및 관행에 따른 은행의 면책(37d)

이 조 d항에 의하면 발행의뢰인은 외국의 법률 및 관행에 의하여 부과되는 모든 의무와 책임에 구속되며 이에 대하여 은행에게 보상할 책임이 있다. 이와 같은 의무 및 비용부담은 외국과 거래를 행하는 한 회피할 수 없는 종류의 것이며, 당해 신용장거래에 대하여 지시 및 의뢰한 신용장발행의뢰인이 최종적으로 의무와 책임을 부담하여야 하는 것이 본 규정의 취지이다.

또한 신용장발행 이후에 외국의 법률이 개정되어 거래가 불가능하게 된다든가 규제되어 관련은행에 손해가 발생하는 경우에도 신용장발행의뢰인이 부담하여야 한다.

Case 12-06	발행은행 국가 이외 발생 모든 수수료의 수익자 부담조건 및 부담금액 또는 비율의 범위

발행은행이 신용장에 발행은행 국가 이외에서 발생된 모든 수수료는 수익자의 부담으로 하고 대금에서 공제된다고 명시된 경우라도 수수료의 금액 또는 비율을 분명하게 표시하여야 하는가?

하는 것으로는 통지은행으로부터 신용장을 통지받을 때의 통지수수료, 환어음매입(negotiation)시의 우편료(postage), 환가료(exchange commission), 대체료(in lieu of exchange), 이전에 매입한 대금의 상환지연과 관련된 지연이자(delay interest) 등이 있으며, 신용장발행의뢰인이 부담하는 것으로는 신용장발행의뢰시의 신용장발행수수료(L/C issuing commission), 전신료(cable charge), Corres Charge 등이 있다.

515) UCP 600, Article 13-b-iii.

사례 및 쟁점 수익자의 요청으로 우리는 다음의 경우와 관련하여 ICC의견을 듣고자 한다.

신용장 사항

L/C issued by: Bank M, Country H(Bank I)

Favouring: Company T, Country H(beneficiary)

For account of: Company F, Country T

Subject to UCP 600

Presenting bank: Bank F, Country H(ourselves)

I은행은 약 USD500,000.00에 달하는 여러 개의 신용장을 다음과 같은 조건으로 발행하였다: "신용장발행수수료를 제외한 모든 은행수수료는 수익자의 부담으로 한다" 기타의 은행수수료에 대한 참조사항은 위의 내용을 제외하고 없었다.

제시은행으로 행동하는 우리는 수익자의 요청에 따라 지급을 받기 위하여 I은행에게 서류를 제시하였다. 수익자가 대금을 받았을 때 지급수수료, 취급수수료 및 지급 건당 USD1,000.00을 상회하는 대체료로서 일부의 수수료가 공제되었다. 수익자는 전신료를 제외하고 이와 같은 비용부담이 신용장에 그와 같이 명시되지 아니하였는데 그렇게 많은 금액의 수수료를 차감한 이유에 대하여 이해할 수 없었다.

우리는 ICC 의견 R 380에 의하여 발행은행은 비록 신용장이 발행은행 국가 이외에서 발생된 모든 수수료는 수익자의 부담으로 하고 대금에서 공제되어지는 것이라 하더라도 발행은행이 부담시키기를 원할 경우 분명하게 수수료 금액 및 비율을 표시하여야 하는 것으로 알고 있다.

그와 같이 우리는 의견 R 380에 대한 참조사항을 만들어 SWIFT 메시지를 은행에 보냈다. 그러나 I 은행은 다음과 같은 이유를 들어 수익자에게 수수료를 반환하는 것을 여전히 거절하고 있다:

"우리는 귀하의 주장이 사실이 아닌 것처럼 보이는 것을 지적하고 싶다. 우리의 신용장 조건은 '신용장발행수수료를 제외한 모든 은행수수료는 수익자의 부담으로 한다'이고, 반면 귀하가 인용한 ICC 의견 R 380은 신용장이 '발행은행 측 외의 모든 수수료는 수익자의 부담으로 한다'라고 명시된 사례이다. 이는 우리의 신용장에 명시된 것과는 매우 다른 것이다. 우리는 만일 신용장이 후자와 같이 명시되어 있고, 신용장 상에 어딘가 다른 곳에서 언급되지 않았다면 발행은행이 수익자에게 지급시 자신의 은행에서 발생된 어떠한 수수료를 부담하는 것은 적절하지 않다는 것에 대하여 전적으로 동의한다. 따라서 우리는 귀하의 요구를 거절하여야만 한다"라고 하면서 우리의 주장에 항변하고 있다.

A 신용장은 발행과 관련된 수수료를 제외한 모든 은행수수료는 수익자의 부담으로 한다고 명시하고 있다. 발행은행이 그와 같은 수수료에 관하여 대금에서 공제하기를 원하는 경우에는 공제될 수수료의 금액 및 비율을 신용장에 명확하게 표시하여야 한다. 그것은 수익자가 신용장에서 그러한 비용을 부담을 하여야 할 것인지 여부를 결정하기 위한 것이다.[516)]

검토 신용장은 신용장발행수수료를 제외한 모든 은행수수료는 수익자의 부담으로 한다고 명시하였다. 이것은 발행의뢰인이 신용장발행과 관련된 수수료에 대하여 책임을 부담한다는 것을 의미한다. 수익자는 수익자 국가에서 발생된 수수료와 함께 조건변경 및 서류심사에 관련된 비용을 포함하여 발행은행에 의하여 발생된 모든 기타의 수수료를 부담할 의무가 있다.

발행은행은 하나 또는 그 이상의 비용을 수익자에게 부담시키는 경우, 수익자 및 지정은행이 일치하는 제시에 따른 대금으로부터 공제되는 정도를 알기 위하여 공제되는 금액 또는 비율을 신용장에 분명하게 표시하여야 한다.

Case 12-07	매입은행의 항공우편에 의한 서류송부의 신용장 지시사항을 어기고 특사서비스로 송부한 경우의 지급 여부

Q 매입은행은 서류를 항공우편으로 송부하여야 한다는 신용장 지시사항을 어기고 특사서비스로 송부하였다면 지급거절 사유에 해당되는가?

사례 및 쟁점 신용장에서 다음과 같은 문구가 있었다: "매입은행에 대한 지시: 매입은행은 서류를 항공우편으로 발행은행에 송부하여야 한다."(Instruction to the negotiating bank : The documents should be sent by the negotiating bank to the issuing bank by airmail)

그러나 매입은행은 서류를 특사서비스(courier service)를 이용하여 송부하였다. 이에 대하여 발행은행은 매입은행이 서류를 항공우편으로 송부하지 않았다는 이유로 대금지

516) ICC Pub. 697, R 656.

급을 거절하였다. 발행은행의 대금지급 거절은 정당한가?

A 서류를 항공우편으로 송부하라는 매입은행에 대한 지시사항은 은행간 지시사항이므로 신용장조건을 구성하지 않는다. 따라서 매입은행이 이를 어긴 것이 수익자가 신용장대금을 지급받는 것을 지연시키거나 지급거절 할 사유가 될 수 없다.[517)] http://www.kita.net/

검토 신용장은 제공정보를 기준으로 할 때 요구서류, 추가조건, 매입은행에 대한 지시사항으로 구분된다. 여기서 매입은행에 대한 지시사항은 신용장조건을 구성하지 않는다. 서류송부는 은행간 조건이고 수익자의 서류제시와는 관계가 없다. 신용장에 표시된 은행간 지시사항이 수익자가 제시한 서류의 대금지급에 아무런 영향도 주지 않는다.

만약 수익자가 신용장조건에 일치하는 서류를 제시하였다면 신용장대금을 지급 받아야 한다. 매입은행이 매입은행에 대한 지시사항을 무시하기로 하였을 경우 이것은 수익자에 대한 대금지급에 영향을 미치지 않고 은행간에 해결하여야 할 문제이다.

517) ICC Doc. 470/TA.248, 대한상공회의소, ICC 국제무역정보, 1999.8, p. 32; http://www.kita.net/

Chapter 13

양도가능신용장 및 대금의 양도

제38조 양도가능신용장

[Article 38] Transferable Credits

a. A bank is under no obligation to transfer a credit except to the extent and in the manner expressly consented to by that bank.

b. For the purpose of this article:
Transferable credit means a credit that specifically states it is "transferable". A transferable credit may be made available in whole or in part to another beneficiary ("second beneficiary") at the request of the beneficiary ("first beneficiary").
Transferring bank means a nominated bank that transfers the credit or, in a credit available with any bank, a bank that is specifically authorized by the issuing bank to transfer and that transfers the credit. An issuing bank may be a transferring bank.
Transferred credit means a credit that has been made available by the transferring bank to a second beneficiary.

c. Unless otherwise agreed at the time of transfer, all charges (such as commissions, fees, costs or expenses) incurred in respect of a transfer must be paid by the first beneficiary.

d. A credit may be transferred in part to more than one second beneficiary provided partial drawings or shipments are allowed.
A transferred credit cannot be transferred at the request of a second beneficiary to any subsequent beneficiary. The first beneficiary is not considered to be a subsequent beneficiary.

e. Any request for transfer must indicate if and under what conditions amendments may be advised to the second beneficiary. The transferred credit must clearly indicate those conditions.

f. If a credit is transferred to more than one second beneficiary, rejection of an amendment by one or more second beneficiary does not invalidate the acceptance by any other second beneficiary, with respect to which the transferred credit will be amended accordingly. For any second beneficiary that rejected the amendment, the transferred credit will remain unamended.

g. The transferred credit must accurately reflect the terms and conditions of the credit, including confirmation, if any, with the exception of:

- the amount of the credit,
- any unit price stated therein,
- the expiry date,
- the period for presentation, or
- the latest shipment date or given period for shipment,

any or all of which may be reduced or curtailed.

The percentage for which insurance cover must be effected may be increased to provide the amount of cover stipulated in the credit or these articles.

The name of the first beneficiary may be substituted for that of the applicant in the credit.

If the name of the applicant is specifically required by the credit to appear in any document other than the invoice, such requirement must be reflected in the transferred credit.

h. The first beneficiary has the right to substitute its own invoice and draft, if any, for those of a second beneficiary for an amount not in excess of that stipulated in the credit, and upon such substitution the first beneficiary can draw under the credit for the difference, if any, between its invoice and the invoice of a second beneficiary

i. If the first beneficiary is to present its own invoice and draft, if any, but fails to do so on first demand, or if the invoices presented by the first beneficiary create discrepancies that did not exist in the presentation made by the second beneficiary and the first beneficiary fails to correct them on first demand, the transferring bank has the right to present the documents as received from the second beneficiary to the issuing bank, without further responsibility to the first beneficiary.

j. The first beneficiary may, in its request for transfer, indicate that honour or negotiation is to be effected to a second beneficiary at the place to which the credit has been transferred, up to and including the expiry date of the credit. This is without prejudice to the right of the first beneficiary in accordance with sub-article 38 (h).

k. Presentation of documents by or on behalf of a second beneficiary must be made to the transferring bank.

번역

[제38조] 양도가능신용장

a. 은행은 당해 은행에 의하여 명시적으로 동의한 범위 및 방법에 의한 경우를 제외하고 신용장을 양도할 의무를 부담하지 아니한다.

b. 이 조항을 위하여:
양도가능신용장이라 함은 "양도가능"이라고 특별히 명시하고 있는 신용장을 말한다. 양도가능신용장은 수익자("제1수익자")의 요청에 의하여 전부 또는 일부가 다른 수익자("제2수익자")에게 사용가능하게 할 수 있다.
양도은행이라 함은 신용장을 양도하는 지정은행 또는, 모든 은행에서 사용될 수 있는 신용장에서, 발행은행에 의하여 양도하도록 특별히 수권되어 신용장을 양도하는 은행을 말한다. 발행은행은 양도은행이 될 수 있다.
양도된 신용장이라 함은 양도은행이 제2수익자가 사용할 수 있도록 한 신용장을 말한다.

c. 양도를 이행할 때에 별도의 합의가 없는 한, 양도와 관련하여 부담한 모든 비용(수수료, 요금, 비용, 경비 등)은 제1수익자가 지급하여야 한다.

d. 분할어음발행 또는 분할선적이 허용되는 경우 신용장은 2인 이상의 제2수익자에게 분할양도 될 수 있다.
양도된 신용장은 제2수익자의 요청에 의하여 이후의 어떠한 수익자에게도 양도될 수 없다. 제1수익자는 이후의 수익자로 보지 아니한다.

e. 양도를 위한 모든 요청은 조건변경이 제2수익자에게 통지될 수 있는지 여부 및 어떤 조건 하에 통지될 수 있는지를 표시하여야 한다. 양도된 신용장은 그러한 조건을 명확하게 표시하여야 한다.

f. 신용장이 2인 이상의 제2수익자에게 양도된 경우, 1인 또는 2인 이상의 제2수익자가 조건변경을 거절한다하더라도 양도된 신용장이 조건변경 되어지는 기타 모든 제2수익자에 의한 승낙이 무효화되지는 아니한다. 조건변경을 거절한 제2수익자에 대하여는, 양도된 신용장은 조건변경 없이 존속한다.

g. 양도된 신용장은 다음의 경우를 제외하고 확인(있는 경우)을 포함하여 신용장의 조건을 정확히 반영하여야 한다:

- 신용장의 금액,
- 신용장에 명시된 단가,
- 유효기일,
- 제시를 위한 기간, 또는
- 최종선적일자 또는 주어진 선적기간,

이들 중의 일부 또는 전부는 감액되거나 또는 단축될 수 있다.

보험부보가 이행되어야 하는 비율은 신용장 또는 이 규칙에서 규정된 부보금액을 충족시킬 수 있도록 증가될 수 있다.

제1수익자의 명의는 신용장의 발행의뢰인의 명의로 대체될 수 있다.

발행의뢰인의 명의가 송장 이외의 모든 서류에 표시되도록 신용장에 의하여 특별히 요구되는 경우, 그러한 요건은 양도된 신용장에 반영되어야 한다.

h. 제1수익자는 신용장에 규정된 금액을 초과하지 아니하는 금액에 대하여 제2수익자의 송장 및 환어음을 자신의 송장 및 환어음(있는 경우)으로 대체할 권리를 가지고 있으며, 그러한 대체를 하는 경우, 제1수익자는 자신의 송장과 제2수익자의 송장과의 차액에 대하여 신용장에 따라 어음을 발행할 수 있다.

i. 제1수익자가 그 자신의 송장 및 환어음(있는 경우)을 제공하여야 하지만 최초의 요구시에 이를 행하지 못한 경우, 또는 제1수익자가 제시한 송장이 제2수익자가 제시한 서류에는 없었던 불일치를 발생시키고 제1수익자가 최초의 요구시에 이를 정정하지 못한 경우, 양도은행은 제1수익자에 대하여 더 이상의 책임 없이 제2수익자로부터 수령한 서류를 발행은행에게 제시할 권리를 가진다.

j. 제1수익자는 자신의 양도요청으로 신용장이 양도된 장소에서 신용장의 유효기일을 포함한 기일까지 제2수익자에게 인수·지급 또는 매입이 이루어져야 한다는 것을 표시할 수 있다. 이는 제38조 h항에 따른 제1수익자의 권리를 침해하지 아니한다.

k. 제2수익자에 의한 또는 대리하는 서류의 제시는 양도은행에 행하여져야 한다.

해설

이 조에서는 "양도가능신용장"(transferable credit)의 정의를 단순 명료하게 표현하고, "양도은행"(transferring bank)과 "양도된 신용장"(transferred credit)의 정의 및 발행은행도 양도은행이 될 수 있다는 내용을 신설하였다. 양도가능신용장은 1회에 한하여 양도될 수 있다는 표현을 삭제하고 제2수익자의 요청에 의하여 이후의 어떠한 수익자에게도 양도될 수 없다는 표현으로 재정리하였다. 또한 양도가능신용장이 확인되었다면 양도된 신용장에도 확인되었음을 나타내는 문구를 추가하여야 하고, 최초의 요구시 불일치를 정정하지 못한 제1수익자의 결과를 강조하고, 또한 양도은행에 서류제시가 이루어지도록 규정하고 있다.

이 밖에 이 조에서는 양도비용의 부담, 분할양도와 재양도, 조건변경 내용 양도신용장에의 표시, 양도된 신용장의 조건변경 효력, 양도조건의 제한, 송장 및 환어음의 대체권과 양도은행의 면책, 양도지에서 인수·지급 또는 매입 요구권 그리고 제2수익자 및 대리자의 서류제시장소에 대하여 규정하고 있다.

1. 은행의 신용장양도 의무(38a)

이 조 a항의 취지를 보면 양도은행은 자신의 명시적으로 동의한 범위 및 방법에 의한 경우에만 신용장을 양도할 의무를 부담한다. 신용장에 "양도가능"(transferable)이라는 문언이 있다고 하여 은행이 양도의무를 부담하는 것이 아니며, 또한 양도은행으로 지정이 되었다고 하여도 양도에 응할 의무는 없는 것이다. 수익자도 마찬가지로 양도가능신용장을 수령하더라도 반드시 양도를 행하여야 할 의무는 없고 오직 자신의 선택에 따른다.

따라서 양도가능 신용장이 양도가능한지 여부는 신용장을 양도하기 위한 지정은행의 특권이다. 지정은행 또는 양도를 위하여 신용장에 의하여 특별히 수권된 은행이나 발행은행은 신용장을 양도하는 제1수익자의 요구에 일치하지 아니하는 선택을 할 수도 있고, 또는 양도에 응하는 경우, 양도에 동의하는 조건을 명시할 수도 있는 것이다.

2. 양도가능신용장 등 용어의 정의(38b)

이 조 b항에서는 양도가능신용장, 양도은행 및 양도된 신용장에 대한 정의를 하고 있다.[518]

양도가능신용장(transferable credit)이란 신용장에 양도가능, 즉 "transferable"이라고 특별히 명시하고 있는 신용장을 말한다. 양도가능신용장이 되기 위해서는 반드시 "양도가능"이라고 명시하는 것이 필수요건이 된다. 이러한 요건이 충족될 경우, 양도가능신용장은 "제1수익자"의 요청에 의하여 전부 또는 일부가 "제2수익자"에게 사용가능하게 할

518) 이 조 b항에서 정의된 용어들은 이 특별조항에만 사용되고, 규칙의 다른 곳에서 사용되지 않고 있기 때문에 제2조(정의)에 포함시키지 않고 있다; ICC Pub. 680, p. 159.

수 있는 것이다. 이 조에서 사용되는 "transferable"이라는 단어 외의 동의어가 신용장에 명시되더라도 "양도가능"으로 인정되지 아니한다.

양도은행(transferring bank)이란 신용장을 양도하는 지정은행 또는 모든 은행에서 사용될 수 있는 신용장(즉 자유매입신용장)의 경우, 발행은행으로부터 수권되어 신용장을 양도하는 은행을 말한다. 또한 발행은행도 양도은행이 될 수 있다는 점에 유의할 필요가 있다.

그리고 양도된 신용장(transferred credit)이란 제1수익자의 요청에 응하여 양도은행이 신용장 양도를 행하여 제2수익자가 사용가능한 신용장을 말한다. 이 경우 양도은행은 제1수익자의 요청에 따라 원신용장 금액을 전액양도 또는 분할양도 하는 조건을 원신용장에 부전지를 이용하거나 또는 별도로 추기하여 양도통지를 행하게 된다.

3. 양도비용의 부담(38c)

이 조 c항에 의하면 양도은행이 제1수익자의 요청에 따라 신용장 양도를 행할 경우에는 양도에 따른 비용(수수료)이 발생된다. 이와 같은 제비용은 별도 합의가 없는 한 제1수익자가 부담하여야 한다. 여기에서 양도비용 부담자와 관련하여 "양도시에 별도의 합의가 없는 한"이라는 단서를 두고 있는 것은 신용장에 양도비용 부담자에 대한 명시를 할 수도 있다는 점, 또한 제1수익자(양도자)와 제2수익자(양수자)간에 양도동의를 하면서 발생되는 비용은 양수자가 부담하는 것으로 양도동의서 또는 양도신청서에 양도자와 양수자 간에 합의되고 있는 실무계의 관행 등을 고려하여 비록 제2수익자가 양도은행에 거래관련 약정이 없지만, 제2수익자가 부담할 수도 있는 여지를 반영한 것이다. 양도은행은 양도요청이 있더라도 양도비용이 지급되기까지는 양도를 행할 의무를 부담하지 아니한다.

4. 분할양도와 재양도(38d)

이 조 d항은 제2수익자를 위한 신용장의 분할양도 및 양도된 신용장의 재양도 금지에 대하여 다루고 있다.

신용장은 분할어음발행이나 분할선적이 허용되는 경우, 2인 이상의 제2수익자에게 신용장을 분할하여 양도할 수 있다. 분할양도를 하기 위해서는 신용장에 분할선적이 금지되지 아니하여야 한다. 분할양도(partial transfer)란 원신용장 최초의 수익자가 받은 신용장 금액을 다수인을 제2수익자로 하여 분할하여 양도하는 것을 말한다.

분할양도는 예컨대, 제1수익자가 최초로 받은 원신용장 금액이 USD100,000이라면 그

중 USD50,000은 제1수익자가 사용하고 나머지 USD50,000은 제2수익자인 A에게 양도하거나 또는 제1수익자가 받은 금액 USD100,000 중에서 제2수익자인 A에게 USD50,000, B에게 USD30,000, C에게 USD20,000을 각각 분할하여 양도하는 것을 말한다. 이 때 A, B, C는 제2, 제3, 제4 수익자가 아니고 모두 제2수익자로만 간주되며, 모두 1회의 양도로 보는 것에 유의할 필요가 있다. 원신용장 수익자로부터 양도·양수합의서에 기초한 신청서에 따라 신용장 분할양도의뢰를 받으면 분할양도 취급은행은 신용장 원본 뒷면에 다음과 같이 기재하고 양도 취급은행의 서명을 한다.[519)]

"This credit is partially transferred to ABC Co., Ltd. for USD50,000 on May 20, 20×× by CDE Bank ×× Branch."

한편 양도된 신용장은 제2수익자의 사정에 의하여 계약상 의무를 이행할 수 없을 경우, 제2수익자의 요청이 있더라도 이후의 제3수익자에게 양도될 수 없다. 이 경우 제1수익자는 이후의 수익자로 간주되지 아니한다. 따라서 양도권은 제1수익자만이 갖는 권리라고 할 수 있다.

양도된 신용장의 취소에 관하여 UCP 600에서는 아무런 규정이 없으나, 관계당사자인 발행은행, 수익자, 확인은행(있는 경우) 전원의 동의가 있으면 양도의 취소나 변경이 가능한 것으로 해석된다. 즉 원신용장의 취소나 조건변경은 관계당사자 전원의 동의가 있으면 이의 취소가 가능하므로, 양도된 신용장도 취소할 수 있다고 보는 것이다.

실제 제2수익자가 양도된 신용장을 특정한 자에게 양도하고자 할 경우, 제2수익자가 특정한 자에게 재양도(retransfer) 할 수는 없다. 또한 제2수익자가 제1수익자(원수익자)에게 양도은행을 통하지 않고 직접 양도반환 할 수도 없다.

이 경우에는 반드시 양도은행을 통하여 먼저 양도취소승인을 받은 후 다시 양도신청을 하여야 한다. 즉 제1수익자와 제2수익자간에 합의된 양도취소동의서(application for cancellation of transfer)와 원신용장 및 양도된 신용장을 제시하여 당초 양도 취급은행에서 양도취소승인을 받은 이후, 다시 제1수익자가 특정한 자를 제2수익자로 하여 양도신청을 할 수 있는 것이다.

5. 양도된 신용장에 조건변경 통지 허용여부(38e)

이 조 e항에서는 제1수익자가 양도은행에 양도신청을 할 때 신용장 조건 변경시 동 사실을 제2수익자에게 통지허용 여부 및 통지조건을 명시하여야 하며, 양도된 신용장에도

519) 강원진, 「신용장론」, 제5판, 박영사, 2007, 163면.

통지조건이 있을 경우 이를 명시하도록 규정하고 있다.

신용장이 양도된 이후 원신용장 조건이 변경 될 경우, 제1수익자는 제2수익자에게 동 내용이 바로 통지되는 것을 바라지 않을 수 있다. 이럴 경우 제1수익자는 양도은행에 조건변경 내용이 통지되지 않도록 양도신청시 요청할 수 있다.

그러나 통지를 허용할 경우에는, 예컨대 신용장 금액 및 신용장 유효기일에 대한 조건변경, 또는 제시서류의 요건에 대한 조건변경에 한정하여 통지하도록 하는 통지조건을 양도은행에 요청할 수 있다. 따라서 조건변경에 대한 통지 및 조건에 대한 제1수익자의 요청은 양도신청시에 반드시 명시되어야 하며, 양도은행이 이러한 요청에 동의할 경우에는 조건변경과 관련된 제1수익자의 요청조건이 양도된 신용장에 반영 되어야 한다.

6. 양도된 신용장의 조건변경 효력(38f)

이 조 f항에 의하면 제1수익자가 둘 이상의 제2수익자에게 조건변경에 대하여 통지되는 것을 허용하는 경우, 조건변경에서 요구하는 바와 같이 다른 조건변경 통지 관련 신용장은 각각 별개의 신용장으로 취급된다.

조건변경이 모든 제2수익자가 승낙하게 되는 경우, 양도된 신용장도 조건변경 된다. 조건변경을 거절한 일부의 제2수익자에 대하여 양도된 신용장은 조건변경 없이 존속한다. 이와 같이 둘 이상에게 양도되는 경우, 각각의 양도된 신용장은 제2수익자가 조건변경을 허용했는지 여부에 따라서 조건변경 되거나 조건변경 되지 않은 채로 존속한다.

또한 제1수익자에게 사용가능 하도록 남아있는 신용장의 일부는 조건변경에 관련된 신용장과 같이 분리된 신용장으로 취급되며, 제10조의 규정에 따라 조건변경이 된다.[520]

7. 양도조건의 제한(38g)

이 조 g항에 의하면 양도된 신용장은 확인(있는 경우)을 포함하여 신용장의 조건을 정확히 반영하여야 한다. 그러나 다음의 경우에는 원신용장의 조건을 변경하여 양도할 수 있다.

첫째, 신용장의 금액, 단가, 유효기일, 제시를 위한 기간, 최종선적일자 또는 주어진 선적 기간에 대해서는 이들 중 원신용장 보다 감액 또는 단축될 수 있다.

둘째, 보험부보 비율은 원신용장 또는 이 규칙에서 정한 부보금액에 충족가능 하도록 증가 될 수 있다.

예컨대, 원신용장금액이 CIF가격으로 USD100,000에 대한 부보비율을 110%로 한다면,

520) ICC Pub. 680, p. 161.

부보금액은 USD110,000 이 된다. 그러나 이 신용장에 의하여 양도된 신용장이 CIF가격으로 USD80,000로 한 경우, 부보금액은 USD88,000이 되기 때문에 수입자(발행의뢰인)의 피보험이익(금액)이 적게 된다. 따라서 제1수익자는 신용장 양도시 부보금액을 USD110,000까지 커버하기 위하여 부보비율을 "137.5% for Invoice value"와 같은 조건으로 변경요청을 할 수 있다.

셋째, 제1수익자의 명의는 신용장 발행의뢰인의 명의로 대신 기재할 수 있다.

다만 원신용장에서 송장 이외의 모든 서류에 발행의뢰인 명의가 표시되도록 요구되는 경우에는 이 요구가 양도된 신용장에 반영되어야 한다.

8. 송장 및 환어음의 대체권(38h)

이 조 h항은 양도가능신용장의 효율적인 이용을 위하여 제1수익자의 송장 및 환어음 대체권에 대하여 규정하고 있다. 즉 제1수익자는 신용장금액을 초과하지 아니하는 금액에 대하여 제2수익자의 송장 및 환어음을 자신의 송장 및 환어음(있는 경우)으로 대체할 권리를 갖는다. 또한 제1수익자는 대체를 하는 경우 자신의 송장과 제2수익자의 송장과의 차액에 대하여 환어음을 발행할 수 있다.

"송장 및 환어음의 대체권"(right for substitution of invoice and draft)이란 제1수익자가 신용장발행의뢰인의 명의를 자신의 명의로 대체한 후 신용장을 양도하면, 제2수익자는 송장 및 환어음을 양도된 신용장상의 발행의뢰인인 제1수익자(이 경우 환어음은 지정은행) 앞으로 작성하게 되므로, 제1수익자는 제2수익자가 작성한 송장 및 환어음을 회수하고 원신용장 조건에 따라 자신이 작성한 송장 및 환어음으로 대체할 수 있는 권리를 가지게 되는 것을 말한다. 보통 이와 같은 신용장 양도에서는 신용장의 단가나 금액을 낮추어 양도할 경우, 차액이 발생 되는데, 이 차액에 대하여 제1수익자는 별도로 환어음을 발행할 수 있다. 이러한 관행은 국제간 중개무역을 할 경우 원수익자로 하여금 중개이익을 보장받을 수 있는 방법의 하나로 흔히 이용되고 있다.

9. 송장 및 환어음 대체서류에 대한 양도은행의 제시권(38i)

이 조 i항은 송장 및 환어음 대체 서류에 대한 양도은행이 발행은행에게 제시할 권리에 대하여 규정하고 있다.

은행의 최초 요구시(on first demand) 제1수익자가 제2수익자의 송장 및 환어음과 대체하여 자신의 송장 및 환어음(있는 경우)을 제시하여야 함에도 불구하고 이를 행하지 못한 경우, 양도은행은 제1수익자에 대하여 이후 하등의 책임을 부담하지 아니하고, 제2

수익자의 송장 및 환어음을 포함하여 신용장에 따라 제시된 서류를 발행은행에 제시할 권리를 갖는다. 이는 제1수익자가 자신의 송장 또는 환어음을 양도은행에 늦게 전달함으로써 야기되는 문제에 대하여 양도은행의 면책에 관한 내용이 반영된 것이다.

또한 제1수익자가 제시한 송장의 불일치에 대하여 최초의 요구시 제1수익자가 이를 정정하지 못한 경우에도 양도은행은 더 이상의 책임 없이 제2수익자로부터 수령한 서류를 발행은행에 그대로 제시할 권리를 갖는다. 이는 제1수익자가 제시한 송장과 제2수익자가 제시한 내용의 불일치에 대한 양도은행의 업무처리기준으로 반영된 것이다.

10. 양도지에서 인수·지급 또는 매입 요구권(38j)

이 조 j항은 신용장 양도가 이루어진 장소에서 양도된 신용장의 사용가능성에 대하여 규정하고 있다.

제1수익자는 자신의 양도요청시 신용장이 양도된 장소에서 신용장의 유효기일을 포함한 기일까지 제2수익자에게 인수·지급 또는 매입이 이루어지도록 표시할 수 있다. 이 경우에도 이후에 자신이 작성한 송장과 환어음을 제2수익자가 작성한 송장과 환어음(있는 경우)과 대체하고, 자신에게 귀속된 모든 차액을 청구할 권리를 침해받지 아니한다.

11. 제2수익자 및 대리자의 서류제시장소(38k)

이 조 k항은 신용장이 양도가 이루어진 경우 제2수익자 또는 이를 대리하는 서류의 제시는 반드시 양도은행에게 행하여지도록 규정하고 있다. 이는 양도지에서 인수·지급 또는 매입 요구권과 밀접하게 연관되어 있으며, 제1수익자의 권리를 보호하기 위하여 양도가능신용장의 서류제시와 관련하여 새롭게 추가된 것이다.

이 조항을 포함시킨 이유는 양도된 장소에 있는 지정은행이 발행은행 또는 다른 은행에 서류를 보내거나 그렇게 함으로써 제1수익자가 송장 및 환어음(있는 경우)을 대체하거나 차액에 대한 환어음 발행을 허용하지 않게 하기 위함이다.

전액 양도가 이루어진 양도된 신용장 및 송장과 환어음(있는 경우)의 대체가 없는 경우, 양도된 신용장에 확인을 추가하지 아니한 양도은행은 통지은행에게 제2수익자의 서류가 발행은행으로 직접 송부되어지는 것으로 표시할 수도 있다.[521]

---

521) ICC Pub. 680, p. 162.

Case 13-01	통지은행이 미확인인 조건으로 신용장을 양도하는 것이 정당한지 여부

 통지은행이 미확인인 조건으로 신용장을 양도하는 것은 정당한가?

사례 및 쟁점 통지/확인은행이 제1수익자에게 취소불능 양도가능신용장을 통지할 경우 확인문언 삽입여부를 결정하게 된다. 그 후, 제1수익자의 요청을 받고, 확인은행 및 양도은행인 통지은행이 신용장을 미확인 조건으로 양수인에게 양도하기로 결정(양도은행에 아무런 의무를 부과하지 않을지라도)하였다.

통지은행이 미확인 조건으로 신용장을 양도하는 것은 정당한가?

UCP 500(현 UCP 600에서도)은 수익자에게는 확인조건으로 신용장을 통지하고 양수인에게는 미확인 조건으로 통지하는 것에 대한 상이한 태도에 대하여 정의하고 있지 않다.

양도가능신용장이 수익자가 양도조건의 제한조항에 의하여 수정하는 권리를 부여받고 있는 것과 같이 조건변경 권리를 가지고 있다는 사실을 알고 있는 상황에서, 양도은행이 신용장확인이 원신용장조건에만 국한된 것이라고 주장할 수 있는가?

은행이 양도조건의 제한조항에서 직시되는 신용장의 조건에 예상되는 변경을 인지하고 있으면서도 신용장을 미확인 조건으로 양도하는 것은 아주 비윤리적인 것으로 본다.

A UCP 600 제38조 a항은 양도은행이 동의하는 조건하에서만 오직 양도를 필요로 한다는 것을 분명히 하고 있다. 그러나 양도은행이 원신용장의 확인에 대하여 동의하였다면, 모든 양도는 양도은행의 확인의무(확인문언 표시)가 따라야 한다. 양도된 신용장에 확인추가는 확인은행이 거래상의 의무에 대한 금액이 증가하지는 않지만, 확인은행이 양도된 신용장이 다른 장소에서 사용가능한 경우 그의 의무기간은 연장될 수도 있다.[522)]

검토 제38조 a항에서 은행은 동 은행이 명시적으로 동의한 범위 및 방법에 의한 경우를 제외하고 신용장을 양도할 의무를 부담하지 아니 한다고 명시하고 있다.

양도은행이 원신용장의 확인에 대하여 동의할 경우에는 양도은행의 확인문언을 표시

522) ICC Pub. 660, R 587.

하여야 한다. UCP는 확인된 신용장 및 양도가 미확인을 조건으로 행하는 신용장의 효과에 관하여 아무런 언급이 없다. 양도된 신용장은 확인(있는 경우)을 포함하여 신용장의 조건을 정확히 반영하여야 한다.

실제로 전액양도(total transfer)의 경우에는 제1수익자가 양도차액을 두고 양도하는 경우를 제외하고 보통 원신용장 조건이 대부분 그대로 제2수익자에게 양도되는 것이 일반적이지만, 매매당사자가 양도가능 확인신용장을 필요로 하는 경우에는 제1수익자가 양도은행을 통하여 제2수익자에게 신용장을 전액양도 또는 분할양도(partial transfer) 하더라도 원신용장의 확인문언이 양도된 신용장에서도 유효하다는 점을 사전에 매매계약시 약정할 필요가 있다.

따라서 이 사례에서 시사하고 있는 것과 같이 양도당사자인 제1수익자와 제2수익자는 제1수익자가 수령한 양도가능 확인신용장에 따라 양도실행을 할 경우 원신용장 확인문언을 포함한 원신용장의 추가 및 변경 등의 범위에 대하여 명시적으로 합의를 하여야 한다. 이 점에 대하여 특히 분할양도의 경우에는 더욱 유의하여야 할 것이다.

Case 13-02 신용장이 양도된 경우 제1수익자의 위험 및 양도된 신용장 발행시의 변경될 수 있는 조건

Q 신용장이 양도된 경우 제1수익자에 대한 위험은 무엇인가? 또한 양도된 신용장을 발행할 경우 변경될 수 있는 조건들의 세부내용은 무엇인가?

사례 및 쟁점 당사는 J국가에 있는 회사와 기술 및 판매협약을 맺고 있으며, 그들의 기계를 아프리카 대륙, 중동 그리고 인도 아대륙 시장에서 판매하고 있다.

이러한 판매협약에 따라, 당사는 당사의 고객들에게 당사를 수익자로 하여 취소불능 신용장을 발행하도록 하였으며 차례로 당사는 해외의 제조업자 즉, J국가의 회사를 수익자로 하여 동시발행신용장[523)]을 발행하였다. 이는 수입에 대한 금액가산을 조건으로 당

523) 동시발행신용장(back to back credit)의 원래의 의미는 원신용장을 근거로 발행된 내국신용장(local credit)을 의미하였으나 무역협정이나 지급협정이 체결되지 않거나, 경화가 부족한 동구권과 무역거래를 할 경우에 수출과 수입을 연계하는 방식으로 사용됨에 따라 내국신용장으로서의 "back to back credit"과는 달리 새로운 제도의 구상무역신용장으로 변하게 되었다. 동시발행신용장은 한 나라에서 일정액의 수입신용장을 발행할 경우, 그 신용장은 수출국에서도 동액의 신용장

국의 중앙은행에 의해 허용되었으나, 외화의 순유출은 허용되지 않는 중개무역(merchanting trade)[524]의 유형이다. 당사는 UCP 600 제38조(구 UCP 500 제48조)를 이행하고 있으며, 또한 동시발행 협약을 모색하고 있다.

이에 관련하여, 당사는 이 조항 및 당사가 관련된 중개무역과 관련하여 명쾌한 답변을 얻는데 있어서 귀 위원회의 조언을 요청한다.

1. 신용장이 원신용장의 금액보다 적은 금액으로 양도되었을 때, 제2수익자는 제1수익자(또는 양도은행)를 거치지 않고 매입은행을 통하여 직접 발행은행에 서류를 송부하여도 되는가?
2. 만일 원신용장이 일람후 360일 조건의 연지급 신용장인 경우 양도되는 신용장의 조건에는 첫 60일에 대해서는 무이자로 그리고 나머지 300일까지 연지급에 대해서는 제1수익자가 이자를 지급하는 조건으로 할 수 있는가?
3. 양도가능신용장은 해외의 공급업자에게 양도되어질 수 있는 것인가? 아니면 제1수익자의 국가 내에서만 양도되어야 하는 것인가?

A 신용장이 양도된 경우, 제2수익자는 제1수익자(또는 양도은행)를 거치지 않고 서류를 직접적으로 발행은행에게 제시할 위험이 있다. 대부분의 은행은 신용장을 양도하는 경우, 서류가 그들의 특정한 주소로 송부되도록 통지내용에 포함시킬 것이다. 부가적으로, 신용장이 확인되었을 경우, 제2수익자가 발행은행에 서류를 직접적으로 제시함에 따라 이와 같은 확인은 위험에 놓이게 된다.

제38조 g항은 양도된 신용장을 발행할 경우 감액 또는 단축될 수 있는 조건 즉, 신용장 금액, 단가, 유효기일, 제시를 위한 기간, 최종 선적일 또는 주어진 선적기간의 세부내용 및 보험담보금액을 충족되도록 증가시킬 수 있음을 명시하고 있다. 모든 다른 변경(지급조건의 변경)은 UCP 내에서 인정되지 않으며, 그러한 조건변경이 양도은행에 의하여 포함되도록 양도인(제1수익자)에 의하여 요청된 경우, UCP의 적용범위를 벗어나는 문제이다.

을 발행하여 오는 경우에만 유효하다는 조건의 신용장이다; 강원진,「신용장론」제5판, 박영사, 2007, 123면.

524) 중개무역(merchanting trade; merchandising trade)은 수출국과 수입국의 중간에서 제3국의 상인이 중개하여 거래가 이루어지는 경우 제3국의 입장에서 볼 때의 무역을 말한다. 예를 들면, 한국의 수출자 A와 미국의 수입자 B사이에 제3국인 홍콩의 중개상 C가 개입하여 거래를 알선·중개하는 경우로 C는 A와 B로부터 중개수수료(merchanting commission)을 받거나 매매차익을 얻게 되는데 이 때 C의 입장에서 본 무역이다; 강원진,「무역실무」제3판, 박영사, 2008, 8면.

신용장에서 별도로 명시되지 않는 한, 양도된 신용장은 세계의 모든 곳의 제2수익자를 수익자로 하여 발행되어질 수 있다.[525)]

검토 양도된 신용장에서 제2수익자의 서류는 양도은행을 통해야 하는 것이 강조되고 있다. 서류가 양도은행을 통하여 송부되어 발행은행에게 제시되게 되면 제2수익자가 서류를 대체할 경우 그 기회를 갖게 된다.

양도가능 확인신용장의 경우 제2수익자가 발행은행에 신용장에 요구하는 서류를 직접 송부하는 경우 확인은행에 제시되지 아니하였기 때문에 확인은행의 독립적인 인수·지급 또는 매입의 확약을 사실상 포기하게 되는 것이다.

양도를 위한 모든 요청은 조건변경이 제2수익자에게 통지될 수 있는지 여부 및 어떤 조건 하에 통지될 수 있는지를 표시하여야 한다. 양도된 신용장은 그러한 조건을 명확하게 표시하여야 한다. 양도은행이 이와 같은 양도를 이행할 때에는 그 변경에 관련한 제1수익자의 지시를 제2수익자에게 통지하여야 한다.

신용장양도는 원신용장(original L/C)의 조건과 동일하게 이루어져야 한다. 다만 신용장의 금액, 단가, 유효기일, 서류제시를 위한 기간의 단축, 선적기간 및 원신용장에서 요청된 부보금액을 담보하기 위하여 증가될 수도 있는 부보비율에 대해서는 예외로 변경이 가능하다.

또한 본 사례에서 지급조건의 변경은 제38조 g항에서 인정되지 않은 범위에 속한다.

한편 신용장의 국제간 양도와 관련하여 UCP 400 제54조 g항에서는 "제1수익자는 동일 국내 또는 타국(제3국)의 제2수익자에게 신용장을 양도하도록 요청할 수 있다"고 규정하고 있었으나 UCP 500에서 부터는 이 규정이 삭제되었다.

그러나 양도된 신용장은 타국의 제2수익자를 수익자로 하여 발행되어질 수 있느냐의 여부는 신용장 양도규정에 이와 같은 명시가 특별히 없더라도 최근의 무역거래형태의 발전, 기업의 다국적화 및 글로벌 무역환경변화에 따라 국내 또는 국제간에 신용장양도를 인정한다는 취지로 받아들여지고 있다.

525) ICC Pub. 632, R 488.

Case 13-03	양도가능신용장의 변경사항에 대한 제1수익자 앞으로의 원신용장 조건변경 요청

Q 양도가능신용장의 변경사항들을 원신용장에 반영시키기 위하여 제1수익자에게 원신용장의 조건변경을 요청하여야 하는가?

사례 및 쟁점 C국가에 있는 어떤 회사의 고문변호사이다. 최근에 동사는 제2수익자로서 I국가에 있는 회사로부터(제1수익자) 양도가능신용장을 수령하였다. 신용장을 확인하였을 때, 원신용장과 많은 다른 점들을 발견하였다.

UCP 600 제38조 g항에 따라, 신용장은 다음과 같은 조건을 제외하고 오직 원신용장에서 명시된 조건에 따라서만 양도될 수 있다는 것을 알고 있다: 신용장의 금액, 신용장에 명시된 단가, 유효기일, 제시를 위한 기간, 최종선적일 또는 부여된 선적기간. 이들 중 일부 또는 전부는 감액되거나 또는 단축될 수 있다.

그러나, 신용장은 상기 조건들 외에 다른 조건들이 변경되어 있었다. 예를 들면, 원신용장에서는 분할선적이 허용되었으나, 양도시 신용장은 이를 금지하였다. 또한 신용장의 유효기일은 원신용장의 유효기일보다 연장되었다. 한편, 원신용장은 제1수익자에게 신용장금액의 변경 이외에 부가적인 조건을 추가할 수 있도록 허용되어 있었다.

이와 같이 양도된 신용장은 유효한 신용장인가? 양도가능신용장의 변경사항들을 원신용장에 반영시키기 위하여 제1수익자에게 원신용장의 조건변경을 요청하여야 하는가?

A 원신용장의 조건에 따라서, 양도은행(및 발행은행)이 신용장을 변경하여 양도하였을 경우 양도은행은 그러한 양도의 조건에 구속된다. 그러나 발행의뢰인에게 원신용장을 조건변경 하도록 요청할 필요는 없다.

발행은행이 양도된 신용장에 있어서 모든 변경사항들을 허용하는, 이와 같은 신용장을 발행하고자 할 경우, 발행은행은 양도은행에게 양도실행시 양도된 신용장의 사본을 송부토록 하는 것이 바람직하다. 이는 제시된 서류가 양도된 신용장과 원신용장이 변경되지 않은 모든 조건과 일치하는지를 확인하기 위해서이다.[526]

검토 원신용장의 양도조건은 일반적인 양도가능신용장에서 볼 수 있는 조건과는 다르

526) ICC Pub. 632, R 487.

다. 발행은행은 신용장금액 증액 이외의 모든 조건에 대한 변경을 적용하여 양도되어지는 신용장을 허용함으로써, 효과적으로 제38조 g항의 내용을 대체하였다. 이와 같은 조건의 신용장을 발행함으로써, 발행은행은 "은행은 동 은행이 명시적으로 동의한 범위 및 방법에 의한 경우를 제외하고 신용장을 양도할 의무를 부담하지 아니한다."고 명시한 제38조 a항의 조건에 따라 제1수익자에 의해 요청된 변경사항에 구속된다.

Case 13-04	제1수익자가 제2수익자의 "가격 및 원산지 복합증명서"를 자신의 것으로 대체할 수 있는지 여부

Q 제1수익자는 제2수익자의 "가격 및 원산지 복합증명서"를 자신의 것으로 대체할 수 있는가?

사례 및 쟁점 우리는 UCP 600 제38조 양도가능신용장에 관하여 ICC 전문가의 의견을 듣고자 한다.

우리 국가의 수출자는 N국 은행이 발행한 양도가능 신용장으로 대리점을 통하여 물품을 자주 판매하고 있다. UCP 600 제38조 h항에서와 같이 "제1수익자는 자신의 송장과 환어음으로 대체할 권리를 가진다...". 그러나 N국 은행의 신용장은 송장대신에 CCVO (Combined Certificate of Value and of Origin and Invoice of goods for Exportation to N)[527]를 요구하고 있다. 수출자 및 수출자 기관에서 추가요구 사항 및 승인에 포함하고 있는 실례를 참조하기 바란다.

CCVO가 상업송장으로 간주될 수 있으며, 또한 이를 제1수익자가 대체할 수 있는지 여부에 대하여 귀 위원회의 의견을 받게 되면 매우 감사하겠다.

---

527) CCVO(Combined Certificate of Value and of Origin and Invoice of goods for Exportation to NIGERIA)는 나이지리아로 수출하는 물품에 대한 가격, 원산지 및 송장에 대한 복합증명서를 말한다.
상공회의소의 소정양식이 아닌 특정국의 특정양식에 요청하는 원산지 증명서는 다음과 같다; 멕시코 : ANEXO III, 남아프리카공화국 : DA59, 뉴질랜드 : FORM59A, 페루 : Anexo de la resducion ministerial, 콜롬비아 : ANEXO DE LA RESDUCION MINISTERIALl, 베네주엘라 : CERTIFICADO DE ORIGIN O DECLARACION DE ORIEN, 나이지리아 : CCVO(Combined Certificate of Value and of Origin and Invoice of goods for Exportation to NIGERIA), 가나 : Ghana, 말라위 : Malawi, 미국 : Single Country Declaration; http://local.korcham.net

UCP 600 제38조 h항의 목적을 위하여 제1수익자는 제2수익자의 "가격 및 원산지 복합증명서"를 자신의 것으로 대체할 수 있다.[528)]

검토 CCVO는 다양한 목적을 제공한다. 서류의 내용에는 송장의 구조와 같은 세부사항이 포함되어 있다. 예를 들면, 수익자는 물품명세, 금액, 통화, 원산지, 매수인, 매도인 등을 포함하여 선적에 관한 자료제공을 요구하게 된다. 그러므로 사실상 CCVO는 UCP에서 명시된 것과 같이 송장의 목적을 제공하고 있는 것으로 볼 수 있다.

제38조 h항은 "제1수익자는 신용장에 규정된 금액을 초과하지 아니하는 금액에 대하여 제2수익자의 송장 및 환어음을 자신의 송장 및 환어음으로 대체할 권리를 가지고 있으며, 그러한 대체를 하는 경우, 제1수익자는 자신의 송장과 제2수익자의 송장과의 차액에 대하여 신용장에 따라 어음을 발행할 수 있다"고 규정하고 있다.

실세 이 사례에서는 송장 대신에 CCVO를 요구하고 있으므로 구성내용상 유사한 서류로 간주하고 있지만, 특정국의 원산지증명서 외에 별도로 상업송장이 요구되었을 경우에는 상업송장으로 대체시키게 될 것이다. 그러나 제1수익자의 기타의 서류 중 신용장 금액이 명시될 경우에도 실제 선적되는 신용장금액과 일치되어야 한다.

송장 및 환어음의 명의 대체는 보통 국제간에 행하여진다.

예를 들면, 홍콩의 중개상 A가 영국의 B사로부터 USD1,000,000.00상당의 원신용장을 수령하고 이 신용장에 근거하여 발행의뢰인의 명의를 자신으로 바꾼 후 USD900,000.00 상당의 신용장을 한국의 수출자 C를 제2수익자로 하여 국제간 신용장 양도가 이루어진 경우이다. 이 때 양도된 신용장에 따라 제2수익자(C)는 물품을 선적하고 USD900,000.00에 상당하는 송장 및 환어음을 작성하여 제시하는 경우 제1수익자는 제2수익자가 작성한 송장 및 환어음 대신에 자신이 원신용장금액 USD1,000,000.00에 상당하는 송장 및 환어음으로 대체시켜 환어음을 매입하여 양도차익 USD1000,000.00에 대한 중개이익을 취할 수 있는 것이다. 이 경우 제1수익자는 원신용장에 요구되는 송장 및 환어음 외에 선화증권을 포함한 기타서류가 제3자 명의 표시가 용인되는 지를 미리 검토하여 오해의 소지가 없도록 하여야 할 것이다.

528) ICC Pub. 697, R 652.

Case 13-05	신용장 양도통지문상의 수익자의 명칭 및 주소와 상업송장 등 나머지 서류상의 기재가 상이한 경우, 불일치로 간주되는지 여부

Q 신용장 양도통지문상의 수익자의 명칭과 주소에 대한 기재와 상업송장 등 나머지 서류상의 기재가 서로 다른 경우, 신용장조건 불일치로 간주되는가?

N은행(원고, 상고인) 대 E공사(피고, 피상고인) 사건[529)]

A 한국 대법원의 판결

1. 신용장 첨부서류가 신용장 조건과 문언대로 엄격하게 합치하여야 한다고 하여 자구 하나도 틀리지 않게 완전히 일치하여야 한다는 뜻은 아니며, 자구에 약간의 차이가 있더라도 은행이 상당한 주의를 기울이면 그 차이가 경미한 것으로서 문언의 의미에 차이를 가져오는 것이 아니고 또 신용장 조건을 전혀 해치지 않는다는 것을 문면상 알아차릴 수 있는 경우에는 신용장 조건과 합치하는 것으로 보아야 하고, 기재상의 불일치가 신용장과 해당 서류의 성격상 요구되는 기본적 사항이 아니거나 문서를 작성하는 과정에서 발생한 단순하고 명백한 기재상의 실수로 인정되는 경우에는 선적서류와 신용장 조건의 불일치로 볼 수 없으나, 기재상의 불일치에 대하여 서류심사를 하는 은행의 입장에서 오류임이 명백하지 않거나 그 기재상의 차이로 인하여 의미의 중요한 변화가 있을 수 있는 경우에는 신용장 조건과 선적서류상의 불일치에 해당한다고 보아야 한다(대법원 2003. 11. 14. 선고 2002다7770 판결, 2004. 6. 11. 선고 2003다63883 판결 등 참조).
2. 원심판결[530)] 이유와 기록에 의하면, 이 사건 신용장의 양도통지문과 상업송장 등 나머지 선적서류 사이에 봉천실업의 명칭이 "BONG CHUN"과 "BONG CHEON"으로 서로 다르고, 그 주소도 "1450-14"와 "1450-1"로 서로 다른 점에 비추어 보면 이 사건 신용장의 양도통지문상의 수익자와 상업송장 등 나머지 선적서류의 발행인은 다른 회사로 오인될 가능성이 많으므로, 그 기재상의 차이로 인하여 의미의 중요한 변화가 있을 수 있는 경우에 해당하여 신용장 조건과 상업송장 등 나머지 선적서류의 기재 사이에 불일치가 있다고 보아야 한다.

같은 취지의 원심 판단은 정당하고, 거기에 상고이유로 주장하는 바와 같은 신용장 조건과 선적서류의 일치 여부나 면책약관의 해석에 관한 법리를 오해한 위법 등이 없다.

529) 대법원 2006.4.28. 선고 2005다6327 판결.
530) 서울고법 2004. 12. 29. 선고 2004나34686 판결.

제39조 대금의 양도

[Article 39] Assignment of Proceeds

The fact that a credit is not stated to be transferable shall not effect the right of the beneficiary to assign any proceeds to which it may be or may become entitled under the credit, in accordance with the provisions of applicable law. This article relates only to the assignment of proceeds and not to the assignment of the right to perform under the credit.

번역

[제39조] 대금의 양도

신용장이 양도 가능한 것으로 명시되어 있지 아니하다는 사실은 적용가능한 법률의 규정에 따라 그러한 신용장에 의하여 수권되거나, 또는 될 수 있는 대금을 양도하는 수익자의 권리에 영향을 미치지 아니한다. 이 조는 단지 대금의 양도에 관련이 있으며 신용장에 따라 이행할 권리의 양도에 관한 것은 아니다.

해설

이 조는 단지 대금의 양도에 관련이 있고, 신용장에 따라 이행할 권리의 양도에 관련되는 것은 아니라고 하여 제38조의 "신용장 권리양도"와 구별되는 "신용장 대금의 양도"에 대하여 종전과 같이 동일하게 규정하고 있다.

신용장 권리양도와 구별되는 대금의 양도

이 조에서의 수익자에 의한 대금의 양도(assignment of proceeds)란 신용장에 "양도가능"(transferable)이라고 명시되어 있지 않더라도, 수익자는 자신이 직접 신용장조건에 일치한 서류를 지정은행 등에 제시하지만, 자신이 대금을 수령할 수 있는 권리만을 법률의 규정에 따라 제3자(양수인)에게 양도하는 것을 말한다. 이 조는 단지 대금의 양도에 관련이 있고, 신용장에 따라 이행할 권리의 양도에 관련되는 것은 아니다.

여기에서 "대금"(proceeds)이란 신용장에 따라 발행인 또는 모든 지정인이 인수·지급과 동시에 지급하거나 교부하는 현금, 수표, 인수된 환어음 또는 기타의 금전적 가액 또는 가액의 지급을 의미한다. 그러한 용어는 수익자의 환어음발행권(beneficiary's drawing right) 또는 수익자에 의하여 제시된 서류를 포함하지 아니한다.[531]

신용장의 양도와 대금의 양도의 차이점으로는 전자는 신용장에 "transferable"이라는 용어의 명시가 필수요건이 되지만, 후자는 이러한 용어를 명시하지 않더라도 수익자는 자유롭게 제3자에게 대금을 양도할 수 있다. 양도의 대상에서 전자는 신용장의 권리를 양도하는 것이지만, 후자는 단순히 계약이행 후에 발생하는 이익만을 양도하는 것이다.[532] 또한 대금의 양도가 이루어진 경우에는 신용장 조건을 이행하여야 하는 당사자는 수익자이고, 은행에 대하여 대금을 청구하는 당사자는 양수인이 되므로, 두 당사자가 서로 다르게 되지만, 신용장양도가 이루어진 경우에는, 신용장조건을 이행하는 당사자도 양수인인 제2수익자이며 은행에 대금을 청구하는 당사자도 양수인인 제2수익자로서 두 당사자가 동일하다. 그리고 대금의 양도는 지급청구권만 이전되지만, 신용장양도는 그 권리뿐만이 아니라 서류제공의무까지 이전된다.

대금의 양도가 발생하였을 때, 발행인 또는 지정은행은 양도인, 즉 수익자가 환어음에서 양도된 금액을 양수인에게 지급하여야 한다. 대금의 양도는 환어음발행권을 양도하는 것이 아니라 대금을 받을 수 있는 권리를 양도하는 것이므로 수익자는 신용장대금의 전부 또는 일부에 대한 권리를 양도할 수 있다. 수익자가 적시에 제시된 서류를 제시하지 않으면 발행인은 대금을 지급할 의무가 없다. 비록 대금을 양도하더라도 양수인의 권리를 감소시키거나 없애기 위해서 신용장을 변경하거나 취소하거나 양도할 수 있다.

대금의 양도에서 대금의 양도가 이루어진 경우, 신용장조건을 이행해야 할 당사자는 원수익자이며, 대금을 청구하는 당사자는 양수인이 된다. 그 반면 신용장양도가 이루어진 경우에는 그 조건 이행자나 대금청구의 당사자는 모두 양수인이 된다.[533] 신용장 대금에 대한 수익자의 권리의 양도에 관한 담보이익의 설정과 완성 또는 그 양도의 허용에 관한 방법은 UCC 제9편 또는 기타의 법률에 따른다.[534]

---

531) UCC Article 5-114(a).

532) H.C. Gutteridge and M. Megrah, *The law of Bank's Commercial Credits,* 6th ed., Europa Publications Ltd., 1979, p. 173.

533) 강원진, 전게서, p. 169.

534) UCC Article 5-114(f).

Case 13-06 취소불능 지급지시 위임장을 받은 은행의 권리와 의무

Q 취소불능 지급지시 위임장을 받은 은행의 권리와 의무는 어떠한 것이 있는가?

사례 및 쟁점 한 은행이 Yeast Export Products(YEP)를 수익자로 하고 Yeast Ultimate Supplies(YUL)가 최종 공급자로 하여 효모균에 대한 선적을 나타내는 신용장을 확인·통지하였다.

YUL은 또한 신용장의 보호아래서 지급담보을 원했으나, YEP를 수익자로 하는 신용장은 양도 가능한 것이 아니었다. 합의된 약정은 YEP가 실질적으로 다음과 같이 확인은행에 지시서를 발행하는 것이었다:

"당사는 YUL이 상기 신용장에 커버된 물품의 최종공급자라는 것을 알려드린다. 당사는 신용장에서 당사가 사용할 수 있는 대금으로부터 FRF650,000 금액을 귀 은행의 XYZ 지점에 있는 YUL의 계좌에 직접적으로 양도할 수 있도록 하기위하여 당사의 취소불능 위임장을 보낸다."

"YUL은 당사에게 상기거래에 대해서 5% 수수료에 대하여 갚을 것이 있음을 고려하여야 한다."

YUL은 "당사는 YEP로부터 수령한 통지사본을 동봉 한다"는 은행의 송부장에서 YEP의 지시통지 사본을 수령하였다.

YEP는 신용장과 일치하는 서류를 제시하였고 확인은행은 YUL에게 신용장을 YEP의 취소불능 위임장에 힘입어 YUL의 계정에 FRF650,000이 양도되었다는 텔렉스를 보냈다. YUL의 계정에 단지 FRF450,000이 지급이체 되었을 때, YUL은 은행에 설명요청과 함께 FRF200,000 잔액에 대한 지급을 요청하였다. 은행은 YEP로부터 추가적인 정보를 위하여 지시대로 행동하였다고 답하였다.

지급보증서로서 취소불능 지급지시 위임장(irrevocable instruction mandate)의 시스템은 몇몇 은행에 의해서 당사에게 제안되어 왔고, 당사는 이러한 형태의 보증서를 받고 많은 거래를 하여 왔다. 이러한 은행관행은 완전한 지급담보를 제공하였다고 생각하고 있지만, 당사는 지금 YEP와 당사의 최근 거래에서 취소불능 지급지시 위임장에 의해 제공된 안전에 관하여 우려하고 있다.

양도지시의 제3자를 수익자로 하는 위임자 및 은행에 의한 위임의 취소불능성이 없을 경우, 이러한 은행관행의 명분은 어디에서 찾을 수 있는가? 특히 양도지시의 제3자인 수익자에 관련된 은행의 권리와 의무에 대하여 귀 위원회의 충고를 듣고 싶다.

A 이 문제는 UCP에 근거하여 취급될 수 없다. 그와 같은 상황 하에서 어느 정도까지 한 당사자가 그의 호의로 발행된 취소불능 지급지시 위임장의 조건으로 지급청구 권리가 부여될 것인가 하는 것은 법률에 의하여 결정되어야 한다. 우리의 제안은 귀사가 법률가에게 자문을 구하는 것을 권고하고 싶다.[535]

검토 취소불능 지급지시 위임장은 어떤 국가에서는 다소 일반적인 절차일 수도 있고, 다른 어떤 국가에서는 관례적으로 알려져 있지 않은 것일 수도 있다. 양도지시의 제3자인 수익자에 관련된 은행의 권리와 의무에 대하여 취소불능 지급지시 위임장의 조건으로 지급청구 권리가 부여되는 것은 각국의 법률에 의하여 결정되어야 한다.

대금의 양도(채권양도)가 발생했을 때, 발행인(발행은행) 또는 지정은행은 양도인/수익자에 의해 어음에서 양도된 금액을 양수인에게 지급하여야 한다. 대금양도는 어음발행권을 양도하는 것이 아니다. 대금양도는 대금을 받을 수 있는 권리를 말한다. 그러므로 어음발행권은 지정된 수익자나 양수인에게 있다. 수익자가 적시에 제시된 서류를 제시하지 않으면 발행인은 대금을 지급할 의무가 없다.

대금의 양도는 일반적으로 공급자를 수익자로 한 신용장 발행을 은행에 요구할 위치에 있지 않거나 양도가능으로 발행된 것을 조정할 수 없는 신용장의 수익자인 경우에 사용된다.

대금의 양도는 미국에서는 UCC 규정에 따라 행하여지고 있다. 대금의 양도가 이루어진 경우에는 신용장조건을 이행해야 할 당사자는 원수익자이며, 대금을 청구하는 당사자는 양수인이 된다. 그 반면 신용장양도가 이루어진 경우에는 그 조건 이행자나 대금청구의 당사자는 모두 양수인이 된다. 신용장대금의 양도는 신용장 자체의 양도와는 상이하며, 양수인은 대금에 관한 권리만 양수받을 뿐 당해 신용장에 따른 서류작성에 대한 의무는 원수익자에게 있다.[536]

535) ICC Pub. 459, Case 161.
536) 강원진, 전게서, 168-169면.

Case 13-07	대금의 양도는 양수자에게 통지 없이 조건변경이나 수정이 가능한지 여부

Q 대금의 양도는 양수자에게 통지 없이 조건변경 또는 수정이 가능한가? 또한 양도에 대한 모든 조건변경 및 수정은 양수인의 동의를 필요로 하는가?

사례 및 쟁점 I은행은 취소불능신용장을 발행하고 A은행을 통하여 수익자에게 통지하였다. A은행은 동신용장에 확인문언을 추가하였다. 취소불능확인신용장을 수령한 후 수익자는 A은행에게 자신이 양수인(assignee) X에게 신용장의 권리를 행사할 수 있도록 대금의 90% 양도지시를 승낙하여 줄 것을 지시하였다. 신용장은 분할선적이 허용되지 아니하였다.

A은행은 양도지시(instructions of assignment)를 승낙하고 양수인 X에게 신용장이 환어음지급인 앞으로 발행되고 신용장조건일치에 따라 지급되는 경우 USD90,000 지급(신용장금액의 90% 상당)이 이루어질 것이라고 통지하였다.

I은행은 분할선적을 허용하고 또한 선적과 제시를 위한 유효기일을 연장하는 것으로 신용장 조건변경을 하였다. A은행은 수익자에게 이와 같은 조건변경을 통지하였다. 수익자는 분할선적 물품가액 100%상당의 USD90,000 환어음과 함께 서류를 A은행에 제시하고, A은행이 양수인 X에게 USD81,000(즉, 환어음발행액의 90%) 및 잔액 USD9,000(잔액 10%) 지급을 지시하였다. 신용장조건이 일치된 것으로 결정한 후 A은행은 수익자가 지시한 대로, 즉 양수인 X에게 90% 및 수익자에게 10%에 대한 환어음발행금액을 지급하였다.

양수인 X는 대금의 양도계약(assignment of proceeds contract)에서 A은행의 의무에 대한 부당한 지급거절에 대하여 클레임을 제기하였다. 양수인 X는 자신이 환어음발행금액 100%, 즉 양도금액 USD90,000을 받아야 한다고 주장하였다. 양수인 X는 신용장하에서 선적되어야 하는 물품의 100%를 이미 취득하였기 때문에 전체금액이 자신에게 지급되지 않을 경우 법적대응을 취할 것임을 암시하였다. 은행에 의하여 발행된 대금의 양도통지에 기초하여 양수인 X는 USD90,000 상당의 모든 물품을 수익자에게 제공하고 물품전체 금액을 수령할 것을 기대하고 있었다.

이 사례에서 A 은행의 행동방침(course of action)은 무엇이며, 대금의 양도는 양수자에게 통지 없이 조건변경이나 수정이 될 수 있는지 또한 양도에 대한 모든 조건변경 및 수정은 양수인의 동의를 필요로 하는지 여부이다.

A 양도지시가 지급방법에 대하여 특별한 명시가 없는 경우 환어음발행금액의 90% 만을 양수인에게 보내지도록 하거나 또는 관련 약정에 의하여 A은행이 양도통지서(assignment notice)에 명시된 대로 양수인에게 전체금액을 지급할 의무가 있다. 특히 수익자의 양도지시가 취소불능인 경우 양도지시에 대한 모든 조건변경 및 수정을 양수인에게 통지하는 것은 신중을 기하여야 한다. 또한 대금의 양도지시 및 양수인에 대한 통지가 취소불능인 경우에는 양수인의 동의가 요구된다.[537)]

검토 양도지시가 지급방법에서 우발적이거나 명시적인 것이 아닐 경우, 환어음발행금액의 90%는 양수인에게 보낼 수 있고 또는 어떠한 관련 약정이 있을 경우에 A은행은 양도통지서에 명시된 대로 양수인에게 전체금액을 지급할 의무가 있다.

대금의 양도와 관련하여 어떤 국가에서는 수익자가 지급은행 또는 매입은행에 대한 대금의 양도지시가 취소불능인 것으로 요구하고 있다. 지급은행 또는 매입은행은 수익자가 신용장하의 대금양도에 대한 필요한 형식적인 지시를 행하는 요구에 대하여 신중을 기하여야 한다. 따라서 은행은 양도지시에 나타낸 서명의 유효성, 원신용장 통지서의 제시 또는 원신용장통지상의 양도요구(assignment order)사항, 양수인의 명칭, 양수인 회사 또는 개인이 불량거래자에 해당되는지 유무 등을 확인하여야 한다.

UCC 제5-114조에서는 대금의 양도(assignment of proceeds)에 관하여 수익자는 신용장대금의 전부 또는 일부에 대한 권리를 양도할 수 있고 수익자는 서류제시 전에도 신용장의 모든 조건을 준수하는 조건으로 신용장대금을 수령할 수 있는 권리를 미리 양도할 수 있으며, 발행인(issuer)이나 지정인(nominated person)은 신용장대금의 양도에 동의할 때까지는 그 양도를 승인하지 아니할 수 있도록 하고 있다. 또한 신용장대금의 양도를 동의하거나 이를 보류할 의무를 부담하지 아니 하고, 양수인 수익자(transferee beneficiary) 또는 지정인의 권리는 신용장대금에 관한 수익자의 양도와는 독립되어 있으며, 또한 이는 신용장대금 양수인의 권리에 우선하는 것으로 규정하고 있다.[538)]

UCP 600 제39조에서 대금의 양도는 양도의 적법성이나 강행성에 대하여 규정한 것이 아니므로 각각의 국내법 또는 국가의 규정에 따라야 할 사안으로 보고 있다. 이와 같이 이 조에서는 수익자의 대금양도에 대한 권리는 적용 가능한 법률규정에 따라야 하는 것으로 분명하게 명시되고 있는 것이다.

537) Charles del Busto, *Case Studies on Documentary Credits under UCP 500*, ICC Publication No. 535, ICC Publication S.A., 1995, pp. 92-93 and pp. 140-141.

538) UCC Article 5-114(b~e).

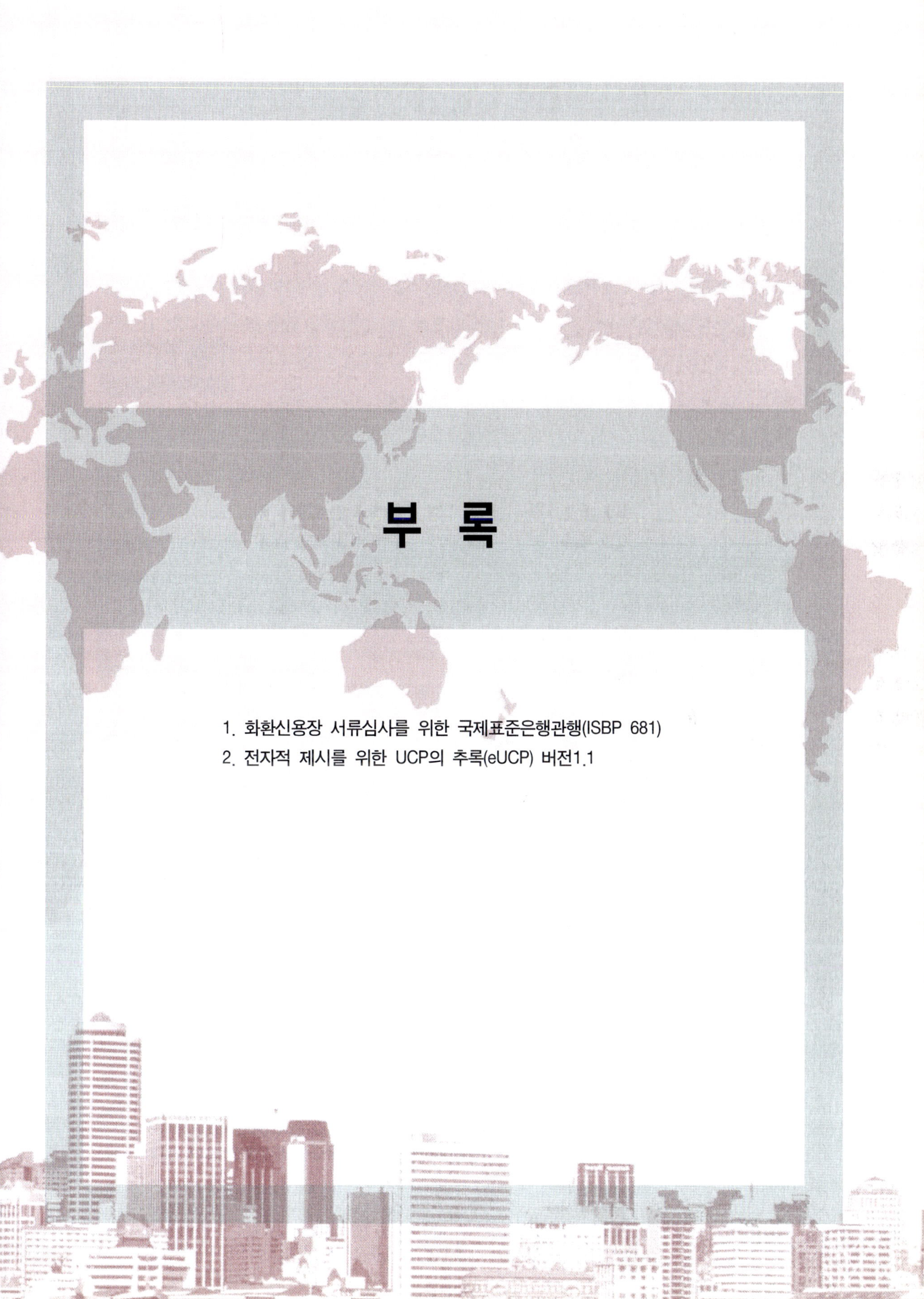

부 록

1. 화환신용장 서류심사를 위한 국제표준은행관행(ISBP 681)
2. 전자적 제시를 위한 UCP의 추록(eUCP) 버전1.1

1. International Standard Banking Practice for the Examination of Documents under Documentary Credits (ISBP 681)

(2007 Revision)

PRELIMINARY CONSIDERATIONS

The Application and Issuance of the Credit

1. The terms of a credit are independent of the underlying transaction even if a credit expressly refers to that transaction. To avoid unnecessary costs, delays and disputes in the examination of documents, however, the applicant and beneficiary should carefully consider which documents should be required, by whom they should be produced and the time frame for presentation.

2. The applicant bears the risk of any ambiguity in its instructions to issue or amend a credit. Unless expressly stated otherwise, a request to issue or amend a credit authorizes an issuing bank to supplement or develop the terms in a manner necessary or desirable to permit the use of the credit.

3. The applicant should be aware that UCP 600 contains articles such as 3, 14, 19, 20, 21, 23, 24, 28(i), 30 and 31 that define terms in a manner that may produce unexpected results unless the applicant fully acquaints itself with these provisions. For example, a credit requiring presentation of a bill of lading and containing a prohibition against transhipment will, in most cases, have to exclude UCP 600 sub-article 20(c) to make the prohibition against transhipment effective.

4. A credit should not require presentation of documents that are to be issued or countersigned by the applicant. If a credit is issued including such terms, the beneficiary must either seek amendment or comply with them and bear the risk of failure to do so.

5. Many of the problems that arise at the examination stage could be avoided or resolved by careful attention to detail in the underlying transaction, the credit application and issuance of the credit as discussed.

1. 화환신용장 서류심사를 위한 국제표준은행관행(ISBP 681)

(2007 개정)

예비적 고려사항

신용장의 발행신청 및 발행

1. 신용장 조건은 신용장이 근거거래에 관하여 명시적으로 언급하고 있다 하더라도 근거거래와 독립적이다. 그러나 서류심사에 있어서의 불필요한 비용, 지연 및 분쟁을 피하기 위하여 발행의뢰인과 수익자는 어떠한 서류가 요구되는지, 누구에 의하여 서류가 작성되는지 그리고 제시를 위한 시간범위에 관하여 신중히 고려하여야 한다.

2. 발행의뢰인은 신용장 발행 또는 조건변경을 위한 지시에 있어서 모든 모호함에 따른 위험을 부담한다. 별도의 명시적인 언급이 없는 한, 신용장 발행 또는 조건변경에 대한 요청은 발행은행에 대하여 신용장의 사용을 허가하는데 필요하거나 또는 바람직한 방식으로 조건을 추가하거나 또는 설정할 수 있는 권한을 부여하는 것이다.

3. 발행의뢰인은 신용장통일규칙 및 관례(UCP 600) 조항 자체를 완전하게 숙지하고 있지 않는 한, 예상하지 못한 결과를 초래할 수 있는 방법으로 조건들을 규정하고 있는 제3조, 제14조, 제19조, 제20조, 제21조, 제23조, 제24조, 제28(i)조, 제30조 및 제31조와 같은 조항들이 포함되어 있음을 인식하고 있어야 한다. 예를 들면, 선화증권의 제시를 요구하고 또한 환적금지를 포함하고 있는 신용장은, 대부분의 경우, 환적에 대한 금지를 유효하게 하기 위하여 UCP 600 제20조 c항을 배제하여야 한다.

4. 신용장은 발행의뢰인에 의하여 작성된 서류 또는 부서된 서류의 제시를 요구하여서는 아니 된다. 신용장이 이러한 조건들을 포함하여 발행된 경우, 수익자는 반드시 조건변경을 하거나 또는 그 조건에 따라야 하며 이를 행하지 아니한 데 따른 위험을 부담하여야 한다.

5. 서류심사 단계에서 야기되는 많은 문제들은 근거거래, 신용장발행신청 그리고 협의된 바대로의 신용장의 발행에 있어서 세부사항에 대한 주의를 기울임으로써 회피되거나 해결될 수 있다.

GENERAL PRINCIPLES

Abbreviations

6. The use of generally accepted abbreviations, for example "Ltd." instead of "Limited","Int'l" instead of "International", "Co." instead of "Company", "kgs" or "kos." instead of "kilos", "Ind" instead of "Industry", "mfr" instead of "manufacturer" or "mt" instead of "metric tons" – or vice versa – does not make a document discrepant.

7. Virgules (slash marks "/") may have different meanings, and unless apparent in the context used, should not be used as a substitute for a word.

Certifications and Declarations

8. A certification, declaration or the like may either be a separate document or contained within another document as required by the credit. If the certification or declaration appears in another document which is signed and dated, any certification or declaration appearing on that document does not require a separate signature or date if the certification or declaration appears to have been given by the same entity that issued and signed the document.

Corrections and Alterations

9. Corrections and alterations of information or data in documents, other than documents created by the beneficiary, must appear to be authenticated by the party who issued the document or by a party authorized by the issuer to do so. Corrections and alterations in documents which have been legalized, visaed, certified or similar, must appear to be authenticated by the party who legalized, visaed, certified etc., the document. The authentication must show by whom the authentication has been made and include the signature or initials of that party. If the authentication appears to have been made by a party other than the issuer of the document, the authentication must clearly show in which capacity that party has authenticated the correction or alteration.

10. Corrections and alterations in documents issued by the beneficiary itself, except drafts, which have not been legalized, visaed, certified or similar, need not be authenticated. See also "Drafts and Calculation of Maturity Date".

일반원칙

약어

6. 일반적으로 인정되는 약어(abbreviations)의 사용은, 예를 들면 "Limited" 대신에 "Ltd", "International" 대신에 "Int'l", "Company" 대신에 "Co", "Kilos" 대신에 "kgs" 또는 "kos", "Industry" 대신에 "Ind", "manufacturer" 대신에 "mfr", 또는 "metric tons" 대신에 "mt" 또는 이와 반대의 경우도 마찬가지로 서류가 불일치한 것이 되지 아니한다.

7. 사선(slash marks "/")은 다른 의미를 가질 수 있으므로 사용된 문맥에서 분명하지 아니하는 한, 어떠한 단어를 대체하는 것으로 사용되어서는 아니 된다.

증명 및 선언

8. 증명(certifications), 선언(declarations) 또는 이와 유사한 내용은 별도의 서류 또는 신용장에 요구된 다른 서류 속에 포함될 수 있다. 증명 또는 선언이 서명되고 일자가 기재된 다른 서류에 표시되는 경우, 증명 또는 선언이 서류를 발행하고 일자를 기재한 자에 의하여 행하여진 것으로 나타나는 한, 그러한 서류에 나타나는 모든 증명 또는 선언은 별도의 서명이나 일자를 요하지 아니한다.

정정 및 변경

9. 수익자 이외의 자가 발행한 서류의 정보 또는 자료의 정정 및 변경(corrections and alterations)은 서류를 발행한 당사자 또는 서류 발행인이 그렇게 행하도록 수권된 당사자에 의하여 인증되어야 한다. 공인, 사증, 증명 또는 이와 유사한 것으로 된 서류에서의 정정 및 변경은 서류를 공인, 사증, 증명 등을 행한 자에 의하여 인증이 있어야 한다. 인증은 인증을 행한 자를 표시하여야 하고, 그러한 당사자의 서명 또는 약식서명을 포함하여야 한다. 인증이 서류 발행인 이외의 자에 의하여 행하여진 것으로 표시된 경우, 그 인증은 수정 및 변경을 인증한 당사자의 자격을 분명하게 표시하여야 한다.

10. 환어음을 제외하고, 수익자 자신이 발행하고 공인, 사증, 증명 또는 이와 유사한 것으로 되지 않은 서류의 정정 또는 변경은 인증을 요하지 아니한다. 아울러 "환어음과 만기일의 계산"편을 참조 바란다.

11. The use of multiple type styles or font sizes or handwriting in the same document does not, by itself, signify a correction or alteration.

12. Where a document contains more than one correction or alteration, either each correction must be authenticated separately or one authentication must be linked to all corrections in an appropriate way. For example, if the document shows three corrections numbered 1, 2 and 3, one statement such as "Correction numbers 1, 2 and 3 above authorized by XXX" or similar, will satisfy the requirement for authentication.

Dates

13. Drafts, transport documents and insurance documents must be dated even if a credit does not expressly so require. A requirement that a document, other than those mentioned above, be dated, may be satisfied by reference in the document to the date of another document forming part of the same presentation (e.g., where a shipping certificate is issued which states "date as per bill of lading number xxx" or similar terms). Although it is expected that a required certificate or declaration in a separate document be dated, its compliance will depend on the type of certification or declaration that has been requested, its required wording and the wording that appears within it. Whether other documents require dating will depend on the nature and content of the document in question.

14. Any document, including a certificate of analysis, inspection certificate and pre-shipment inspection certificate, may be dated after the date of shipment. However, if a credit requires a document evidencing a pre-shipment event (e.g., pre-shipment inspection certificate), the document must, either by its title or content, indicate that the event (e.g., inspection) took place prior to or on the date of shipment. A requirement for an "inspection certificate" does not constitute a requirement to evidence a pre-shipment event. Documents must not indicate that they were issued after the date they are presented.

15. A document indicating a date of preparation and a later date of signing is deemed to be issued on the date of signing.

11. 동일서류에 복수의 활자형태 또는 활자체 크기 또는 수기의 사용은 그 자체만으로는 정정 또는 변경을 의미하지 아니한다.

12. 서류가 한 개 이상의 정정 또는 변경을 포함하고 있는 경우, 각각의 정정은 독립적으로 인증되거나 또는 하나의 인증은 적절한 방법으로 모든 정정에 연계되어야 한다. 예를 들면, 서류가 1, 2, 3으로 번호를 매긴 세 가지의 정성을 표시하고 있는 경우, "상기의 정정번호 1, 2, 3은 xxx에 의하여 인증되었음" 또는 그와 유사한 표기는 인증요건을 충족하는 것으로 한다.

일자

13. 환어음, 운송서류 및 보험서류는 신용장이 비록 일자(dates) 표기를 명시적으로 요구하지 아니하더라도 일자를 표기하여야 한다. 앞에서 언급한 서류 이외의 서류에 대한 일자표기 요구는 동일한 제시의 일부를 구성하는 다른 서류의 일자를 서류상에 참조함으로써 충족되어질 수 있다(예를 들면, 일자는 선화증권 번호 xxx와 같다고 표시한 선적증명서가 발행되는 경우). 비록 독립된 서류로 요구된 증명 또는 선언이 일자표기가 될 것으로 예상된다 하더라도, 이는 요구된 증명 또는 선언의 형태, 요구문언, 및 그 내용에 나타난 문언에 의존한다. 기타 서류에 일자표기가 요구되는가의 여부는 당해서류의 성질 및 내용에 의존한다.

14. 분석증명서(certificate of analysis), 검사증명서(inspection certificate), 선적 전 검사증명서(pre-shipment inspection certificate)를 포함하는 모든 서류는 선적일자 이후의 일자로 표기될 수 있다. 그러나 신용장이 선적 전 발생 사실(예를 들면, 선적 전 검사증명서)을 입증하는 서류가 요구되는 경우, 그 서류는 서류의 제목 또는 내용에 의하여 그러한 발생일(예를 들면, 검사)이 선적일자 이전 또는 선적당일에 있었다는 것을 표기하여야 한다. 검사증명서의 요구는 선적전의 사실을 입증하는 요구로 간주되지 아니 한다. 서류는 서류제시일 이후에 발행된 것으로 표기되어서는 아니 된다.

15. 준비일자 및 그 이후의 서명일자를 나타내는 서류는 서명한 일자에 발행된 것으로 간주된다.

16. Phrases often used to signify time on either side of a date or event:
    a. "within 2 days after" indicates a period from the date of the event until 2 days after the event.
    b. "not later than 2 days after" does not indicate a period, only a latest date. If an advice must not be dated prior to a specific date, the credit must so state.
    c. "at least 2 days before" indicates that something must take place not later than 2 days before an event. There is no limit as to how early it may take place.
    d. "within 2 days of" indicates a period 2 days prior to the event until 2 days after the event.
17. The term "within" when used in connection with a date excludes that date in the calculation of the period.

18. Dates may be expressed in different formats, e.g., the 12th of November 2007 could be expressed as 12 Nov 07, 12Nov07, 12.11.2007, 12.11.07, 2007.11.12, 11.12.07, 121107, etc. Provided that the date intended can be determined from the document or from other documents included in the presentation, any of these formats are acceptable. To avoid confusion it is recommended that the name of the month should be used instead of the number.

Documents for which the UCP 600 Transport Articles Do Not Apply

19. Some documents commonly used in relation to the transportation of goods, e.g., Delivery Order, Forwarder's Certificate of Receipt, Forwarder's Certificate of Shipment, Forwarder's Certificate of Transport, Forwarder's Cargo Receipt and Mate's Receipt do not reflect a contract of carriage and are not transport documents as defined in UCP 600 articles 19 - 25. As such, UCP 600 sub-article 14(c) would not apply to these documents. Therefore, these documents will be examined in the same manner as other documents for which there are no specific provisions in UCP 600, i.e., under sub-article 14(f). In any event, documents must be presented not later than the expiry date for presentation as stated in the credit.

20. Copies of transport documents are not transport documents for the purpose of UCP 600 articles 19-25 and sub-article 14(c). The UCP 600 transport articles apply where there are original transport documents presented. Where a credit allows for the presentation of a copy transport document rather than an original, the credit must explicitly state the details to be shown. Where copies (non-negotiable)

16. 일자 또는 발생일 전후에서 시간을 나타내는데 종종 사용되는 구절은 다음과 같다.
    a. "이후 2일 이내"(within 2 days after)는 발생일로부터 발생일 후 2일까지의 기간을 나타내는 것이다.
    b. "이후 2일까지(not later than 2 days after)는 어떤 기간을 나타내는 것이 아니고 오직 최종일을 나타낸다. 통지가 특정일 이전의 일자로 표기되지 않아야 하는 경우, 신용장은 이와 같이 나타내어야 한다.
    c. "적어도 이전 2일"(at least 2 days before)은 어떤 일이 발생일 이전의 2일전보다 늦지 않게 발생하여야 함을 나타내는 것이다. 그러한 일이 얼마나 빨리 발생하여야 하는가에 관하여는 제한이 없다.
    d. "의 2일 이내"(Within 2 days of)는 발생일 이전 2일과 발생일 이후 2일까지의 기간을 나타낸다.

17. "이내"(within)라는 용어가 일자에 관련하여 사용된 경우, 그 일자는 기간계산에서 제외된다.

18. 일자는 다른 형식으로 표현될 수 있다. 예를 들면, "the 12th of November 2007"은 12 Nov 07, 12Nov07, 12.11.2007, 12.11.07, 2007.11.12, 11.12.07, 121207 등과 같이 표현될 수 있다. 다만 의도된 일자가 서류 또는 제시에 포함된 다른 서류로부터 확정될 수 있는 한, 이러한 일자표기의 형식들은 수리될 수 있다. 혼란을 방지하기 위하여, 숫자 대신에 월 이름이 사용되는 것을 권장한다.

UCP 600 운송조항이 적용되지 아니하는 서류

19. 물품운송과 관련되어 보통 사용되는 일부 서류, 예를 들면, 물품인도지시서(Delivery Order), 운송주선인 수령증명서(Forwarder's Certificate of Receipt), 운송주선인 선적증명서(Forwarder's Certificate of Shipment), 운송주선인 운송증명서(Forwarder's Certificate of Transport), 운송주선인 물품수령증명서(Forwarder's Cargo Receipt) 및 본선수령증(Mate's Receipt)은 운송계약을 반영하지 아니하며, UCP 600 제14조 c항은 이와 같은 서류에 적용되지 아니하는 것으로 정의된 바와 같이 운송서류가 아니다. 그러므로 이와 같이 UCP 600, 예를 들면 제14조 f항에 명시적 규정을 누고 있지 아니하는 기타서류와 동일한 방법으로 심사된다. 어떠한 경우에도, 서류는 신용장에 명시된 제시를 위한 유효기일까지 제시되어야 한다.

20. 운송서류의 사본은 UCP 600 제19조~제25조 및 제14조 c항의 목적을 위한 운송서류가 아니다. UCP 600의 운송조항은 제시된 원본운송서류가 있는 경우에 적용된다.

are presented, they need not evidence signature, dates, etc.

Expressions Not Defined in UCP 600

21. Expressions such as "shipping documents", "stale documents acceptable", "third party documents acceptable", and "exporting country" should not be used as they are not defined in UCP 600. If used in a credit, their meaning should be made apparent. If not, they have the following meaning under international standard banking practice:
    a. "shipping documents" – all documents (not only transport documents), except drafts, required by the credit.
    b. "stale documents acceptable" – documents presented later than 21 calendar days after the date of shipment are acceptable as long as they are presented no later than the expiry date for presentation as stated in the credit.
    c. "third party documents acceptable" – all documents, excluding drafts but including invoices, may be issued by a party other than the beneficiary. If it is the intention of the issuing bank that the transport or other documents may show a shipper other than the beneficiary, the clause is not necessary because it is already permitted by sub-article 14(k).
    d. "exporting country" – the country where the beneficiary is domiciled, or the country of origin of the goods, or the country of receipt by the carrier or the country from which shipment or dispatch is made.

Issuer of Documents

22. If a credit indicates that a document is to be issued by a named person or entity, this condition is satisfied if the document appears to be issued by the named person or entity. It may appear to be issued by a named person or entity by use of its letterhead, or, if there is no letterhead, the document appears to have been completed or signed by, or on behalf of, the named person or entity.

Language

23. Under international standard banking practice, it is expected that documents issued by the beneficiary will be in the language of the credit. When a credit states that documents in two or more languages are acceptable, a nominated bank may, in its advice of the credit, limit the number of acceptable languages

신용장이 원본 대신에 운송서류 사본 제시를 허용한 경우, 신용장은 그 서류에 나타내야 하는 세부사항을 분명하게 기재하여야 한다. (비유통성)사본이 제시된 경우, 서명, 일자 등을 명시할 필요가 없다.

UCP 600에 정의되지 아니한 표현

21. "선적서류"(shipping documents), "기간경과서류 수리가능"(stale documents acceptable), "제3자 서류 수리가능"(third party documents acceptable), 및 "수출국" (exporting country)과 같은 표현은 UCP 600에서 정의되지 아니하였으므로 사용되어서는 아니 된다. 신용장에서 그러한 표현을 사용하는 경우, 그들의 의미는 명확히 나타내야 한다. 만일 그러하지 아니한 경우, 그러한 표현들은 국제표준은행관행에 따라 다음과 같은 의미를 갖는다.
    a. "선적서류"(shipping documents) - 환어음을 제외하고, (운송서류 뿐만이 아닌) 신용장에 요구된 모든 서류
    b. "기간경과서류 수리가능"(stale documents acceptable) - 선적일자 이후 21일(역일)이 경과되어 제시된 서류는 그 서류가 신용장에 명시된 제시를 위한 유효기일 이내에 제시되는 한 수리가능하다.
    c. "제3자 서류 수리가능"(third party documents acceptable) - 환어음을 제외하고 송장을 포함한 모든 서류는 수익자 이외의 당사자가 발행할 수 있다. 발행은행의 의도가 운송서류에 수익자 이외의 송화인(shipper)을 나타낼 경우, 그 조항은 제14조 k호에 의하여 이미 허용되었기 때문에 필요로 하지 아니한다.
    d. "수출국"(exporting country) - 수익자가 거주하는 국가 또는 물품의 원산국 또는 운송인의 수령국 또는 선적 또는 발송이 이루어진 국가

서류의 발행인

22. 신용장이 서류가 어떠한 지정인 또는 주체에 의하여 발행되도록 명시한 경우, 이 조건은 서류가 지정인 또는 주체에 의하여 발행된 것으로 나타나는 경우에 충족된다. 서류는 서류의 용지서두(letterhead)의 사용에 의하여 지정인 또는 주체에 의하여 발행된 것으로 나타낼 수 있으며, 또는 용지서두가 없는 경우, 서류는 지정인 또는 주체에 의하거나 또는 이들의 대리인에 의하여 완성되거나 서명된 것으로 나타낸다.

언어

23. 국제표준은행관행에 따라, 수익자가 발행한 서류는 신용장에 사용된 언어(language)로

as a condition of its engagement in the credit.

Mathematical Calculations

24. Detailed mathematical calculations in documents will not be checked by banks. Banks are only obliged to check total values against the credit and other required documents.

Misspellings or Typing Errors

25. A misspelling or typing error that does not affect the meaning of a word or the sentence in which it occurs, does not make a document discrepant. For example, a description of the merchandise as "mashine" instead of "machine", "fountan pen" instead of"fountain pen" or "modle" instead of "model" would not make the document discrepant. However, a description as "model 123" instead of "model 321" would not be regarded as a typing error and would constitute a discrepancy.

Multiple Pages and Attachments or Riders

26. Unless the credit or a document provides otherwise, pages which are physically bound together, sequentially numbered or contain internal cross references, however named or entitled, are to be examined as one document, even if some of the pages are regarded as an attachment. Where a document consists of more than one page, it must be possible to determine that the pages are part of the same document.

27. If a signature or endorsement is required to be on a document consisting of more than one page, the signature is normally placed on the first or last page of the document, but unless the credit or the document itself indicates where a signature or endorsement is to appear, the signature or endorsement may appear anywhere on the document.

Originals and Copies

28. Documents issued in more than one original may be marked "Original", "Duplicate", "Triplicate", "First Original", "Second Original", etc. None of these markings will disqualify a document as an original.

작성되는 것이 요구된다. 신용장이 두 가지 또는 그 이상의 언어로 작성된 서류를 수리하는 것으로 명시하는 경우, 지정은행은 신용장을 통지함에 있어서 신용장에서 자신의 약정 조건으로 수리 가능한 언어의 수를 제한 할 수 있다.

수학적 계산

24. 서류에서의 상세한 수학적 계산(mathematical calculations)은 은행에 의하여 점검되지 아니한다. 은행은 오직 신용장 및 기타 요구 서류들에 대한 총액을 점검하는 의무만 부담한다.

오자 또는 타자 오류

25. 단어나 문장의 의미에 영향을 미치지 아니하는 오자 또는 타자 오류(misspellings or typing error)는 서류를 불일치한 것으로 만들지 아니한다. 예를 들면, "machine" 대신에 "mashine", "fountain pen" 대신에 "fountan pen" 또는 "model" 대신에 "modle"과 같은 물품명세는 그 서류를 불일치한 것으로 만들지 아니한다. 그러나 "model 321" 대신에 "model 123"과 같은 명세는 타자 오류로 간주되지 아니하며, 불일치를 구성한다.

복수의 지면 및 첨부물 또는 부전

26. 신용장 또는 서류에 별도로 규정되지 않는 한, 명칭에 관계없이 물리적으로 합철 되거나, 일련번호가 부여되거나 또는 내부교차 참조번호가 포함된 페이지는 비록 지면의 일부가 첨부물로 간주되더라도 하나의 서류로 심사하여야 한다. 서류가 한 지면 이상으로 구성된 경우에는, 반드시 이들 지면이 동일서류의 일부라는 것을 결정할 수 있어야 한다.

27. 한 지면 이상으로 구성된 서류상에 서명 또는 배서가 요구되는 경우, 서명은 보통 서류의 첫 면 또는 마지막 면에 하는 것이 정상적이지만, 신용장 또는 서류 자체에 서명 또는 배서가 나타내어야 할 곳을 명시하지 않는다면 서명 또는 배서는 서류의 어느 곳이든지 나타낼 수 있다.

원본 및 사본

28. 한 통 이상의 원본으로 발행된 서류는 "Original", "Duplicate", "Triplicate", "First Original", "Second Original" 등으로 표시될 수 있다. 이러한 표시가 없는 서류는 원본으로서의 자격을 상실한다.

29. The number of originals to be presented must be at least the number required by the credit, the UCP 600, or, where the document itself states how many originals have been issued, the number stated on the document.

30. It can sometimes be difficult to determine from the wording of a credit whether it requires an original or a copy, and to determine whether that requirement is satisfied by an original or a copy. For example, where the credit requires:
   a. "Invoice", "One Invoice" or "Invoice in 1 copy", it will be understood to be a requirement for an original invoice.
   b. "Invoice in 4 copies", it will be satisfied by the presentation of at least one original and the remaining number as copies of an invoice.
   c. "One copy of Invoice", it will be satisfied by presentation of either a copy or an original of an invoice.

31. Where an original would not be accepted in lieu of a copy, the credit must prohibit an original, e.g., "photocopy of invoice – original document not acceptable in lieu of photocopy", or the like. Where a credit calls for a copy of a transport document and indicates the disposal instructions for the original of that transport document, an original transport document will not be acceptable.

32. Copies of documents need not be signed.

33. In addition to UCP 600 article 17, the ICC Banking Commission Policy Statement, document 470/871(Rev), titled "The determination of an "Original" document in the context of UCP 500 sub-Article 20(b)" is recommended for further guidance on originals and copies and remains valid under UCP 600. The content of the Policy Statement appears in the Appendix of this publication, for reference purposes.

Shipping Marks

34. The purpose of a shipping mark is to enable identification of a box, bag or package. If a credit specifies the details of a shipping mark, the documents mentioning the marks must show these details, but additional information is acceptable provided it is not in conflict with the credit terms.

35. Shipping marks contained in some documents often include information in excess of what would normally be considered "shipping marks", and could include information such as the type of goods, warnings as to the handling of fragile goods, net and/or gross weight of the goods, etc. The fact that some documents show such additional information, while others do not, is not a discrepancy.

29. 제시되어야 할 원본의 통수는 신용장, UCP 600 또는 서류 자체에 원본발행통수를 명시한 경우에는, 그 서류상에 명시된 통수 이상이어야 한다.

30. 가끔 신용장의 문언으로부터 신용장이 1통의 원본 또는 사본을 요구하는지, 또는 그러한 요구가 1통의 원본 또는 사본에 의하여 충족되는지를 결정하는 것이 어려울 수 있다. 예를 들면, 신용장이 다음과 같이 요구한 경우:

a. "Invoice", "One Invoice", "Invoice in 1 Copy"는 송장 원본 1통이 요구되는 것으로 간주된다.

b. "Invoice in 4 copies"는 적어도 송장 원본 한통 및 나머지 통수의 송장 사본의 제시에 의하여 충족된다.

c. "One copy of Invoice"는 송장 사본 1통 또는 원본 1통의 제시에 의하여 충족된다.

31. 원본이 사본 대신에 수리되지 아니하는 경우, 신용장은 예를 들면, "송장의 사진 복사본-서류의 원본은 사진 복사본 대신에 수리되지 아니 한다" 또는 유사한 표현과 같이 원본을 금지시켜야 한다. 신용장이 운송서류 사본을 요구하고 그 운송서류 원본에 대한 처분지시를 표시하는 경우, 운송서류 원본은 수리되지 아니한다.

32. 서류의 사본은 서명을 요하지 아니한다.

33. UCP 600 제17조에 추가하여, "UCP 500 제20조 b항의 문언에서 원본서류의 결정"이라고 칭한 문서 제470/871호 수정본(Rev), 국제상업회의소 은행위원회 정책보고서는 원본에 관한 상세한 지침으로 추천되고 있으며 UCP 600에서 유효한 것이 된다. 정책보고서의 내용은 참고용으로 본 간행물의 부록에서 보여주고 있다.

화인

34. 화인(shipping marks)의 목적은 상자, 자루 또는 포장의 확인을 가능하게 하기 위한 것이다. 신용장이 화인의 명세를 명시하는 경우, 화인을 언급하는 서류는 이와 같은 명세를 반드시 표기하여야 한다, 그러나 신용장 조건과 상충되지 아니하는 한, 추가 정보는 수리될 수 있다.

35. 가끔 어떤 서류의 화인은 통상적으로 어떠한 것이 "화인"으로 간주될 것에 관한 과도한 정보를 포함하고 있는 경우가 있으며, 또한 화인은 물품의 종류, 파손되기 쉬운 물품의 취급에 관한 경고문, 물품의 순중량 및/또는 총중량 등과 같은 정보를 포함할 수 있다. 일부 서류가 이와 같은 추가 정보를 명시하고 있다는 사실은 다른 서류에 그러한 추가 정보의 표시가 없다 하더라도 불일치가 아니다.

36. Transport documents covering containerized goods will sometimes only show a container number under the heading "Shipping marks". Other documents that show a detailed marking will not be considered to be in conflict for that reason.

Signatures

37. Even if not stated in the credit, drafts, certificates and declarations by their nature require a signature. Transport documents and insurance documents must be signed in accordance with the provisions of UCP 600.

38. The fact that a document has a box or space for a signature does not necessarily mean that such box or space must be completed with a signature. For example, banks do not require a signature in the area titled "Signature of shipper or their agent" or similar phrases, commonly found on transport documents such as air waybills or road transport documents. If the content of a document indicates that it requires a signature to establish its validity (e.g., "This document is not valid unless signed" or similar terms), it must be signed.

39. A signature need not be handwritten. Facsimile signatures, perforated signatures, stamps, symbols (such as chops) or any electronic or mechanical means of authentication are sufficient. However, a photocopy of a signed document does not qualify as a signed original document, nor does a signed document transmitted through a fax machine, absent an original signature. A requirement for a document to be "signed and stamped", or a similar requirement, is also fulfilled by a signature and the name of the party typed, or stamped, or handwritten, etc.

40. A signature on a company letterhead paper will be taken to be the signature of that company, unless otherwise stated. The company name need not be repeated next to the signature.

Title of Documents and Combined Documents

41. Documents may be titled as called for in the credit, bear a similar title, or be untitled. For example, a credit requirement for a "Packing List" may also be satisfied by a document containing packing details whether titled "Packing Note", "Packing and Weight List", etc., or an untitled document. The content of a document must appear to fulfil the function of the required document.

36. 컨테이너화한 물품을 커버하는 운송서류는 가끔 "화인"이라는 표제 하에 단지 컨테이너 번호만을 표시하게 된다. 상세한 화인을 표시한 기타 서류들은, 그와 같은 이유로 인하여 상충되는 것으로 간주되지 아니한다.

서명

37. 비록 신용장에 명시가 없다 하더라도, 환어음, 증명서 및 선언서는 본질적으로 서명을 요한다. 운송서류 및 보험서류는 UCP 600의 규정에 따라 반드시 서명이 되어야 한다.

38. 서류에 서명을 위한 공란 또는 여백이 있다는 사실이 반드시 그러한 공란 또는 여백에 서명이 되어야 함을 의미하지는 않는다. 예를 들면, 은행은 항공화물운송장 또는 도로운송서류와 같은 운송서류에서 보통 발견되는 "송화인 또는 그 대리인의 서명" 또는 유사한 명칭의 공란에 서명을 요구하지 아니한다. 서류의 내용이 서류의 유효성을 확립하기 위하여 서명을 요구하는 것으로 명시하는 경우(예를 들면, "이 서류는 서명이 없으면 유효하지 아니함" 또는 이와 유사한 표현), 그 서류는 반드시 서명되어 있어야 한다.

39. 서명은 수기로 할 필요는 없다. 팩시밀리서명, 천공서명. 스탬프, (도장과 같은) 상징, 또는 전자적 또는 기계적 인증 수단으로도 충분하다. 그러나 서명된 서류의 사진복사본은 서명된 원본 서류로서 부적격하며, 서명된 서류를 팩스기로 전송하는 것은 역시 원본 서류로서 부적격하다. "서명 및 스탬프가 되어야" 하는 서류의 요구 또는 이와 유사한 요구는 서명 및 타자 또는 스탬프 또는 수기된 당사자의 명의에 의하여 또한 충족된다.

40. 별도 명시가 없는 한, 회사의 서두가 인쇄된 용지 상의 서명은 그 회사의 서명으로 간주된다. 그 회사명은 서명 다음에 다시 반복될 필요가 없다.

서류의 명칭 및 복합서류

41. 서류는 신용장에서 요구된 대로 명칭을 사용하거나, 유사한 명칭을 포함하거나 또는 명칭을 표시하지 않을 수 있다. 예를 들면, "포장명세서"(Packing List)에 대한 신용장의 요구는 "Packing Note", "Packing and Weight List" 등 또는 명칭이 표시되지 아니하는 포장명세를 포함하는 서류에 의하여도 충족된다. 서류의 내용은 요구서류의 기능을 충족시킬 수 있도록 나타내야 한다.

42. Documents listed in a credit should be presented as separate documents. If a credit requires a packing list and a weight list, such requirement will be satisfied by presentation of two separate documents, or by presentation of two original copies of a combined packing and weight list, provided such document states both packing and weight details.

DRAFTS AND CALCULATION OF MATURITY DATE

Tenor

43. The tenor must be in accordance with the terms of the credit.
    a. If a draft is drawn at a tenor other than sight, or other than a certain period after sight, it must be possible to establish the maturity date from the data in the draft itself.
    b. As an example of where it is possible to establish a maturity date from the data in the draft, if a credit calls for drafts at a tenor 60 days after the bill of lading date, where the date of the bill of lading is 12 July 2007, the tenor could be indicated on the draft in one of the following ways:
        i. "60 days after bill of lading date 12 July 2007", or
        ii. "60 days after 12 July 2007", or
        iii. "60 days after bill of lading date" and elsewhere on the face of the draft state "bill of lading date 12 July 2007", or
        iv. "60 days date" on a draft dated the same day as the date of the bill of lading, or
        v. "10 September 2007", i.e. 60 days after the bill of lading date.
    c. If the tenor refers to xxx days after the bill of lading date, the on board date is deemed to be the bill of lading date even if the on board date is prior to or later than the date of issuance of the bill of lading.
    d. UCP 600 article 3 provides guidance that where the words "from" and "after" are used to determine maturity dates of drafts, the calculation of the maturity commences the day following the date of the document, shipment, or other event, i.e., 10 days after or from March 1 is March 11.

42. 신용장에 열거된 서류는 별도의 서류로서 제시되어야 한다. 신용장이 한통의 포장명세서 및 중량명세서를 요구한 경우, 이와 같은 서류가 포장 및 중량의 명세를 명시하고 있다면 이와 같은 요구는 두 가지 별도의 서류의 제시 또는 결합된 포장 및 중량명세서의 원본 두 통의 제시에 의하여 충족된다.

환어음 및 만기일의 계산

어음지급기일

43. 어음지급기일(tenor)은 신용장의 조건과 일치하여야 한다.
    a. 환어음이 일람불 또는 일람후 특정기일이 아닌 어음지급기일로 발행된 경우, 환어음 자체에 있는 자료로부터 만기일(maturity date)을 확정하는 것이 가능하여야 한다.
    b. 환어음의 자료로부터 만기일을 확정하는 것이 가능한 경우의 예로써, 신용장이 선화증권 일자이후 60일을 어음지급기일로 하는 환어음을 요구한 경우, 선화증권의 일자가 2007년 7월 12일이라면, 어음지급기일은 다음과 같은 방식 중의 하나로 표시될 수 있다:
        i. "60 days after bill of lading date 12 July 2007", 또는
        ii. "60 days after 12 July 2007", 또는
        iii. "60 days after bill of lading date" 및 환어음의 문면상 다른 곳에 "bill of lading date 12 July 2007"이라고 기재, 또는
        iv. 선화증권 일자와 동일한 일자에 발행된 환어음상의 "60 days date", 또는
        v. "10 September 2007", 즉 선화증권 일자이후 60일.
    c. 어음지급기일이 선화증권 일자이후 xxx 일로 언급된 경우, 비록 본선적재일이 선화증권의 발행일보다 이전이거나 또는 이후라 하더라도 본선적재일이 선화증권 일자로 간주된다.
    d. "부터"(from) 및 "이후"(after)라는 용어가 환어음의 만기일을 결정하기 위하여 사용된 UCP 600 제3조 규정지침은 만기일의 계산이 서류, 선적 또는 다른 행위의 다음 날로부터 기산되는 것이다, 즉 3월 1일 이후 또는 3월 1일로부터 10일은 3월 11일이다.

e. If a bill of lading showing more than one on board notation is presented under a credit which requires drafts to be drawn, for example, at 60 days after or from bill of lading date, and the goods according to both or all on board notations were shipped from ports within a permitted geographical area or region, the earliest of these on board dates will be used for calculation of the maturity date.

Example: the credit requires shipment from European port, and the bill of lading evidences on board vessel "A" from Dublin August 16 and on board vessel "B" from Rotterdam August 18. The draft should reflect 60 days from the earliest on board date in a European port, i.e., August 16.

f. If a credit requires drafts to be drawn, for example, at 60 days after or from bill of lading date, and more than one set of bills of lading is presented under one draft, the date of the last bill of lading will be used for the calculation of the maturity date.

44. While the examples refer to bill of lading dates, the same principles apply to all transport documents.

Maturity Date

45. If a draft states a maturity date by using an actual date, the date must have been calculated in accordance with the requirements of the credit.

46. For drafts drawn "at xxx days sight", the maturity date is established as follows:

a. in the case of complying documents, or in the case of non-complying documents where the drawee bank has not provided a notice of refusal, the maturity date will be xxx days after the date of receipt of documents by the drawee bank.

b. in the case of non-complying documents where the drawee bank has provided a notice of refusal and subsequent approval, at the latest xxx days after the date of acceptance of the draft by the drawee bank. The date of acceptance of the draft must be no later than the date the issuing bank accepts the waiver of the applicant.

47. In all cases the drawee bank must advise the maturity date to the presenter. The calculation of tenor and maturity dates, as shown above, would also apply to credits designated as being available by deferred payment, i.e., where there is no requirement for a draft to be presented by the beneficiary.

e. 예를 들면, 선화증권 일자이후 또는 선화증권 일자로부터 60일로 환어음을 발행할 것을 요구한 신용장하에서 하나 이상의 본선적재부기가 표시된 선화증권이 제시되고, 본선적재 부기의 양쪽 또는 모두와 일치하는 물품이 허용된 지리적 지역 또는 범위 내의 항구로부터 선적된 경우, 이러한 본선적재일 중에서 가장 빠른 일자가 만기일의 계산을 위하여 사용된다.

예: 신용장이 유럽항구로부터의 선적을 요구하였고, 선화증권이 선박 "A"에는 8월 16일 더블린(Dublin)에서 본선적재 하였고 선박 "B"에는 8월 18일 로테르담(Rotterdam)에서 본선적재 하였음을 증명하고 있다. 이 환어음은 유럽항구에서의 가장 빠른 본선적재일, 즉 8월 16일로부터 60일이 반영되어야 한다.

f. 신용장이, 예를 들면, 선화증권 일자이후 또는 선화증권 일자로부터 60일의 환어음을 발행할 것을 요구하고, 하나의 환어음에 따라 1조 이상의 선화증권이 제시되는 경우, 선화증권의 가장 늦은 일자가 만기일의 계산에 사용된다.

44. 예에서는 선화증권의 일자를 언급하고 있으나, 동일한 원칙이 모든 운송서류에 적용된다.

만기일

45. 환어음이 실제의 일자를 이용하여 만기일을 기재하는 경우, 그러한 일자는 신용장의 요구와 일치되게 계산되어야 한다.

46. 일람후 xxx일(at xxx days sight)로 발행된 환어음에 있어서, 만기일은 다음과 같이 확정 된다:

a. 서류가 일치하는 경우, 또는 지급은행이 거절통지를 않기로 하였으나 서류가 불일치하는 경우, 만기일은 지급은행에 의한 서류의 수령일 이후 xxx일이 된다.

b. 서류가 불일치하는 경우 지급은행이 거절통지를 하였다가 추후에 승인한 때에는, 만기일은 지급은행에 의한 환어음의 인수일 이후 xxx일이 된다. 환어음의 인수일은 서류의 승인일 까지 이어야 한다.

47. 모든 경우에 있어서 지급은행은 제시인에게 만기일을 통지하여야 한다. 위에서 나타난 것과 같이, 어음지급기일 및 만기일의 계산은 연지급에 의하여 이용가능 하도록 지정된 신용장, 즉 수익자에 의하여 환어음이 제시될 것을 요구하지 않은 경우에도 또한 적용된다.

Banking Days, Grace Days, Delays in Remittance

48. Payment must be available in immediately available funds on the due date at the place where the draft or documents are payable, provided such due date is a banking day in that place. If the due date is a non-banking day, payment will be due on the first banking day following the due date. Delays in the remittance of funds, such as grace days, the time it takes to remit funds, etc., must not be in addition to the stated or agreed due date as defined by the draft or documents.

Endorsement

49. The draft must be endorsed, if necessary.

Amounts

50. The amount in words must accurately reflect the amount in figures if both are shown, and indicate the currency, as stated in the credit.

51. The amount must agree with that of the invoice, unless as a result of UCP 600 sub-article 18(b).

How the Draft is Drawn

52. The draft must be drawn on the party stated in the credit.

53. The draft must be drawn by the beneficiary.

Drafts on the Applicant

54. A credit may be issued requiring a draft drawn on the applicant as one of the required documents, but must not be issued available by drafts drawn on the applicant.

Corrections and Alterations

55. Corrections and alterations on a draft, if any, must appear to have been authenticated by the drawer.

은행영업일, 은혜일, 송금지연

48. 지급은 환어음 또는 서류가 지급될 수 있는 장소에서 지급기일에 즉시 이용 가능한 자금으로 이용가능 하여야 한다. 지급기일이 은행영업일이 아닌 경우, 지급은 지급기일의 다음 첫 은행 영업일에 이루어지는 것으로 한다. 은혜일(grace days)과 같은, 자금의 송금에 있어서의 지연, 자금을 송금하는데 소요되는 시간 등은 환어음 또는 서류에서 언급되거나 합의된 지급기일에 추가하여서는 아니 된다.

배서

49. 환어음은, 필요한 경우, 반드시 배서되어야 한다.

금액

50. 문자금액과 숫자금액이 기재된 경우 문자금액은 반드시 숫자금액을 정확하게 반영하여야 하며, 신용장에 명시된 바대로 통화를 표시하여야 한다.

51. UCP 600 제18조 b항의 결과에 따르지 아니하는 한, 금액은 반드시 송장금액과 일치하여야 한다.

환어음의 발행방법

52. 환어음은 반드시 신용장에 명시된 당사자를 지급인으로 하여 발행되어야 한다.

53. 환어음은 반드시 수익자에 의하여 발행되어야 한다.

발행의뢰인을 지급인으로 한 환어음

54. 신용장은 요구서류 중의 하나로 발행의뢰인을 지급인으로 하여 발행된 환어음을 요구하는 것으로 발행될 수 있으나, 발행의뢰인을 지급인으로 하여 발행된 환어음에 의하여 사용가능하도록 발행되어서는 아니 된다.

정정 및 변경

55. 환어음상의 정정 및 변경은, 만약 있다면, 반드시 발행인에 의하여 인증된 것으로 나타내야 한다.

56. In some countries a draft showing corrections or alterations will not be acceptable even with the drawer's authentication. Issuing banks in such countries should make a statement in the credit to the effect that no correction or alteration must appear in the draft.

INVOICES

Definition of Invoice

57. A credit requiring an "invoice" without further definition will be satisfied by any type of invoice presented (commercial invoice, customs invoice, tax invoice, final invoice, consular invoice, etc.). However, invoices identified as "provisional", "pro-forma" or the like are not acceptable. When a credit requires presentation of a commercial invoice, a document titled "invoice" will be acceptable.

Description of the Goods, Services or Performance and other General Issues Related to Invoices

58. The description of the goods, services or performance in the invoice must correspond with the description in the credit. There is no requirement for a mirror image. For example, details of the goods may be stated in a number of areas within the invoice which, when collated together, represents a description of the goods corresponding to that in the credit.

59. The description of goods, services or performance in an invoice must reflect what has actually been shipped or provided. For example, where there are two types of goods shown in the credit, such as 10 trucks and 5 tractors, an invoice that reflects only shipment of 4 trucks would be acceptable provided the credit does not prohibit partial shipment. An invoice showing the entire goods description as stated in the credit, then stating what has actually been shipped is also acceptable.

60. An invoice must evidence the value of the goods shipped or services or performance provided. Unit price(s), if any, and currency shown in the invoice must agree with that shown in the credit. The invoice must show any discounts or deductions required in the credit. The invoice may also show a deduction covering advance payment, discount, etc., not stated in the credit.

56. 일부 국가에 있어서 정정 또는 변경이 있는 환어음은 발행인의 인증이 있다 하더라도 수리되지 아니한다. 그러한 국가의 발행은행은 정정 및 변경이 환어음에 나타나지 않아야 한다는 취지를 신용장에 명시하여야 한다.

송 장

송장의 정의

57. 추가적인 정의 없이 "송장"(invoice)을 요구하는 신용장은 제시된 모든 형태의 송장(상업송장, 세관송장, 세무송장, 최종송장, 영사송장 등)에 의하여 충족된다. 그러나 "가(provisional)," "견적"(pro-forma) 또는 유사한 것으로 확인된 송장은 수리되지 아니한다. 신용장이 상업송장의 제시를 요구하는 경우, "송장"이라는 명칭의 서류는 수리된다.

물품명세 및 송장에 관련된 기타 일반사항

58. 송장의 물품, 서비스 또는 이행의 명세는 반드시 신용장의 명세와 일치하여야 한다. 완전일치가 요구되지는 아니한다. 예를 들면, 물품의 세부사항은 함께 대조하는 경우 신용장에서의 그것과 일치하는 물품의 명세를 표시한 송장 내의 많은 영역에 표시될 수 있다.

59. 송장의 물품, 서비스 또는 이행의 명세는 반드시 실제로 선적된 물품이 반영되어야 한다. 예를 들면, 트럭 10대와 트랙터 5대와 같이 두 가지 유형의 물품이 신용장에 기재되어 있는 경우, 신용장이 분할선적을 금지하고 있지 않는 한, 트럭 4대의 선적만을 표시한 송장은 수리될 수 있다. 신용장에 명시된 것과 같이 전체의 물품명세가 표시되고, 실제로 선적되어진 물품을 명시한 송장 또한 수리될 수 있다.

60. 송장은 반드시 선적된 물품 또는 제공된 서비스 또는 이행의 금액을 증명하고 있어야 한다. 송장에 표시된 단가(있을 경우), 및 통화는 신용장에 표시된 것과 일치하여야 한다. 송장은 반드시 신용장에 요구된 모든 할인액 또는 공제액을 표시하여야 한다. 또한 송장은 신용장에 명시되지 아니한 선지급, 할인 등에 따른 감액을 표시할 수 있다.

61. If a trade term is part of the goods description in the credit, or stated in connection with the amount, the invoice must state the trade term specified, and if the description provides the source of the trade term, the same source must be identified (e.g., a credit term "CIF Singapore Incoterms 2000" would not be satisfied by "CIF Singapore Incoterms"). Charges and costs must be included within the value shown against the stated trade term in the credit and invoice. Any charges and costs shown beyond this value are not allowed.

62. Unless required by the credit, an invoice need not be signed or dated.

63. The quantity of merchandise, weights and measurements shown on the invoice must not conflict with the same quantities appearing on other documents.

64. An invoice must not show:
  a. over-shipment (except as provided in UCP 600 sub-article 30(b)), or
  b. merchandise not called for in the credit (including samples, advertising materials, etc.) even if stated to be free of charge.

65. The quantity of the goods required in the credit may vary within a tolerance of +/- 5%. This does not apply if a credit states that the quantity must not be exceeded or reduced, or if a credit states the quantity in terms of a stipulated number of packing units or individual items. A variance of up to +5% in the goods quantity does not allow the amount of the drawing to exceed the amount of the credit.

66. Even when partial shipments are prohibited, a tolerance of 5% less in the credit amount is acceptable, provided that the quantity is shipped in full and that any unit price, if stated in the credit, has not been reduced. If no quantity is stated in the credit, the invoice will be considered to cover the full quantity.

67. If a credit calls for instalment shipments, each shipment must be in accordance with the instalment schedule.

61. 무역거래조건이 신용장의 물품명세의 일부이거나, 또는 금액과 관련하여 명시된 경우, 송장은 반드시 특정된 무역거래조건을 명시하여야 하며, 또한 명세가 무역거래조건의 출처를 규정하는 경우, 반드시 동일한 출처가 확인되어야 한다(예를 들면, "CIF Singapore Incoterms 2000"이라는 신용장조건은 "CIF Singapore Incoterms" 등에 의하여 충족되지 아니 한다). 수수료 및 비용은 반드시 신용장 및 송장에서 명시된 거래조건에 대하여 표시된 금액 속에 포함되어야 한다. 이러한 금액을 초과하여 표시된 모든 수수료 및 비용은 허용되지 아니한다.

62. 신용장에서 요구되지 않은 한, 송장은 서명되거나 일자기재를 필요로 하지 아니한다.

63. 송장에 기재된 물품의 수량, 중량 및 용적은 기타 서류상에 나타나는 동일한 수량과 상충되어서는 아니 된다.

64. 송장에는 다음과 같은 사항을 기재하여서는 아니 된다:
a. (UCP 600 제30조 b항에서 규정된 경우를 제외하고) 초과선적, 또는
b. 무상이라고 기재되어 있다 하더라도, (견본, 광고물 등을 포함하여) 신용장에서 요구되지 아니한 상품.

65. 신용장에서 요구된 물품의 수량은 5%의 과부족의 오차허용 범위 내에서 달라질 수 있다. 신용장에서 수량이 초과하거나 또는 부족하지 않아야 한다고 명시한 경우, 또는 신용장이 수량을 포장단위 또는 개개 품목의 수로 규정된 대로 수량을 명시하고 있는 경우에는 적용되지 않는다. 물품 수량에 있어서 5%까지의 초과하는 변경은 환어음의 발행금액이 신용장금액을 초과하는 것을 허용하지 아니한다.

66. 분할선적이 금지된 경우라 하더라도, 수량이 전부 선적되고, 신용장에 명시되어 있다면 단가가 감액되지 않은 한 신용장에서 5% 부족한 오차허용 범위의 금액은 수리될 수 있다. 신용장에서 수량이 명시되지 않은 경우, 송장은 전량을 커버하는 것으로 간주된다.

67. 신용장이 할부선적을 요구하는 경우, 각각의 선적은 할부일정에 일치되어야 한다.

TRANSPORT DOCUMENT COVERING AT LEAST TWO DIFFERENT MODES OF TRANSPORT

Application of UCP 600 Article 19

68. If a credit requires presentation of a transport document covering transportation utilizing at least two modes of transport (multimodal or combined transport document), and if the transport document clearly shows that it covers a shipment from the place of taking in charge or port, airport or place of loading to the place of final destination mentioned in the credit, UCP 600 article 19 is applicable. In such circumstances, the transport document must not indicate that shipment or dispatch has been effected by only one mode of transport, but it may be silent regarding the modes of transport utilized.

69. In all places where the term "multimodal transport document" is used within this document, it also includes the term combined transport document. A document need not be titled "Multimodal transport document" or "Combined transport document" to be acceptable under UCP 600 article 19, even if such expressions are used in the credit.

Full Set of Originals

70. A UCP 600 article 19 transport document must indicate the number of originals that have been issued. Transport documents marked "First Original", "Second Original", "Third Original", "Original", "Duplicate", "Triplicate", etc., or similar expressions are all originals. Multimodal transport documents need not be marked "original" to be acceptable under a credit. In addition to UCP 600 article 17, the ICC Banking Commission Policy Statement, document 470/871 (Rev), titled "The determination of an 'Original' document in the context of UCP 500 sub-Article 20(b)" is recommended for further guidance on originals and copies and remains valid under UCP 600. The content of the Policy Statement appears in the Appendix of this publication, for reference purposes.

Signing of Multimodal Transport Documents

71. Original multimodal transport documents must be signed in the form described in UCP 600 sub-article 19(a)(i) and indicate the name of the carrier, identified as the carrier.

적어도 두 가지 다른 운송방식을 표시하는 운송서류

UCP 600 제19조의 적용

68. 신용장이 적어도 두 가지 운송방식을 이용하는 운송을 커버하는 운송서류의 제시를 요구한 경우 및 운송서류가 신용장에 언급된 수탁지 또는 항구, 공항 또는 적재지로부터 최종 목적지까지 선적을 커버하는 것으로 명확하게 표시하는 경우, UCP 600 제19조가 적용될 수 있다. 이러한 상황에서, 운송서류는 선적 또는 발송이 단지 한 가지 운송방식에 의하여 이행되어진 것으로 표시하여서는 아니 된다. 그러나 이용된 운송방식에 관하여 침묵할 수는 있다.

69. 이러한 서류 내에서 "multimodal transport document"라는 용어가 사용된 모든 곳에서, 이러한 용어에는 "combined transport document"라는 용어를 포함하고 있다. 비록 신용장에서 그러한 표현이 사용되었다 하더라도, 서류에는 UCP 600 제19조에 따른 수리를 위하여 "Multimodal transport document" 또는 "Combined transport document"라는 명칭이 사용될 필요는 없다.

원본 전통

70. UCP 600 제19조가 적용되는 운송서류에는 발행된 원본의 통수를 반드시 표시하여야 한다. "제1원본"(First Original), "제2원본"(Second Original), "제3원본"(Third Original), "원본"(Original), "부본"(Duplicate), "3부본"(Triplicate) 등 또는 유사한 표현이 표기된 운송서류는 모두 원본이다. UCP 600 제17조에 추가하여 "UCP 500 제20조 b항 부분의 "원본서류의 결정"이라고 칭한 ICC 은행위원회 정책보고서, 서류 제470/871호(개정)는 원본 및 사본에 관한 상세한 지침으로 추천되며 또한 UCP 600에 따라 유효한 것이 된다. 정책보고서의 내용은 참고목적으로 본 간행물 부록에 나타내고 있다.

복합운송서류의 서명

71. 원본 복합운송서류는 UCP 600 제19조 a항 i호에 기술된 형식으로 서명되어야 하며, 운송인 또는 운송인으로 확인될 수 있는 운송인 명칭이 표기되어야 한다.

a. If an agent signs a multimodal transport document on behalf of the carrier, the agent must be identified as agent, and must identify on whose behalf it is signing, unless the carrier has been identified elsewhere on the multimodal transport document.

b. If the master (captain) signs the multimodal transport document, the signature of the master (captain) must be identified as "master" ("captain"). In this event, the name of the master (captain) need not be stated.

c. If an agent signs the multimodal transport document on behalf of the master (captain), the agent must be identified as agent. In this event, the name of the master (captain) need not be stated.

72. If a credit states "Freight Forwarder's Multimodal transport document is acceptable" or uses a similar phrase, then the multimodal transport document may be signed by a freight forwarder in the capacity of a freight forwarder, without the need to identify itself as carrier or agent for the named carrier. In this event, it is not necessary to show the name of the carrier.

On Board Notations

73. The issuance date of a multimodal transport document will be deemed to be the date of dispatch, taking in charge or shipped on board unless it bears a separate dated notation evidencing dispatch, taking in charge or shipped on board from the location required by the credit, in which event the date of the notation will be deemed to be the date of shipment whether or not the date is before or after the issuance date of the document.

74. "Shipped in apparent good order", "Laden on board", "clean on board" or other phrases incorporating words such as "shipped" or "on board" have the same effect as "Shipped on board".

Place of Taking in Charge, Dispatch, Loading on Board and Destination

75. If a credit gives a geographical range for the place of taking in charge, dispatch, loading on board and destination (e.g., "Any European Port"), the multimodal transport document must indicate the actual place of taking in charge, dispatch, shipped on board and destination, which must be within the geographical area or range stated in the credit.

a. 대리인이 운송인 또는 운송인을 대리하여 복합운송서류에 서명하는 경우, 운송인이 복합운송서류상 어느 곳에서 확인되지 아니하는 한, 대리인은 대리인으로서 확인되어져야 하며, 누구를 대리하여 서명하는지 확인되어야 한다.

b. 선장(함장)이 복합운송서류에 서명하는 경우, 선장(함장)의 서명은 "선장"(함장)으로서 확인되어져야 한다. 이러한 경우 선장(함장)의 명칭은 명시될 필요가 없다.

c. 대리인이 선장(함장)을 대리하여 복합운송서류에 서명하는 경우, 대리인은 반드시 대리인으로서 확인되어져야 한다. 이러한 경우 선장(함장)의 명칭은 명시될 필요가 없다.

72. 신용장에 "운송주선인 복합운송서류 수리가능" 또는 유사한 구절이 사용되는 경우, 복합운송서류는 운송주선인의 자격으로서의 운송주선인에 의하여 서명될 수 있으며, 운송인 또는 그들의 대리인으로서의 자신을 확인할 필요가 없다. 이러한 경우, 운송인의 명칭은 표시할 필요가 없다.

본선적재 부기

73. 신용장에서 요구된 장소로부터의 발송(dispatch), 수탁(taking in charge) 또는 본선선적(shipped on board)을 증명하는 별도의 부기일이 포함하지 아니하는 한, 복합운송서류의 발행일은 발송일, 수탁일 또는 본선선적일로 간주되며, 이러한 경우에 부기일은 서류의 발행일 이전이든 이후이든 불문하고 선적일로 간주된다.

74. "외관상 양호한 상태로 선적됨," "본선적재됨," "무사고 본선적재" 또는 "선적됨" 또는 "본선적재"와 같은 단어를 원용한 기타의 구절은 "본선선적됨"과 동일한 효력을 가진다.

수탁지, 발송지, 본선적재지 및 목적지

75. 신용장에서 수탁지, 발송지, 본선선적지 및 목적지를 위한 지리적 구역이 주어진 경우(예를 들면, 모든 유럽 항구), 복합운송서류에는 실제의 수탁지, 발송지, 본선적재지 및 목적지를 표시하여야 하며, 그러한 장소는 신용장에 명시된 해당 지리적 지역 또는 구역 이내이어야 한다.

Consignee, Order Party, Shipper and Endorsement, Notify Party

76. If a credit requires a multimodal transport document to show that the goods are consigned to a named party, e.g., "consigned to Bank X" (a "straight" consignment), rather than "to order" or "to order of Bank X", the multimodal transport document must not contain words such as "to order" or "to order of" that precede the name of that named party, whether typed or pre-printed. Likewise, if a credit requires the goods to be consigned "to order" or "to order of" a named party, the multimodal transport document must not show that the goods are consigned straight to the named party.

77. If a multimodal transport document is issued to order or to order of the shipper, it must be endorsed by the shipper. An endorsement indicating that it is made for or on behalf of the shipper is acceptable.

78. If a credit does not stipulate a notify party, the respective field on the multimodal transport document may be left blank or completed in any manner.

Transhipment and Partial Shipment

79. In a multimodal transport, transhipment will occur, i.e., unloading from one means of conveyance and reloading to another means of conveyance (whether or not in different modes of transport) during the carriage from the place of dispatch, taking in charge or shipment to the place of final destination stated in the credit.

80. If a credit prohibits partial shipments and more than one set of original multimodal transport documents are presented covering shipment, dispatch or taking in charge from one or more points of origin (as specifically allowed, or within the geographical area or range stated in the credit), such documents are acceptable, provided that they cover the movement of goods on the same means of conveyance and same journey and are destined for the same destination. In the event that more than one set of multimodal transport documents are presented and if they incorporate different dates of shipment, dispatch or taking in charge, the latest of these dates will be taken for the calculation of any presentation period and such date must fall on or before any latest date of shipment, dispatch or taking in charge specified in the credit.

수화인, 지시인, 송화인 및 배서, 착화통지처

76. 신용장이 복합운송서류에서 지정당사자를 물품의 수화인으로 표시할 것을 요구하는 경우, 예를 들면, “단순지시식” 또는 “은행지시식” 대신에 “은행기명식”, 복합운송서류에는 타자된 것이든 미리 인쇄된 것이든 불문하고 지정당사자의 명칭의 앞쪽에 “단순지시식” 또는 “특정인의 지시식”과 같은 단어를 포함하고 있지 않아야 한다. 마찬가지로, 신용장이 단순지시식 또는 지정당사자의 지시식으로 물품의 수화인을 표시할 것을 요구한 경우, 복합운송서류에는 지정당사자의 기명식으로 물품의 수화인이 기재되지 않아야 한다.

77. 복합운송서류가 단순지시식, 또는 송화인 지시식으로 발행된 경우, 이는 반드시 송화인에 의하여 배서되어져야 한다. 송화인에 의하여 또는 송화인을 대리하여 행하여진 것으로 표시된 배서는 수리될 수 있다.

78. 신용장이 착화통지처를 기재하지 아니한 경우, 복합운송서류의 해당란은 공란으로 하거나 또는 어떠한 방법으로든지 완성될 수 있다.

환적 및 분할선적

79. 복합운송에서 환적이란 신용장에 명시된 수탁지, 발송지 또는 선적지로부터 최종목적지까지의 운송 중 하나의 운송수단으로부터 다른 운송수단(상이한 운송방식 여부를 불문하고)으로의 물품의 양화 및 재적재가 이루어지는 것을 말한다.

80. 신용장이 분할선적을 금지하고, (신용장에 명시된 해당 지리적 지역 또는 구역 이내에서 특별히 허용된 것과 같이) 하나 또는 다수의 원산지로부터의 선적, 발송 또는 수탁을 기재하는 1조 이상의 원본 복합운송서류가 제시된 경우, 동일한 운송수단 및 동일한 운항에 의한 물품이동을 기재하고 동일한 목적지로 향하고 있는 한, 그러한 서류는 수리될 수 있다. 1조 이상의 복합운송서류가 제시되고 다른 선적, 발송 또는 수탁일이 포함되어 있는 경우, 그러한 일자의 최종일이 제시기간의 계산을 위하여 고려하여야 하며, 그러한 일자는 신용장에 명시된 선적일, 발송일 또는 수탁일의 최종일 또는 그 이전이어야 한다.

81. Shipment on more than one means of conveyance (more than one truck (lorry), vessel, aircraft, etc.) is a partial shipment, even if such means of conveyance leave on the same day for the same destination.

Clean Multimodal Transport Documents

82. Clauses or notations on multimodal transport documents that expressly declare a defective condition of the goods or packaging are not acceptable. Clauses or notations that do not expressly declare a defective condition of the goods or packaging (e.g., "packaging may not be sufficient for the journey") do not constitute a discrepancy. A statement that the packaging "is not sufficient for the journey" would not be acceptable.

83. If the word "clean" appears on a multimodal transport document and has been deleted, the multimodal transport document will not be deemed to be claused or unclean unless it specifically bears a clause or notation declaring that the goods or packaging are defective.

Goods Description

84. A goods description in the multimodal transport document may be shown in general terms not in conflict with that stated in the credit.

Corrections and Alterations

85. Corrections and alterations on a multimodal transport document must be authenticated. Such authentication must appear to have been made by the carrier or master (captain) or any one of their agents who may be different from the agent that may have issued or signed it, provided they are identified as an agent of the carrier or master (captain).

86. Non-negotiable copies of multimodal transport documents do not need to include any signature on, or authentication of, any alterations or corrections that may have been made on the original.

Freight and Additional Costs

87. If a credit requires that a multimodal transport document show that freight has been paid or is payable at destination, the multimodal transport document must be marked accordingly.

81. 그러한 운항수단이 동일한 일자에 동일한 목적지를 향하여 출발하더라도, 하나 이상의 운송수단으로의(하나 이상의 트럭(화차), 선박, 항공기 등) 선적은 분할선적이다.

무사고 복합운송서류

82. 물품 또는 포장의 하자있는 상태를 명시적으로 선언하는 복합운송서류상의 조항 또는 부기는 수리되지 아니한다. 물품 또는 포장의 하자있는 상태를 명시적으로 선언하지 아니하는 조항 또는 부기(예를 들면, "포장이 운항에 불충분 할 수 있다.")는 불일치를 구성하지 아니한다. "포장이 "운항에 불충분 할 수 있다"라는 표시는 수리되지 아니한다.

83. "무사고"라는 단어가 복합운송서류상에 표시되었다가 삭제된 경우, 물품 또는 포장에 하자가 있음을 선언한 조항 또는 부기를 특별히 포함하고 있지 아니하는 한, 그러한 복합운송서류는 조건부 또는 사고부로 간주되지 아니한다.

물품명세

84. 복합운송서류의 물품명세는 신용장에 명시된 것과 상충되지 아니하는 일반용어로 기재될 수 있다.

정정 및 변경

85. 복합운송서류상의 정정 및 변경은 반드시 인증되어져야 한다. 그러한 인증은 운송인, 선장(함장), 복합운송인 또는 그들의 대리인 중의 한 사람에 의하여 행하여진 것으로 나타나야 한다, 그러한 대리인은 운송인, 선장 또는 복합운송인의 대리인으로 확인되는 한, 복합운송서류를 발행하였거나 서명한 대리인과 다를 수 있다.

86. 복합운송서류의 비유통 사본은 원본 상에 행하여진 서명 또는 어떠한 변경 또는 정정에 대한 인증을 포함하여야 할 필요가 없다.

운임 및 추가비용

87. 신용장이 복합운송서류에 운임이 지급되었거나 또는 목적지에서 지급될 것이라고 표시하도록 요구한 경우, 복합운송서류에는 반드시 이와 일치되게 표시 되어져야 한다.

88. Applicants and issuing banks should be specific in stating the requirements of documents to show whether freight is to be prepaid or collected.

89. If a credit states that costs additional to freight are not acceptable, a multimodal transport document must not indicate that costs additional to the freight have been or will be incurred. Such indication may be by express reference to additional costs or by the use of shipment terms which refer to costs associated with the loading or unloading of goods, such as Free In (FI), Free Out (FO), Free In and Out (FIO) and Free In and Out Stowed (FIOS). A reference in the transport document to costs which may be levied as a result of a delay in unloading the goods or after the goods have been unloaded e.g., costs covering the late return of containers, is not considered to be an indication of additional costs in this context.

Goods Covered by more than One Multimodal Transport Document

90. If a multimodal transport document states that the goods in a container are covered by that multimodal transport document plus one or more other multimodal transport documents, and the document states that all multimodal transport documents must be surrendered or words of similar effect, this means that all multimodal transport documents related to that container must be presented in order for the container to be released. Such a multimodal transport document is not acceptable unless all the multimodal transport documents form part of the same presentation under the same credit.

BILL OF LADING

Application of UCP 600 Article 20

91. If a credit requires presentation of a bill of lading ("marine", "ocean" or "port-to-port" or similar) covering sea shipment only, UCP 600 article 20 is applicable.

92. To comply with UCP 600 article 20, a bill of lading must appear to cover a port-to-port shipment but need not be titled "marine bill of lading", "ocean bill of lading", "port-to-port bill of lading" or similar.

88. 발행의뢰인 및 발행은행은 운임이 선지급 또는 후지급될 것인지의 여부를 표시할 수 있도록 서류의 요건을 명확하게 명시하여야 한다.

89. 신용장이 운임에 대한 추가비용은 수리되지 아니한다고 명시한 경우, 복합운송서류에는 운임에 대한 추가비용이 발생되었거나 또는 발생될 수 있음을 표시하여서는 아니 된다. 그러한 표시는 추가비용에 대한 명시적 언급에 의하거나 또는 적재비 선주면제(FI), 양화비 선주면제(FO), 적재비 및 양화비 선주면제(FIO) 및 적재비 및 양화비, 적부비 선주면제(FIOS)와 같은 물품의 적재 또는 양륙과 관련된 비용에 관한 선적조건의 사용에 의하여 행하여질 수 있다. 물품의 양화에 있어서의 지연 또는 물품이 양화된 이후 지연의 결과로서 비용으로 부과될 수 있다는 운송서류에서의 언급은 이러한 문맥에서 추가비용의 표시로 간주되지 아니한다.

하나 이상의 복합운송서류에 의하여 커버된 물품

90. 복합운송서류가 컨테이너물품은 당해 복합운송서류에 추가하여 또는 다수의 다른 복합운송서류에 의하여 커버되거나 또는 그 서류가 모든 복합운송서류가 이와 유사한 취지의 문언이 명시된 경우, 이는 컨테이너에 관련된 모든 복합운송서류가 컨테이너가 반출될 수 있도록 하기 위하여 제시되어야 함을 의미한다. 모든 복합운송서류가 동일한 신용장에 따른 동일한 제시의 일부를 구성하고 있지 아니하는 한, 그러한 복합운송서류는 수리되지 아니한다.

선화증권

UCP 600 제20조의 적용

91. 신용장이 해상선적만을 커버하는 선화증권(“해상”, “해양” 또는 “항구간” 또는 유사한 것)의 제시를 요구한 경우, UCP 600 제20조를 적용할 수 있다.

92. UCP 600 제20조에 따르기 위하여 선화증권이 항구간 선적을 커버하는 것을 나타내야 하지만 “해상”, “해양” 또는 “항구간” 또는 유사한 서류라는 용어의 사용을 요하지 아니한다.

Full Set of Originals

93. A UCP 600 article 20 transport document must indicate the number of originals that have been issued. Transport documents marked "First Original", "Second Original", "Third Original", "Original", "Duplicate", "Triplicate", etc., or similar expressions are all originals. Bills of lading need not be marked "original" to be acceptable as an original bill of lading. In addition to UCP 600 article 17, the ICC Banking Commission Policy Statement, document 470/871(Rev), titled "The determination of an 'Original'document in the context of UCP 500 sub-Article 20(b)" is recommended for further guidance on originals and copies and remains valid under UCP 600. The content of the Policy Statement appears in the Appendix of this publication, for reference purposes.

Signing of Bills of Lading

94. Original bills of lading must be signed in the form described in UCP 600 sub-article 20(a)(i) and indicate the name of the carrier, identified as the carrier.
    a. If an agent signs a bill of lading on behalf of the carrier, the agent must be identified as agent and must identify on whose behalf it is signing, unless the carrier has been identified elsewhere on the bill of lading.
    b. If the master (captain) signs the bill of lading, the signature of the master (captain) must be identified as "master" ("captain"). In this event, the name of the master (captain) need not be stated.
    c. If an agent signs the bill of lading on behalf of the master (captain), the agent must be identified as agent. In this event, the name of the master (captain) need not be stated.

95. If a credit states "Freight Forwarder's Bill of Lading is acceptable" or uses a similar phrase, then the bill of lading may be signed by a freight forwarder in the capacity of a freight forwarder, without the need to identify itself as carrier or agent for the named carrier. In this event, it is not necessary to show the name of the carrier.

원본 전통

93. UCP 600 제20조가 적용되는 운송서류에는 발행된 원본의 통수를 반드시 표시하여야 한다. “제1원본(First Original),” “제2원본(Second Original),” “제3원본(Third Original),” “원본(Original),” “부본(Duplicate),” “3부본(Triplicate),” 등 또는 유사한 표현이 표기된 운송서류는 모두 원본이다. 선화증권은 원본선화증권으로 수리되기 위하여 “원본”이라고 표기될 필요는 없다. UCP 600 제17조에 추가하여 “UCP 500 제20조 b항 부분의 “원본서류의 결정”이라고 칭한 ICC 은행위원회 정책보고서, 서류 제470/871호(개정)는 원본 및 사본에 관한 상세한 지침으로 추천되며 또한 UCP 600에 따라 유효한 것이 된다. 정책보고서의 내용은 참고목적으로 본 간행물 부록에 나타내고 있다.“

선화증권의 서명

94. 원본 선화증권은 반드시 UCP 600 제20조 a항 i호에 기술된 형식으로 서명되어야 하며, 운송인으로 확인된 운송인의 명칭이 표시되어야 한다.
   a. 대리인이 운송인을 대리하여 선화증권에 서명하는 경우, 운송인이 선화증권상 어느 곳에서 확인되지 아니하는 한, 대리인은 대리인으로서 확인되어져야 하며, 또한 서명을 대리하게 한 운송인을 확인하고 있어야 한다.
   b. 선장(함장)이 선화증권에 서명하는 경우, 선장(함장)의 서명은 반드시 “선장”(함장)으로서 확인되어져야 한다. 이러한 경우 선장(함장)의 명칭이 표시될 필요가 없다.
   c. 대리인이 선장(함장)을 대리하여 선화증권에 서명하는 경우, 대리인은 반드시 대리인으로서 확인되어져야 한다. 이러한 경우 선장(함장)의 명칭이 표시될 필요가 없다.

95. 신용장에 “운송주선인 선화증권 수리가능” 또는 유사한 구절이 사용되는 경우, 선화증권은 운송주선인의 자격으로서의 운송주선인에 의하여 서명될 수 있으며, 운송인 또는 지정운송인의 대리인으로서이 자신을 확인할 필요가 없다. 이러한 경우 운송인의 명칭이 표시될 필요가 없다.

On Board Notations

96. If a pre-printed "Shipped on board" bill of lading is presented, its issuance date will be deemed to be the date of shipment unless it bears a separate dated on board notation, in which event the date of the on board notation will be deemed to be the date of shipment whether or not the on board date is before or after the issuance date of the bill of lading.

97. "Shipped in apparent good order", "Laden on board", "clean on board" or other phrases incorporating words such as "shipped" or "on board" have the same effect as "Shipped on board".

Ports of Loading and Ports of Discharge

98. While the named port of loading, as required by the credit, should appear in the port of loading field within the bill of lading, it may instead be stated in the field headed "Place of receipt" or the like, if it is clear that the goods were transported from that place of receipt by vessel, and provided there is an on board notation evidencing that the goods were loaded on that vessel at the port stated under "Place of receipt" or like term.

99. While the named port of discharge, as required by the credit, should appear in the port of discharge field within the bill of lading, it may be stated in the field headed "Place of final destination" or the like if it is clear that the goods were to be transported to that place of final destination by vessel, and provided there is a notation evidencing that the port of discharge is that stated under "Place of final destination" or like term.

100. If a credit gives a geographical area or range of ports of loading or discharge (e.g., "Any European Port"), the bill of lading must indicate the actual port of loading or discharge, which must be within the geographical area or range stated in the credit.

Consignee, Order Party, Shipper and Endorsement, Notify Party

101. If a credit requires a bill of lading to show that the goods are consigned to a named party, e.g., "consigned to Bank X" (a "straight" bill of lading), rather than "to order" or "to order of Bank X", the bill of lading must not contain words

본선적재 부기

96. "본선 선적됨"이라고 미리 인쇄된 선화증권이 제시되는 경우, 별도의 본선적재 부기일이 포함되어있지 아니하는 한, 그 발행일은 선적일로 간주되며, 본선적재 부기일이 있는 경우, 본선적재일이 선화증권의 발행일 이전이든 이후이든 불문하고 본선적재 부기일은 선적일로 간주된다.

97. "외관상 양호한 상태로 선적됨", "본선적재됨", "무사고 본선적재" 또는 "선적됨" 또는 "본선적재"와 같은 단어를 원용한 기타의 구절은 "본선 적재됨"과 동일한 효력을 가진다.

적재항 및 양륙항

98. 신용장에서 요구된 바와 같이, 지정 적재항은 선화증권 내의 적재항란에 나타나야 하지만, 선박에 의하여 물품이 수령 장소로부터 운송된 것이 명백하고, 또한 물품이 "수령 장소" 또는 유사한 용어에 따라 명시된 항구에서 선박에 적재되었음을 증명하는 본선적재부기가 있는 한, "수령 장소" 또는 유사한 표제의 란에 명시될 수 있다.

99. 신용장에서 요구된 바와 같이, 지정 양륙항은 선화증권 내의 양륙항란에 나타나야 하지만, 선박에 의하여 물품이 최종목적지로 운송된 것이 명백하고, 또한 양륙항이 "최종목적지" 또는 유사한 용어에 따라 명시되었음을 증명하는 부기가 있는 한, "최종목적지" 또는 유사한 표제의 란에 명시될 수 있다.

100. 신용장이 적재항 또는 양륙항의 지리적 지역 또는 구역이 주어진 경우(예를 들면, "모든 유럽항구"), 선화증권은 반드시 실제의 적재항 또는 양륙항을 표시하여야 하며, 그러한 장소는 반드시 신용장에 명시된 해당 지리적 지역 또는 구역 이내이어야 한다.

수화인, 지시인, 송화인 및 배서, 착화통지처

101. 신용장이 선화증권에서 지정당사자를 물품의 수화인으로 표시할 것을 요구하는 경우, 예를 들면, "단순지시식" 또는 "은행지시식" 대신에 "은행기명식", 선화증권에는 타자된 것이든 미리 인쇄된 것이든 불문하고 지정당사자의 명칭의 앞쪽에 "단순지시식" 또는 "특정인 지시식"과 같은 용어를 포함하고 있지 않아야 한다. 마찬가지로, 신용장이 지정당사자의 지시식으로 물품의 수화인을 표시할 것을 요구한 경우,

such as "to order" or "to order of" that precede the name of that named party, whether typed or pre-printed. Likewise, if a credit requires the goods to be consigned "to order" or "to order of" a named party, the bill of lading must not show that the goods are consigned straight to the named party.

102. If a bill of lading is issued to order or to order of the shipper, it must be endorsed by the shipper. An endorsement indicating that it is made for or on behalf of the shipper is acceptable.

103. If a credit does not state a notify party, the respective field on the bill of lading may be left blank or completed in any manner.

Transhipment and Partial Shipment

104. Transhipment is the unloading from one vessel and reloading to another vessel during the carriage from the port of loading to the port of discharge stated in the credit. If it does not occur between these two ports, unloading and reloading is not considered to be transhipment.

105. If a credit prohibits partial shipments and more than one set of original bills of lading are presented covering shipment from one or more ports of loading (as specifically allowed, or within the geographical area or range stated in the credit), such documents are acceptable provided that they cover the shipment of goods on the same vessel and same journey and are destined for the same port of discharge. In the event that more than one set of bills of lading are presented and incorporate different dates of shipment, the latest of these dates of shipment will be taken for the calculation of any presentation period and must fall on or before the latest shipment date specified in the credit. Shipment on more than one vessel is a partial shipment, even if the vessels leave on the same day for the same destination.

Clean Bills of Lading

106. Clauses or notations on bills of lading which expressly declare a defective condition of the goods or packaging are not acceptable. Clauses or notations which do not expressly declare a defective condition of the goods or packaging (e.g., "packaging may not be sufficient for the sea journey") do not constitute a discrepancy. A statement that the packaging "is not sufficient for the sea journey" would not be acceptable.

선화증권에는 지정당사자의 기명식으로 물품의 수화인이 기재되지 않아야 한다.

102. 선화증권이 단순지시식, 또는 송화인 지시식으로 발행된 경우, 이는 반드시 송화인에 의하여 배서되어져야 한다. 송화인을 위하여 또는 송화인을 대리하여 행하여진 것으로 표시된 배서는 수리될 수 있다.

103. 신용장이 착화통지처를 기재하지 아니한 경우, 선화증권의 해당란은 공란으로 하거나 또는 어떠한 방법으로든지 완성될 수 있다.

환적 및 분할선적

104. 환적이란 신용장에 명시된 적재항으로부터 양륙항까지의 운송 중 한 선박에서 다른 선박으로의 물품의 양화 및 재적재를 말한다. 이러한 두 항구간에서 발생하지 아니하는 경우, 양화와 재적재는 환적으로 간주되지 아니한다.

105. 신용장이 분할선적을 금지하고, (특별히 허용된 것과 같이 또는 신용장에 명시된 지리적 지역 또는 구역 범위 내에서) 하나 또는 다수의 선적항으로부터의 선적을 커버하는 2세트 이상의 원본 선화증권이 제시된 경우, 동일한 선박 및 동일한 항해를 커버하는 물품선적과, 또는 동일한 양륙항을 목적지로 하고 있는 한, 그러한 서류는 수리될 수 있다. 2세트 이상의 선화증권이 제시되고 다른 선적일이 포함되어 있는 경우, 그러한 선적일의 최종일이 제시기간의 계산을 위하여 고려하여야 하며 그러한 일자는 신용장에 명시된 최종선적일 또는 그 이전이어야 한다. 선박들이 동일한 목적지를 향하여 출항하더라도 둘 이상의 선박에 선적하는 것은 분할선적이다.

무사고 선화증권

106. 물품 또는 포장의 하자있는 상태를 명시적으로 선언한 선화증권상의 조항 또는 부기는 수리되지 아니한다. 물품 또는 포장의 하자있는 상태를 명시적으로 선언하지 아니하는 조항 또는 부기(예를 들면, "포장이 해상항해에 불충분 할 수 있다.")는 불일치를 구성하지 아니한다. 포장이 "해상항해에 불충분 할 수 있다"는 표시는 수리되지 아니하는 것으로 한다.

107. If the word "clean" appears on a bill of lading and has been deleted, the bill of lading will not be deemed to be claused or unclean unless it specifically bears a clause or notation declaring that the goods or packaging are defective.

Goods Description

108. A goods description in the bill of lading may be shown in general terms not in conflict with that stated in the credit.

Corrections and Alterations

109. Corrections and alterations on a bill of lading must be authenticated. Such authentication must appear to have been made by the carrier, master (captain) or any of their agents (who may be different from the agent that may have issued or signed it), provided they are identified as an agent of the carrier or the master (captain).

110. Non-negotiable copies of bills of lading do not need to include any signature on, or authentication of, any alterations or corrections that may have been made on the original.

Freight and Additional Costs

111. If a credit requires that a bill of lading show that freight has been paid or is payable at destination, the bill of lading must be marked accordingly.

112. Applicants and issuing banks should be specific in stating the requirements of documents to show whether freight is to be prepaid or collected.

113. If a credit states that costs additional to freight are not acceptable, a bill of lading must not indicate that costs additional to the freight have been or will be incurred. Such indication may be by express reference to additional costs or by the use of shipment terms which refer to costs associated with the loading or unloading of goods, such as Free In (FI), Free Out (FO), Free In and Out (FIO) and Free In and Out Stowed (FIOS). A reference in the transport document to costs which may be levied as a result of a delay in unloading the goods or after the goods have been unloaded, e.g., costs covering the late return of containers, is not considered to be an indication of additional costs in this context.

107. "무사고"라는 단어가 선화증권상에 표시되었다가 삭제된 경우, 물품 또는 포장에 하자가 있음을 선언하는 조항 또는 부기를 특별히 포함하고 있지 아니하는 한, 그러한 선화증권은 조건부 또는 사고부로 간주되지 아니한다.

물품명세

108. 선화증권의 물품명세는 신용장에 명시된 것과 상충되지 아니하는 일반용어로 기재될 수 있다.

정정 및 변경

109. 선화증권상의 정정 및 변경은 인증되어져야 한다. 그러한 인증은 운송인, 선장(함장) 또는 운송인 또는 선장(함장)의 대리인으로 확인되는 한 그들의 대리인(이러한 대리인은 선화증권을 발행하였거나 서명한 대리인과 다를 수 있음) 중의 한 사람에 의하여 행하여진 것으로 나타나야 한다.

110. 선화증권의 비유통사본은 원본상의 서명 또는 원본에 행하여진 어떠한 변경 또는 정정에 대한 인증을 포함하여야 할 필요가 없다.

운임 및 추가비용

111. 신용장이 선화증권에 운임이 지급되었거나 또는 목적지에서 지급될 것이라고 표시하도록 요구한 경우, 선화증권에는 반드시 이와 일치되게 표시되어져야 한다.

112. 발행의뢰인 및 발행은행은 운임이 선지급 또는 후지급될 것인지의 여부를 표시할 수 있도록 서류의 요건을 명확하게 명시하여야 한다.

113. 신용장이 운임에 대한 추가비용은 수리되지 아니한다고 명시한 경우, 선화증권에는 운임에 대한 추가비용이 발생되었거나 또는 발생될 수 있음을 표시하여서는 아니 된다. 그러한 표시는 추가비용에 대한 명시적 언급에 의하거나 또는 적재비 선주면제(FI), 양화비 선주면제(FO), 적재비 및 양화비 선주면제(FIO) 및 적재비 및 양화비, 적부비 선주면제(FIOS)와 같은 물품의 적재 또는 양륙과 관련된 비용에 관한 선적조건의 사용에 의하여 행하여질 수 있다. 물품의 양하에 있어서의 지연 또는 물품이 양화된 이후, 예를 들면, 컨테이너의 지연 반환의 결과에 따른 비용으로 부과될 수 있다는 운송서류에서의 비용에 관한 언급은 이러한 문맥에서 추가비용의 표시로 간주되지 아니한다.

Goods Covered by more than One Bill of Lading

114. If a bill of lading states that the goods in a container are covered by that bill of lading plus one or more other bills of lading, and the bill of lading states that all bills of lading must be surrendered, or words of similar effect, this means that all bills of lading related to that container must be presented in order for the container to be released. Such a bill of lading is not acceptable unless all the bills of lading form part of the same presentation under the same credit.

CHARTER PARTY BILL OF LADING

Application of UCP 600 Article 22

115. If a credit requires presentation of a charter party bill of lading or if a credit allows presentation of a charter party bill of lading and a charter party bill of lading is presented UCP 600 article 22 is applicable.

116. A transport document containing any indication that it is subject to a charter party is a charter party bill of lading under UCP 600 article 22. .

Full Set of Originals

117. A UCP 600 article 22 transport document must indicate the number of originals that have been issued. Transport documents marked "First Original", "Second Original", "Third Original", "Original", "Duplicate", "Triplicate", etc. or similar expressions are all originals. Charter party bills of lading need not be marked "original" to be acceptable under a credit. In addition to UCP 600 article 17, the ICC Banking Commission Policy Statement, document 470/871(Rev), titled "The determination of an 'Original' document in the context of UCP 500 sub-Article 20(b)" is recommended for further guidance on originals and copies and remains valid under UCP 600. The content of the Policy Statement appears in the Appendix of this publication, for reference purposes.

Signing of Charter Party Bills of Lading

118. Original charter party bills of lading must be signed in the form described in UCP 600 sub-article 22(a)(i).

하나 이상의 선화증권에 의하여 커버된 물품

114. 선화증권이 컨테이너 물품은 당해 선화증권에 추가하여 하나 또는 다수의 다른 선화증권에 의하여 커버되거나 또는 이와 유사한 취지의 단어가 선화증권에 명시된 경우, 이는 모든 컨테이너가 수화인에게 인도되어져야 함을 의미하는 것으로, 이에 따라 컨테이너가 반출될 수 있도록 하기 위하여 그러한 컨테이너에 관련된 모든 선화증권이 반드시 제시되어야 한다. 모든 선화증권이 동일한 신용장에 따른 동일한 제시의 일부를 구성하고 있지 아니하는 한, 그러한 선화증권은 수리되지 아니한다.

용선계약 선화증권

UCP 600 제22조의 적용

115. 신용장이 용선계약 선화증권의 제시를 요구하는 경우, 신용장이 용선계약 선화증권 및 제시된 용선계약 선화증권을 허용하는 경우 UCP 600 제22조가 적용될 수 있다.

116. 용선계약에 따른다는 모든 표시를 포함하는 운송서류는 UCP 600 제22조 하의 용선계약 선화증권이다.

원본 전통

117. UCP 600 제22조가 적용되는 운송서류에는 발행된 원본의 통수를 반드시 표시하여야 한다. "제1원본(First Original)," "제2원본(Second Original)," "제3원본(Third Original)," "원본(Original)," "부본(Duplicate)," "3부본(Triplicate)," 등 또는 유사한 표현이 표기된 운송서류는 모두 원본이다. 용선계약 선화증권은 원본선화증권으로 수리되기 위하여 "원본"이라고 표기될 필요는 없다. UCP 600 제17조에 추가하여 "UCP 500 제20조 b항 부분의 "원본서류의 결정"이라고 칭한 ICC 은행위원회 정책보고서, 서류 제470/871호(개정)는 원본 및 사본에 관한 상세한 지침으로 추천되며 또한 UCP 600에 따라 유효한 것이 된다. 정책보고서의 내용은 참고목적으로 본 간행물 부록에 나타내고 있다.

용선계약 선화증권의 서명

118. 원본 용선계약 선화증권은 반드시 UCP 600 제22조 a항 i호에 기술된 형식으로 서명되어야 한다.

a. If the master (captain), charterer or owner signs the charter party bill of lading, the signature of the master (captain), charterer or owner must be identified as "master" ("captain"), charterer or "owner".

b. If an agent signs the charter party bill of lading on behalf of the master (captain), charterer or owner, the agent must be identified as agent of the master (captain), charterer or owner. In this event, the name of the master (captain) need not be stated, but the name of the charterer or owner must appear.

On Board Notations

119. If a pre-printed "Shipped on board" charter party bill of lading is presented, its issuance date will be deemed to be the date of shipment unless it bears an on board notation, in which event the date of the on board notation will be deemed to be the date of shipment whether or not the on board date is before or after the issuance date of the document.

120. "Shipped in apparent good order", "Laden on board", "clean on board" or other phrases incorporating words such as "shipped" or "on board" have the same effect as "shipped on board".

Ports of Loading and Ports of Discharge

121. If a credit gives a geographical area or range of ports of loading or discharge (e.g., "Any European Port"), the charter party bill of lading must indicate the actual port or ports of loading, which must be within the geographical area or range stated in the credit but may show the geographical area or range of ports as the port of discharge.

Consignee, Order Party, Shipper and Endorsement, Notify Party

122. If a credit requires a charter party bill of lading to show that the goods are consigned to a named party, e.g., "consigned to Bank X" (a "straight" bill of lading), rather than "to order" or "to order of Bank X", the charter party bill of lading must not contain words such as "to order" or "to order of" that precede the name of that named party, whether typed or pre-printed. Likewise, if a credit requires the goods to be consigned "to order" or "to order of" a named party, the charter party bill of lading must not show that the goods are consigned straight to the named party.

a. 선장(함장), 용선자 또는 선주가 용선계약 선화증권에 서명하는 경우, 선장(함장), 용선자 또는 선주의 서명은 "선장"(함장), 용선자 또는 "선주"로서 확인되어져야 한다.

b. 대리인이 선장(함장), 용선자 또는 선주를 대리하여 용선계약 선화증권에 서명하는 경우, 대리인은 반드시 선장(함장), 용선자 또는 선주의 대리인으로서 확인되어져야 한다. 이러한 경우, 선장(함장)의 명칭이 명시될 필요는 없으나 용선자 또는 선주의 명칭은 반드시 명시해야 한다.

본선적재 부기

119. "본선 선적됨"이라고 미리 인쇄된 선화증권이 제시되는 경우, 별도의 본선적재 부기일이 포함되어있지 아니하는 한, 그 발행일은 선적일로 간주되며, 본선적재 부기일이 있는 경우, 본선적재일이 선화증권의 발행일 이전이든 이후이든 불문하고 본선적재 부기일은 선적일로 간주된다.

120. "외관상 양호한 상태로 선적됨", "본선 적재됨", "무사고 본선적재" 또는 "선적됨" 또는 "본선적재"와 같은 단어를 원용한 기타의 구절은 "본선 선적됨"과 동일한 효력을 가진다.

적재항 및 양륙항

121. 신용장에서 선적항 또는 양륙항의 지리적 지역 또는 구역이 주어진 경우(예를 들면, "모든 유럽 항구"), 용선계약 선화증권은 실제의 적재항 또는 적재항들을 표시하여야 하며 그러한 장소는 신용장에 명시된 해당 지리적 지역 또는 구역 이내이어야 하나, 양륙항으로는 지리적 지역 또는 항구의 구역을 표시할 수 있다.

수화인, 지시인, 송화인 및 배서, 착화통지처

122. 신용장이 용선계약 선화증권에서 지정당사자를 물품의 수화인으로 표시할 것을 요구하는 경우, 예를 들면, "단순지시식" 또는 "은행지시식" 대신에 "은행기명식", 선화증권에는 타자된 것이든 미리 인쇄된 것이든 불문하고 지정당사자의 명칭의 앞쪽에 "단순지시식" 또는 "특정인 지시식"과 같은 용어를 포함하고 있지 않아야 한다. 마찬가지로, 신용장이 지정당사자의 지시식으로 물품의 수화인을 표시하도록 용선계약 선화증권을 요구하는 경우, 선화증권에는 지정당사자의 기명식으로 물품의 수화인이 기재되지 않아야 한다.

123. If a charter party bill of lading is issued to order or to order of the shipper, it must be endorsed by the shipper. An endorsement indicating that it is made for or on behalf of the shipper is acceptable.

124. If a credit does not state a notify party, the respective field on the charter party bill of lading may be left blank or completed in any manner.

Partial Shipment

125. If a credit prohibits partial shipments, and more than one set of original charter party bills of lading are presented covering shipment from one or more ports of loading (as specifically allowed, or within the geographical area or range stated in the credit), such documents are acceptable, provided that they cover the shipment of goods on the same vessel and same journey and are destined for the same port of discharge, range of ports or geographical area. In the event that more than one set of charter party bills of lading are presented and incorporate different dates of shipment, the latest of these dates of shipment will be taken for the calculation of any presentation period and must fall on or before the latest shipment date specified in the credit. Shipment on more than one vessel is a partial shipment, even if the vessels leave on the same day for the same destination.

Clean Charter Party Bills of Lading

126. Clauses or notations on charter party bills of lading which expressly declare a defective condition of the goods or packaging are not acceptable. Clauses or notations that do not expressly declare a defective condition of the goods or packaging (e.g., "packaging may not be sufficient for the sea journey") do not constitute a discrepancy. A statement that the packaging "is not sufficient for the sea journey" would not be acceptable.

127. If the word "clean" appears on a charter party bill of lading and has been deleted, the charter party bill of lading will not be deemed to be claused or unclean unless it specifically bears a clause or notation declaring that the goods or packaging are defective.

123. 용선계약 선화증권이 단순지시식, 또는 송화인 지시식으로 발행된 경우, 이는 반드시 송화인에 의하여 배서되어져야 한다. 송화인을 위하여 또는 송화인을 대리하여 행하여진 것으로 표시된 배서는 수리될 수 있다.

124. 신용장이 착화통지처를 기재하지 아니한 경우, 선화증권의 해당란은 공란으로 하거나 또는 어떠한 방법으로든지 완성될 수 있다.

분할선적

125. 신용장이 분할선적을 금지하고, (특별히 허용된 것과 같이 또는 신용장에 명시된 지리적 지역 또는 구역 범위 내에서) 하나 또는 다수의 선적항으로부터의 선적을 커버하는 1조 이상의 원본 용선계약 선화증권이 제시된 경우, 동일한 선박 및 동일한 항해를 커버하는 물품선적과, 또는 동일한 양륙항을 목적지로 하고 있는 한, 그러한 서류는 수리될 수 있다. 1조 이상의 용선계약 선화증권이 제시되고 다른 선적일이 포함되어 있는 경우, 그러한 선적일의 최종일이 제시기간의 계산을 위하여 고려하여야 하며 그러한 일자는 신용장에 명시된 최종선적일 또는 그 이전이어야 한다. 선박들이 동일한 목적지를 향하여 출항하더라도 하나의 선박 이상의 선적은 분할선적이다.

무사고 용선계약 선화증권

126. 물품 또는 포장의 하자있는 상태를 명시적으로 선언한 용선계약 선화증권 상의 조항 또는 부기는 수리되지 아니한다. 물품 또는 포장의 하자있는 상태를 명시적으로 선언하지 아니하는 조항 또는 부기(예를 들면, "포장이 해상항해에 불충분 할 수 있다.")는 불일치를 구성하지 아니한다. 포장이 "해상항해에 불충분 할 수 있다"는 표시는 수리되지 아니하는 것으로 한다.

127. "무사고"라는 용어가 용선계약 선화증권 상에 표시되었다가 삭제된 경우, 물품 또는 포장에 하자가 있음을 선언하는 조항 또는 부기를 특별히 포함하고 있지 아니하는 한, 그러한 용선계약 선화증권은 조건부 또는 사고부로 간주되지 아니한다.

Goods Description

128. A goods description in charter party bills of lading may be shown in general terms not in conflict with that stated in the credit.

Corrections and Alterations

129. Corrections and alterations on charter party bills of lading must be authenticated. Such authentication must appear to have been made by the owner, charterer, master (captain) or any of their agents (who may be different from the agent that may have issued or signed it), provided they are identified as an agent of the owner, charterer or the master(captain).

130. Non-negotiable copies of charter party bills of lading do not need to include any signature on, or authentication of, any alterations or corrections that may have been made on the original.

Freight and Additional Costs

131. If a credit requires that a charter party bill of lading show that freight has been paid or is payable at destination, the charter party bill of lading must be marked accordingly.

132. Applicants and issuing banks should be specific in stating the requirements of documents to show whether freight is to be prepaid or collected.

133. If a credit states that costs additional to freight are not acceptable, a charter party bill of lading must not indicate that costs additional to the freight have been or will be incurred. Such indication may be by express reference to additional costs or by the use of shipment terms which refer to costs associated with the loading or unloading of goods, such as Free In (FI), Free Out (FO), Free In and Out (FIO) and Free In and Out Stowed (FIOS). A reference in the transport document to costs which may be levied as a result of a delay in unloading the goods, or after the goods have been unloaded, is not considered to be an indication of additional costs in this context.

물품명세

128. 용선계약 선화증권의 물품명세는 신용장에 명시된 것과 상충되지 않는 일반용어로 기재될 수 있다.

정정 및 변경

129. 용선계약 선화증권 상의 정정 및 변경은 반드시 인증되어져야 한다. 그러한 인증은 반드시 선주, 용선자, 또는 선장(함장)의 대리인으로 확인되는 한 선주, 용선자, 선장(함장) 또는 그들의 대리인(이러한 대리인은 선화증권을 발행하였거나 서명한 대리인과 다를 수 있음) 중의 한 사람에 의하여 행하여진 것으로 나타나야 한다.

130. 용선계약 선화증권의 비유통 사본은 원본상의 서명 또는 원본에 행하여진 어떠한 변경 또는 정정에 대한 인증을 포함하여야 할 필요가 없다.

운임 및 추가비용

131. 신용장이 용선계약 선화증권에 운임이 지급되었거나 또는 목적지에서 지급될 것이라고 표시하도록 요구한 경우, 용선계약 선화증권에는 반드시 이와 일치되게 표시되어져야 한다.

132. 발행의뢰인 및 발행은행은 운임이 선지급 또는 후지급될 것인지의 여부를 표시할 수 있도록 서류의 요건을 명확하게 명시하여야 한다.

133. 신용장이 운임에 대한 추가비용은 수리되지 아니한다고 명시한 경우, 용선계약 선화증권에는 운임에 대한 추가비용이 발생되었거나 또는 발생될 수 있음을 표시하여서는 아니 된다. 그러한 표시는 추가비용에 대한 명시적 언급에 의하거나 또는 적재비 선주면제(FI), 양화비 선주면제(FO), 적재비 및 양화비 선주면제(FIO) 및 적재비 및 양화비, 적부비 선주면제(FIOS)와 같은 물품의 적재 또는 양륙과 관련된 비용에 관한 선적조건의 사용에 의하여 행하여질 수 있다. 물품의 양화에 있어서의 지연 또는 물품이 양화된 이후, 예를 들면, 컨테이너의 지연 반환의 결과에 따른 비용으로 부과될 수 있다는 운송서류에서의 비용에 관한 언급은 이러한 문맥에서 추가비용의 표시로 간주되지 아니한다.

AIR TRANSPORT DOCUMENT

Application of UCP 600 Article 23

134. If a credit requires presentation of an air transport document covering an airport-to-airport shipment, UCP 600 article 23 is applicable.

135. If a credit requires presentation of an "air waybill", "air consignment note" or similar, UCP 600 article 23 applies. To comply with UCP 600 article 23, an air transport document must appear to cover an airport-to-airport shipment but need not be titled "air waybill", "air consignment note" or similar.

Original Air Transport Document

136. The air transport document must appear to be the original for consignor or shipper. A requirement for a full set of originals is satisfied by the presentation of a document indicating that it is the original for consignor or shipper.

Signing of Air Transport Documents

137. An original air transport document must be signed in the form described in UCP 600 sub-article 23(a)(i) and indicate the name of the carrier, identified as carrier. If an agent signs an air transport document on behalf of a carrier, the agent must be identified as agent and must identify on whose behalf it is signing, unless the carrier has been identified elsewhere on the air transport document.

138. If a credit states "House air waybill is acceptable" or "Freight Forwarder's air waybill is acceptable" or uses a similar phrase, then the air transport document may be signed by a freight forwarder in the capacity of a freight forwarder without the need to identify itself as a carrier or agent for a named carrier. In this event, it is not necessary to show the name of the carrier.

Goods Accepted for Carriage, Date of Shipment, and Requirement for an Actual Date of Dispatch

139. An air transport document must indicate that the goods have been accepted for carriage.

140. The date of issuance of an air transport document is deemed to be the date of shipment unless the document shows a separate notation of the flight date, in which case this will be deemed to be the date of shipment. Any other information

항공운송서류

UCP 600 第23조의 적용

134. 신용장이 공항간 선적을 커버하는 항공운송서류의 제시를 요구하는 경우, UCP 600 第23조를 적용할 수 있다.

135. 신용장이 "항공화물운송장" 또는 "항공화물수탁서" 또는 유사한 서류의 제시를 요구하는 경우 UCP 600 第23조가 적용된다. UCP 600 第23조에 따르기 위하여, 항공운송서류는 공항간 선적을 커버하는 것을 나타내야 하지만 "항공화물운송장", "항공화물수탁서" 또는 유사한 서류라는 용어의 사용을 요하지 아니한다.

원본 항공운송서류

136. 항공운송서류는 반드시 "탁송인 또는 송화인용 원본임이 나타나야 한다. 원본 전통에 내한 요구는 탁송인 또는 송화인용 원본임을 표시한 시류의 제시에 의하여 충족된다.

항공운송서류의 서명

137. 원본 항공운송서류는 UCP 600 第23조 a항 i호에 기술된 형식으로 서명되어야 하며, 운송인으로 확인된 운송인의 명칭이 표시되어야 한다. 운송인을 대리하여 대리인이 항공운송서류에 서명하는 경우, 대리인은 대리인으로서 확인되어져야 하며, 운송인이 항공운송서류 상 확인되지 않는 한 서명을 대리하게 한 운송인을 확인하고 있어야 한다.

138. 신용장이 "혼재화물운송장 수리가능" 또는 "운송주선인 항공화물운송장 수리가능" 또는 유사한 구절이 사용되는 경우, 운송주선인의 자격으로서의 운송주선인에 의하여 서명될 수 있으며, 운송인 또는 지정운송인의 대리인으로서의 자신을 확인할 필요가 없다. 이러한 경우, 운송인의 명칭은 표시할 필요가 없다.

운송을 위하여 인수된 물품, 선적일, 및 실제의 발송일 요건

139. 항공운송서류는 물품이 운송을 위하여 인수되었음을 표시하고 있어야 한다.

140. 항공운송서류의 발행일은 선적일로 간주된다. 서류가 실제의 운항일에 대한 별도의 부기로 표시되지 아니하는 한 이 경우 선적일로 간주된다. 운항번호 및 운항일과

appearing on the air transport document relative to the flight number and date will not be considered in determining the date of shipment.

Airports of Departure and Destination

141. An air transport document must indicate the airport of departure and airport of destination as stated in the credit. The identification of airports by the use of IATA codes instead of writing out the name in full (e.g., LHR instead of London Heathrow) is not a discrepancy.

142. If a credit gives a geographical area or range of airports of departure or destination(e.g., "Any European Airport"), the air transport document must indicate the actual airport of departure or destination, which must be within the geographical area or range stated in the credit.

Consignee, Order Party and Notify Party

143. An air transport document should not be issued "to order" or "to order of" a named party, because it is not a document of title. Even if a credit calls for an air transport document made out "to order" or "to order of" a named party, a document presented showing goods consigned to that party, without mention of "to order" or "to order of", is acceptable.

144. If a credit does not state a notify party, the respective field on the air transport document may be left blank or completed in any manner.

Transhipment and Partial Shipment

145. Transhipment is the unloading from one aircraft and reloading to another aircraft during the carriage from the airport of departure to the airport of destination stated in the credit. If it does not occur between these two airports, unloading and reloading is not considered to be transhipment.

146. If a credit prohibits partial shipments and more than one air transport document is presented covering dispatch from one or more airports of departure (as specifically allowed, or within the geographical area or range stated in the credit), such documents are acceptable, provided that they cover the dispatch of goods on the same aircraft and same flight and are destined for the same airport of destination. In the event that more than one air transport document is

관련하여 항공운송서류 상에 나타나는 그 외의 정보는 선적일을 결정하는 데 있어 고려되지 아니한다.

출발공항 및 목적공항

141. 항공운송서류는 신용장에 명시된 바와 같이 출발공항과 목적공항이 표시하고 있어야 한다. 정식의 명칭을 기재하는 대신에 국제항공운송협회(IATA) 코드의 사용에 의한 공항의 동일성 증명(예를 들면, London Heathrow 대신에 LHR)은 불일치가 아니다.

142. 신용장에서 출발공항 또는 목적공항의 지리적 지역 또는 구역이 주어진 경우(예를 들면, "모든 유럽 공항"), 항공운송서류는 실제의 출발공항 또는 목적공항을 표시하여야 하며, 그러한 장소는 신용장에 명시된 해당 지리적 지역 또는 구역 이내이어야 한다.

수화인, 지시인 및 착화통지처

143. 항공운송서류는 권리증권이 아니므로 "단순지시식" 또는 지정당사자의 "지시식"으로 발행되어서는 아니 된다. 비록 신용장에서 항공운송서류가 "단순지시식" 또는 지정당사자의 "지시식"으로 발행되도록 요구한 경우에도, 제시된 서류가 "단순지시식" 또는 "특정인의 지시식"에 대한 언급 없이 물품이 그러한 당사자를 수화인으로 표시하여 제시된 서류는 수리될 수 있다.

144. 신용장이 착화통지처를 기재하지 아니한 경우, 복합운송서류의 해당란은 공란으로 하거나 또는 어떠한 방식으로든지 완성될 수 있다.

환적 및 분할선적

145. 환적이란 신용장에 명시된 출발공항으로부터 목적공항까지의 운송 중 한 항공기로부터 다른 항공기로의 양화 및 재적재를 말한다. 이러한 두 공항간에 발생하지 아니하는 경우, 양화 및 재적재는 환적으로 간주되지 아니한다.

146. 신용장이 분할선적을 금지하고, (특별히 허용된 것과 같이 또는 신용장에 명시된 지리적 지역 또는 구역 범위 내에서) 하나 또는 다수의 출발공항으로부터의 발송을 커버하는 하나 이상의 항공운송서류가 제시된 경우, 동일한 항공기와 동일한 운항에 의한 물품의 발송을 커버하고 동일한 목적공항으로 향하고 있는 한, 그러한 서

presented incorporating different dates of shipment, the latest of these dates of shipment will be taken for the calculation of any presentation period and must fall on or before the latest shipment date specified in the credit.

147. Shipment on more than one aircraft is a partial shipment, even if the aircraft leave on the same day for the same destination.

Clean Air Transport Documents

148. Clauses or notations on an air transport document which expressly declare a defective condition of the goods or packaging are not acceptable. Clauses or notations on the air transport document which do not expressly declare a defective condition of the goods or packaging (e.g., "packaging may not be sufficient for the air journey") do not constitute a discrepancy. A statement that the packaging "is not sufficient for the air journey"would not be acceptable.

149. If the word "clean" appears on an air transport document and has been deleted, the air transport document will not be deemed to be claused or unclean unless it specifically bears a clause or notation declaring that the goods or packaging are defective.

Goods Description

150. A goods description in an air transport document may be shown in general terms not in conflict with that stated in the credit.

Corrections and Alterations

151. Corrections and alterations on air transport documents must be authenticated. Such authentication must appear to have been made by the carrier or any of its agents (who may be different from the agent that may have issued or signed it), provided it is identified as an agent of the carrier.

152. Copies of air transport documents do not need to include any signature of the carrier or agent (or shipper, even if required by the credit to appear on the original air transport document), nor any authentication of any alterations or corrections that may have been made on the original.

류는 수리될 수 있다. 다른 선적일이 포함된 하나 이상의 항공운송서류가 제시된 경우, 이와 같은 선적일의 최종일을 제시기간의 계산을 위하여 고려하여야 하며, 그러한 일자는 신용장에 명시된 최종선적일 또는 그 이전이어야 한다.

147. 항공기가 동일한 일자에 동일한 목적지를 향하여 출항한다 하더라도, 하나 이상의 항공기에 의한 선적은 분할선적이다.

무사고 항공운송서류

148. 물품 또는 포장의 하자있는 상태를 명시적으로 표시한 항공운송서류상의 조항 또는 부기는 수리되지 아니한다. 물품 또는 포장의 하자있는 상태를 명시적으로 선언하지 아니하는 항공운송서류상의 조항 또는 부기(예를 들면, "포장이 운항에 불충분할 수 있다.")는 불일치를 구성하지 아니한다. 포장이 "운항에 불충분 할 수 있다"라는 표시는 수리되지 아니한다.

149. "무사고"라는 단어가 항공운송서류상에 표시되었다가 삭제된 경우, 물품 또는 포장에 하자가 있음을 선언하는 조항 또는 부기를 특별히 포함하고 있지 아니하는 한, 그러한 항공운송서류는 조건부 또는 사고부로 간주되지 아니한다.

물품명세

150. 항공운송서류의 물품명세는 신용장에 명시된 것과 상충되지 아니하는 일반용어로 기재될 수 있다.

정정 및 변경

151. 항공운송서류상의 정정 및 변경은 반드시 인증되어져야 한다. 그러한 인증은 운송인에 의하여 또는 운송인의 대리인으로 확인되는 한 그들의 대리인 중의 한 사람(항공운송서류를 발행하거나 서명한 운송인과 다를 수 있음)에 의하여 행하여진 것으로 나타나야 한다.

152. 항공운송서류의 사본은 운송인 또는 대리인(또는 원본 항공운송서류상에 나타나도록 신용장에서 요구된 송화인)이 서명만이 아니라, 원본에 행하어질 수 있는 어떠한 변경 또는 정정에 대한 인증도 포함될 필요가 없다.

Freight and Additional Costs

153. If a credit requires that an air transport document show that freight has been paid or is payable at destination, the air transport document must be marked accordingly.

154. Applicants and issuing banks should be specific in stating the requirements of documents to show whether freight is to be prepaid or collected.

155. If a credit states that costs additional to freight are not acceptable, an air transport document must not indicate that costs additional to the freight have been or will be incurred. Such indication may be by express reference to additional costs or by the use of shipment terms that refer to costs associated with the loading or unloading of goods. A reference in the transport document to costs which may be levied as a result of a delay in unloading the goods or after the goods have been unloaded is not considered an indication of additional costs in this context.

156. Air transport documents often have separate boxes which, by their pre-printed headings, indicate that they are for freight charges "prepaid" and for freight charges "to collect", respectively. A requirement in a credit for an air transport document to show that freight has been prepaid will be fulfilled by a statement of the freight charges under the heading "Freight Prepaid" or a similar expression or indication, and a requirement that an air transport document show that freight has to be collected will be fulfilled by a statement of the freight charges under the heading "Freight to Collect" or a similar expression or indication.

ROAD, RAIL OR INLAND WATERWAY TRANSPORT DOCUMENTS

Application of UCP 600 Article 24

157. If a credit requires presentation of a transport document covering movement by road, rail or inland waterway, UCP 600 article 24 is applicable.

운임 및 추가비용

153. 신용장이 항공운송서류에 운임이 지급되었거나 또는 목적지에서 지급될 것이라고 표시하도록 요구한 경우, 항공운송서류에는 반드시 이와 일치되게 표시되어져야 한다.

154. 발행의뢰인 및 발행은행은 운임이 선지급 또는 후지급될 것인지의 여부를 표시할 수 있도록 서류의 요건을 명확하게 명시하여야 한다.

155. 신용장이 운임에 대한 추가비용은 수리되지 아니한다고 명시한 경우, 항공운송서류에는 운임에 대한 추가비용이 발생되었거나 또는 발생될 수 있음을 표시하여서는 아니 된다. 그러한 표시는 추가비용에 대한 명시적 언급에 의하거나 또는 물품의 적재 또는 양화와 관련된 비용에 관한 선적조건의 사용에 의하여 행하여질 수 있다. 물품의 양화에 있어서의 지연 또는 물품이 양화된 이후 지연의 결과에 따른 비용이 부과될 수 있다는 운송서류에서의 언급은 이러한 문맥에서 추가비용의 표시로 간주되지 아니한다.

156. 항공운송서류는 종종 미리 인쇄된 표제 하에 운임이 "선지급" 및 "후지급"을 표시하는 각각의 별도의 란을 두고 있다. 항공운송서류에 운임선지급 되었음을 표시하도록 한 신용장에서의 요구는 "운임선지급" 또는 유사한 표현 또는 표시의 표제에 따른 운임을 기재한 것으로 충족될 수 있으며, 또한 항공운송서류에 운임후지급을 표시하도록 한 신용장에서의 요구는 "운임후지급" 또는 유사한 표현 또는 표시의 표제에 따른 운임의 기재에 의하여 충족될 수 있다.

도로, 철도 또는 내수로 운송서류

UCP 600 제24조의 적용

157. 신용장이 도로, 철도 또는 내수로에 의한 이동을 커버하는 운송서류의 제시를 요구하는 경우, UCP 600 제24조를 적용할 수 있다.

Original and Duplicate of Road, Rail or Inland Waterway Transport Documents

158. If a credit requires a rail or inland waterway transport document, the transport document presented will be accepted as an original whether or not it is marked as an original. A road transport document must appear to be the original for consignor or shipper or bear no marking indicating for whom the document has been prepared. With respect to rail waybills, the practice of many railway companies is to provide the shipper or consignor with only a duplicate (often a carbon copy) duly authenticated by the railway company's stamp. Such a duplicate will be accepted as an original.

Carrier and Signing of Road, Rail or Inland Waterway Transport Documents

159. The term "carrier" need not appear at the signature line provided the transport document appears to be signed by the carrier or an agent on behalf of the carrier, if the carrier is otherwise identified as the "carrier" on the transport document. International standard banking practice is to accept a railway bill evidencing date stamp by the railway company or railway station of departure without showing the name of the carrier or a named agent signing for or on behalf of the carrier.

160. The term "carrier" used in UCP 600 article 24 includes terms in transport documents such as "issuing carrier", "actual carrier", "succeeding carrier" and "contracting carrier".

161. Any signature, stamp or notation of receipt on the transport document must appear to be made either by:
   a. the carrier, identified as the carrier or
   b. a named agent acting or signing for or on behalf of the carrier and indicating the name and capacity of the carrier on whose behalf that agent is acting or signing.

Order Party and Notify Party

162. Transport documents which are not documents of title should not be issued "to order" or "to order of" a named party. Even if a credit calls for a transport document which is not a document of title to be made out "to order" or "to order of" a named party, such a document, showing goods consigned to that party, without mention of "to order" or "to order of", is acceptable.

도로, 철도 또는 내수로 운송서류의 원본 및 부본

158. 신용장이 철도, 도로 또는 내수로 운송서류를 요구하는 경우, 원본으로서의 표시가 있든 없든 불문하고 제시된 서류는 원본으로서 수리될 수 있다. 도로운송서류는 탁송인용 또는 송화인용 원본임을 나타내고 있거나 또는 누구를 위하여 준비된 서류인지에 관한 표시가 포함되지 않아야 한다. 철도화물운송장과 관련하여, 철도회사의 관행은 철도회사의 스탬프에 의하여 정히 인증된(종종 복사지) 부본만을 탁송인 또는 송화인에게 제공하고 있다. 그러한 부본은 원본으로서 수리된다.

도로, 철도 또는 내수로 운송서류의 운송인 및 서명

159. 운송인이 운송서류상에 별도로 확인되어 있는 경우, 운송서류가 운송인에 의하여 또는 운송인을 대리하는 대리인에 의하여 서명된 것으로 나타나 있는 한, "운송인"이라는 용어는 서명 란에 표시될 필요가 없다. 국제표준은행관행은 운송인의 명칭 또는 운송인을 위하거나 또는 대리하여 서명하는 지정대리인의 명칭을 표시하지 아니하고 철도회사 또는 출발철도역에 의하여 일자 스탬프로 증명하는 철도화물운송장을 수리한다.

160. UCP 600 제24조에서 사용된 "운송인"이라는 용어는 "발행운송인", "실제운송인", "후속운송인" 및 "계약운송인"과 같은 운송서류상의 용어들을 포함한다.

161. 운송서류상의 모든 서명, 스탬프, 또는 수령부기는 다음과 같은 자에 의하여 행하여진 것으로 나타나 있어야 한다:

a. 운송인으로 확인된 운송인, 또는

b. 운송인을 위하여 또는 운송인을 대리하여 행동하고 또는 서명하고, 그리고 행동 또는 서명을 대리하게 한 운송인의 명칭과 자격을 표시한 지정대리인.

지시인 및 착화통지처

162. 권리증권이 아닌 운송서류는 "단순지시식" 또는 지정당사자의 "지시식"으로 발행되어서는 아니 된다. 비록 신용장이 권리증권이 아닌 운송서류가 "단순지시식" 또는 지정당사자의 "지시식"으로 발행될 것을 요구한 경우에도, "단순지시식" 또는 "특정인의 지시식"에 대한 언급 없이 물품이 그러한 당사자에게 탁송되었음을 표시하는 서류는 수리할 수 있다.

163. If a credit does not stipulate a notify party, the respective field on the transport document may be left blank or completed in any manner.

Partial Shipment

164. Shipment on more than one means of conveyance (more than one truck (lorry), train, vessel, etc.) is a partial shipment, even if such means of conveyance leave on the same day for the same destination.

Goods Description

165. A goods description in the transport document may be shown in general terms not in conflict with that stated in the credit.

Corrections and Alterations

166. Corrections and alterations on a UCP 600 article 24 transport document must be authenticated. Such authentication must appear to have been made by the carrier or any one of their named agents, who may be different from the agent that may have issued or signed it, provided they are identified as an agent of the carrier.

167. Copies of UCP 600 article 24 transport documents do not need to include any signature on, or authentication of, any alterations or corrections that may have been made on the original.

Freight and Additional Costs

168. If a credit requires that a UCP 600 article 24 transport document show that freight has been paid or is payable at destination, the transport document must be marked accordingly.

169. Applicants and issuing banks should be specific in stating the requirements of documents to show whether freight is to be prepaid or collected.

163. 신용장이 착화통지처를 기재하지 아니한 경우, 선화증권의 해당란은 공란으로 하거나 또는 어떠한 방식으로든지 완성될 수 있다.

분할선적

164. 운송수단이 동일한 일자에 동일한 목적지를 향하여 출발하였다 하더라도, 하나 이상의 운송수단(하나 이상의 트럭(무개화차), 화차, 선박 등)상에의 선적은 분할선적이 된다.

물품명세

165. 운송서류의 물품명세는 신용장에 명시된 것과 상충되지 아니하는 일반용어로 기재될 수 있다.

정정 및 변경

166. UCP 600 제24조 운송서류상의 정정 및 변경은 반드시 인증되어져야 한다. 그러한 인증은 운송인에 의하여, 또는 운송인의 대리인으로 확인되는 한 운송서류를 발행하거나 또는 서명한 운송인과 다를 수 있는 지정대리인 중의 한 사람에 의하여 행하여진 것으로 나타나야 한다.

167. UCP 600 제24조 운송서류의 사본은 원본 상에 행하여진 서명, 또는 어떠한 변경 또는 정정에 대한 인증을 포함하여야 할 필요가 없다.

운임 및 추가비용

168. 신용장이 UCP 600 제24조 운송서류에 운임이 지급되었거나 또는 목적지에서 지급될 것이라고 표시하도록 요구한 경우, 항공운송서류에는 반드시 이와 일치되게 표시되어져야 한다.

169. 발행의뢰인 및 발행은행은 운임이 선지급 또는 후지급될 것인지의 여부를 표시할 수 있도록 서류의 요건을 명확하게 명시하여야 한다.

INSURANCE DOCUMENT AND COVERAGE

Application of UCP 600 Article 28

170. If a credit requires presentation of an insurance document such as an insurance policy, insurance certificate or declaration under an open cover, UCP 600 article 28 is applicable.

Issuers of Insurance Documents

171. Insurance documents must appear to have been issued and signed by insurance companies or underwriters or their agents or proxies. If required by the insurance document or in accordance with the credit terms, all originals must appear to have been countersigned.

172. An insurance document is acceptable if issued on an insurance broker's stationery, provided the insurance document has been signed by an insurance company or its agent or proxy, or by an underwriter or its agent or proxy. A broker may sign as agent for the named insurance company or named underwriter.

Risks to Be Covered

173. An insurance document must cover the risks defined in the credit. Even though a credit may be explicit with regard to risks to be covered, there may be reference to exclusion clauses in the document. If a credit requires "all risks" coverage, this is satisfied by the presentation of an insurance document evidencing any "all risks" clause or notation, even if it is stated that certain risks are excluded. An insurance document indicating that it covers Institute Cargo Clauses (A) satisfies a condition in a credit calling for an "all risks" clause or notation.

174. Insurance covering the same risk for the same shipment must be covered under one document unless the insurance documents for partial cover each clearly reflect, by percentage or otherwise, the value of each insurer's cover and that each insurer will bear its share of the liability severally and without pre-conditions relating to any other insurance cover that may have been effected for that shipment.

보험서류 및 담보

UCP 600 제28조의 적용

170. 신용장이 보험증권, 포괄예정보험에 의한 보험증명서 또는 통지서와 같은 보험서류의 제시를 요구한 경우, UCP 600 제28조를 적용할 수 있다.

보험서류의 발행인

171. 보험서류는 반드시 보험회사 또는 보험업자 또는 그들의 대리인 또는 대리행위자에 의하여 발행되고 서명된 것으로 나타나야 한다. 보험서류 또는 신용장조건에 따라 요구된 경우, 모든 원본은 반드시 부서되어 있는 것으로 나타나야 한다.

172. 보험서류가 보험회사 또는 그 대리인 또는 대리행위자 또는 보험업자 또는 그 대리인 또는 대리행위자에 의하여 서명되는 한, 보험중개인의 용지상에 발행된 보험서류는 수리할 수 있다. 보험중개인은 지정보험회사 또는 기명 보험업자의 대리인으로서 서명할 수 있다.

담보위험

173. 보험서류는 반드시 신용장에 정의된 위험을 담보 하여야 한다. 신용장이 담보 되어야 할 위험에 대하여 명시한다 할지라도, 서류에서 제외조항을 언급할 수 있다. 신용장이 "전위험" 담보를 요구하는 경우, 비록 특정위험이 제외된다고 명시되어 있다 하더라도 어떠한 "전위험" 조항 또는 부기를 증명하는 보험서류의 제시에 의하여 충족된다. 협회적화약관 (A) 조건으로 담보하고 있음을 표시한 보험서류는 "전위험" 조항 또는 부기를 요구하는 신용장 조건을 충족한다.

174. 분할담보의 보험서류가 백분율 또는 기타의 방법으로 또는 달리 각 보험자의 담보가액 및 그러한 선적에 대하여 담보 될 수 있는 기타 보험에 관한 전제 조건 없이 각각의 보험자가 그들의 책임의 부분을 개별적으로 부담한다는 것이 명확하게 표시되지 아니하는 한, 동일한 선적에 대한 동일한 위험을 담보 하는 보험은 하나의 서류에 따라 담보 되어야 한다.

Dates

175. An insurance document that incorporates an expiry date must clearly indicate that such expiry date relates to the latest date that loading on board or dispatch or taking in charge of the goods (as applicable) is to occur, as opposed to an expiry date for the presentation of any claims thereunder.

Percentage and Amount

176. An insurance document must be issued in the currency of and, as a minimum, for the amount required by the credit. The UCP does not provide for any maximum percentage of insurance coverage.

177. If a credit requires the insurance cover to be irrespective of percentage, the insurance document must not contain a clause stating that the insurance cover is subject to a franchise or an excess deductible.

178. If it is apparent from the credit or from the documents that the final invoice amount only represents a certain part of the gross value of the goods (e.g., due to discounts, pre-payments or the like, or because part of the value of the goods is to be paid at a later date), the calculation of insurance cover must be based on the full gross value of the goods.

Insured Party and Endorsement

179. An insurance document must be in the form as required by the credit and, where necessary, be endorsed by the party to whose order claims are payable. A document issued to bearer is acceptable where the credit requires an insurance document endorsed in blank and vice versa.

180. If a credit is silent as to the insured party, an insurance document evidencing that claims are payable to the order of the shipper or beneficiary would not be acceptable unless endorsed. An insurance document should be issued or endorsed so that the right to receive payment under it passes upon, or prior to, the release of the documents.

일자

175. 유효기일을 포함하고 있는 보험서류는 그러한 유효기일이 보험금청구의 제시를 위한 유효기일과는 다르며, (적용 가능한 경우) 물품의 본선적재 또는 발송 또는 수탁이 행하여 질 최종일에 관련된 것임을 명확하게 표시하고 있어야 한다.

통화 및 금액

176. 보험서류는 반드시 신용장의 통화로, 그리고 최소한 신용장에서 요구된 금액으로 발행되어야 한다. UCP는 보험담보범위의 어떠한 최대 백분율에 대해서도 규정하고 있지 아니한다.

177. 신용장이 백분율에 관계없이 보험담보를 요구하는 경우, 보험서류는 보험담보가 소손해면책률 또는 초과공제면책률을 조건으로 하고 있음을 기재한 조항이 포함되어서는 아니 된다.

178. 신용장 또는 서류로부터 최종송장금액이 물품의 총가액의 특정한 부분만을 나타내는 것이 명확한 경우(예를 들면, 할인, 선지급 또는 유사한 이유에 의하거나 또는 물품가액의 일부분이 더 늦은 일자에 지급되기 때문에), 보험담보의 계산은 반드시 물품의 총가액의 전액에 기초하여야 한다.

피보험자 및 배서

179. 보험서류는 반드시 신용장에 의하여 요구된 바와 같은 형식으로 되어 있어야 하며, 또한 필요한 경우 보험금청구권을 가진 당사자에 의하여 배서되어야 한다. 소지인식으로 발행된 서류는 신용장이 백지 배서된 보험서류를 요구하는 경우 수리할 수 있으며 그 반대의 경우도 마찬가지이다.

180. 신용장이 피보험자에 관하여 침묵하고 있는 경우, 보험금청구가 송화인 지시식 또는 수익자 지시식으로 지급될 수 있음을 증명하는 보험서류는 배서가 되지 않는 한 수리되지 아니한다. 보험서류는 지급을 받을 수 있는 권리가 서류의 양도시에, 또는 그 이전에 이전될 수 있도록 발행되거나 또는 배서되어야 한다.

CERTIFICATES OF ORIGIN

Basic Requirement

181. A requirement for a certificate of origin will be satisfied by the presentation of a signed, dated document that certifies to the origin of the goods.

Issuers of Certificates of Origin

182. A certificate of origin must be issued by the party stated in the credit. However, if a credit requires a certificate of origin to be issued by the beneficiary, the exporter or the manufacturer, a document issued by a chamber of commerce will be deemed acceptable, provided it clearly identifies the beneficiary, the exporter or the manufacturer as the case may be. If a credit does not state who is to issue the certificate, then a document issued by any party, including the beneficiary, is acceptable.

Contents of Certificates of Origin

183. The certificate of origin must appear to relate to the invoiced goods. The goods description in the certificate of origin may be shown in general terms not in conflict with that stated in the credit or by any other reference indicating a relation to the goods in a required document.

184. Consignee information, if shown, must not be in conflict with the consignee information in the transport document. However, if a credit requires a transport document to be issued "to order", "to the order of shipper", "to order of the issuing bank" or "consigned to the issuing bank", the certificate of origin may show the applicant of the credit, or another party named therein, as consignee. If a credit has been transferred, the name of the first beneficiary as consignee would also be acceptable.

185. The certificate of origin may show the consignor or exporter as a party other than the beneficiary of the credit or the shipper on the transport document.

원산지증명서

기본요건

181. 원산지증명서의 요건은 물품의 원산지를 증명하고 있는 서명된, 일자가 기재된 서류의 제시에 의하여 충족된다.

원산지증명서의 발행인

182. 원산지증명서는 반드시 신용장에 명시된 당사자에 의하여 발행되어야 한다. 그러나 신용장이 원산지증명서가 수익자, 수출자 또는 제조업자에 의하여 발행되도록 요구하는 경우, 경우에 따라서 수익자, 수출자 또는 제조업자가 명확하게 확인되는 한 상업회의소에 의하여 발행된 서류는 수리 될 수 있는 것으로 간주된다. 신용장이 증명서를 발행하여야 할 자를 명시하지 아니한 경우, 수익자를 포함한 어떠한 당사자에 의하여 발행된 서류도 수리할 수 있다.

원산지증명서의 내용

183. 원산지증명서는 반드시 송장에 기재된 물품에 연관된 것으로 나타나야 한다. 원산지증명서의 물품명세는 신용장에 명시된 것과 상충되지 아니하는 일반용어로 또는 요구서류에서 물품과의 관련성을 표시한 모든 기타 언급에 의하여 표시될 수 있다.

184. 수화인 정보는, 표시된 경우, 운송서류의 수화인 정보와 상충되어서는 아니 된다. 그러나 신용장이 운송서류가 "단순지시식", "송화인 지시식", "발행은행 지시식" 또는 "발행은행 기명식"으로 발행될 것을 요구하는 경우, 원산지증명서는 신용장의 발행의뢰인, 또는 다른 당사자를 수화인으로 표시할 수 있다. 신용장이 양도된 경우, 수화인으로서의 제1수익자의 명칭은 또한 수리될 수 있다.

185. 원산지증명서는 신용장의 수익자 또는 운송서류상의 송화인 이외의 탁송인 또는 수출자를 당사자로서 표시할 수 있다.

2. Supplement to the Uniform Customs and Practice for Documentary Credits for Electronic Presentation (eUCP) Version 1.1

(2007 Revision)

[Article e1] Scope of the eUCP

a. The Supplement to the Uniform Customs and Practice for Documentary Credits for Electronic Presentation ("eUCP") supplements the Uniform Customs and Practice for Documentary Credits (2007 Revision ICC Publication No. 600.) ("UCP") in order to accommodate presentation of electronic records alone or in combination with paper documents.

b. The eUCP shall apply as a supplement to the UCP where the Credit indicates that is subject to eUCP.

c. This version is Version 1.1. A credit must indicate the applicable version of the eUCP. If it does not do so, it is subject to the version in effect on the date the credit is issued or, if made subject to eUCP by an amendment accepted by the beneficiary, on the date of that amendment.

[Article e2] Relationship of the eUCP to the UCP

a. A Credit subject to the eUCP("eUCP Credit") is also subject to the UCP without express incorporation of the UCP.

b. Where the eUCP applies, its provision shall prevail to the extent that they would produce a result different from application of the UCP.

c. If an eUCP Credit allows the Beneficiary to choose between presentation of paper documents or electronic records and it chooses to present only paper documents, the UCP alone shall apply to that presentation. If only paper documents are permitted under an eUCP Credit, the UCP alone shall apply.

[Article e3] Definitions

a. Where the following terms are used in the UCP, for the purposes of applying the UCP to an electronic record presented under an eUCP credit, the term:

i. "appears on its face" and the like shall apply to examination of the data content of an electronic record.

2. 전자적 제시를 위한 UCP의 추록(eUCP) 버전1.1

(2007년 개정)

[추록 제1조] eUCP의 적용범위

a. 전자적 제시를 위한 화환신용장통일규칙 및 관례의 추록(eUCP)은 전자기록 자체의 또는 종이문서와 결합된 제시에 적용할 목적으로 화환신용장통일규칙 및 관례(2007년 개정 국제상업회의소 간행물번호 600)(UCP)를 보충한다.

b. eUCP는 신용장이 eUCP에 따른다는 명시가 있는 경우 UCP의 추록으로 적용한다.

c. 이 버전은 1.1 이다. 신용장은 적용하는 eUCP 버진을 반드시 명시하여야 한다. 신용장은 이를 명시하지 아니할 경우, 신용장이 발행된 일자에 시행되는 또는 수익자가 승낙한 조건변경이 eUCP에 따르도록 되어 있을 경우, 조건변경일자에 시행되는 버전에 따른다.

[추록 제2조] eUCP와 UCP의 관계

a. eUCP에 따르는 신용장(eUCP 신용장)은 화환신용장통일규칙 및 관례(UCP)의 원용을 명시하지 아니하더라도 또한 화환신용장통일규칙 및 관례에 따른다.

b. eUCP가 적용되는 경우, 그 조항은 UCP의 적용과 다른 결과를 발생시키는 범위 내에서 우선한다.

c. eUCP 신용장이 수익자가 종이문서 또는 전자기록의 제시 및 종이문서 제시만을 선택하는 것을 허용할 경우, UCP는 그와 같은 제시에 독자적으로 적용된다. 오직 종이문서가 eUCP 신용장하에서 허용될 경우, UCP는 독자적으로 적용된다.

[추록 제3조] 용어의 정의

a 다음과 같은 용어가 UCP에 사용될 경우, UCP를 eUCP 신용장하에서 제시된 전자기록에 적용하기 위하여 그 용어, 즉:

ⅰ. "문면상" 또한 이와 유사한 표현은 전자기록의 자료내용의 심사에 적용한다.

ii. "document" shall include an electronic record.

iii. "place for presentation" of electronic records means an electronic address.

iv. "sign" and the like shall include an electronic signature.

v. "superimposed", "notation" or "stamped" means data content whose supplementary character is apparent in an electronic record.

b. The following terms used in the eUCP shall have the following meanings:

i. "electronic record" means

- data created, generated, sent, communicated, received, or stored by electronic means
- that is capable of being authenticated as to the apparent identity of a sender and the apparent source of the data contained in it, and as to whether it has remained complete and unaltered, and
- is capable of being examined for compliance with the terms and conditions of the eUCP Credit.

ii. "electronic signature" means a data process attached to or logically associated with an electronic record and executed or adopted by a person in order to identify that person and to indicate that person's authentication of the electronic record.

iii. "format" means the data organisation in which the electronic record is expressed or to which it refers.

iv. "paper document" means a document in a traditional paper form.

v. "received" means the time when an electronic record enters the information system of the applicable recipient in a form capable of being accepted by that system. Any acknowledgement of receipt does not imply acceptance or refusal of the electronic record under an eUCP Credit.

[Article e4] Format

An eUCP Credit must specify the formats in which electronic records are to be presented. If the format of the electronic record is not so specified, it may be presented in any format.

[Article e5] Presentation

a. An eUCP Credit allowing presentation of:

i. electronic records must state a place for presentation of the electronic records.

ⅱ. "문서"는 전자기록을 포함한다.

ⅲ. 전자기록의 "제시 장소"는 전자주소를 의미한다.

ⅳ. "서명" 또한 이와 유사한 표현은 전자서명을 포함한다.

ⅴ. "부기된", "표기" 또는 "스템프된" 이라 함은 전자기록에서 보충하는 성격이 분명한 자료 내용을 의미한다.

b. eUCP에 사용된 다음과 같은 용어는 다음과 같은 의미를 갖는다.

ⅰ. "전자기록"이라 함은

- 전자적 수단에 의하여 작성, 생성, 송신, 통신, 수신, 또는 저장된 자료
- 송신자의 분명한 신원 및 그 속에 포함된 자료의 분명한 출처, 또한 완전하고 변하지 않은 상태로 남아 있는 지 여부에 관하여 인증될 수 있는 것, 그리고
- eUCP 신용장 거래조건과의 일치(성)에 대하여 심사할 수 있는 것을 의미한다.

ⅱ. "전자서명"이라 함은 전자기록에 첨부된 또는 논리적으로 결합시키는 또한 신원을 식별하기 위하여 또한 전자기록의 특정인의 인증을 표시하기 위하여 수행되고 채용된 자료 처리과정을 의미한다.

ⅲ. "형식"이라 함은 전자기록이 표시되거나 또는 그것이 참조하는 자료구성을 의미한다.

ⅳ. "종이문서"라 함은 전통적인 종이형식의 문서를 의미한다.

ⅴ. "수신"이라 함은 어떠한 전자기록이 특정 시스템에 의하여 받아들여질 수 있는 형식으로 적절한 수신자의 정보시스템에 들어가는 시점을 의미한다. 어떤 수신확인도 eUCP 신용장하에서 전자기록의 승낙 또는 거절을 암시하지 아니한다.

[추록 제4조] 형 식

eUCP 신용장은 전자기록이 제시되는 형식을 반드시 명시하여야 한다. 만일 전자기록의 형식이 그와 같이 명시되지 아니하였다면, 그것은 어떠한 형식으로도 제시될 수 있다.

[추록 제5조] 제 시

a. eUCP 신용장이 제시를 허용함에 있어:

ⅰ. 전자기록은 전자기록의 제시 장소를 반드시 명시하여야 한다.

ii. both electronic records and paper documents must also state a place for presentation of the paper documents.

b. Electronic records may be presented separately and need not be presented at the same time.

c. If an eUCP Credit allows for presentation of one or more electronic records, the Beneficiary is responsible for providing a notice to the Bank to which presentation is made signifying when the presentation is complete. The notice of completeness may be given as an electronic record or paper document and must identify the eUCP Credit to which it relates. Presentation is deemed not to have been made if the Beneficiary's notice is not received.

d. i. Each presentation of an electronic record and the presentation of paper documents under an eUCP Credit must identify the eUCP Credit under which it is presented.

ii. A presentation not so identified may be treated as not received.

e. If the Bank to which presentation is to be made is open but its system is unable to receive a transmitted electronic record on the stipulated expiry date and/or the last day of the period of time after the date of shipment for presentation, as the case may be, the Bank will be deemed to be closed and the date for presentation and/or the expiry date shall be extended to the first following banking day on which such Bank is able to receive an electronic record. If the only electronic record remaining to be presented is the notice of completeness, it may be given by telecommunications or by paper document and will be deemed timely, provided that it is sent before the bank is able to receive an electronic record.

f. An electronic record that cannot be authenticated is deemed not to have been presented.

[Article e6] Examination

a. If an electronic record contains a hyperlink to an external system or a presentation indicates that the electronic record may be examined by reference to an external system, the electronic record at the hyperlink or the referenced system shall be deemed to be the electronic record to be examined. The failure of the indicated system to provide access to the required electronic record at the time of examination shall constitute a discrepancy.

ii. 전자기록만이 아니라 종이문서도 종이문서의 제시 장소를 반드시 명시하여야 한다.

b. 전자기록은 독립적으로 제시될 수 있으나 동시에 제시될 필요는 없다.

c. eUCP 신용장이 하나의 또는 그 이상의 전자기록의 제시를 허용하는 경우, 수익자는 제시가 완성될 때 제시가 표명되어진 은행에게 통지를 행할 책임이 있다. 완료통지는 전자기록 또는 종이문서로서 이루어져야 하며 관련되는 eUCP 신용장과의 동일성을 반드시 확인하여야 한다. 제시는 수익자의 통지가 수신되지 아니한 경우 이루어지지 아니한 것으로 간주된다.

d. i. eUCP 신용장하에서 전자기록의 제시 및 종이문서의 제시는 제시되어지는 eUCP 신용장과의 동일성을 반드시 확인하여야 한다.

ii. 이와 같은 동일성 확인을 하지 아니한 제시는 수신되지 아니한 것으로 취급된다.

e. 경우에 따라, 제시가 이루어지는 은행이 영업을 하고 있으나 그 시스템이 약정된 유효기일 및/또는 제시를 위하여 선적일자 이후 제시를 행하여야 할 최종일에 전송된 전자기록을 수신 할 수 없는 경우, 은행은 폐점된 것으로 간주되며 제시를 위한 기일 및/또는 유효기일은 그와 같은 은행이 전자기록을 수신할 수 있는 다음 첫 은행영업일까지 연장된다. 제시되기 위하여 남아있는 유일한 전자기록이 완료통지의 경우 통신 또는 종이문서에 의하여 제공된 것으로 볼 수 있으며 또한 전자기록이 은행이 전자기록을 수신하기 이전에 송신되어졌다면 적시로 간주된다.

f. 인증될 수 없는 전자기록은 제시가 완료되지 아니한 것으로 간주된다.

[추록 제6조] 심 사

a. 전자기록이 외부의 시스템에 하이퍼링크를 포함하거나 또는 전자기록이 외부시스템을 참조하여 심사되어질 수 있다는 것을 명시하는 경우 하이퍼링크에 있는 전자기록 또는 관련시스템은 심사가 이루어진 전자기록으로 간주된다. 심사시점에 요구된 전자기록에 대하여 지시된 시스템으로의 접근실패는 불일치를 구성한다

b. The forwarding of electronic record by a Nominated Bank pursuant to its nomination signifies that it has checked the apparent authenticity of the electronic records.

c. The inability of the Issuing Bank, or Confirming Bank, if any, to examine an electronic record in a format required by the eUCP Credit or, if no format is required, to examine it in the format presented is not a basis for refusal.

[Article e7] Notice of Refusal

a. i. The time period for the examination of documents commences on the banking day following the banking day on which the Beneficiary's notice of completeness is received.

ii. If the time for presentation of documents or the notice of completeness is extended, the time for the examination of documents commences on the first following banking day on which the bank to which presentation is to be made is able to receive the notice of completeness.

b. If an Issuing Bank, the Confirming Bank, if any, or a Nominated Bank acting on their behalf, provides a notice of refusal of a presentation which includes electronic records and does not receive instructions from the party to which notice of refusal is given within 30 calendar days from the date the notice of refusal is given for the disposition of electronic records, the Bank shall return any paper documents not previously returned to the presenter but may dispose of the electronic records in any manner deemed appropriate without any responsibility.

[Article e8] Originals and Copies

Any requirement of the UCP or an eUCP Credit for presentation of one or more originals or copies of an electronic record is satisfied by the presentation of one electronic record.

[Article e9] Date of Issuance

Unless an electronic record contains a specific date of issuance, the date on which it appears to have been sent by the issuer is deemed to be the date of issuance. The date of receipt will be deemed to be the date it was sent if no other date is apparent.

b. 지정에 따른 지정은행의 전자기록의 발송은 전자기록에 대한 외관상의 진정성을 점검하였다는 것을 의미한다.

c. eUCP 신용장에 의하여 요구되는 형식의 전자기록 또는 아무런 형식이 요구되지 아니한 경우 제시된 형식에서 전자기록을 심사함에 있어 발행은행, 확인은행(있을 경우)의 불능은 거절을 위한 근거가 되지 아니한다.

[추록 제7조] 거절통지

a. ⅰ. 서류심사를 위한 기간은 수익자의 완료통지가 수신된 은행영업일의 다음날 은행영업일에 개시된다.

 ⅱ. 서류의 제시 또는 완료통지를 위한 기간이 연장된 경우, 서류심사 기간은 제시가 이루어지거나 완료통지를 수신한 은행의 다음 첫 은행영업일에 개시된다.

b. 발행은행, 확인은행(있을 경우), 또는 그들을 대신하여 행동하는 지정은행이 전자기록을 포함하는 제시에 대한 거절통지를 행한 경우, 또한 거절통지가 전자기록의 처분을 위하여 발신된 거절통지일자로부터 30일(曆日)이내 발신된 거절통지의 당사자로부터 지시를 수신하지 아니한 경우, 은행은 이전에 제시인에게 반송하지 아니한 모든 종이문서를 반송할 수 있으며 아무런 책임 없이 적절하다고 간주된 방법으로 전자기록을 처분 할 수 있다.

[추록 제8조] 원본 및 사본

어떠한 전자기록의 하나 또는 그 이상의 원본과 사본의 제시를 위한 UCP 또는 eUCP 신용장의 모든 요구는 하나의 전자기록 제시에 의하여 충족되어진다.

[추록 제9조] 발행일자

전자기록이 특정한 발행일자를 포함하지 아니하는 경우, 그것이 발행인에 의하여 송신이 완료된 것으로 보이는 일자는 발행일자로 간주된다. 수신일자는 다른 어떠한 일자가 분명하지 않을 경우 송신된 일자로 간주된다.

[Article e10] Transport

If an electronic record evidencing transport does not indicate a date of shipment or dispatch, the date of issuance of the electronic record will be deemed to be the date of shipment or dispatch. However, if the electronic record bears a notation that evidences the date of shipment or dispatch, the date of the notation will be deemed to be the date of shipment or dispatch. A notation showing additional date content need not be separately signed or otherwise authenticated.

[Article e11] Corruption of an Electronic Record after Presentation

a. If an electronic record that has been received by the Issuing Bank, Confirming Bank, or another Nominated Bank appears to have been corrupted, the Bank may inform the presenter and may request that the electronic record be re-presented.

b. If the Bank requests that an electronic record be re-presented:
   i. the time for examination is suspended and resumes when the presenter re-presents the electronic record; and
   ii. if the Nominated Bank is not the Confirming Bank, it must provide the Issuing Bank and any Confirming Bank with notice of the request for re-presentation and inform it of the suspension; but
   iii. if the same electronic record is not re-presented within thirty(30) calender days, the Bank may treat the electronic record as not presented, and
   iv. any deadlines are not extended.

[Article e12] Additional Disclaimer of Liability for Presentation of Electronic Records under eUCP

By checking the apparent authenticity of an electronic record, Banks assume no liability for the identity of the sender, source of the information, or its complete and unaltered character other than that which is apparent in the electronic record received by the use of a commercially acceptable data process for the receipt, authentication, and identification of electronic records.

[추록 제10조] 운 송

운송을 명시하고 있는 전자기록이 선적 또는 발송 일자를 명시하고 있지 아니할 경우, 전자기록의 발행일자는 선적 또는 발송 일자로 간주된다. 그러나 전자기록이 선적 또는 발송 일자를 명시하는 부기가 포함된 경우, 부기 일자는 선적 또는 발송일자로 간주된다. 부가적인 일자내용을 보여주는 부기는 독립적으로 서명 또는 별도로 인증을 요하지 아니한다.

[추록 제11조] 제시 이후 전자기록의 변형

a. 발행은행, 확인은행, 또는 다른 지정은행이 수신한 전자기록이 변형된 것으로 보이는 경우, 은행은 제시자에게 통지할 수 있으며 또한 그 전자기록의 재 제시를 요구할 수 있다.

b. 은행이 전자기록 재 제시를 요구하는 경우:

  i. 심사기간은 정지되며 제시자가 전자기록을 재 제시할 때 재개 된다; 그리고

  ii. 지정은행이 확인은행이 아닌 경우, 발행은행 및 어떠한 확인은행에게 재 제시요청에 대한 통지를 반드시 행하여야 하며 또한 정지에 관한 통지를 하여야 한다; 그러나

  iii. 동일한 전자기록이 30일(曆日) 이내에 재 제시되지 아니한 경우, 은행은 전자기록이 제시되지 아니한 것으로 취급한다, 그리고

  iv. 어떠한 최종기간도 연장되지 아니한다.

[추록 제12조] eUCP하의 전자기록 제시 의무에 대한 추가적인 면책

전자기록의 외관상 진정성을 점검함으로써 은행은 수신, 인승, 및 전자기록의 확인을 위하여 상업적으로 인정할 수 있는 자료처리의 사용에 의하여 수신된 전자기록을 제외하고 송신자의 신원, 정보의 출처, 또는 전자기록이 외관상 정보의 완전성과 무변조성에 대하여 아무런 의무를 부담하지 아니한다.

찾아보기

ㄱ

ㄷ

ㅁ

ㅂ

저자 약력

■ 강 원 진 (姜元辰)

- 부산대학교 상과대학 무역학과 졸업
- 연세대 경제학 석사, 중앙대 경영학 박사(국제상학 전공)
- 부산대학교 조교수, 부교수, 교수
- 미국 University of Washington, School of Law 객원교수
- 부산대학교 국제전문대학원 원장
- 대한상사중재원 중재인
- 한국국제상학회 회장
- 한국무역학회 부회장
- 한국무역상무학회 및 국제e-비즈니스학회 부회장
- 한국무역학회 및 한국국제상학회 논문심사위원장
- 중앙인사위원회 국가공무원고시 출제위원
- 관세청 관세사자격시험 출제위원
- 대한상공회의소 무역영어검정시험 출제위원
- 대기업 무역부 및 외국환은행에서 다년간 실무경험
- 정부 수출입절차 간소화작업위원
- 현, 부산대학교 무역학부 명예교수

〈저서 및 논문〉

- 무역계약론(박영사)
- 신용장론(박영사)
- 국제무역상무론(법문사)
- 국제상무론(법문사)
- 무역실무(박영사)
- 무역영어(박영사)
- 무역결제론(박영사)
- 국제비즈니스영어-공저(박영사)
- 전자결제시스템(삼영사)
- 무역실무연습(삼영사)
- 무역영어연습(박영사)
- 국제상거래론-공저(삼영사)
- 국제통상과 국제거래론-공저(두남)
- ICC추심에 관한 통일규칙-감수(대한상공회의소)
- 강원진 교수의 무역실무 문답식 해설(두남)
- 최신 국제상무론(두남)
- 신용장 분쟁사례(두남)
- 학술지 게재 논문 "신용장거래에서 Fraud Rule의 적용 요건에 관한 고찰", 「국제상학」 제25권 제3호, 한국국제상학회, 2010. 등 82편.

*저자 홈페이지 http://wonjin.net

신용장 분쟁사례

초　판 1쇄 인쇄——2013년　1월 20일
초　판 1쇄 발행——2013년　1월 25일
지은이——강 원 진
펴낸이——전 두 표
펴낸곳——도서출판 **두남**
서울시 강동구 성내로6길 34-16 두남빌딩
신 고 : 제25100-1988-9호
TEL : 02) 478-2065, 2066, 2067, 2311
FAX : 02) 478-2068
E-mail : dunam1@unitel.co.kr
http://www.dunam.co.kr

정가 35,000원

ISBN 978-89-6414-381-0　93320